BIOMECÂNICA DE LESÕES

3ª EDIÇÃO

BIOMECÂNICA DE LESÕES

Ronald F. Zernicke, PhD, DSc

University of Michigan

Steven P. Broglio, PhD

University of Michigan

William C. Whiting, PhD

California State University, Northridge

manole
editora

Título original em inglês: *Biomechanics of Injury, 3rd edition.*
Copyright © 2024 Human Kinetics, Inc. Todos os direitos reservados.
Copyright © 2008, 1998 William C. Whiting e Ronald F. Zernicke. Todos os direitos reservados.
Publicado mediante acordo com a Human Kinetics.

Produção editorial: Retroflexo Serviços Editoriais
Tradução: Fernando Gomes do Nascimento
Revisão científica: **Maiza Ritomy Ide**
    Fisioterapeuta pela Universidade Estadual de Londrina (UEL)
    Mestre em Ciências pela Faculdade de Medicina da Universidade de São Paulo (FMUSP)
    Doutora em Reumatologia pela FMUSP
    Pós-doutora em Reumatologia pela Universidad de Cantabria (Espanha)
Revisão de tradução e revisão de prova: Depto. editorial da Editora Manole
Projeto gráfico: Depto. editorial da Editora Manole
Diagramação: R G Passo
Fotos e ilustrações (miolo): © Human Kinetics, exceto quando indicado
Capa: Ricardo Yoshiaki Nitta Rodrigues
Imagem da capa: freepik.com

CIP-BRASIL. CATALOGAÇÃO NA PUBLICAÇÃO
SINDICATO NACIONAL DOS EDITORES DE LIVROS, RJ

Z58b
3. ed.

Zernicke, Ronald F.
Biomecânica de lesões / Ronald F. Zernicke, Steven P. Broglio, William C. Whiting ; tradução Fernando Gomes do Nascimento ; revisão científica Maiza Ritomy Ide. - 3. ed. - Santana de Parnaíba [SP] : Manole, 2024.

Tradução de: Biomechanics of injury, 3rd edition
ISBN 9788520465752

1. Sistema musculoesquelético - Ferimentos e lesões. 2. Sistema musculoesquelético - Propriedades mecânicas. I. Broglio, Steven P. II. Whiting, William C. III. Nascimento, Fernando Gomes do. IV. Ide, Maiza Ritomy. V. Título.

23-86856
    CDD: 617.47044
    CDU: 616.74-001.4

Meri Gleice Rodrigues de Souza - Bibliotecária - CRB-7/6439

Edição brasileira – 2024

Direitos em língua portuguesa adquiridos pela:
Editora Manole Ltda.
Alameda América, 876
Tamboré – Santana de Parnaíba – SP – Brasil
CEP: 06543-315
Fone: (11) 4196-6000
www.manole.com.br | https://atendimento.manole.com.br/

Impresso no Brasil
Printed in Brazil

Em memória de meus pais, Martha e Clarence;
e para Kathy, Kristin e Eric.
— *Ronald F. Zernicke*

Para Lily.
— *Steven P. Broglio*

Em memória de meus pais, Richard e Charlotte;
e para Marji, Trevor, Emmi e Tad.
— *William C. Whiting*

Sumário

TERCEIRA PARTE
Lesões regionais

Sobre os autores

Ronald F. Zernicke, **PhD, DSc**, é professor no centro médico da University of Michigan (departamento de cirurgia ortopédica), na escola de cinesiologia e no departamento de engenharia biomédica. Ele também é o diretor da Iniciativa para a ciência dos exercícios e esportes da University of Michigan.

Cortesia de Kathleen Zernicke

Antes de se transferir para Ann Arbor em 2007, o Dr. Zernicke era professor e chefe do departamento de cinesiologia na University of California, Los Angeles (UCLA). Já na University of Calgary, foi professor no setor de pesquisas sobre lesões articulares (departamento de cirurgia, Cumming School of Medicine), reitor de cinesiologia (1998-2005) e professor de engenharia. Também foi diretor executivo do Alberta Bone and Joint Health Institute (Canadá), tendo ainda trabalhado como diretor do programa de treinamento Alberta Provincial (CIHR) no setor de saúde dos ossos e das articulações, programa combinado de pós-graduação da University of Calgary e da University of Alberta.

Por mais de 45 anos o professor Zernicke vem ministrando em nível universitário cursos de biomecânica e mecanismos de lesão, tendo sido agraciado com o *UCLA Distinguished Teaching Award*, bem como com o *City of Calgary Community Achievement Award in Education*. Também é autor de mais de 545 artigos científicos originais e de dois livros, incluindo as duas primeiras edições deste livro, o qual foi premiado com o *Preeminent Scholarly Publication Award* da California State University, Northridge (CSUN) em 2002.

Steven P. Broglio, **PhD**, é professor de cinesiologia e professor adjunto de neurologia e de medicina física e reabilitação na University of Michigan em Ann Arbor. O professor Broglio completou seu treinamento na University of Georgia, assumiu seu primeiro posto acadêmico na University of Illinois em Urbana-Champaign e trabalha na University of Michigan desde 2011.

Cortesia da University of Michigan

É diretor do Michigan Concussion Center e do NeuroTrauma Research Laboratory, onde supervisiona as áreas de cuidados clínicos, divulgação educacional e pesquisa multidisciplinar voltada para questões fundamentais sobre concussão, como a prevenção, identificação, diagnóstico, tratamento e resultados. Sua linha de pesquisa tem o apoio da National Athletic Trainers' Association Research and Education Foundation, National Institutes of Health, National Collegiate Athletic Association e do Departamento de Defesa dos Estados Unidos. O professor Broglio foi agraciado com o *Early Career Investigator Award* pela International Brain Injury Association e também com o prêmio *Early Career and Outstanding Research* pela National Athletic Trainers' Association. Também foi bolsista do American College of Sports Medicine, da National Athletic Trainers' Association e da National Academy of Kinesiology.

William C. Whiting, **PhD**, é professor e codiretor do laboratório de biomecânica no departamento de cinesiologia da California State University em Northridge (CSUN) e professor adjunto do departamento de ciência fisiológica da University of California em Los Angeles (UCLA). Há mais de

Cortesia do Light Committee

40 anos o professor Whiting vem ministrando cursos de graduação e de pós-graduação em biomecânica e em anatomia humana. Como autor e pesquisador, redigiu mais de 60 artigos científicos, resumos e capítulos de livros e é autor do livro *Dynamic Human Anatomy, Second Edition*.

Prefácio

A primeira e segunda edições norte-americanas do *Biomechanics of Musculoskeletal Injury* (*Biomecânica da lesão musculoesquelética*) tiveram como objetivos a exploração das bases mecânicas das lesões musculoesqueléticas, para que fosse obtida melhor compreensão dos mecanismos envolvidos nas lesões, o efeito da lesão nos tecidos musculoesqueléticos e, por fim, como seria possível evitar a ocorrência das lesões. Esses propósitos fundamentais permanecem inalterados nesta terceira edição, visto que as lesões continuam a ser uma parte dominante e inevitável das nossas vidas. Contudo, atualizamos o título desta terceira edição para *Biomecânica de lesões*, de modo a refletir uma discussão mais ampla, abrangendo lesões além das pertinentes ao sistema musculoesquelético.

O livro foi redigido, sobretudo, para atender ao público da graduação nos campos das ciências do exercício, cinesiologia, estudos dos movimentos humanos, educação física, biomecânica, fisioterapia, terapia ocupacional e treinamento esportivo. O livro também pode ser referência complementar para os profissionais de ortopedia, medicina do esporte, ciências do desempenho esportivo, reumatologia, medicina e reabilitação física, fisioterapia, terapia ocupacional, medicina quiroprática, ergonomia, saúde pública e ciências da saúde e da segurança.

Nesta terceira edição, basicamente, preservou-se o formato dos dois primeiros volumes, considerando que os assuntos discutidos foram robustecidos por novas pesquisas e estatísticas atualizadas, por maior ênfase nos tópicos sobre estilo de vida e por uma abordagem que leva em conta a expectativa de vida, novos tópicos e tecnologias, ilustrações atualizadas e maior número de fotografias.

Nós nos consideramos afortunados por contar com a colaboração do Dr. Steven Broglio na criação desta terceira edição. Sua competência e experiência profissional expandiram de maneira significativa os conteúdos fundamentais contidos nos Capítulos 5 (Conceitos de lesão e cicatrização) e 8 (Lesões na cabeça, no pescoço e no tronco). Na University of Michigan, o Dr. Broglio tem a função de professor de treinamento esportivo, sendo ainda diretor do Michigan Concussion Center e do NeuroTrauma Research Laboratory, onde supervisiona o atendimento clínico, os programas de extensão universitária e pesquisas multidisciplinares que têm por objetivo responder a questões fundamentais sobre prevenção, identificação, diagnóstico, tratamento e resultados das concussões.

ORGANIZAÇÃO DO LIVRO

Iniciamos o Capítulo 1 com uma introdução ao estudo interdisciplinar da biomecânica e exploramos os aspectos mecânicos das lesões, avaliando brevemente sua prevalência em nossa sociedade, bem como os custos físicos, monetários e emocionais resultantes.

O Capítulo 2 estabelece as bases estruturais, para que o leitor possa tanto apreciar as funções normais dos sistemas musculoesquelético e neuromotor do ser humano como ter uma compreensão de como uma lesão pode afetar essas funções. São explicados os papéis essenciais desempenhados pela embriologia e pelo desenvolvimento dos tecidos, na determinação da morfologia e do comportamento mecânico das estruturas humanas maduras. Além disso, destacam-se os detalhes dos tecidos mais comumente envolvidos nas lesões (p. ex., osso, cartilagem, tendão, ligamento e estruturas nervosas). Tendo em vista que muitas lesões funcionalmente incapacitantes afetam as articulações, conclui-se o Capítulo 2 com um exame da artrologia ou mecânica articular.

O Capítulo 3 apresenta os conceitos biomecânicos essenciais para a compreensão das lesões. Esses parâmetros mecânicos – força, tensão e deformação, rigidez e elasticidade – são explicados no contexto das lesões aos tecidos. Esta terceira edição foi ampliada para que pudéssemos incluir discussões mais aprofundadas sobre a aplicação dos princípios mecânicos à mecânica e lesão dos tecidos. Embora exista íntima interligação da matemática com a biomecânica, optou-se por manter um mínimo de cálculos matemáticos e, por outro lado, enfatizar os conceitos mecânicos.

O Capítulo 4 contém uma introdução ao princípio da sobrecarga, e como esse princípio se aplica à adaptação dos tecidos. O capítulo lança mão das informações descritas nos capítulos precedentes, para explicar como os tecidos respondem à aplicação de carga mecânica, tanto em ambientes normais como anormais; e como esses tecidos são experimentalmente testados para a quantificação de seu comportamento mecânico. Considerando os inúmeros fatores que afetam as respostas dos sistemas musculoesquelético e nervoso à aplicação de diversos tipos de forças, discutem-se alguns desses fatores, como a idade, o sexo, a nutrição e o exercício, com ênfase em como as escolhas das pessoas com relação ao seu estilo de vida podem diminuir a probabilidade ou gravidade das lesões.

Com o conhecimento do essencial nas bases científicas da estrutura e função dos tecidos, avança-se, no Capítulo 5, para a exploração dos mecanismos de lesão. Esta edição expande a ligação existente entre as propriedades mecânicas básicas dos tecidos e sua aplicação clínica, além de explorar de forma mais aprofundada os tópicos aplicados, como ergonomia, osteoporose e lesões a tecido nervoso.

Nos três últimos capítulos, o leitor terá um aprofundamento nos aspectos essenciais das lesões regionais. Inicia-se com o membro inferior no Capítulo 6, no qual as lesões são examinadas detalhadamente, como entorses de tornozelo, fraturas por estresse, síndromes compartimentais e lacerações meniscais. O Capítulo 7 examina lesões do membro superior; nele estão incluídas lacerações do manguito rotador, síndrome do impacto e síndrome do túnel do carpo. Finalmente, são discutidas no Capítulo 8 as lesões na cabeça, no pescoço e no tronco, incluindo concussões e lesões de disco intervertebral. Em cada um desses três últimos capítulos, nosso objetivo é proporcionar um entendimento mais profundo dos mecanismos responsáveis por lesões regionais específicas, de modo que o leitor seja auxiliado em sua busca por maior eficácia em seus diagnósticos, tratamentos e estratégias de prevenção.

RECURSOS ESPECIAIS DESTE LIVRO

Na terceira edição do livro, foram incluídos os seguintes recursos, que ajudarão o leitor a compreender e reter as informações:

- *Objetivos* no início de cada capítulo enfatizam os conceitos principais.
- *Palavras-chave* estão impressas em vermelho no texto, e são definidas no glossário.
- *Barras laterais* abrangem tópicos especiais importantes, variando desde casos famosos até exames detalhados de lesões específicas.
- *Pontos-chave* ao final de cada capítulo oferecem um resumo dos conceitos básicos.
- *Questões a considerar* são apresentadas ao final de cada capítulo; objetivam testar a sua compreensão do texto e sua capacidade de sintetizar e aplicar as informações apresentadas.
- *Leituras sugeridas*, também incluídas ao final de cada capítulo, atenderão àqueles estudantes que desejam se aprofundar um pouco mais em tópicos selecionados.

Em cada um dos três capítulos finais apresenta-se uma exploração detalhada de determinada lesão em *Um olhar mais atento*, que inclui seções novas ou ampliadas, destacando tópicos de interesse atual, como lesão do ligamento cruzado anterior (LCA), patologias do manguito rotador e concussão.

OBSERVAÇÕES FINAIS

O conhecimento das respostas biológicas dos tecidos à aplicação de cargas mecânicas faz com que possamos aprimorar nosso entendimento sobre lesões e suas consequências. Tal conhecimento também permitirá que o leitor, na qualidade de profissional da saúde, minimize a probabilidade de que seus clientes, pacientes ou atletas venham a sofrer lesões físicas dolorosas e debilitantes.

Agradecimentos

Um projeto de tamanho alcance envolve as singulares contribuições de inúmeros profissionais, não só dos três nomes impressos na capa do livro. Queremos estender nossos agradecimentos a esses amigos e colegas. Agradecemos a Rainer Martens e a equipe de Human Kinetics, e em particular os devotados esforços de Loarn Robertson, Elaine Mustain, Melissa Zavala, Jolynn Gower e Judy Park, por terem compartilhado nossa crença na importância deste projeto. Também queremos registrar nosso reconhecimento pelas centenas de colegas e milhares de estudantes que moldaram nossas filosofias, orientaram nosso progresso e foram fonte inesgotável de inspiração para nosso trabalho profissional ao longo de mais de 35 anos. Em particular, Ron Zernicke reconhece e deseja agradecer a dois estudantes da University of Michigan – o universitário Ishan Bhalgat e o pós-doutorando Geoffrey Burns, PhD – que de uma forma singular e criativa nos ofereceram suas perspectivas e *feedback* para os Capítulos 2 e 4. E, mais importante ainda, agradecemos às nossas famílias por seu apoio constante, paciência e amor durante o período de elaboração deste projeto. Sem elas, nossos esforços e existências pouco significado teriam.

PRIMEIRA PARTE

INTRODUÇÃO E FUNDAMENTOS

Visão geral e perspectivas relacionadas com as lesões

É preciso perseverar e, acima de tudo, ter autoconfiança. É essencial acreditar que temos o talento necessário para realizar coisas, e que essas coisas devem ser realizadas.
Marie Curie (1867-1934; laureada com o Prêmio Nobel em 1903 e 1911)

OBJETIVOS

- Definir e explicar as lesões, seus mecanismos e biomecânica.
- Explicar o caráter multidisciplinar da análise das lesões.
- Descrever as perspectivas relacionadas às lesões, abordando os aspectos históricos, epidemiológicos, dos profissionais da saúde, econômicos, psicossociais, dos profissionais de segurança e científicos.

As lesões permeiam a vida diária das pessoas. Embora as lesões experimentadas possam ter uma gravidade e frequência variável entre as pessoas, uma lesão leva a dor, transtornos e incapacidade em praticamente todos os lesionados. Com a lesão, ocorrem os inevitáveis custos físicos, emocionais e econômicos, bem como a perda de tempo e de um funcionamento normal.

Em âmbito mundial, o impacto desses custos e perdas é impressionante. Um relatório da Organização Mundial da Saúde (OMS, 2014) informa a ocorrência de mais de 14 mil lesões fatais *diariamente*, resultando em uma projeção superior a 5 milhões de óbitos relacionados a lesões anualmente, em todo o mundo. Embora sejam trágicas e fatais, tais lesões respondem apenas por um pequeno percentual no total de lesões em geral (Fig. 1.1).

A distribuição das mortes relacionadas com lesões não é homogênea ao longo do espectro socioeconômico. Em comparação com países com níveis elevados de renda *per capita* e levando em conta a dimensão populacional, os percentuais de óbitos por lesão são mais altos em países com baixa renda *per capita* (OMS, 2014).

Estima-se que 90% das lesões fatais ocorrem em países com rendas baixa e média. Em seu relato de uma análise sistemática do "ônus global" resultante de 369 doenças e lesões em 204 países e territórios, Vos et al. (2020) também alertaram para as diferenças regionais nos desafios existentes na área da saúde em todo o mundo. Haagsma et al. (2016) concluíram que "as lesões continuam sendo uma importante causa de morbidade e mortalidade nos países desenvolvidos e em desenvolvimento. O declínio nos percentuais de quase todas as lesões é tão evidente a ponto de justificar uma declaração geral: o mundo está se transformando em um lugar mais seguro para viver. Entretanto, os padrões variam amplamente, dependendo da causa, idade, sexo, região e tempo, e ainda há muito a melhorar nessa área" (p. 3).

O U.S. National Safety Council (Conselho Nacional de Segurança dos Estados Unidos) (2022) estima que a cada 10 minutos morrem três pessoas nos Estados Unidos em decorrência de alguma lesão. Nesse país, as lesões não intencionais ficam atrás apenas das doenças cardíacas, do câncer e, desde 2020, da Covid-19 como causa principal de morte. Antes de 2016, as mortes relacionadas com lesões estavam posicionadas também atrás do acidente vascular encefálico (AVE) e da doença pulmonar obstrutiva crônica, mas subiram no *ranking* com base nas estimativas dos U. S. Centers for Disease Control and Prevention (CDC) para esses anos.

Essas estatísticas para fatalidades revelam um cenário apenas parcial do impacto causado pelas lesões. Nos Estados Unidos, as estatísticas para acidentes não fatais são ainda mais espantosas. Anualmente, as lesões incapacitantes afetam mais de 20 milhões de pessoas. A cada 10 minutos, 885 pessoas nesse país experimentam

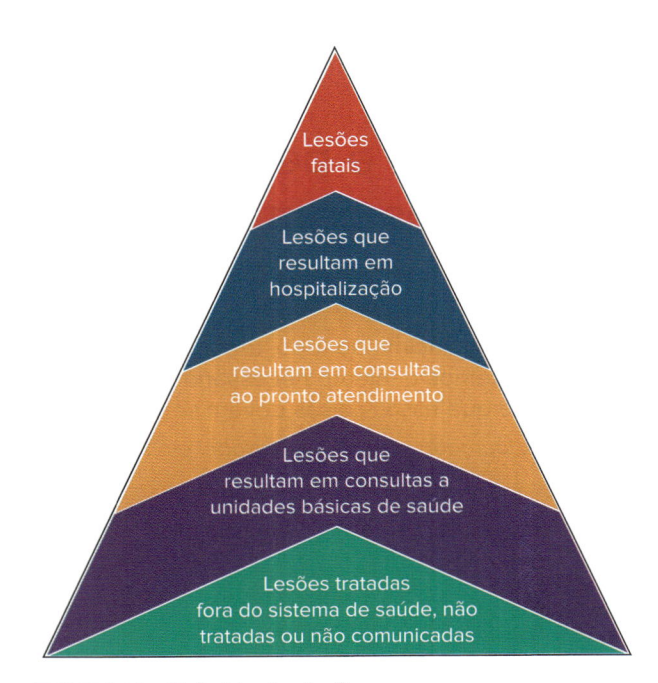

FIGURA 1.1 Pirâmide das lesões.

Reproduzida com permissão de *Injuries and Violence: The Facts* (Genebra, Suíça: Organização Mundial da Saúde, 2014), 6.

alguma lesão grave o bastante para necessitar de cuidados de saúde profissionais. Assim, em 2017, estimou-se que foram necessários 40 milhões de consultas em unidades de pronto atendimento em decorrência de uma lesão (National Center for Health Statistics, 2017). (Dados estatísticos mais amplos sobre lesões estão disponíveis no *site* do CDC: Injury Statistics Query and Reporting System, ou WISQARS.)

Em relação ao tempo de vida potencial remanescente e aos anos de vida potencialmente perdidos, o impacto das mortes causadas por lesão é mais significativo em comparação com as mortes por outras causas. Utilizando os anos de vida potencialmente perdidos como medida de impacto, em 2013 o NCIPC identificou as lesões não intencionais como a principal causa de morte, respondendo por mais de 2 milhões de anos perdidos – ultrapassando tanto o câncer como as doenças cardíacas.

Apesar dos percentuais historicamente elevados para a ocorrência de lesões e das consequências negativas significativas, há pontos animadores além das más notícias. Um desses aspectos positivos foi a conclusão de um estudo de Kegler et al. (2017): "Considerando a redução histórica em longo prazo nos percentuais de óbitos por lesão nos Estados Unidos, bem como diante das contínuas e significativas reduções observadas em outros países desenvolvidos, é totalmente possível alcançar um aumento na expectativa de vida na magnitude descrita nesse estudo. As modernas intervenções baseadas em evidências podem desempenhar um importante papel na redução das mortes decorrentes de lesão" (p. 1).

DEFINIÇÃO DE LESÃO

Como se tornará evidente nos capítulos que seguem, muitas lesões têm uma causa mecânica. Forças e fatores a elas relacionados podem resultar em lesão e também podem influenciar sua gravidade. Mas, antes de nos aprofundarmos nas múltiplas facetas das lesões, devemos estabelecer uma definição operacional: lesão é o dano sofrido pelos tecidos do corpo em resposta a algum trauma físico. Essa definição é menos abrangente do que as outras noções geralmente aceitas para lesão (que podem incluir causas térmicas, químicas, elétricas, ou por radiação), mas é válida no contexto da biomecânica das lesões.

Em geral, o termo *lesão* está associado a desfechos negativos. Entretanto, em algumas situações, a lesão pode estar envolvida em eventos com consequências positivas. No processo de remodelagem óssea, por exemplo, o osso deve primeiramente ser "lesionado", a fim de ser preparado para as subsequentes mudanças adaptativas positivas.

Biomecânica é a área da ciência relacionada à aplicação dos princípios mecânicos aos organismos e sistemas biológicos. As possíveis áreas de estudo em biomecânica são incontáveis. Tópicos tão diversos como dinâmica do fluxo sanguíneo, locomoção humana e animal, membros artificiais e modelos protéticos, esportes e biomateriais se enquadram no tópico biomecânica. As causas mecânicas e os efeitos das forças aplicadas aos sistemas musculoesquelético e nervoso do ser humano são o foco principal deste livro, no âmbito da área mais abrangente da biomecânica.

Ao explorar a biomecânica das lesões, haverá recorrência de termos-chave, por isso definiremos a seguir esses termos. O primeiro deles, mecânica, é o ramo da ciência que estuda os efeitos das forças e da energia nos corpos, nos materiais e nas estruturas. O segundo, mecanismo, é definido como o processo físico fundamental responsável por determinada ação, reação ou resultado. Os Capítulos 6 a 8 examinam detalhadamente os mecanismos de muitas lesões musculoesqueléticas e nervosas.

PERSPECTIVAS PARA AS LESÕES

Não é possível abordar com efetividade o problema das lesões musculoesqueléticas com a avaliação isolada de profissionais de apenas uma área. A exploração da biomecânica das lesões é um esforço interdisciplinar que abrange anatomia, fisiologia, mecânica, cinesiologia, medicina, engenharia e psicologia. Em 1996, Caine et al. afirmaram que um corpo bastante extenso de pesquisas sobre as lesões apoiava a noção de que "temos conhecimento de muitos fatos – mas somos carentes de respostas integradas" (p. 1). Embora nas últimas décadas tenhamos testemunhado progressos nesse ponto, progressos significativos na abordagem dos problemas da biomecânica das lesões exigirão uma abordagem interdisciplinar.

Os profissionais interessados no estudo das lesões incluem médicos, fisioterapeutas, cinesiólogos, protesistas e ortesistas ortopédicos, enfermeiros, terapeutas ocupacionais, quiropratas, osteopatas, ergonomistas, engenheiros da área de segurança, profissionais da musculação, treinadores esportivos, instrutores e técnicos esportivos, além de atletas – cada um com sua própria perspectiva da lesão.

Perspectiva histórica

Como descobrimos com o estudo de lesões em fósseis de vertebrados e doenças em ossos pré-históricos, as lesões são tão antigas como a própria vida. Restos de esqueletos dos humanos primordiais revelam a ocorrência de artrite e fraturas, sugerindo que a raça humana nunca foi invulnerável às lesões. A natureza das lesões pode lançar luz sobre a história de uma era. Alguns esqueletos egípcios antigos, por exemplo, revelam uma fratura da ulna esquerda, talvez como resultado de uma ação de autodefesa para um golpe de clava direcionado de cima para baixo. Hoje esses tipos de fraturas são conhecidos por alguns como *fraturas de cassetete*. Evidências de problemas musculoesqueléticos são comumente observadas na arte das civilizações antigas (Fig. 1.2).

As tentativas de tratar pessoas lesionadas são quase tão antigas quanto a própria lesão. Os arqueologistas descobriram evidências de talas e instrumentos cirúrgicos primitivos (p. ex., bisturis de obsidiana). Por volta de 1.000 a 600 a.C., cirurgiões indianos que antecederam Hipócrates em vários séculos utilizavam instrumentos como fórceps, tesouras e facas. O cirurgião indiano Sushruta documentou doenças e tratamentos com ervas, além de cerca de 300 procedimentos cirúrgicos e tratamentos para diversas lesões.

Nas culturas ocidentais, é do reconhecimento geral que a evolução da medicina até alcançar o *status* de profissão especializada, com seus princípios racionais de prática, teve seu início com Hipócrates. Embora Hipócrates e outros médicos gregos tivessem conhecimento limitado de anatomia e seus procedimentos frequentemente fossem grosseiros pelos padrões modernos, esses homens lançaram os fundamentos para a base do estudo e tratamento moderno das lesões. Avanços semelhantes estão documentados nas culturas orientais. Na China, por exemplo, o *Huangdi Neijing*, um conjunto de dois livros (*Suwen* e *Lingshu*), abrangia as bases teóricas da medicina chinesa, métodos diagnósticos e tratamentos de acupuntura.

O que está dizendo a palavra: acidente ou lesão?

Basta ouvir a palavra acidente e a maioria das pessoas imagina um evento que é inesperado, ocorrido por acaso, não intencional, ou — como gostam de dizer as seguradoras de saúde — um "ato de Deus". Em certas circunstâncias, na prática a palavra *acidente* é empregada como sinônimo de *lesão*. Entretanto, tal uso pode implicar um descritor ambíguo e que leva a erro. *Acidente* implica certo grau de erro ou envolvimento humano, mas esse nem sempre é o caso — nem todos os acidentes envolvem lesões, e nem todas as lesões são de natureza acidental.

Em um texto seu, Robertson (2018) ofereceu uma explicação interessante sobre essa questão:

"Acidentes" referem-se a um conjunto imenso e vago de eventos, dos quais apenas uma pequena proporção causa lesão. Qualquer evento incidental e involuntário que interfira nas atividades cotidianas de alguém é um acidente. Ao redigir esses parágrafos, ocorreram vários acidentes de digitação, mas espero que tenham sido corrigidos o suficiente para não irritar o leitor e, portanto, que tenham se tornado irrelevantes em termos de minha exposição ao risco de sofrer uma lesão. (p. 14)

Há alguns anos, Suchman (1961) ofereceu uma lista de indicadores que continuam relevantes na atualidade e que aumentam a probabilidade de que determinado evento seja acidental. Esses indicadores são: grau de expectativa, evitabilidade e intenção. Se um evento é inesperado, inevitável e involuntário, provavelmente é um evento acidental.

Não existe uma definição única para *acidente* que, isoladamente, satisfaça a todos. Então, o que devemos fazer? Algumas organizações deixaram de incluir oficialmente a palavra *acidente* em seus vocabulários profissionais. Em certos círculos científicos, a palavra *acidente* foi substituída por terminologia mais específica: o que era anteriormente denominado *lesão acidental* é conhecido na atualidade como *lesão involuntária*, e hoje é comum que os acidentes automobilísticos sejam denominados *colisões de veículos motorizados*.

Qualquer que seja o caso, e como bem ponderou Eeyore em *The House at Pooh Corner*, de A. A. Milne: "São coisas engraçadas os acidentes. Você nunca os tem até que os tenha".

Cortesia de Wellcome Collection.

(a)

Cortesia de Wellcome Collection.

(b)

FIGURA 1.2   Ilustrações antigas *(a)* grega e *(b)* indiana representando a lesão e o tratamento.

Além dos médicos mais atuais que estudaram e trataram lesões, alguns dos grandes nomes da história, frequentemente festejados por outras atividades e realizações, de alguma maneira puseram em evidência as lesões e, com isso, trouxeram reconhecimento para o seu trabalho. Na clássica obra *Ilíada* de Homero, o grande poeta grego, esse tópico também foi abordado. Homero frequentemente faz referência a traumas e tratamentos, tendo descrito mais de 100 ferimentos e lesões específicas (Apostolakis et al, 2010; Kayhanian e Machado, 2020; Koutserimpas et al., 2017; Galanakos et al., 2015; Hutchinson e Hirthler, 2013; Mylonas et al., 2008; Swinney, 2016).

Com o declínio e eventual queda (146 a.C.) do Império Grego, uma parte considerável do conhecimento grego foi transferida para Bizâncio (Ásia Menor), Alexandria e, em seguida, Roma. Um personagem notável dentre os médicos da época foi Galeno (129-199 d.C.). Acredita-se que seu trabalho foi responsável por guiar – para o bem ou para o mal – o tratamento médico nos 1,5 mil anos seguintes. Entre as suas contribuições, temos a apreciação da natureza da contração muscular; um entendimento fundamental da anatomia (embora a prática da dissecção humana ainda tenha tardado alguns séculos); o tratamento de deformidades da coluna vertebral, como a hipercifose, a escoliose e a hiperlordose; e o uso de bandagens de compressão para o controle de hemorragias em membros (Rang, 2000). Logo em seguida à morte de Galeno, ocorreu o declínio do Império Romano; com sua abrupta queda no ano de 476 da nossa era, a civilização ocidental mergulhou na Idade das Trevas, o que praticamente interrompeu o progresso nas ciências médicas.

Contudo, os efeitos da devastação decorrente da Idade das Trevas na Europa não se fizeram sentir em outras partes do mundo. Na China, durante a dinastia Tang (619-901 d.C.), por exemplo, a cirurgia (p. ex., o tratamento ortopédico de fraturas e luxações) era reconhecida como um ramo especial da medicina (LeVay, 1990). Durante a Idade de Ouro islâmica, Inb Sina (conhecido no Ocidente como Avicena [980-1037 d.C.]) escreveu detalhadamente sobre muitas disciplinas, inclusive psicologia, lógica, teologia, matemática, física e medicina. Suas obras mais notáveis, *O cânone da medicina* (1025) e *O livro da cura* (1027), foram empregadas como as bases da ciência e da medicina em muitas civilizações e universidades medievais ao longo de séculos.

Mais tarde, tendo a Europa emergido da Idade das Trevas, energias criativas renovadas foram aplicadas aos problemas médicos. A investigação anatômica floresceu, mais notavelmente nos trabalhos de Vesálio (1514-1564), cujos desenhos anatômicos ainda hoje são inspiradores e assombrosos (Fig. 1.3). Conforme avançavam os conhe-

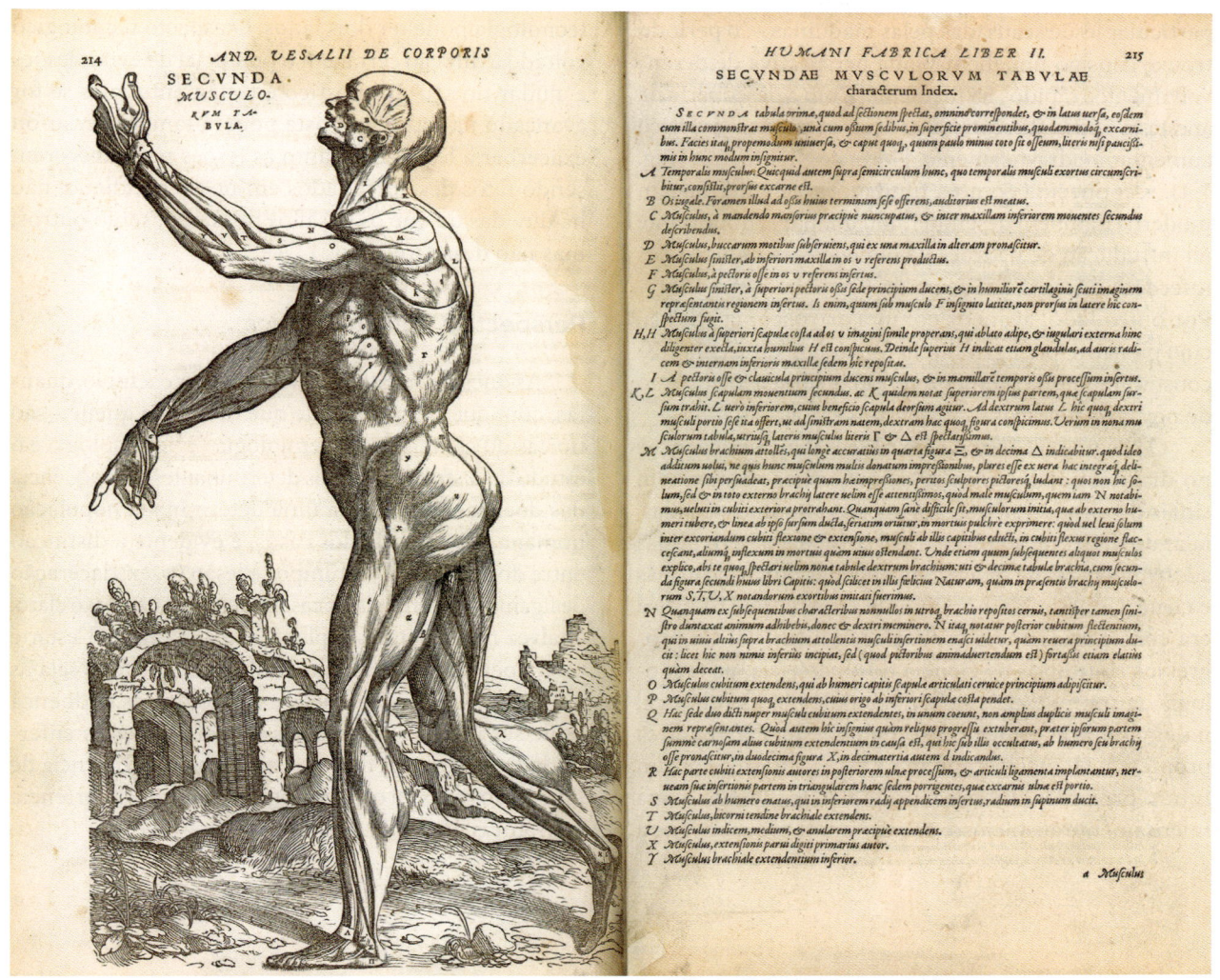

FIGURA 1.3   "Homem musculoso", da obra *De Humani Corporis Fabrica,* de Andreas Vesalius.

cimentos sobre a anatomia humana, também melhorava a compreensão do funcionamento do corpo humano.

Leonardo da Vinci (1452-1519), talvez a figura mais conhecida da Renascença, era intrigado com a natureza da dor e do traumatismo. Em sua arte, podemos observar exibições sofisticadas de dor física e de agonia. Em seus escritos científicos, também encontramos muitas referências a traumatismos, especialmente os causados pelo que ele denominou *percussão* (impacto). Em decorrência de seu profundo interesse pela anatomia humana, da Vinci estava ciente de que as articulações do corpo funcionam como amortecedores. Tendo percebido que a dor causada pela aterrissagem de um salto sobre os calcanhares é muito maior do que a ocorrida quando o indivíduo aterrissa com os artelhos, ele deduziu "que a parte que oferece maior resistência a um golpe sofre os maiores danos".

O grande pintor demonstrava uma insistente fascinação pelos sentidos do corpo e, em particular, pela sensação de dor. Embora soubesse que a dor exercia uma importante função de proteção, Leonardo também a considerava "o principal mal" da vida, tendo concluído que "a melhor coisa que existe é a sabedoria da alma, e que a pior é a dor do corpo" (Keele, 1983, p. 237). O discernimento de Leonardo da Vinci e de outros gigantes do pensamento da era da Renascença pode nos parecer elementar, até mesmo ingênuo, em comparação com os níveis atuais de conhecimento; contudo, em comparação com o conhecimento então existente e aceito ao longo de muitos séculos, suas descobertas foram simplesmente extraordinárias.

Com o advento da Revolução Industrial no século XIX, houve uma aceleração do progresso da medicina. Embora tenham emergido muitos problemas novos – em particular lesões causadas pelas máquinas –, o período trouxe consigo uma bem-vinda perspectiva de desenvolvimentos rápidos na medicina. Com a descoberta da anestesia e dos antissépticos, as taxas de sucesso cirúrgico aumentaram drasticamente. Florence Nightingale (Fig. 1.4), reconhecida como a fundadora da enfermagem moderna, também desempenhou um papel importante na introdução de padrões de higiene e na redução das infecções durante a Guerra da Crimeia (1853-1856). Por outro lado, avanços como a artroscopia clínica, cujo pioneiro foi Eugen Bircher no início do século XX, constituíram uma promessa de rápido desenvolvimento de novas tecnologias.

O progresso continua em nossos dias, e os avanços no diagnóstico e tratamento das lesões não exibem sinais de esmaecimento. Há apenas algumas décadas, falar de substituição rotineira de articulações, cirurgias a *laser*, técnicas de imagens avançadas, microcirurgias e cirurgias assistida por computador ou por robótica era considerado mera especulação futurista. Os progressos contínuos na ciência dos materiais, na tecnologia da computação, na nanotecnologia, na robótica, na engenharia de tecidos e na engenharia genética prometem avanços ainda mais espetaculares em um futuro próximo. Embora o progresso tecnológico seja imensamente auspicioso, não devemos esquecer que a tecnologia pode ter dois lados. O aspecto tecnológico voltado à direção certa tem o potencial de evitar lesões e ajudar no seu diagnóstico e tratamento, mas se for avançado na direção oposta poderá também criar ou exacerbar a lesão. Enquanto as lesões permanecerem sendo fatos desafortunados em nosso cotidiano, não há dúvidas de que os desafios mudarão, serão outros; mas não desaparecerão.

Perspectiva epidemiológica

As questões relativas às lesões – por exemplo, quantas, com que frequência, de que tipo e em quem – são típicas do campo da epidemiologia. Epidemiologia é o estudo da distribuição e dos determinantes da frequência das doenças e lesões em uma determinada população humana. Na maioria dos casos, é evidente a distinção entre doença (p. ex., sarampo) e lesão (p. ex., laceração de ligamento). Em outros casos, o quadro não é tão claro, e talvez não seja tão simples decidir se um mal-estar é uma doença ou uma lesão. Embora nosso foco seja as lesões musculoesqueléticas e neurológicas, a doença pode ser um fator contributivo, porque certas enfermidades podem predispor o indivíduo à ocorrência de uma lesão (p. ex., a osteoporose pode levar à ocorrência de fraturas ósseas).

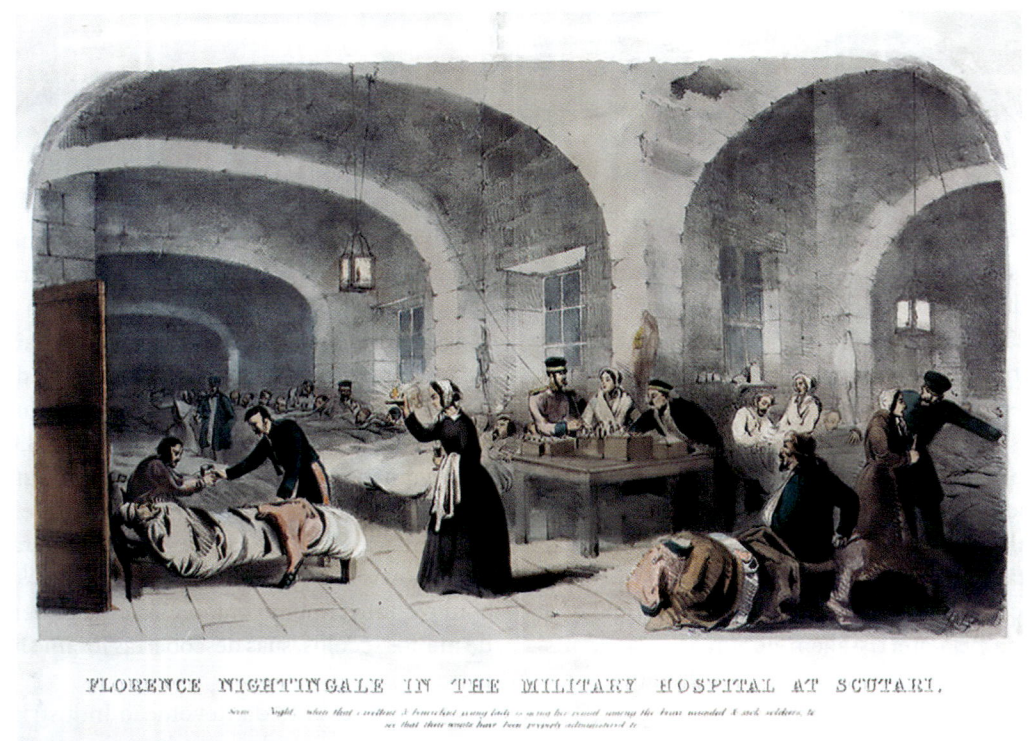

Cortesia de Council of the National Army Museum, London.

FIGURA 1.4   Florence Nightingale no Hospital Militar de Scutari, 1855.

Hipócrates e as lesões

Hipócrates (460-377 a.C.), em geral reconhecido como o "pai da medicina", tratou inúmeras lesões em suas funções de médico, tendo descrito detalhadamente muitos dos problemas ortopédicos com os quais se deparou. Embora algumas das suas descrições sejam incorretas à luz dos conhecimentos atuais, ele tratava de lesões habitualmente e com êxito, tendo documentado suas técnicas e resultados. As descrições de Hipócrates relativas ao tratamento de luxações do ombro, por exemplo, forneceram material a diversos artistas para a ilustração dos procedimentos. Hipócrates, que tinha uma visão biomecânica, observou que mesmo o ombro que exibia uma luxação antiga poder a ser reduzido (i. e., os ossos podiam ser mobilizados de volta à sua posição normal), "pois o que uma alavanca corretamente aplicada não poderá mover?" (LeVay, 1990, p. 24).

Entre as muitas lesões descritas por Hipócrates, encontramos a luxação acromioclavicular ("Tenho conhecimento de muitos médicos que sob outros aspectos são excelentes, mas que causaram grandes danos na tentativa de reduzir ombros desse tipo"), deformidades da coluna vertebral (com vértebras "em forma de corcunda por causa de certas doenças") e fraturas da perna ("Em todos os ossos, a consolidação será mais lenta se eles não forem colocados em sua posição natural e imobilizados nessa posição; além disso, o calo ósseo fica mais fraco") (LeVay, 1990, pp. 26-37).

Hipócrates demonstrou grande discernimento nesta observação sumária:

Ilustração da técnica histórica de redução de uma luxação de ombro com a ajuda de uma grande viga de madeira.
Reproduzida do *site* "Hippocrates" na Wikipedia, acessado em 28 de junho de 2022, en.wikipedia.org/wiki/Hippocrates#/media/File:GreekReduction.jpg.

Se todas as partes do corpo que exercem função forem utilizadas moderadamente e exercitadas em tarefas nas quais cada parte está habituada, ficarão saudáveis e com bom desenvolvimento. Contudo, se deixarem de ser utilizadas e se tornarem inativas, serão presa fácil de doenças, com defeitos de crescimento, e envelhecerão rapidamente. Isso ocorre particularmente com as articulações e ligamentos, caso o paciente deixe de utilizá-los. (LeVay, 1990, p. 30)

Caracteristicamente, os estudos epidemiológicos são de natureza descritiva ou analítica. O primeiro tipo, a epidemiologia descritiva, é a forma mais comum de pesquisa epidemiológica. Os tipos de pesquisa epidemiológica descritiva são relatos ou séries de casos, estudos transversais e estudos correlacionais. A finalidade de tais abordagens é a quantificação da distribuição das doenças ou lesões e a abordagem das questões pertinentes à ocorrência (quantas lesões ocorreram?), ao indivíduo (quem está lesionado?), local (qual foi o local de ocorrência das lesões?) e tempo (quando ocorreram as lesões?).

Em termos superficiais, esse processo deveria ser simples, e na maioria dos casos é. Contudo, a identificação e classificação de uma lesão específica podem ser problemáticas, seja porque as manifestações clínicas podem ser semelhantes, embora a patologia subjacente difira, ou porque podem estar presentes várias lesões resultantes de um mesmo incidente, o que dificulta sobremodo a classificação. É essencial que o médico se cerque de cuidados ao classificar uma lesão, de modo que as categorias resultantes sejam mutuamente excludentes (uma dada lesão sofrida em uma colisão enquanto dirigia

o caminhão de entregas é uma lesão automobilística ou uma lesão ocupacional?), exaustivas (existe uma categoria para cada lesão?) e úteis (o sistema de classificação tem alguma aplicação prática e relevante?)

Ao examinar a biomecânica da lesão, é essencial que haja clareza na terminologia utilizada. Com relação à epidemiologia descritiva da lesão, mais comumente os resultados são descritos na forma de percentuais de incidência ou de prevalência. Muitos profissionais empregam os termos *incidência* e *prevalência* de modo intercambiável. No entanto, o fato é que incidência e prevalência são termos distintamente diferentes e, durante a análise de uma lesão, proporcionam estimativas muito diferentes.

- **Prevalência** descreve o número de casos (p. ex., lesões), recentes ou antigos, que existem em determinada população em um momento específico no tempo. Por exemplo, um relatório da Organização Mundial da Saúde (OMS) informa que existem mais de 200 milhões de pessoas com osteoporose em todo o mundo (Kanis, 2007). Esse número equivale a uma prevalência geral de aproximadamente 270 para cada 100 mil indivíduos. Entretanto, o percentual de prevalência é muito maior em populações mais idosas.

- **Incidência** descreve o número de casos *novos* que ocorrem no âmbito de determinada população em risco, ao longo de um período de tempo especificado. Por exemplo, anualmente ocorrem nos Estados Unidos 340 mil fraturas de quadril (IOF, 2020), o que equivale a um percentual de incidência de cerca de 103 a cada 100 mil indivíduos; os percentuais de incidência são mais elevados em grupos de mais idade.

A epidemiologia analítica envolve complexas estratégias de pesquisa que objetivam revelar os determinantes ou causas subjacentes de doença e lesão. Questões do tipo *como* e *por que* as lesões ocorrem são abordadas mediante a identificação e análise dos fatores que podem contribuir para a ocorrência da lesão. Esses fatores contributivos são conhecidos como fatores de risco, e são classificados como *intrínsecos* ou *extrínsecos*. Fatores de risco intrínsecos são característicos de uma natureza biológica ou psicológica que pode predispor o indivíduo à lesão. São exemplos de fatores de risco intrínsecos as características físicas, como sexo, idade, histórico familiar de lesão ou doença, e somatótipo ou composição corporal; características de desempenho como força muscular, equilíbrio, flexibilidade ou resistência;

e características cognitivas como o nível de ansiedade, autoestima e autoeficácia.

Por outro lado, os fatores de risco extrínsecos são características externas ou ambientais que influenciam o risco de que determinada pessoa tenha uma lesão, por exemplo, condições ou programas de segurança, ou o uso adequado ou inadequado de equipamentos de proteção no local de trabalho. Com relação aos eventos esportivos, esses fatores podem incluir o nível de competição, o esquema de treinamento, ou condições climáticas durante o evento. As dificuldades surgem na identificação dos fatores de risco porque, na maioria das situações, os fatores atuam em conjunto para que o resultado seja uma lesão ou doença. Antes que se possa estabelecer uma associação causal entre um fator de risco e um desfecho de lesão, o fator sob investigação deve ser examinado com a ajuda de um modelo multifatorial de determinação da causa. Acredita-se que fatores de risco intrínsecos predispõem o indivíduo à ocorrência de lesão; e, assim que a pessoa passa a ser suscetível, fatores extrínsecos ou "propícios" podem interagir com os fatores predisponentes de modo a aumentar a probabilidade de ocorrência de lesão (Meeuwisse et al., 2007) (Fig. 1.5). Ao imputarem relações causais a uma determinada lesão, os pesquisadores devem ter muita cautela ao excluir a possibilidade de estarem diante de uma coincidência ou de mera correlação. Muitas das informações epidemiológicas relacionadas à biomecânica da lesão não são diretamente aplicáveis, pois a

---

Abordagem de saúde pública na prevenção e controle das lesões

Um uso válido da epidemiologia descritiva é a vigilância de saúde pública. A vigilância consiste em coletar, analisar, interpretar e disseminar as informações pertinentes à saúde pública de maneira sistemática e contínua, com o objetivo de avaliar a situação da saúde pública, definir prioridades e avaliar programas estabelecidos para melhora da saúde de uma comunidade. A vigilância é realizada pelos órgãos de saúde por razões variadas: estimativa da magnitude de um determinado problema, detecção de epidemias, levantamento de hipóteses, estimulação de novas pesquisas, avaliação dos níveis atuais de cuidados da saúde, determinação da distribuição geográfica de determinada doença e facilitação do planejamento e da alocação de recursos. O enfoque recai em aspectos como *quem, o que, onde* e *quando*, resultando em informações valiosas que são aplicáveis e acessíveis ao público em geral.

São quatro as etapas para a coleta dessas informações, conhecidas como abordagem de saúde pública:

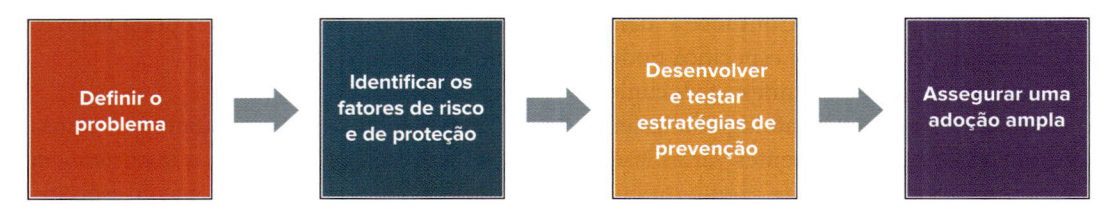

Reproduzida de "Injury Prevention and Control: Our Approach", Centers for Disease Control and Prevention, acessado em 28 de junho de 2022, www.https://www.cdc.gov/injury/about/

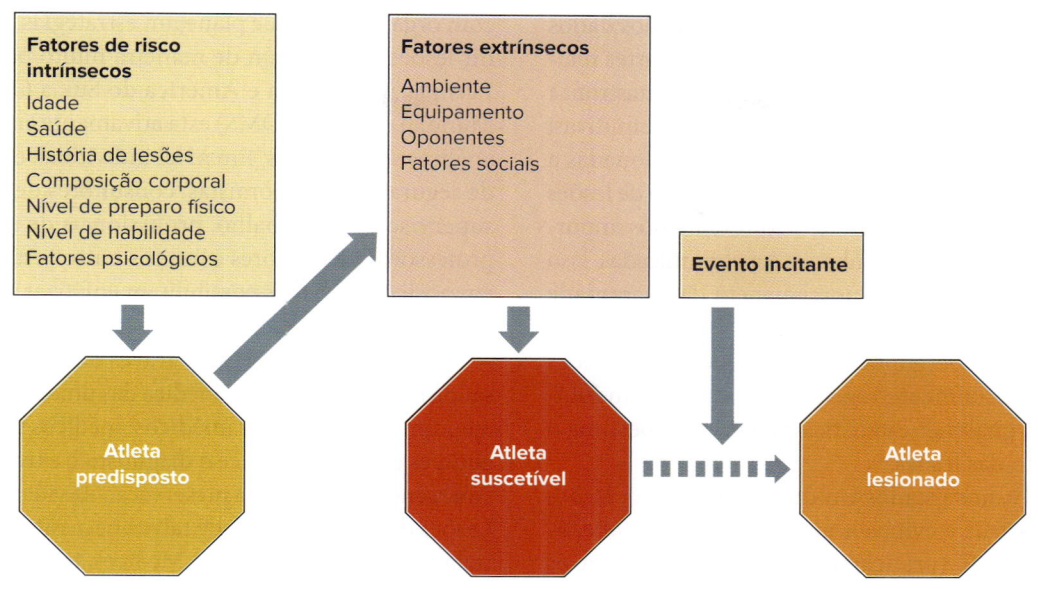

FIGURA 1.5   Avaliação e causa do risco de lesão esportiva: um problema multifatorial.
Adaptada de Meeuwisse et al. (2007).

lesão está descrita levando em conta as circunstâncias (p. ex., lesão atribuível a uma colisão automobilística), e não em conformidade com um agente ou mecanismo causal específico.

Recentemente, os pesquisadores têm aplicado complexas modelagens de sistemas com o objetivo de melhorar o que se sabe sobre a relação entre fatores de risco e padrões de causa das lesões (Bittencourt et al., 2016; Fonseca et al., 2020; Hulme et al., 2019). Esses modelos buscam explorar as interações daquilo que Philippe e Mansi (1998) denominaram "rede de determinantes", em vez de fazer tentativas de avaliar fatores de risco singulares.

Risco relativo é uma medida epidemiológica utilizada na quantificação da probabilidade de ocorrência de lesão em um determinado grupo *versus* outro grupo. O risco relativo é calculado na forma de incidência da lesão no grupo A dividida pela incidência da lesão no grupo B. Por exemplo, pode-se calcular o risco relativo de fraturas por estresse em corredoras fundistas em comparação com mulheres sedentárias na mesma faixa etária, com os dados desses dois grupos – mas não seu risco relativo em comparação a outros grupos (p. ex., corredores homens, velocistas e mulheres idosas). Ao usar qualquer medida estatística, os pesquisadores devem se assegurar de que os percentuais de lesão sejam calculados com base em dados confiáveis; além disso, devem também ter certeza da validade das conclusões baseadas nesses dados. É imperioso que se tenha muito cuidado, atenção e um raciocínio claro antes de usar ou

aceitar qualquer mensuração estatística, inclusive dados relativos aos percentuais lesão.

Esses dados estatísticos podem ser obtidos de diversas fontes. A Organização Mundial da Saúde (OMS) apresenta diversos dados internacionais sobre lesões, como na sua publicação de 2014 *Injuries and Violence: The Facts* (*Lesões e violência: fatos*) e também em relatórios norte-americanos como o *The High Burden of Injuries in South Africa* (*Os altos encargos das lesões na África do Sul*) (2007). A Organização Internacional do Trabalho, um órgão especializado das Nações Unidas, é outra fonte de dados graças ao seu esforço para a promoção de ambientes de trabalho seguros. Outras organizações globais e regionais, como a European Injury Database (EU-IDB) e a Latin American Association of Safety and Hygiene at Work (ALASEHT), também oferecem uma ampla gama de informações sobre lesões.

Muitos países contam com organizações que coletam e relatam dados relacionados às lesões. Nos Estados Unidos, o National Safety Council, a Occupational Safety and Health Administration (OSHA), seguradoras de saúde e conselhos de segurança no trânsito coletam e publicam rotineiramente dados sobre acidentes e lesões. No Canadá, a organização Health Canada coleta anualmente dados semelhantes. Da mesma maneira, as organizações nacionais Safe Work Australia, Japan Industrial Safety and Health Association, Chinese Center for Disease Control and Prevention e muitas outras coletam dados para seus países.

Por duas razões principais, grande parte dos dados disponíveis sobre lesões é proveniente das mortes relacionadas com essas lesões. A primeira delas, a catastrófica natureza das fatalidades as torna destacadas e definitivas; e a segunda, é fácil compilar estatísticas relacionadas a óbitos. Menos atenção é dada à documentação de lesões não fatais, sobretudo aquelas de natureza menos importante – que talvez jamais venham a ser comunicadas. Isso levanta uma questão: que porcentagem da quantidade total de lesões é efetivamente relatada? Desconhecemos a resposta a essa pergunta. O certo é que muitas lesões jamais são oficialmente registradas; portanto, indubitavelmente, qualquer estatística publicada subestima o real impacto das lesões.

Em 2019, nos Estados Unidos, as mortes por lesões não intencionais e evitáveis alcançaram um total estimado de 173.040 (praticamente dois terços dos casos em homens). Esse número se traduz em uma taxa de 51,1 mortes por lesão a cada 100 mil habitantes (National Safety Council, 2022). Em 2014, a Organização Mundial da Saúde estimou que, em média, 9% de todas as mortalidades ocorridas nos países membros foram atribuídas a lesões não intencionais. Contudo, o percentual variou substancialmente entre países de alta renda e aqueles com baixa e média rendas. Em todo o mundo, a variação nos percentuais de óbitos decorrentes de lesão é atribuída à influência de diversos fatores econômicos, sociais e culturais.

A quantidade de óbitos atribuíveis às lesões também é desproporcionadamente mais alta nos jovens. De acordo com o U.S. National Safety Council (2020), as lesões ocupam o primeiro lugar como causa de morte entre indivíduos com idades de 1 a 44 anos. As estatísticas para lesões não fatais são igualmente assustadoras. Nos Estados Unidos, por exemplo, o National Center for Health Statistics (NCHS, 2022) publicou uma estimativa de 40 milhões de passagens pelo pronto atendimento em decorrência de lesões no ano de 2017. Praticamente todas as estatísticas para lesões não fatais são aproximações baseadas em registros hospitalares ou de comissões, ou extrapolações de pesquisas baseadas em entrevistas.

Perspectiva para os profissionais da saúde

Muitos profissionais e organizações da saúde estão envolvidos em estratégias que objetivam reduzir a incidência e gravidade das lesões. Nos Estados Unidos, grupos como o National Safety Council, os Centers for Disease Control and Prevention e a Consumer Product Safety Commission realizam análises de prevenção de lesões. Tanto o Canadá como a Nova Zelândia contam

com organizações que planejam estratégias para prevenir lesões que operam de maneira muito parecida. Na Europa, Ásia, África e América do Sul, a Organização Mundial da Saúde (OMS) está ativamente envolvida em análises semelhantes. Em nível individual, engenheiros de segurança, ergonomistas, consultores de segurança, supervisores de trabalho, profissionais de saúde, pais, professores, treinadores e muitos outros estão situados em posições que lhes possibilitam enfatizar a segurança e a prevenção de lesões.

Com frequência, lesões graves exigem cuidado de saúde imediato. A equipe médica das unidades de pronto atendimento, como paramédicos, médicos socorristas e equipes de apoio, fornece o diagnóstico e tratamento de emergência, com vistas à preservação da vida do paciente. Lesões de menor gravidade talvez necessitem apenas de tratamento não emergencial. Médicos, treinadores esportivos e outros profissionais de saúde relacionados ficam encarregados dessas tarefas diagnósticas e terapêuticas menos urgentes. Muitas lesões, especialmente aquelas que dependem de tratamento cirúrgico, necessitam de reabilitação pós-cirúrgica para que fique assegurado um retorno do paciente a seus níveis de desempenho anteriores à lesão. A equipe de reabilitação (p. ex., fisioterapeutas e terapeutas ocupacionais) realiza esses serviços essenciais.

Perspectiva econômica

Além dos custos físicos e emocionais, os custos financeiros das lesões são enormes. Tendo em vista que as decisões de política pública frequentemente se baseiam em considerações fiscais, faz-se necessário um comentário acerca das perspectivas econômicas.

Em comparação com os riscos à saúde pública sobejamente conhecidos, como as doenças cardiovasculares e o câncer, apenas nas últimas décadas as lesões tiveram reconhecimento como um real risco à saúde pública. O estudo *Injury in America* (Committee on Trauma Research, 1985), um verdadeiro divisor de águas, ajudou a fazer as lesões se tornarem o centro das atenções na área da saúde pública. Isso fez com que o Congresso dos Estados Unidos comissionasse um estudo sobre os impactos econômicos e não econômicos das lesões. Os resultados desse estudo demonstraram que as lesões causam um tremendo efeito, tanto em nível individual como na sociedade como um todo (Rice e Max, 1996).

O National Safety Council dos Estados Unidos estimou um custo total das lesões não intencionais para o ano de 2019 em mais de 1 trilhão de dólares. Na média, esse valor representa 118 milhões de dólares por hora!

Nesse cálculo estão incluídas estimativas de perdas econômicas, como despesas de empregadores, danos a veículos, perdas por incêndios, perdas salariais e de produtividade, despesas médicas e administrativas. Se àquele trilhão de dólares somarmos uma quantia similar estimada para a perda da qualidade de vida decorrente dessas lesões, o custo total resultante das lesões somente para 2019 vai bem além dos 2 trilhões de dólares.

Logo em seguida ao histórico estudo de 1985, *Injury in America*, Runge (1993) desafiou os profissionais da saúde a se envolverem mais no papel de defensores da prevenção e do controle das lesões. Segundo Runge, com tal envolvimento esses profissionais contribuiriam com os esforços voltados à limitação dos atuais custos decorrentes das lesões. Considerando que todos nós pagamos o preço exigido pelas lesões, o desafio de Runge ainda permanece válido.

Perspectiva psicossocial

A consequência mais evidente das lesões é o dano físico e direto aos tecidos do corpo. No entanto, frequentemente são ignorados os fatores psicológicos e sociais que podem estar envolvidos antes, durante e depois da ocorrência de uma lesão. Coletivamente, a consideração de todas essas áreas foi denominada *abordagem biopsicossocial* à lesão (Brewer e Redmond, 2017). Esses fatores podem influenciar a probabilidade e gravidade da lesão e o curso da sua cicatrização e reabilitação. Os aspectos das lesões em que os fatores psicológicos podem estar integralmente envolvidos são os comportamentos de risco e predisposição à lesão, erro humano e acidentes, teorias de causa, avaliação do risco e resposta emocional à lesão.

Ivarsson et al. (2017) realizaram uma metanálise de fatores psicossociais e de lesões esportivas, tendo concluído que as variáveis psicossociais, em conjunto com as intervenções de cunho psicológico, podem influenciar o risco de lesão em atletas. Especificamente, esses autores constataram que níveis elevados de estresse e forte responsividade ao estresse apresentavam forte associação ao risco de lesão; e que as intervenções de base psicológica diminuíram os percentuais de lesão (em comparação com grupos controle).

A probabilidade de experimentar uma lesão depende em grande parte da tarefa na qual a pessoa está envolvida, do ambiente em que a lesão ocorre e do estado psicológico da pessoa. Algumas atividades (como jogar futebol) ou ocupações (como perfurar poços de petróleo) são intrinsecamente mais arriscadas do que outras. Certos ambientes, como terrenos ao ar livre acidentados ou canteiros de obra, são mais arriscados do que um escritório, por exemplo. Além disso, certos estados psicológicos, como desatenção, distração, fadiga ou estresse, podem ser fatores predisponentes à ocorrência de lesão.

Sanders e McCormick (1993) determinaram os pontos essenciais para uma discussão do papel do erro humano, da causalidade do acidente e da avaliação dos riscos na prevenção e controle das lesões. Os pesquisadores destacam a importância da inclusão dos fatores psicológicos no contexto global da análise das lesões:

- Erro humano (definido como uma decisão ou comportamento humano inadequado ou indesejável que diminui ou tem o potencial de reduzir a efetividade, segurança ou desempenho do sistema) – é responsável por muitos eventos que levam à lesão. O erro humano que leva à ocorrência de lesão caracteristicamente resulta da ação direta da pessoa lesionada. Contudo, pode também ser um erro humano indireto, como uma decisão inadequada tomada por um engenheiro durante o projeto de determinado produto ou aparelho. O erro humano pode ser reduzido (1) pela seleção de pessoas com habilidades e capacitações apropriadas para realizar determinada tarefa, (2) por treinamento adequado e (3) pela concepção adequada de equipamentos, procedimentos e ambientes. Em relação ao terceiro ponto, o erro humano direto pode ser incorretamente identificado como a causa da lesão, quando o verdadeiro culpado é o erro humano indireto, em decorrência de um equipamento com concepção falha ou construção defeituosa.

- Já foram propostas muitas teorias psicológicas com o intuito de explicar a causa dos acidentes (com a devida consideração aos nossos comentários anteriores sobre o uso da palavra *acidente*). A seguir, algumas dessas teorias:
  - *Teoria da propensão ao acidente* (algumas pessoas são mais suscetíveis a acidentes do que outras).
  - *Teoria da responsabilidade pelo acidente* (as pessoas estão propensas a acidentes em determinadas situações, e essa tendência não é permanente).
  - *Teoria da capacidade-demanda* (os acidentes aumentam quando as demandas do trabalho excedem a capacidade dos trabalhadores).
  - *Teoria do ajuste ao estresse* (os acidentes aumentam em situações com níveis de estresse que excedem a capacidade dos trabalhadores de lidar com a tarefa).

- *Teoria do estado de alerta-vigilância* (a ocorrência de acidentes é mais provável quando o estado de vigilância é demasiadamente baixo ou alto).
- *Teoria dos objetivos-liberdade-vigilância* (a liberdade dos trabalhadores de estabelecer seus próprios objetivos resulta em desempenho de alta qualidade, o que diminui os acidentes).

Não existe teoria que, isolada, explique adequadamente todos os acidentes e as lesões deles resultantes; um cenário mais provável é aquele do envolvimento de uma combinação única de fatores em cada lesão.

- **Risco** refere-se à probabilidade de uma lesão ou de morte associada a determinado objeto, tarefa ou ambiente. A percepção e avaliação do risco são importantes para que se possa determinar se uma lesão irá ocorrer e, se ocorrer, a gravidade da lesão. Curiosamente, estudos sugerem que, embora a maioria das pessoas seja capaz de discernir o risco relativo entre atividades variadas (p. ex., usar um computador é menos arriscado do que andar de bicicleta), sua capacidade de estimar o risco absoluto não é de modo algum tão preciso. A percepção do risco pode ficar distorcida pela superestimativa do valor da perícia e experiência da própria pessoa; com isso, ocorre uma ênfase excessiva em situações que tiveram cobertura da mídia, e o indivíduo é levado a adotar uma filosofia de que "isso não vai acontecer comigo".

Os fatores psicológicos são influências importantes antes, durante e imediatamente após a ocorrência da lesão e no período que se segue, que pode ter uma duração de semanas, meses, ou mesmo anos. Embora os fatores resumidos por Heil (1993) sejam específicos para atletas, muitos desses fatores são aplicáveis também às situações gerais de lesão (Tab. 1.1). Outros fatores que podem ser acrescentados à lista são: estruturas de apoio familiar, necessidade de trabalhar e simulação/fingimento.

Muitas lesões – e certamente aquelas que atraem a maior atenção da mídia – ocorrem entre atletas. Os perfis psicológicos de atletas de elite e altamente competitivos são, de certa maneira, diferentes dos observados na população em geral. Ao lidar com lesões e com o processo de recuperação, essas diferenças tanto podem ser benéficas como deletérias. Conforme observou Heil (1993), os atributos psicológicos positivos observados em muitos atletas são níveis elevados de motivação, tolerância à dor, orientação ao objetivo e bons hábitos de treinamento físico. Pelo lado negativo, os atletas podem vivenciar uma sensação maior de perda, maior ameaça à sua autoimagem, expectativas pouco realistas e o desejo por uma pronta recuperação; além disso, os atletas podem ter demandas ligadas ao esporte mais altas a serem cumpridas, em comparação com o que ocorre na população em geral.

Nixon (1992) descreveu uma "cultura de risco" associada a atletas competitivos e de alto nível, em que essas pessoas foram socializadas para aceitar e suportar a lesão e a dor como componentes normais da participação esportiva, ignorar a dor e continuar jogando embora estejam lesionadas, além de ocultar suas lesões. Nixon (1992) argumentou que "a determinação dos atletas em assumir o risco de experimentar dor e lesões é afetada pelas características estruturais de seus colegas de prática esportiva (denominada "rede esportiva"), por

TABELA 1.1 Fatores psicológicos nas lesões

Fatores que precedem a lesão	Fatores associados à lesão	Fatores que se seguem à lesão
Histórico de saúde	Angústia emocional	Culpabilidade
Histórico psicológico	Local da lesão	Adesão ao tratamento
Somatização	Dor	Efetividade percebida
Estresse na vida e mudanças	Periodicidade, oportunidade	Complicações do tratamento
Estresse no esporte e mudança	Imprevisibilidade	Dor
Aproximação de competição importante		Uso de medicamentos
Status marginal do atleta		Apoio social
Treinamento excessivo		Conflitos de personalidade
Fatores de risco à saúde ligados ao esporte		Fãs e a mídia
		Litígio

Adaptada com permissão de J. Heil, *Psychology of Sport Injury* (Champaign, IL: Human Kinetics, 1993), p. 75.

relacionamentos com colegas de prática e pela "cultura de risco" que está profundamente arraigada nas subculturas esportivas rigorosas (p. 127).

Pouco importa se entre atletas ou no público em geral, há pouca dúvida de que os fatores psicológicos desempenham um influente papel na avaliação abrangente das lesões. Essa influência não deve ser subestimada nem ignorada.

Perspectiva para os profissionais de segurança

Embora não seja o enfoque principal deste livro, a prevenção e controle das lesões são parte integrante de uma discussão ampla das lesões. Seríamos negligentes se deixássemos de mencionar a importância dos profissionais da segurança – como consultores de segurança, ergonomistas, engenheiros de segurança e educadores da saúde e segurança – ao lidarmos com lesões e sua prevenção.

Caracteristicamente, os programas de prevenção de lesões se enquadram em dois tipos: *programas de controle de lesões* e *programas de orientações em saúde e*

segurança. Coletivamente, os programas de prevenção de lesões aplicam três estratégias:

1. Os programas de orientações em segurança buscam persuadir (educar) as pessoas em risco de lesão a modificar seu comportamento de modo a aumentar a autoproteção (p. ex., usar capacete ao andar de bicicleta, ou usar cinto de segurança ao dirigir carros ou andar de avião).

2. Os programas de controle de lesões requerem mudanças no comportamento do indivíduo com a aplicação de leis ou regras (p. ex., fazer cumprir leis que obriguem ao uso do cinto de segurança nos carros, penalizar jogadores de futebol americano que ataquem o adversário com a parte superior do capacete e exigir o uso de óculos protetores ao trabalhar com agentes químicos).

3. Os programas de controle de lesões proporcionam proteção automática pela correta concepção dos produtos ou por meio de cuidados ambientais (p. ex., *airbags*, contenção passiva em automóveis, mecanismos de liberação multidirecional para amarras de esqui, acolchoamento para as traves de gol e

Lucas Oleniuk/Toronto Star via Getty Images

Que tipo de estratégia de prevenção de lesões provavelmente está sendo aplicado no cenário ilustrado na fotografia?

uso de materiais que absorvem impacto no calcanhar de calçados de corrida).

Entre essas três estratégias de prevenção das lesões, a proteção automática é a mais efetiva, seguida pela exigência de mudança comportamental. A persuasão é a menos efetiva das três. Embora as orientações acerca das lesões sejam importantes, muitas lesões resultam menos da falta de conhecimento do que da não aplicação do que é sabido. Em sua maioria, as pessoas reconhecerão que é mais seguro usar uma máscara quando na função de *catcher* (receptor) no beisebol ou de goleiro no hóquei, mas em certas circunstâncias a máscara não está disponível, ou o jogador opta por não usá-la. As pesquisas sobre comportamento de saúde demonstraram que, à medida que aumenta o grau de esforço do indivíduo necessário para a adoção de um comportamento mais seguro, diminui a proporção da população que responderá com a adoção do comportamento. Assim, quanto maior for a dificuldade ou o incômodo para usar determinado equipamento de proteção, menor a probabilidade de um atleta usá-lo.

Em casos raros, demonstrou-se que o uso exclusivo de orientações foi uma estratégia preventiva adequada (Committee on Trauma Research, 1985). As tentativas mais bem-sucedidas de mudança do comportamento individual com o objetivo de prevenir lesões têm envolvido comportamentos que eram facilmente observáveis e exigidos por lei. Por exemplo, quando as leis impuseram o uso obrigatório de capacete por motociclistas, houve aceitação praticamente geral. Na Tailândia, por exemplo, em seguida à obrigatoriedade legal do uso do capacete,

a quantidade de usuários desse acessório aumentou em cinco vezes (Ichikawa et al, 2003).

Ao longo do século passado, pesquisadores da área de segurança desenvolveram uma ampla variedade de modelos de causas de acidentes, com o objetivo de esclarecer a causa, o processo e as consequências dos acidentes em termos de lesão. Em uma recém-publicada e abrangente revisão de modelos de causas de acidentes, Fu et al. (2020) propuseram um método de classificação que especifica modelos lineares e não lineares, divididos pelos autores em modelos de acidentes baseados em humanos, em estatísticas, na energia e em sistemas.

Uma estratégia final para a prevenção de lesões musculoesqueléticas que é digna de menção nesta seção é a manutenção da força muscular, flexibilidade e boas condições físicas individuais. Não importa se, nos seus lares, locais de trabalho ou na prática esportiva, pessoas com melhor condicionamento físico e flexibilidade terão menor probabilidade de experimentar uma lesão; terão menor quantidade de lesões graves e se recuperarão das lesões experimentadas mais rapidamente do que pessoas em más condições físicas. Na verdade, um dos mais importantes benefícios do treinamento habitual de alongamento e flexibilidade pode ser a prevenção de lesões musculoesqueléticas. A prática adequada do treinamento de flexibilidade e alongamento antes do exercício pode reduzir a rigidez articular, as tensões musculares e tendíneas, e a dor muscular relacionada ao exercício.

Considerando a enorme quantidade e os tipos de lesões que ocorrem, ainda restam muitos desafios aos

---

ALERTA: perigos à sua saúde

Ao que parece, os sinais de alerta estão por toda parte. Sua finalidade é informar os usuários de produtos ou as pessoas em geral em determinado ambiente acerca dos potenciais perigos representados pelo produto ou lugar. Para que um sinal de alerta seja efetivo, ele deve ser planejado de modo a incluir os seguintes elementos:

1. Uma clara definição do perigo.
2. Um pictograma ou palavra sinalizadora (p. ex., ALERTA!).
3. Um sinal para assegurar que a pessoa em risco percebe o aviso (p. ex., cores brilhantes ou luzes que piscam) e que recebe e compreende a mensagem (p. ex., a mensagem deve ser breve, simples e inequívoca).
4. Uma informação sobre as possíveis consequências.
5. Instruções sobre o que fazer para evitar o perigo.

O uso de alertas efetivos pode ter grande influência na redução da incidência de lesões e mortes, tanto em situações de trabalho como recreativas.

Baona/E+/Getty Images

profissionais da saúde em todo o mundo. Os obstáculos perpassam os setores educacional, jurídico, científico, político e econômico. Isso sugere que, provavelmente, as soluções mais efetivas serão as de competências interdisciplinares ou multidisciplinares.

Perspectiva científica

Entre todas as perspectivas relacionadas às lesões, a que predominará nos capítulos que se seguem é a perspectiva científica. Conforme dito previamente, muitas áreas da ciência têm papéis a desempenhar para que as lesões possam ser compreendidas de modo abrangente. Os anatomistas, por exemplo, estudam quais estruturas e tecidos são efetivamente lesionados; os fisiologistas examinam os processos biológicos envolvidos na cicatrização e no reparo dos tecidos; os psicólogos estão interessados nos aspectos comportamentais da lesão; e os engenheiros projetam equipamentos e estruturas objetivando minimizar ou prevenir as lesões.

Dentre todas as áreas da ciência, possivelmente a física e sua subdisciplina, a mecânica, são as mais essenciais para o estudo das lesões. O denominador comum dessa área da ciência é a energia. Aliás, a energia é conhecida como o agente das lesões. Embora as energias térmica, elétrica, magnética e química possam causar lesões, em sua maioria estas envolvem energia mecânica. A relação fundamental entre energia mecânica e lesão destaca a biomecânica como a disciplina lógica ao estudo das causas e efeitos das lesões musculoesqueléticas humanas.

No estudo *Injury in America*, o Committee on Trauma Research (1985) enfatizou o importante papel desempenhado pelas pesquisas sobre biomecânica na prevenção das lesões, tendo chegado às seguintes conclusões, que permanecem altamente relevantes – mais de três décadas depois:

- Deve-se dar alta prioridade às pesquisas que possam proporcionar uma compreensão mais clara dos mecanismos da lesão.
- É necessária a quantificação das respostas às forças mecânicas de áreas críticas do corpo (p. ex., sistema nervoso, vísceras torácicas e abdominais, articulações e músculos) relacionadas à lesão.
- Deve-se dar alta prioridade à definição dos limites da tolerância humana à lesão, em particular no que diz respeito aos segmentos da população para os quais são extremamente limitados os dados pertinentes, inclusive crianças, mulheres e idosos.
- É necessário o aprimoramento das tecnologias de avaliação das lesões, aí incluídos o desenvolvimento de métodos que avaliem lesões debilitantes importantes e causas de fatalidades, a melhoria dos modelos (manequins) antropomórficos e o desenvolvimento de modelos válidos de simulação computadorizada capazes de prognosticar lesões em condições de colisões complexas.
- Em todos os níveis, há necessidade de organizações que realizem pesquisas sobre os mecanismos de lesão e a biomecânica das lesões, e que assegurem um fluxo de cientistas treinados nessa ciência.

REVISÃO DO CAPÍTULO

Pontos-chave

- As estatísticas enfatizam que as lesões constituem um grave problema de saúde pública, merecendo toda a nossa atenção; além disso, devemos dar maior prioridade às lesões, cuja abordagem à prevenção e ao controle deve ser feita de maneira combinada. As lesões são um problema multifacetado, que exige uma abordagem multidisciplinar, para que se possa encontrar e implementar soluções efetivas.
- Uma compreensão precisa e abrangente das lesões apenas poderá se concretizar pelo seu exame a partir de múltiplas perspectivas. A perspectiva histórica destaca os feitos de muitos indivíduos que avançaram nossos conhecimentos em anatomia, fisiologia, lesões e traumas. Nosso atual nível de conhecimento não existiria sem a investigação persistente, curiosidade e observações dessas figuras históricas.
- Uma perspectiva epidemiológica nos oferece a oportunidade de responder a questões de saúde, tanto em nível de observação (p. ex., quem, o quê, onde e quando, com relação à lesão) como analiticamente (como e por quê). De uma perspectiva epidemiológica, a incidência, a prevalência e os fatores de risco são medidas essenciais que devem ser levadas em conta.
- Profissionais da saúde e da segurança estão envolvidos na prevenção e no tratamento das lesões. Até certo ponto, os programas de controle de lesões e de orientações de segurança podem diminuir a incidência e gravidade das lesões. Não obstante, lesões ainda irão ocorrer; assim, são necessários profissionais da saúde – quer sejam socorristas, médicos ou treinadores esportivos – para a prestação dos serviços essenciais para o diagnóstico e tratamento das lesões.

- O custo das lesões é enorme: devem-se considerar não apenas os custos diretos da lesão, como despesas médicas e perdas salariais, mas também os custos indiretos, como a perda de qualidade de vida. Os custos estimados das lesões excedem trilhões de dólares por ano em todo o mundo.
- Muitas vezes subestimados, mas ainda assim extremamente importantes para a prevenção e recuperação da lesão, os fatores psicológicos podem afetar a pessoa antes, durante ou depois da lesão. Diversas teorias foram propostas com o intuito de identificar o estado psicológico como um fator de risco predisponente à lesão. Além disso, o estado psicológico após a lesão afeta enormemente a reabilitação e a recuperação.
- Muitas áreas da ciência colaboram para tratar da etiologia, dos tecidos afetados e dos processos biológicos subjacentes à lesão. Possivelmente a área da física e, de maneira mais específica, a subárea da mecânica são mais pertinentes para o entendimento das lesões musculoesqueléticas e neurológicas e sua prevenção.

Questões a considerar

1. Explique por que há necessidade de uma abordagem multidisciplinar para que ocorra uma consideração efetiva das lesões musculoesqueléticas.
2. Nosso conhecimento sobre mecanismos das lesões, seu diagnóstico e tratamento aumentou rapidamente nas últimas décadas. Com vistas no futuro, se você tivesse que escrever um capítulo sobre a história das pesquisas sobre a lesão, desde o presente até 2040, o que você enfatizaria?
3. Quais são as limitações ao examinar uma lesão a partir de uma só perspectiva (p. ex., apenas sob o ponto de vista biomecânico)?

LEITURAS SUGERIDAS

Ahmad, C.S., and A.A. Romeo, eds. 2019. *Baseball Sports Medicine*. Philadelphia: Wolters Kluwer.

Caine, D.J., P.A. Harmer, and M.A. Schiff, eds. 2010. *Epidemiology of Injury in Olympic Sports*. Hoboken, NJ: Wiley-Blackwell.

Injury Prevention. Disponível em: https://injuryprevention.bmj.com

National Center for Health Statistics. Injuries. Disponível em: www.cdc.gov/nchs/fastats/injury.htm

National Institute for Occupational Safety and Health (NIOSH). Disponível em: www.cdc.gov/niosh

National Safety Council. Available: https://injuryfacts.nsc.org

Robertson, L.S. 2018. *Injury Epidemiology* (4th ed.). Morrisville, NC: Lulu Books.

Schmitt, K-U., P.F. Niederer, D.S. Cronin, M.H. Muser, and F. Walz. 2014. *Trauma Biomechanics: An Introduction to Injury Biomechanics* (4th ed.). Berlin: Springer-Verlag.

U.S. Centers for Disease Control and Prevention. Injury prevention and control. Disponível em: www.cdc.gov.injury

U.S. National Highway Traffic Safety Administration. Available: www.nhtsa.gov

Yoganandan, N., A.M. Nahum, and J.W. Melvin, eds. 2015. *Accidental Injury: Biomechanics and Prevention* (3rd ed.). New York: Springer-Verlag.

2

Classificação, estrutura e função dos tecidos biológicos

A forma acompanha a função.
Louis Henri Sullivan (1856-1924)

OBJETIVOS

- Aprender as origens embrionárias dos tecidos do corpo, concentrando-se nos tecidos conjuntivos que formam os principais elementos do sistema musculoesquelético.
- Entender os constituintes comuns e exclusivos e as características dos tecidos musculoesqueléticos, inclusive ossos, cartilagens, tendões, ligamentos, músculos esqueléticos e articulações.
- Estar capacitado a descrever os papéis singulares que os tecidos conjuntivos e os músculos esqueléticos desempenham durante o funcionamento normal e em seguida a uma lesão.
- Compreender e apreciar como as estruturas anatômicas das articulações influenciam as amplitudes e os planos de movimento do sistema musculoesquelético humano.

Durante séculos, os tecidos conjuntivos submetidos a cargas, como os ossos, ligamentos, tendões e cartilagens articulares, foram considerados como estruturas não reativas, que reagiam de maneira uniforme às tensões mecânicas. Contudo, esses tecidos na verdade são dinâmicos e respondem a estímulos fisiológicos e mecânicos variados – inclusive à lesão. Este capítulo oferece uma base em relação à formação, estrutura e adaptabilidade dos tecidos musculoesqueléticos (p. ex., ossos, cartilagens, tendões, ligamentos, músculos esqueléticos e articulações), para que possamos compreender melhor os mecanismos subjacentes a suas respostas únicas.

EMBRIOLOGIA

Para que possamos compreender o funcionamento normal do sistema musculoesquelético e os resultados das lesões, devemos compreender a formação e organização dos tecidos do corpo. Da mesma maneira que fios de algodão trançados formam um tecido, as células, fibras e outros componentes da matriz se combinam de modo a formar os tecidos do corpo. O tecido é um agregado de células e material intersticial que interagem a fim de realizar funções especializadas.

Cada tecido do corpo tem uma função singular e uma organização característica. Para que possamos compreender melhor como os tecidos se organizam e como funcionam, é importante entender de onde eles vêm e como se diferenciam e se formam durante a gastrulação – o processo embrionário durante o qual uma monocamada de células se transforma em uma gástrula contendo várias camadas celulares. O apanhado geral que se segue sobre a embriologia dos tecidos destaca os elementos comuns dos tecidos e lança as bases para futuras discussões sobre o papel das células nos processos de reparo e de cicatrização dos tecidos dos sistemas musculoesquelético e nervoso.

As descrições que se seguem estão dispostas em uma ordem cronológica do desenvolvimento, em seguida à fusão dos núcleos do espermatozoide e do óvulo. O estágio embrionário do desenvolvimento humano refere-se ao tempo transcorrido desde a fertilização até a oitava semana de vida; o estágio fetal é o período com início na nona semana até o nascimento.

A fertilização do óvulo (*oócito*) por uma célula do sêmen (*espermatozoide*) produz um zigoto em seguida à fusão dos núcleos haploides. O zigoto começa a se dividir por mitoses na tuba uterina um dia após a fertilização, e essa divisão tem continuidade durante o trajeto do zigoto em direção ao útero (Fig. 2.1). Entre os dias 1 e 4, o zigoto passa por rápida divisão celular em um processo denominado clivagem embrionária (i. e.,

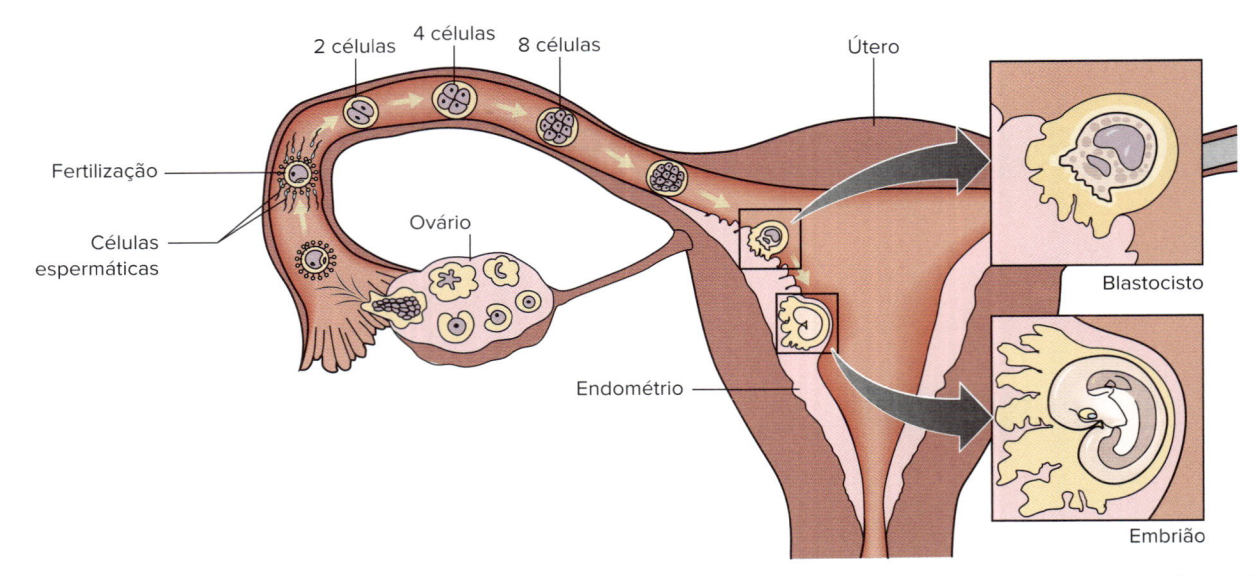

FIGURA 2.1 O zigoto começa a se dividir cerca de 24 horas após a fertilização e dá continuidade às rápidas divisões mitóticas da clivagem em seu avanço ao longo da tuba uterina. Três ou quatro dias após a ovulação, o pré-embrião chega ao útero e flutua livremente durante 2 a 3 dias, sendo alimentado por secreções das glândulas endometriais. No final do estágio de blastocisto, o embrião implanta-se no endométrio; esse evento tem início por volta do sétimo dia após a ovulação.

as células se dividem ao meio, e o resultado é que não ocorre crescimento no seu tamanho), de modo a produzir uma esfera sólida conhecida como mórula. Essa "bola" torna-se oca, e o vazio criado é ocupado por líquido. Em seguida, "eclode" a partir da zona pelúcida – a membrana original que circunda o oócito. Por volta do quinto dia, a mórula, que agora é chamada de *embrião*, consiste em uma massa formada por cerca de 64 células aderidas à parede de uma forma de esfera oca – essa estrutura é o blastocisto. A "parede" previamente mencionada, ou esfera externa, consiste em células trofoblásticas, e o aglomerado de células em divisão do embrião é conhecido como massa celular interna.

Por volta do oitavo dia, o blastocisto estará parcialmente implantado na parede uterina, e no décimo dia ocorre a formação de duas cavidades no interior da massa celular. A cavidade (saco) amniótica primitiva está associada a uma camada de células denominadas ectoderma, enquanto a segunda cavidade, o saco vitelino primitivo, está associada a uma camada de células denominada endoderma. O ponto em que o endoderma e o ectoderma entram em contato constitui o embrião (i. e., a interface das células do ectoderma e do endoderma na Fig. 2.2). Essas camadas celulares contíguas formam o disco embrionário bilaminar, que é a massa celular fundamental que irá desenvolver-se para a formação do feto.

Os primeiros traços da medula espinal primitiva (notocorda) ficam evidenciados por volta do 16º dia do desenvolvimento embrionário. No embrião, ocorrem outras especializações e diferenciações de células durante a segunda semana e no início da terceira semana de desenvolvimento. A essa altura, forma-se uma terceira camada de células, denominada camada mesodérmica intraembrionária. As células mesodérmicas em desenvolvimento invaginam e se disseminam entre as camadas endodérmica e ectodérmica. Essa transformação do disco embrionário bilaminar em um disco trilaminar que contém as três camadas germinativas primárias – ectoderma,

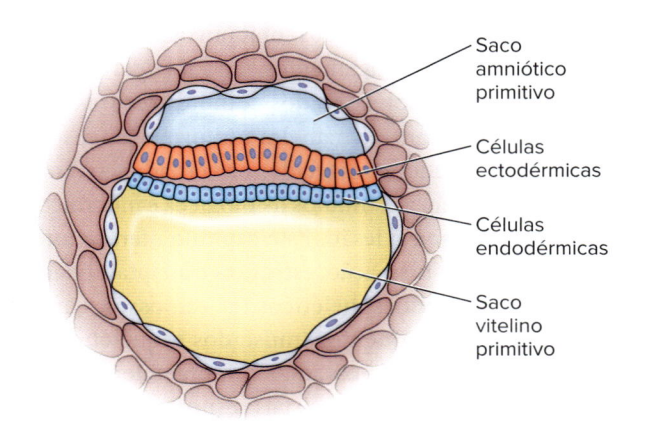

FIGURA 2.2 Ilustração das camadas bilaminares de células germinativas (i. e., células do ectoderma e do endoderma justapostas), bem como do saco amniótico primitivo (em associação com o ectoderma) e do saco vitelino primitivo (em associação com o endoderma).

mesoderma e endoderma – é chamada *gastrulação*. Por volta do 20º dia, observa-se evidência da formação de estruturas nervosas distintas (i. e., placa, sulco e pregas).

Os somitos são corpos cuboides que formam nítidas cristas superficiais e influenciam os contornos externos do embrião. Por volta do início da 4ª semana em seguida à fertilização, as paredes ventral e medial dos somitos exibem intensa atividade proliferativa, assumem uma forma polimorfa, congregam-se e migram em direção à notocorda. Coletivamente, esse aglomerado de células migratórias é conhecido como esclerótomo. Depois que o esclerótomo se condensou nas proximidades da notocorda, a parede restante do somito (i. e., o aspecto dorsal) dá origem a uma nova camada de células, denominada dermátomo. As células com origem no dermátomo formam um tecido conhecido como miótomo, que dá origem à musculatura. A Tabela 2.1 apresenta a cronologia dos principais eventos embriológicos.

As células indiferenciadas do esclerótomo formam um tecido frouxo conhecido como mesênquima (tecido conjuntivo primitivo). O mesênquima é o tecido precursor de diversos tecidos conjuntivos do adulto, como cartilagens, ligamentos, fáscias, tendões, células do sangue, vasos sanguíneos, pele, ossos e músculos. Um dos principais atributos das células mesenquimais (células-tronco) é sua capacidade de diferenciação em uma variedade de células especializadas entre os tipos de tecido conjuntivo; por essa propriedade, são denominadas células pluripotentes. As células-tronco podem se transformar em fibroblastos (associados à formação de fibras elásticas ou colágenas), condroblastos (envolvidos na formação da matriz cartilaginosa) ou osteoblastos (associados à matriz extracelular óssea).

TABELA 2.1 Cronologia dos eventos principais no início da embriologia

Dias após a fertilização	Evento
5	Arranjo celular para formação do blastocisto
8	Implantação parcial do blastocisto na parede uterina
10	Formação de duas cavidades no interior da massa celular
16	Formação da notocorda
20	Evidência de estruturas nervosas distintas e de somitos

TIPOS DE TECIDOS

Os tecidos são classificados em quatro tipos: epitelial, nervoso, conjuntivo ou muscular (Fig. 2.3). Nas seções que se seguem, serão discutidos esses tipos de tecido e suas estruturas e funções.

Tecido epitelial

Tecido epitelial é um tecido de cobertura (revestimento) que pode ser especializado para a absorção, secreção, transporte, excreção ou proteção do órgão ou tecido subjacente. Em sua maioria, os tecidos epiteliais do corpo são derivados do endoderma e do ectoderma. As membranas epiteliais consistem inteiramente em células e não contêm capilares; sua nutrição provém de secreções de capilares localizados nos tecidos conjuntivos próximos. Essas membranas não são fortes; via de regra, estão firmemente presas ao tecido conjuntivo e separadas

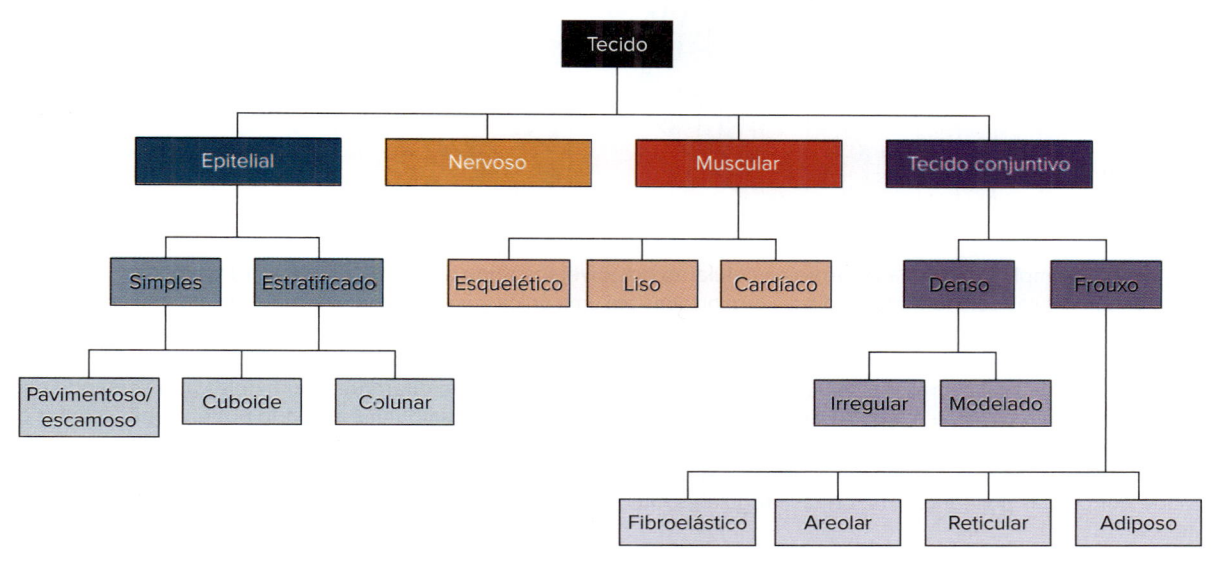

FIGURA 2.3 Relações organizacionais dos tipos de tecidos.

por uma delgada camada de material chamada **membrana basal**, composta pelas lâminas basal e reticular.

O tecido epitelial está sujeito a desgaste, e suas células passam constantemente por um ciclo de perda e regeneração. Estruturalmente, a quantidade de camadas celulares e o arranjo das formas celulares determinam os nomes genéricos dos tecidos epiteliais. Por exemplo, uma camada única de células é descrita como *simples*. O tecido contendo duas ou mais camadas de células é denominado *estratificado*. Em relação à forma das células, as categorias comuns são: pavimentosa ou escamosa, cuboide e colunar. Por exemplo, um tecido epitelial pode ser classificado como cuboide simples ou pavimentoso estratificado. A Figura 2.4 ilustra quatro tipos de células epiteliais.

O arranjo das células epiteliais em camadas ou colunar é mecanicamente fraco. Contudo, os tecidos epiteliais desempenham um papel importante na difusão dos líquidos teciduais e do calor, bem como na condução bioelétrica.

Tecido nervoso

O **tecido nervoso**, um segundo tipo de tecido, desenvolve-se a partir do ectoderma. Esse tecido abrange as principais partes do sistema nervoso, incluindo o encéfalo, a medula espinal, os nervos periféricos e os órgãos dos sentidos. A unidade básica do tecido nervoso é o **neurônio**, ou célula nervosa. A comunicação, uma característica vital do tecido nervoso, é efetuada por meio do movimento de íons ou de outros mensageiros químicos, o que possibilita a ocorrência de **irritabilidade** (a capacidade de reagir a agentes químicos ou físicos) e de **condutividade** (a capacidade de transmitir impulsos de um lugar para outro). Os impulsos nervosos são recebidos pelos **dendritos** (projeções digitiformes localizadas nas proximidades da extremidade proximal do neurônio), conduzidos em direção ao corpo celular e somados, e – caso tenha sido gerado um potencial de ação – transportados do corpo celular por meio do axônio (a porção distal alongada do neurônio). O tecido

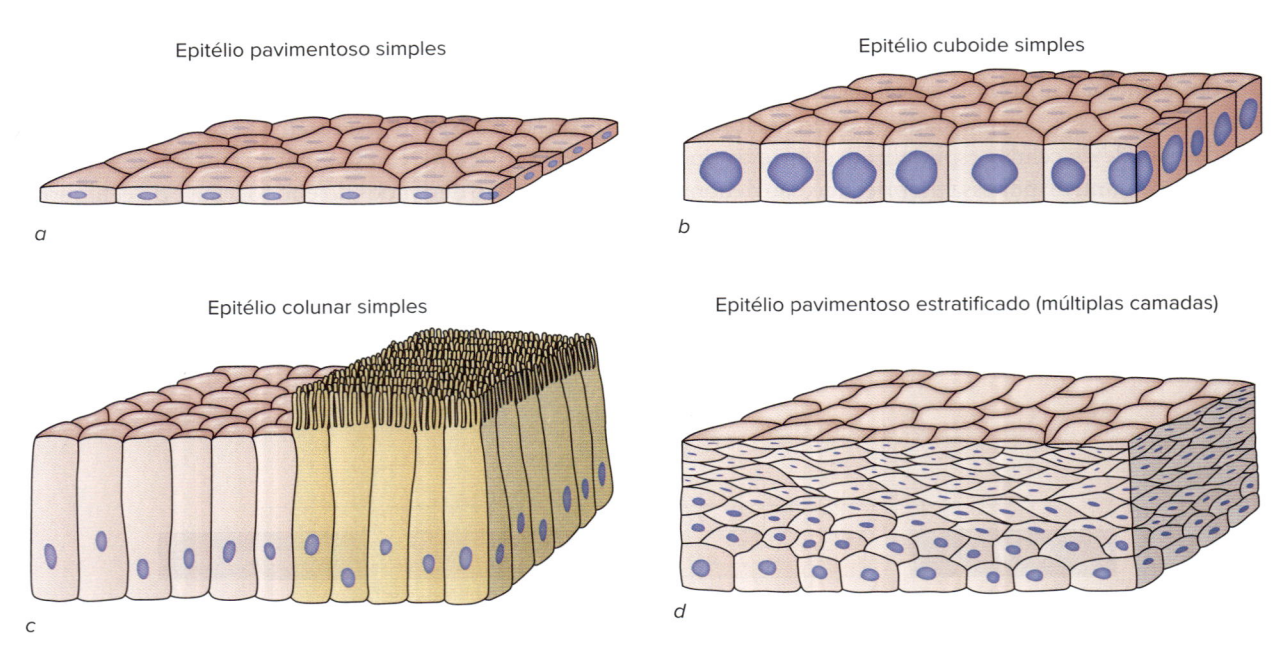

FIGURA 2.4 Exemplos de formas e arranjos celulares dos diversos tipos de tecido epitelial. *(a)* O epitélio pavimentoso simples contém células com formato de placas organizadas em uma única camada e que aderem intimamente umas às outras por suas bordas, de modo a possibilitar a ocorrência de difusão simples (i. e., os alvéolos nos pulmões). *(b)* O epitélio cuboide simples e *(c)* o epitélio colunar simples podem ter aspecto parecido na superfície. Mas, quando observados em perfil (p. ex., *b* comparado a *c*), as alturas desses tipos celulares são substancialmente diferentes – um deles apresentando essencialmente um arranjo cuboide e o outro exibindo uma composição colunar muito mais alta, que pode, ou não, conter cílios filiformes aderidos. *(d)* O epitélio pavimentoso estratificado consiste em várias camadas, e algumas delas descamam quando em contato com o ambiente (i. e., na boca). As células desse epitélio variam, desde células cuboides profundas ou colunares, passando por células poliédricas de formas irregulares, até camadas superficiais que consistem em delgadas células pavimentosas.

nervoso pode ser lesionado por uma tensão (estiramento) ou compressão excessivas, porque sua função fisiológica principal não é suportar carga.

Tecido conjuntivo

Os tecidos conjuntivos são materiais agregados que consistem em células, fibras e outras macromoléculas mergulhadas em uma matriz que também pode conter um líquido tecidual. Nos tecidos conjuntivos, os principais tipos de fibras incluem as colágenas, reticulares e elásticas, embora as fibras colágenas e reticulares sejam basicamente formas diferentes da proteína colágeno – tipos I e III, respectivamente (Nezwek e Varacallo, 2019). O tecido conjuntivo é derivado do mesoderma, mas difere, basicamente, dos outros três tipos de tecidos na quantidade de substância extracelular. As células do tecido conjuntivo são estruturas maleáveis e facilmente deformáveis, em sua maioria vascularizadas (em contraposição à cartilagem, tendões e ligamentos). Isoladamente, essas estruturas não seriam capazes de transmitir cargas substanciais, mas a matriz extracelular que mantém unidos os tecidos conjuntivos lhes dá forma e, além disso, possibilita a transmissão de carga pelos tecidos. A relação entre as células e a matriz extracelular e a composição da matriz determinam as características físicas do tecido conjuntivo. A composição da matriz pode variar desde uma substância relativamente mole, que lembra a consistência de gel (p. ex., pele ou ligamento), até uma consistência rígida (p. ex., ossos). Uma função fundamental das células presentes nos ossos, cartilagens, tendões e ligamentos é a produção e manutenção da matriz extracelular. O arranjo e a densidade de compactação das fibras diferenciam esses tecidos conjuntivos densos dos tecidos conjuntivos frouxos (esse tópico será detalhado em seções subsequentes deste capítulo).

Em comparação com os tecidos conjuntivos densos, os tecidos conjuntivos frouxos são mais prevalentes. Os tecidos frouxos se apresentam em quatro tipos básicos: tecido fibroelástico, areolar, reticular e adiposo. Todos esses tipos contêm algumas fibras elásticas que proporcionam flexibilidade ao tecido. Os tecidos também contêm fibras colágenas, juntamente com uma matriz extracelular líquida que banha e nutre as células e fibras.

O tecido fibroelástico é uma rede frouxamente trançada de fibras que reveste a maioria dos órgãos do corpo. O grau de flexibilidade do tecido conjuntivo frouxo está relacionado com a organização das fibras colágenas. Como um todo, o tecido pode ser alongado (i. e., esticado) sem que, a princípio, ocorra deformação das fibras. Tendo em vista que o colágeno existente no tecido conjuntivo frouxo está configurado como uma malha, inicialmente essa malha sofre deformação (folga). Em seguida, as fibras se alinham antes que fibras colágenas individuais sofram alongamento elástico. Isso contrasta com os tecidos conjuntivos fibrosos densos, como os tendões, nos quais o colágeno está arranjado em fileiras paralelas. Tendo em vista que o colágeno do tendão já está mais alinhado com a carga tênsil, as fibras opõem resistência mais rapidamente à carga tênsil aplicada. Depois que a carga deformou o tecido fibroelástico, as fibras elásticas ajudam o tecido conjuntivo esticado em seu retorno à posição original, ao ser liberada a carga.

O tecido areolar permeia praticamente todas as áreas do corpo para que ocorra a ligação entre diferentes tipos de tecido (i. e., pele ao músculo, espaço entre os órgãos) com o objetivo de promover um leve efeito de isolamento e proteção. O tecido é chamado de *areolar* porque essa área se caracteriza por espaços ou vazios preenchidos apenas por matriz extracelular líquida (i. e., líquido intersticial entre órgãos). Fibroblastos e macrófagos são abundantes, e as fibras colágenas e algumas fibras elásticas e reticulares conferem uma resistência estrutural limitada ao tecido areolar. Apesar disso, o tecido areolar é um tecido conjuntivo delicado, que pode ser facilmente rompido e separado. As fibras da rede reticular funcionam como um limite entre os tecidos conjuntivos areolares e outras estruturas.

O tecido reticular contém fibras reticulares e algumas células primitivas; assim, esse tecido se assemelha aos tecidos mesenquimais primitivos. As células primitivas existentes no interior do tecido reticular podem se diferenciar em fibroblastos, macrófagos e, até mesmo, em algumas células plasmáticas (plasmócitos). Observa-se a presença de tecido reticular nas proximidades dos linfonodos e na medula óssea, e também no fígado e baço. As fibras reticulares também podem ser encontradas em muitas outras áreas do corpo, por exemplo, em torno dos nervos, músculos e vasos sanguíneos, bem como no estroma dos órgãos.

O tecido adiposo é o quarto tipo de tecido conjuntivo frouxo. Ao microscópio, esse tecido tem o aspecto de uma coleção de células adiposas (adipócitos) circundadas por tecido areolar. Cada adipócito contém uma gotícula de gordura. Todo tecido conjuntivo frouxo pode acumular gordura, e, quando ocorre predomínio dessa substância, utiliza-se o termo *tecido adiposo*. Fibras reticulares envolvem cada adipócito, e capilares podem ser observados entre as células. A vascularidade abundante é consistente com o elevado metabolismo do tecido adiposo. Esse tecido pode ser mobilizado para uso no corpo se não houver imediata disponibilidade de carboidratos; e será prontamente armazenado quando não for necessário. O tecido adiposo é comumente observado em torno dos órgãos na cavidade abdominal, na região subcutânea e na medula óssea. Quando presente sob a pele, o tecido adiposo pode evitar a dissipação do calor e atuar como um amortecedor para o esqueleto durante a ocorrência de impactos externos. Nos adultos, o tecido adiposo é basicamente do tipo branco, e atua principalmente como reserva de triglicerídeos. Entretanto, em crianças pequenas, o tecido adiposo tende a ter um aspecto marrom, em virtude da elevada densidade mitocondrial. As elevadas taxas de produção de trifosfato de adenosina (ATP) associadas ao tecido adiposo marrom estão ligadas à maior produção de calor, o que possibilita um maior controle da temperatura em crianças pequenas.

Constituintes dos tecidos conjuntivos

Células, matriz extracelular (inclusive fibras e glico-proteínas da matriz) e líquido tecidual são os elementos estruturais dos tecidos conjuntivos. Os constituintes específicos dos ossos, cartilagens, tendões e ligamentos serão discutidos mais adiante neste capítulo; nesta seção, apresentaremos apenas os componentes em comum desses tecidos.

Células. São vários os tipos de células encontradas nos tecidos conjuntivos. Essas células são classificadas como células residentes (fixas) ou células migratórias (errantes) (Fawcett e Raviola, 1994). As células residentes são relativamente estáveis no tecido, e sua função é produzir e manter a matriz extracelular.

Células-tronco mesenquimais indiferenciadas são células residentes capazes de se diferenciar em diversas células do tecido conjuntivo, incluindo células adiposas (adipócitos). Uma característica importante das células mesenquimais é que elas podem se diferenciar em fibroblastos, condroblastos ou osteoblastos. Subsequentemente, a maturação dos condroblastos e osteoblastos resulta na formação de condrócitos e

osteócitos. Os fibroblastos são o principal tipo de células em muitos tecidos conjuntivos fibrosos. Sua função envolve a formação de fibras e também de outros componentes da matriz extracelular.

As células migratórias que ingressam no tecido conjuntivo (p. ex., macrófagos, monócitos, basófilos, neu-trófilos, eosinófilos, mastócitos, linfócitos e plasmócitos) se deslocam via circulação sanguínea. Em geral, essas células estão associadas à reação dos tecidos às lesões, por meio da iniciação e regulação de uma resposta imune e inflamatória. A quantidade de cada tipo de célula nos tecidos conjuntivos é bastante variável, mas dois tipos celulares justificam uma menção mais detalhada.

O primeiro tipo, os macrófagos, contém vacúolos (reservatórios vazios) e lisossomos que podem acumular e degradar material estranho, eritrócitos envelhecidos e bactérias. Graças a essa capacidade, o macrófago é parte de um sistema fagocitário ("devorador de células") mais amplo, o sistema reticuloendotelial, que é um importante sistema de defesa do corpo. O segundo tipo, os mas-tócitos, é composto por células relativamente grandes que contêm uma quantidade substancial de citoplasma. Acredita-se que os muitos grânulos existentes em seu citoplasma contêm heparina, que atua como um anti-coagulante do sangue. Os mastócitos também podem conter histamina (um vasodilatador) e serotonina (um vasoconstritor).

Matriz extracelular. Nos tecidos conjuntivos, a matriz extracelular é uma mescla de componentes que envolvem fibras proteicas (colágeno e elastina), glicoproteínas de matriz simples e complexa e líquido tecidual; essas substâncias interagem e contribuem para as propriedades mecânicas (p. ex., rigidez e resistência) dos tecidos conjuntivos. A matriz extracelular pode aderir ou se ligar às células por meio das integrinas, que são proteínas transmembrana; essas interações podem estar envolvidas na mecanotransdução (i. e., conversão de estímulos mecânicos em respostas biológicas).

Fibroblasto *versus* fibrócito

As células mesenquimais são as progenitoras indiferenciadas das células do tecido conjuntivo. Fawcett e Raviola (1994) explicaram que o sufixo "blasto" (derivado do grego *blastos*, que significa *germe*) é frequentemente empregado para se referir aos estágios imaturos de alguns tipos celulares. O termo *fibroblasto* tem sido utilizado para descrever o estágio indi-ferenciado de um fibrócito. Por sua vez, o termo fibrócito é utilizado para indicar a fase relativamente quiescente e madura do desenvolvimento da célula. Entretanto, esse é um termo impróprio. Fibroblasto já significa célula "formadora de fibra". Tendo em vista que o fibroblasto maduro é o principal local de biossíntese de colágeno e de elastina, não há necessidade de mudar o nome para fibrócito quando a célula se torna madura. Embora haja alguma diferença de opinião, em geral se aceita que os termos *fibroblasto* e *fibrócito* são intercambiáveis; fibroblasto é a denominação preferida, mas fibrócito é aceitável. No restante deste texto utilizaremos apenas o termo fibroblasto ao nos referirmos a essa célula madura.

O colágeno é a proteína mais abundante no mundo animal, constituindo mais de 30% do total de proteínas no corpo humano (Eyre, 2004; Parry e Squire, 2005). A unidade fundamental do colágeno é a molécula tropocolágeno. Essa molécula é constituída por três cadeias peptídicas espiraladas contendo cerca de 1.000 aminoácidos que se entrelaçam de modo a formar uma tripla hélice. Fileiras paralelas de tropocolágeno formam microfibrilas, e estas se agregam em um arranjo paralelo formando fibrilas (Fig. 2.5). As fibrilas de colágeno se alinham em feixes, formando fibras colágenas. A estabilidade das fibras colágenas pode ser reforçada com a formação de ligações cruzadas de colágeno, tanto no interior como entre moléculas de colágeno (embora a excessiva ocorrência de ligações cruzadas faça com que o colágeno fique excessivamente rígido e inextensível). Essas fibras estão presentes em quantidades variáveis em todos os tipos de tecido conjuntivo. A organização das fibras colágenas é específica para cada tecido, e podem variar desde um arranjo relativamente aleatório de fibras no tecido conjuntivo frouxo até um arranjo paralelo e muito organizado nos tecidos conjuntivos densos regulares. Todas as células essenciais do tecido conjuntivo (fibroblastos, condroblastos, condrócitos, osteoblastos e osteócitos) têm a capacidade de sintetizar colágeno.

Colágeno é um termo amplo; já foram descritos pelo menos 28 tipos de colágeno (Ricard-Blum, 2011). O colágeno é classificado de acordo com sua organização molecular como tipo I, tipo II, tipo III etc. O colágeno tipo I, que abrange 90% do colágeno encontrado em humanos, localiza-se na pele, osso, tendão, ligamento e córnea. O colágeno tipo II é encontrado basicamente nas cartilagens, e o tipo III é mais abundante no tecido conjuntivo frouxo, derme cutânea e paredes dos vasos sanguíneos.

As fibras elásticas são formadas pela proteína elastina e por microfibrilas, que estão agregadas em pequenos feixes e incrustadas dentro de uma elastina relativamente amorfa. Em comparação com as fibras colágenas, as fibras elásticas são mais delgadas e extensíveis, e podem sofrer estiramento até cerca de 150% de seu comprimento original, antes que venha a ocorrer sua ruptura (Fawcett e Raviola, 1994). A composição química da elastina tem alguns componentes semelhantes ao colágeno.

Além do colágeno e das fibras elásticas, outra importante fração proteica da matriz extracelular é a das glicoproteínas complexas. As glicoproteínas ocupam o espaço entre as fibras e constituem a chamada *substância fundamental* dos tecidos conjuntivos. Essas glicoproteínas complexas da matriz têm carga negativa e são hidrofílicas (i. e., atraem moléculas de água), atributos que exercem efeitos significativos nos comportamentos mecânicos do tecido conjuntivo. Um tipo de glicoproteína encontrada são as proteoglicanas, um grupo de proteínas às quais aderem uma ou mais cadeias laterais de carboidratos especializados (glicosaminoglicanas) (Lo et al., 2003; Silver e Bradica, 2002).

Além das proteoglicanas, também são encontradas outras glicoproteínas especializadas na matriz do tecido conjuntivo. Tais moléculas são chamadas glicoproteínas de adesão à célula, por serem importantes para a agregação celular. Um tipo, a fibronectina, desempenha um papel importante na migração celular. As células envolvidas no reparo dos tecidos também podem utilizar a fibronectina como um local de fixação estável durante o processo de reparo. Há outro tipo de glicoproteína de

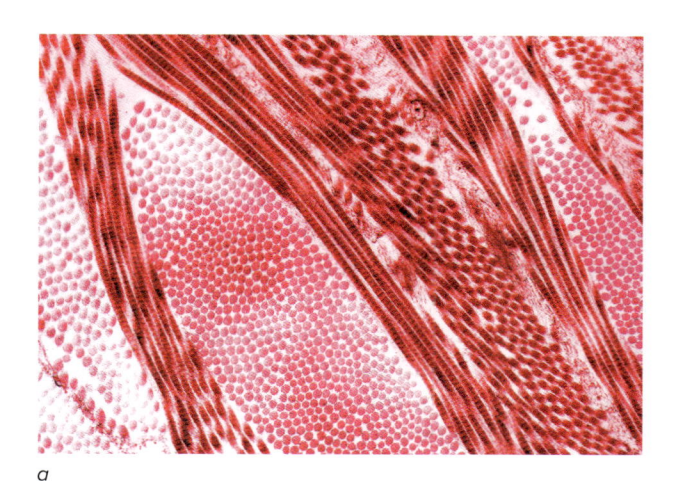

a

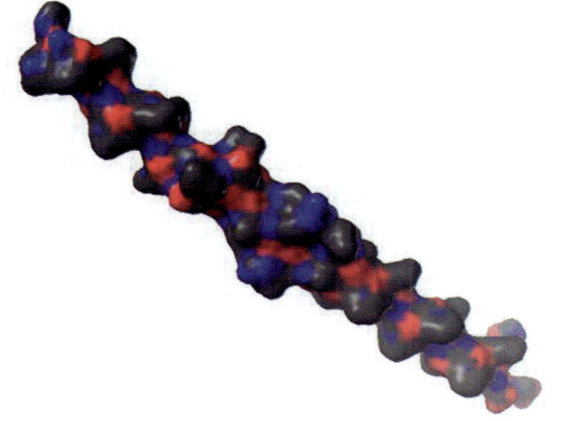

b

FIGURA 2.5 *(a)* Seções transversas do colágeno, ampliação × 26.000. *(b)* Estrutura do colágeno.

adesão celular: condronectina, que ajuda a estabilizar o condrócito em sua matriz (Lo et al., 2003).

Líquido tecidual. O líquido tecidual é um filtrado do sangue que se localiza nos espaços intercelulares (intersticiais). O líquido tecidual ajuda no transporte de materiais (p. ex., nutrientes, fatores tróficos e dejetos) entre os capilares e células na matriz extracelular.

O líquido tecidual transporta nutrientes e oxigênio até as células, por meio da difusão através da extremidade arterial do capilar (filtração). Avançando na direção oposta, o líquido retorna os resíduos inúteis até a extremidade venosa do capilar para serem removidos pelo sangue (reabsorção), ou esses detritos são eliminados pelo sistema linfático. Este último sistema contém canais e pontos de filtragem (linfonodos e baço) para a limpeza do líquido tecidual, antes que ele retorne à corrente sanguínea. No caso de bloqueio nos linfonodos, o líquido tecidual fica retido nos espaços intercelulares, o que resulta na formação de edema (inchaço dos tecidos).

O líquido tecidual fica retido nos espaços intersticiais das proteoglicanas e glicosaminoglicanas entrelaçadas. A interação do líquido com essas macromoléculas confere à matriz extracelular sua característica de gel, contribuindo para o comportamento mecânico do tecido.

Osso

O osso é um dos tecidos conjuntivos especializados mais rígidos e resistentes no corpo. O esqueleto do ser humano e de outros vertebrados protege os órgãos vitais, atua como local de reserva de minerais (cálcio), abriga as células hematopoiéticas da medula óssea (para formação dos eritrócitos) e proporciona alavancas que contribuem para a produção de força muscular e para o controle da produção de força e para os movimentos. O osso é uma estrutura dinâmica em constante remodelação e que responde às alterações na carga mecânica, nos níveis dos hormônios circulantes e nos níveis séricos (i. e., plasma sanguíneo sem fatores da coagulação) de cálcio. Cada um desses fatores está sinergisticamente inter-relacionado, e a anatomia de um osso reflete a interação desses fatores. Um aspecto essencial do osso (e de outros tecidos conjuntivos) é a alteração da resposta do tecido a tipos variáveis de carga mecânica. Por exemplo, um osso submetido à tensão (alongamento) reagirá de maneira diferente e irá fraturar sob aplicação de uma carga menor, em comparação com um osso submetido a uma compressão (compactação).

O osso pode ser estudado como um órgão, como tecido ou em nível celular, por ser uma unidade funcional em cada um desses níveis organizacionais. Como

órgão, o osso responde por um percentual substancial da massa corpórea total, e está envolvido em processos metabólicos como a hematopoese (formação de células do sangue) e o armazenamento de triglicerídeos. O tecido ósseo pode ser classificado como osso cortical (também denominado osso compacto) ou trabecular (também conhecido como osso esponjoso). Embora os ossos cortical e trabecular apresentem as mesmas células, seu comportamento mecânico e respostas adaptativas são diferentes. O osso cortical compõe a porção exterior rígida do osso; o osso trabecular forma a estrutura interna e confere resistência às cargas compressivas. Pessoas com baixa densidade mineral óssea ou com osteopenia têm quantidades menores de osso trabecular, o que leva a um risco aumentado de fraturas. O tecido ósseo tem muitos tipos de células, que atuam de maneira interativa com o objetivo de manter o osso em sua função de tecido e de órgão.

Desenvolvimento ósseo. O desenvolvimento do esqueleto tem início quando células mesenquimais da camada germinativa mesodérmica se condensam. Em certos ossos (do crânio e da face e, em parte, costelas, clavícula e mandíbula), as condensações celulares formam matrizes fibrosas que então passam por ossificação (i. e., formam tecido ósseo) diretamente (ossificação intramembranosa). A Figura 2.6 ilustra os elementos da ossificação, que tem início com a diferenciação das células mesenquimais em osteoblastos que, por sua vez, secretam matriz óssea (p. ex., colágeno tipo I). Quando a matriz extracelular óssea passa por calcificação, canalículos (i. e., canais) distintos são deixados intactos, de modo a possibilitar a comunicação entre os osteócitos.

Na maioria dos ossos dos membros e do esqueleto axial (p. ex., crânio, coluna vertebral e sacro), condensações mesenquimais formam um modelo cartilaginoso (*anlage*) dos ossos, em vez de avançar diretamente à calcificação e à ossificação. A ossificação endocondral (Fig. 2.7) prossegue desde o centro do osso em direção às epífises (extremidades) durante o desenvolvimento dos ossos longos, por meio de uma placa de crescimento (fise) cartilaginosa. Caracteristicamente, os ossos longos têm duas fises (uma em cada extremidade), embora alguns ossos (p. ex., os metacarpais) possam ter apenas uma fise funcional. Nos ossos com duas fises, pode existir uma fise dominante entre as duas, o que resulta em taxas de crescimento desiguais (p. ex., fise femoral distal e a fise umeral proximal).

O crescimento longitudinal ocorre quando é adicionado tecido ao lado metafisário da fise; o crescimento

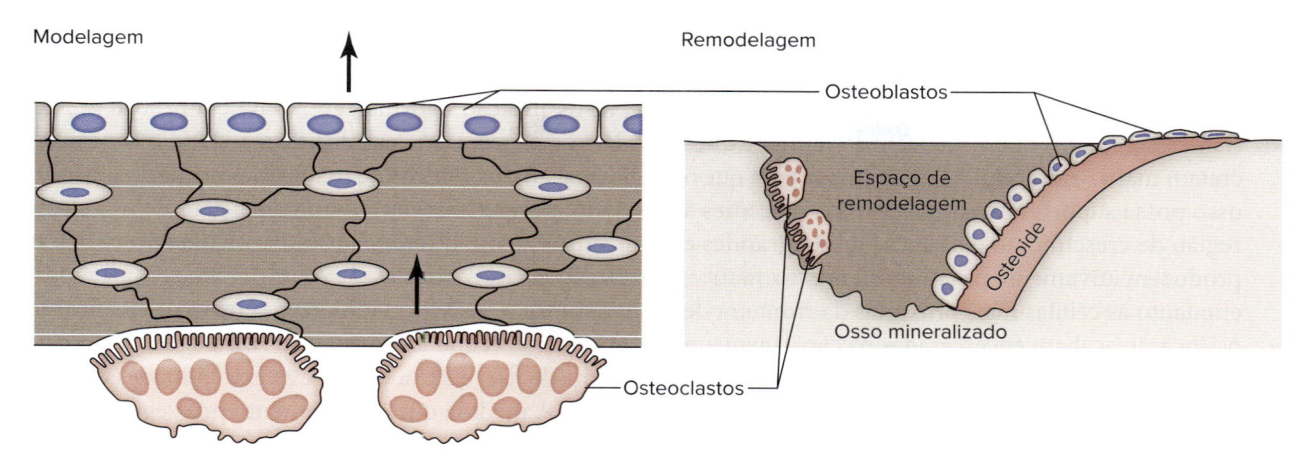

FIGURA 2.6 Ossificação intramembranosa.

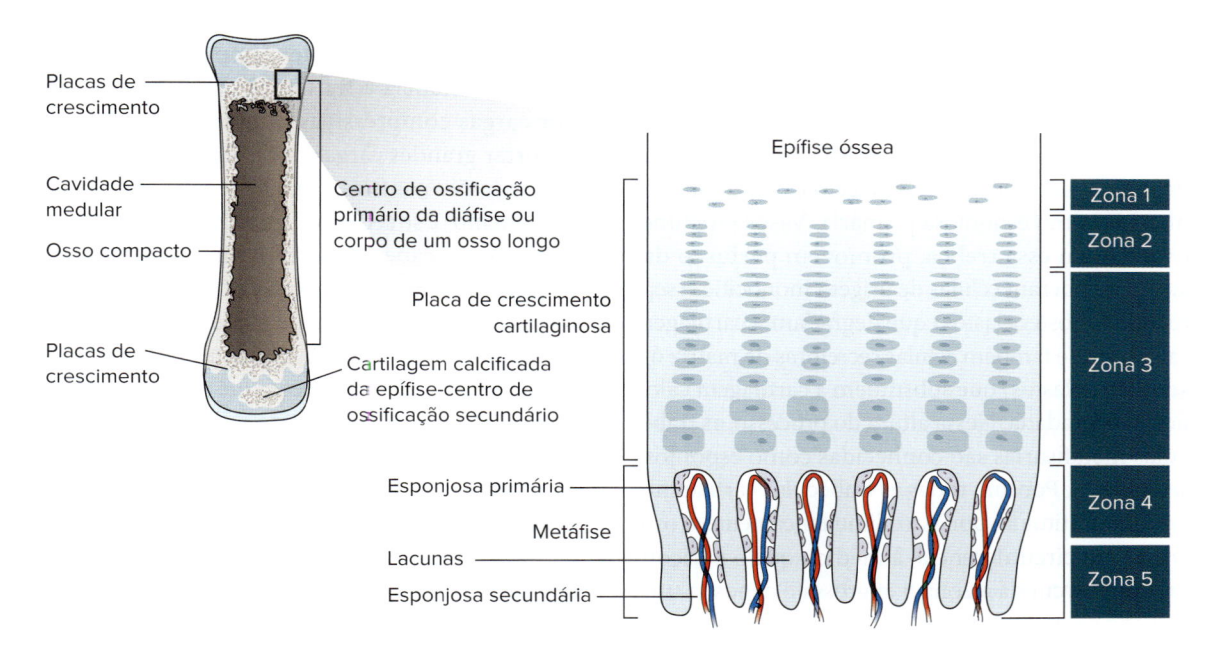

FIGURA 2.7 Representação esquemática da ossificação endocondral. A ilustração à esquerda mostra o *anlage* da cartilagem hialina com seu centro de ossificação primário. As zonas de transição (1 a 5) variam desde um local de proliferação celular, passando por hipertrofia até morte celular e ossificação. A região de crescimento ativo é o principal local de acreção (i. e., acumulação) e, portanto, é o principal local de crescimento do osso longo.

também acontece por meio da atividade dos condrócitos em três regiões funcionalmente distintas da placa de crescimento: a região de proliferação e crescimento, a região de maturação e a região de transformação.

Região de proliferação e crescimento

■ *Zona 1.* A região de proliferação e crescimento contém dois tipos de condrócitos. Na zona 1, as células em repouso estão localizadas mais próximo das epífise e do centro de ossificação secundário. Essas células estão associadas com as pequenas arteríolas

e capilares provenientes dos vasos epifisários, que são importantes para o transporte de células indiferenciadas, em acréscimo ao conjunto de células em repouso.

■ *Zona 2.* Fora das células em repouso, existe uma área de divisão celular ativa. Nessa área, as células estão organizadas em colunas longitudinais ao longo da diáfise do osso; durante um período de crescimento rápido, as colunas podem representar mais da metade da altura da placa de crescimento (Ogden et al., 1987).

Região de maturação

- *Zona 3*. Afastada das epífises, a região de maturação está associada com condrócitos hipertróficos (em crescimento) que sintetizam ativamente e secretam matriz extracelular cartilaginosa para que o osso possa suportar carga. As células adjacentes à região de crescimento e ossificação são grandes e produzem ativamente os componentes da matriz, enquanto as células mais próximas da fronteira de ossificação acabam encarceradas na cartilagem em um processo de rápida calcificação e, portanto, não podem ser tão ativas na produção de matriz.

Região de transformação

- *Zona 4*. A região de transformação é o local onde a matriz cartilaginosa passa a ser crescentemente calcificada. A calcificação da matriz resulta na morte dos condrócitos (células formadoras de cartilagem).
- *Zona 5*. Nesse local, restam apenas grandes espaços vazios (lacunas), onde previamente existiam os condrócitos. Essa treliça de cartilagem calcificada é conhecida como esponjosa primária. Vasos sanguíneos invadem essa treliça, promovem perfusão das lacunas e liberam células de origem monocítica (septoclastos e osteoclastos) que degradam a cartilagem calcificada, e também células secretoras de matriz óssea (osteoblastos) que substituem a cartilagem calcificada degradada. Nessa altura do processo, as trabéculas metafisárias são conhecidas como esponjosa secundária. Por fim, todas as trabéculas cartilaginosas são substituídas por osso. Simultaneamente, o osso cresce em circunferência, à medida que o pericôndrio que circunda a zona 5 engrossa e deposita uma delgada camada de tecido osteoide (osso) que, subsequentemente, sofre mineralização, formando um colarinho ósseo (colarinho periosteal) ao nível da parte média da diáfise. Canais vasculares penetram na região central e no colarinho ósseo, terminando por formar o centro de ossificação primário. A ossificação avança rapidamente em direção às extremidades, para a formação da diáfise e metáfise ósseas.

Uma importante região anatômica no interior do osso longo em desenvolvimento é a zona de Ranvier, existente nas margens corticais da placa de crescimento, em direção ao centro de ossificação primário (Ogden e Grogan, 1987). É nessa complexa zona que ocorre o aumento do diâmetro metafisário durante o crescimento. Portanto, se algum traumatismo lesionar a zona de Ranvier, poderá ocorrer interrupção no crescimento circunferencial normal da metáfise do osso longo.

Nas regiões epifisárias, canais vasculares invadem diretamente a cartilagem, que subsequentemente passa por ossificação e forma centros de ossificação secundários. A perfusão vascular é uma etapa essencial na formação dos centros de ossificação primário e secundário, porque a irrigação sanguínea garante a chegada e subsequente diferenciação das células precursoras osteogênicas (Zelzer et al., 2004).

Entre o osso formado pelos centros de ossificação primário e secundário, o *anlage* da cartilagem persiste na forma de fise, entre a diáfise e as extremidades do osso longo. À medida que o crescimento prossegue, as fises caracteristicamente passam por transformação; vão de uma placa relativamente plana que divide a epífise e a metáfise até uma série complexa de curvas e de cristas e vales epifisários e metafisários interdigitantes. Essa mudança na geometria tem implicações significativas para a resistência à fratura. A cartilagem pode passar por cargas compressivas importantes, mas não pode suportar grandes cargas de cisalhamento e tênseis. Por isso, as lesões nas fises, em que a epífise "experimenta cisalhamento" e se separa da metáfise (p. ex., deslizamento da epífise da cabeça femoral), são comuns em crianças pequenas. As interdigitações nas fises que ocorrem com o crescimento podem ajudar a evitar essas lesões por cisalhamento ao travar a epífise à metáfise, como duas peças de um quebra-cabeça que se tornam difíceis de separar tão logo tenham sido conectadas.

Por fim, ao longo de muitos anos, a diferenciação e a proliferação dos condrócitos diminui nas regiões de crescimento e maturação, possibilitando a recuperação da mineralização óssea (a partir da borda da placa da diáfise). Esses eventos unem o osso formado pelos centros primário e secundário e a vascularização epifisária e metafisária, e assinala a conclusão do crescimento do osso longo. Esse processo é conhecido como fechamento da placa epifisária, culminando no final do crescimento longitudinal. Caracteristicamente, o fechamento da fise ocorre dois a três anos mais cedo nas meninas, em comparação com os meninos; isso pode contribuir para a estatura mais baixa das mulheres em relação aos homens.

Vale a pena observar que tanto a ossificação intramembranosa como a endocondral podem ocorrer no mesmo osso. Por exemplo, a diáfise da clavícula é formada pela ossificação intramembranosa, mas ocorre a formação de um centro de ossificação secundário no interior de uma epífise cartilaginosa para que a extremidade esternal do osso se forme. Por ocasião do nascimento, na maioria dos ossos está presente um centro de ossificação primário, mas o centro de ossificação secundário do fêmur distal é o único centro desse tipo presente ao nascimento, sendo frequentemente utilizado para a identificação de um feto a termo. Os processos de ossificação endocondral e intramembranosa persistem no período pós-natal, sendo semelhantes aos processos que ocorrem durante o reparo de uma fratura (endocondral) e de deposição óssea periosteal (intramembranosa).

Durante o desenvolvimento do esqueleto, o movimento e suas forças relacionadas se situam entre os estímulos capazes de influenciar a forma definitiva do esqueleto. Carter et al. (2004) propuseram que a regulação da biologia do esqueleto pelas forças mecânicas é realizada pela transferência da energia de tensão (deformação) que altera o comprimento do osso. Para tanto, esses autores sugeriram que as repetidas tensões de cisalhamento (transversais) produzidas durante o movimento aceleram a velocidade de morte dos condrócitos e a ossificação, enquanto as tensões compressivas tendem a retardar a mesma sequência. Carter et al. propuseram que parte da energia transmitida às estruturas esqueléticas durante o movimento fica armazenada no interior do tecido, sendo mais tarde liberada durante a supressão da carga, e que esta é uma característica da maioria dos tecidos. A energia remanescente é transferida para o tecido na forma de calor ou de uma mudança na energia interna. Essa última forma de transferência de energia pode ser um fator importante na capacidade de determinado osso de identificar e responder às tensões mecânicas.

Fatores extrínsecos, como os hormônios, influenciam a velocidade e extensão do crescimento dos ossos longos. A tiroxina, o hormônio do crescimento e a testosterona são capazes de estimular a diferenciação da célula cartilaginosa na placa de crescimento. O estrogênio exerce maior influência estimuladora no tecido ósseo, enquanto suprime o crescimento da cartilagem. As influências diferenciais da testosterona e do estrogênio podem explicar as diferenças no momento do fechamento da placa epifisária entre meninas e meninos.

O crescimento normal do esqueleto também pode ser interrompido por traumatismos ou fraturas. As lesões fisárias respondem por aproximadamente 15% de todas as fraturas em crianças. As meninas exibem maior propensão a ter lesões fisárias entre os 9 e 12 anos, enquanto nos meninos tais lesões ocorrem mais comumente entre os 12 e os 15 anos de idade (Ogden, 2000a). Os períodos de maior incidência de fraturas correspondem às fases de crescimento rápido, durante as quais certas mudanças mediadas por hormônios na cartilagem da placa de crescimento podem alterar a resposta da cartilagem à tensão mecânica (Sands et al., 2003). Em sua maioria, as fraturas pediátricas são classificadas em conformidade com um sistema desen-

volvido por Salter (Ogden, 2000b). O sistema leva em consideração a localização da fratura, se a fratura envolve ruptura da placa de crescimento, e a extensão da lesão à placa de crescimento. Podem ocorrer distúrbios no crescimento se a fratura e a subsequente formação do calo ósseo estimulam o fechamento prematuro da placa de crescimento, o que impede o crescimento longitudinal normal do osso. Poderão ocorrer deformidades angulares se a lesão alcançou apenas uma parte da placa de crescimento, enquanto ocorre crescimento normal na porção remanescente da placa de crescimento, o que leva a um crescimento do osso "em curva". A radiografia ilustrada na Figura 2.8 mostra um exemplo de deformidade angular da parte proximal do rádio.

Componentes do tecido ósseo. As quatro células ósseas básicas são os osteoblastos, os osteócitos, as células de revestimento ósseo e os osteoclastos. Os osteoblastos, que são células mononucleares de origem mesenquimal, estão localizados na superfície óssea, sendo as principais células formadoras de osso. Tão logo os osteoblastos tenham produzido uma quantidade suficiente de matriz não mineralizada (osteoide) e se tornem relativamente inativos, pode ocorrer uma entre três coisas. Os osteoblastos podem (1) passar por morte celular, (2) persistir na superfície óssea (i. e., passam a ser células de revestimento ósseo) ou (3) tornar-se encarcerados e circundados por osteoide, que se mineraliza logo após sua deposição – e, nesse ponto, já se tornaram osteócitos.

Os osteócitos abrangem todo o córtex ósseo (25 mil células/mm^3 de tecido). Quando o osteoblasto ativo dá início à transição para osteócito, inicialmente ocorre redução de 30% no volume celular; enquanto a atividade metabólica do osteócito diminui gradualmente, o volume celular também continua diminuindo. O osteócito lentamente preenche com matriz sua lacuna circundante e, assim, tanto a célula quanto o tamanho da lacuna diminuem.

Os osteócitos se comunicam entre si; os osteócitos situados mais profundamente se comunicam com os osteoblastos que revestem a superfície por uma rede de processos interconectados por junções comunicantes (*gap junctions*) abrigadas em canalículos existentes no seio da matriz extracelular. As conexões entre processos adjacentes entre células ósseas sugerem que osteoblastos, osteócitos e células de revestimento ósseo formam um sincício funcional que pode desempenhar um papel essencial em muitas funções fisiológicas, inclusive a conversão de sinais mecânicos em atividade de remodelagem e no movimento dos minerais para dentro e fora do osso (Currey, 2002).

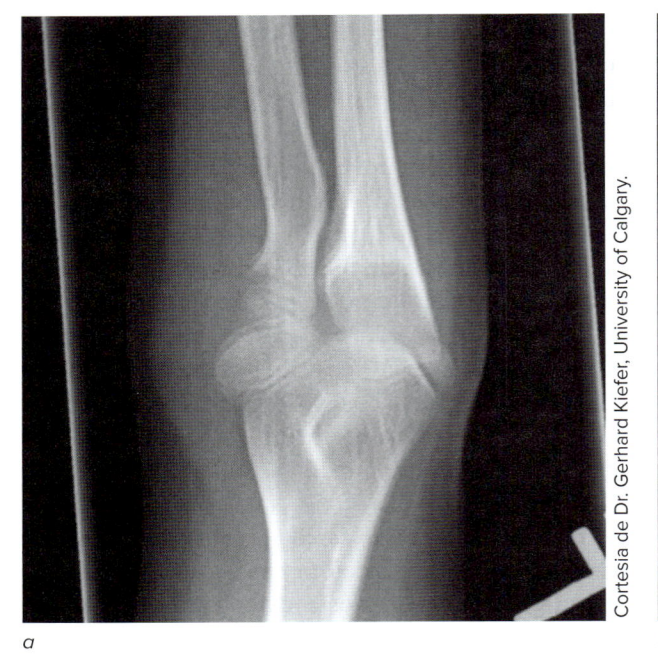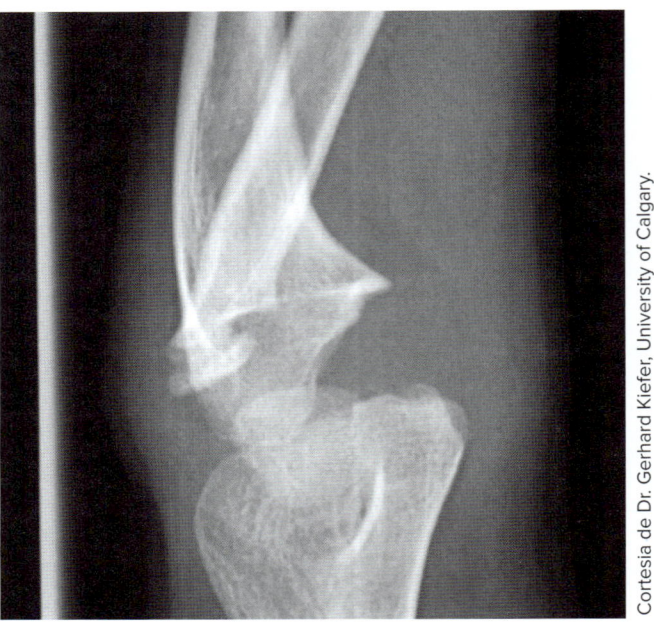

a   b

FIGURA 2.8 Radiografia de uma deformidade óssea resultante de lesão em uma placa de crescimento. *(a, b)* Incidências ortogonais do rádio proximal deformado.

Os osteoclastos são células multinucleares de origem hematogênica (i. e., do sangue), localizadas na superfície óssea; basicamente, são células de reabsorção óssea. A característica mais diferenciadora do osteoclasto é o intenso invaginamento da membrana plasmática da célula, que dá origem a uma borda enrugada. Essa borda tem uma função importante ao aumentar muito a área de superfície ao longo da qual a célula pode interagir com a matriz óssea circunjacente (Rosier et al., 2000). Os osteoclastos degradam o osso; para tanto, se fixam fortemente à superfície óssea e secretam íons hidrogênio (H^+) e enzimas proteolíticas através da membrana plasmática. As enzimas são liberadas no interior da matriz extracelular por lisossomos, e digerem os componentes orgânicos da matriz. Os osteoclastos se deslocam ao longo da superfície óssea, deixando atrás de si um rastro de osso reabsorvido com um aspecto de superfície escavada.

A matriz óssea extracelular apresenta componentes inorgânicos (minerais), orgânicos e líquidos. Os minerais, sobretudo na forma de cristais de hidroxiapatita de cálcio ($Ca_{10}(PO_4)_6(OH)_2$), contribuem com cerca de 50% do volume total do osso. Os componentes orgânicos constituem 39% do volume (95% de colágeno tipo I e 5% de proteoglicanas). O volume restante é constituído pelos canais vasculares e espaços celulares ocupados por líquido. O comportamento mecânico do osso reflete as propriedades das fases orgânica e mineral; os minerais contribuem com rigidez e a matriz orgânica acrescenta resistência ao osso.

O conteúdo mineral diferencia o osso de outros tecidos conjuntivos e proporciona a característica rigidez óssea; o osso atua como um local de reserva de minerais (principalmente cálcio). Ainda não foi completamente elucidado o mecanismo responsável pela calcificação da matriz extracelular do osso (e não de outros tecidos conjuntivos), mas a capacidade do colágeno tipo I em ligar cristais minerais (hidroxiapatita) é singular entre as variedades de colágeno. No interior da matriz extracelular óssea, são observadas ainda mais de 200 proteínas não colágenas. Em termos de concentração, no entanto, o colágeno ocupa a maior parte da matriz. Tendo em vista que o colágeno proporciona uma importante sustentação estrutural nos tecidos conjuntivos, anormalidades na produção dessa substância podem ter consequências de grande alcance na capacidade do esqueleto de resistir às tensões mecânicas. Por exemplo, se um resíduo de arginina for substituído por um resíduo de cisteína durante a síntese do colágeno, a mutação do tipo *missense* que se segue está associada à síndrome de Ehlers-Danlos, que produz um distúrbio conhecido como osteogênese imperfeita, na qual os ossos do paciente ficam fragilizados e mais sujeitos a fraturas (Cabral et al., 2007).

Os ossos, compostos por medula óssea, periósteo, metáfise, diáfise e epífise, são abundantemente irrigados por vasos sanguíneos (Fig. 2.9). Estudos relatam que

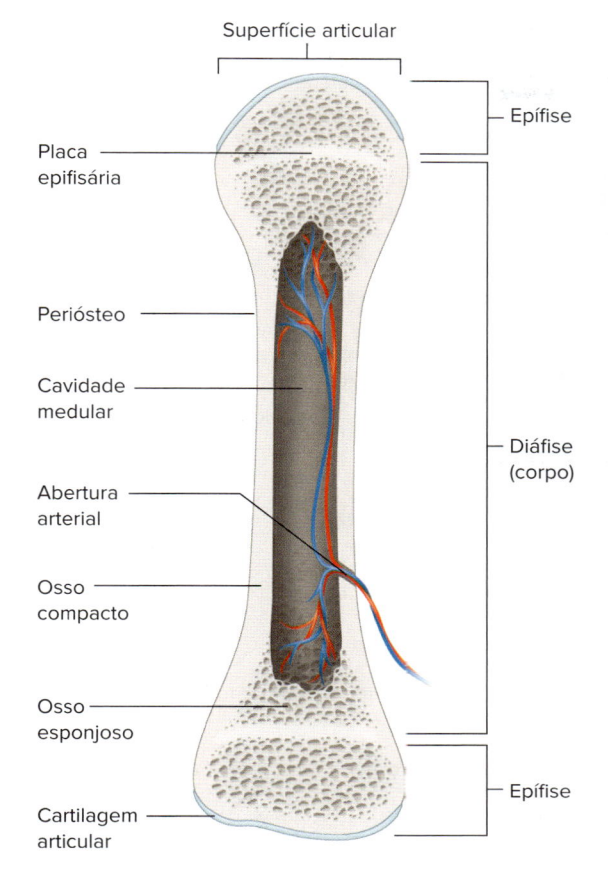

Superfície articular

Placa epifisária

Periósteo

Cavidade medular

Abertura arterial

Osso compacto

Osso esponjoso

Cartilagem articular

Epífise

Diáfise (corpo)

Epífise

FIGURA 2.9 Diagrama da irrigação arterial de um osso longo.

aproximadamente 7% do débito cardíaco é enviado ao esqueleto (Shim et al., 1967; Tothill e MacPherson, 1986). O sangue chega a todas as partes do osso por meio de extensas interconexões arteriais (anastomoses). Essas interconexões alimentam uma rede de sinusoides (canais venosos dilatados), que, por sua vez, vertem o sangue a canais venosos centrais situados profundamente no canal medular nos ossos longos, ou em um canal central nos ossos planos. A artéria nutriz primária ingressa no canal medular por meio de um forame nutriz oblíquo (inclinado). No interior da cavidade medular, a artéria se divide em dois ramos longitudinais, cada um direcionado a uma das epífises. Cada ramo dá origem a muitos ramos paralelos que podem perfurar o córtex e fazer anastomoses com vasos periosteais que irrigam o terço externo do córtex. No interior do osso compacto, as artérias e veias primárias avançam por um trajeto relativamente paralelo aos eixos longitudinais osteonais dentro de estruturas denominadas canais de Havers. Os vasos com orientação transversal estão contidos no interior de estruturas conhecidas como canais perfurantes, ou canais de Volkmann (Fig. 2.10).

As extremidades terminais dos ramos das artérias nutrizes se unem a ramos provenientes do sistema metafisário. Antes do fechamento das fises, essas estruturas podem ser vistas como um limite que, basicamente, separa os sistemas epifisário e metafisário; apenas alguns ramos metafisários perfuram as fises e se anastomosam aos ramos epifisários. Depois do fechamento das fises, ocorre abundante interconexão entre os ramos metafisários e epifisários. Os vasos epifisários se ramificam, formando amplas redes que irrigam as extremidades do osso.

Macroestrutura do osso. Apesar das diferenças nas dimensões e nas propriedades mecânicas, o tecido ósseo é essencialmente igual em todos os ossos. Conforme já descrito anteriormente, o osso pode ser dividido – em nível estrutural macroscópico – em osso cortical (compacto) e trabecular (esponjoso). Em um nível tecidual, podemos dividir o osso em três categorias amplas: osso não lamelar, primário e secundário. A Tabela 2.2 descreve essas categorias.

O osso não lamelar é depositado na forma de um arranjo desorganizado de fibras colágenas e de osteócitos. Embora o conteúdo mineral do osso não lamelar possa ser mais elevado do que o conteúdo nos ossos primário e secundário, o padrão desorganizado e as proporções geralmente mais baixas de proteínas não colágenas diminuem a resistência mecânica do osso não lamelar, em comparação com o osso primário ou secundário. Quanto ao desenvolvimento, o osso não lamelar é único, pois pode ser depositado de novo (sem membrana, osso ou modelo cartilaginoso preexistentes; Martin et al., 1998). No osso não lamelar, é alta a proporção de volume de célula/osso; isso confirma o papel desse tipo de osso em proporcionar um auxílio mecânico rápido e temporário, por exemplo, depois de uma lesão traumática.

No esqueleto adulto, normalmente não há osso não lamelar, mas ele pode ser encontrado nos calos de fratura, em áreas que estejam passando por ossificação endocondral ativa e em algumas doenças esqueléticas. Durante a maturação, o osso primário substitui sistematicamente o osso não lamelar, daí resultando o esqueleto maduro com sua rigidez funcional apropriada.

O osso primário abrange vários tipos de osso, cada um deles com sua morfologia e função singulares. Entretanto, um fator comum entre os tipos de osso primário é que, ao contrário do osso não lamelar, o osso primário deve substituir uma estrutura preexistente, seja um modelo (*anlage*) cartilaginoso, seja osso não lamelar previamente depositado. O osso primário se compõe de várias camadas delgadas (lamelas) de matriz

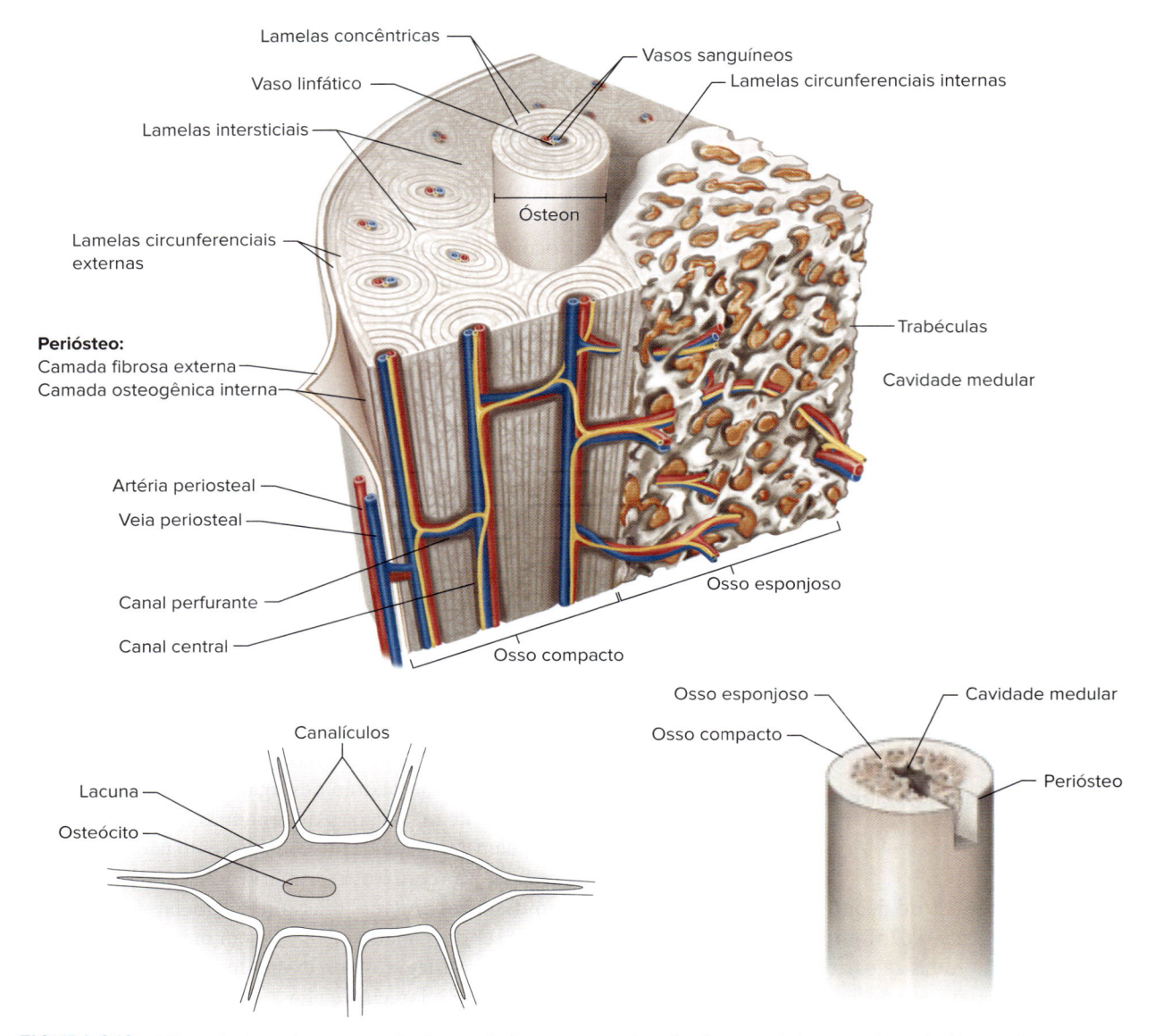

FIGURA 2.10 Ultraestrutura do osso cortical, com ênfase na organização dos canais intracorticais de Havers (centrais) e de Volkmann (perfurantes) contendo vasos sanguíneos, bem como nas conexões canaliculares no interior dos ósteons e entre osteócitos.

Reproduzida com permissão de W. C. Whiting, *Dynamic Human Anatomy,* 2.ed. (Champaign, IL: Human Kinetics, 2019).

TABELA 2.2 Macroestrutura do osso

Tipo de tecido ósseo	Formação	Exemplos
Osso não lamelar	Independe da preexistência de membrana, osso ou modelo cartilaginoso	Desenvolvimento inicial do osso cortical, calo de fratura
Osso primário • Lamelar • Osteonal	Depende de uma base cartilaginosa, membrana ou osso não lamelar	Desenvolvimento dos ossos embrionários, osso trabecular
Osso secundário	Substituição de osso preexistente durante a remodelagem	Osso cortical humano

Adaptada com permissão de R. B. Martin e D. B. Burr, *Structure, Function, and Adaptation of Compact Bone* (New York, NY: Raven Press, 1989, p.19).

óssea e células organizadas em paralelo à superfície óssea. Essa disposição é conhecida como osso lamelar, que pode existir no interior dos ossos corticais e trabeculares. No osso primário, os canais vasculares são esparsos; assim, esse tipo pode ser muito denso. Onde estejam presentes canais vasculares, essas estruturas estão associadas a várias lamelas que circundam os canais vasculares. A lamela mais externa tem uma superfície lisa. As unidades de canais vasculares e lamelas são conhecidas como ósteons primários, ou estruturas principais do osso compacto.

O osso primário também pode ser observado no osso esponjoso. Em adolescentes, por exemplo, as trabéculas (pequenos bastões) encontradas nos corpos vertebrais e nas epífises dos ossos longos são, basicamente, constituídas por osso primário. Nesse caso, embora os canais vasculares não estejam contidos no interior da estrutura lamelar, cada trabécula do osso esponjoso está em íntimo contato com uma rica irrigação vascular. Em decorrência dessa íntima proximidade, o osso esponjoso exerce uma função muito importante na homeostasia dos minerais, porque as reservas de cálcio (hidroxiapatita) podem ser mobilizadas rapidamente por meio dos osteoclastos situados profundamente, em resposta à diminuição dos níveis séricos de cálcio, pela secreção de paratormônio (Shaker e Deftos, 2018).

O osso secundário é depositado apenas durante a remodelagem, substituindo o osso trabecular ou cortical primário preexistente. A remodelagem pode criar ósteons, mas, ao contrário dos ósteons primários, as lamelas mais externas do osso secundário apresentam uma superfície indentada. As diferenças entre o processo de desenvolvimento dos ossos primário e secundário sugerem que um mecanismo controlador diferente pode ser responsável pela deposição endosteal ou periosteal de osso primário *versus* deposição intracortical de osso secundário durante o processo de remodelagem.

Cartilagem

A cartilagem contém os elementos básicos de um tecido conjuntivo, ou seja, células e matriz extracelular composta de líquido tecidual e macromoléculas. As quantidades relativas e tipos de constituintes da matriz diferenciam os três tipos de cartilagem anatômica: hialina (articular), elástica e fibrocartilagem. A cartilagem hialina é o tipo mais abundante. Intrinsecamente, a cartilagem não contém vasos sanguíneos, nervos ou vasos linfáticos. A ausência de estruturas vasculares torna imperativo que as células cartilaginosas (condrócitos) recebam nutrientes e removam os resíduos metabólicos por difusão simples.

Todos os tipos de cartilagem se desenvolvem a partir do mesênquima (tecido conjuntivo primitivo). As células mesenquimais produzem a matriz extracelular (inclusive fibrilas colágenas) e se diferenciam em condroblastos, que são os precursores dos condrócitos. Depois de formados, os condrócitos ficam encapsulados em cavidades (lacunas) no interior da matriz cartilaginosa. A unidade funcional de um condrócito e das lacunas é denominada côndrio. Uma membrana de tecido conjuntivo (pericôndrio) circunda a nova cartilagem e lhe dá forma. No interior do pericôndrio há capilares, vasos linfáticos e nervos, dos quais ocorre a difusão dos nutrientes para a alimentação dos côndrios em seu interior. O pericôndrio também contém fibroblastos, fibras colágenas e fibras elásticas.

As estruturas cartilaginosas podem crescer por meio de dois mecanismos. O crescimento intersticial ocorre na cartilagem recém-depositada, em que condrócitos preexistentes se dividem no interior das lacunas, formando ninhos de células. Tendo em vista que a cartilagem mais jovem tem maior flexibilidade do que a cartilagem madura, a matriz pode acomodar a expansão intersticial. O crescimento aposicional prossegue nas camadas cartilaginosas situadas imediatamente abaixo do pericôndrio. As células mesenquimais nessa zona superficial se desenvolvem em novas células cartilaginosas, as quais, por sua vez, são depositadas entre as células mais velhas e o pericôndrio, e as novas células cartilaginosas podem produzir novos componentes da matriz.

A Figura 2.11 ilustra a distribuição das células na cartilagem articular a partir da superfície do pericôndrio, ao longo da camada condrogênica imediatamente abaixo do pericôndrio (local onde ocorre o crescimento aposicional), prosseguindo até a região média, onde ocorre o crescimento intersticial no interior dos condrócitos. Na zona tangencial superficial (pericôndrio), as fibras colágenas estão dispostas paralelamente à superfície articular, de modo a opor resistência às forças de cisalhamento. Nos 40 a 60% médios da cartilagem, as fibras colágenas têm um aspecto mais aleatoriamente organizado. Na camada mais profunda da cartilagem articular, as fibras colágenas estão orientadas perpendicularmente à superfície da articulação e penetram na cartilagem calcificada subjacente, para que seja mantida uma sólida aderência ao osso situado logo abaixo. Isso faz com que o osso oponha resistência tanto às forças de tensão como às de compressão.

Cartilagem hialina. A cartilagem hialina obteve seu nome graças à aparência lustrosa. O *anlage* do esqueleto fetal se compõe de cartilagem hialina, antes de

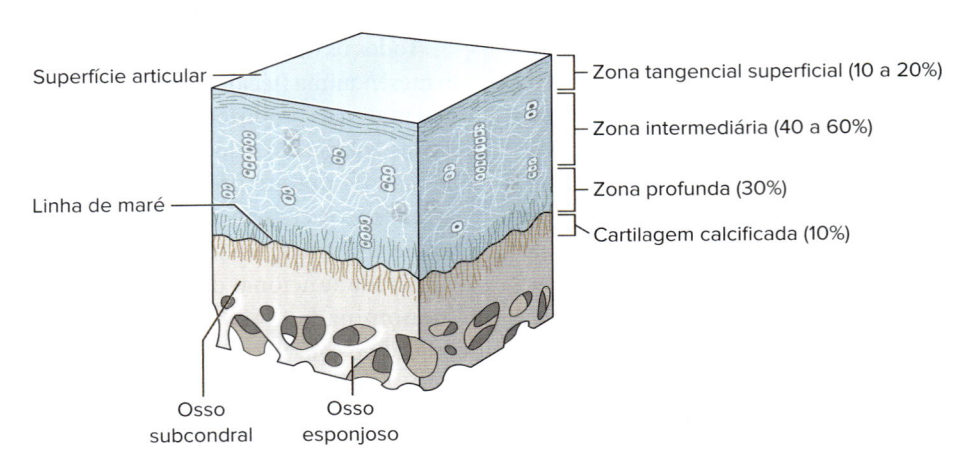

Superfície articular

Zona tangencial superficial (10 a 20%)

Zona intermediária (40 a 60%)

Zona profunda (30%)

Linha de maré

Cartilagem calcificada (10%)

Osso subcondral

Osso esponjoso

FIGURA 2.11 Organização celular da cartilagem hialina. Na zona tangencial superficial, as células são achatadas, condrogênicas e adjacentes ao pericôndrio. Progredindo para a zona intermediária, nota-se uma continuação do nível do pericôndrio; as células cartilaginosas produzem matriz extracelular para distanciar-se de suas células vizinhas. Na zona profunda, podem ser observadas colunas de células cartilaginosas nas lacunas. Na orientação representada nessa figura, a superfície da articulação está situada ao alto, e a parte mais profunda da cartilagem está no fundo, nas proximidades da inserção ao osso. Além dos elementos celulares nas várias profundidades da cartilagem hialina, as fibras colágenas também contam com regiões e orientações distintas. A zona tangencial superficial se encontra mais próxima da superfície articular, e as fibras colágenas estão alinhadas em paralelo com a superfície articular. Na zona intermediária, as fibras colágenas exibem uma orientação relativamente aleatória; e na zona profunda as fibras colágenas apresentam uma orientação radial (em relação à superfície da articulação) – onde as fibras colágenas penetram através da linha de maré (a zona de transição entre as cartilagens articulares calcificada e não calcificada) e até a cartilagem calcificada suprajacente ao osso subcondral.

ser futuramente substituído por osso. Durante toda a vida, a superfície da maioria das articulações, a parte anterior das costelas e áreas do sistema respiratório (p. ex., traqueia, nariz e brônquios) são compostas por cartilagem hialina. A cartilagem hialina situada no interior das articulações é conhecida como cartilagem articular. Ela propicia uma superfície apropriada e relativamente isenta de atrito para o perfeito deslizamento articular. A degradação da cartilagem hialina articular é característica das doenças osteoartríticas. Normalmente, a matriz da cartilagem hialina apresenta uma coloração azulada e tem um aspecto homogêneo em seu estado fresco, tem uma textura firme e resiliente e contém fibras colágenas, 90% das quais são colágeno tipo II. As fibras colágenas conferem à cartilagem sua resistência tênsil. A rigidez mecânica ao longo de toda a profundidade da cartilagem varia com as mudanças na orientações das fibras colágenas (Lo et al., 2003; Morel et al., 2005; Oinas et al., 2018; Silver e Bradica, 2002). O pericôndrio fornece nutrientes à cartilagem e circunda toda a cartilagem hialina, à exceção da cartilagem articular, que recebe os nutrientes pela difusão por meio do líquido sinovial articular.

As células constituem menos de 10% do volume total da cartilagem hialina; seus componentes principais são macromoléculas (cerca de 20% do volume) e líquido tecidual (cerca de 70% do volume; Lo et al., 2003). A

principal macromolécula estrutural (além do colágeno tipo II) na cartilagem hialina é um glicoconjugado conhecido como *proteoglicana*. As relações integradas do tipo estrutura-função entre as fibras colágenas, proteoglicanas e líquido contribuem para o singular comportamento mecânico da cartilagem articular.

As proteoglicanas hidrofílicas tendem a atrair água à matriz, e os grupos sulfato (de carga negativa) localizados nos glicosaminoglicanos aderidos tendem a se repelir. A cartilagem articular apresenta a tendência de inchar, mas essa expansão sofre resistência pela contenção tênsil proporcionada pelas fibrilas de colágeno. Ocorre uma interação dinâmica entre esses constituintes da matriz durante a aplicação de carga na cartilagem articular normal. A Figura 2.12 ilustra os aspectos básicos dessa interação dinâmica. A Figura 2.12a ilustra a cartilagem articular sem a aplicação de qualquer carga externa. Normalmente, a cartilagem está expandida com a água que foi atraída pelas proteoglicanas, e as cargas negativas dos grupos sulfato repelem uns aos outros, enquanto as fibras colágenas proporcionam as forças tênseis de contenção que mantêm a estrutura. Na Figura 2.12b, ocorreu a aplicação de uma carga compressiva externa. Nesse caso, ocorre exsudação do líquido da cartilagem articular, e os monômeros das proteoglicanas e os agrecanos são forçados a se aproximar ainda mais. Caso seja aplicada uma carga constante, a cartilagem exibirá uma

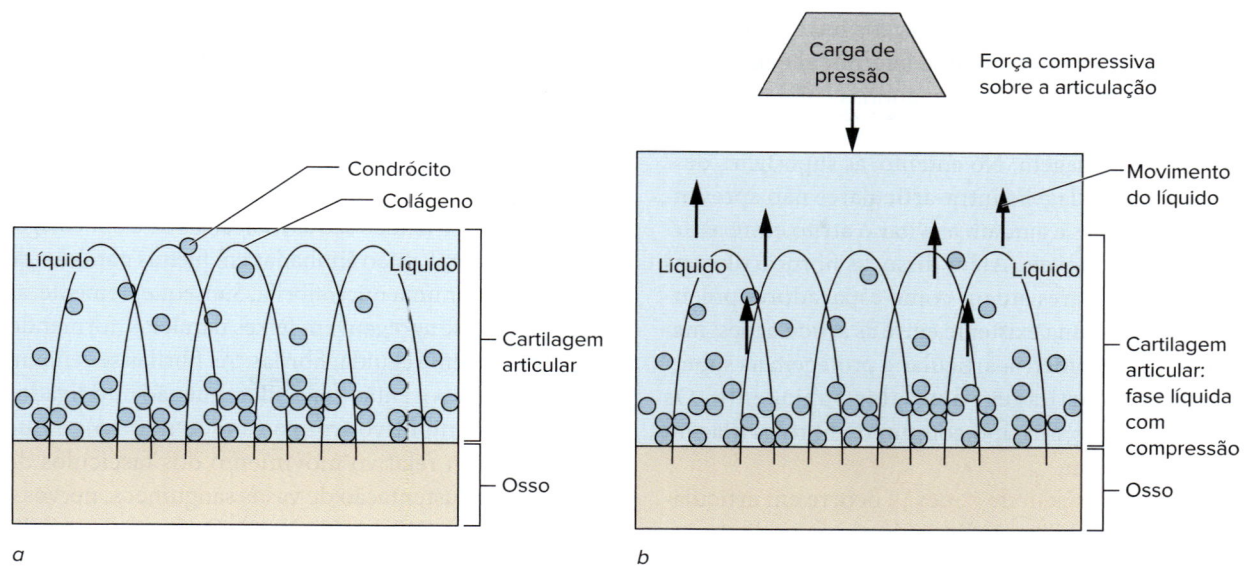

FIGURA 2.12   Matriz extracelular de cartilagem articular sob carga e livre de carga. *(a)* O colágeno propicia uma contenção tênsil que se contrapõe às pressões expansivas produzidas pelo influxo de líquido tecidual (ajudado pelas proteoglicanas, que são hidrofílicas e têm carga negativa). Na cartilagem articular em repouso, ocorre uma pressão expansiva normal. *(b)* Foi aplicada uma carga externa à superfície da cartilagem articular, e a matriz se encontra sob compressão. O líquido tecidual exsuda da matriz cartilaginosa, e os monômeros das proteoglicanas negativamente carregadas e os agrecanos estão sendo pressionados para ficar mais próximos uns dos outros. Para uma dada carga (constante), um novo equilíbrio será alcançado ao final desse processo com a matriz em estado de compressão.

resposta de *creep* (i. e., deformação lenta) até que se tenha estabelecido um novo comprimento em repouso.

Em adultos, os condrócitos continuam produzindo e renovando lentamente as macromoléculas das proteoglicanas. Com o processo de envelhecimento, contudo, ocorre diminuição da taxa de renovação *(turnover)* e pode ocorrer desconexão de alguns dos monômeros das proteoglicanas ou de glicosaminoglicanas individuais; esse efeito diminui a resiliência da cartilagem articular às cargas externas. Mutações associadas às glicoproteínas que compõem os agregados de proteoglicanas podem resultar em diversas doenças ligadas à condrodisplasia, incluindo a artrite (Vynios, 2014).

Outros tipos de cartilagem. A cartilagem elástica é encontrada na orelha externa, na epiglote, em partes da laringe e na tuba auditiva. Fazendo jus ao nome, a cartilagem elástica é capaz de grande flexibilidade. A matriz extracelular contém fibras elásticas, bem como fibras colágenas, e tem um aspecto mais amarelado graças ao maior percentual de fibras elásticas. A cartilagem elástica não é translúcida como a cartilagem hialina. A cartilagem elástica tem a capacidade de se desenvolver tanto em nível interstício como por meio do crescimento aposicional.

- A fibrocartilagem é forte e flexível graças às suas fibras colágenas endógenas, sendo ainda resiliente em virtude da sua matriz extracelular. A fibrocartilagem é encontrada em muitas áreas do corpo, sobretudo em pontos de tensão, onde o atrito pode ser um fator problemático. Esse tipo de cartilagem é diferente das cartilagens hialina e elástica por não conter pericôndrio. A fibrocartilagem se desenvolve de modo muito parecido com o que ocorre em outros tecidos conjuntivos comuns – os fibroblastos produzem matriz e, em seguida, diferenciam-se em condrócitos. A fibrocartilagem preenche áreas situadas entre a cartilagem hialina e outros tecidos conjuntivos e é observada nas proximidades de articulações, ligamentos, tendões e nos discos intervertebrais. Já foram identificadas quatro categorias de fibrocartilagem, cada qual com uma função específica: intra-articular, de conexão, estratiforme e circunferencial.
- A fibrocartilagem intra-articular é encontrada no interior das articulações, por exemplo, no punho e no joelho, bem como nas articulações temporomandibular e esternoclavicular. Nessas articulações, onde frequentemente ocorrem movimentos e possíveis impactos, a fibrocartilagem atua como um

amortecedor. As fibrocartilagens intra-articulares são placas achatadas que se interpõem entre as superfícies articulares e são mantidas em posição por ligamentos e tendões que se conectam às margens da fibrocartilagem. No entanto, as superfícies dessas fibrocartilagens intra-articulares não apresentam conexões e ajudam a evitar o atrito entre as articulações móveis. Além disso, as fibrocartilagens intra-articulares atuam como espaçadores preenchendo a lacuna existente entre as articulações, melhoram a geometria articular e protegem as superfícies da cartilagem articular subjacente. Os meniscos são um tipo comum de fibrocartilagem intra-articular.

- A fibrocartilagem de conexão ocorre em articulações com mobilização limitada, como os discos intervertebrais. Essas placas de fibrocartilagem possibilitam que as superfícies dos corpos vertebrais adjacentes se movimentem ligeiramente um em relação ao outro (leia mais sobre discos intervertebrais no Cap. 8).

- A fibrocartilagem estratiforme forma camadas sobre o osso onde os tendões podem exercer suas funções; além disso, esse tipo de cartilagem também pode ser parte integrante da superfície do tendão. Quando ocorre contração de um músculo e um tendão é forçado a deslizar sobre uma superfície óssea, o atrito é minimizado pela fibrocartilagem estratiforme interposta entre o osso e o tendão. Alguns locais onde é comum encontrar a fibrocartilagem estratiforme são o maléolo lateral, onde se movimentam os tendões do fibular longo e tibial posterior, bem como a fibrocartilagem parapatelar sobre a patela medial, ou no interior do sulco intertubercular por baixo do tendão do bíceps braquial (Durham e Dyson, 2011).

- A fibrocartilagem circunferencial atua como um espaçador nas articulações do quadril e do ombro (p. ex., lábios glenoidal e do acetábulo). A fibrocartilagem circunferencial tem a forma de um anel; assim, essa estrutura protege apenas a borda das articulações e melhora o encaixe ósseo.

Tendões e ligamentos

Os tecidos fibrosos com organização regular, como os tendões, os ligamentos e as aponeuroses, são denominados tecido conjuntivo denso modelado. Em cada uma dessas estruturas, o tecido se compõe basicamente de fibras colágenas que avançam em feixes paralelos e dos componentes da matriz extracelular. Nesses tecidos, as principais células são os fibroblastos. Eles têm grande

resistência tênsil, mas são capazes de opor resistência às forças distensivas (tênseis) basicamente em uma direção paralela à do alinhamento das fibras.

Tendões são faixas colágenas brancas flexíveis que conectam músculos aos ossos. A Figura 2.13 ilustra a estrutura geral de um tendão. Os elementos fundamentais que compõem o tendão são as moléculas de tropocolágeno, que, em geral, estão alinhadas em fileiras paralelas de modo a formar uma microfibrila. Subsequentemente, as microfibrilas se agregam em feixes paralelos, formando subfibrilas e, em seguida, fibrilas. As fibrilas se reúnem formando fibras e então fascículos, que são interligados por tecido conjuntivo frouxo (endotendíneo), o que possibilita um relativo movimento dos fascículos de colágeno e a sustentação de vasos sanguíneos, nervos e vasos linfáticos (Woo et al., 2000). Os fascículos tendíneos agrupam-se formando o tendão em si. Quando um tendão está em estado de frouxidão (i. e., sem receber uma carga tênsil), os fascículos assumem um aspecto microscópico frisado ou ondulado. Com a aplicação de uma carga tênsil, ocorre retificação do padrão ondulado.

Como fica evidenciado a partir da descrição da organização das fibras colágenas nos tendões, o principal componente de um tendão é o colágeno tipo I, que representa cerca de 86% do peso seco do tendão (Woo et al., 2000). As fibras elásticas estão presentes em pequenas quantidades na matriz dos tendões.

A superfície do tendão pode estar revestida por um epitendíneo, habitualmente observado como uma bainha tendínea, que atua como uma polia e orienta o trajeto em torno de cantos agudos, como ocorre nos tendões flexores da mão. Quando os tendões não têm um envoltório de epitendíneo e se movimentam em uma linha relativamente reta, um tecido conjuntivo areolar frouxo (peritendão) envolve o tendão. O peritendão contém vasos sanguíneos e nervos que suprem o tendão.

A inserção do tendão no osso (junção osteotendínea) é classificada como direta ou indireta. A inserção direta se caracteriza por quatro camadas (zonas) com uma transição gradual: do tendão à fibrocartilagem não mineralizada, à fibrocartilagem mineralizada e, por fim, ao osso (Fig. 2.14). As células no interior do tendão são os tenócitos, ao passo que aquelas na fibrocartilagem são fibrocondrócitos, e as células da fibrocartilagem mineralizada são osteócitos. A inserção indireta se caracteriza por uma interface composta por três camadas: tendão, fibras de Sharpey e osso.

Na extremidade oposta do tendão, isto é, o local de encontro do tecido conjuntivo com o tecido muscular, localiza-se a junção miotendínea (também denominada junção musculotendínea), uma região especializada de

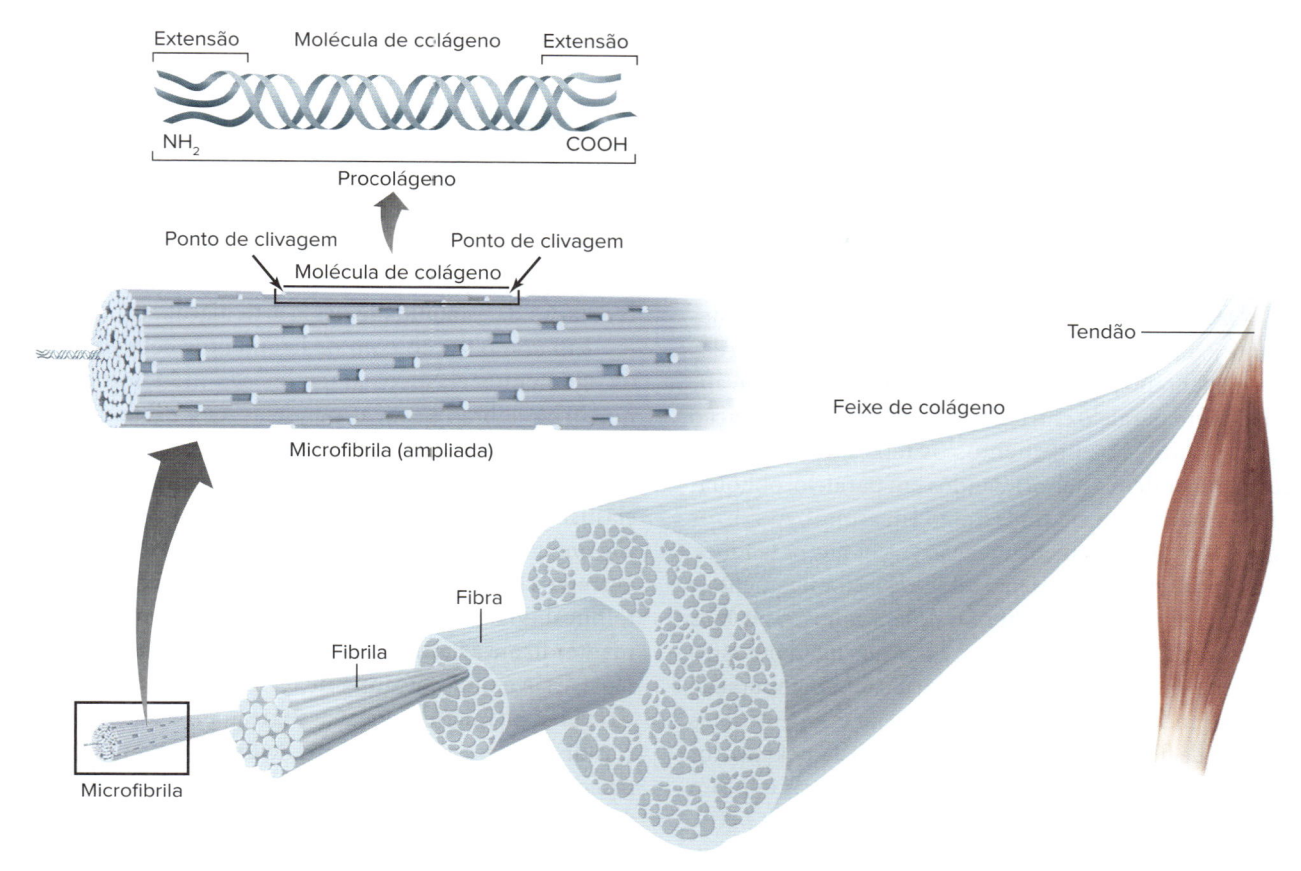

FIGURA 2.13 Representação esquemática da hierarquia de um tendão.

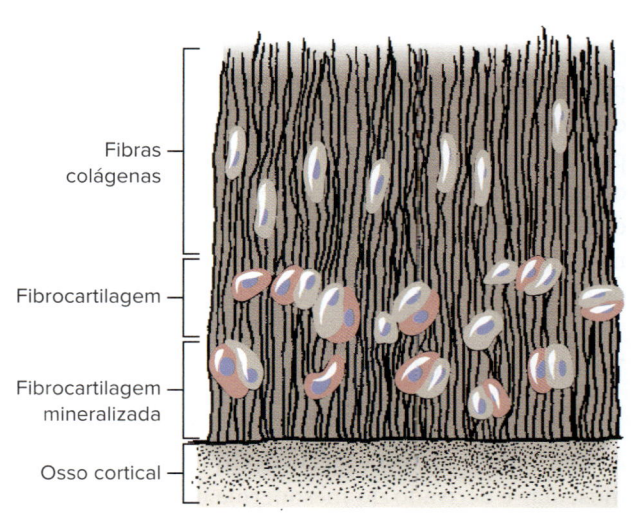

FIGURA 2.14 Representação esquemática das zonas de transição de tecidos progressivamente mais rígidos (tendão, fibrocartilagem, fibrocartilagem mineralizada, osso cortical) de uma junção osteotendínea.

invaginações membranosas longitudinais entre os tecidos muscular e tendíneo. Seu aspecto serrilhado aumenta a área de superfície e diminui o estresse incidente na junção durante a transmissão das forças contráteis. A resistência da junção miotendínea depende das propriedades das estruturas adjacentes e também da orientação das forças que atravessam a junção. As junções submetidas a cargas de tensão de cisalhamento, em que a força é aplicada paralelamente à superfície da membrana, são mais resistentes do que as junções com um grande componente tênsil perpendicular à membrana (Tidball, 1991).

As aponeuroses são membranas fibrosas semelhantes a fitas, com composição parecida com a dos tendões. Às vezes essas estruturas são denominadas *tendões achatados*. Por exemplo, a aponeurose palmar envolve os músculos da palma da mão. As aponeuroses têm um aspecto esbranquiçado, graças à presença de colágeno. As fibras das aponeuroses avançam em uma só direção e, assim, diferem do tecido conjuntivo fibroso denso irregular (p. ex., fáscia).

Os ligamentos são estruturas compostas por tecido conjuntivo denso modelado que une um osso a outro. Como ocorre com os tendões, as principais funções dos ligamentos são opor resistência às forças tênseis ao longo do alinhamento das fibras colágenas e restringir o movimento dos membros de modo a manter a integridade e geometria das articulações. Os ligamentos são classificados e nomeados considerando vários critérios, inclusive locais de inserção (coracoacromial), forma (deltoide), função (capsular), posição ou orientação (colateral, cruzado) e composição (elástico). Os ligamentos também podem ser intracapsulares (localizados no interior da cápsula articular), capsulares (evidenciados como um espessamento da estrutura da cápsula) ou extracapsulares (fora da cápsula).

Os ligamentos articulares têm uma estrutura semelhante à dos tendões, mas, enquanto os feixes de fibrilas de colágeno nos tendões estão caracteristicamente alinhados em paralelo entre si (i. e., em linha com a tração do músculo), nos ligamentos os feixes de fibrilas de colágeno podem estar orientados em paralelo, obliquamente, ou mesmo em um arranjo em espiral. Assim, os ligamentos são inerentemente mais fracos que os tendões, não suportando tensões mais elevadas. Nos ligamentos, a geometria dos feixes de fibrilas de colágeno é específica à sua função. Ao microscópio, a cor dos ligamentos de colágeno é de um branco mais opaco, em comparação com os tendões, graças ao percentual ligeiramente mais elevado de fibras elásticas e reticulares existentes entre os feixes de fibras colágenas. As áreas mais escuras indicam menor sobreposição entre os feixes de colágeno.

A inserção dos ligamentos nos ossos é direta ou indireta (Lo et al., 2003; Woo et al., 2000). A inserção direta é comparável às fibras colágenas especializadas (fibras de Sharpey) que fixam o tendão ao osso. A via indireta é aquela na qual as fibras colágenas provenientes do ligamento se fundem com o periósteo fibroso do osso.

Nos ligamentos, o principal tipo de célula é o fibroblasto, enquanto o principal componente fibroso da matriz extracelular é o colágeno tipo I (36% do peso úmido). Nos ligamentos também são encontrados vários outros tipos de colágeno. Há presença de proteoglicanas, embora em menor quantidade do que na cartilagem articular. Tendo em vista que a água compõe quase dois terços de um ligamento, as proteoglicanas (que são hidrofílicas) podem desempenhar algum papel no comportamento mecânico do ligamento, ajudando a suportar as tensões, de modo parecido com o que ocorre na cartilagem articular.

Ligamentos articulares, como os existentes no joelho, contêm vários receptores sensitivos (i. e., corpúsculos de Ruffini, corpúsculos de Pacini, órgãos do tendão de Golgi e terminações nervosas livres) capazes de fornecer informações ao sistema nervoso sobre propriocepção, pressão e dor. Apesar disso, ainda há controvérsias com respeito ao papel neurossensitivo exato dos ligamentos e dos receptores na propriocepção articular; esse tópico continua sendo objeto de estudo. Depois de terem feito uma síntese dos dados anatômicos, neurofisiológicos e mecânicos, com particular ênfase nos receptores sensitivos dos ligamentos da articulação do joelho, Kim et al. (1995) e Solomonow (2004) concluíram que os ligamentos são capazes de fornecer informações sensitivas sobre mudanças na rigidez dos músculos existentes em torno da articulação do joelho. Diante dessa conclusão, os ligamentos podem ter uma função importante na regulação da estabilidade dessa articulação.

Em comparação com os ligamentos colagenosos, os ligamentos elásticos amarelos são menos comuns no corpo. Fibras elásticas paralelas, que predominam nos ligamentos elásticos, são circundadas por tecido conjuntivo frouxo. Nos seres humanos, os ligamentos elásticos incluem as cordas vocais e o ligamento amarelo (ligamentum flavum) das vértebras. Nos animais, um exemplo clássico de um ligamento elástico é o ligamento nucal dos bovinos; esse ligamento ajuda o animal a manter firme a cabeça quando estiver pastando.

Fáscia é uma categoria de tecido conjuntivo denso irregular que não se encaixa logicamente nas categorias de tendão, aponeurose ou ligamento. Na fáscia, as principais fibras são colágenas, embora também estejam presentes algumas fibras elásticas e reticulares. A fáscia contém fibras frouxas e aleatoriamente entrelaçadas (em forma de malha), sendo normalmente observadas em camadas ou bainhas em torno de órgãos, vasos sanguíneos, ossos e cartilagens, e também na derme cutânea. A fáscia proporciona uma firme sustentação para os músculos. Na fáscia, as fibras avançam em diferentes direções e, em alguns casos, em diferentes planos (como ocorre na derme). Em decorrência dessa organização, a fáscia suporta o estiramento em muitas direções. São exemplos de fáscia a fáscia toracolombar na região lombar inferior (profundamente ao latíssimo do dorso) e a fáscia plantar na face plantar (sola) do pé.

Tecido muscular

O tipo final de tecido, o músculo, pode ser dividido em três categorias: liso, cardíaco e esquelético. O tecido muscular é derivado do mesoderma. Os três tipos de células musculares realizam as tarefas especializadas de condutividade (excitabilidade por meio da bioeletricidade) e contratilidade (capacidade de encurtar e produzir força).

O músculo liso não é estriado e considera-se que não está sob controle voluntário. Em vez disso, a contração é mediada por sinais parácrinos (locais) ou endócrinos (hormonais). O músculo liso é encontrado nas paredes de tubos pertencentes aos sistemas arterial, intestinal

Estudos de casos em entorses do tornozelo e joelho

Entorses são lesões a ligamentos habitualmente causadas por um súbito e excessivo alongamento; ocorrem em graus variáveis, que dependem do grau de distensão ou ruptura. As entorses podem ocorrer em muitas articulações; porém, são mais comuns no tornozelo, no joelho, nos dígitos e no punho. Caracteristicamente, os sintomas associados às entorses estão relacionados àqueles da inflamação, com envolvimento de dor, inchaço e perda da função.

ÓRTESES PARA O TORNOZELO E ENTORSES

Na prática de esportes envolvendo corrida e saltos, o tipo mais comum de lesão é a entorse em inversão, um estiramento ou ruptura dos tendões mais frágeis na face lateral do retropé. Se a pessoa já tiver experimentado uma entorse de tornozelo, torna-se muito mais provável a ocorrência de uma entorse subsequente.

Para diminuir a incidência de entorses de tornozelo, alguns profissionais defendem o uso de botas de esparadrapo ou de órteses semirrígidas. O uso da bota de esparadrapo tem vantagens e desvantagens – embora a aplicação profilática de uma bota de esparadrapo possa reduzir eficazmente a inversão excessiva do tornozelo antes do exercício, em muitos casos essa contenção se perde durante a prática. O procedimento também pode ser dispendioso e, além disso, depende da presença de um profissional habilitado para a aplicação do esparadrapo. Foi proposto o uso de órteses semirrígidas para o tornozelo, em substituição às botas de esparadrapo. Entretanto, são poucos os estudos prospectivos já publicados que avaliaram a eficácia do uso de órteses para o tornozelo com o objetivo de diminuir ou evitar a ocorrência de entorses nessa articulação.

Um desses estudos, da autoria de Surve et al. (1994), relatou resultados de um estudo prospectivo abrangente que analisou jogadores de futebol do sexo masculino ao longo do curso de um ano. O estudo identificou atletas com e sem histórico de ocorrência prévia de entorse no tornozelo. Em seguida, cada jogador foi aleatoriamente designado a um grupo para uso de órtese ou a um grupo controle (sem uso de órtese ou de bota de esparadrapo). Assim, foram estudados quatro grupos de jogadores de futebol, compreendendo mais de 500 atletas. Os autores definiram lesão como qualquer entorse que tivesse ocorrido durante uma partida de futebol ou durante o treinamento e que tivesse resultado na ausência do jogador na próxima partida ou treinamento. Durante a temporada de um ano, os autores observaram diferenças significativas entre os grupos. O achado principal foi que a colocação de uma órtese semirrígida ao tornozelo resultou em uma redução equivalente a cinco vezes na incidência de entorses no tornozelo nos jogadores com histórico desse tipo de lesão. Contudo, a órtese para o tornozelo não modificou significativamente a incidência de entorses no tornozelo nos jogadores de futebol que jamais tinham experimentado anteriormente esse tipo de lesão. Corroborando esses resultados, uma revisão sistemática realizada por Dizon e Reyes (2010) combinou a maior parte dos dados disponíveis e comparou a eficácia do uso da bota de esparadrapo *versus* órtese. Esses autores verificaram uma redução da ordem de 67 a 71% nas entorses no tornozelo com o uso de uma órtese externa; constataram também que não houve diferença na eficácia entre os métodos (i. e., bota de esparadrapo *versus* órtese).

Embora muitos autores tenham sugerido que os efeitos positivos de uma órtese para suporte externo sejam basicamente atribuíveis ao apoio mecânico, que impõe limitação a uma inversão/eversão excessiva do tornozelo, apenas os atletas com entorses no tornozelo prévios foram positivamente beneficiados com o uso da órtese. Por que foi observada essa diferença? Hertel e Corbett (2019) propuseram um novo modelo de instabilidade crônica do tornozelo; no modelo, os autores descreveram como a lesão tecidual decorrente de uma entorse aguda no tornozelo pode acarretar uma série de comprometimentos patomecânicos, sensório-perceptivos e motores-comportamentais inter-relacionados que influenciam o desfecho clínico para o indivíduo. Esses autores integraram os achados propostos por Surve et al. (1994), que sugeriram a possibilidade de ocorrência de defeitos proprioceptivos em seguida a uma entorse de tornozelo, em virtude da lesão a receptores sensitivos nos ligamentos da articulação, o que comprometeria a estabilização dos reflexos do tornozelo. A aplicação de uma órtese externa pode ter estimulado os mecanorreceptores a melhorar a função proprioceptiva do tornozelo previamente lesionado, em vez de apenas fornecer suporte mecânico.

A PERDA DO LCA PODE ALTERAR OS PADRÕES DE CONTROLE NEUROMOTOR

Em seguida à laceração do ligamento cruzado anterior (LCA) na articulação do joelho, 75% dos indivíduos afetados alteraram seus padrões de controle neuromuscular para que pudessem acomodar as mudanças na função (Berchuck et al., 1990). Em um estudo de referência, Berchuck et al. (1990) constataram que, quando uma atividade como a marcha exige que o quadríceps femoral entre em atividade enquanto o joelho está flexionado entre 0° e 45°, a contração desse músculo tende a mobilizar anteriormente a extremidade proximal da tíbia, forçando o ligamento cruzado anterior. Mas, se a pessoa não tiver um ligamento cruzado anterior, o que poderá fazer para que não ocorra o movimento anterógrado da tíbia sobre a extremidade do fêmur?

Ao analisar a marcha de pacientes com joelhos com deficiência do LCA, Berchuck et al. (1990) comunicaram que os pacientes diminuíam a contração do quadríceps durante a fase de apoio da marcha, utilizando para tanto a chamada *marcha de evitação do quadríceps*. Os pacientes também podem ter aumentado a ação dos músculos posteriores da coxa a fim de tracionar de volta a tíbia durante a fase de apoio da marcha, mas esse efeito não foi mensurado.

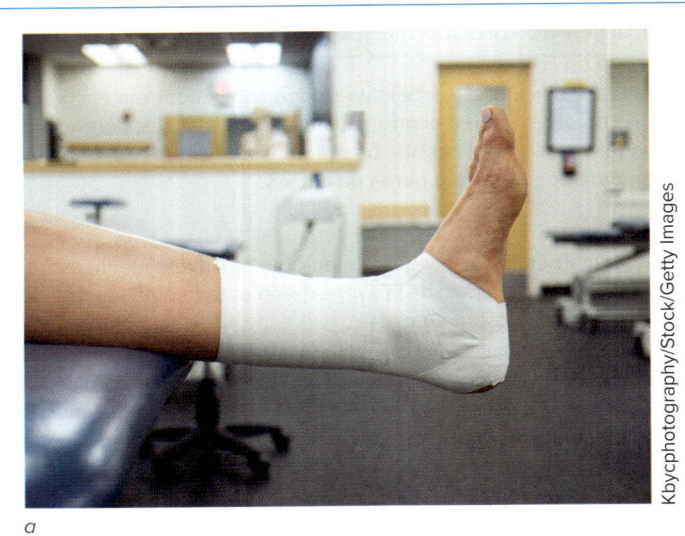

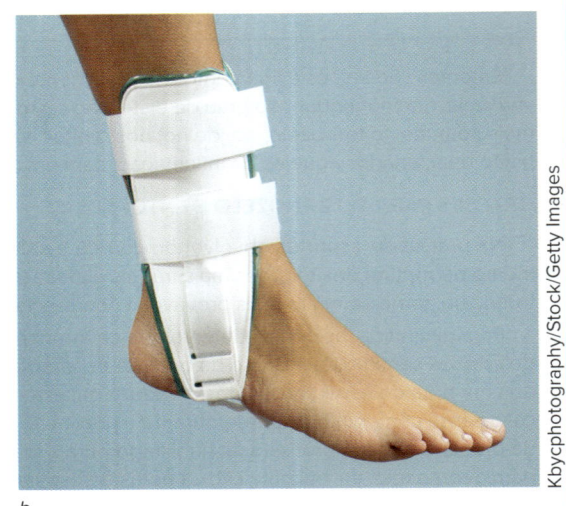

(a) Aplicação de bota de esparadrapo em cesto fechado para o tornozelo. *(b)* Órtese para o tornozelo.

Mas, se esses pacientes evitaram o uso do quadríceps com o objetivo de prevenir o colapso do joelho durante a fase intermediária do apoio, então de que maneira eles podem manter seu joelho estendido? Por que seus joelhos não colapsaram? Aparentemente, os pacientes aprenderam a aumentar o grau de atividade dos extensores de quadril como uma forma de compensar a redução na atividade dos extensores de joelho. Curiosamente, os pacientes caminhavam com a marcha de evitação do quadríceps tanto no lado com deficiência do LCA como no outro lado (normal).

Os pesquisadores sugeriram que, em seguida à lesão ao ligamento, ocorre uma reprogramação do processo locomotor, de modo que é evitado um excessivo deslocamento anterior da tíbia. Uma revisão sistemática de autoria de Slater et al. (2017) demonstrou que essas medidas compensatórias persistem mesmo depois de realizada a cirurgia de reconstrução do LCA. Mesmo que o atleta tenha sido liberado para retornar à prática da sua modalidade esportiva e à atividade física após a reconstrução cirúrgica, aparentemente seus padrões de marcha não retornam à normalidade com o passar do tempo. Isso sugere que a atual abordagem à reabilitação e a avaliação pré-retorno à atividade não estão identificando adequadamente os indivíduos com padrões de movimento disfuncional. Ainda não se sabe como essa função anormal afeta os desfechos a longo prazo para o atleta e a probabilidade de uma osteoartrite pós-traumática.

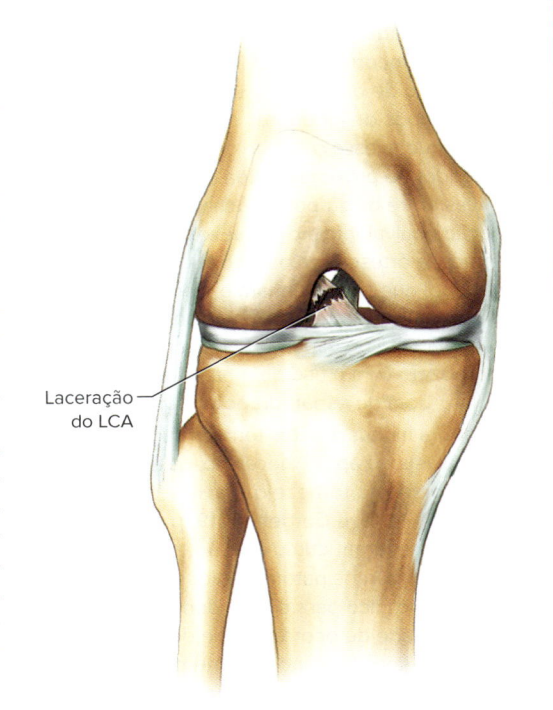

Laceração do LCA

e respiratório, sendo inervado por nervos simpáticos e parassimpáticos, para o controle da constrição e da dilatação.

O músculo cardíaco tem características estruturais e funcionais dos músculos esquelético e liso. O músculo cardíaco tem aspecto estriado, mas não se encontra sob controle voluntário. As células do músculo cardíaco formam um sincício funcional (massa multinucleada de citoplasma, resultante da fusão de células), em que as células musculares se contraem de maneira simultâ-nea, e o tecido atua eletricamente como se fosse uma única célula.

O músculo esquelético é também denominado músculo estriado porque suas fibras exibem estriações transversais e tem um aspecto listrado, em decorrência de sua estrutura microscópica. Essas células são multinucleadas; isso facilita a síntese de maior quantidade de proteínas, em função das maiores dimensões da célula e das fibras musculares (Moffatt e Cohen-Fix, 2019). O músculo esquelético se encontra sob controle voluntário. Em decorrência da contratilidade das células do músculo esquelético, essas estruturas constituem os principais executores da divisão motora do sistema nervoso periférico. Nas seções que se seguem, o foco principal será no músculo esquelético.

Os dois elementos básicos dos músculos são as proteínas contráteis e uma rede de tecido conjuntivo. O tecido conjuntivo fibroso existente no interior do ventre muscular e aquele que se funde ao tendão fornecem importante rigidez funcional, o que facilita a transmissão de força. Importantes interações entre células orientam a resposta fisiológica dos músculos, mas a adaptação e a lesão musculares são descritas mais apropriadamente se for considerada a mecânica de uma unidade funcional do músculo.

Microestrutura e função

A Figura 2.15 apresenta esquematicamente a estrutura do músculo esquelético. O tecido conjuntivo que circunda o músculo inteiro é denominado epimísio; os feixes de fibras musculares (fascículos) são envolvidos pelo perimísio. Cada fibra muscular individual é circundada pelo endomísio. A fibra muscular esquelética se compõe de centenas de proteínas contráteis denominadas miofibrilas. Cada miofibrila é formada por dois miofilamentos contráteis: um filamento fino alfa-helicoidal (actina) e um filamento espesso de cadeia dupla (miosina). Ao microscópio, a miofibrila tem um aspecto estriado (em listras), com bandas transversais de unidades repetidas chamadas sarcômeros. As estria-

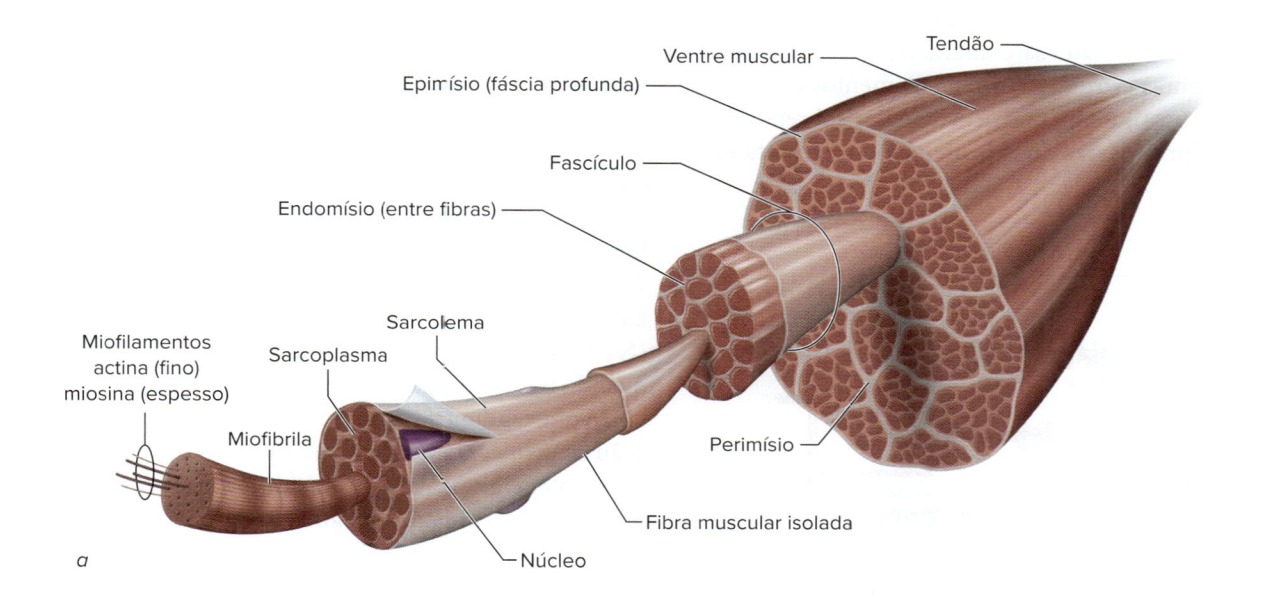

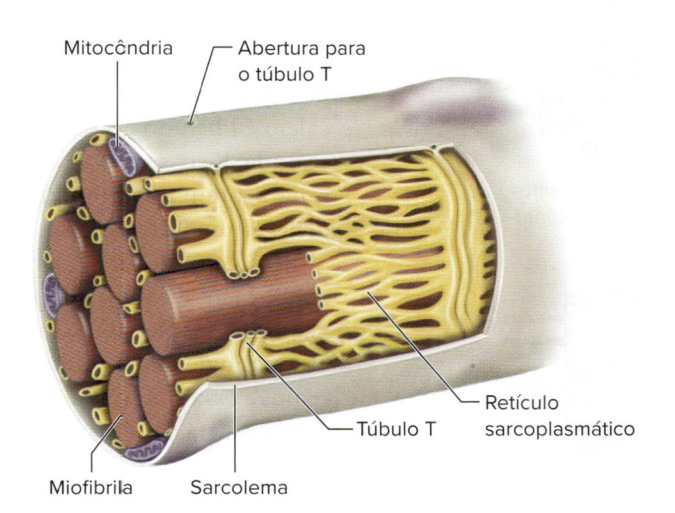

FIGURA 2.15   Composição estrutural e organização *(a)* do tecido muscular esquelético e *(b)* de uma fibra muscular.

ções são decorrentes da sobreposição dos filamentos de actina e miosina.

O sarcômero contém uma série de outras proteínas (p. ex., titina e nebulina); essas proteínas podem contribuir para a estrutura e para as propriedades passivas do sarcômero. A titina é uma grande proteína que abrange desde o disco Z até a banda M de um sarcômero, fixando firmemente a miosina ao disco Z (Fig. 2.16). Em geral, aceita-se que a titina atua como uma mola para desenvolvimento de tensão quando o sarcômero é alongado e que também pode ter a função de centrar o filamento espesso no interior do sarcômero, quando as forças atuantes em cada lado do sarcômero são desiguais. Da mesma maneira que a titina atua em relação à miosina, a nebulina fixa firmemente a actina aos discos Z.

Pela teoria dos filamentos deslizantes da contração muscular, o comprimento do músculo diminui com o encurtamento de cada sarcômero. As interações cíclicas das pontes cruzadas entre os filamentos de actina e miosina possibilitam que ocorra maior sobreposição entre as fibras dessas duas proteínas; isso resulta em

uma diminuição no comprimento total do sarcômero. A Figura 2.16 ilustra a teoria dos filamentos deslizantes da contração muscular e mostra esquematicamente um sarcômero contraído e outro estendido. Durante a contração muscular, ocorre diminuição no comprimento dos sarcômeros, o que resulta em um "enrolamento" da titina em sua banda I (Tskhovrebova e Trinick, 2010). Simultaneamente, ocorrem espaçamentos interfilamentares que, supõe-se, reorientam ou estendem as proteínas das linhas Z e M. Durante a extensão, ocorre aumento no comprimento dos sarcômeros e diminuição nos espaçamentos interfilamentares. Isso promove a extensão da titina e libera a tensão nas proteínas das linhas Z e M.

A extensão excessiva do músculo acarreta o desenrolar do polipeptídeo titina, bem como a compressão e reorientação das proteínas das linhas Z e M.

O processo de contração muscular tem início com um potencial de ação nervoso. Os potenciais de ação deslocam-se ao longo do corno ventral da medula espinal até os neurônios motores que estão conectados às membranas da fibra muscular (junção neuromuscular, ou sinapse). Na sinapse, ocorre liberação de acetilcolina do terminal pré-sináptico; essa molécula se liga a receptores presentes no terminal pós-sináptico. A ligação da acetilcolina à membrana pós-sináptica aumenta a permeabilidade dessa membrana ao sódio (Na^+). Se a despolarização dessa membrana, que ocorre quando o Na^+ ultrapassa um determinado limiar (mais baixo que o potencial limiar neuronal), o potencial de ação se propagará ao longo de toda a fibra muscular. Esse potencial de ação é transmitido para o interior da fibra muscular por invaginações especializadas da membrana celular denominadas túbulos transversos (túbulos T). A despolarização acarreta uma alteração na conformação dos receptores de di-hidropiridina (DHP) e dos receptores de rianodina no retículo sarcoplasmático, uma organela de armazenamento de cálcio existente no interior da célula muscular. O cálcio é liberado do retículo sarcoplsmático para, em seguida, ligar-se a locais especializados existentes em uma proteína denominada troponina. Esse evento deflagra uma alteração conformacional em uma longa proteína cordiforme chamada tropomiosina, sobre a qual está localizada a troponina. Embora a tropomiosina normalmente iniba a formação das pontes cruzadas no estado de relaxamento, a ligação cálcio-troponina remove essa inibição, e os sarcômeros ficam prontos para a contração. Quando um músculo está relaxando, um proteína conhecida como Ca^{2+}-ATPase de retículo sarco/endoplasmático (SERCA), existente no retículo sarcoplasmático, bombeia o cálcio de volta para o

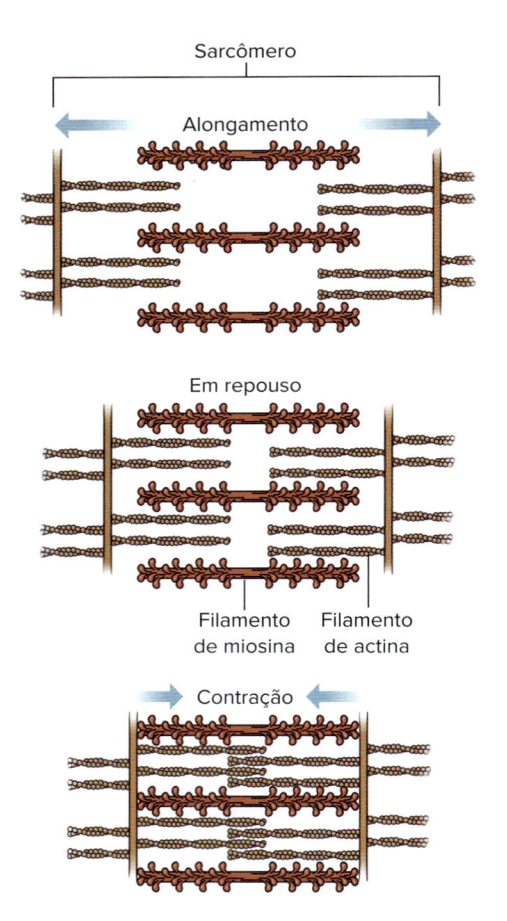

FIGURA 2.16 Estrutura do sarcômero em diversos graus de extensão: em alongamento, em repouso, em contração.

interior da organela. Com isso baixam os níveis intramusculares de cálcio e não ocorrem novas ligações.

A Figura 2.17 ilustra os principais estados de interação entre a miosina e a actina durante o ciclo das pontes cruzadas. A quebra da ligação do trifosfato de adenosina (ATP), que resulta em difosfato de adenosina (ADP) e fosfato inorgânico (P_i) pela ação da enzima adenosina trifosfatase (ATPase), energiza a cabeça da miosina. O descolamento do ADP da cabeça da miosina produz a energia necessária para a criação de uma mudança de configuração que promove o deslizamento do filamento de actina além do filamento de miosina, formando uma ponte cruzada. A porção de miosina da ponte cruzada se liga a uma nova molécula de ATP, que facilita o descolamento da ponte cruzada e, com isso, prepara a ponte cruzada para um próximo ciclo.

As fibras musculares variam em extensão, podendo encurtar em até aproximadamente metade de seu comprimento em repouso. O músculo esquelético humano contém três tipos de fibras com diferentes características funcionais, que têm sua origem nas diferenças entre as isoformas de miosina e na velocidade de hidrólise do ATP, a etapa limitadora da velocidade da contração muscular. Garrett e Best (2000) elaboraram um resumo dos três tipos de fibras musculares e suas características fisiológicas, metabólicas e estruturais (Tab. 2.3). Em sua maioria, os músculos do corpo têm composição mista, contendo uma combinação dos três tipos de fibra muscular.

As fibras musculares tipo I tendem a apresentar tempos mais lentos de contração e de relaxamento, e são muito resistentes à fadiga. O tamanho de suas unidades motoras é tipicamente pequeno, com elevada densidade de capilares. Essas fibras obtêm ATP principalmente por meio da fosforilação oxidativa. As fibras musculares tipo II podem ser subdivididas nos tipos IIA e IIB (por vezes

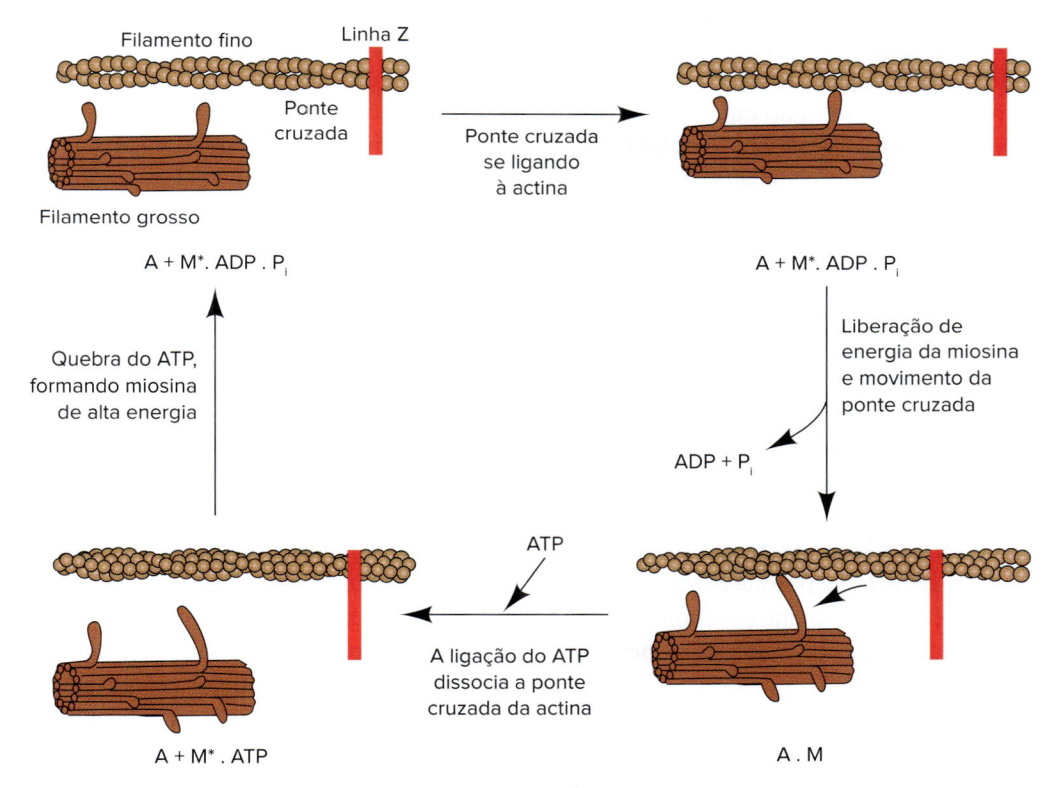

FIGURA 2.17 Ilustração esquemática do ciclo das pontes cruzadas. Quando o músculo se encontra em repouso, o local de fixação no filamento fino está revestido pelo complexo tropomiosina-troponina. O trifosfato de adenosina (ATP) está ligado à ponte cruzada de miosina, deixando a cabeça da miosina em repouso. Quando o músculo é ativado, ocorre um aumento na concentração de cálcio no sarcoplasma, e o cálcio (Ca^{2+}) se liga à troponina, provocando uma mudança de conformação que expõe o local de ligação da actina. A ponte cruzada se liga à actina e também passa por uma mudança de conformação. A hidrólise do ATP, que resulta na formação de difosfato de adenosina (ADP) e de fosfato inorgânico (P_i), excita a cabeça da miosina, deixando-a bem perto da actina antes da fixação. O descolamento do ADP faz com que a cabeça da miosina deslize, resultando em contração (i. e., movimento dos filamentos finos além dos filamentos grossos). Subsequentemente, um novo ATP se prende à ponte cruzada e esta pode descolar do filamento fino, ficando pronta para uma nova interação com outro local de inserção no filamento fino.

TABELA 2.3 Características dos tipos de fibras do músculo esquelético humano

	Tipo I	Tipo IIA	Tipo IIB
Outros nomes	Fibras vermelhas, de contração lenta (CL), oxidativas lentas (OL)	Fibras intermediárias (brancas), de contração rápida (CR), glicolíticas oxidativas rápidas (GOR)	Fibras brancas, glicolíticas rápidas (GR)
Velocidade de contração	Lenta	Intermediária	Rápida
Força de contração	Baixa	Intermediária	Alta
Fatigabilidade	Resistente à fadiga	Moderadamente fatigável	Rapidamente fatigável
Capacidade aeróbica	Alta	Intermediária	Baixa
Capacidade anaeróbica	Baixa	Intermediária	Alta
Tamanho da unidade motora	Pequena	Maior	A maior de todas
Densidade capilar	Alta	Intermediária	Baixa

Adaptada com permissão de W. E. Garrett, Jr. E T. M. Best, "Anatomy, Physiology, and Mechanics of Skeletal Muscle," in *Orthopaedic Basic Science*, editada por S. R. Simon (Park Ridge, IL: American Academy of Orthopaedic Surgeons, 1994), p.100.

conhecido como tipo IIX). As fibras tipo IIA exibem uma combinação de propriedades das fibras tipos I e IIB. São principalmente de contração rápida, embora tenham tendências oxidativas, produzam velocidades mais altas de contração e força em comparação com as fibras tipo I, e sejam mais resistentes à fadiga do que as fibras tipo IIB. As fibras tipo IIA têm unidades motoras de tamanho maior e uma densidade relativamente alta de capilares. As fibras musculares tipo IIB são fibras de contração rápida e utilizam processos metabólicos glicolíticos. São as mais sujeitas à fadiga, mas apresentam as mais altas velocidades de contração e a maior resistência contrátil. Sua unidade motora é a maior entre os três tipos de fibra, mas sua densidade de capilares é relativamente baixa.

Fibras musculares com os mesmos perfis bioquímicos tendem a apresentar características similares de produção de força. Uma fibra muscular encurtada até metade de seu comprimento apresentará as mesmas características de força, não importando se está em posição alongada ou encurtada, porque os sarcômeros estão dispostos em séries. No entanto, o aumento numérico em paralelo das fibras musculares aumenta a força absoluta do músculo.

Um aspecto importante da arquitetura do músculo é o ângulo de penação das fibras musculares. Músculos longitudinais ou fusiformes têm fibras musculares dispostas paralelamente à linha de tração do tendão. Essas fibras exercem tração em linha reta, e a magnitude integral da força é direcionada ao longo da linha de ação do tendão. Um exemplo de músculo esquelético fusiforme é o bíceps braquial. Por outro lado, as fibras de um músculo peniforme (unipenado, bipenado, ou multipenado) têm sua origem em um ângulo oblíquo com a linha de tração (comumente considerada uma linha

reta ao longo do tendão). Portanto, apenas uma parte da força produzida pela fibra em contração é transmitida ao longo do tendão. A penação das fibras possibilita que a quantidade de fibras aumente sem que ocorra aumento significativo do diâmetro muscular. Embora apenas um componente da força da fibra muscular seja efetivamente usado para mobilizar o tendão, a vantagem do sistema muscular unipenado é que maior quantidade de sarcômeros poderá trabalhar em paralelo para aumentar a força efetiva do músculo, graças ao aumento da área de seção transversa (Fig. 2.18). São exemplos de músculos peniformes o extensor dos dedos da mão (unipenado), o reto femoral da coxa (bipenado) e o deltoide do ombro (multipenado).

Unidades motoras

A unidade neuromuscular fundamental é a unidade motora (Fig. 2.19). As unidades motoras consistem em um motoneurônio (corpo da célula) localizado no interior da medula espinal, seu axônio e as fibras musculares por ele inervadas nas placas terminais motoras. Quando ocorre despolarização do neurônio, todas as fibras musculares da unidade motora contraem em uníssono (princípio do tudo ou nada). A tensão muscular pode ser aumentada pelo aumento na frequência de envio de potenciais de ação para o músculo (o que aumenta a velocidade de estimulação) e pelo recrutamento de unidades motoras adicionais. O recrutamento de unidades motoras adicionais é o mecanismo mais potente para o desenvolvimento da força inicial; apenas em níveis de força mais intensos o aumento da frequência de disparos assume um papel preponderante.

Além dos determinantes nervosos da força, a produção da força por um músculo pode ser alterada pelo

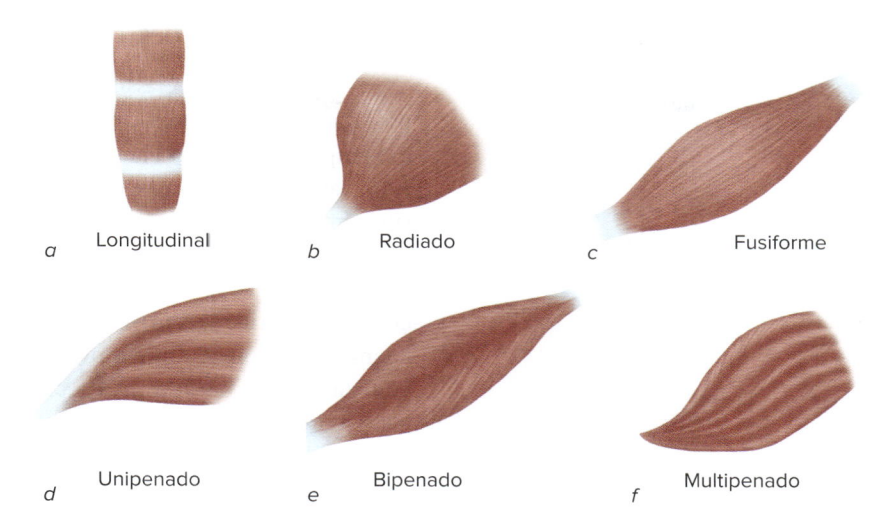

a Longitudinal   *b* Radiado   *c* Fusiforme

d Unipenado   *e* Bipenado   *f* Multipenado

FIGURA 2.18 Efeito da penação das fibras musculares. Nos músculos longitudinais, radiados e fusiformes *(a, b, c)*, toda a força produzida no interior da fibra muscular é direcionada como força resultante através do eixo longitudinal do tendão. A vantagem desse tipo de arranjo é o aumento da amplitude de movimento (i. e., a excursão da extremidade do tendão com relação à excursão da fibra muscular). Em comparação, as fibras musculares de músculos unipenados, bipenados e multipenados ficam direcionadas em ângulos que divergem do eixo longitudinal do tendão *(d, e, f)*. Assim, a força produzida no interior do músculo tem um componente de força que exerce tração de modo não alinhado com o eixo longitudinal do tendão, enquanto o componente de força em paralelo com o tendão fornece um componente de força alinhado com a direção pretendida.

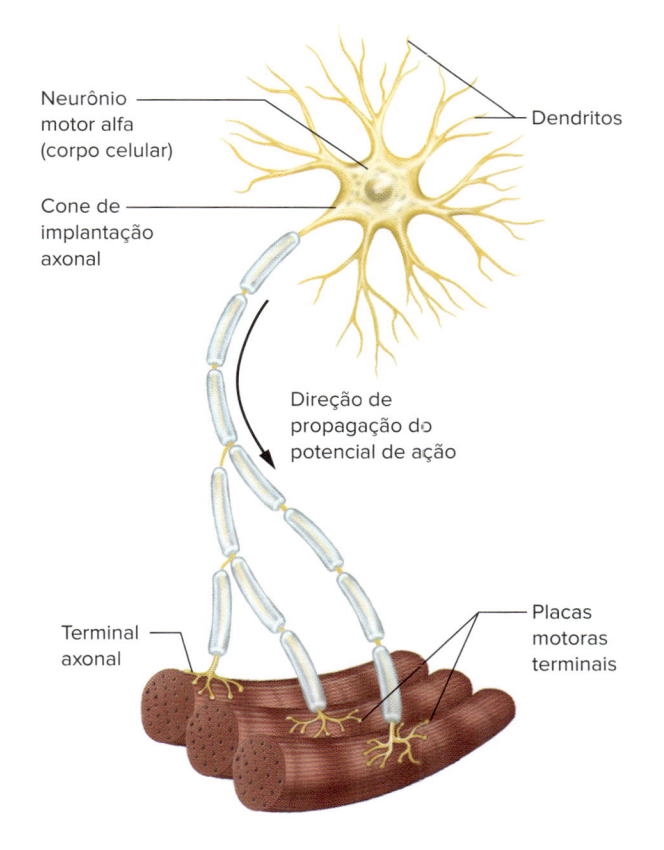

Neurônio motor alfa (corpo celular)

Dendritos

Cone de implantação axonal

Direção de propagação do potencial de ação

Terminal axonal

Placas motoras terminais

FIGURA 2.19 Unidade motora isolada. A unidade motora consiste no motoneurônio (corpo celular) com seu axônio e com todas as fibras musculares inervadas pelo neurônio.

comprimento do músculo ao ser iniciada a contração, e também pela velocidade de contração. Força, velocidade e comprimento são variáveis inter-relacionadas que afetam a resposta mecânica do músculo. Essas relações são normalmente resumidas por gráficos da relação força-velocidade e da relação comprimento-tensão (Fig. 2.20). Comprimento e velocidade não são independentes um do outro; ambos estão relacionados com a força. Pode-se produzir uma tensão máxima quando um determinado músculo é alongado forçadamente durante sua tentativa de encurtar (ação excêntrica), em decorrência da restauração da força das unidades proteicas de titina em acréscimo à produção de força concêntrica decorrente da contração dos sarcômeros. A tensão declina durante o encurtamento do músculo ativo (ação concêntrica), graças à diminuição dos locais de ligação disponíveis. A força máxima em uma ação muscular excêntrica rápida excede a força máxima em uma contração isométrica, e a força será ainda menor na ação muscular concêntrica.

As unidades músculo esquelético-tendão também têm propriedades passivas intrínsecas que afetam a produção de força. A tensão desenvolvida em uma unidade miotendínea é transmitida para o esqueleto como resultado de uma mescla integrada de células musculares e tecido conjuntivo fibroso, aí incluídos o sarcoplasma, o sarcolema e o endomísio. Outros tecidos

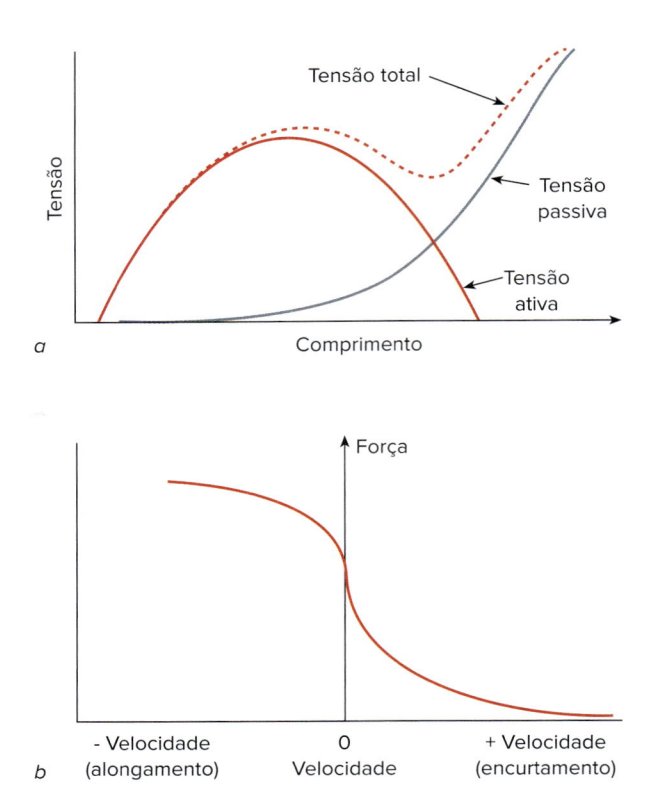

a

b - Velocidade (alongamento) 0 Velocidade + Velocidade (encurtamento)

FIGURA 2.20 Músculo esquelético. *(a)* Gráfico comprimento-tensão e *(b)* gráfico força-velocidade.

conjuntivos que suportam carga importantes na unidade miotendínea incluem o tendão e as fibras colágenas que permeiam o ventre muscular. Algumas dessas estruturas passivas atuam em série com as células musculares ativas, enquanto outras atuam em paralelo. Os termos componente elástico em série e componente elástico em paralelo são derivados dessas funções. Em conjunto, os dois componentes são responsáveis pelas propriedades de tensão passiva do músculo, o que pode ser importante na mecânica muscular. Como foi observado por Åstrand et al. (2003), uma determinada tensão em uma unidade miotendínea pode ser produzida com um baixo custo energético metabólico durante ações musculares excêntricas (em vez de concêntricas) graças à energia mecânica que pode ser armazenada nos componentes elásticos (titina).

As pontes cruzadas ativadas no interior das miofibrilas exibem uma resistência ao alongamento; com isso, ocorre a produção de uma força interna que frequentemente recebe o nome de *rigidez muscular*. Mensurada como uma mudança na força por mudança de comprimento, a rigidez é uma propriedade muscular que, segundo se acredita, atua ao longo das mudanças de comprimento e tem significado funcional durante a locomoção e outros movimentos.

ARTROLOGIA

A artrologia, ou a classificação das articulações e dos movimentos articulares, concentra-se nas classes, tipos e exemplos das diversas articulações do corpo humano. As palavras articulação e junta são empregadas como sinônimos para descrever a junção de dois ou mais ossos em seus locais de contato. Algumas articulações possibilitam a execução de movimentos livres (p. ex., articulações do quadril e joelho), enquanto outras possibilitam apenas pouco ou nenhum movimento entre os ossos em conexão (p. ex., as suturas do crânio). As Tabelas 2.4 até 2.6 organizam as articulações por estrutura e ação.

As articulações se dividem naquelas com ou sem cavidade articular. Articulações sinartrodiais (imóveis) e anfiartrodiais (com pouca mobilidade) não têm cavidade. Caracteristicamente, as articulações diartrodiais (móveis) apresentam uma cavidade articular e normalmente são analisadas nas lesões relacionadas ao movimento. A articulação do joelho, por exemplo, é uma articulação diartrodial frequentemente lesionada. A Figura 2.21 mostra uma seção transversa de uma articulação do joelho, ilustrativa de seus muitos componentes complexos.

De que modo uma articulação diartrodial tão complexa se desenvolve? Para responder a essa pergunta, retornemos à descrição do embrião em seu estágio de somitos, que pode ser consultada na seção sobre em-

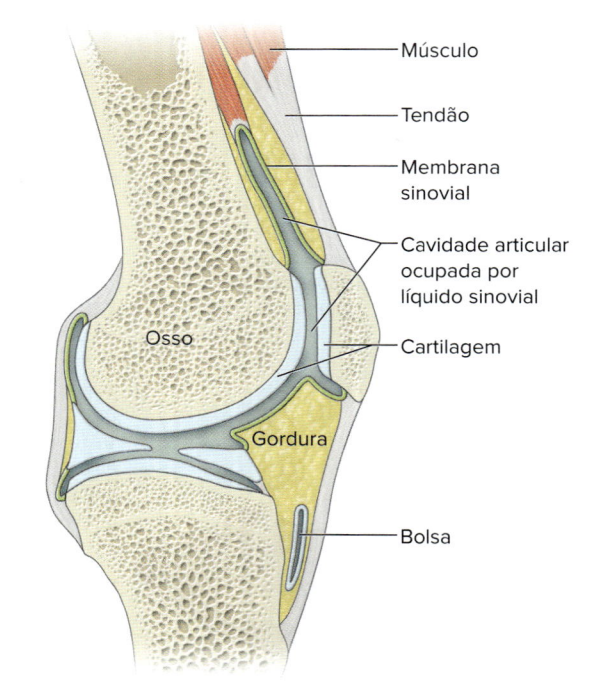

Articulação do joelho normal

FIGURA 2.21 Seção transversa de um joelho humano adulto no plano sagital.

TABELA 2.4 Resumo da estrutura e movimentos das articulações da cabeça, do pescoço e do tronco

Articulação	Classificação estrutural	TODOS OS MOVIMENTOS COMEÇAM NA POSIÇÃO ANATÔMICA		
		Movimento	Plano	Axialidade e planaridade
Intercraniana	Sutura	Nenhum		
Temporomandibular	Sinovial (elipsóidea)	Elevação Depressão Protração Retração	Sagital Transverso	Biaxial, biplanar
Atlantoccipital	Sinovial (gínglimo)	Flexão Extensão	Sagital	Uniaxial, uniplanar
Coluna vertebral: atlantoaxial	Sinovial (trocóidea)	Rotação à direita Rotação à esquerda	Transverso	Uniaxial, uniplanar
C2-L5	Corpos vertebrais: sínfise Processos articulares: sinovial (plana)	Flexão Extensão Hiperextensão Flexão lateral à direita Flexão lateral à esquerda Rotação à direita Rotação à esquerda	Sagital Frontal Transverso	Triaxial, triplanar
Costovertebral	Sinovial (plana)	Deslizamento		Não axial, não planar
Esternomanubrial	Sínfise	Aumento do ângulo esternal Diminuição do ângulo esternal		Não axial, não planar

Reproduzida com permissão de W. C. Whiting, *Dynamic Human Anatomy,* 2.ed. (Champaign, IL: Human Kinetics, 2019).

TABELA 2.5 Resumo da estrutura e movimentos das articulações do membro superior

Articulação	Classificação estrutural	TODOS OS MOVIMENTOS COMEÇAM NA POSIÇÃO ANATÔMICA		
		Movimento	Plano	Axialidade e planaridade
Esternoclavicular (cíngulo do membro superior)	Sinovial (esferóidea)	Rotação anterior Rotação posterior Rotação superior Rotação inferior Abdução Adução	Sagital Frontal Transverso	Triaxial, triplanar
Acromioclavicular	Sinovial (plana)	Deslizamento		Não axial, não planar
Glenoumeral (ombro)	Sinovial (esferóidea) [início com o ombro em flexão de 90°]	Flexão Extensão Hiperextensão Abdução Adução Rotação interna (medial) Rotação externa (lateral) Abdução horizontal (extensão horizontal) Adução horizontal (flexão horizontal)	Sagital Frontal Transverso	Triaxial, triplanar
Cotovelo	Sinovial (gínglimo)	Flexão Extensão	Sagital	Uniaxial, uniplanar
Radioulnar	Proximal: sinovial (trocóidea) Média: sindesmose Distal: sinovial (trocóidea)	Pronação Supinação	Transverso	Uniaxial, uniplanar
Radiocarpal (punho)	Sinovial (elipsóidea)	Flexão Extensão Hiperextensão Desvio radial (abdução) Desvio ulnar (adução)	Sagital Frontal	Biaxial, biplanar

(continua)

TABELA 2.5 Resumo da estrutura e movimentos das articulações do membro superior (*continuação*)

Articulação	Classificação estrutural	Movimento	Plano	Axialidade e planaridade
		TODOS OS MOVIMENTOS COMEÇAM NA POSIÇÃO ANATÔMICA		
Intercarpal	Sinovial (plana)	Deslizamento		Não axial, não planar
Carpometacarpal	Sinovial (plana)	Deslizamento		Não axial, não planar
Metacarpofalângica	Polegar: sinovial (selar) 2-5: sinoviais (elipsóideas)	Flexão Extensão Hiperextensão Abdução Adução	Frontal (2-5) sagital Sagital (2-5) frontal	Biaxial e biplanar
Interfalângica	Sinovial (gínglimo)	Flexão Extensão	Sagital	Uniaxial, uniplanar

Reproduzida com permissão de W. C. Whiting, *Dynamic Human Anatomy,* 2.ed. (Champaign, IL: Human Kinetics, 2019).

TABELA 2.6 Resumo da estrutura e movimentos das articulações da pelve e do membro inferior

Articulação	Classificação estrutural	Movimento	Plano	Axialidade e planaridade
		TODOS OS MOVIMENTOS COMEÇAM NA POSIÇÃO ANATÔMICA		
Sacroilíaca	Sinovial (plana)	Deslizamento		Não axial, não planar
Sínfise púbica	Sínfise	Distração; separação durante o parto		
Cíngulo do membro inferior (movimento da pelve em relação ao fêmur)	Sinovial (esferóidea)	Inclinação anterior Inclinação posterior Inclinação lateral à direita Inclinação lateral à esquerda Rotação à direita Rotação à esquerda	Sagital Frontal Transverso	Triaxial, triplanar
Quadril (movimento do fêmur em relação à pelve)	Sinovial (esferóidea)	Flexão Extensão Hiperextensão Abdução Adução Rotação interna (medial) Rotação externa (lateral)	Sagital Frontal Transverso	
	[início com o quadril em flexão de 90°]	Abdução horizontal (extensão horizontal) Adução horizontal (flexão horizontal)	Transverso	
Patelofemoral	Sinovial (plana)	Deslizamento		Não axial, não planar
Tibiofemoral (joelho)	Sinovial (bicondilar)	Flexão Extensão Rotação interna (medial) Rotação externa (lateral) (com o joelho flexionado)	Sagital Frontal	Biaxial, biplanar
Tornozelo	Sinovial (gínglimo)	Dorsiflexão Flexão plantar	Sagital	Uniaxial, uniplanar
Subtalar	Sinovial (plana)	Inversão Eversão	Frontal	Uniaxial, uniplanar
Intertarsal	Sinovial (plana)	Deslizamento		Uniaxial, uniplanar
Tarsometatarsal	Sinovial (plana)	Deslizamento		Não axial, não planar
Metatarsofalângica	Sinovial (elipsóidea)	Flexão Extensão Hiperextensão Abdução Adução	Sagital Transverso	Biaxial, biplanar
Interfalângica	Sinovial (gínglimo)	Flexão Extensão	Sagital	Uniaxial, uniplanar

Reproduzida com permissão de W. C. Whiting, *Dynamic Human Anatomy,* 2.ed. (Champaign, IL: Human Kinetics, 2019).

briologia, previamente neste capítulo. Em seguida ao surgimento dos botões dos membros (embrião de 26 a 28 dias), um grupo de células mesenquimais coalesce no interior do membro em desenvolvimento, formando um blastema (Lo et al., 2003). O blastema é o material fundamental que produz a cápsula, os ligamentos, o revestimento sinovial e os meniscos da articulação. Nesse estágio, os ossos adjacentes são modelos cartilaginosos que estão passando por ossificação endocondral. Na junção entre dois desses modelos osteocartilaginosos, ocorre condensação do mesênquima interzonal, que forma um disco articular (placa articular primitiva). Por volta de 10 semanas, surge a cavidade central no interior da articulação em desenvolvimento. Por fim, essa cavidade se transforma na cavidade sinovial, que conterá o líquido sinovial e ajudará na lubrificação da articulação.

O desenvolvimento desde o blastema até os elementos esqueléticos definidos ocorre entre a 4ª e a 10ª semanas no embrião humano em desenvolvimento. São muitos os estímulos que podem influenciar o desenvolvimento das articulações. Ao que parece, o movimento é um dos fatores importantes, podendo resultar das forças hidrodinâmicas extrínsecas com atuação no interior do útero, ou das ações emergentes dos tecidos da musculatura esquelética em desenvolvimento no membro.

REVISÃO DO CAPÍTULO

Pontos-chave

- Os tecidos musculoesqueléticos (i. e., osso, cartilagem, tendões, ligamentos, músculo esquelético e articulações) possibilitam e podem facilitar os movimentos corporais. O movimento é produzido pelas articulações, podendo incluir interações complexas com todos os tecidos musculoesqueléticos que começam a tomar forma logo no início do desenvolvimento embriológico. Todos os tecidos musculoesqueléticos têm subcategorias estruturais.
- O músculo é um tecido produtor de força e exerce ação sobre os ossos por meio dos tendões, para o controle dos movimentos. Faixas colágenas que unem os ossos um ao outro (ligamentos) e discos fibrocartilaginosos (meniscos) podem controlar passivamente os movimentos relativos dos ossos em articulação.
- A cartilagem que reveste os segmentos ósseos no interior das articulações propicia superfícies adequadas para o perfeito deslizamento articular.

- Este capítulo enfatizou a complexidade desses tecidos e estabeleceu as bases para a compreensão do potencial desses tecidos de responder a estímulos, por exemplo, ao exercício, ao treinamento e à lesão. Essas informações foram apresentadas com uma abordagem geral. Existem fontes de excelente qualidade e que abordam em detalhes esses tópicos, que podem ser consultadas para se obter um maior detalhamento da anatomia e histologia dos tecidos; para tanto, incentiva-se a exploração desses detalhes.

Questões a considerar

1. Você está palestrando para uma plateia de jovens sobre a natureza dinâmica dos tecidos biológicos, e alguém faz um comentário: "Sempre pensei que o osso fosse algo duro e inerte". Ofereça argumentos para convencer essa pessoa de que o que ocorre é exatamente o contrário.
2. Considere uma unidade miotendínea (p. ex., músculos da panturrilha e tendão do calcâneo). Descreva os processos embrionários de cada componente da unidade (i. e., músculo e tendão).
3. Os tecidos biológicos operam em conjunto para realizar muitas tarefas e atender às necessidades funcionais do organismo humano. Cada tecido tem características singulares, que o diferenciam dos demais tecidos. Descreva as características exclusivas dos tecidos muscular, nervoso, epitelial e conjuntivo.
4. Descreva as etapas envolvidas no crescimento e desenvolvimento dos ossos; descreva também os potenciais impedimentos para um crescimento ósseo saudável e normal.
5. Descreva o que você entende por *relação estrutura-função* dos tecidos biológicos. Forneça exemplos específicos que ilustrem esse conceito.
6. Relacione e explique os fatores que afetam o grau de força que o músculo é capaz de produzir.

LEITURAS SUGERIDAS

Embriologia e desenvolvimento

Iannotti, J.P., S. Goldstein, J. Kuhn, L. Lipiello, F.S. Kaplan, and D.J. Zaleske. 2000. The formation and growth of skeletal tissues. In *Orthopaedic Basic Science* (2nd ed.), edited by S.R Simon. Park Ridge, IL: American Academy of Orthopaedic Surgeons.

Pettifor, J.M., and H. Juppner. 2003. *Pediatric Bone: Biology and Diseases*. London: Academic Press.

Sadler, T.W. 2004. *Langman's Medical Embryology* (9th ed.). Philadelphia: Lippincott Williams & Wilkins.

Histologia

Cormack, D.H. 1987. *Ham's Histology* (9th ed.). Philadelphia: Lippincott.

Fawcett, D.W., and R.P. Jensh. 2002. Bloom and Fawcett: Concise Histology (2nd ed.). London: Hoddar Arnold.

Garner, L.P., J.L. Hiatt, J.M. Strum, T.A. Swanson, S.I. Kim, and A.S. Schneider. 2002. *Cell Biology and Histology* (4th ed.). Philadelphia: Lippincott Williams & Wilkins.

Ossos

Bostrom, M.P.G., A. Boskey, J.J. Kaufman, and T.A. Einhorn. 2000. Form and function of bone. In *Orthopaedic Basic Science* (2nd ed.), edited by S.R. Simon. Park Ridge, IL: American Academy of Orthopaedic Surgeons.

Hall, B.K. ed. 2005. *Bones and Cartilage: Developmental and Evolutionary Skeletal Biology*. London: Elsevier/Academic Press.

Martin, R.B., D.B. Burr, and N.A. Sharkey. 1998. *Skeletal Tissue Mechanics*. New York: Springer.

Cartilagem

Mankin, H.J., V.C. Mow, J.A. Buckwalter, J.P. Iannotti, and A. Ratcliffe. 2000. Articular cartilage structure, composition and function. In *Orthopaedic Basic Science* (2nd ed.), edited by S.R. Simon. Park Ridge, IL: American Academy of Orthopaedic Surgeons.

Mow, V.C., A. Ratcliffe, and A.R. Poole. 1992. *Cartilage and diarthrodial joints as paradigms for hierarchical materials and structures*. Biomaterials 13: 67-97.

Tendões e ligamentos

Woo, S.L.-Y., K.-N. An, C.B. Frank, G.A. Livesay, C.B. Ma, J. Zeminski, J.S. Wayne, and B.S. Myers. 2000. Anatomy, biology, and biomechanics of tendon and ligament. In *Orthopaedic Basic Science* (2nd ed.), edited by S.R. Simon. Park Ridge, IL: American Academy of Orthopaedic Surgeons.

Músculo esquelético

Garrett, W.E., Jr., and T.M. Best. 2000. Anatomy, physiology, and mechanics of skeletal muscle. In *Orthopaedic Basic Science* (2nd ed.), edited by S.R. Simon. Park Ridge, IL: American Academy of Orthopaedic Surgeons.

Jones, D.A., J. Round, and A. de Haan. 2004. *Skeletal Muscle, from Molecules to Movement*. Edinburgh, UK: Churchill Livingstone.

Lieber, R.L. 2002. *Skeletal Muscle Structure, Function & Plasticity* (2nd ed.). Philadelphia: Lippincott Williams & Wilkins.

MacIntosh, B.R., P. Gardiner, and A.J. McComas. 2006. *Skeletal Muscle: Form and Function* (2nd ed.). Champaign, IL: Human Kinetics.

Tskhovrebova, L., and J. Trinick. 2010. Roles of titin in the structure and elasticity of the sarcomere. *Biomedical Research International* 2010:612482. https://doi.org/10.1155/2010/612482

Referências clássicas

Simon, S.R., ed. 2000. *Orthopaedic Basic Science* (2nd ed.). Park Ridge, IL: American Academy of Orthopaedic Surgeons.

Thompson, D.W. 1992. *On Growth and Form*, edited by J.T. Bonner (abridged ed.). Cambridge: Cambridge University Press. (Originally published 1917)

3

Biomecânica básica

A mecânica é o paraíso das ciências matemáticas, pois, por meio dela, podemos saborear os frutos da matemática.

Leonardo da Vinci (1452-1519)

OBJETIVOS

- Identificar as principais áreas da biomecânica relevantes para o movimento humano: mecânica dos movimentos, mecânica dos fluidos, mecânica das articulações e mecânica dos materiais.
- Explicar os conceitos e medidas da biomecânica: movimento linear e angular, centro de gravidade, estabilidade, mobilidade e equilíbrio do movimento.
- Explicar os conceitos da mecânica dos movimentos: cinemática, cinética, força, pressão, sistemas de alavanca, torque (momento da força), leis de Newton do movimento, trabalho, potência, energia, momento e atrito.
- Explicar os conceitos da mecânica dos fluidos: fluxo dos fluidos, resistência dos fluidos e viscosidade.
- Explicar os conceitos da mecânica das articulações: amplitude de movimento, estabilidade articular, mobilidade articular, sistemas de alavanca e força de reação articular.
- Explicar os conceitos da mecânica dos materiais: tensão, deformação relativa, rigidez, flexão, torção, viscoelasticidade, bem como fadiga e falha do material.
- Descrever os vários tipos de modelo e critérios de seleção do modelo.
- Descrever os modelos reológico, de elementos finitos e musculoesqueléticos complexos.

Conforme observou o comediante Jerry Seinfeld, "Para mim, se a vida se resumir a apenas uma coisa, essa coisa é o movimento. Viver é manter-se em movimento". E mover-se é se manter vivo. O movimento *é* essencial para a vida. Os processos vitais como a circulação sanguínea, a respiração e a contração muscular dependem

do movimento, assim como atividades como andar, correr, saltar, flexionar o corpo e segurar objetos. Vamos considerar como o organismo humano procura se movimentar, seja conscientemente ou não. Enquanto sentado em uma cadeira, por exemplo, você permanece imóvel? Dificilmente. As pessoas cruzam e descruzam as pernas, se encurvam, retorcem e deslizam o corpo, o que resulta em certo grau de movimento. As crianças talvez sejam a melhor evidência da natureza inerente dos seres humanos de se manter em movimento. As crianças parecem estar constantemente em movimento. Mesmo ao envelhecer e diminuir as atividades, o movimento permanece sendo um elemento quintessencial do nosso ser.

No passado, movimentar-se significava sobreviver. Aqueles incapazes de se movimentar – ou de fazê-lo com suficiente rapidez – frequentemente enfrentavam lesões ou mesmo a morte. Embora não mais tenhamos que escapar de predadores (exceto em raras ocasiões), nossa capacidade de nos movimentarmos pode ainda ser de grande ajuda para que possamos evitar situações perigosas (p. ex., esquivar-se de um veículo que venha em nossa direção). Portanto, a limitação dos movimentos, seja resultante de alguma incapacidade ou de um estilo de vida sedentário, pode contribuir, direta ou indiretamente, para nossa suscetibilidade às lesões, e também pode contribuir para efeitos deletérios sobre a saúde, como as doenças cardiovasculares, o diabetes e o câncer.

Em termos mecânicos, há duas formas básicas de movimento: (1) movimento linear (também conhecido como movimento translacional), no qual um corpo se move ao longo de uma linha reta (movimento retilíneo) ou de uma linha curva (movimento curvilíneo), e (2) movimento angular (também chamado de movimento rotacional), em que o corpo gira em torno de um eixo de rotação (Fig. 3.1). Embora teoricamente exista uma quantidade infinita de eixos em torno dos quais pode ocorrer a rotação de um corpo, apenas alguns têm interesse prático para a discussão dos movimentos de segmentos do corpo humano (Fig. 3.2). Durante a nossa discussão da biomecânica neste capítulo, o leitor deve ter em mente que frequentemente nos referiremos a um objeto como um corpo. Nesse contexto, a palavra *corpo* é utilizada para indicar qualquer porção de matéria. Também pode fazer referência ao corpo humano em sua totalidade, a um segmento corporal (p. ex., a coxa ou o braço), ou a qualquer outra massa considerada (p. ex., um pedaço de madeira).

Muitos dos movimentos realizados por organismos vivos constituem uma combinação dos movimentos linear e angular. Os movimentos linear e angular realizados simultaneamente são denominados movimento geral. Vamos considerar, por exemplo, o movimento da coxa de uma pessoa durante a marcha. Nesse caso, ocorre uma combinação de movimento linear direcionado para a frente e de movimento angular com rotação da coxa em torno do eixo da articulação do quadril, em fases alternadas de flexão e extensão.

O movimento de um objeto inanimado também pode exibir movimentos combinados. O voo de uma bola de basquete em direção à cesta constitui um movimento linear (o trajeto curvo, ou arco da bola) e também um movimento angular (o movimento giratório da bola). Ao longo da exploração dos conceitos mecânicos neste capítulo, frequentemente as noções de movimento linear e angular irão se repetir. Combinações dessas

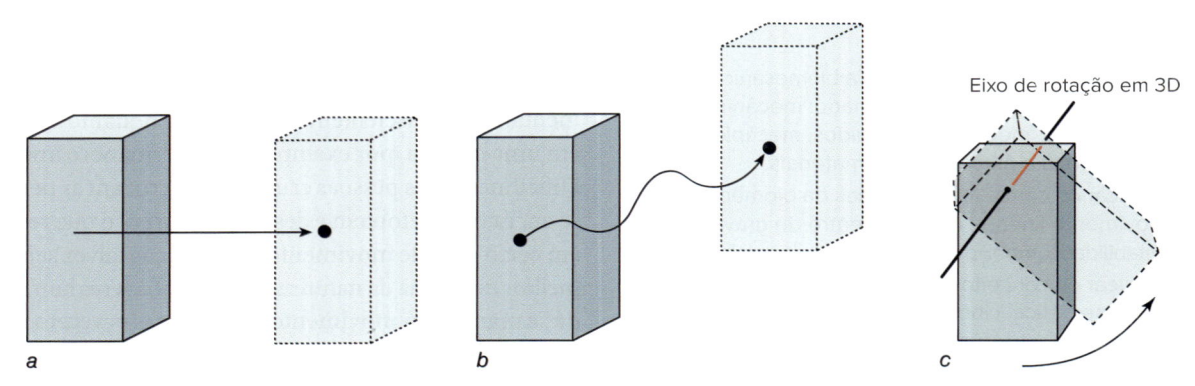

FIGURA 3.1   Movimentos linear e angular. *(a)* Movimento retilíneo (em linha reta), *(b)* movimento curvilíneo e *(c)* movimento angular (rotacional).

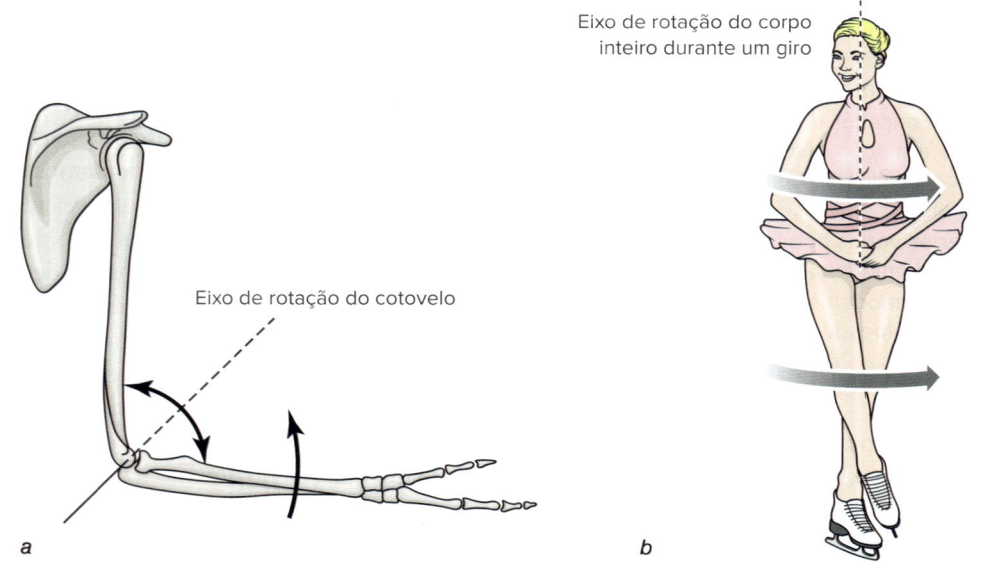

FIGURA 3.2   Exemplos de eixos de rotação anatômicos. *(a)* Flexão e extensão do cotovelo em torno do eixo de rotação dessa articulação. *(b)* Rotação do corpo inteiro de uma patinadora em torno de um eixo longitudinal (vertical).

duas formas simples de movimento resultam em uma ampla e praticamente interminável variedade de padrões motores humanos.

O movimento humano pode ser considerado a partir de várias perspectivas. Uma dessas perspectivas considera como os fatores mecânicos que produzem e controlam o movimento no interior do corpo (mecânica interna) e afetam externamente o corpo (mecânica externa). São exemplos de fatores mecânicos internos as forças produzidas pela ação muscular e a estabilidade fornecida pelos ligamentos que circundam as articulações. Os fatores mecânicos externos são a gravidade, o atrito e outras forças externas, como a colisão do pé no chão, ou o golpe de um tijolo em queda na cabeça de alguém.

Outra perspectiva importante com relação ao movimento envolve a diferença entre a descrição de um movimento *versus* a identificação das forças envolvidas na produção ou no controle do movimento. A descrição dos aspectos temporais (o momento) e espaciais do movimento, sem levar em consideração as forças envolvidas, é conhecida como cinemática. A avaliação do movimento considerando também as forças envolvidas é chamada cinética.

CINEMÁTICA

Cinemática envolve cinco variáveis básicas:

1. Características temporais (momento) do movimento.
2. Posição ou localização.
3. Deslocamento (que descreve o movimento que ocorreu).
4. Velocidade (uma medida de quão rapidamente alguma coisa se movimentou ou está se movimentando).
5. Aceleração (um indicador da rapidez da mudança na velocidade).

As quatro últimas variáveis (posição, deslocamento, velocidade e aceleração) podem ser expressas de maneira linear ou angular, o que dá origem aos descritores gerais da cinemática linear e da cinemática angular. O leitor deve ter em mente que deslocamento, velocidade e aceleração são, sem exceção, medidas vetoriais, que têm tanto magnitude como direção.

Também podemos avaliar a cinemática levando em conta se o movimento é considerado em duas dimensões (*cinemática planar*) ou em três dimensões (*cinemática espacial*). As seções a seguir descrevem a terminologia essencial e as fórmulas para a cinemática planar; esses dados estão resumidos na Figura 3.3.

■ *Tempo*. O tempo, a primeira variável cinemática, fornece uma medida da duração de determinado evento. Um exemplo simples de medida cinemática temporal é a observação de que o pé direito de uma pessoa faz contato com o solo durante 450 milissegundos (ms ou mseg) durante um passo. Caracteristicamente, é bastante curta a duração (Δt) da aplicação de força associada a lesões musculoesqueléticas agudas, podendo se prolongar por apenas uma fração de segundo. Esse curto intervalo de tempo resulta necessariamente em elevadas velocidades de aplicação da carga. Como será explicado mais adiante, a velocidade de aplicação da carga é um fator importante na determinação da resposta mecânica do tecido às forças aplicadas.

■ *Posição*. A posição do corpo é fundamental para a determinação da probabilidade de ocorrência de uma lesão. As forças aplicadas a um braço que esteja hiperestendido e em rotação lateral, por exemplo, causarão um padrão de lesão diferente daquele produzido pelas mesmas forças aplicadas ao braço em flexão e rotação medial no momento da aplicação da força. De modo análogo, uma força aplicada ao topo da cabeça de alguém que esteja com o pescoço flexionado resultará em lesões diferentes das que ocorrerão se a mesma força for aplicada à cabeça enquanto o pescoço está em hiperextensão. A posição de determinado segmento do corpo pode ser descrita de modo qualitativo (p. ex., o braço se encontra em abdução) ou quantitativo (p. ex., o antebraço está posicionado com o cotovelo em flexão de 45°). Pode-se especificar em termos quantitativos a posição de um ponto específico, ou ponto de referência, no corpo com o uso, por exemplo, de coordenadas cartesianas (x, y) ou polares (r, θ) (ver Fig. 3.3).

■ *Deslocamento*. Deslocamento é a medida vetorial do movimento de um local até outro. Deslocamento linear (Δd) é medido como um vetor em linha reta desde a posição inicial (A) até a posição final (B), independentemente do trajeto percorrido. A distância, uma quantidade escalar, mede até onde o corpo se moveu ao longo de qualquer trajeto, em seu percurso de A até B. Um corpo que gira em torno de um eixo experimenta um deslocamento angular ($\Delta\theta$), que é medido pelo número de graus (ou radianos) de rotação (p. ex., o joelho flexionado ao longo de um deslocamento angular de 35°). Existe uma relação direta entre as medidas linear e angular da distância e do deslocamento, conforme ilustra a Figura 3.4a.

	Linear		Angular	
	Símbolo	Fórmula ou relação	Símbolo	Fórmula ou relação
Tempo	t	$t_2 - t_1 = \Delta t$	t	$t_2 - t_1 = \Delta t$
Posição	(x, y)	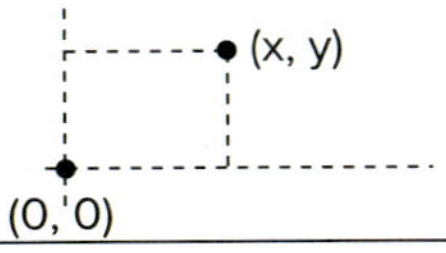 • (x, y) ... (0, 0)	(r, θ)	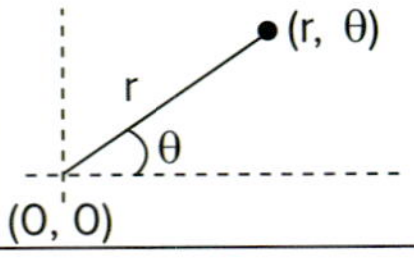 • (r, θ) ... (0, 0)
Deslocamento (apenas direção-x)	d	$d = x_2 - x_1$ $x_1 \bullet \xrightarrow{d} \bullet x_2$	θ	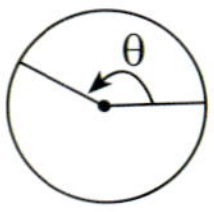 θ
Velocidade média	$\bar{v}$	$\bar{v} = \dfrac{d_2 - d_1}{t_2 - t_1} = \dfrac{\Delta d}{\Delta t}$	$\bar{\omega}$	$\bar{\omega} = \dfrac{\theta_2 - \theta_1}{t_2 - t_1} = \dfrac{\Delta \theta}{\Delta t}$
Velocidade instantânea	v	$v = \dfrac{dx}{dt} = \dot{x}$	ω	$\omega = \dfrac{d\theta}{dt} = \dot{\theta}$
Aceleração média	$\bar{a}$	$\bar{a} = \dfrac{v_2 - v_1}{t_2 - t_1} = \dfrac{\Delta v}{\Delta t}$	$\bar{\alpha}$	$\bar{\alpha} = \dfrac{\omega_2 - \omega_1}{t_2 - t_1} = \dfrac{\Delta \omega}{\Delta t}$
Aceleração instantânea	a	$a = \dfrac{dv}{dt} = \ddot{x}$	α	$\alpha = \dfrac{d\omega}{dt} = \ddot{\theta}$

FIGURA 3.3   Terminologia e fórmulas para a cinemática planar.

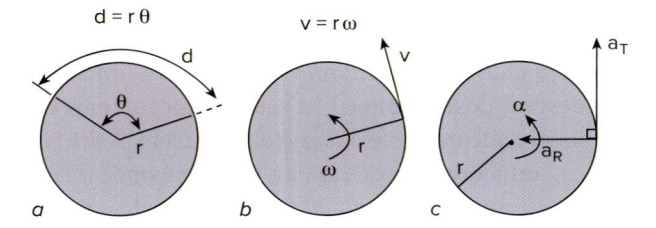

FIGURA 3.4   Relação entre medidas angulares e lineares. *(a)* A distância linear (*d*) percorrida ao longo da circunferência de um círculo (raio = *r*) é igual a *r* . θ. *(b)* A velocidade linear (*v*) de um ponto na circunferência de um círculo é igual a *r* . ω. *(c)* A aceleração tangencial linear (*a_T*) de um ponto na circunferência de um círculo é igual a *r* . α. A aceleração radial (*a_R*) é igual a v²/*r*. (Observação: nessas equações, as medidas angulares de θ, ω e α devem ser expressas em unidades de radianos [rad], rad/s e rad/s², respectivamente).

■ *Velocidade.* Velocidade é uma medida da quantidade de deslocamento no tempo. A velocidade linear (v) média é fornecida pelo quociente do deslocamento linear (Δd) dividido por Δt. Velocidade angular (ω) é calculada pela divisão do deslocamento angular ($\Delta\theta$) pelo intervalo de tempo (Δt). Existe uma relação direta entre as medidas linear e angular da velocidade (Fig. 3.4*b*). No uso comum, com frequência os termos *velocidade* e *rapidez* são utilizados de maneira intercambiável. Mas no campo da mecânica eles têm significados distintos – embora relacionados. A velocidade é uma grandeza quantidade vetorial (magnitude e direção), enquanto rapidez é uma medida escalar (apenas magnitude). A rapidez de um corredor pode ser de 5 m/s. Para que transformemos a medida de movimento para velocidade, devemos indicar a direção da corrida – por exemplo, 5 m/s em direção ao norte.

Também é preciso estabelecer uma distinção entre valores *médios* e *instantâneos*. A velocidade média mede o valor médio das velocidades ao longo de determinado período de tempo. Por exemplo, se um praticante de *jogging* corre a 1,79 m/s durante uma hora, e corre a hora seguinte a 2,23 m/s, a velocidade média dessa pessoa para o período de duas horas é de 2,01 m/s. Por outro lado, a velocidade instantânea mede a velocidade em um determinado instante no tempo. Utilizando o exemplo precedente, transcorridos 30 minutos de corrida, o praticante de *jogging* teria uma velocidade instantânea de 1,79 m/s. Depois de 90 minutos, essa pessoa teria uma velocidade instantânea de 2,23 m/s.

▪ *Aceleração*. A aceleração mede a taxa de variação temporal na velocidade de um corpo. A aceleração linear (*a*) é medida como a mudança na velocidade linear (Δv) dividida pelo intervalo de tempo (Δt). Analogamente, a aceleração angular (α) é a mudança na velocidade angular ($\Delta \omega$) dividida pelo intervalo de tempo (Δt). Também como no caso das velocidades linear e angular, existe uma relação direta entre as medidas linear e angular de aceleração (Fig. 3.4*c*). Muitas lesões musculoesqueléticas estão ligadas à aceleração. Uma aceleração ou desaceleração rápida da cabeça, por exemplo, pode resultar em uma lesão concussiva no encéfalo. Com frequência a aceleração linear é expressa em unidades de g, em que 1 g é a aceleração criada pela tração gravitacional da Terra (-9,81 m/s^2). Assim, a cabeça de um boxeador atingida com uma força de 5 g seria acelerada em cinco vezes a aceleração causada pela gravidade.

CINÉTICA

A descrição é um importante primeiro passo na análise de qualquer movimento. No entanto, as análises cinemáticas se limitam a descrever a geometria espacial e o momento do movimento, sem que as forças envolvidas sejam levadas em consideração. Tendo em vista que a força é um agente causal no movimento, a cinética (o estudo das forças e de seus efeitos) é uma área que merece nossa consideração. É preciso que tenhamos em mente que os conceitos relacionados com a força descritos a seguir estão inter-relacionados; e, se considerarmos isoladamente cada um deles, estaremos limitando sua aplicabilidade e nossa capacidade de analisar a biomecânica das lesões.

Cinética linear

Se as forças aplicadas forem grandes o suficiente para suplantar a resistência do corpo ao movimento, este se movimentará linearmente. A cinética linear examina a relação entre a resistência dos corpos a uma mudança em seu estado linear de movimento e o efeito das forças aplicadas.

Massa, inércia e força

A quantidade de matéria existente em um corpo é sua massa. A massa é medida em unidades do SI (Sistema Internacional); ou seja, em quilogramas (kg). O senso comum sugere que, quanto maior for a massa de determinado objeto, mais difícil será fazer com que se mova. Inércia é a resistência a uma mudança no estado de movimento linear do corpo; esse termo descreve a tendência de um corpo a permanecer em repouso, ou em movimento uniforme em linha reta (i. e., em velocidade constante), até que uma força externa atue sobre o corpo (ver a primeira lei de Newton do movimento, mais adiante neste capítulo). Para que determinado objeto seja movimentado quando em repouso, é preciso suplantar sua inércia, ou sua tendência a permanecer parado.

A força é o elemento mecânico mais fundamental envolvido na lesão. Força é definida como a ação ou efeito mecânico aplicado a um corpo que tende a produzir aceleração, ou mais simplesmente um "empurrar ou puxar". A unidade do SI padrão para força é o newton (N), definido como a força necessária para acelerar uma massa de 1 kg a 1 metro por segundo na direção da força ($1 N = 1 kg \cdot m \cdot s^{-2}$). No Sistema Imperial de medidas, a unidade de força é a libra (lb). Uma libra equivale a 4,45 N; assim, uma pessoa que pesa 180 lbs pesaria 801 N.

Em preparação para uma discussão mais geral da força, introduzimos o conceito de vetor de força idealizado. Vamos considerar, por exemplo, as forças atuantes na cabeça do fêmur durante o processo de se manter em pé: pode ocorrer a distribuição de uma quantidade infinita de vetores de força sobre a superfície articular. No entanto, podemos produzir um único vetor de força – um *vetor de força idealizado* – que representa o efeito resultante de todos os demais vetores, essencialmente idealizando a situação por meio de simplificação. Ao criar um modelo com apenas um vetor, com base no qual possam ser elaborados cálculos e avaliações, perdemos informações acerca da real distribuição das forças atuantes na superfície. Apesar disso, esse conceito de um vetor de força

O quilograma: passado, presente e futuro

A unidade padrão de massa (SI) é o quilograma. Desde sua primeira definição, em 1793, como "a massa de 1 litro de água", o quilograma (kg) já foi definido de várias maneiras. Em 1795, o grama (1/1.000 de 1 quilograma) foi definido como a massa de um centímetro cúbico de água no ponto de fusão do gelo. A *Metre Convention*, assinada em 1875, resultou na produção, em 1879, do Protótipo Internacional do Quilograma (*International Prototype of the Kilogram* [IPK]). Por cerca de 140 anos, o protótipo original permaneceu como o quilograma padrão.

A 26ª Conferência Geral sobre Pesos e Medidas (CGPM), em novembro de 2018 estabeleceu uma nova definição do quilograma, que foi implementada em 20 de maio de 2019. Atualmente, o quilograma (kg) é definido com o uso de três constantes físicas fundamentais: (1) a constante h de Plank ($6,62607015 \times 10^{-34}$ J.s), (2) c (a velocidade da luz), e (3) ΔV_{cs} (uma frequência de transição atômica específica).

Observação: a palavra *quilograma* também é usada em certas circunstâncias como unidade de força, e não de massa. Nesses casos, recebe a designação de *kgf* (em contraste com *kg* para quilograma massa). Quando empregada como unidade de força, 1 kgf = 2,2 libras.

O protótipo original da massa de 1 quilograma, um cilindro de platina-irídio, está guardado em uma caixa-forte no Escritório Internacional de Pesos e Medidas (EIPM) em Sèvres, França.

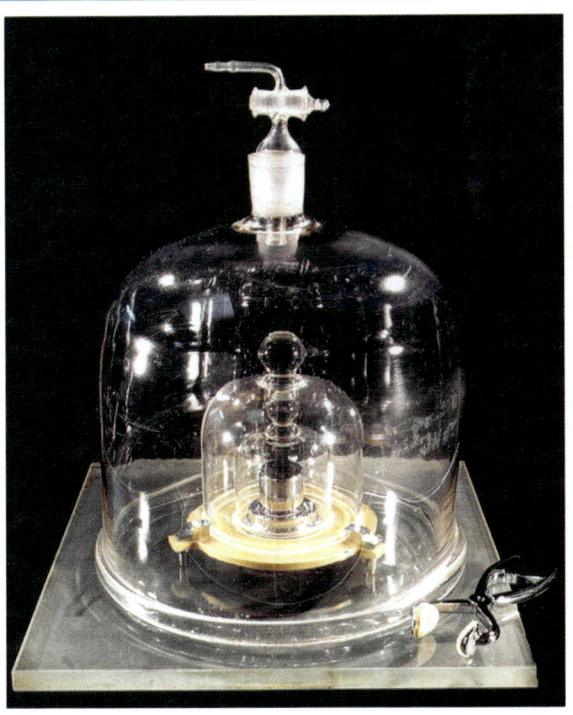

BIPM/Wikimedia Commons/CC BY-SA

idealizado demonstrou utilidade em muitas situações, conforme será explicado sucintamente.

As forças inerentes à análise da lesão são aquelas que atuam no interior ou sobre o corpo humano. Entre essas forças está a gravidade (que acelera objetos para baixo a aproximadamente 9,81 m/s²); o atrito; o impacto dos pés, mãos ou corpo no solo; o impacto de objetos que colidem com o corpo (p. ex., uma bola arremessada, uma bala de revólver); forças musculotendíneas; forças dos ligamentos atuantes nas articulações; e forças compressivas exercidas sobre os ossos longos dos membros inferiores.

Em situações causadoras de lesão, sete fatores se combinam, frequentemente de maneiras complexas, para determinar a natureza da lesão, os tecidos lesionados e a gravidade da lesão:

1. Magnitude (Qual a quantidade de força aplicada?)
2. Localização (Onde, no corpo ou na estrutura, a força é aplicada?)
3. Direção (Para onde se direciona a força?)
4. Duração (A força é aplicada durante qual intervalo de tempo?)
5. Frequência (Com que frequência a força é aplicada?)
6. Variabilidade (A magnitude da força é constante ou variável ao longo do intervalo de aplicação?)
7. Velocidade (Com que velocidade a força é aplicada?)

No corpo humano, raramente uma única força atua de maneira isolada. São muito mais comuns os casos que envolvem múltiplas forças. Para ajudar na análise, é útil caracterizar as múltiplas forças como *sistemas de força*. Seus tipos são: sistemas de forças lineares, paralelas, concorrentes e gerais (Fig. 3.5a-3.5d). Um caso especial de aplicação de forças é o par de forças, que se compõe de duas forças paralelas que atuam em direções opostas e tendem a criar rotação em torno de um eixo (Fig. 3.5e).

A abordagem da engenharia utiliza um diagrama de corpo livre para a análise biomecânica de um sistema de forças. Um diagrama de corpo livre (DCL) é simplesmente uma representação gráfica de todas as forças atuantes em um sistema. A Figura 3.6 ilustra um DCL para uma aplicação biomecânica simples. Observe que o efeito da gravidade está representado por um único vetor, outro exemplo de um vetor de força idealizado. Na verdade, a gravidade atua sobre cada pequeno elemento de massa corporal.

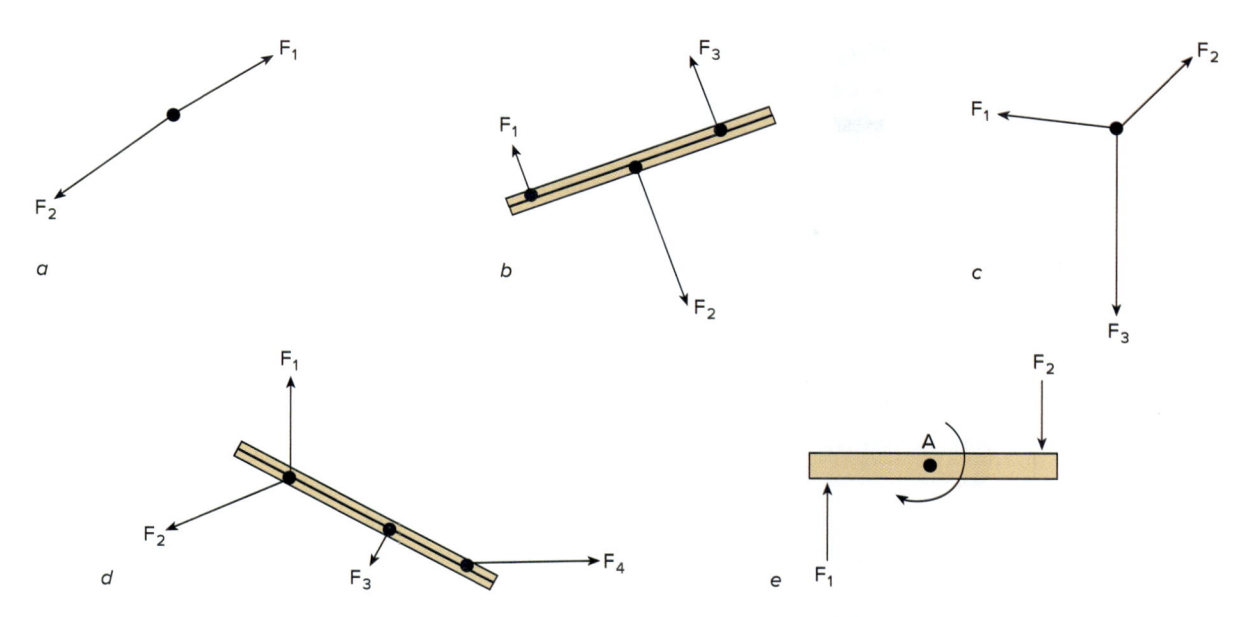

FIGURA 3.5   Sistemas de força. *(a)* Sistema de forças lineares. *(b)* Sistema de forças paralelas. *(c)* Sistema de forças concorrentes. *(d)* Sistema de forças gerais; essa é a designação dada a um sistema de forças que não se enquadra em nenhuma das demais classificações *(a, b* ou c). *(e)* Par de forças: as forças F_1 e F_2 paralelas e em direções opostas provocam rotação em torno do eixo A.

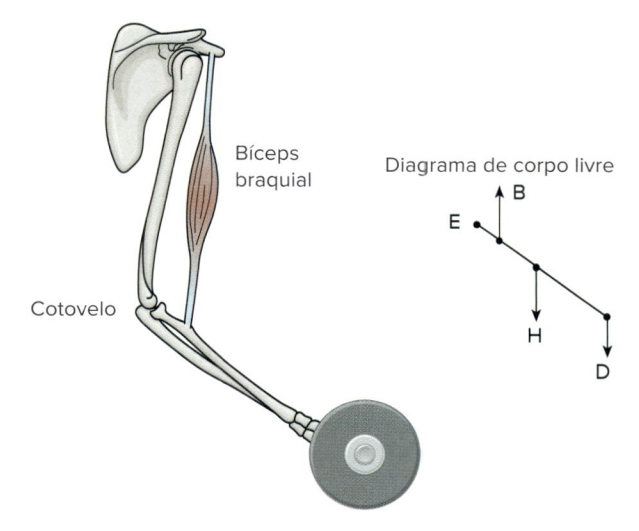

FIGURA 3.6   O diagrama de corpo livre (DCL) *(à direita)* representa as forças atuantes no membro superior enquanto o indivíduo está segurando um haltere na mão *(à esquerda)*. A gravidade produz vetores de força (peso) para o haltere *(D)* e para o antebraço e mão *(H)*. O bíceps braquial produz uma força muscular representada pelo vetor *(B)*. Todos os vetores de força tendem a causar uma rotação em torno do eixo da articulação do cotovelo *(E)*.

Centro de massa e centro de gravidade

Ao se formar um vetor de força idealizado, muitos vetores são reduzidos a um único vetor. Um processo semelhante pode ser aplicado à massa de um corpo, mediante a redução de sua massa distribuída a um ponto único (massa pontual) que representa o corpo em sua totalidade. Também nesse caso, esse tipo de simplificação facilitará a análise, mas com perda de informações relacionadas com a distribuição espacial da massa em torno da massa unificada (i. e., pontual).

Em todo corpo existe um ponto no qual, se for concentrado em uma massa pontual, ela se moveria exatamente da mesma maneira que ocorreria em seu estado distribuído; esse ponto é conhecido como o centro de massa (ou centroide) ou centro de gravidade. Embora exista uma distinção técnica entre o centro de gravidade e o centro de massa de um corpo, em termos práticos ambos se localizam no mesmo ponto. Portanto, utilizaremos esses dois termos de maneira intercambiável.

O centro de massa pode ser alternativamente definido como o ponto em torno do qual a massa do corpo se encontra equitativamente distribuída. O centro de gravidade também atua como um ponto de equilíbrio, como ocorre quando um garçom posiciona sua mão no centro de gravidade de uma bandeja repleta de pratos e equilibra a bandeja em cima de sua cabeça.

Caracteristicamente, o centro de massa do corpo humano está localizado dentro dos limites do corpo (Fig. 3.7*a*), mas nem sempre é isso que ocorre (Fig. 3.7*b*).

Pressão

Tendo em vista que muitas lesões ocorrem como resultado do impacto de um objeto em outro, é im-

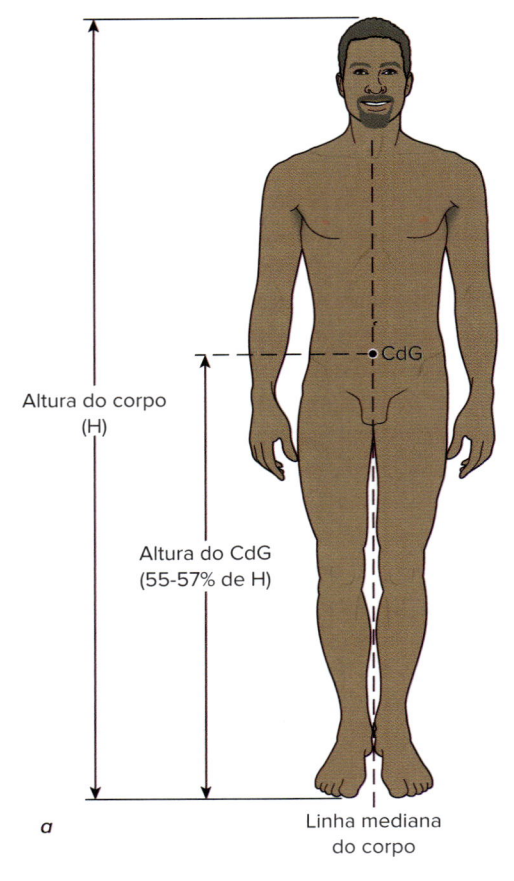

Altura do corpo
(H)

Altura do CdG
(55-57% de H)

CdG

a

Linha mediana
do corpo

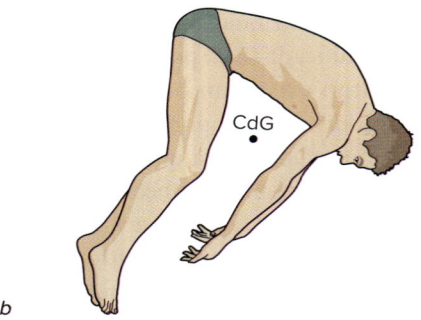

CdG

b

FIGURA 3.7　*(a)* Localização do centro de gravidade no corpo humano na posição anatômica. *(b)* Centro de gravidade localizado fora do corpo quando este se encontra em uma posição fletida, ou de *pike*, como ocorre durante uma manobra de ginástica ou durante um mergulho.

Reproduzida com permissão de W. C. Whiting, *Dynamic Human Anatomy*, 2.ed. (Champaign, IL: Human Kinetics, 2019).

portante saber como a força de impacto se distribui ao longo da superfície que está sendo contactada. É bem provável que um objeto cortante que faça contato com a pele com 300 N de força tenha um efeito diferente (p. ex., penetração) em comparação a um objeto rombo que impacte a pele com força parecida (p. ex., contusão). Um princípio fundamental da mecânica das lesões nos

ensina que, com o aumento da área de aplicação da força, diminui a probabilidade de ocorrência de uma lesão, e vice-versa.

A medida de força e sua distribuição é conhecida como pressão, que é definida como a força total aplicada dividida pela área de aplicação da força. Em forma de equação,

$$p = F/A \qquad\qquad (3.1)$$

em que p = pressão, F = força aplicada, e A = área de contato. A unidade padrão de pressão, pascal (Pa), equivale à força de 1 N aplicada a uma área de 1 metro quadrado (1 Pa = 1 N/m²). Em situações de lesão, as pressões exercidas sobre as estruturas do corpo podem ser bastante elevadas, sendo frequentemente expressas com a unidade megapascal (Mpa), que equivale à força de 1 N aplicada a uma área de 1 milímetro quadrado (1 Mpa = 1 N/mm²).

Cinética angular

A *cinética angular* examina a relação entre a resistência de um corpo e a alteração em seu estado angular de movimento e com o efeito de torques aplicados. Seus principais conceitos são o momento de força e o momento de inércia.

Momento de força (torque)

No caso do movimento linear, a força é o agente mecânico que cria e controla o movimento. Para o movimento angular, o agente é conhecido como *momento de força*, momento (*M*) ou torque (*T*), sendo geralmente definido como o efeito de uma força que tende a causar uma mudança no estado de posição ou movimento angular de um corpo (Fig. 3.8). De modo mais específico, *torque* se refere caracteristicamente à ação de torção produzida por uma força, como se pode observar no movimento de girar uma chave de fenda, ou na aplicação de uma carga de torção na perna (tíbia) quando um esquiador cai. *Momento* tem relação com a ação rotacional (p. ex., extensão do joelho) ou de dobramento (p. ex., no salto com vara) de uma força. Apesar dessa distinção, com frequência os dois termos são empregados de maneira intercambiável na biomecânica.

As definições matemáticas de momento e torque são idênticas. A magnitude do momento ou do torque é igual à força aplicada multiplicada pela distância mais curta (perpendicular) entre o eixo de rotação e a ação da linha de força. Essa distância perpendicular é conhecida como braço de momento, braço de torque ou braço de

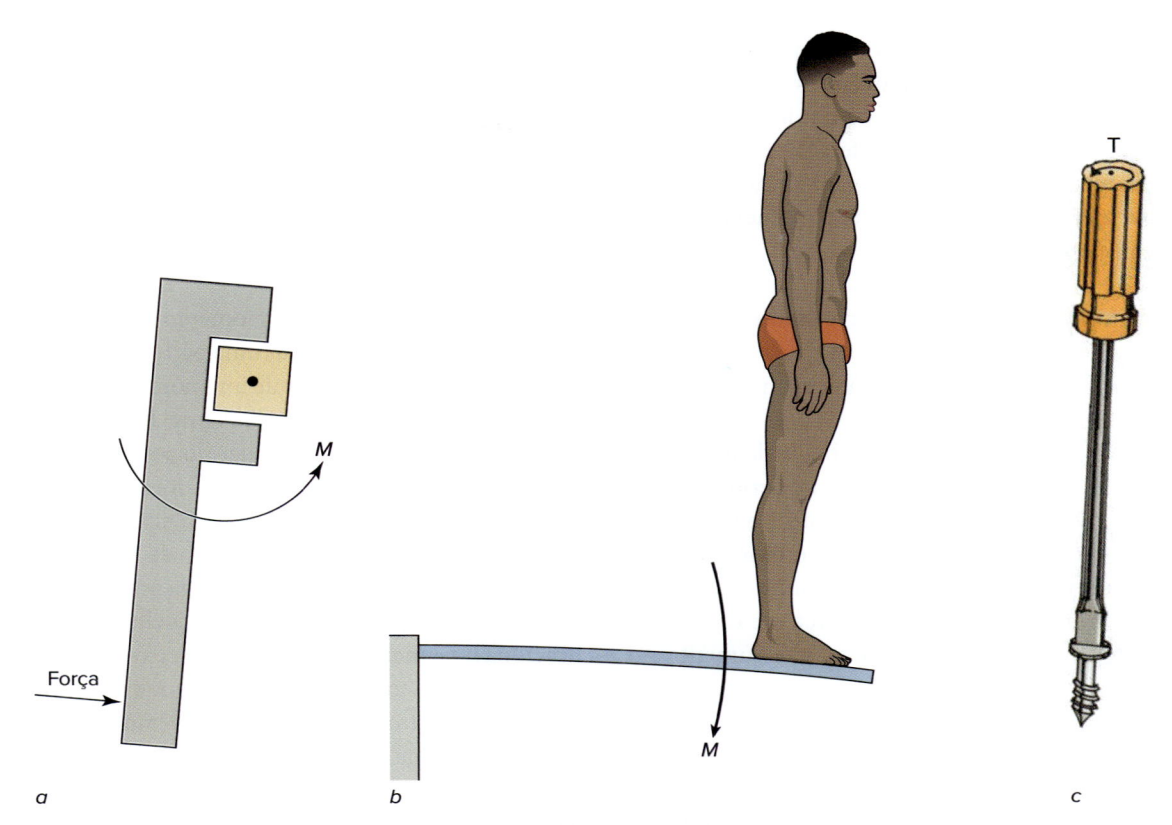

FIGURA 3.8   Exemplos aplicados de momento de força (*M*) ou torque (*T*). *(a)* A força aplicada a uma chave de boca produz um momento para girar uma porca em um parafuso. *(b)* O peso corporal de um mergulhador produz um momento que encurva o trampolim. *(c)* Torque demonstrado pela ação de torção de uma chave de fenda em um parafuso.
Reproduzida com permissão de W. C. Whiting, *Dynamic Human Anatomy*, 2.ed. (Champaign, IL: Human Kinetics, 2019).

alavanca. A unidade padrão da mensuração do momento (torque) tem sua origem no produto dos dois termos: *força* (N) × *braço de momento* (m). A unidade resultante é o newton-metro (N.m).

Para determinada força atuando em ângulo reto com o corpo que está em rotação, o braço de momento é a distância *d* (Fig. 3.9*a*), e a magnitude do momento (*M*) é fornecida pela equação a seguir:

$$M = F \cdot d \qquad (3.2)$$

Se a força *F* na Figura 3.9*a* era de 175 N, por exemplo, e essa força estava atuando a uma distância *d* de 1,2 m em relação ao eixo, o momento (torque) produzido seria igual a *F* . *d*, ou *M* = 175 N . 1,2 m = 210 N.m.

Nos casos em que a força não esteja atuando perpendicularmente ao segmento, o braço de momento será menor, devendo ser calculado com o uso da função trigonométrica apropriada, conforme ilustra a Figura 3.9*b*. Nesse caso, a magnitude do momento (*M*) é

$$M = F \cdot d \cdot \text{sen}(\beta) \text{ ou } M = F \cdot d \cdot \cos(\theta) \qquad (3.3)$$

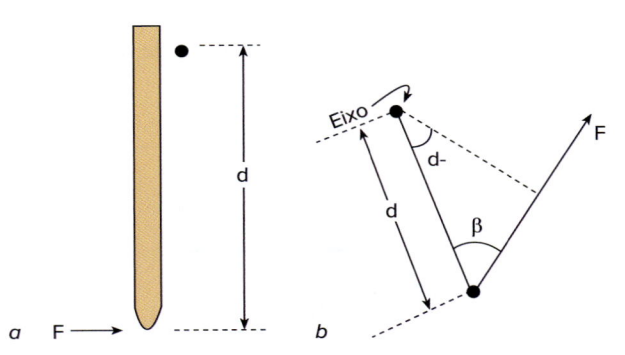

FIGURA 3.9   Braço de momento (torque). *(a)* Quando a força atua perpendicularmente ao segmento, o braço de momento é a distância *d*. O momento é obtido pela equação 3.2. *(b)* Quando a força atua em um determinado ângulo (β) com o segmento de comprimento *d*, o braço de momento *d'* = *d* . sen(β). Nesse caso, o momento é obtido pela equação 3.3.

Se a mesma força de 175 N (como no exemplo precedente) estava atuando em um ângulo β = 35° (como ilustra a Fig. 3.9*b*), o braço de momento seria *d'* = *d* . sen(β) = 1,2 m . 0,574 = 0,688 m. Agora, o momento criado é *M* = *F* . *d'* = 175 N . 0,688 m = 120,4 N.m.

Um exame mais minucioso da equação 3.2 revela vários princípios que são importantes ao aplicarmos conceitos de torque à biomecânica das lesões. Em primeiro lugar, existe uma evidente interação entre a força e o braço de momento, que afeta diretamente a magnitude do torque aplicado. Para aumentar o momento, temos as seguintes opções:

- Aumentar a força, mantendo constante o braço de momento.
- Aumentar o braço de momento, mantendo a força constante.
- Aumentar tanto a força como o braço de momento.
- Diminuir a força, com um aumento proporcionalmente maior no braço de momento, de modo que o efeito final seja um aumento no momento.
- Diminuir o braço de momento, com um aumento proporcionalmente maior na força, de modo que o efeito final seja, aqui também, um aumento no momento.

Para diminuir o momento, precisamos apenas inverter a lógica em cada um desses cinco casos.

Embora simples em sua definição, um segundo conceito relacionado com o momento tem uma aplicação poderosa. Ou seja, quando determinada força é aplicada através do eixo de rotação, não ocorre produção de momento. Esse conceito é consequência direta da equação do momento $M = F \cdot d$, em que d = braço de momento. Se a força passa através do eixo, o braço de momento é igual a zero; portanto, não ocorre produção de momento. Isso possibilita a ocorrência de uma situação na qual os tecidos do corpo estão expostos a forças extremamente altas, mas sem a produção de um momento. As forças compressivas que atuam através do centro de um corpo vertebral, por exemplo, não causarão rotação vertebral, mas aumentarão a probabilidade de ocorrência de uma fratura por compressão.

Um terceiro conceito de momento emerge do fato de que, em muitos casos, apenas uma parte da força aplicada está envolvida na produção de um momento, como pode ser visto nos dois exemplos da Figura 3.10. Na primeira situação (Fig. 3.10*a*), o peso aderido ao pé (F_w) pode ser dividido em dois componentes de força; F_r, que causa rotação em torno do eixo da articulação do joelho e é denominado componente rotatório da força, e F_d, cuja linha de ação passa através do eixo da articulação e com nada contribui para o momento no joelho. A ação de F_d traciona o segmento, afastando-o do eixo da articulação; portanto, ele é conhecido como componente desestabilizador (*de distração*, ou *de deslocamento*) da força. De maneira análoga, na Figura 3.10*b*, a força do bíceps (F_b) tem um componente rotatório (F_r). Mas em contraste com o exemplo precedente, o componente (F_s) que passa através do eixo está direcionado ao eixo, sendo, portanto, denominado componente estabilizador da força.

Um quarto conceito de momento tem sua origem nas muitas situações reais em que ocorre a aplicação de mais de um momento ao sistema. A resposta do sistema se baseia no momento resultante (também chamado

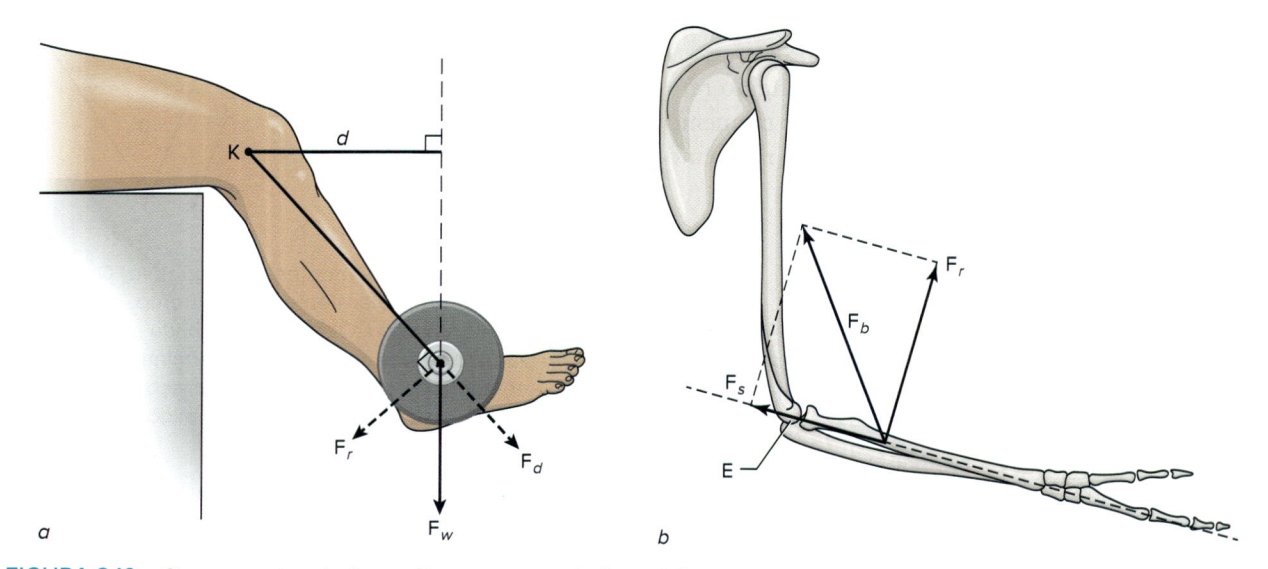

a

b

FIGURA 3.10 Componentes de força. Componentes de força *(a)* rotacionais (F_r) e desestabilizadores (F_d) criados por um peso (F_w) preso ao pé de uma pessoa que está fazendo um exercício de extensão da perna em torno do eixo da articulação do joelho (*K*). Componentes de força *(b)* rotacionais (F_r) e estabilizadores (F_s) criados pelo bíceps braquial (F_b) durante a flexão do cotovelo em torno do eixo dessa articulação (*E*).

torque resultante), ou o resultado da adição de todos os momentos que atuam em torno do eixo. Um simples exercício de abdução glenoumeral proporciona um exemplo (Fig. 3.11). Ao agir sobre o braço e o haltere, a gravidade produz um momento sobre o eixo de rotação glenoumeral que tende a promover a adução do braço. A magnitude desse momento (M_1) é obtida pela equação

$$M_1 = W_a \cdot d_a + W_b \cdot d_b \qquad (3.4)$$

em que W_a = peso do braço e da mão; d_a = braço de momento (distância do eixo de rotação glenoumeral até o centro de gravidade do braço), W_b = peso do haltere, e d_b = braço de momento (distância do eixo até o centro de gravidade do haltere). Por convenção, momentos que tendem a criar uma rotação no sentido horário são designados como momentos negativos (-). Momentos no sentido anti-horário são positivos (+). Portanto, M_1 é um momento negativo.

Se M_1 fosse o único momento atuante no sistema, o braço imediatamente faria um movimento de adução sob o efeito da gravidade. Entretanto, os músculos abdutores com ação ao nível da articulação glenoumeral criam um momento (M_2) que atua na direção oposta, o que é conhecido como contramomento ou contratorque. Nesse exemplo, o contramomento é um momento positivo (no sentido anti-horário), tendendo a promover a abdução do braço. O movimento resultante dependerá das magnitudes relativas de M_1 e M_2. Pelo somatório dos dois momentos, chegamos a um momento resultante (M_{res}):

$$M_{res} = M_1 + M_2 \qquad (3.5)$$

Nesse exemplo, existem três cenários possíveis: (1) se M_1 é igual a M_2, então $M_{res} = 0$ e o braço permanece em sua posição horizontal; (2) se $M_1 > M_2$, então $M_{res} < 0$, e ocorrerá adução do braço; e (3) se $M_1 < M_2$, então $M_{res} > 0$, e ocorrerá abdução do braço. Portanto, o movimento resultante depende do momento resultante e de sua atuação na articulação, em torno da qual ocorre o movimento.

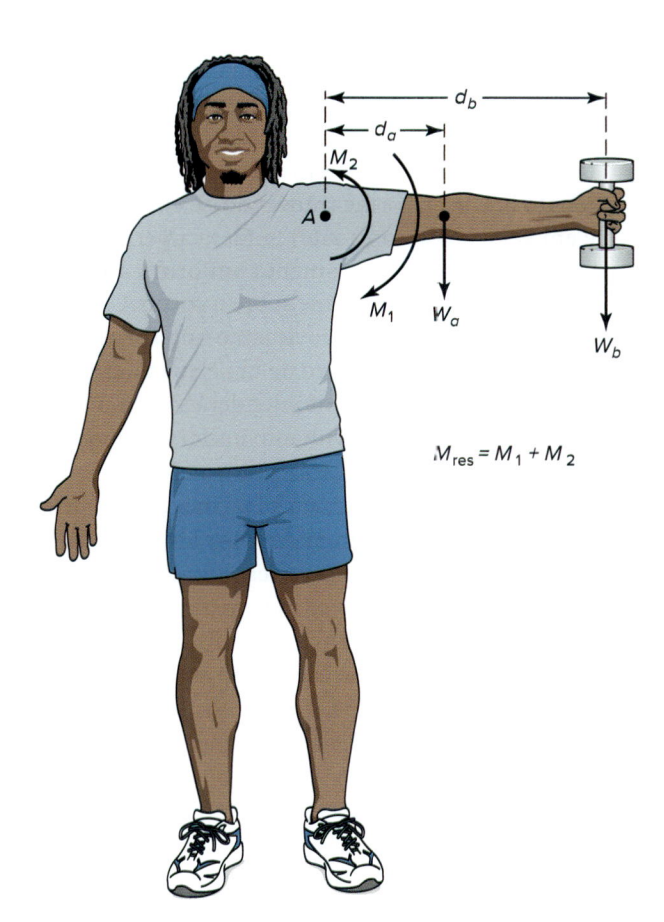

Momento de inércia

Da mesma maneira que os corpos opõem resistência à mudança em seu estado de movimento linear (inércia), também tendem a opor resistência a mudanças nas formas de movimento angular. O termo utilizado na descrição dessa resistência a uma mudança no estado de posição ou de movimento angular é momento de inércia. São três os tipos de momento de inércia, que correspondem às três formas ou configurações do movimento angular: rotação, flexão e torção.

Um corpo em repouso e com um eixo fixo (p. ex., um pêndulo) oporá resistência à sua movimentação rotacional, da mesma maneira que um corpo que já esteja em rotação a uma velocidade angular (ω) constante tenderá a manter essa velocidade angular e resistirá à mudança em sua velocidade. A medida dessa resistência à mudança no estado de movimento angular (rotação) de um corpo é conhecida como momento de inércia da massa (I). No caso do movimento linear, o leitor deve lembrar que a magnitude da resistência é determinada pela massa do objeto. No caso do movimento angular, a magnitude da resistência é determinada pela massa e pela sua distribuição em relação a um eixo de rotação

FIGURA 3.11 Momento articular resultante. Momento resultante (M_{res}) da combinação dos momentos criados por M_1 + M_2. O peso do braço (W_b) e o do haltere (W_h) se combinam produzindo um momento adutor (M_1) que atua no eixo A da articulação glenoumeral. A força dos músculos abdutores na articulação glenoumeral produz um momento abdutor (M_2) em contraposição a M_1. (M_1 atua em um sentido horário e, assim, produz um momento negativo. Por outro lado, M_2 atua no sentido anti-horário, sendo, portanto, positivo.)

Reproduzida com permissão de W. C. Whiting, *Dynamic Human Anatomy*, 2.ed. (Champaign, IL: Human Kinetics, 2019).

especificado. Para uma massa pontual, o momento de inércia da massa é definido como

$$I = m \cdot r^2 \tag{3.6}$$

em que m = massa do corpo e r = distância do eixo de rotação até a massa pontual (Fig. 3.12). Para uma massa distribuída, como um segmento de membro humano, o momento de inércia da massa é

$$I = \int m_i \cdot r_i^2 \tag{3.7}$$

em que m_i = massa da i^a massa pontual e r_i = distância da i^a massa pontual do eixo de rotação. À medida que a massa se afasta mais do eixo, a resistência, ou momento de inércia da massa, aumenta em função do quadrado da distância movida.

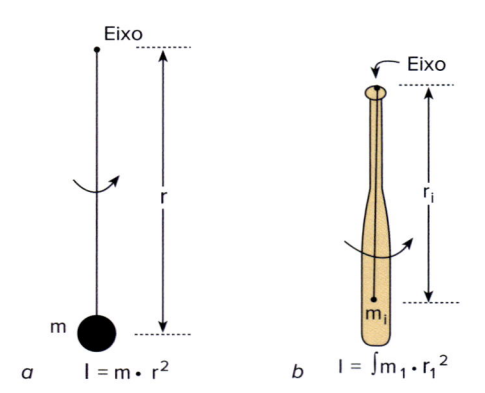

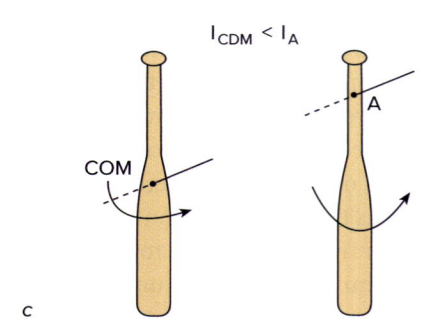

FIGURA 3.12   Momento de inércia. *(a)* O momento de inércia (*I*) para uma massa pontual equivale ao produto da massa (*m*) pelo quadrado da distância (*r*) entre o eixo e a massa (equação 3.6). *(b)* Um bastão de beisebol ilustra uma massa distribuída com um eixo mostrado na extremidade do cabo do bastão. Obtém-se o momento de inércia para uma massa distribuída aplicando-se a equação 3.7. *(c)* O momento de inércia (*I*$_{com}$) de qualquer corpo (p. ex., um bastão de beisebol) em relação a um eixo através do seu centro de massa é menor do que o momento de inércia (*I*$_A$) para o mesmo corpo em relação a um eixo no ponto A, porque no segundo caso uma maior quantidade da massa está mais afastada do eixo.

Os outros dois tipos de momento de inércia (momento de inércia da área e momento de inércia polar) serão explicados em seções subsequentes.

Conceitos e medidas cinéticas

Vários conceitos cinéticos têm importância em nossa discussão da biomecânica das lesões. São eles: as leis de Newton do movimento, equilíbrio, trabalho e potência, energia, momento, colisões e atrito. Esses conceitos serão discutidos nas seções que se seguem.

Leis de Newton do movimento

Entre as muitas contribuições científicas de Sir Isaac Newton (1642-1727), talvez as mais profundas e duradouras sejam suas leis do movimento, que constituem a base da mecânica clássica (newtoniana):

- *Lei da inércia.* A primeira lei do movimento estabelece que um corpo em repouso ou em movimento linear uniforme (movendo-se em linha reta e em velocidade constante) tenderá a permanecer em repouso ou em movimento uniforme, a menos que uma força externa atue sobre o corpo. Um corpo em repouso ou em movimento angular uniforme (movendo-se em torno de um eixo em uma velocidade angular constante) tenderá a permanecer em repouso ou em movimento uniforme, a menos que um torque externo atue sobre o corpo.
- *Lei da aceleração.* A segunda lei do movimento define que uma força (F) atuando sobre um corpo com massa (m) produzirá uma aceleração (a) proporcional à força; ou, em termos matemáticos, $F = m \cdot a$. Em termos angulares, um torque (T) aplicado a um corpo resultará em uma aceleração angular (α) proporcional ao torque; ou, em termos matemáticos, $T = I \cdot \alpha$ (em que I = momento de inércia da massa).
- *Lei da ação e reação.* A terceira lei do movimento define que, para cada ação, há uma reação igual e oposta.

Vários exemplos demonstram como essas leis atuam na determinação dos mecanismos de desempenho e de lesão (Fig. 3.13). Por exemplo, um mecanismo de lesão cervical por movimento em chicote durante um impacto frontal (Fig. 3.13*a*) é simplesmente uma consequência da primeira lei do movimento. Imediatamente antes do impacto, o automóvel e seu condutor (que está usando o cinto de segurança e tem seus ombros protegidos) estão se movendo em velocidade constante. Por ocasião do impacto, a força externa desacelera abruptamente

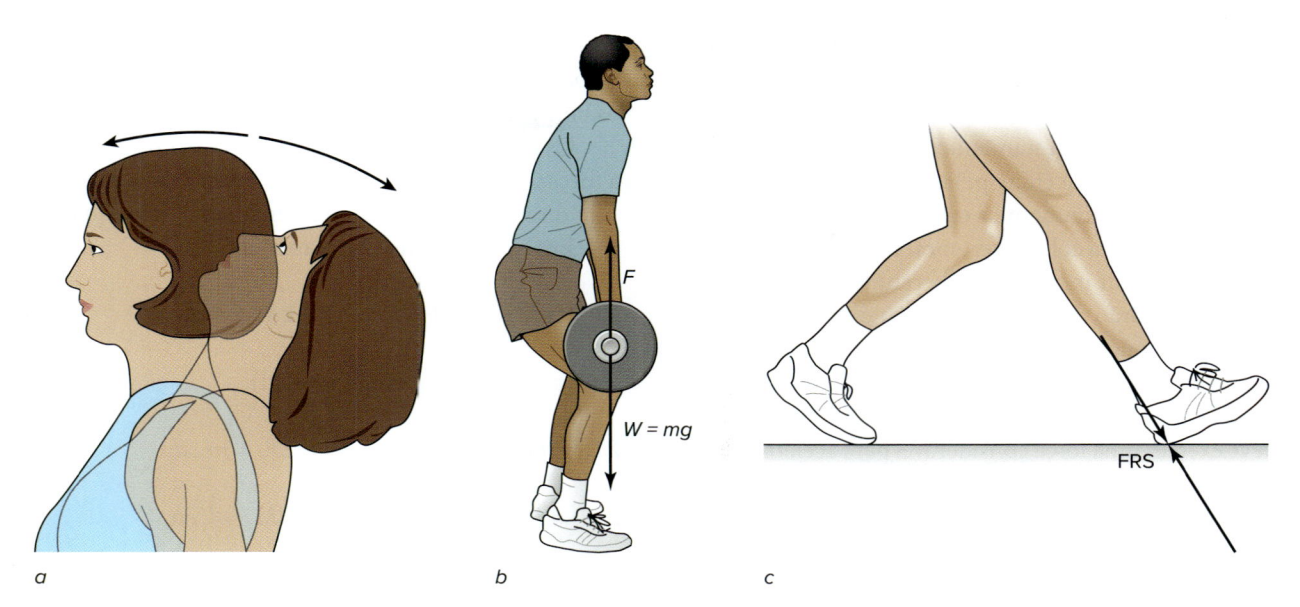

FIGURA 3.13 Leis de Newton do movimento. *(a)* Primeira lei do movimento aplicada a um mecanismo de movimento em chicote. *(b)* Segunda lei do movimento envolvida durante um movimento de levantamento de peso. F = força aplicada pelo halterofilista; W = peso; m = massa; g = aceleração atribuível à gravidade. *(c)* Terceira lei do movimento exemplificada pela força de reação do solo, produzia quando o pé do corredor colide com o solo.

Momentos na articulação do quadril

Infelizmente, as lesões na articulação do quadril são bastante comuns, sobretudo em idosos. Características estruturais do quadril, como por exemplo a relação entre o colo e a cabeça do fêmur e o eixo longitudinal desse osso, podem aumentar o risco de fratura do quadril. Normalmente, o ângulo entre o eixo longitudinal e o colo femoral é de cerca de 120°. No entanto, ângulos anormais podem alterar a aplicação de carga mecânica que incide na parte proximal do fêmur. Em um problema conhecido como coxa em varo, esse ângulo é menor do que o normal; já na coxa em valgo, o ângulo é maior do que o normal. Quando uma carga incide no osso, como por exemplo durante a fase de apoio da marcha, forças compressivas atuam sobre a cabeça do fêmur. Como essas forças ocorrem deslocadas do eixo longo da diáfise femoral, ocorre uma *flexão de cantiléver*. Isso produz um momento em torno de um eixo (ilustrado como A na figura). Em casos de coxa em varo, o braço de momento (d_r) é mais longo do que na condição normal (d_n). Para uma determinada força (F), o momento para coxa em varo (M_r) é maior do que o normal (M_n). Em contraste, o desvio em coxa em valgo resulta em um braço de momento mais curto ($d_l < d_n$) e, portanto, um momento menor ($M_r > M_n > M_l$). Momentos maiores produzem maiores tensões no tecido ósseo.

Caso exista uma área de debilidade relativa no fêmur, como no caso de um paciente com osteoporose, aumenta a probabilidade de ocorrência de uma fratura óssea. Diante desse mecanismo de lesão potencial, ocasionalmente uma mulher idosa, por exemplo, pode ter seu quadril fraturado, vindo a experimentar uma queda, em vez do caso mais comum em que ela cai e fratura o quadril.

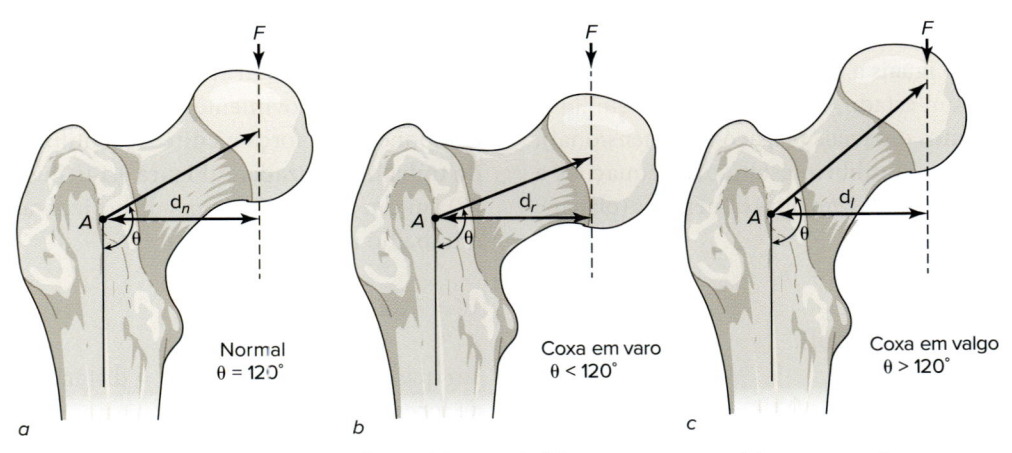

Geometria estrutural do fêmur: *(a)* normal, *(b)* coxa em varo, e *(c)* coxa em valgo.

o veículo e também o corpo protegido do ocupante. Contudo, durante um breve intervalo, a cabeça obedece à primeira lei do movimento e continua em seu movimento uniforme (diretamente para a frente). As forças de resistência fornecidas pelas estruturas do pescoço desaceleram rapidamente a cabeça, o que provoca uma violenta flexão da coluna vertebral cervical. Em seguida, a cabeça faz um movimento de rebote em hiperextensão. Esse padrão de flexão-extensão é típico de muitas lesões relacionadas com o movimento de chicote, sendo explicado pela primeira lei de Newton.

No segundo exemplo (Fig. 3.13*b*), o halterofilista deve exercer uma força considerável para acelerar a barra para cima. A segunda lei de Newton do movimento determina a magnitude da aceleração em resposta à força aplicada, $F = m \cdot a$. Uma aplicação mais detalhada das leis do movimento nos possibilita obter uma estimativa das forças atuantes em diversas articulações por todo o corpo. Se essas forças excederem a capacidade de tolerância de cargas pelas estruturas do corpo, ocorrerão lesões.

No terceiro exemplo (Fig. 3.13*c*), os pés do maratonista fazem contato com o solo milhares de vezes. Em cada contato, a terceira lei de Newton entra em ação. A força exercida pelo pé sobre o solo é resistida – com intensidade igual e oposta – pelo solo; esse fenômeno é conhecido como força de reação do solo (FRS). O aumento da magnitude e frequência da FRS aumenta a probabilidade de lesão.

Equilíbrio

A palavra *equilíbrio* implica, como o nome diz, uma condição equilibrada. Desde um ponto de vista mecânico, existe equilíbrio quando as forças e momentos estão equilibrados. O equilíbrio está presente nos corpos em repouso, ou naqueles que estão se movendo com velocidades lineares e angulares constantes; a força resultante (ΣF, em que a letra grega sigma significa "somatório de") e o momento resultante (ΣM) atuante sobre o corpo são iguais a zero. Um corpo em repouso se encontra em um estado conhecido como equilíbrio estático. Em termos espaciais (espaço tridimensional), para um corpo em equilíbrio estático, as equações a seguir devem ser atendidas em duas dimensões (planar):

$$\Sigma F_x = 0 \qquad \Sigma F_y = 0 \qquad \Sigma M = 0 \qquad \textbf{(3.8)}$$

e em três dimensões (espacial):

$$\Sigma F_x = 0 \qquad \Sigma F_y = 0 \qquad \Sigma F_z = 0 \qquad \textbf{(3.9)}$$

$$\Sigma M_x = 0 \qquad \Sigma M_y = 0 \qquad \Sigma M_z = 0$$

em que F_x, F_y e F_z são as forças nas direções x, y e z, respectivamente, e M_x, M_y e M_z são os momentos para os eixos x, y e z, respectivamente.

Os corpos em movimento e que estejam submetidos a forças e momentos externos se encontram em equilíbrio dinâmico, devendo atender às seguintes equações.

Em duas dimensões (planar):

$$\Sigma F_x = m \cdot a_x \qquad \Sigma F_y = m \cdot a_y \qquad \Sigma M = I \cdot \alpha \qquad \textbf{(3.10)}$$

Em três dimensões (espacial):

$$\Sigma F_x = m \cdot a_x \qquad \Sigma F_y = m \cdot a_y \qquad \Sigma F_z = m \cdot a_z \qquad \textbf{(3.11)}$$

$$\Sigma M_x = I_x \cdot a_x \qquad \Sigma M_y = I_y \cdot a_y \qquad \Sigma M_z = I_z \cdot \alpha_z$$

em que a_x, a_y e a_z são as acelerações lineares do centro de massa nas direções x, y e z, respectivamente; α_x, α_y e α_z são as acelerações angulares para os eixos x, y e z, respectivamente; e I_x, I_y e I_z são os momentos de inércia da massa para os eixos x, y e z, respectivamente.

Trabalho e potência

O termo trabalho é empregado de muitas maneiras, inclusive em referência ao labor físico ("estou trabalhando muito"), gasto energético fisiológico ("trabalhei para eliminar 100 calorias"), ou uma ocupação ("fui trabalhar"). Em termos mecânicos, trabalho tem um significado específico. O trabalho mecânico é realizado por uma força que atua ao longo de determinada distância, na direção da força. Por definição, trabalho linear (W) é uma medida escalar igual ao produto da força (F) pela distância (d) ao longo da qual o corpo é movido (Fig. 3.14*a*):

$$W = F \cdot d \qquad \textbf{(3.12)}$$

A unidade padrão (SI) para trabalho é o joule (1 J = 1 N.m). Se a força em sua totalidade não está atuando na direção do movimento (Fig. 3.14*b*), então apenas o componente de força na direção é utilizado no cálculo do trabalho realizado. A Figura 3.14*b* ilustra uma força (F) em um ângulo (β) acima da horizontal. Nesse caso, o trabalho realizado é

$$W = F \cdot d \cdot \cos(\beta) \qquad \textbf{(3.13)}$$

em que F = força aplicada, d = distância e β = ângulo de força acima da horizontal.

No exemplo ilustrado na Figura 3.14*c*, o trabalho realizado no levantamento da barra desde o ponto A

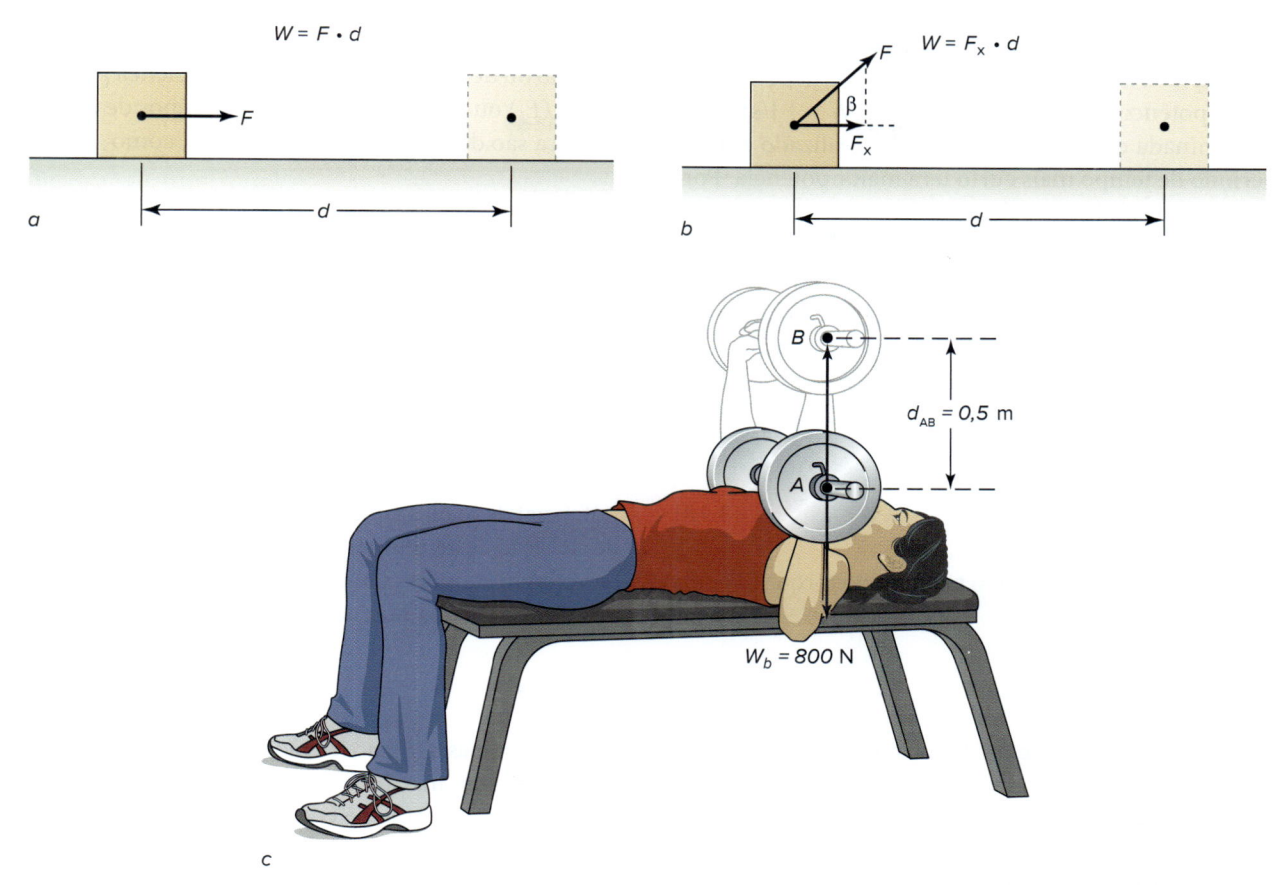

FIGURA 3.14 Trabalho mecânico. *(a)* Trabalho linear (*W*) como o produto da força (*F*) pela distância (*d*), no caso em que a força em sua totalidade atua na direção do movimento (equação 3.12). *(b)* Trabalho linear realizado quando apenas parte da força atua na direção do movimento (equação 3.13). No caso ilustrado, a força *(F)* está direcionada a um ângulo β acima da horizontal. *(c)* Um halterofilista que pratica flexão de braços da ordem de 800 N ao longo de uma distância de 0,5 m realiza 400 J de trabalho.

Reproduzida com permissão de W. C. Whiting, *Dynamic Human Anatomy*, 2.ed. (Champaign, IL: Human Kinetics, 2019).

até o ponto B é igual ao produto do peso da barra (W_h) pela distância de A até B (d_{AB}). Se, por exemplo, a barra pesava 800 N e o halterofilista o levantou por 0,5 m, o trabalho realizado foi igual a 400 J.

Nos exemplos precedentes, assumimos que a força era constante. Mas nas situações da vida real, frequentemente não é isso que ocorre. A determinação do trabalho realizado por uma força variável é mais complicada, pois a força deve ser calculada em intervalos sucessivos e depende do uso de cálculos. A equação passa a ser

$$W = \int F_x \cdot dx \qquad (3.14)$$

De modo parecido, trabalho angular ($W_<$) é definido como o produto do torque (*T*) pelo ângulo (θ) em torno do qual o corpo gira. Em forma de equação,

$$W_< = T \cdot \theta \qquad (3.15)$$

Com frequência, apenas o cálculo para o trabalho não basta para descrever integralmente a mecânica de um movimento do corpo. Em muitos casos, também é importante a *velocidade* de trabalho. A velocidade de trabalho é denominada potência. A potência linear (*P*) é definida como a velocidade na qual o trabalho linear é realizado:

$$P = W/\Delta t \qquad (3.16)$$

em que *W* = trabalho realizado e Δ*t* = intervalo de tempo, ou o intervalo de tempo durante o qual o trabalho foi realizado.

A potência angular ($P_<$) é definida como a velocidade na qual o trabalho angular é realizado:

$$P_< = W_< / \Delta t \qquad (3.17)$$

em que $W_<$ = trabalho angular realizado, e Δt = intervalo de tempo.

A potência é expressa em watts (1 W = 1 J/s). Uma determinada quantidade de trabalho realizado em um período de tempo mais curto terá maior potência. Portanto, no exemplo precedente da barra, uma pessoa que levanta a barra em 0,5 m em 2 s realiza 400 J de trabalho com uma potência de 200 W, enquanto um levantamento realizado em 0,5 s resultaria no mesmo trabalho (400 J), mas com uma potência de 800 W.

Alternativamente, a potência linear também pode ser expressa como o produto da força (F) pela velocidade linear (v):

$$P = F . v \tag{3.18}$$

e a potência angular como o produto do torque (T) pela velocidade angular (ω):

$$P_< = T . \omega \tag{3.19}$$

As equações 3.18 e 3.19 esclarecem o fato de que, para que se tenha potência desde uma perspectiva mecânica, é preciso produzir grandes forças em elevadas velocidades. Em outras palavras, um atleta com potência deve ser forte e veloz. Apenas a força não basta; para ser potente, a pessoa deve ser capaz de produzir força e de fazê-lo rapidamente.

Energia

Ao discutir a epidemiologia da lesão, Robertson (2018) concluiu que "Sem dúvida a principal origem das lesões é a energia mecânica, cujas características são conhecidas desde o estudo de Sir Isaac Newton sobre as leis do movimento no século XVII. Embora as leis de Newton do movimento não sejam aplicáveis nas proximidades da velocidade da luz, elas são aplicáveis a veículos automotores e projéteis de arma de fogo, ou a quedas de seres humanos" (p.18).

Como o principal agente das lesões, a energia é fundamental para uma compreensão da biomecânica das lesões. A energia, definida como a capacidade ou habilidade de realizar trabalho, pode assumir muitas formas, por exemplo, energia térmica, química, nuclear, eletromagnética e mecânica. Embora cada forma de energia tenha o potencial de causar lesão, a energia mecânica é a mais frequentemente envolvida. A energia mecânica é medida em joules (J), a mesma unidade utilizada para o trabalho mecânico.

A energia mecânica de um corpo pode ser classificada de acordo com sua energia cinética (energia do movimento) ou com sua energia potencial (energia de posição ou de deformação). A energia cinética pode ser linear (E_k) ou angular ($E_{<k}$). Esses dois tipos de energia cinética são definidos, respectivamente, como

$$E_k = ½ . m . v^2 \tag{3.20}$$

$$E_{<k} = ½ . I . \omega^2 \tag{3.21}$$

em que m = massa, v = velocidade linear do centro de massa, I = momento de inércia da massa, e ω = velocidade angular.

A energia potencial pode assumir duas formas. A energia potencial gravitacional (posicional) mede o potencial de realização de trabalho em função da altura de elevação de determinado corpo, acima de algum nível de referência, mais comumente o solo. A equação que descreve a energia potencial gravitacional é

$$E_p = m . g. h \tag{3.22}$$

em que m = massa, g = aceleração gravitacional (-9,81 m/s²) e h = altura em metros acima do nível de referência.

A segunda forma de energia potencial é a energia deformacional, ou energia de deformação relativa, que é a energia armazenada em um corpo em virtude de sua deformação. São exemplos comuns de energia de deformação relativa uma faixa elástica esticada, uma vara envergada durante um salto em altura com vara, e um arco distendido antes da liberação da flecha. A equação que descreve a quantidade de energia armazenada depende das propriedades do material que compõe o corpo passível de deformação. Na física, em relação a uma mola linear (Hookeana), a energia de deformação relativa armazenada é igual a (kx^2)/2, em que k é a constante de mola e x é a quantidade de deformação. Contudo, os tecidos e as estruturas no corpo humano não se comportam de maneira inteiramente linear em sua resposta à aplicação de uma carga; portanto, não existe uma equação que, sozinha, descreva a energia de deformação relativa para esses tecidos e estruturas.

Os especialistas em biomecânica que estudam a dinâmica dos movimentos de corpos totais ou de segmentos de membro com frequência assumem que cada segmento do membro é um corpo rígido (não deformável). Quando se assume isso, deixa de existir o componente de energia de deformação relativa no sistema. Nesses casos, a energia mecânica total (EMT) = energia cinética linear + energia cinética angular + energia potencial posicional + calor. Em situações biomecânicas, o termo calor é desprezível; portanto, em algumas situações (como irá ocorrer neste texto) omite-se o fator calor da equação de EMT. Se forem utilizadas as equações 3.20 a 3.22, essa equação EMT para um segmento do corpo (p. ex., coxa ou antebraço) passa a ser

$$EMT = E_K + E_{<k} + E_p = (½.m.v^2) + (½.I.\omega^2) + (m.g.h)$$
$$\text{(3.23)}$$

em que m = massa do segmento do corpo, v = velocidade linear do centro de massa (CDM) do segmento do corpo, I = momento de inércia da massa, ω = velocidade angular, g = -9,81 m/s², e h = altura do CDM do segmento do corpo relevante.

Vamos considerar, por exemplo, um jogador de futebol que oscila sua perna para chutar a bola. Cada um dos segmentos do membro inferior (coxa, perna e pé) tem uma energia mecânica total em contínua mudança. Vamos nos concentrar na parte anterior da perna para ilustrar como devemos calcular a energia mecânica total de um segmento em um dado instante. Vamos assumir que a parte anterior da perna tem uma massa de 2,6 kg, um momento de inércia da massa (I) de 0,04 kg . m², está rodando a uma velocidade angular instantânea de 7,0 rad/s, tem uma velocidade linear instantânea de 3,5 m/s e está posicionada a uma altura de 0,38 cm acima do solo.

Substituindo os valores fornecidos na equação 3.23, encontramos que a EMT para a parte anterior da perna nesse instante é igual a 26,6 J. Cálculos semelhantes efetuados em sucessivos momentos no tempo criam um perfil de energia para a parte anterior da perna em função do tempo, e demonstram como a energia aumenta e diminui (i. e., flui) ao longo da trajetória do chute. A mesma análise pode ser efetuada para a coxa e para o pé e, com isso, cria-se um perfil completo da energia mecânica do membro inferior durante um chute, ou durante qualquer outra atividade.

Dois princípios que governam a energia e seus efeitos são importantes para a avaliação dos efeitos da energia nas lesões; cada um desses princípios é aplicável tanto à energia linear como angular. O primeiro desses princípios, a conservação da energia, indica a magnitude da energia de um sistema que é conservada e quanto é adquirido ou perdido durante um determinado período de tempo. Quanto mais energia for conservada, maior será o potencial de ocorrência de uma lesão. A real conservação resulta em ausência de ganho ou de perda de energia no sistema.

O princípio complementar, a transferência de energia, é o mecanismo pelo qual a energia é transferida de um corpo para outro. Esse fenômeno pode assumir muitas formas no curso do movimento humano. A transferência durante um movimento de arremesso pode ocorrer quando a energia passa de um segmento proximal (p. ex., o braço) para um segmento mais distal (p. ex., o antebraço, a mão), à medida que o arremesso progride. A transferência de energia também pode acontecer entre corpos diferentes (p. ex., um impacto), como no caso em que um jogador de futebol americano bloqueia ou atraca-se com um jogador do time adversário, ou quando ocorre a colisão de dois automóveis. Nesses casos, frequentemente, o resultado dessa transferência de energia é uma lesão, quando a energia transferida excede a tolerância dos tecidos em qualquer dos corpos envolvidos.

Momento

O momento (ou momento linear) mede a quantidade de movimento. Um antigo provérbio sugere que, "quanto maior o momento, mais dura é a queda". Com respeito às lesões, esse ditado pode ser modificado para maior precisão, se afirmarmos que, quanto maior e mais rápido é o corpo, mais violento é o impacto. Essa revisão do provérbio incorpora o conceito de momento. Em termos mecânicos, o momento linear (p) é definido como

$$p = m . v \qquad \text{(3.24)}$$

em que m = massa e v = velocidade do centro de massa do corpo. O aumento no tamanho do corpo (massa) ou na sua rapidez (velocidade) aumentará o seu momento linear.

De modo análogo, o momento angular (L), ou a quantidade de movimento angular, é definido como

$$L = I . \omega \qquad \text{(3.25)}$$

em que I = momento de inércia da massa para o centro de massa e ω = velocidade angular.

Os princípios da conservação e da transferência se aplicam ao momento, da mesma maneira que se aplicam à energia. A conservação do momento mede a quantidade do momento de um sistema, ou a quantidade de movimento, que é conservada e a magnitude do que é ganho ou perdido durante determinado período de tempo. A conservação real implicaria o ganho líquido ou perda no momento do sistema. Transferência de momento é o mecanismo pelo qual o momento é transferido de um segmento do corpo para outro (p. ex., a transferência de momento do braço para o antebraço durante um arremesso), ou entre corpos diferentes (p.

ex., do pé para a bola durante um chute em uma partida de futebol).

Existe uma relação direta entre a força aplicada e a mudança no momento por ela produzida. Vamos considerar uma força aplicada a determinado corpo ao longo de um intervalo de tempo bastante breve, como frequentemente ocorre em lesões relacionadas com a força. Essa força é conhecida como força impulsiva.

Essa força impulsiva (F) tem relação com o momento, naquilo que é denominado o princípio do impulso-momento. Esse princípio afirma que o impulso equivale à mudança no momento. No caso linear, o impulso linear ($F . \Delta t$) é igual à mudança no momento linear ($\Delta m . v$).

$$F . \Delta t = \Delta m . v \qquad \textbf{(3.26)}$$

em que F é a força impulsiva, Δt é o período de tempo de aplicação da força, m = massa, e v = velocidade linear.

Na forma angular, o impulso angular ($T . \Delta t$) é igual à mudança no momento angular ($\Delta I . \omega$).

$$(T . \Delta t) = \Delta I . \omega \qquad \textbf{(3.27)}$$

em que T é o torque impulsivo (momento), Δt é o período de tempo da aplicação do torque, I = momento de inércia da massa, e ω = velocidade angular.

Em nossa exploração das lesões, a importância da força impulsiva pode ser constatada pelo exemplo a seguir. Vamos considerar uma pessoa que aterrissa no solo depois de saltar de uma superfície elevada. A pessoa preferiria aterrissar em uma superfície de concreto ou em uma superfície acolchoada? No instante que precede o contato com o solo, a pessoa terá um certo momento (p), calculado como o produto da velocidade de queda (v) por sua massa corporal (m). Ao final da aterrissagem, o corpo da pessoa para e, desse modo, não existe momento. O impulso ($F . \Delta t$) produzido entre o solo e a pessoa que saltou fez com que o momento mudasse de p para zero. Se essa pessoa aterrissasse em uma superfície de concreto, o tempo do impulso (Δt) seria muito curto e, por sua vez, a força impulsiva (F) seria elevada. Por outro lado, se a pessoa pousasse em uma superfície acolchoada, o tempo do impulso seria mais longo e, em consequência, a força impulsiva seria menor – certamente a superfície de aterrissagem preferida. A queda de uma altura extrema (o que produz um momento considerável) sobre uma superfície firme e pouco flexível (que resulta em elevadas forças impulsivas) é receita certa para a ocorrência de uma lesão.

Colisões

Em muitos casos, as lesões musculoesqueléticas ocorrem como resultado do impacto de um objeto em outro. Em provas esportivas, são comuns os impactos entre corpos e entre o corpo e o solo. Em acidentes automobilísticos, ocorrem inúmeros impactos entre as várias partes dos veículos envolvidos e dos ocupantes. Em escorregões e quedas, o impacto ocorre entre a pessoa e o solo. Em decorrência de suas características de impacto, todas essas situações têm o potencial de causar lesão. A lesão acontece quando as forças aplicadas durante um impacto excedem a capacidade dos tecidos do corpo de suportar tais forças.

Um impacto potente entre dois ou mais corpos é conhecido como colisão. As colisões trazem consigo forças de impacto relativamente grandes, que atuam ao longo de um intervalo de tempo relativamente curto. Em qualquer colisão, os corpos em contato experimentam deformação; ou seja, ocorre mudança em sua forma (configuração). Em alguns casos, a deformação é desprezível (p. ex., a colisão entre duas bolas de bilhar), enquanto em outros a deformação pode ser considerável (p. ex., um golpe vigoroso no abdome de uma pessoa). O corpo deformado pode passar por uma deformação plástica, uma deformação elástica ou uma combinação das duas. Em uma deformação plástica, a mudança na configuração física do corpo é permanente. Já na deformação elástica, o corpo se recupera da deformação e retorna à sua configuração original, ao ser removida a força. A capacidade de um material de retornar à sua forma original é conhecida como elasticidade, sendo uma característica essencial dos tecidos do corpo.

A natureza da colisão entre dois corpos depende de suas massas e velocidades relativas (tanto da magnitude como da direção) e das propriedades materiais dos respectivos corpos. Teoricamente, as colisões ocorrem ao longo de um espectro que varia desde colisões perfeitamente plásticas (inelásticas) em um dos extremos até colisões perfeitamente elásticas no outro. No caso de uma colisão perfeitamente plástica, os corpos aderem entre si e se movem em uma velocidade comum em seguida ao impacto, sem que ocorra perda de energia ou de momento. Em contraste, uma colisão perfeitamente elástica envolve corpos que se repelem em seguida à colisão, sem que ocorra perda de energia ou de momento.

Na vida real, quase todas as colisões que envolvem o sistema musculoesquelético humano têm natureza elastoplástica. Os corpos experimentam deformação, em alguns casos permanentemente, e a energia é transferida e se perde na colisão. Quanto maior for a magnitude da energia envolvida, maior será a probabilidade de ocorrência de uma lesão, e mais grave ela será. Nas colisões elastoplásticas ocorre perda de energia, e diminui a velocidade relativa pós-colisão entre os dois corpos. Para mensurar essa perda da velocidade de separação, introduzimos o conceito de coeficiente de restituição (e), definido como a relação entre a velocidade relativa pós-colisão (RV_{pos}) de dois corpos e sua velocidade relativa pré-colisão (RV_{pre}):

$$e = -RV_{pos}/RV_{pre} \tag{3.28}$$

O coeficiente de restituição pode variar entre 0 e 1. Ao cair sobre uma superfície rígida, uma bola de borracha sólida teria um valor e nas proximidades de 1, o que indica uma pequena perda de energia. Por outro lado, uma bola de basquete parcialmente esvaziada iria quicar muito pouco, e teria um valor e próximo de zero. As propriedades materiais dos corpos em colisão determinam, no espectro da colisão, onde cada impacto se encaixa.

Atrito

A primeira lei de Newton do movimento nos informa que os corpos em movimento tendem a permanecer em movimento, a menos que alguma força externa atue sobre eles. A força pode atuar abruptamente, como por exemplo durante uma colisão, ou pode ser uma força de menor magnitude e maior duração, como a força de atrito. Atrito (ou fricção) é definido como a resistência criada na interface entre dois corpos. A resistência friccional resulta de irregularidades microscópicas, conhecidas como *asperezas*, nas superfícies que se opõem. As asperezas tendem a aderir umas às outras, e os esforços para a mobilização dos corpos resultam em forças resistivas (de cisalhamento) muito pequenas, opostas ao movimento.

No caso simples de um corpo em repouso sobre uma superfície, a fricção estática opõe resistência ao movimento até que seja aplicada uma força suficiente para suplantar a resistência friccional. A magnitude dessa fricção estática (f_s) é dada pela fórmula

$$f_s \leq \mu_s \cdot N \tag{3.29}$$

em que μ_s = o coeficiente de fricção estática e N = o componente da força de contato que é normal, ou perpendicular, à superfície. Essa força normal também é conhecida como força de reação (R). No caso de uma superfície horizontal, N é igual ao peso do corpo. Para corpos sobre uma superfície inclinada, N muda em função do ângulo de inclinação, diminuindo com o aumento da inclinação.

À medida que a força aplicada a um corpo em repouso aumenta, é alcançado um nível em que a resistência estática é superada, e o corpo começa a deslizar sobre a superfície. Tão logo o corpo comece a se mover, a fricção diminui ligeiramente, passando então a ser conhecida como fricção cinética ou fricção dinâmica (f_k), com um coeficiente de fricção dinâmica (μ_k):

$$f_k = \mu_k \cdot N \tag{3.30}$$

A relação entre fricção estática e dinâmica está ilustrada na Figura 3.15. Em geral, os coeficientes de fricção deslizante se enquadram entre 0 e 1, em que $\mu = 0$ indica uma superfície sem atrito.

Quando um automóvel ou bicicleta está em movimento, as rodas estão livres para rodar, e os pneus rolam fazendo contato com a superfície da rodovia. Se algo impedir que os pneus rolem (p. ex., quando o condutor aciona o freio do automóvel), o veículo desliza sobre a rodovia, sofrendo resistência pela fricção de deslizamento. Mas mesmo quando os pneus estão rolando há presença de fricção. A resistência à rolagem não é tão evidente como a resistência ao deslizamento, porque a resistência à rolagem é muito menor, frequentemente em torno de 100 a 1.000 vezes menor. O valor real da resistência depende das propriedades dos materiais do corpo e da superfície, e também da força normal que está atuando entre o corpo e a superfície.

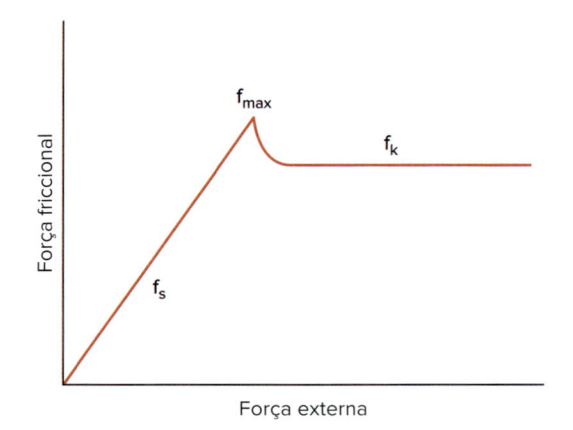

FIGURA 3.15 Relação entre fricção estática e fricção cinética. No caso de um objeto em repouso, a fricção estática (f_s) aumenta linearmente, para se opor à força externamente aplicada. Ao ser alcançada a fricção estática máxima (f_{max}), o objeto é liberado e começa a deslizar. Durante o deslizamento, a fricção cinética (f_k) opõe resistência ao movimento.

Gramado sintético: amigo ou inimigo?

A fricção da superfície, sobretudo em campos esportivos, é uma variável importante no risco de ocorrência de lesões. Em comparação com a grama natural (GN), a maior fricção da grama sintética (GS) pode melhorar o desempenho por possibilitar uma maior tração; contudo, uma desaceleração mais rápida também pode aumentar o risco de ocorrência de lesões. Na melhor das hipóteses, as pesquisas sobre esse tópico são controversas. Dragoo et al. (2013) concluíram que, entre 2004 e 2009, os jogadores de futebol americano filiados à NCAA "tiveram uma maior quantidade de lesões do LCA... quando jogaram em superfícies sintéticas" (p.191). Entretanto, Steffen et al. (2007) concluíram que "em jogadoras de futebol jovens, o risco global de ocorrência de lesões agudas foi semelhante entre as ocorridas na grama sintética e na grama natural" (p.133). Uma metanálise realizada por Williams et al. (2013) concluiu que, "ao que parece, o risco de lesão na GS sob certas condições poderia ser diminuído, em comparação com o que ocorre na GN" (p.1). Em suma: esse tópico permanece cercado de dúvidas.

A fricção de deslizamento desempenha um papel crítico em muitas lesões. Uma pessoa que esteja caminhando em uma superfície molhada e escorregadia, por exemplo, tem maior probabilidade de escorregar, cair e sofrer lesão, porque a superfície molhada tem um coeficiente de fricção mais baixo do que a superfície seca. Analogamente, um indivíduo que esteja percorrendo um trecho de calçada coberto de gelo precisa ter cuidado, por causa do coeficiente friccional baixíssimo proporcionado pelo gelo.

Contudo, em muitos casos, a fricção trabalha a nosso favor. Na verdade, não seríamos capazes de andar ou correr sem que a fricção atuasse entre nossos calçados e o solo. Entretanto, um excesso de fricção pode contribuir para a ocorrência de lesão. Níveis elevados de fricção acarretam desacelerações abruptas, que, por sua vez, fazem com que forças elevadas e cargas extremas incidam sobre os tecidos do corpo. Presume-se que a fricção tipicamente mais elevada nas superfícies artificiais, por exemplo, causa maior proporção de lesões, em particular no joelho e tornozelo. Mas nesse caso devemos nos acautelar para não propor amplas generalizações, pois as características do atrito em uma dada situação são determinadas pelo efeito resultante da interação de muitos fatores, como o tipo de calçado, desgaste da superfície, tipo de esporte, condições climáticas e a antropometria de cada atleta (p. ex., altura e peso), sua experiência e nível de habilidade.

Até agora, nossos exemplos se concentraram na fricção atuante sobre um corpo. A fricção também desempenha um papel importante no interior do corpo humano. Exemplificando, durante os movimentos normais dos nossos membros, a fricção nas articulações é extremamente baixa, o que possibilita uma liberdade de movimento com resistência mínima; os detalhes dessa baixa fricção nas articulações serão apresentados mais adiante, na seção sobre mecânica das articulações. Entretanto, a fricção interna também pode resultar em lesão, como no caso de um tendão que desliza dentro de sua bainha tendínea. A fricção excessiva entre o tendão e a bainha pode acelerar uma resposta inflamatória, além de outros problemas, como a tendinite (ver Cap. 5).

MECÂNICA DOS FLUIDOS

Um fluido é definido como uma substância sem forma fixa e que cede prontamente às forças externas. A mecânica dos fluidos, o ramo da mecânica que estuda as propriedades e comportamentos dos fluidos (i. e., gases e líquidos) assume um papel importante em nossa estrutura para o estudo da biomecânica humana. Áreas tão diversas como biomecânica do desempenho (o estudo da função mecânica humana), biotribologia (o estudo da fricção, lubrificação e desgaste das articulações diartrodiais), biomecânica dos tecidos (o estudo da resposta mecânica dos tecidos) e hemodinâmica (o estudo da circulação sanguínea) se fundamentam, sem exceção, nos princípios da mecânica dos fluidos.

Vivemos e atuamos em vários ambientes fluidos, nos quais o ar é o principal gás e a água o líquido predominante. A temperatura, densidade e composição de cada fluido contribuem para suas propriedades mecânicas. Consideramos essas propriedades mecânicas em três categorias amplas: fluxo dos fluidos, resistência dos fluidos e viscosidade. Fluxo, resistência e viscosidade são, todos, essenciais para nosso entendimento das funções do corpo e das respostas dos tecidos, e estão intrinsecamente relacionados com a biomecânica das lesões:

■ *Fluxo dos fluidos.* Esse termo refere-se às características de um fluido, seja ele líquido ou gasoso, que lhe possibilitam mudar de forma e se mover, e que governam a natureza desse movimento. O sangue, ao circular ao longo de uma artéria coronária, é um exemplo biomecânico de fluxo de fluido. O fluxo de um fluido pode exibir muitos padrões de movimento. O fluxo laminar se caracteriza por um padrão de movimento suave e essencialmente paralelo. Já o fluxo turbulento exibe um padrão mais caótico, caracterizado por áreas de turbulência (redemoinhos) e por um movimento multidirecional. O fluxo do sangue arterial nos fornece um bom exemplo dessas diferenças. O fluxo do sangue por uma cavidade arterial (lúmen) calibrosa seria essencialmente laminar. O sangue que flui ao longo das paredes arteriais, especialmente se a parede estiver aterosclerótica, exibiria um fluxo mais turbulento. Os fatores contributivos para o fluxo turbulento são a aspereza (grau de irregularidade) da superfície sobre a qual o fluido flui, o diâmetro do vaso ao longo do qual ele flui, obstruções e a velocidade do fluxo.

Mecânica dos fluidos na aterosclerose

A função fisiológica normal depende de um transporte eficiente proporcionado pelo sistema cardiovascular. O comprometimento da eficiência desse sistema pode resultar em consequências nocivas e até mesmo fatais. Vasos saudáveis normais possibilitam um fluxo sanguíneo suave e sem obstruções, com resistência mínima. O acúmulo de gordura (placa) nas paredes vasculares indica o surgimento de aterosclerose. À medida que aumenta a quantidade de placas ateroscleróticas, a parece do vaso se torna mais áspera e irregular, ocorrendo oclusão da cavidade do vaso (lúmen), formando um estreitamento vascular.

Essas alterações mecânicas que acompanham o acúmulo de placas podem resultar em graves consequências fisiológicas. Paredes arteriais irregulares aumentam a turbulência do fluxo sanguíneo e também a resistência. O estreitamento do lúmen arterial também aumenta a resistência ao fluxo. Esse aumento na resistência pode ser significativo – mesmo diante de pequenos graus de estreitamento (estenose). Em termos matemáticos, a resistência (R) é inversamente proporcional à quarta potência do raio do lúmen (r), ou $R = 1/r^4$. Portanto, uma redução no raio para metade de seu comprimento normal, por exemplo, leva um aumento de 16 vezes na resistência. Em longo prazo, o coração, que precisará bombear com muito mais intensidade para forçar o sangue ao longo do lúmen estreitado, fica sob risco de sofrer efeitos graves e deletérios.

Se deixada sem tratamento, a lesão causada pela aterosclerose nas paredes vasculares poderá ter consequências catastróficas. Por exemplo, quando um fragmento de placa se solta de uma parede arterial e bloqueia o fluxo sanguíneo, a situação resultante poderá representar um risco à vida da pessoa. Esse bloqueio em uma artéria coronária é conhecido como infarto agudo do miocárdio.

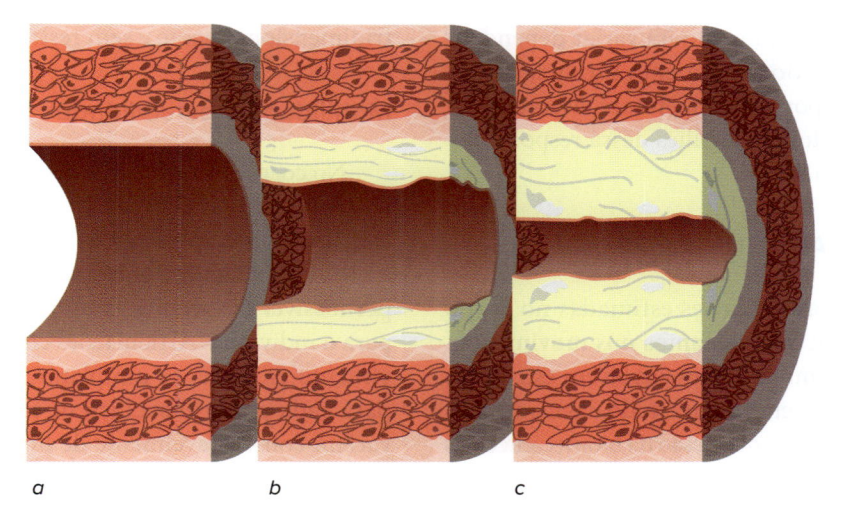

Estágios da aterosclerose: *(a)* artéria normal, *(b)* artéria com bloqueio parcial, e *(c)* artéria com bloqueio significativo.

- *Resistência dos fluidos.* Os fluidos também oferecem resistência, como a que podemos sentir ao correr contra o vento ou ao nadar em uma piscina. A resistência dos fluidos assume muitas formas; algumas são vantajosas e outras, prejudiciais. São exemplos dos efeitos positivos da resistência dos fluidos a força de empuxo, que possibilita que uma pessoa ou um objeto flutue na água (de acordo com o princípio de Arquimedes, que estabelece que a magnitude da força de empuxo é igual ao peso do líquido deslocado); forças de sustentação e de arrasto, que ajudam a manter um objeto em voo (aerodinâmica), ou possibilitam a natação (hidrodinâmica); e forças Magnus, que afetam as trajetórias dos objetos que giram através do ar. Os efeitos negativos da resistência dos fluidos ficam evidenciados no trabalho fisiológico extra exigido de um ciclista que pedala contra o vento, ou pelas intensas e imprevisíveis forças que atuam sobre um avião durante uma tempestade.
- *Viscosidade.* A viscosidade, que pode ser considerada a "fricção do fluido", é a propriedade dos fluidos que lhe possibilita desenvolver e manter uma resistência ao fluxo dependente de sua velocidade (velocidade de fluxo). Esse efeito da viscosidade e sua dependência da velocidade podem ser observados em um exemplo familiar. Quando movemos a mão lentamente dentro da água, a resistência é mínima. Com o aumento da velocidade da mão, a resistência aumenta significativamente. Tendo em vista que todos os tecidos biológicos têm um componente fluido (habitualmente água), a lógica nos ensina que a resposta de um tecido à aplicação de uma carga mecânica incluirá um componente de viscosidade. Por exemplo, a resposta do tendão e do ligamento ao estiramento irá variar dependendo da velocidade do estiramento produzido pela carga aplicada e por sua temperatura. Mais adiante serão considerados os detalhes dessa resposta dependente da velocidade.

MECÂNICA DAS ARTICULAÇÕES

Muitas das 360 articulações estimadas no corpo humano possibilitam que possamos nos movimentar. Tendo em vista que muitas lesões envolvem estruturas articulares, torna-se essencial um estudo das características mecânicas para nossa discussão da biomecânica das lesões. Não há duas articulações que sejam estruturalmente idênticas; cada qual tem sua própria combinação diferenciada de tecidos, configuração dos tecidos e potencial de movimento. Essa variedade de estruturas e funções articulares resulta em muitas lesões complexas, as quais exploraremos nos capítulos subsequentes.

As principais articulações do corpo (p. ex., quadril, joelho e cotovelo) são articulações diartrodiais (sinoviais) que contêm líquido sinovial, que exerce as funções de lubrificação, absorção de impacto e nutrição. No seu papel de lubrificante, o líquido sinovial diminui o atrito na articulação até níveis extremamente baixos. Na verdade, estudos estimaram que o coeficiente de atrito estático (μ_s) nas articulações sinoviais é de aproximadamente 0,01, e o coeficiente de atrito cinético (μ_k) é de até somente 0,003. Em comparação, o deslizamento no gelo tem um μ_k entre 0,02 e 0,09. Esse atrito mínimo desempenha um papel importante na durabilidade (i. e., ausência de desgaste) da cartilagem articular normal. Os mecanismos de lubrificação que atuam nas articulações sinoviais são complexos e ainda não foram completamente elucidados. Esses mecanismos são detalhados no Capítulo 4.

A análise dos movimentos depende de uma descrição apropriada dos movimentos articulares constituintes de cada padrão motor. Os movimentos articulares são definidos com relação à posição anatômica. Nessa posição, o corpo fica referenciado de acordo com três planos mutuamente perpendiculares: sagital, frontal e transverso (Fig. 3.16). Caracteristicamente, o movimento articular principal é aquele que ocorre em um desses planos motores. Exemplificando, a flexão do joelho a partir da posição anatômica ocorre no plano sagital, a abdução glenoumeral ocorre no plano frontal, e a rotação medial do quadril ocorre no plano transverso (Tab. 3.1). Com frequência, os movimentos limitados a um único plano (uniplanares) parecem restritos e robóticos. A completa expressão da grande variedade de movimentos humanos depende de nossa capacidade de nos movimentarmos tridimensionalmente e sem restrições.

Mobilidade e estabilidade

No corpo humano, cada articulação apresenta uma amplitude de movimento (ADM) ao longo da qual a articulação normalmente opera. Essa ADM determina a mobilidade da articulação. A magnitude da ADM permissível é específica tanto para a articulação como para o indivíduo. Articulações com capacidade de movimento em mais de um plano têm ADM específicas para cada plano específico de movimento. As ADM variam consideravelmente de uma pessoa para outra; portanto, a mensuração individual é o método mais seguro para determinar de modo preciso uma ADM (Tab. 3.2). Intrinsecamente relacionada com a ADM

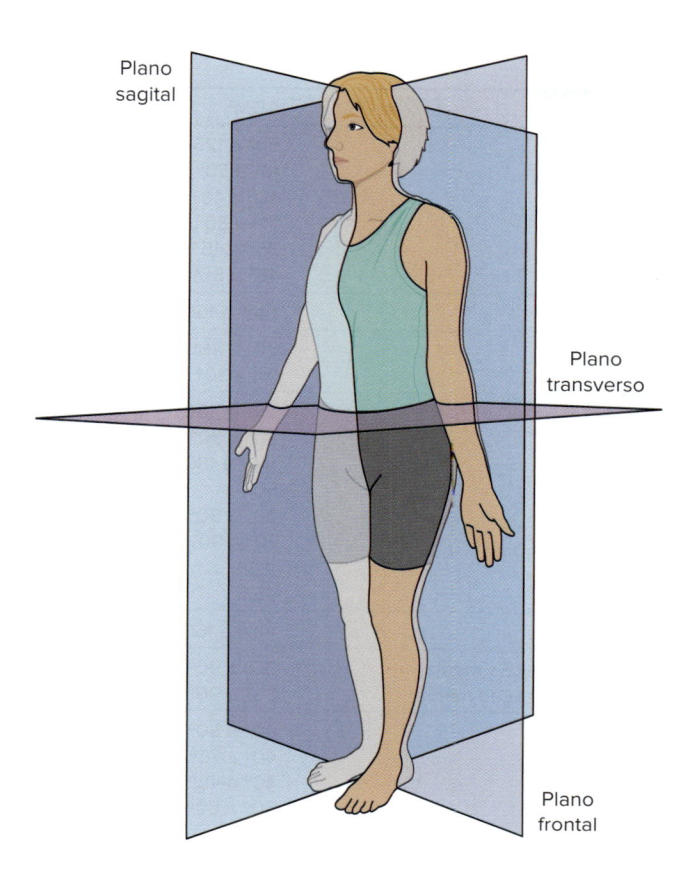

Plano sagital

Plano transverso

Plano frontal

FIGURA 3.16   Os três planos de movimento principais mostrados para uma pessoa em pé na posição anatômica. Esses planos são: transverso (horizontal), frontal (coronal) e sagital (médio-sagital ou mediano). Essas denominações são dadas a qualquer plano paralelo aos mostrados na ilustração.

está a noção de estabilidade articular, definida como "a capacidade de determinada articulação de manter uma posição funcional apropriada ao longo de toda a sua amplitude de movimento" (Burnstein e Wright, 1994, p.63). A manutenção da estabilidade articular depende da ação cooperativa dos sistemas nervoso, muscular e esquelético, e também das estruturas de sustentação (p. ex., cápsula articular, ligamentos).

Com frequência ocorrem lesões quando uma articulação excede sua ADM normal (p. ex., ao ocorrer hiperextensão do cotovelo), o que levanta a questão de como se determina uma ADM normal. A ADM articular é determinada pelos efeitos combinados:

■ da forma das superfícies articulares e de sua interação geométrica (grau de encaixe ósseo);
■ da contenção proporcionada pelos ligamentos, cápsula articular e outras estruturas periarticulares; e
■ da ação dos músculos em torno da articulação.

Ao serem excedidos os limites impostos por esses fatores de estabilização, ocorre violação da ADM normal, e os tecidos podem ficar submetidos a forças produtoras de lesão.

Uma maneira de visualizar a estabilidade articular é pela capacidade da articulação de opor resistência à luxação. Articulações estáveis têm alta resistência à luxação. Articulações instáveis tendem a luxar-se mais facilmente. As articulações podem ser classificadas ao

TABELA 3.1   Resumo dos principais movimentos articulares e planos de ação

Articulação	Movimento articular	Plano de ação*
Quadril	Flexão-extensão Abdução-adução Rotação medial-lateral	Sagital Frontal Transverso
Joelho	Flexão-extensão	Sagital
Tornozelo	Flexão plantar-dorsiflexão	Sagital
Ombro	Flexão-extensão Abdução-adução Rotação medial-lateral Flexão-extensão horizontal	Sagital Frontal Transverso Transverso
Cotovelo	Flexão-extensão	Sagital
Radioulnar	Pronação-supinação do antebraço	Transverso
Punho	Flexão-extensão Desvio ulnar-radial	Sagital Frontal
Intervertebral (coluna vertebral)	Flexão-extensão Flexão lateral Rotação	Sagital Frontal Transverso

*Planos de ação para movimentos iniciados a partir da posição anatômica.

TABELA 3.2 Amplitudes de movimento (ADM) médias das articulações

Articulação	Movimento articular	ADM[a]
Quadril	Flexão	90° a 125°
	Extensão	10° a 30°
	Abdução	40° a 45°
	Adução	10° a 30°
	Rotação medial (interna)	35° a 45°
	Rotação lateral (externa)	45° a 50°
Joelho	Flexão	120° a 150°
Tornozelo	Flexão plantar	20° a 45°
	Dorsiflexão	15° a 30°
Ombro	Flexão	130° a 180°
	Extensão	30° a 80°
	Abdução	170° a 180°
	Adução	50°
	Rotação medial (interna)[b]	60° a 90°
	Rotação lateral (externa)[b]	70° a 90°
	Flexão horizontal (adução)[b]	135°
	Extensão horizontal (abdução)[b]	45°
Cotovelo	Flexão	140° a 160°
Radioulnar	Pronação do antebraço (a partir da posição média)	80° a 90°
	Supinação do antebraço (a partir da posição média)	80° a 90°
Porção cervical da coluna	Flexão	40° a 60°
	Hiperextensão	40° a 75°
	Flexão lateral	40° a 45°
	Rotação	50° a 80°
Porção toracolombar da coluna	Flexão	45° a 75°
	Hiperextensão	20° a 35°
	Flexão lateral	25° a 35°
	Rotação	30° a 45°

[a]ADM para movimentos realizados a partir da posição anatômica (a menos que haja observação em contrário). A literatura fornece médias variáveis – em certos casos, consideravelmente – dependendo do método de mensuração e da população avaliada. [b]Movimento a partir da posição de abdução a 90°.

longo de um espectro de mobilidade-estabilidade, o qual especifica que articulações com um encaixe ósseo firme ou múltiplas estruturas ligamentares e outras estruturas de sustentação, ou que estejam circundadas por grandes grupos musculares, serão muito estáveis e relativamente imóveis. Articulações com um encaixe ósseo frouxo, com suporte extrínseco limitado, ou com mínima musculatura circunjacente tendem a apresentar grande mobilidade e instabilidade. Uma exceção a essa categorização é a articulação do quadril, que é tanto móvel – com grande potencial de ADM ao longo dos três planos principais – como muito estável, conforme podemos observar pela raridade de luxações nessa articulação.

Sistemas de alavancas

Em sua maioria, os movimentos nas principais articulações são resultantes da ação das estruturas do corpo como um sistema de alavancas. Uma alavanca é uma estrutura rígida, fixa em um único ponto, à qual são aplicadas duas forças em dois pontos. Uma das forças

é comumente conhecida como força de resistência; a outra é denominada força aplicada ou força de esforço. O ponto fixo, conhecido como eixo, pivô ou fulcro, é o ponto em torno do qual a alavanca roda. No corpo humano, esses três componentes são, tipicamente, uma força externa, uma força muscular e um eixo de rotação da articulação, como por exemplo quando uma pessoa está praticando um exercício de flexão do cotovelo (rosca) para levantar um haltere (Resistência), utilizando o bíceps braquial (Força) em torno do eixo da articulação do cotovelo (Fig. 3.17c).

Esses componentes de um sistema de alavancas podem estar espacialmente relacionados entre si em três configurações, o que dá origem a três classes de alavancas. As diferenciações entre as classes são determinadas pela localização de cada componente em relação aos outros dois (Fig. 3.17). Em uma alavanca de primeira classe, o eixo do ponto-pivô se localiza entre a resistência e a força de esforço. Na alavanca de segunda classe, a resistência está localizada entre a força de esforço e o eixo, enquanto uma alavanca de terceira classe se apresenta com a força

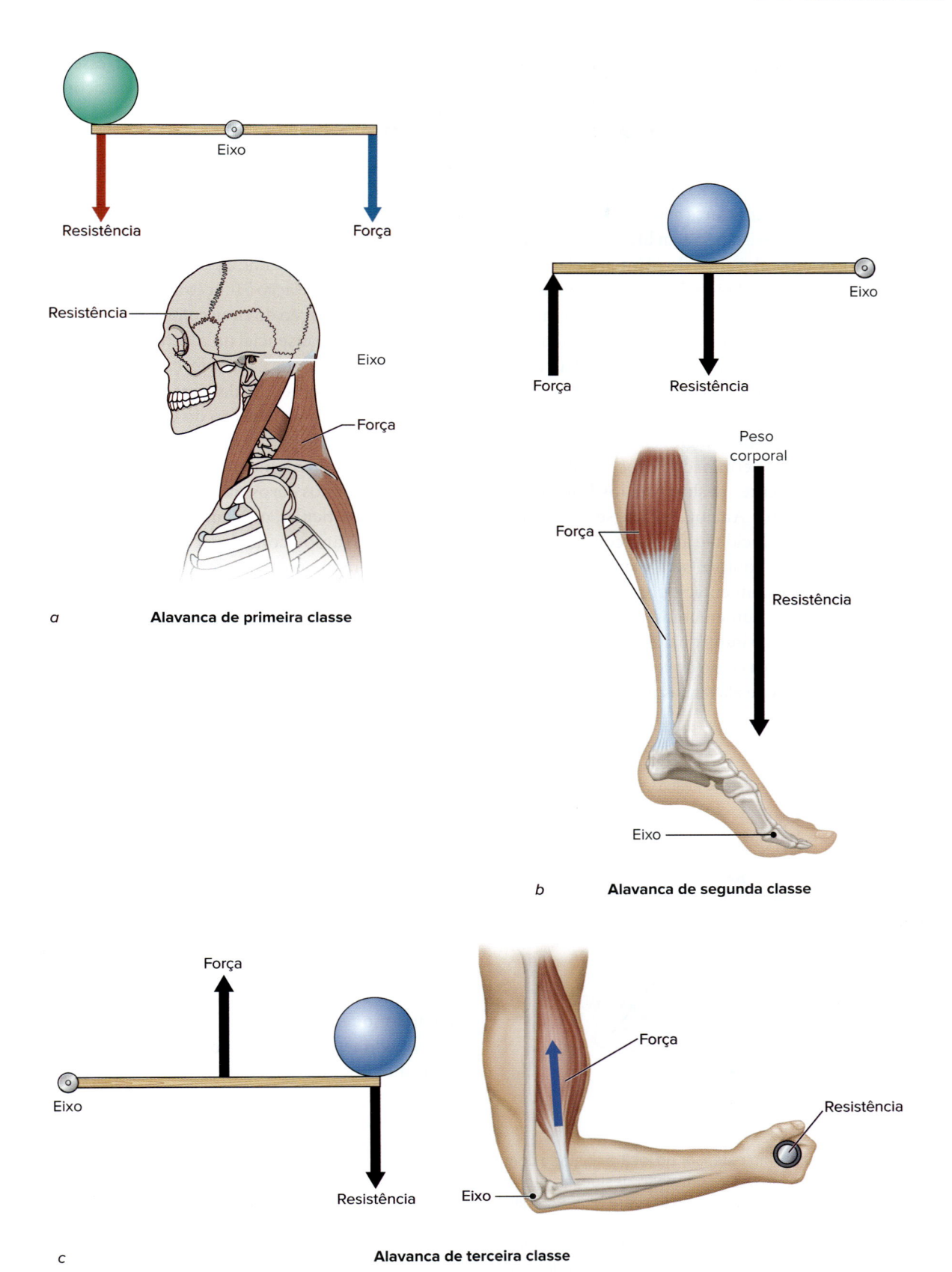

a **Alavanca de primeira classe**

b **Alavanca de segunda classe**

c **Alavanca de terceira classe**

FIGURA 3.17 Sistemas de alavancas. Os sistemas de alavancas simples estão formados por três elementos: um eixo, força de esforço e força de resistência.

Reproduzida com permissão de W. C. Whiting, *Dynamic Human Anatomy*, 2.ed. (Champaign, IL: Human Kinetics, 2019).

de esforço entre a resistência e o eixo. Nas articulações do corpo humano há predomínio de alavancas de terceira classe, havendo algumas alavancas de primeira classe e poucos sistemas de alavancas de segunda classe.

No corpo humano, os sistemas de alavancas desempenham duas funções importantes. Em primeiro lugar, aumentam o efeito de uma força aplicada, porque a força aplicada e a força de resistência têm braços de momento diferentes. Em uma alavanca de primeira classe, por exemplo, o aumento do braço de momento no lado da força aplicada aumenta a força efetiva observada no outro lado do ponto de pivô, da mesma maneira que ocorre um ganho na alavanca ao usar uma barra para retirar uma rocha volumosa do solo.

A segunda função das alavancas é aumentar a rapidez (velocidade) efetiva do movimento. Durante a extensão do joelho (Fig. 3.18), determinado deslocamento angular ($\Delta\theta$) promove diferentes deslocamentos lineares dos pontos x e x' na perna. Analogamente, se o joelho for estendido em uma velocidade angular constante (ω), a velocidade linear do ponto x' será maior do que a do ponto x. Portanto, ao aumentar a distância do braço de alavanca de x para x', aumentamos a velocidade linear do movimento. O corpo humano utiliza com efetividade tanto os ganhos de força como de velocidade proporcionados pelos sistemas de alavancas para realizar muitas tarefas de vida diária. Como é de esperar, esses ganhos na força e na velocidade podem atuar na ocorrência e também na prevenção das lesões.

Momento de força (torque) e movimento articular

Definimos *momento de força*, ou *torque*, como o efeito de uma força que tende a provocar rotação em torno de um eixo. Com relação à função articular, os momentos produzidos pela ação dos músculos esqueléticos constituem o elemento essencial no controle dos movimentos articulares. Na Figura 3.19a, a força muscular F atua em uma distância perpendicular (braço de momento = d) desde o eixo E da articulação do cotovelo, produzindo um momento $M = F \cdot d$. Em situações estáticas como essa, o cálculo do momento é simples.

Contudo, nos casos da vida diária que envolvem movimento articular, o cálculo passa a ser muito mais complexo. Vamos considerar cada componente do cálculo do momento: caracteristicamente, a magnitude da força muscular F varia, sendo determinada por uma combinação de fatores, inclusive o comprimento muscular, velocidade, nível de ativação nervosa e fadiga, juntamente com a resistência externa que esteja sendo vivenciada pelo sistema. As mudanças ocorrentes em qualquer desses três fatores influenciam diretamente a quantidade de força muscular produzida.

À medida que a articulação se movimenta ao longo de sua ADM, a linha de ação musculotendínea (i. e., a direção da tração) muda continuamente, o que afeta a distância do braço de momento. Considerando que as articulações do corpo humano não são articulações em dobradiça perfeitas, também ocorre mudança na localização do eixo de rotação em relação às estruturas ósseas em qualquer dado instante no tempo (centro articular instantâneo) (Fig. 3.19b). Essas mudanças na força muscular, linha de ação e braço de momento resultam em um momento de força que varia continuamente.

A assimetria do movimento articular responsável pelo movimento do centro de movimento articular instantâneo é causada por uma combinação de três movimentos: rotação, deslizamento e rolamento. No caso da rotação, o movimento é puramente angular, ocorrendo rotação em torno de um eixo fixo (Fig. 3.20a). O movimento de deslizamento articular ocorre quando uma superfície articular se move linearmente em relação a outra superfície (Fig. 3.20b). Finalmente, o rolamento resulta em um movimento angular da articulação em combinação com o deslocamento linear do eixo de rotação (Fig. 3.20c).

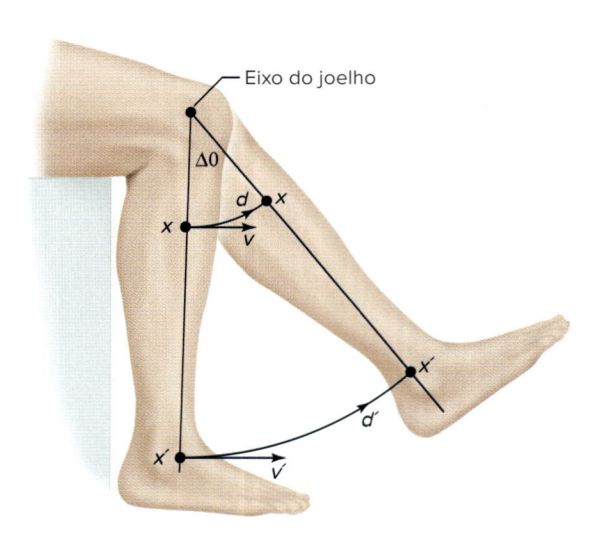

FIGURA 3.18 Mecanismo extensor do joelho atuando como um sistema de alavancas. Para um dado deslocamento angular ($\Delta\theta$), o deslocamento curvilíneo (d') para o ponto x' será maior do que o deslocamento (d) para o ponto x. Analogamente, para determinada velocidade angular (ω), a velocidade linear (v') para o ponto x' excede a velocidade (v) do ponto x.

Reproduzida com permissão de W. C. Whiting, *Dynamic Human Anatomy*, 2.ed. (Champaign, IL: Human Kinetics, 2019).

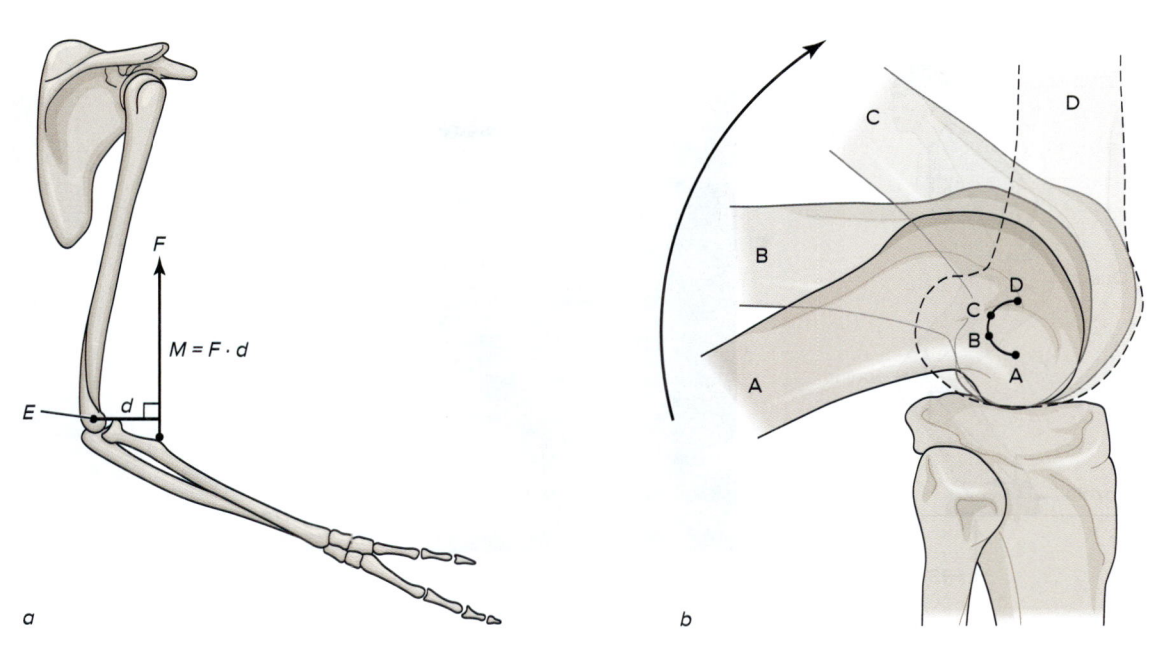

FIGURA 3.19 Produção de momento em uma articulação e centro de rotação instantâneo da articulação. *(a)* Força *(F)* do músculo bíceps braquial com um braço de momento *(d)* produzindo um momento de força *(M)* em torno do eixo da articulação do cotovelo *(E)*. *(b)* Assimetrias estruturais resultam em um movimento do centro instantâneo da articulação em relação aos ossos que a constituem. A figura ilustra o movimento do centro instantâneo da articulação para o joelho, durante a extensão dessa articulação a partir de uma posição flexionada (A) até a completa extensão (D).

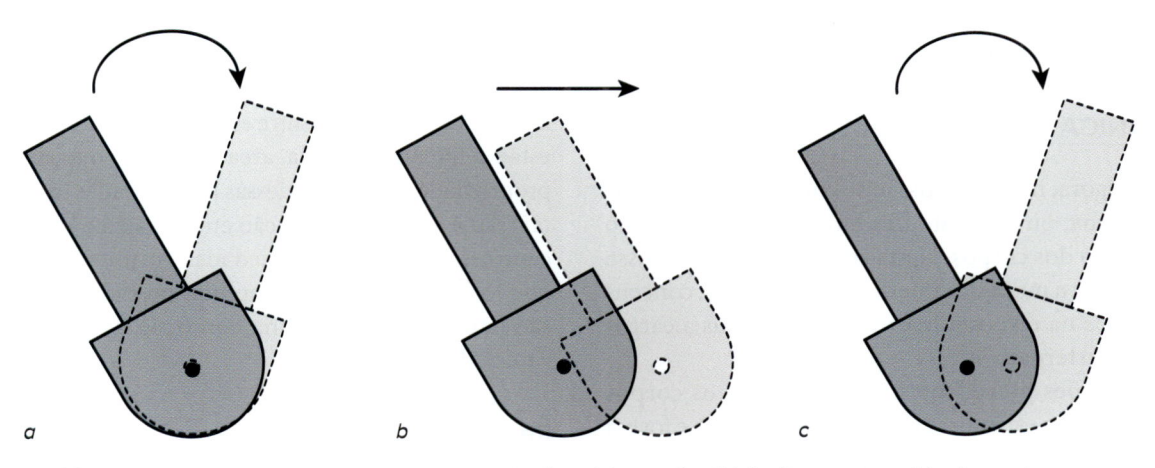

FIGURA 3.20 Componentes do movimento das articulações: *(a)* rotação, *(b)* deslizamento, e *(c)* rolamento.

Força de reação articular *versus* forças de osso contra osso

A repetida aplicação de uma carga de força expressiva sobre as superfícies articulares – como as que ocorrem no joelho durante uma corrida ou na prática do salto – pode provocar lesões articulares (p. ex., lacerações meniscais, degeneração da cartilagem articular). A mensuração efetiva dessas forças pode ser tarefa complexa; assim, frequentemente os estudiosos lançam mão de modelos matemáticos (discutidos mais adiante neste capítulo) para a obtenção de estimativas para essas cargas articulares. O efeito resultante do músculo e de outras forças atuantes através de uma articulação é denominado força de reação articular (FRA); a Figura 3.21*a* ilustra exemplos. A FRA não é igual à força de osso contra osso (Fig. 3.21*b*). Embora a mensuração acurada da força de osso contra osso seja tarefa complexa e ultrapasse os objetivos deste texto (ver, p. ex., Bergmann et al., 2018; D'Lima et al., 2013; Kirking et al., 2006; Rudert et

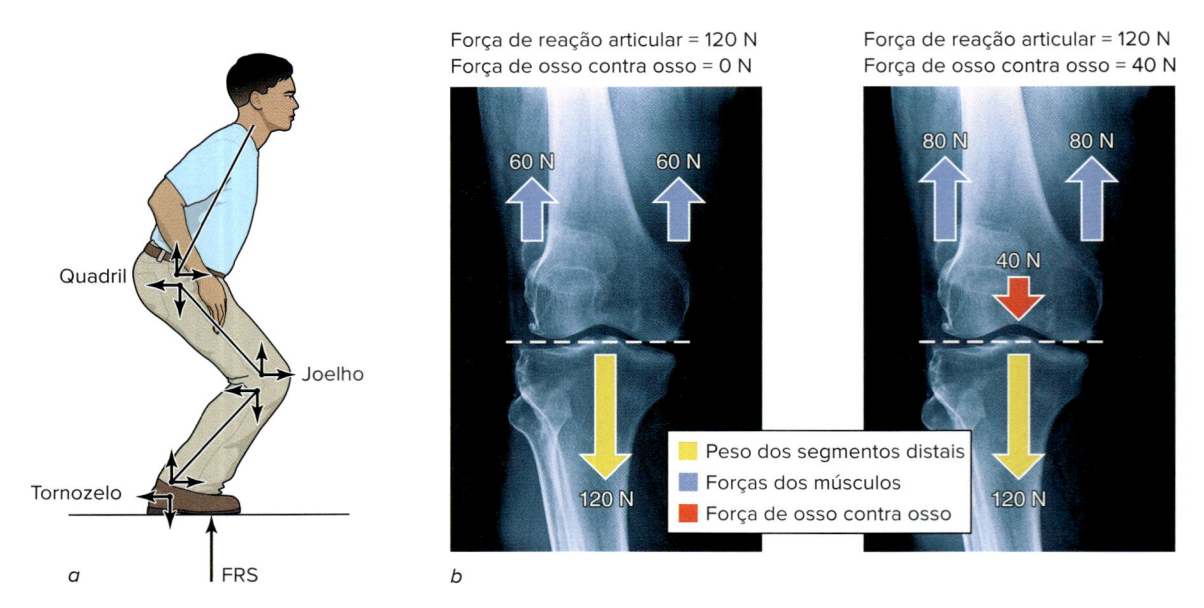

FIGURA 3.21 *(a)* Forças de reação articular. Forças de reação articular iguais e opostas (em concordância com a terceira lei de Newton) atuam nas articulações do tornozelo, joelho e quadril em uma posição de agachamento, com estas articulações em posição de flexão. Essas forças de reação articular se desenvolvem em resposta à força de reação do solo (FRS). *(b)* Força de reação articular *vs.* força de osso contra osso.

al., 2014; Stansfield et al., 2003; Westerhoff et al., 2009; Winter, 2009), podemos obter informações importantes com a implantação *in vivo* de transdutores sensores de força em articulações humanas.

MECÂNICA DOS MATERIAIS

Até agora, nossa discussão se concentrou na mecânica externa, ou no efeito das forças externas sobre o movimento dos corpos. Nesta seção, voltaremos nossa atenção para a mecânica interna das estruturas, concentrando-nos na resposta interna dos materiais a cargas aplicadas externamente.

Em seções precedentes, consideramos os corpos como se fossem estruturas rígidas cujo tamanho e forma não mudavam com a aplicação de cargas. Essa abordagem, conhecida como mecânica de corpo rígido, é válida ao examinarmos as características dos movimentos. As formulações de corpo rígido recorrem a certas suposições sobre o corpo, inclusive sua não deformabilidade, um centro de massa fixo e a homogeneidade do material que o compõe. Embora os tecidos biológicos sejam deformáveis, quando consideramos os segmentos do corpo como corpos rígidos, isso fornece uma aproximação razoável nas áreas de pesquisa, como por exemplo a mecânica dos movimentos. Mas, ao examinar a biomecânica das lesões, também será necessário explorar a mecânica dos sólidos deformáveis, porque os mecanismos de lesão

frequentemente resultam em deformação considerável dos tecidos.

Materiais biológicos como os tecidos exibem muitas propriedades que influenciam a resposta de cada material à carga e, desse modo, a probabilidade de ocorrência de lesão e sua gravidade. Entre essas propriedades materiais estão o tamanho, forma, área, volume e massa. Outras propriedades derivadas dessas propriedades fundamentais são a densidade (relação entre massa e volume) e o centro de massa. As propriedades estruturais do tecido, que foram discutidas no capítulo precedente, também são fatores importantes na descrição da resposta mecânica dos tecidos.

Resposta dos tecidos à carga

Em uma seção anterior, descrevemos a mecânica interna e a mecânica externa. De modo consistente com essa diferenciação, podemos descrever as forças como internas (i. e., forças atuantes no interior do corpo) ou externas (i. e., forças atuantes no corpo provenientes de seu exterior). Uma força com aplicação externa é denominada carga mecânica. Existem três tipos principais de cargas: compressão (carga compressiva), tensão (carga tênsil) e cisalhamento (carga de cisalhamento). Cargas compressivas tendem a aproximar as extremidades de um corpo; as cargas tênseis tendem a afastar uma extremidade do corpo em relação à outra; e as cargas de cisalhamento tendem a produzir um deslizamento horizontal, ou paralelo, de uma camada sobre outra.

Deformação por carga e rigidez

Ao ser aplicada uma carga a um corpo deformável, o corpo muda de forma ou configuração, embora de maneira imperceptível (p. ex., osso). Essa mudança absoluta na forma ou nas dimensões é denominada deformação. As cargas tênseis produzem um alongamento do material; as cargas compressivas encurtam (ou comprimem) o material; e as cargas de cisalhamento promovem um deslizamento ou angulação no material (Fig. 3.22). Tipicamente, a deformação é medida em unidades absolutas (p. ex., um tendão foi esticado, ou alongado, em 5 mm). O leitor deve observar que *medida absoluta* se refere à mensuração de coisas em quantidades conhecidas com unidades padronizadas (p. ex., peso = 82 kg; distância = 3 m). Por outro lado, a *medida relativa* se refere à mensuração de algo em comparação a outra coisa, ou à estimativa de coisas proporcionalmente uma à outra (p. ex., percentual, quantidade de vezes o peso corporal).

Cada material ou tecido tem uma relação característica entre carga e deformação que é ilustrada graficamente por uma curva de carga-deformação (L-d) (Fig. 3.23). A inclinação da parte linear da curva L-d mede a rigidez do tecido (frequentemente representada por *k*).

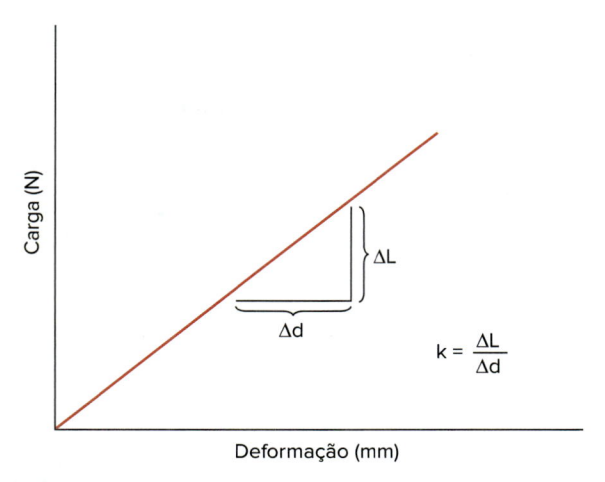

FIGURA 3.23 Relação entre carga e deformação, ao ser aplicada uma força a determinado tecido ou estrutura. A rigidez (*k*) é medida pela inclinação (ΔL/Δd) da parte linear da curva de carga/deformação.

Curvas com inclinação mais abrupta representam materiais mais rígidos. O oposto, ou inverso, de rigidez é a complacência (l/*k*). Os termos *rigidez* e *complacência* são empregados como termos relativos, significando que determinado material não é absolutamente rígido ou complacente; isto é, um material é mais rígido, ou mais complacente, do que outro.

Tensão e deformação relativa

Todo corpo, quando submetido a uma carga, desenvolve uma resistência interna à carga externa. No caso de uma pequena tira de borracha, essa resistência é mínima. Por outro lado, uma barra de aço oferece considerável resistência. Essa resistência interna a uma carga axial observa-se comumente em todos os materiais; a ciência mecânica refere-se a esse fenômeno como tensão (σ). As tensões axiais ou normais são categorizadas como tensão de compressão (i. e., resistência à aproximação) ou tensão de tração (i. e., a resistência à separação). A magnitude da tensão normal se expressa pela equação

$$\sigma = F/A \tag{3.31}$$

em que F = magnitude da carga axial e A = área da seção transversal interna sobre a qual a carga se distribui. Tendo em vista que a tensão é calculada como uma relação entre força e área, ela é classificada como uma medida relativa.

Aquelas forças que atuam em paralelo, ou tangencialmente, à carga aplicada produzem uma tensão de cisalhamento (τ):

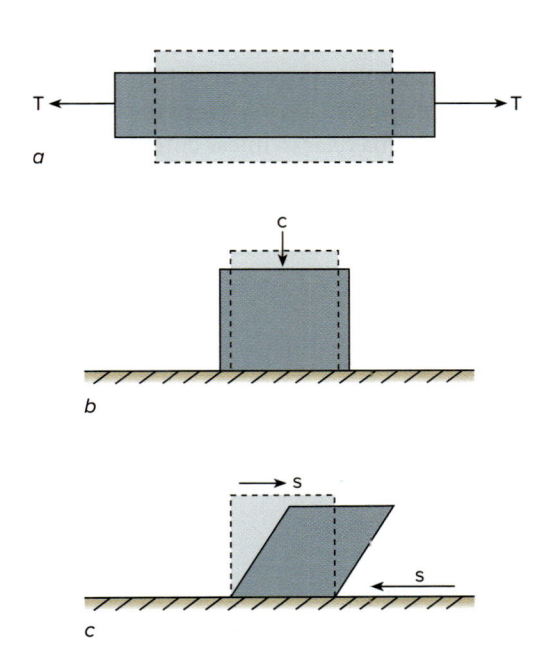

FIGURA 3.22 Carga mecânica. As cargas externas alteram a forma do material. Essa deformação pode se manifestar como *(a)* alongamento, ou deformação tênsi ; *(b)* compressão, ou deformação compressiva; ou *(c)* angulação, ou deformação de cisalhamento. As linhas tracejadas indicam a condição livre de carga. As linhas cheias indicam a condição sob carga.

$$\tau = F/A \tag{3.32}$$

A unidade padrão (SI) da tensão é o *pascal* (Pa), que é definido como 1 N distribuído ao longo de 1 m² (1 Pa = 1 N/m²). Para que seja evitada uma possível confusão, o leitor deve observar que, embora tanto a pressão ($p = F/A$) como a tensão ($\sigma = F/A$) tenham a mesma definição, isto é, força dividida pela área, a área (A) é diferente entre essas duas variáveis. A pressão é uma medida *externa* da força dividida pela área de superfície ao longo da qual a força se distribui (ver equação 3.1). A tensão é uma medida *interna* da força dividida pela área de seção transversa do tecido. Como ocorre com a pressão, o megapascal (1 Mpa = N/mm²) é uma unidade de uso comum para a tensão, quando aplicada à mecânica dos tecidos.

Previamente, definimos *deformação* como a mudança na forma ou na configuração de um corpo. A deformação mecânica relativa (ε) nos fornece outra medida de mudança da forma, mas, em contraste com a deformação, que é medida em unidades absolutas (p. ex., mm), a deformação relativa é medida em termos relativos. Medimos a deformação relativa como a mudança na dimensão dividida pela dimensão livre de carga e, portanto, é algo tecnicamente adimensional. Caracteristicamente, a deformação relativa é descrita como mm/mm (ou pol/pol) ou como percentual (%) de deformação relativa:

deformação relativa (%) = (mudança de dimensão)/(dimensão livre de carga) × 100 (3.33)

Exemplificando, um tecido livre de carga que mede 50 mm e que seja alongado em 3 mm, sofre uma deformação de 3 mm e uma deformação relativa percentual de (3 mm)/(50 mm) × (100) = 6%. Vamos comparar essa situação com um tecido não submetido a carga com um comprimento igual a 100 mm e que tenha sido alongado em 6 mm. Esse tecido apresenta uma deformação de 6 mm, o dobro do primeiro exemplo, mas com uma deformação relativa idêntica, de 6%. As medidas de deformação relativa nos possibilitam comparar tecidos com dimensões diferentes.

Nos tecidos biológicos, como por exemplo o osso, as deformações são tão pequenas que sua deformação relativa é medida em unidades de microdeformação relativa ($\mu\varepsilon$), que equivale a (10^{-6}). Uma deformação relativa medida de 0,001 (0,1%) seria igual a 1.000 $\mu\varepsilon$.

Como também ocorre com a carga e a deformação, existe uma relação direta entre tensão e deformação relativa, e as consequências dessa relação em um tecido

determinam sua suscetibilidade à lesão. O osso sob carga compressiva, por exemplo, desenvolve grande resistência com pouquíssima deformação. A pele, por outro lado, sofre considerável deformação quando submetida a forças substancialmente menores. As respostas à deformação relativa de tendões, ligamentos e cartilagens se encaixam variavelmente entre esses dois tecidos (i. e., osso e pele). A plotagem da tensão em função da deformação relativa (Fig. 3.24*a*) nos possibilita visualizar a relação σ-ε. A figura ilustra curvas lineares para σ-ε para dois materiais marcados como A e B. Um olhar mais atento às curvas revela diversas relações importantes. Para uma dada tensão (σ_0), o material B exibe maior deformação relativa, em comparação com o material A, o que fica evidenciado como $\varepsilon_B > \varepsilon_A$. Por outro lado, para uma dada deformação relativa (ε_0), o material A desenvolve maior tensão, em comparação com o material B, o que fica demonstrado por $\sigma_A > \sigma_B$ (Fig. 3.24*b*).

A relação tensão-deformação relativa (σ-ε) pode ser resumida em uma única medida, como a relação dos dois valores. Essa relação recebe o nome de módulo de elasticidade, ou módulo elástico (E), também conhecido como módulo de Young. Materiais rígidos como o osso apresentam uma curva com inclinação σ-ε mais abrupta, bem como um valor E elevado. Materiais mais complacentes como a pele têm curvas σ-ε mais planas e valores E mais baixos.

Até esse ponto, consideramos apenas a relação linear σ-ε. Assume-se que os materiais lineares operam em conformidade com a lei de Hooke; essa lei postula a existência de uma relação linear entre tensão e deformação relativa; ou seja, a deformação relativa resultante é diretamente proporcional à tensão desenvolvida. Matematicamente, a lei de Hooke se expressa pela equação

$$\sigma = E \cdot \varepsilon \tag{3.34}$$

Caracteristicamente, a resposta mecânica dos tecidos biológicos não demonstra linearidade em toda a sua faixa fisiológica, o que é em grande parte atribuível às características não lineares produzidas pelo componente fluido do tecido.

Tipos de cargas

O leitor deve se lembrar, de nossa discussão precedente, dos sete fatores envolvidos na aplicação da força: magnitude, localização, direção, duração, frequência, variabilidade e velocidade. Esses fatores são determinantes fundamentais da resposta à aplicação de carga. O tipo de aplicação da carga também é muito importante na

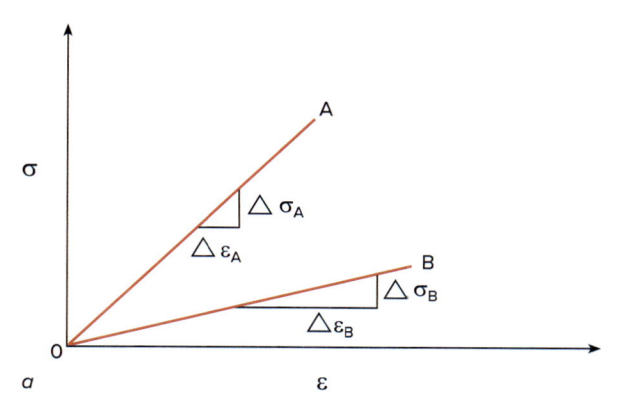

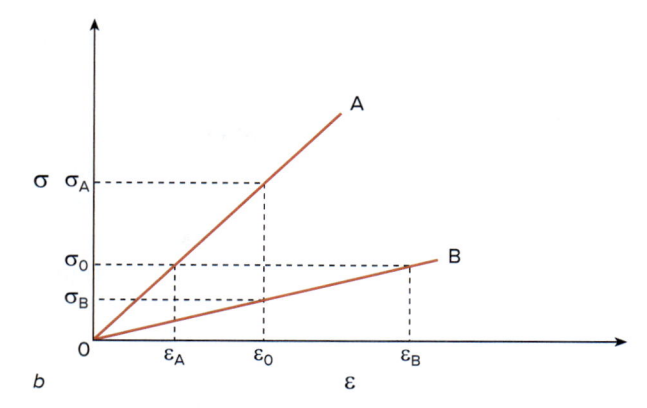

FIGURA 3.24 Relação entre tensão mecânica (σ) e deformação relativa (ε). *(a)* Curvas lineares de tensão-deformação relativa (σ-ε) para dois materiais. A inclinação (Δσ-Δε) de cada linha mede o módulo de elasticidade para cada material *(E)*. *(b)* O *E* relativo dos materiais determina sua resposta à carga. Para um dado nível de tensão (σ₀), o material B apresenta uma maior deformação do que o material A.

resposta dos tecidos biológicos. Agora, nos concentraremos nos diversos tipos de aplicação de carga.

Carga uniaxial

A forma mais simples de aplicação de uma força, a carga uniaxial, refere-se a forças aplicadas ao longo de uma mesma linha, caracteristicamente ao longo do eixo principal da estrutura. Para qualquer material sob carga uniaxial, a localização e direção da força determinarão como cada um dos três tipos de aplicação de carga (tensão, compressão e cisalhamento) estará atuando.

Com o aumento da magnitude da carga aplicada, o tecido termina por não ser mais capaz de suportar sua aplicação e então falha (i. e., tem uma laceração ou ruptura). O nível de força no qual ocorre a falha (carga final) define a resistência estrutural do tecido. O conceito de resistência estrutural tem implicações óbvias quando examinamos as características de falha do tecido em situações de lesão.

Um material homogêneo responderá da mesma maneira, não importando a direção da carga. Mas em geral os tecidos biológicos não são homogêneos (i. e., sua estrutura varia ao longo de todo o tecido) e, em decorrência disso, a direção da aplicação da força passa a ser um fator essencial na resposta à carga. Determinado material que exiba uma resposta dependente da direção recebe a denominação de material anisotrópico. Como exemplo, vamos considerar um osso longo submetido a uma compressão uniaxial. A resistência estrutural a uma carga compressiva ao longo do eixo longitudinal é muito maior do que a resistência estrutural a uma força direcionada perpendicularmente ao eixo longitudinal. Esse efeito anisotrópico resulta em grande parte da estrutura do osso, em que os ósteons no osso cortical da

diáfise estão alinhados com seu eixo longitudinal, sendo planejados para a aceitação de cargas compressivas.

Os tecidos biológicos podem exibir um comportamento linear ao longo de certas faixas de aplicação de carga, mas tipicamente são não lineares ao longo de outras partes de sua faixa normal, ou fisiológica. Essas não linearidades resultam em uma curva σ-ε generalizada (Fig. 3.25).

Vamos agora considerar um tecido que esteja submetido a uma carga tênsil que aumenta gradualmente. Sob baixas cargas, com níveis de tensão proporcionalmente

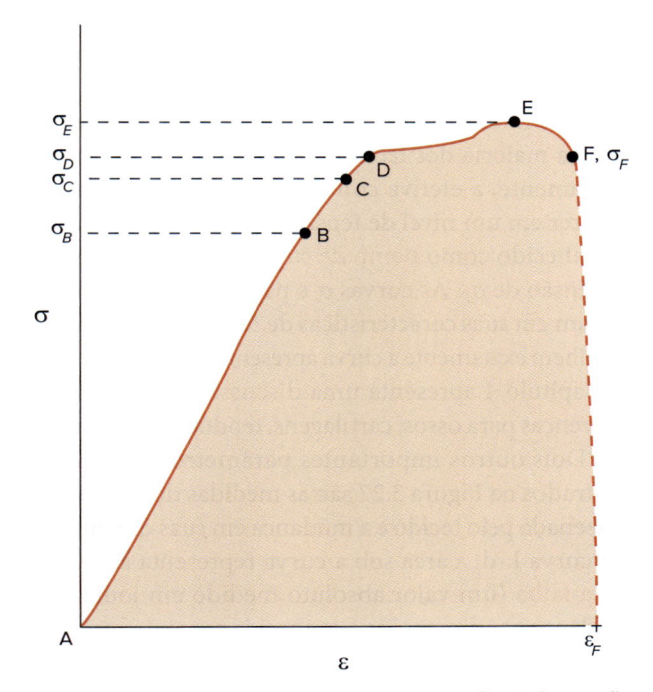

FIGURA 3.25 Curva generalizada de tensão-deformação relativa (σ-ε) para tecidos biológicos.

baixos, a resposta σ-ε é linear (Hookeana). A resposta proporcional continua até o ponto B na Figura 3.25. Sob tensões superiores a σ_B, a resposta passa a ser não linear. Portanto, o ponto B é conhecido como o limite proporcional (ou limite linear). À medida que a tensão continua aumentando, chega-se ao ponto C, conhecido como limite elástico. Sob tensões inferiores a σ_C, o material é elástico (i. e., retorna à sua forma original ao ser removida a carga). Sob tensões superiores a σ_C, o material deixa de ter comportamento elástico e sofre deformação plástica permanente, ilustrada na Figura. 3.26. Ao ser removida a carga, a tensão diminui, ocorrendo encurtamento do material. Considerando que o tecido excedeu seu limite elástico, ele não é mais capaz de retornar à sua forma original (o ponto A). Em vez disso, o tecido sofre deformação para um comprimento indicado pelo ponto P, mesmo não submetido a carga. A diferença entre os pontos A e P é a quantidade de deformação plástica, ou deformação permanente.

Na Figura 3.25, conforme a tensão continua aumentando em resposta ao aumento das cargas externas, aproxima-se do ponto D. O ponto D é conhecido como o limite elástico (*yield point*). Nesse ponto e além dele, tem início uma curta região de distensão relativamente grande para um pequeno aumento na tensão (i. e., maior complacência). Esse fenômeno de escoamento é característico de muitos tecidos biológicos. Eventualmente, um novo aumento na tensão fará com que o material alcance sua tensão final (σ_E), ou resistência do material. Nesse ponto, tem início a falha completa do tecido. Certo grau de falha das fibras poderá ocorrer antes que σ_E seja alcançado. Mas quando essa tensão final é alcançada, torna-se iminente uma falha completa. Considerando que na maioria dos tecidos a falha não ocorre instantaneamente, a efetiva concretização da falha poderá ocorrer em um nível de tensão inferior a σ_E; esse nível é conhecido como ponto de ruptura (**F**), em um nível de tensão de σ_F. As curvas σ-ε para tecidos específicos variam em suas características de resposta, e talvez não espelhem exatamente a curva apresentada na Figura 3.25. O Capítulo 4 apresenta uma discussão detalhada das diferenças para ossos, cartilagens, tendões e ligamentos.

Dois outros importantes parâmetros mecânicos ilustrados na Figura 3.27 são as medidas de energia armazenada pelo tecido e a mudança em suas dimensões. Na curva L-d, a área sob a curva representa a energia até a falha (um valor absoluto medido em joules). A mudança nas dimensões é conhecida como deformação até a falha (medida em unidades absolutas, por exemplo, milímetros). Medidas comparáveis podem ser observadas na curva σ-ε na Figura 3.25. A área sob a curva é a

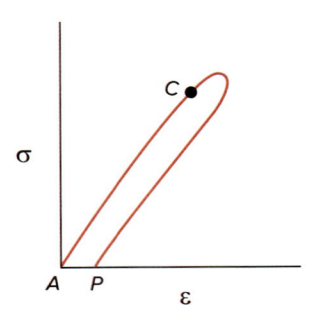

FIGURA 3.26 Deformação permanente (AP) criada por uma tensão que excedeu o limite elástico no ponto C.

densidade de energia de deformação relativa, uma medida da energia de deformação relativa armazenada pelo tecido, previamente à ocorrência da falha, e a mudança nas dimensões é denominada deformação relativa até a falha (ε_F), uma medida relativa do quanto o tecido se deformou até o ponto de falha.

Ao ser aplicada uma carga compressiva a um objeto (p. ex., uma bola), a deformação resultante comprime o objeto na direção da carga (Fig. 3.28*a*). Ao mesmo tempo, ocorre uma deformação correspondente, perpendicular à carga axial. Essa distorção é uma deformação tênsil, e a bola nesse exemplo sofre um alargamento. Esse caso simples é um exemplo do efeito de Poisson, que estabelece que quando um corpo é submetido a uma carga uniaxial e sua dimensão diminui na direção axial, ocorre aumento em sua dimensão perpendicular (ou transversa). O efeito de Poisson também se aplica no sentido oposto. Um corpo que seja submetido a uma carga tênsil exibe aumento em sua dimensão axial e diminuição em sua dimensão transversal (Fig. 3.28*b*). A medida quantitativa desse efeito é obtida com a aplicação da relação de Poisson (v):

$$\nu = -(\varepsilon_t / \varepsilon_a) \tag{3.35}$$

em que ε_t = deformação relativa transversal e ε_a = deformação relativa axial.

De maneira semelhante ao caso bidimensional que foi apresentado, o efeito de Poisson também se aplica no espaço tridimensional, em que as deformações relativas transversais ocorrem em duas dimensões, em resposta a uma carga uniaxial na terceira dimensão (Fig. 3.28*c*).

Carga multiaxial

Até agora, consideramos apenas o caso simples da carga uniaxial. Mas, na maioria das situações da vida real, as forças aplicadas a um corpo são multidimensionais e, assim, torna-se essencial um entendimento da aplicação

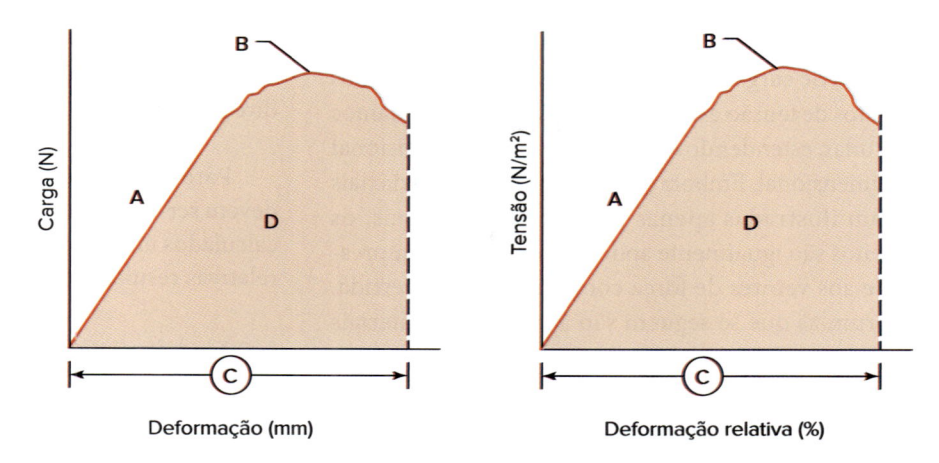

	Carga-deformação	Tensão-deformação relativa
Unidades	Absolutas	Relativas
A-Inclinação da parte linear da curva	Rigidez	Módulo elástico (E) ou módulo de Young (Y)
B-Ponto mais alto na curva	Carga final (máxima) ou resistência estrutural	Tensão final (máxima) ou resistência do material
C-Mudança na dimensão	Deformação na falha	Deformação relativa na falha
D-Área sob a curva	Energia na falha	Densidade da energia de deformação relativa

FIGURA 3.27 Comparação de uma curva de carga-deformação *versus* uma curva de tensão-deformação relativa, e medidas relacionadas.

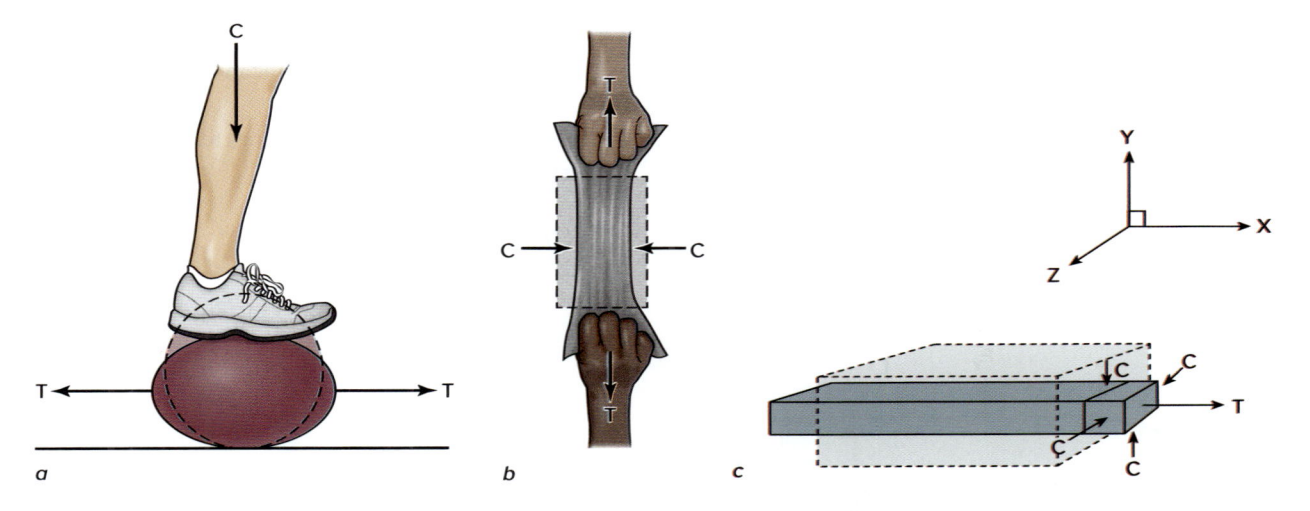

FIGURA 3.28 Efeito de Poisson. *(a)* Uma carga compressiva aplicada causa tensão de tração e deformação relativa perpendiculares à carga aplicada. *(b)* Uma carga tênsil aplicada resulta em tensão de compressão e deformação relativa perpendiculares à carga aplicada. *(c)* Efeito de Poisson, ilustrado para um exemplo tridimensional, em que a tensão T aplicada na direção X causa contração C nas direções Y e Z. As linhas tracejadas indicam a conformação prévia à aplicação da carga. As linhas cheias indicam a conformação durante a aplicação da carga.

de cargas multiaxiais e de seus efeitos. Uma análise da aplicação de cargas multiaxiais lança mão dos mesmos conceitos de tensão e deformação relativa que acabamos de estudar, estendendo-os até os espaços bidimensional e tridimensional. Embora as respostas biaxiais e triaxiais estejam ilustradas apenas para as cargas tênseis, os conceitos são igualmente aplicáveis às cargas compressivas e aos vetores de força com orientação invertida. As fórmulas que se seguem são aplicáveis a materiais linearmente elásticos.

Respostas a cargas biaxiais (bidimensionais)

Vamos considerar um corpo tridimensional (Fig. 3.29) com lados de comprimento X', Y' e Z' e submetido a forças axiais F_x e F_y. As tensões produzidas nas direções X e Y se expressam pelas equações a seguir:

$$\sigma_x = F_x / A_x = F_x / (x' \cdot z') \tag{3.36}$$

$$\sigma_y = F_y / A_y = F_y / (x' \cdot z') \tag{3.37}$$

A tensão na direção X (σ_x) promoverá, de acordo com o efeito de Poisson, uma deformação nas três direções. A Figura 3.29b ilustra o alongamento na direção X e a contração nas direções Y e Z. Com a aplicação das equações 3.34 e 3.35, obtêm-se as deformações relativas nas direções X e Y atribuíveis a σ_x:

$$\text{direção } x: \varepsilon_{x\sigma x} = \sigma_x / E \tag{3.38}$$

$$\text{direção } y: \varepsilon_{y\sigma x} = -\nu \cdot \varepsilon_{x\sigma y} = -\nu \cdot \sigma_x / E \tag{3.39}$$

De maneira análoga, são obtidas as deformações relativas nas direções Y e X atribuíveis a σ_y:

$$\text{direção } y: \varepsilon_{y\sigma y} = \sigma_y / E \tag{3.40}$$

$$\text{direção } x: \varepsilon_{x\sigma y} = -\nu \cdot \varepsilon_{y\sigma y} = -\nu \cdot \sigma_y / E \tag{3.41}$$

Para a obtenção do efeito combinado de σ_x e σ_y, devem ser adicionados os efeitos da deformação relativa calculados imediatamente acima. Então, as deformações relativas resultantes nas direções X e Y são

$$\varepsilon_x = \varepsilon_{x\sigma x} + \varepsilon_{x\sigma y} = (\sigma_x / E) - \nu \cdot \sigma_y / E \tag{3.42}$$

$$\varepsilon_y = \varepsilon_{y\sigma y} + \varepsilon_{y\sigma x} = (\sigma_y / E) - \nu \cdot \sigma_x / E \tag{3.43}$$

Apresentamos duas tensões normais, σ_x e σ_Y. Conforme já foi anteriormente descrito, também é produzida uma tensão tangencial, ou de cisalhamento (τ). No caso da carga biaxial, é produzida uma tensão de cisalhamento (τ_{xy}), conforme está ilustrado na Figura 3.30a.

Respostas a cargas triaxiais (tridimensionais). A adição de uma terceira força axial na direção Z complica apenas ligeiramente o modelo conceitual, mas por outro lado há considerável envolvimento dos aspectos matemáticos do modelo. Com enfoque na aplicação conceitual (Fig. 3.31), agora temos

- Fx, que leva a $\sigma x = Fx / (y' \cdot z')$ e produz alongamento na direção X e contração nas direções Y e Z.
- Fy, que leva a $\sigma y = Fy / (x' \cdot z')$ e produz alongamento na direção Y e contração nas direções X e Z.
- Fz, que leva a $\sigma z = Fz / (x' \cdot y')$ e produz alongamento na direção Z e contração nas direções X e Y

As equações para as deformações relativas resultantes observadas na carga triaxial são

$$\varepsilon_x = 1/E \cdot [\Sigma_x - \nu \cdot (\Sigma_y + \Sigma_z)] \tag{3.44}$$

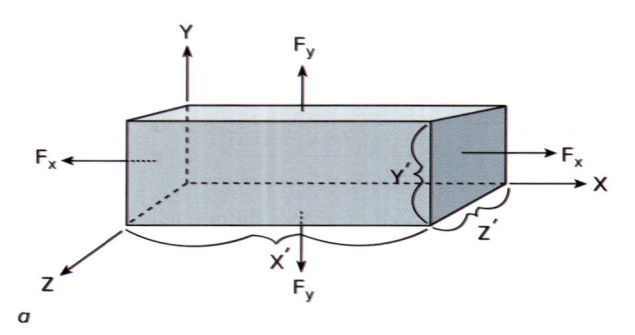
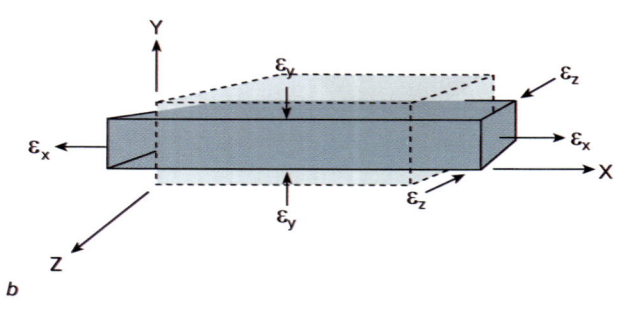

FIGURA 3.29 Aplicação de carga biaxial. *(a)* As forças aplicadas nas direções X e Y (F_x e F_y, respectivamente) aplicam uma carga biaxial sobre o material. *(b)* Alongamento provocado por F_x e a resultante contração perpendicular nas direções Y e Z. As linhas tracejadas indicam a conformação anterior à aplicação da carga. As linhas cheias indicam a conformação durante a aplicação da carga.

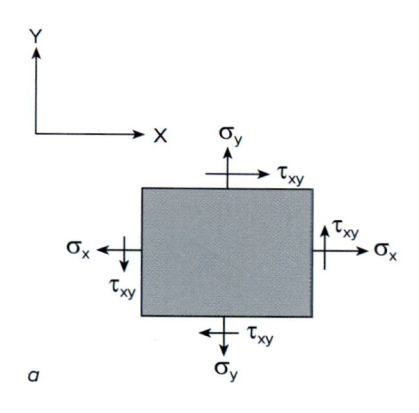

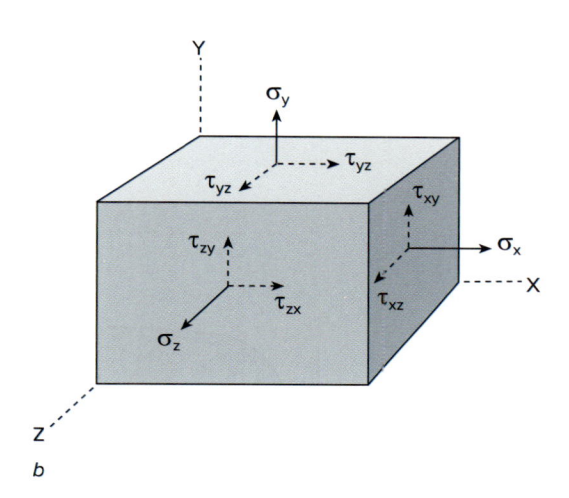

FIGURA 3.30 Tensões de cisalhamento em resposta à aplicação de cargas biaxial e triaxial. *(a)* Tensão de cisalhamento (τ_{xy}) produzido pela carga biaxial. Em decorrência das condições de equilíbrio, $\tau_{xy} = \tau_{yx}$. *(b)* Tensões de tração triaxiais (σ_x, σ_y, σ_z), mostradas como vetores em linha cheia; resultam em tensões de cisalhamento (τ_{xy}, τ_{yz}, τ_{zx}), ilustrados como vetores em linha tracejada. As restrições de equilíbrio determinam que $\tau_{xy} = \tau_{yx}$, $\tau_{yz} = \tau_{zy}$, e $\tau_{zx} = \tau_{xz}$.

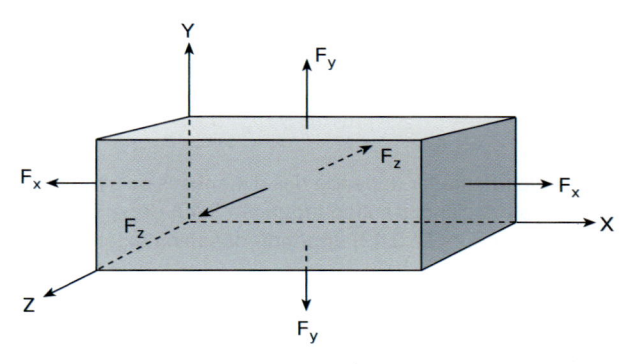

FIGURA 3.31 Carga triaxial. As forças aplicadas nas direções X, Y e Z (F_x, F_y e F_z, respectivamente) impõem carga triaxial ao material.

$$\varepsilon_y = 1/E \cdot [\Sigma_y - \nu \cdot (\Sigma_x + \Sigma_z)] \tag{3.45}$$

$$\varepsilon_z = 1/E \cdot [\Sigma_z - \nu \cdot (\Sigma_x + \Sigma_y)] \tag{3.46}$$

As tensões de cisalhamento (τ_{xy}, τ_{yz} e τ_{zx}) produzidas com a aplicação de cargas triaxiais estão ilustradas na Figura 3.30*b*.

Flexão

Até aqui discutimos a carga axial. Mas dois outros tipos de aplicação de carga ocorrem frequentemente no corpo humano: flexão e torção.

Qualquer estrutura que seja relativamente longa e delgada (p. ex., um osso longo) pode ser considerada como uma viga, ou barra, em termos mecânicos. Qualquer força, componente de força, ou momento com atuação perpendicular ao eixo longitudinal de tal barra tenderá a promover sua deflexão, ou encurvamento (i. e., flexão), da barra.

Na flexão, o material existente na superfície côncava (interna) da estrutura sofre uma tensão de compressão, enquanto na superfície convexa (externa) a estrutura fica submetida a um tensão de tração (Fig. 3.32*a*). Essas tensões de compressão e de tração são máximas nas superfícies externas da barra, de modo que o material mais próximo do meio sofre menor tensão, em comparação com as superfícies. A linha ao longo da qual inexiste tensão de compressão e de tração é conhecida como eixo neutro.

Cada força atuante na barra pode produzir nela um momento. O somatório desses momentos é conhecido como momento fletor (M_b), que produz diferentes níveis de tensões na barra, que variam com a distância em relação ao eixo neutro. Em uma distância y do eixo neutro (Fig. 3.32*b*), é produzida uma tensão normal (σ_x) com um valor que pode ser obtido com a equação

$$\sigma_x = (M_b \cdot y) / I \tag{3.47}$$

em que M_b = momento fletor, y = distância do eixo neutro, e I = momento de inércia da área da seção transversal em torno do eixo neutro. O momento de inércia da área (I) mede a resistência à flexão, e seu valor depende da forma da seção transversal da estrutura. A Figura 3.33 ilustra o momento de inércia da área para formas comuns.

O momento de inércia da área (I) para um cilindro sólido é medido pela equação

$$I = (\pi \cdot r^4) / 4 \tag{3.48}$$

em que r = raio do cilindro.

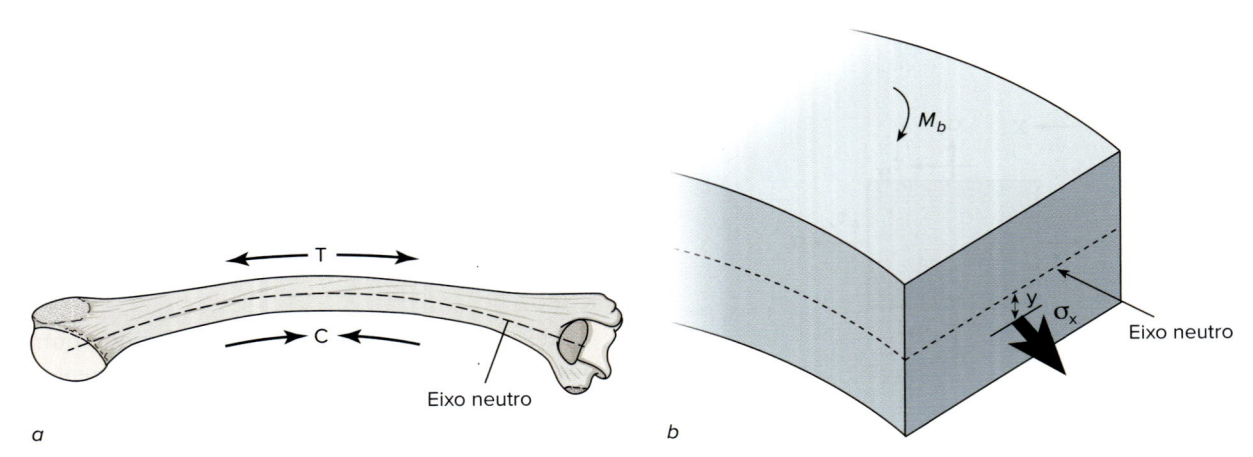

FIGURA 3.32 *(a)* Tensões no material em resposta à flexão. A flexão produz tensão de compressão (C) na superfície côncava (interna) e tensão de tração (T) na superfície convexa (externa). A tensão máxima ocorre nas superfícies, e os níveis mais baixos de tensão ocorrem em direção ao centro do objeto fletido. Existe um eixo neutro ao longo do qual não estão presentes tensões de compressão e de tração. *(b)* Momento fletor. Uma barra submetida a um momento fletor (M_b) desenvolve uma tensão normal (σ_x), que pode ser obtida pela aplicação da equação 3.47.

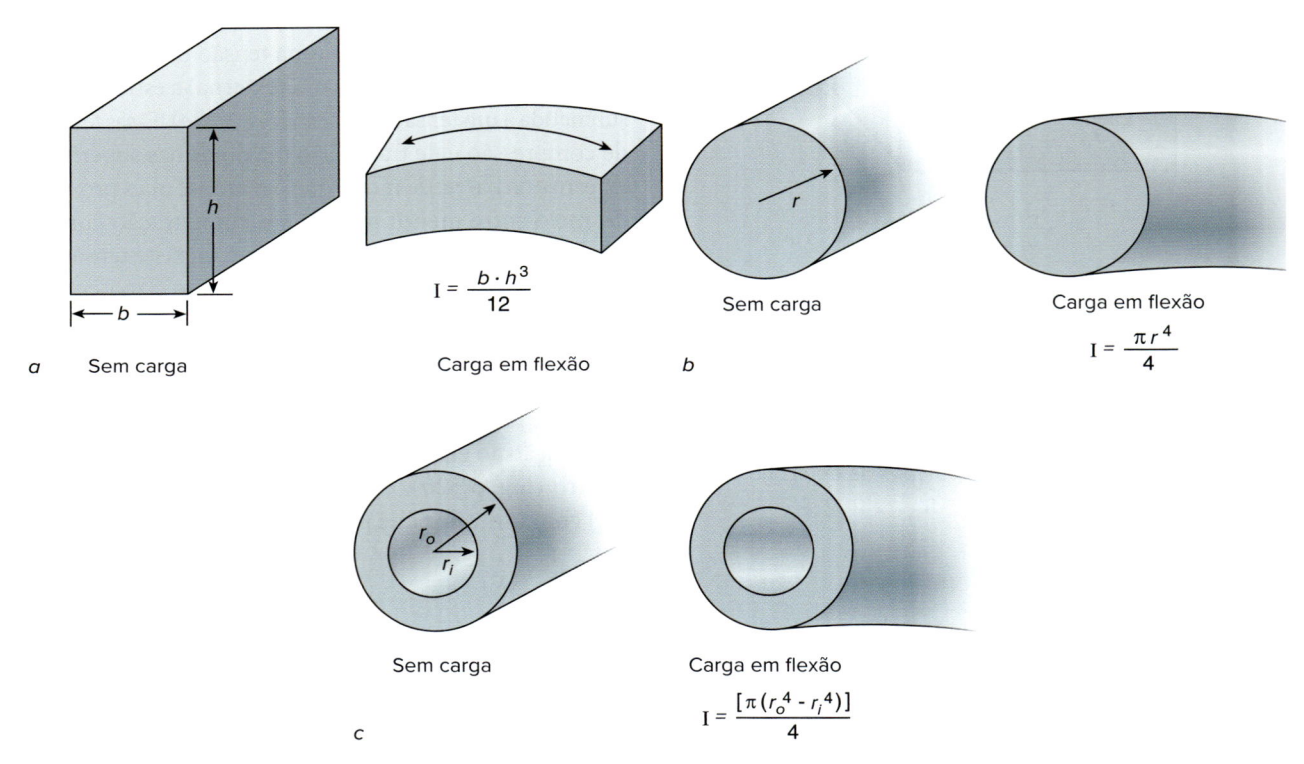

FIGURA 3.33 *(a)* O momento de inércia da área para uma seção transversa retangular depende das dimensões da altura (h) e da base (b) da seção transversal. *(b)* O momento de inércia da área para um cilindro sólido (equação 3.48) depende do raio (r). *(c)* No caso de um cilindro oco (tubo), o momento de inércia da área (equação 3.49) depende dos raios externo (r_o) e interno (r_i).

O momento de inércia da área (I) para um cilindro oco é medido pela equação

$$I = [\pi (r_o^4 - r_i^4)] / 4 \qquad\qquad (3.49)$$

em que r_o = raio externo e r_i = raio interno do cilindro.

Nos casos em que forças de cisalhamento estão atuando sobre uma barra, são produzidas tensões de cisalhamento máximas ao nível do eixo neutro e iguais a zero nas superfícies (Fig. 3.34). A magnitude dessa tensão de cisalhamento (τ) é fornecida pela equação

$$\tau = (Q \cdot V) / (I \cdot b) \tag{3.50}$$

em que Q = primeiro momento da área em torno do eixo neutro, V = força de cisalhamento, I = momento de inércia da área, e b = largura da seção transversa.

Dois modos de flexão comuns, observados em casos biomecânicos, são a flexão em três pontos e a flexão em quatro pontos (Fig. 3.35a e b). O mecanismo de uma lesão causada pela parte superior da bota de esqui ilustra a flexão em três pontos (Fig. 3.35c), enquanto as forças atuantes sobre uma barra produzem flexão em quatro pontos (Fig. 3.35d).

As diferenças de falha entre esses dois modos são importantes quando consideramos os mecanismos de lesão. Na flexão em três pontos, a falha ocorre no ponto médio da aplicação da força (Fig. 3.36a). Por outro lado, a falha em uma flexão em quatro pontos ocorre no ponto mais fraco entre as duas forças internas, não necessariamente no ponto médio (Fig. 3.36b).

Um importante modo de combinação de cargas é a flexão em cantiléver, na qual o deslocamento de uma força em relação ao eixo longitudinal produz tanto compressão como flexão. A flexão em cantiléver (Fig. 3.37) ocorre, por exemplo, em um fêmur submetido a uma carga, quando forças compressivas são aplicadas à cabeça femoral, produzindo um momento fletor na diáfise do

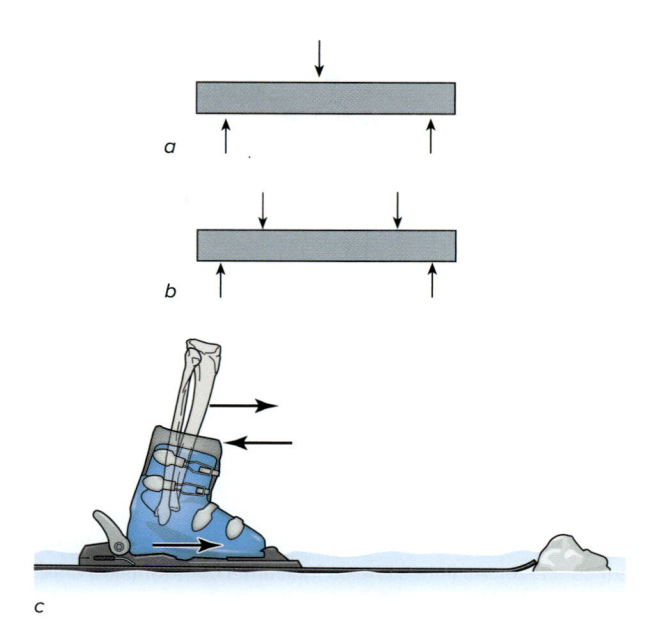

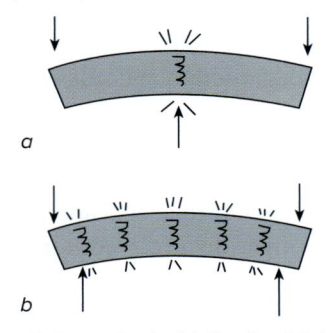

FIGURA 3.35 Flexão em três e quatro pontos. *(a)* Flexão em três pontos causada pela ação de três forças paralelas. A força do meio tem direção oposta às duas forças laterais. *(b)* Flexão em quatro pontos causada por dois pares de forças paralelas. O par interno está atuando em uma direção oposta ao par externo. *(c)* A fratura causada pela parte superior da bota de esqui exemplifica a flexão em três pontos. *(d)* A atleta que está levantando uma barra cria um sistema de flexão em quatro pontos.

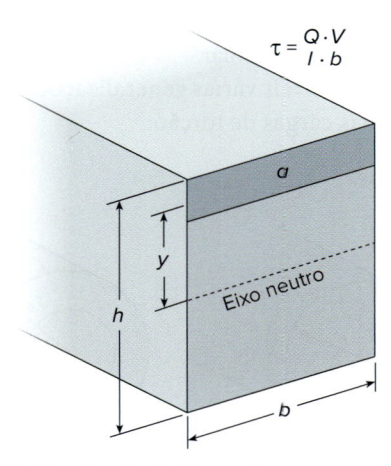

FIGURA 3.34 Tensão de cisalhamento em resposta à flexão. A magnitude da tensão de cisalhamento (τ) é fornecida pela equação 3.50. V = força de cisalhamento vertical (obtida com base em um diagrama de força de cisalhamento, ou pela análise estática). Q = momento da área (calculado como o produto da área sombreada *a* pela distância *y* desde o eixo neutro até o centroide da área *a*), I = momento de inércia da seção transversa total (ver Fig. 3.33a), b = largura da seção transversa.

FIGURA 3.36 Falha atribuível à flexão. *(a)* A falha (fratura) causada pela flexão em três pontos ocorre no ponto médio de aplicação da força. *(b)* Na flexão em quatro pontos, a falha (fratura) ocorre no ponto mais fraco entre as duas forças internas, não necessariamente no ponto médio.

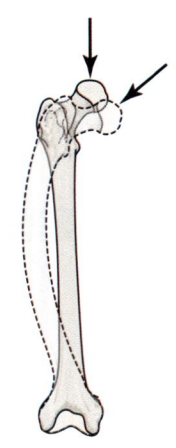

FIGURA 3.37   O deslocamento da carga compressiva em relação ao eixo longitudinal produz uma situação de carga combinada (compressão e flexão) conhecida como flexão em cantiléver. As linhas cheias indicam a conformação antes da aplicação da carga. As linhas tracejadas indicam a conformação durante a aplicação da carga.

osso, em combinação com um efeito compressivo axial (p. ex., efeito de Poisson).

Torção

Toda ação de giro aplicada a uma estrutura resulta em torção, como pode ser observado no simples exemplo de afrouxar a tampa de um frasco. Embora os conceitos de torção sejam aplicáveis tanto a estruturas cilíndricas como não cilíndricas, limitaremos nossas formulações matemáticas às hastes circulares e sólidas, em virtude dos complexos cálculos matemáticos envolvidos na explicação da carga de torção em estruturas não cilíndricas. As seguintes formulações sobre torção se fundamentam nas suposições de isotropia, elasticidade linear e homogeneidade estrutural dos tecidos.

Apresentamos previamente dois tipos de momento de inércia: *momento de inércia da massa* (resistência à rotação em torno de um eixo fixo) e *momento de inércia da área* (resistência à flexão de uma barra em torno de seu eixo neutro). Ao serem aplicadas cargas de torção a um corpo, há envolvimento de uma terceira forma de resistência angular. As tensões internas que se formam em resposta à aplicação de uma carga de torção produzem resistência ao torque aplicado. Essa resistência à aplicação de cargas de torção em torno do eixo longitudinal é denominada momento de inércia polar (J), e sua magnitude para uma barra cilíndrica sólida (Fig. 3.38a) é fornecida pela fórmula

$$J = (\pi \cdot r^4) / 2 \qquad (3.51)$$

em que r = raio da barra. Para uma barra cilíndrica oca (Fig. 3.38b), como um osso longo, o momento de inércia polar (J) é

$$J = [\pi \cdot r_o^4 - r_i^4)] / 2 \qquad (3.52)$$

em que r_o = raio externo da barra e r_i = raio interno da barra.

A torção produz tensão em toda a barra, com a magnitude da tensão de cisalhamento (τ) dependendo do raio da barra (r), do torque (T) aplicado e do momento de inércia polar (J) (Fig. 3.39a), sendo expressa pela fórmula

$$\tau = (T \cdot r) / J \qquad (3.53)$$

A Figura 3.39b mostra a deformação relativa por cisalhamento (γ) resultante. A relação entre a tensão de cisalhamento (τ) e a deformação relativa por cisalhamento (γ) é denominada módulo de elasticidade de cisalhamento (G):

$$G = \tau / \gamma \qquad (3.54)$$

O ângulo de torção (θ) mostrado na Figura 3.39c é obtido pela aplicação da fórmula

$$\theta = (T \cdot l) / (G \cdot J) \qquad (3.55)$$

em que T = torque aplicado, l = comprimento da barra, G = módulo de elasticidade de cisalhamento, e J = momento de inércia polar.

Podemos extrair várias generalizações importantes do exame das cargas de torção:

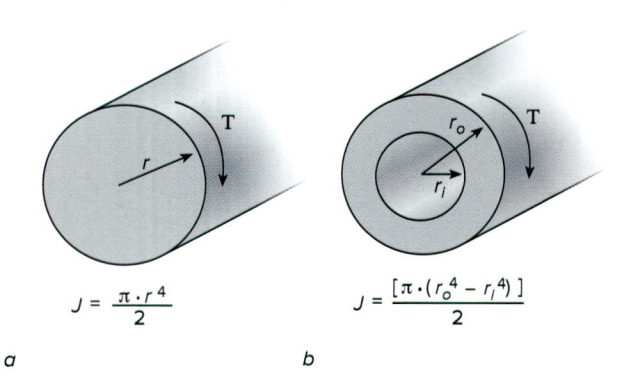

$$J = \frac{\pi \cdot r^4}{2} \qquad\qquad J = \frac{[\pi \cdot (r_o^4 - r_i^4)]}{2}$$

a   *b*

FIGURA 3.38   Momento de inércia polar. Resistência à aplicação de torque, medida pelo momento de inércia polar, para *(a)* uma barra cilíndrica sólida e *(b)* para uma barra cilíndrica oca.

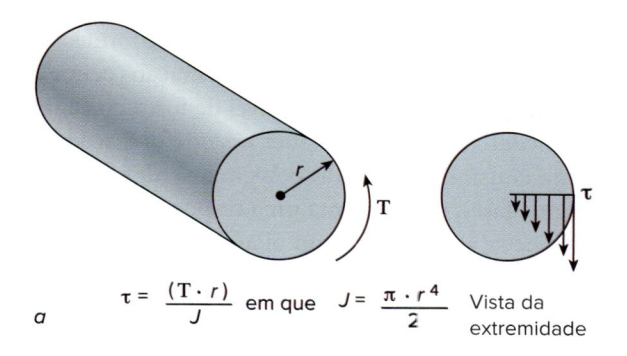

$$\tau = \frac{(T \cdot r)}{J} \quad \text{em que} \quad J = \frac{\pi \cdot r^4}{2} \quad \text{Vista da extremidade}$$

a

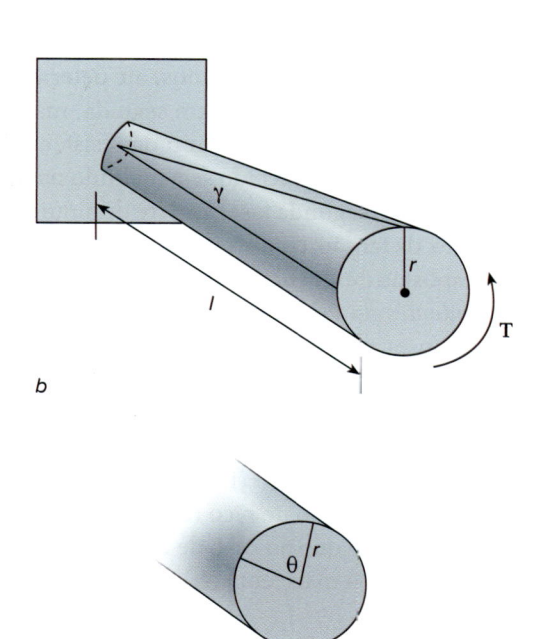

b

Vista da extremidade

c

FIGURA 3.39 Carga de torção. *(a)* Tensão de cisalhamento (τ) produzida em resposta a uma carga de torção (*T*) (equação 3.53), em que *r* é o raio do cilindro e *J* é o momento de inércia polar. *(b)* Tensão de cisalhamento (γ) produzida pela carga de torção (*T*). *(c)* Ângulo de torção (θ).

- Com o aumento do raio da barra, mais resistência será produzida, com aumento da dificuldade para sua deformação.
- Quanto mais rígido for o material ou estrutura que está sob carga, mais difícil será sua deformação por torção.
- Além da tensão de cisalhamento, a torção produz tensões normais (de compressão e de tração) na forma de trajetórias de tensões helicoidais (Fig. 3.40*a*). Essas tensões são máximas nas superfícies externas, podendo resultar em linhas de falha espirais (Fig. 3.40*b*), conforme se pode observar nas fraturas em espiral da tíbia submetida a uma carga de torção.

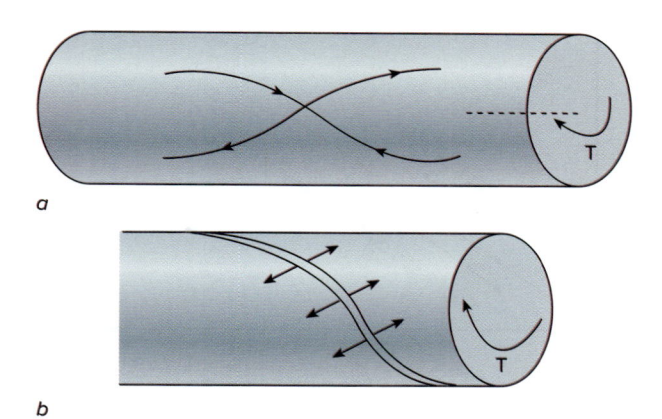

a

b

FIGURA 3.40 Trajetórias da tensão helicoidal. *(a)* O torque (*T*) aplicado produz linhas de tensão helicoidal (em espiral). *(b)* Quando a tensão excede o limite do material, ocorre falha tênsil ao longo das trajetórias das tensões helicoidais. Esse padrão de fratura pode ser observado nas fraturas em espiral dos ossos longos.

Viscoelasticidade

Conforme observado na discussão sobre mecânica dos fluidos, a resposta mecânica de um material depende de sua matéria constituinte, que no caso dos tecidos biológicos normalmente apresenta um componente fluido. Esse elemento viscoso oferece resistência ao fluxo e afeta a relação entre tensão-deformação relativa (σ-ε). A resposta à tensão depende tanto da distensão relativa como de sua velocidade (ε̇). Diz-se que esses tecidos são dependentes da velocidade de deformação relativa. Tecidos com propriedades conjugadas de viscosidade (i. e., dependência da velocidade de deformação relativa) e de elasticidade (i. e., a capacidade de retorno à forma original, ao ser removida a carga) são denominados viscoelásticos. Nos tecidos viscoelásticos, uma velocidade de deformação relativa crescente promove maior inclinação da curva σ-ε e aumenta a rigidez do tecido.

Materiais puramente elásticos (i. e., não viscosos) submetidos a uma carga irão se deformar de acordo com sua relação L-d ou de tensão-deformação relativa (σ-ε) específica, armazenando energia no processo. Ao ser removida a carga, ocorre retorno da energia de deformação relativa armazenada, e o tecido retorna à sua forma original sem que ocorra perda de energia ao retraçar o trajeto L-d percorrido durante a aplicação da carga (Fig. 3.41*a*). Contudo, não existe tecido biológico que seja puramente elástico.

Os tecidos viscoelásticos, ao contrário, perdem energia (na forma de calor) durante a deformação, ocorrendo atraso no retorno que se segue à supressão da carga, o que resulta em um trajeto de retorno diferente

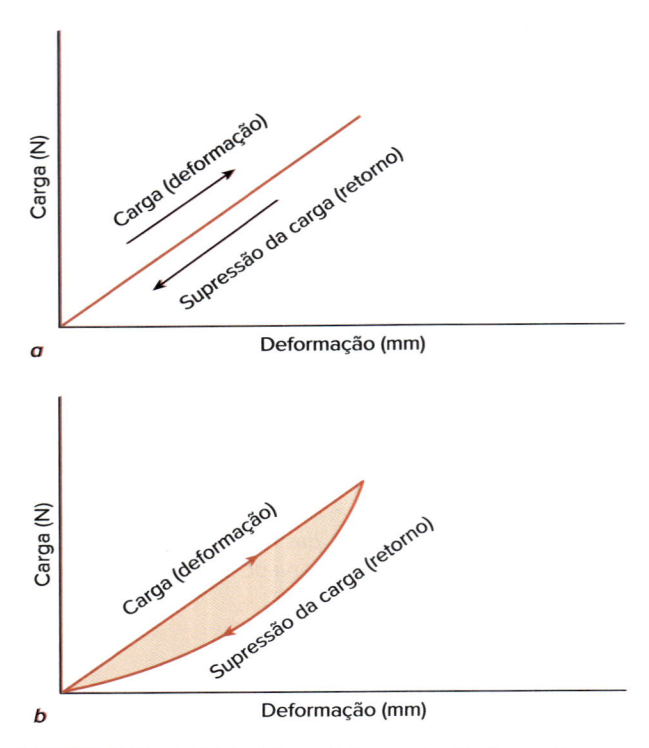

a

b

FIGURA 3.41 *(a)* Materiais perfeitamente elásticos retornam ao longo do mesmo trajeto de carga-deformação e, portanto, não perdem energia. *(b)* Materiais viscoelásticos exibem uma resposta retardada de retorno (histerese) e perdem energia (na forma de calor) durante o ciclo de deformação-retorno. A área sombreada no interior da alça da histerese mede a perda de energia.

do trajeto inicial percorrido durante a aplicação da carga (Fig. 3.41*b*). Esse atraso no retorno é conhecido como histerese. A velocidade do retorno elástico é determinada pelas propriedades do material, em particular a quantidade de resistência dada pela viscosidade. Materiais que exibem um retorno rápido à sua forma original são denominados resilientes; aqueles com um retorno mais lento exibem uma resposta atenuada, ou amortecida. O trajeto de um ciclo de carga-descarga ilustrado em uma curva L-d produz um padrão característico conhecido como alça de histerese. A área no interior da alça de histerese (área sombreada na Fig. 3.41*b*) representa a energia que se perdeu durante o ciclo de carga-descarga.

Nos tecidos biológicos, os efeitos da viscosidade também são responsáveis por uma resposta bifásica característica. Quando submetidos a uma carga, os tecidos viscoelásticos exibem uma resposta mecânica imediata (primeira fase), seguida por uma segunda fase tardia. Exploraremos dois fenômenos bifásicos e dependentes do tempo comuns associados aos tecidos biológicos. O primeiro desses fenômenos, a resposta de fluência, pode ser observado quando um tecido é submetido

a uma *carga constante*. Durante a aplicação inicial da carga, o tecido sofre uma rápida deformação (primeira fase), até que seja alcançado o nível de força constante especificado. Em vez de manter essa deformação sob a carga constante, o tecido continua se deformando (segunda fase), ou apresenta uma resposta de fluência, conforme se aproxima de um platô de deformação assintótica (Fig. 3.42).

O segundo fenômeno, que pode ser observado em tecidos viscoelásticos submetidos a uma deformação constante, é a resposta de tensão-relaxamento (também conhecida como resposta de força-relaxamento). Tecidos alongados (ou comprimidos) até determinado comprimento (primeira fase) e, em seguida, mantidos nesse comprimento, desenvolvem uma resistência, ou tensão, inicial. Embora o tecido seja mantido na deformação constante (segunda fase), ocorre diminuição, ou relaxamento, da tensão, conforme ilustra a Figura 3.43*a*.

As respostas de fluência e de tensão-relaxamento são *dependentes da velocidade de deformação relativa* (i. e., a resposta mecânica depende da velocidade de deformação). Essa situação está ilustrada pela curva de tensão-relaxamento da Figura 3.43*b*. Diante do aumento na velocidade de deformação relativa ($\dot{\varepsilon}_2$), o tecido torna-se mais rígido (i. e., uma inclinação σ-ε mais abrupta) e a tensão de pico (σ_{max}) aumenta, ocorrendo mais cedo do que no caso de uma velocidade de deformação relativa mais lenta ($\dot{\varepsilon}_1$).

Fadiga e falha do material

Quando submetidos a cargas repetidas com magnitude acima de certo limiar, os materiais, inclusive os tecidos biológicos, sofrem fadiga e exibem redução em sua capacidade de suportar as forças aplicadas. A

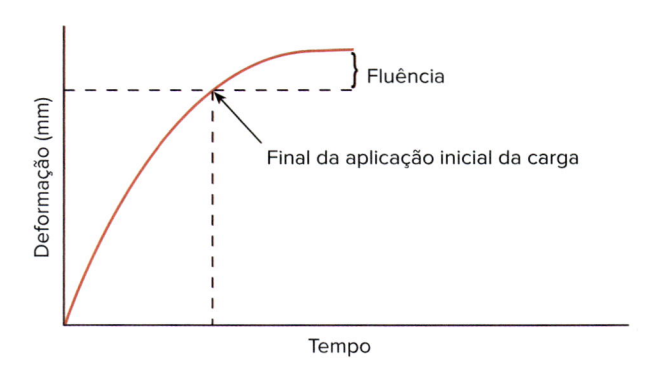

FIGURA 3.42 Fluência mecânica em resposta a uma carga constante. Depois de uma deformação inicial que ocorre enquanto a carga é aplicada inicialmente, o material passa por deformação adicional (sofre fluência) até um valor assintótico enquanto é mantida uma carga constante.

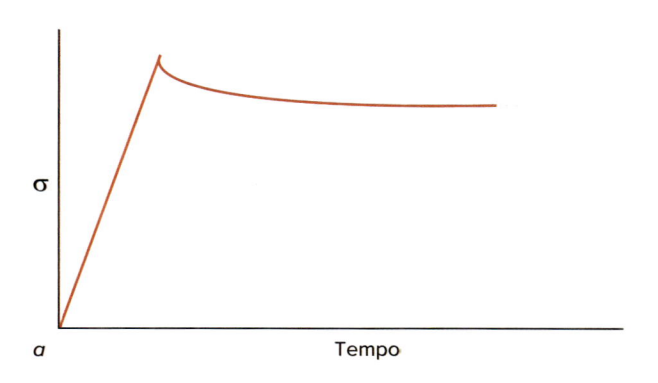

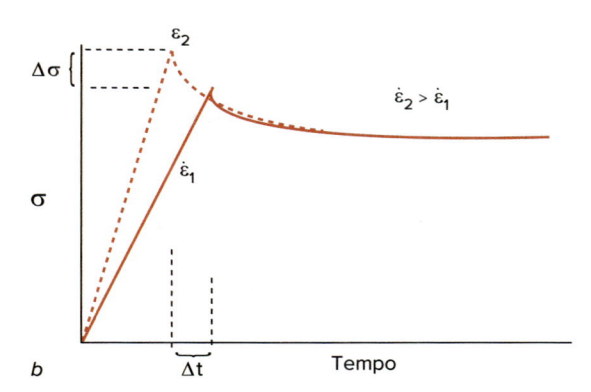

FIGURA 3.43 *(a)* Resposta de tensão-relaxamento a uma deformação constante. A deformação inicial promove uma resposta de tensão (σ). Tão logo o material venha a alcançar e manter sua deformação constante, ocorre diminuição (relaxamento) da tensão até um nível constante. *(b)* Efeito da velocidade de deformação relativa na resposta de tensão-relaxamento. Na velocidade de deformação relativa mais alta ($\dot{\varepsilon}_2$), a tensão máxima é maior (por $\Delta\sigma$) e alcança essa tensão de pico mais cedo (por Δt).

aplicação contínua de uma carga incidindo em um material passível de fadiga acarreta, eventualmente, em falha do material. A quantidade de ciclos de carga que podem ocorrer antes que ocorra a falha pode variar, desde apenas alguns, como ocorre quando, por exemplo, dobramos repetidamente um clipe de papel, até muitos milhões.

Um importante conceito relacionado com a fadiga é conhecido como efeito dos ciclos iniciais ou efeito de primeiro ciclo, e subentende que a resposta mecânica observada nos ciclos de carga iniciais pode diferir da resposta observada durante ciclos de carga subsequentes. Esse efeito é demonstrado com as relações σ-ε ilustradas na Figura 3.44. Observa-se um desvio gradual no comportamento do tecido a partir dos ciclos iniciais até os ciclos subsequentes. As razões para tal ocorrência são a flutuação da temperatura, o deslocamento dos fluidos e as características da resposta de viscosidade.

Em grande parte, a suscetibilidade dos tecidos à ocorrência de falha é determinada pelo modo como as tensões produzidas em resposta às cargas aplicadas se distribuem por todo o material. Se a tensão tiver uma distribuição homogênea, por exemplo, em um sólido liso e homogêneo, haverá menor probabilidade de falha. Se a tensão ficar concentrada em uma localização específica, aumentará a probabilidade de ocorrência de falha nesse ponto. A concentração da tensão tende a ocorrer em locais de descontinuidade do material existentes no tecido. Essas descontinuidades produzem ampliadores de tensão (também conhecidos como *concentrações de tensão* ou *elevadores de tensão*), ou pontos de tensão focal. São exemplos de ampliadores de tensão as interfaces dos tecidos (p. ex., junções osteotendíneas ou miotendíneas)

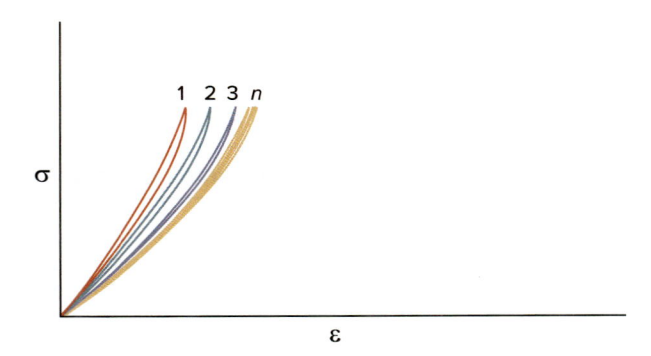

FIGURA 3.44 Efeito de primeiro ciclo ou de ciclos iniciais. Representação esquemática das diferentes respostas σ-ε observadas nos ciclos de carga iniciais, em comparação com os ciclos subsequentes, quando a resposta se enquadra em um padrão estacionário.

e interrupções na continuidade do tecido (p. ex., locais de fratura, pontos de inserção de parafusos ósseos).

A resposta do material antes da ocorrência da falha pode variar consideravelmente. Alguns materiais (p. ex., vidro ou osso) sofrem pouquíssima deformação antes de falharem, sendo descritos como quebradiços (i. e., frágeis). Outros materiais (p. ex., massa de vidraceiro ou ligamentos elásticos) podem passar por considerável deformação antes de falharem, sendo denominados materiais dúcteis. Devemos ter cautela para não confundir a resistência de um material com sua fragilidade a quebras, ou ductilidade. Materiais quebradiços, por exemplo, podem ser muito resistentes (p. ex., aço) ou podem falhar com muita facilidade (p. ex., giz).

Foram propostas diversas teorias com o objetivo de explicar a falha dos materiais, mas o ponto crítico é que, nos tecidos biológicos, a falha está intimamente ligada a lesões graves. Um maior conhecimento do comportamento mecânico dos tecidos poderá resultar na formulação de estratégias mais específicas para o controle ou redução das lesões.

MODELAGEM E SIMULAÇÃO BIOMECÂNICAS

Definimos modelo como a representação de uma ou mais das características de um objeto ou sistema. Um dos objetivos principais da *modelagem* é melhorar, frequentemente por meio de idealizações e simplificações, nosso entendimento do sistema ou fenômeno em estudo. De algum modo, praticamente todos os campos do conhecimento utilizam modelos. Engenheiros e arquitetos constroem versões em miniatura de máquinas e edificações antes da construção da estrutura real; os economistas criam modelos elaborados para representar o modo de comportamento dos mercados financeiros; os psicólogos elaboram modelos do comportamento humano. As simulações estão intrinsecamente relacionadas

com os modelos, de tal forma que os dois termos são frequentemente – e de maneira equivocada – empregados de modo intercambiável. A diferença é que um modelo recorre a equações para descrever um sistema, enquanto uma simulação lança mão de um modelo validado para a realização de experimentos que focam em questões ligadas a um sistema e à sua operação.

Tipicamente, existem dois tipos de modelos biomecânicos: um modelo físico, ou um modelo matemático (ou computacional). Muitos desses modelos têm o potencial de fornecer informações valiosas sobre os mecanismos de lesão. Na biomecânica, os melhores exemplos de modelos físicos são os manequins utilizados nos testes de colisão; seu uso vem fornecendo dados valiosos que aumentam a segurança dos ocupantes dos veículos automotores.

A literatura em biomecânica está repleta de exemplos de modelos de computador. Esses modelos utilizam equações matemáticas como o idioma de expressão para a caracterização dos aspectos do sistema submetidos à

Os manequins de testes de colisão não são manequins

Os modelos antropométricos, comumente conhecidos como manequins de testes de colisão, são muito mais do que lembretes amigáveis para que nós usemos nossos cintos de segurança. Foi demonstrado que os dados fornecidos por esses modelos sobre a resposta do corpo à colisão são inestimáveis para que os automóveis fiquem mais seguros. Múltiplas vidas não foram perdidas graças às inovações que se originaram dos testes com esses manequins. As versões de última geração são muito mais do que simples massas inertes; os modelos atuais estão dotados de instrumental sofisticado, que possibilita a mensuração das velocidades, acelerações, forças de impacto sobre o corpo humano – e muito mais. Os modelos efetivos dos atuais sistemas de contenção passiva, *airbags*, zonas de deformação (i. e., amassamento), reforços para impactos laterais, colunas de direção dobráveis e para-brisas de segurança são, em grande parte, produtos das informações produzidas com o uso dos manequins de testes de colisão.

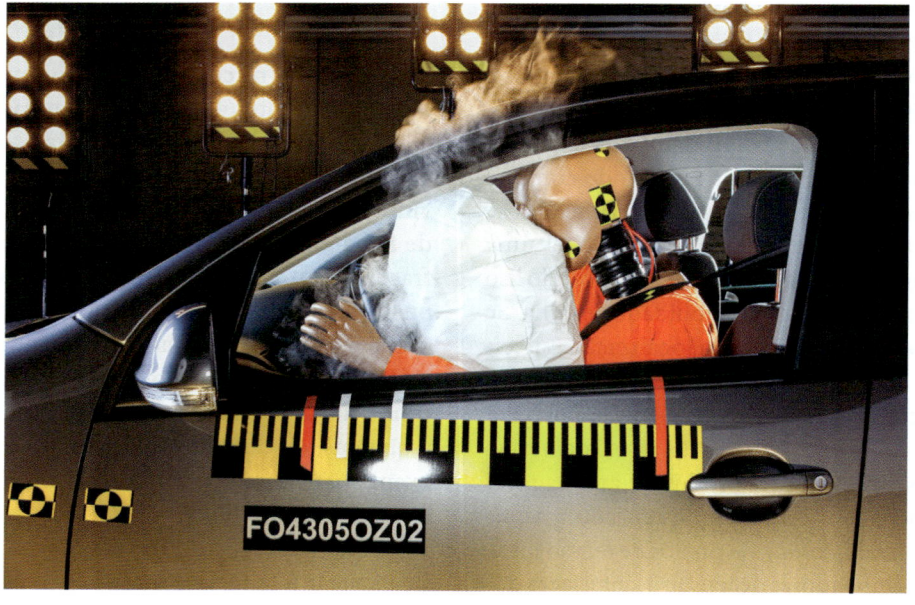

Benson/Brand X Pictures/Getty Images3.0 IGO

modelagem. No campo da biomecânica, os modelos matemáticos têm se voltado para movimentos como andar, correr, saltar e arremessar, juntamente com padrões mais específicos para determinados esportes, por exemplo, natação, mergulho, eventos de atletismo, ginástica, patinação no gelo, golfe e outras atividades esportivas. Alguns modelos biomecânicos recentemente produzidos vêm sondando áreas tão distintas como a produção de força muscular, disfunção dos meniscos, hemodinâmica arterial, desenho de próteses e posicionamento dos pés durante a marcha.

Por que usar a modelagem, em detrimento de outros métodos de investigação, como a experimentação direta? Em primeiro lugar, os modelos matemáticos se revelaram úteis em situações não facilmente reproduzidas na vida real. Por razões óbvias, não é possível usar voluntários humanos em estudos envolvendo colisões em alta velocidade ou lesões musculoesqueléticas. Os modelos de computador oferecem, sem risco, um meio de manipular condições de potencial lesão. Em segundo lugar, os modelos possibilitam que os pesquisadores façam mudanças em um sistema – coisa que não poderia ser feita rapidamente por um organismo que esteja atuando em um ambiente da vida real. Uma pessoa correndo, por exemplo, não seria capaz de modular seu desempenho de modo a produzir mudanças específicas nas forças de reação do solo a cada passo. Por outro lado, um modelo do corredor poderia, com facilidade, produzir essas forças por meio da inserção de dados apropriados. Esse modelo poderia ser então utilizado para predizer a resposta do sistema em uma série de valores.

O tempo é a terceira razão para o uso dos modelos. Paradigmas experimentais diretos, que consomem tempo, podem ser simulados em uma fração do tempo necessário para uma experimentação direta. Nas últimas décadas, o contínuo desenvolvimento de modelos matemáticos sofisticados evolui em paralelo com os avanços na capacidade dos computadores, o que possibilita a implementação de modelos complexos que, no passado, seriam absolutamente inviáveis em termos de computação.

Critérios de seleção do modelo

Assim que tenha sido tomada a decisão de criar um modelo para dispositivo, objeto ou sistema, o próximo passo consiste em selecionar a classe ou tipo de modelo mais apropriado. A seleção adequada do tipo de modelo depende em grande parte das questões que estão sendo colocadas. Uma ressalva importante é que a complexidade do modelo está diretamente relacionada com a dificuldade na sua formulação e interpretação.

A seleção de um modelo biomecânico depende de muitas considerações. Esses critérios não são mutuamente excludentes; na verdade, são complementares. O corpo humano pode ser estudado em muitos níveis, variando desde o campo molecular até o corpo inteiro. As questões tratadas pelo modelo determinarão se o modelo tem uma formulação molecular, celular, tecidual, para um órgão, segmento, ou para o corpo inteiro.

Tendo em vista que os tecidos do corpo submetidos a cargas externas sofrerão deformação em vários graus, podem ser modelados diferentes tipos estruturais. Os tecidos sujeitos a uma deformação mensurável são modelados mais adequadamente com o uso de um modelo de corpo deformável. Tecidos que exibem deformação desprezível, ou corpos tidos como não deformáveis (p. ex., segmentos de um membro) podem ser representados por um modelo de corpo rígido. Já as estruturas consideradas sem levar em conta suas características moleculares são examinadas de forma mais apropriada com o uso de um modelo mecânico em espectro. Finalmente, uma visão contrastante de uma estrutura, de acordo com suas partes componentes, será considerada de maneira mais adequada com o uso de um modelo de elementos finitos, ou de elementos discretos.

O nível de movimento do sistema determina se o modelo apropriado é um modelo estático (p. ex., ao avaliar as cargas que incidem na região lombar, com a pessoa em uma posição curvada), um modelo quase estático (p. ex., cargas incidentes na articulação patelofemoral durante um agachamento lento), ou um modelo dinâmico (p. ex., os momentos na articulação do tornozelo durante um salto vertical).

Quase todas as funções do corpo humano são intrinsecamente não lineares ao longo de suas faixas fisiológicas. Assim, mesmo considerando que os modelos lineares oferecem mais facilidade para sua formulação e manipulação, frequentemente modelos não lineares mais complexos são os tipos escolhidos. A complexidade do processo que está sendo modelado determina o nível de sofisticação matemática exigido por sua formulação. Alguns sistemas simples talvez dependam apenas de cálculos algébricos para sua solução, mas é provável que alguns sistemas complexos sejam acessíveis apenas por meio do uso de matemática avançada. Outro aspecto que afeta a seleção do modelo é se o sistema já está completamente determinado (i. e., modelo determinista), ou se compreende funções que estejam baseadas em certos comportamentos probabilísticos (i. e., modelo estocástico).

As atividades que envolvem um movimento em apenas um plano, ou principalmente em um plano (p. ex., deambular), podem ser representadas por um modelo planar bidimensional. No entanto, em sua maioria, os movimentos humanos ocorrem em múltiplos planos e dependem de um modelo espacial tridimensional, que é mais complexo.

Se as forças e momentos reais (i. e., cinética) forem medidos e empregados em um modelo para predizer os detalhes do movimento (cinemática), a isso denomina-se abordagem de solução para a frente ou de solução direta. Por outro lado, o uso de mensurações cinemáticas (velocidades e acelerações) para predizer a cinética (forças e momentos) é conhecido como uma abordagem de solução inversa. Essa segunda abordagem, denominada por alguns dinâmica inversa, tem utilidade quando as características do movimento são mensuráveis, mas a mensuração das forças ou momentos (torques) reais é muito difícil, ou mesmo impossível. Os modelos de dinâmica inversa são comumente usados na biomecânica para estimar as forças internas e os momentos nas articulações. Na melhor das hipóteses, é difícil obter medidas diretas das forças musculares e dos torques articulares, e as técnicas da dinâmica inversa oferecem um método não invasivo para estimar esses valores.

Todos os modelos são simplificações da situação real que está sendo modelada. Mas simplificação não implica, necessariamente, simplicidade. Mesmo com a simplificação, os modelos podem ser bastante complexos; diante do crescimento exponencial da capacidade de processamento computacional atualmente disponível, fica-se tentado a criar modelos extremamente complexos. Qual o grau de complexidade necessária em um modelo? Hubbard (1993) nos oferece um sábio conselho: "Sempre inicie com o modelo mais simples possível, que capture a essência da tarefa que está sendo estudada" (p.55).

Com frequência, os elementos de um modelo são representações idealizadas de variáveis da vida real, de maneira muito parecida com o que ocorre com um vetor de força idealizado (tópico discutido previamente neste capítulo), que é representativo de muitos vetores de força. Mas quando um componente do sistema é idealizado, perdem-se as informações sobre suas propriedades funcionais reais. A capacidade de determinado modelo ou simulação de alcançar seus objetivos será apenas tão boa quanto os dados que foram introduzidos no computador.

Um modelo estável pode preservar sua validade ao longo de uma faixa apropriada de valores e condições. A capacidade preditiva e, portanto, a utilidade de qualquer modelo estão relacionadas com a precisão com que as variáveis podem ser especificadas ao longo de uma faixa de valores. Aqui, o tópico crítico será: com que grau de adequação o modelo prediz valores entre pontos de dados conhecidos (interpolação) e além das faixas dos valores conhecidos (extrapolação).

A modelagem biomecânica é uma ferramenta útil para explorar muitas áreas do funcionamento dos seres humanos, em particular para descrever e avaliar o movimento humano. A modelagem ainda está por concretizar seu potencial integral, em termos da avaliação da biomecânica das lesões, mas já é um instrumento muito promissor. À medida que os recursos tecnológicos vão se ampliando, devemos manter nosso foco nos processos mecânicos e fisiológicos de interesse, e não devemos nos distrair com a sofisticação matemática.

Modelos de tecidos

Nossas discussões sobre a mecânica dos materiais e a estrutura dos tecidos (Cap. 2) enfatizaram a natureza viscoelástica de tecidos como o osso, tendão, ligamento e cartilagem. Os detalhes das características mecânicas desses tecidos são apresentados no Capítulo 4, mas será instrutivo, neste momento, examinar as propriedades viscoelásticas dos tecidos em algumas aplicações de modelagem.

Modelos reológicos

Reologia é o estudo da deformação e do fluxo da matéria. Tendo em vista que todos os tecidos do corpo têm um componente fluido e, portanto, têm características de viscosidade (relacionadas com o fluxo), vamos introduzir o conceito de modelo reológico, que tem sido amplamente utilizado no exame do comportamento mecânico dos tecidos humanos.

Os modelos reológicos dos tecidos inter-relacionam a tensão (σ), a deformação relativa (ε) e a velocidade da deformação relativa ($\dot{\varepsilon}$) dos tecidos biológicos. Esses modelos lançam mão de três componentes de modelo que, embora sem ter uma associação direta com os elementos estruturais do próprio tecido, nos possibilitam examinar a resposta do tecido à aplicação de cargas. Esses três componentes de modelo são a mola linear, o amortecimento viscoso e o elemento friccional (Fig. 3.45). Em situações normais, a fricção interna é desprezível em comparação com outras forças; assim, esse componente frequentemente é omitido dos modelos reológicos para os tecidos biológicos.

A mola linear representa as propriedades elásticas do tecido, assumindo que o material sofre deformação e retorna à sua forma original linearmente em relação à

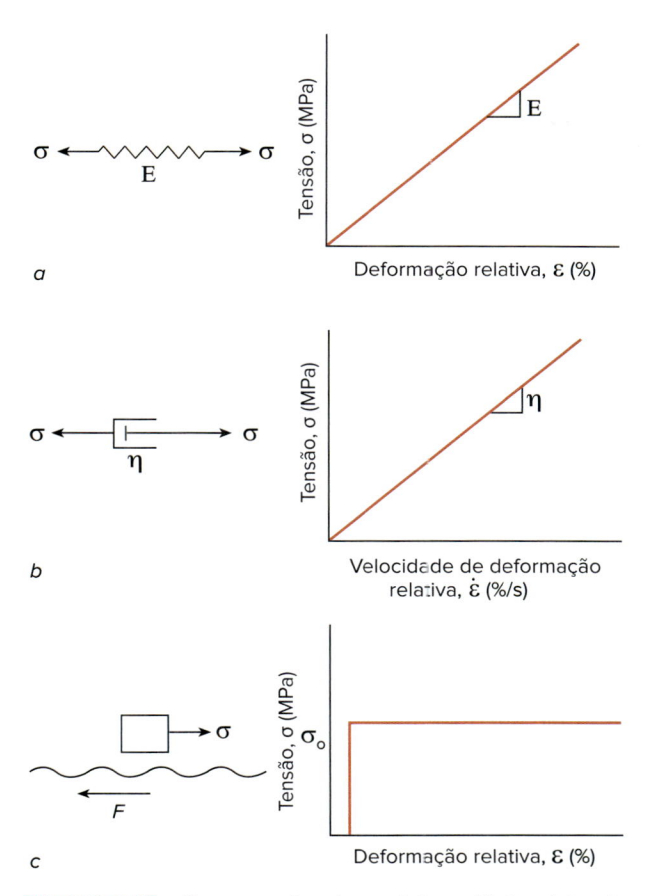

a

b

c

FIGURA 3.45 Componentes do modelo reológico: *(a)* mola linear, *(b)* amortecimento viscoso, e *(c)* elemento friccional.

Duas combinações comuns de mola linear e amortecimento viscoso são o modelo de Kelvin-Voight (mola e amortecimento viscoso em paralelo) e o modelo de Maxwell (mola e amortecimento viscoso em série). Esses modelos e suas respostas à carga estão ilustrados na Figura 3.46. Nenhum desses modelos pode ser diretamente aplicado à modelagem do comportamento dos tecidos, mas sua combinação com outros componentes produz modelos com boa capacidade preditiva. A Figura 3.47 ilustra um modelo de uso comum, simples e sólido, e também um modelo complexo clássico (Viidik, 1968). Se variarmos os componentes E_i e η, os modelos podem ser aperfeiçoados de modo a oferecer uma representação acurada da resposta de um tecido à aplicação de carga.

Modelos de elementos finitos

O método de elementos finitos (EF) teve sua origem em meados da década de 1950, como uma ferramenta para ajudar engenheiros no projeto de estruturas. Com frequência a abordagem EF exige cálculos extensos e complexos; portanto, passaram a ser utilizáveis apenas graças aos avanços na tecnologia da computação. Originalmente, seu uso se limitava aos profissionais especializados nos métodos de EF que, para tanto, utilizavam grandes computadores centrais para solucionar problemas. À medida que os computadores foram diminuindo de tamanho e aumentando sua velocidade, os métodos de EF foram se tornando mais acessíveis

força aplicada e à deformação. A relação entre a tensão da mola (σ) e a distensão relativa (ε) é fornecida pela equação 3.34, em que E é o módulo de elasticidade, ou módulo de Young.

O componente fluido dos tecidos biológicos determina uma resposta à carga que é dependente da velocidade da deformação relativa. O amortecimento viscoso modela essa contribuição da viscosidade à resposta global. Se a resposta de tensão-velocidade da deformação relativa do fluido for linear, esse passa a se chamar fluido newtoniano. A equação que se segue indica a relação linear do amortecimento viscoso:

$$\sigma = \eta \cdot \dot{\varepsilon} \tag{3.56}$$

em que η = coeficiente de proporcionalidade que correlaciona a tensão e a velocidade de deformação relativa.

Os pesquisadores podem usar molas lineares (ou não lineares) e amortecimentos viscosos como "tijolos" na construção de modelos compostos, com o objetivo de predizer, com precisão, a resposta dos tecidos reais.

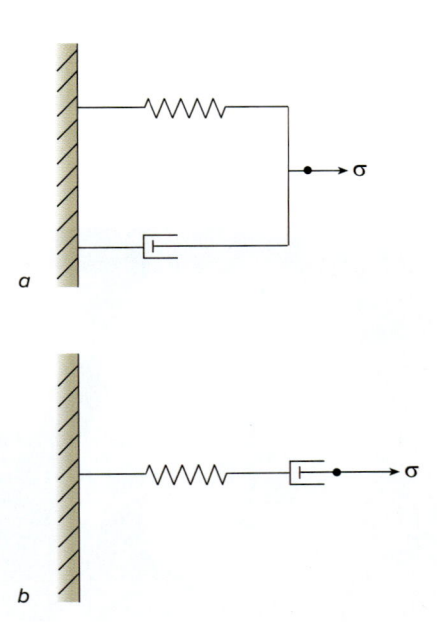

a

b

FIGURA 3.46 Modelos reológicos. *(a)* Modelo de Kelvin-Voight, com os componentes mola e amortecimento viscoso em paralelo. *(b)* Modelo de Maxwell, com os componentes mola e amortecimento viscoso em série.

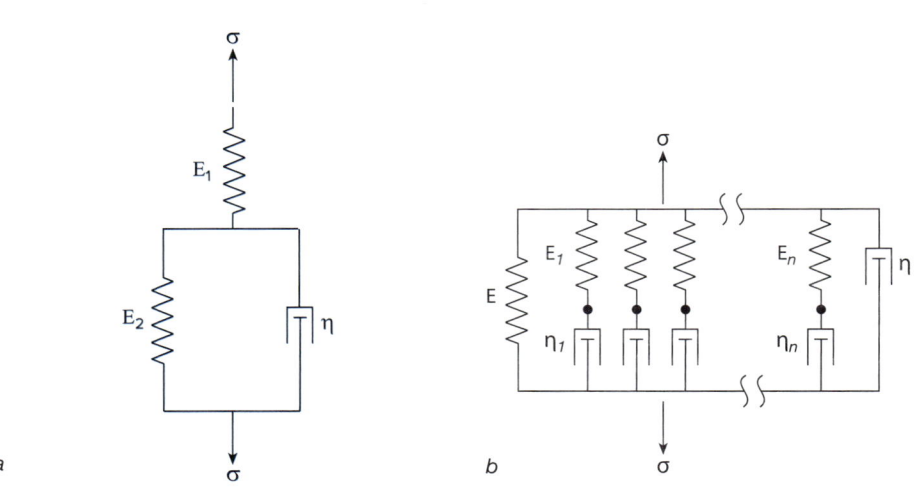

FIGURA 3.47 Exemplos de modelos reológicos. *(a)* Modelo sólido, de uso comum. *(b)* Modelo complexo.

aos não especialistas, por meio de pacotes de programas de EF disponibilizados comercialmente. Inicialmente utilizados na engenharia aeroespacial (sobretudo pela Nasa), gradualmente os métodos de EF abriram caminho por outras áreas da análise estrutural, tanto na engenharia mecânica como na engenharia civil. Os especialistas em biomecânica constataram que a modelagem de elementos finitos é um instrumento valioso para a investigação de uma ampla gama de problemas biológicos, como por exemplo o projeto de articulações do quadril artificiais.

A modelagem de elementos finitos utiliza formas simples, conhecidas como *elementos* (blocos de construção, "tijolos"), que são montados de modo a formar estruturas geométricas complexas (malhas). Os elementos são conectados em pontos conhecidos como

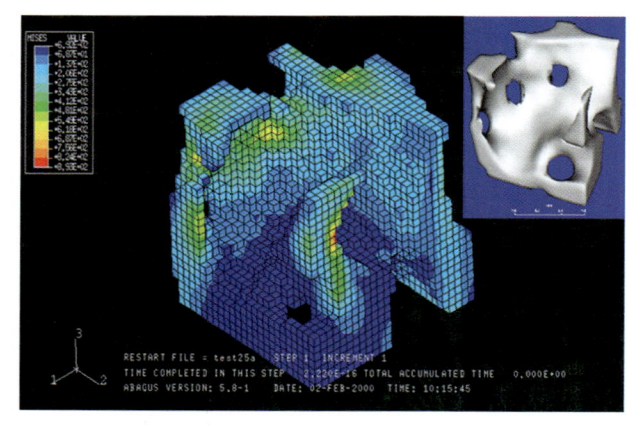

FIGURA 3.48 Modelo de elementos finitos de osso trabecular.

Imagem de Ronald Zernicke e Steven Boyd.

nós. Em um modelo, um número finito de elementos (ou formas) se conecta nos nós de modo a formar uma representação matemática de uma estrutura, como por exemplo um osso (Fig. 3.48). Com a aplicação de forças ao modelo, ou quando o modelo é submetido a uma deformação, equações elaboradas predizem as respostas de tensão e deformação relativa da estrutura à aplicação de carga. A complexidade de um modelo de elementos finitos é determinada pela imaginação de seu criador, pelo nível de sofisticação matemática e pela potência de computação disponível.

Pesquisas recentemente publicadas e estudos ainda em curso combinam a modelagem de elementos finitos com outras tecnologias (p. ex., técnicas de obtenção de imagens), com o objetivo de criar modelos sofisticados e caracterizar sistemas musculoesqueléticos complexos. Exemplificando, Blemker e Delp (2005) desenvolveram um modelo de elementos finitos tridimensional com o uso de imagens de ressonância magnética a fim de descrever braços de momento de fibras no interior de músculos específicos (psoas, ilíaco, glúteo máximo e glúteo médio). Esses esforços melhoram a precisão dos modelos musculoesqueléticos computacionais, e também possibilitam que os pesquisadores respondam às questões que estão emergindo sobre o modo de funcionamento do corpo humano.

Diversos programas de código-fonte aberto, como o Open-Sim (Seth et al., 2018) e o FEBio, foram disponibilizados para pesquisadores, que assim podem recorrer às técnicas de modelagem de elementos finitos para dar prosseguimento à investigação de tópicos situados no espectro dos problemas biomecânicos.

REVISÃO DO CAPÍTULO

Pontos-chave

- Quatro áreas principais da biomecânica formam a base para a compreensão das lesões musculoesqueléticas: mecânica dos movimentos, mecânica dos fluidos, mecânica das articulações e mecânica dos materiais.
- A partir de uma perspectiva mecânica, o movimento humano depende da integração efetiva dos movimentos lineares e angulares, do posicionamento e controle do centro de gravidade, da estabilidade, da mobilidade e do equilíbrio.
- Os principais agentes mecânicos envolvidos nas lesões são a força e a energia. Essas duas variáveis mecânicas e as medidas relacionadas (p. ex., trabalho, potência e torque) explicam a mecânica das lesões.
- O movimento humano e a suscetibilidade à lesão musculoesquelética são governados pelas três leis de Newton do movimento.
- Nos tecidos musculoesqueléticos, o componente fluido governa as respostas teciduais à aplicação de carga (p. ex., viscoelasticidade e resposta bifásica) e, dessa maneira, desempenha um papel importante na mecânica das lesões.
- As respostas dos tecidos biológicos podem ser descritas utilizando variáveis da engenharia, como carga-deformação, tensão-deformação relativa e medidas correlatas.
- Modelos mecânicos são empregados para representar o corpo humano em todos os níveis (i. e., desde o campo molecular até o corpo inteiro), tendo utilidade na explicação da resposta dos tecidos à aplicação de carga e também nos mecanismos de lesão.

Questões a considerar

1. Muitos textos de engenharia apresentam a mecânica linear e a mecânica angular em capítulos distintos. A partir de uma perspectiva biomecânica, por que é importante considerar simultaneamente as mecânicas linear e angular?
2. Explique a relação entre força muscular (Cap. 2) e torque muscular (Cap. 3).
3. Descreva a importância das contribuições de Sir Isaac Newton para nosso entendimento da mecâ-nica e, especificamente, da biomecânica das lesões musculoesqueléticas.
4. Explique como os princípios da mecânica dos fluidos se aplica às doenças cardiovasculares.
5. Considere uma pessoa que pulou de uma plataforma situada a 1 m acima do solo. Quais estratégias de movimento essa pessoa poderia utilizar para diminuir o risco de lesão ao chegar ao solo? Quais são os princípios mecânicos aplicados ao conceber uma estratégia efetiva para a aterrissagem?
6. Descreva com detalhes três exemplos que ilustram o papel da fricção na biomecânica das lesões.
7. Descreva a utilidade do uso de medidas absolutas e relativas para explicar a resposta dos tecidos à aplicação de carga e o potencial de ocorrência de lesão.
8. Liste e descreva sucintamente quais fatores devem ser considerados ao selecionar o tipo de modelo a ser empregado para avaliar um problema biomecânico.
9. Quando um osso longo é encurvado até que ocorra sua fratura, quais são os fatores que determinarão a resistência do osso à flexão e a localização de uma eventual fratura?

LEITURAS SUGERIDAS

Aaron, R., ed. 2021. *Orthopaedic Basic Science* (5th ed.) Park Ridge, IL: American Academy of Orthopaedic Surgeons.

Bartlett, R. 2014. *Introduction to Sports Biomechanics: Analyzing Human Movement Patterns* (3rd ed.). Abingdon-on-Thames, England: Routledge.

De, S., W. Hwang, and E. Kuhl, eds. 2015. *Multiscale Modeling in Biomechanics and Mechanobiology*. New York: Springer.

Enoka, R.M. 2015. *Neuromechanics of Human Movement* (5th ed.). Champaign, IL: Human Kinetics.

Flanagan, S.P. 2018. *Biomechanics: A Case-Based Approach* (2nd ed.). Burlington, MA: Jones & Bartlett Learning.

Hall, S.J. 2019. *Basic Biomechanics* (8th ed.). New York: McGraw-Hill.

Hamill, J., K.M. Knutzen, and T.R. Derrick. 2021. *Biomechanical Basis of Human Movement* (5th ed.). Baltimore: Lippincott, Williams & Wilkins.

Hamilton, N., W. Weimar, and K. Luttgens. 2007. *Kinesiology: Scientific Basis of Human Motion* (11th ed.). New York: McGraw-Hill.

Kaufman, K. 2021. Biomechanics of the skeletal system. In *Orthopaedic Basic Science*, edited by R. Aaron. Park Ridge, IL: American Academy of Orthopaedic Surgeons.

Levangie, P.K., C.C. Norkin, and M.D. Lewek. 2019. *Joint Structure and Function: A Comprehensive Analysis* (6th ed.). Philadelphia: F.A. Davis.

Limbrunner, G., C. D'Allaird, and L. Spiegel, eds. 2015. *Applied Statics and Strength of Materials* (6th ed.). London: Pearson.

Martin, R.B., D.B. Burr, N.A. Sharkey, and D.P. Fyhrie. 2015. *Skeletal Tissue Mechanics* (2nd ed.). New York: Springer.

McGinnis, P.M. 2021. *Biomechanics of Sport and Exercise* (4th ed.). Champaign, IL: Human Kinetics.

Mow, V.C., and R. Huiskes, eds. 2005. *Basic Orthopaedic Biomechanics and Mechano-Biology* (3rd ed.). New York: Lippincott, Williams & Wilkins.

Nigg, B.M., and W. Herzog, eds. 2007. *Biomechanics of the Musculo-skeletal System* (3rd ed.). New York: Wiley.

Nordin, M., and V.H. Frankel. 2012. *Basic Biomechanics of the Musculoskeletal System* (4th ed.). New York: Lippincott, Williams & Wilkins.

Whiting, W.C. 2019. *Dynamic Human Anatomy* (2nd ed.). Champaign, IL: Human Kinetics.

SEGUNDA PARTE

MECÂNICA DOS TECIDOS E LESÃO

Biomecânica e adaptação dos tecidos

*A forma... da matéria... e as mudanças de forma
que ficam evidentes... em seu crescimento...
são decorrentes da ação de força(s).*
D'Arcy Thompson (1860-1948)

OBJETIVOS

- Explicar os comportamentos biomecânicos do sistema musculoesquelético humano.
- Ressaltar a forma e a função dos tecidos submetidos a carga, como os ossos, tendões, ligamentos, cartilagens e músculos.
- Associar um conhecimento abrangente da adaptação dos tecidos ao seu ambiente com as funções biomecânicas e a lesão.

Com base na anatomia dos tecidos já apresentada no Capítulo 2 e nos princípios biomecânicos detalhados no Capítulo 3, aqui revisaremos as propriedades viscoelásticas e respostas adaptativas dos vários tipos de tecidos existentes no sistema musculoesquelético humano (p. ex., osso, cartilagem articular, tendão, ligamento e músculo esquelético). Esses tecidos exibem comportamentos mecânicos complexos, como por exemplo uma resposta de estresse-relaxamento a uma tensão constante, fluência (*creep*) sob estresse constante, histerese em situações de aplicação cíclica de carga, dependência da velocidade de deformação e fadiga por estresse cíclico. Além desses fenômenos passivos, o músculo esquelético também apresenta propriedades de força ativa, comprimento e velocidade que são singulares e sinérgicas. As informações sobre as propriedades mecânicas e comportamentos dos tecidos musculoesqueléticos foram reunidas com o uso de métodos *in vitro*, *in situ* e *in vivo*.

O conhecimento dos recursos adaptativos dos tecidos musculoesqueléticos é tão importante para a compreensão das lesões como o entendimento de sua função biomecânica. Embora a homeostase seja um princípio da fisiologia, ao examinarmos mais cuidadosamente esse princípio, constatamos que o estado típico desses tecidos é o de um mosaico em constante mudança – os tecidos do corpo estão constantemente se adaptando em resposta a estímulos internos e externos, para a manutenção do equilíbrio. A adaptação é uma interação natural entre a forma e a função, e pode ser definida como a "modificação de um organismo ou de suas partes de modo a torná-lo mais preparado para a existência sob as condições de seu ambiente" (Merriam-Webster, 2003).

Ao longo de todo o período de vida de uma pessoa, ocorrem mudanças e adaptações fisiológicas drásticas nos ossos, cartilagens, tendões, ligamentos e músculos. Fatores como atividade física, imobilização (p. ex., com um aparelho gessado ou imobilizador) ou dieta podem afetar profundamente a qualidade e a quantidade dos tecidos conjuntivos submetidos a carga. Para cada tecido musculoesquelético, primeiramente revisaremos as propriedades biomecânicas e, em seguida, resumiremos os recursos adaptativos do tecido.

BIOMECÂNICA DOS OSSOS

As funções dos ossos são: dar sustentação ao corpo, proteger os órgãos internos, proporcionar alavancas para os movimentos e armazenar minerais. São dois os principais tipos de ossos – osso cortical (compacto) e osso trabecular (esponjoso). Oitenta por cento do peso do esqueleto humano provém do osso cortical, que é denso e forma o revestimento externo dos ossos. O osso cortical se compõe da típica estrutura de ósteon descrita no Capítulo 2. O osso trabecular é esponjoso, o que dá origem ao seu apelido; esse tipo de osso constitui o interior da maioria dos ossos. Esse osso é mais poroso, e se compõe de hastes e suportes (trabéculas) que estão alinhados nas direções da tensão, para que possam oferecer uma resistência mais efetiva aos danos teciduais. Em comparação com o osso cortical, no osso trabecular o teor de cálcio e a densidade são menores. Por sua vez, o osso trabecular tem maior teor de água e está mais bem preparado para o remodelamento ósseo, com um percentual de renovação de 26% por ano, em comparação com 3% do osso cortical (Oftadeh et al., 2015).

Osso cortical (compacto)

O comportamento mecânico do osso cortical (compacto) pode ser avaliado de diversos modos. Devemos selecionar o método de teste de modo a ter uma melhor aproximação ao modo como o osso recebe carga durante uma determinada atividade. Tendo em vista que o osso normalmente é submetido a cargas provenientes de várias direções (multiaxialmente) e responde de maneira diferente dependendo da direção (anisotropia), é difícil testar isoladamente cada condição na qual o osso recebe carga. A fim de simplificar as configurações de teste, o osso cortical pode ser tratado como uma barra elástica com dimensões uniformes, sendo testado em uma situação de flexão de três ou quatro pontos; ou, alternativamente, podemos testar uma amostra de osso de dimensões conhecidas em compressão ou tensão uniaxiais.

Em um teste típico de flexão do osso (Fig. 4.1), à medida que o tecido (osso) inicialmente recebe a carga, a curva de carga-deformação exibe uma concavidade em direção ao eixo de carga e se comporta como uma função exponencial. Essa chamada região do pé da curva (i. e.,

---

In vitro, in situ ou in vivo?

É essencial que os testes e mensurações das propriedades mecânicas tenham precisão, para que possamos compreender as funções e respostas dos tecidos; contudo, o ato de medir, em si, pode mudar o comportamento de um tecido. O desafio com que se deparam os cientistas que estudam as propriedades dos tecidos biológicos fica explicitado pelas palavras de C. J. H. Nicolle: "O erro está sempre à nossa volta, emergindo na primeira oportunidade. Todos os métodos são imperfeitos" (em Beveridge, 1957, p.115).

Em termos gerais, as abordagens metodológicas para o estudo da gama completa de articulações, tecidos ou seus constituintes se encaixam em três categorias: *in vitro*, *in situ* e *in vivo*. Em sucessão, cada categoria chega mais perto de mensurar os comportamentos dos tecidos, do modo como se encontram no corpo — embora cada uma delas tenha seus respectivos méritos e desvantagens.

In vitro significa literalmente "no interior de um vidro", mas no seu sentido geral, *in vitro* se refere aos testes realizados em um ambiente artificial. Normalmente, a amostra — desde ossos inteiros até células — fica imersa em uma solução-tampão fisiológica que é mantida na temperatura corporal, mas o ambiente é artificial. A fertilização *in vitro* é um exemplo comum de procedimento realizado fora dos órgãos do corpo.

Uma vantagem dos testes *in vitro* é que podemos obter medidas diretas. Por outro lado, uma desvantagem é que o método *in vitro* é invasivo — ocorre a remoção de um tecido do corpo e de seu ambiente normal. As células deixam de ter suas conexões químicas e físicas com os tecidos e líquidos circunjacentes e, portanto, respondem de maneira diferente em uma placa de Petri (Nickien et al., 2018).

In situ significa "em seu lugar normal", ou confinado em seu lugar de origem. Uma vantagem das preparações *in situ* é que alguns elementos do ambiente natural estão preservados durante o teste. É digno de nota que boa parte da informação disponível acerca das propriedades dos músculos esqueléticos foi coletada por meio de técnicas *in situ*. Durante experimentos *in situ* com o objetivo de registrar as contrações do músculo esquelético, o suprimento neurovascular natural do músculo pode permanecer intacto, a orientação do músculo com relação às suas inserções ósseas pode ser mantida e sua temperatura pode ser conservada dentro da faixa fisiológica. Embora esse método chegue mais perto da situação natural, certos componentes do ambiente do teste ainda são artificiais. As propriedades são determinadas sob condições limitadas, e não no organismo em livre movimento. São exemplos de testes *in situ* os modelos dissecados ou plastinados, nos quais a estrutura-alvo ainda está localizada em seu estado de ocorrência natural, enquanto o teste ocorre em condições laboratoriais.

In vivo sugere que o teste é realizado no interior do corpo vivo, e essa abordagem poderia parecer a melhor das três. Contudo, a obtenção de dados precisos *in vivo* é realmente desafiadora em termos técnicos. Mesmo se houve sucesso no registro dos dados, os transdutores implantados podem afetar as medidas que estão sendo tomadas, ou pode ocorrer alteração nos movimentos da pessoa, em decorrência do efeito de Hawthorne (i. e., a modificação do comportamento pela pessoa que está sob estudo, em decorrência de sua percepção de estar sendo observada ou registrada). Além disso, devem sempre ser consideradas as preocupações éticas, sobretudo nas tentativas de manipulação e mensuração de respostas dos tecidos musculoesqueléticos em humanos. Alguns pesquisadores têm registrado forças miotendíneas (Gregor et al., 1991) ou tensões ósseas (Burr et al., 1996) *in vivo* em seres humanos, mas a grande maioria dos experimentos *in vivo* com envolvimento de tecidos musculoesqueléticos tem sido realizada em modelos animais.

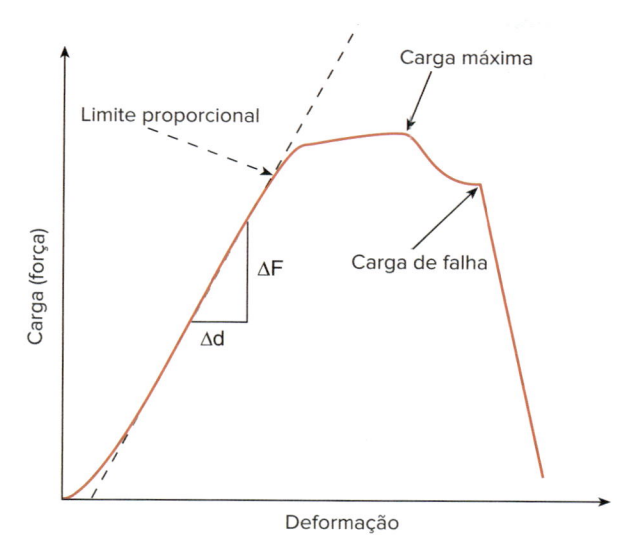

FIGURA 4.1 Exemplo de uma curva de carga-deformação de uma amostra de osso cortical que está sendo testado em flexão em três pontos; a rigidez à flexão do osso é calculada pela fórmula $(L^3/48) \cdot (\Delta F/\Delta d)$, em que L é igual à distância entre os dois pontos de sustentação sobre os quais repousa o osso, e $(\Delta F/\Delta d)$ é a inclinação da curva força-deformação na região linear. A rigidez à flexão é o produto do módulo elástico (E) pelo momento de inércia (I) da área de seção transversal de um tecido (p. ex., osso). Quando o valor da rigidez à flexão aumenta, também aumenta a resistência à flexão do osso, de modo a opor resistência a esse efeito.

a porção curvilínea inicial no começo da aplicação da carga) se caracteriza pela tensão do tecido, inicialmente frouxo. À medida que a carga aumenta, também aumenta a deformação de modo relativamente linear, lembrando a lei de Hooke (ver Cap. 3). Em coerência com a Lei de Hooke, toda deformação nessa região elástica pode ser revertida com forças de restauração internas, e o tecido não será lesionado. A inclinação dessa região linear está relacionada com a rigidez à flexão do osso, ou seu módulo elástico – uma medida da rigidez do tecido (p. ex., encurvamento, flexão). O ponto de escoamento (*yield point*), ou limite proporcional (ver Fig. 4.1), assinala o final da região elástica e a transição para a região plástica. À medida que a resposta do osso evolui da região de *deformação plástica*, aumentos cada vez menores na carga irão resultar em aumentos cada vez maiores na deformação e em lesão estrutural ao tecido. Se a carga aplicada for removida imediatamente após a transição para a deformação plástica (mas antes que sejam alcançadas as cargas máximas e de falha), o tecido não retornará à sua configuração original (anterior à aplicação da carga). Em vez disso, o tecido assume um estado permanente – permanece fletido ou deformado. Um teste típico de aplicação de carga a um osso (Fig. 4.1) revela

um ponto singular, conhecido como carga máxima, em que uma tensão adicional pode ser aplicada sobre o osso, depois de ultrapassado o limite proporcional na região plástica. Depois desse ponto, a carga em excesso provoca o surgimento de fraturas muito finas (em linha) e perda da integridade estrutural, que leva à perda da resistência à carga. No final da região plástica – que denota o fim da curva carga-deformação – está o ponto de falha final. Nesse ponto, o tecido já passou por deformação até sua capacidade máxima, e novas cargas promoverão a ruptura permanente do tecido (p. ex., fratura óssea). Esses testes de carga-deformação podem ser também empregados para determinar as propriedades materiais dos tecidos moles; o resultado é a formação de curvas similares com diferentes módulos elásticos e pontos de falha finais; esses tópicos serão explorados em uma seção subsequente.

A rigidez à flexão, os comportamentos de carga e a energia armazenada (área sob a curva carga-deformação) constituem as *propriedades estruturais* do osso. Se a geometria (forma) da amostra óssea for conhecida, então será possível calcular as *propriedades materiais* desse tecido. As propriedades materiais referem-se à qualidade mecânica do osso. O módulo elástico e as tensões (força por unidade de área) no limite proporcional e nos pontos máximo e de falha são exemplos de propriedades materiais do osso.

A diferenciação entre propriedades estruturais e materiais pode ser facilmente determinada se considerarmos as diáfises de um fêmur e de uma falange. A diáfise femoral, obviamente maior, é capaz de suportar cargas substancialmente maiores do que a pequena falange; assim, as propriedades estruturais (p. ex., carga máxima e rigidez à flexão) do fêmur serão muito maiores do que as propriedades estruturais da falange. Contudo, os ossos corticais no fêmur e na falange podem ter composição bastante parecida; portanto, se forem desconsideradas suas diferenças em termos de tamanho (normalizadas), as propriedades materiais dos dois ossos podem ser bastante parecidas (p. ex., tensão máxima, calculada como o produto da força pela unidade de área).

O entendimento da importância da forma e da geometria do osso nos leva a considerar como o momento de inércia da área (*I*) influencia as propriedades estruturais desse tecido durante a flexão. Vamos refletir e considerar o seguinte: imagine uma tábua de carvalho com 2 m de comprimento, 5 cm de espessura e 30 cm de largura, apoiada apenas em cada uma de suas extremidades. Se uma pessoa se posicionar no meio da tábua, esta estará sendo submetida a carga em uma flexão em três pontos. Se a pessoa ficar em pé sobre o lado plano da tábua, esta facilmente se encurvará, por ceder ao peso da pessoa. Contudo, se a tábua for girada em 90°, de modo que a pessoa se equilibre sobre a borda de 5 cm, a tábua se tornará muito mais rígida, cedendo muito menos.

Esse potente efeito da geometria da seção transversa do osso pode ser observado nos três cenários ilustrados na Figura 4.2. Vamos assumir que você está testando ossos longos tubulares de três formas de seção transversa diferentes em uma flexão em três pontos. Os exemplos nas Figuras 4.2a e 4.2b têm o mesmo diâmetro periosteal, mas o exemplo na 4.2a apresenta uma cavidade medular (centro oco), enquanto o exemplo na Figura 4.2b não tem cavidade medular (osso sólido). A Figura 4.2c mostra um diâmetro periosteal ligeiramente maior, de 2,5 cm, e uma cavidade medular relativamente grande (um osso tubular de paredes finas). Aplica-se uma carga em flexão em três pontos de maneira idêntica nos cenários ilustrados (Fig. 4.2d). Conforme podemos constatar na Tabela 4.1, essas diferenças de área produzem diferenças pronunciadas no momento de inércia da área e nos comportamentos flexores. As áreas de seção transversa do osso na Figura 4.2a (2,95 cm^2) e na Figura 4.2b (3,14 cm^2) são mais de 66% maiores do que a área de seção transversa do grande osso tubular ilustrado na Figura 4.2c (1,77 cm^2). Ao mesmo tempo, considerando que o momento de inércia da área (ver Fig. 3.33) está relacionado com a quantidade de osso e com sua distribuição em torno do eixo de flexão, o osso tubular de paredes finas (Fig. 4.2c) tem um momento de inércia da área substancialmente maior (> 40%) do que o exemplo a ou b. Na Figura 4.2a e 4.2c, a área = $\pi \cdot (r_o^2 - r_i^2)$, e o momento de inércia da área $(I) = [\pi \cdot (r_o^4 - r_i^4)]/4$ (ver equação 3.49). Na Figura 4.2b, em que o osso não tem cavidade medular (medula óssea), a área = $\pi \cdot r_o^2$, e o momento de inércia da área $(I) = \pi \cdot r^4/4$ (ver equação 3.48). Portanto, se uma carga flexora idêntica for aplicada a cada um desses ossos, uma carga de tensão cerca de

13% maior ocorreria tanto no osso tubular menor (Fig. 4.2a) como no osso sólido (Fig. 4.2b), comparativamente ao osso tubular maior (Fig. 4.2c).

Para os exemplos a, b e c, durante a flexão em três pontos (d) a tensão (σ) desenvolvida no osso é $\sigma = MC/I$, em que M = momento, C = distância desde o centro da seção transversa até a superfície periosteal (raio externo), e I = momento de inércia da área da seção transversa. $M = (F/2) \cdot L$, em que $F = 20$ N e $L = 20$ cm.

A mudança da relação entre os diâmetros periosteal/endosteal altera a rigidez flexora de um osso longo, sem a adição de grandes quantidades de massa óssea. Em seu artigo clássico, Currey e Alexander (1985) exploraram as implicações teóricas e a potencial otimização das caraterísticas estruturais da espessura da parede de ossos tubulares.

Croker, Reed e Donlon (2016) forneceram muitos dados sobre as propriedades materiais de muitas espécies (inclusive a humana). Além de uma grande variedade de ossos corticais humanos (p. ex., úmero, rádio, fêmur e tíbia), também foram publicados dados sobre amostras de ossos de diversos animais (p. ex., cangurus, ovelhas, porcos jovens, cães galgos e bovinos). Croker et al. (2016) expandiram os estudos pioneiros de Yamada (1973), no qual o autor relatava que o esforço de tensão final médio para os ossos longos de membros humanos com 20 a 39 anos de idade variavam entre 120 e 150 MPa. Estudos subsequentes (Martin et al., 2015) sobre o estresse tênsil final no osso cortical encontraram praticamente a mesma faixa (p. ex., 108 a 130 MPa). Em termos de esforço de compressão final, o fêmur humano apresentou o maior valor (até 166 MPa em pessoas com idades entre 20 e 39 anos), seguido pela tíbia e depois pelo úmero. Os valores mais baixos para o esforço de compressão final foram observados na fíbula, na ulna e no rádio – embora mesmo esses três ossos tivessem um esforço de compressão final superior a 115 MPa. As propriedades mecânicas do osso cortical de diversas espécies foram amplamente

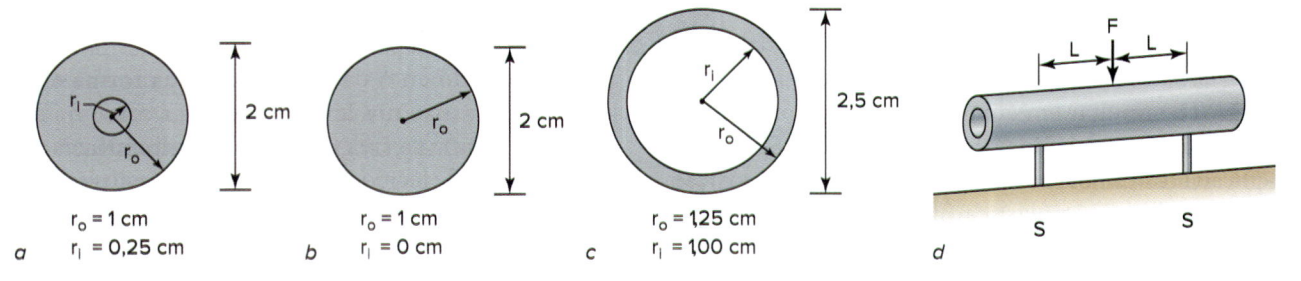

FIGURA 4.2   A geometria da seção transversa afeta o comportamento flexor de um osso tubular (a e c) e sólido (b) de diferentes dimensões, em que r_o = raio externo (periosteal) e r_i = raio interno (endosteal) do osso longo. (d) Cargas de flexão em três pontos, aplicadas às amostras de osso. F = força aplicada; S = posições dos suportes sob a amostra de osso; L = distância entre a força aplicada F e cada suporte S.

TABELA 4.1 Geometria da seção transversa e comportamento de flexão dos ossos

	Exemplo a	Exemplo b	Exemplo c
Raio externo (periosteal) (r_o)	1,00	1,00	1,25
Raio interno (endosteal) (r_i)	0,25	0,00	1,00
Área do osso (A), cm²	2,95	3,14	1,77
Momento de inércia da área (I), cm²	0,78	0,79	1,13
Força (F), N	20,0	20,0	20,0
Tensão ($\sigma = MC/I$), N/cm²	256	253	221

estudadas (Currey, 1988, 2002, 2003a, 2003b, 2005), em comparação com o osso cortical humano.

Os resultados osteológicos comparativos obtidos por Currey revelam que o teor de cálcio e a porosidade de um osso podem explicar cerca de 80% da variação observada no módulo elástico do osso (rigidez). Depois de coletar 28 ossos de 17 espécies de mamíferos, aves e répteis, Currey (1988) relatou que a tensão máxima do osso e o trabalho mecânico sob a curva de tensão-compressão diminuem agudamente diante de uma mineralização excessiva.

O osso cortical é um material anisotrópico; portanto, seu módulo elástico e resistência dependem da orientação da matriz de colágeno-mineral. De modo similar à madeira, o osso tem um grão (i. e., um veio) associado à sua estrutura. Tanto o osso como um pedaço de madeira têm um módulo elástico e uma resistência muito maiores quando uma carga compressiva é aplicada ao longo de seu eixo longitudinal (em linha com seu veio), do que quando a carga é aplicada em ângulo reto com seu eixo longitudinal (força de cisalhamento perpendicular ao veio). Por outro lado, se forem aplicadas cargas em qualquer direção a um metal isotrópico (p. ex., aço inoxidável), o módulo elástico e a resistência serão iguais em todas as direções.

A relação de Poisson (v) é o outro parâmetro empregado na quantificação do comportamento elástico de um osso. Esse efeito já foi ilustrado na Figura 3.28 e definido matematicamente na equação 3.35. A relação v foi previamente ilustrada na Figura 3.28, sendo definida matematicamente como

$$v = - (\varepsilon_t / \varepsilon_a)$$

O osso tem uma relação de Poisson relativamente elevada ($v \leq 0,6$), que é muito mais alta do que a observada nos metais.

A dureza é uma medida da capacidade dos tecidos de absorver energia mecânica. O osso cortical é considerado um material duro, por ser capaz de absorver grande quantidade de energia mecânica antes de fraturar. O osso é também um material relativamente dúctil (maleável). Se um metal é dúctil, ele pode ser martelado até assumir a forma de folhetos delgados sem se romper. Uma pepita de ouro, por exemplo, pode ser achatada até se transformar em uma lâmina delgadíssima. Certamente, o osso não tem a ductilidade do ouro, mas ele pode ser deformado até certo grau sem que ocorra fratura. Conforme foi discutido no Capítulo 3, o oposto de dúctil é *quebradiço*. Com o passar do tempo e com o envelhecimento, os ossos apresentam uma tendência a se tornarem menos dúcteis, mais quebradiços e mais frágeis.

Finalmente, o osso cortical é viscoelástico – ou seja, exibe sensibilidade à velocidade da deformação, comportamento de escoamento, histerese e fadiga. Algumas propriedades mecânicas do osso cortical são muito sensíveis a diferentes velocidades de deformação. Conforme o osso recebe mais carga e em maior velocidade, sua resistência final aumenta em velocidade mais rápida do que seu módulo elástico, pode armazenar mais energia potencial e se torna mais rígido. *Fadiga* é a perda da resistência e da rigidez, que ocorre em materiais submetidos a repetidos ciclos de carga. Embora o osso possa suportar tensões substanciais ao ser submetido apenas uma vez a uma carga, à medida que aumenta a quantidade de cargas cíclicas, o estresse tênsil final do osso diminui, e novos ciclos de carga de maior magnitude podem acarretar respostas tensivas. No osso, a fadiga foi atribuída a rachaduras microscópicas (microfissuras) que se formam no interior e entre os ósteons (Martin et al., 2015). No osso saudável, se a lesão não for excessiva, o processo de remodelamento absorve o material em torno das microfissuras, ocorrendo deposição de osso novo. Contudo, se a lesão for excessiva e o processo normal de remodelamento não for capaz de manter os reparos em dia, poderá ocorrer uma falha macroscópica (fratura). Por exemplo, entre os corredores fundistas, as fraturas por estresse estão comumente associadas à fadiga, em decorrência dos repetidos estresses por impacto sobre o eixo longitudinal do osso (Crowell e Davis, 2011).

Osso trabecular (esponjoso)

A organização em treliça do osso trabecular é diferenciada, e a aparente densidade e a arquitetura desse tipo ósseo exercem potentes efeitos em seu módulo elástico e resistência. O módulo elástico do osso trabecular pode variar de 10 a 2.000 MPa, em contraste com

E se os ossos fossem barras sólidas, em vez de tubos com paredes finas?

Dois renomados biólogos, Currey e Alexander (1985), propuseram a hipótese de que o modelo mecânico dos ossos longos tubulares sugere que pode haver uma relação ideal entre o diâmetro e a espessura cortical para os ossos de paredes finas. Em geral, aceita-se que a estrutura tubular da maioria dos ossos dos membros é garantia de que eles serão mais leves, sem, entretanto, sacrificar a resistência ou a rigidez. Mas essa noção se mantém válida em uma ampla gama de espécies?

Ao avaliar o conceito de uma relação ideal, Currey e Alexander consideraram o contrabalanço da massa óssea relativa contra propriedades estruturais, como a resistência ao escoamento (ou fadiga), resistência final (ou impacto) e rigidez. Ao medir ossos de membros de 56 espécies de mamíferos, aves e répteis (incluindo algumas espécies extintas), os pesquisadores obtiveram resultados que demonstram por que os ossos tubulares ocupados por medula (ossos longos) – como os ossos dos membros – parecem estar dotados de um projeto que suporta substanciais cargas flexoras.

Currey e Alexander calcularam a relação entre o raio da seção transversa (C) e a espessura do córtex ósseo (t). Foi previsto pelos autores que, se os ossos ocupados por medula fossem basicamente estruturas tubulares de massa mínima e resistência ideal, então a relação C/t seria 2,3. Em comparação, se a rigidez fosse o critério para o padrão ósseo, então C/t seria 3,9.

Para uma melhor compreensão dos efeitos mecânicos dos ossos tubulares de diferentes dimensões, vamos comparar os três ossos longos para os quais contrastamos a geometria da seção transversa e os estresses em uma situação de flexão em três pontos (Fig. 4.2a-c). Na tabela que se segue, fornecemos valores para o raio da seção transversa (C), espessura cortical (t) e relação C/t. O osso com maior diâmetro e parede mais delgada (Fig. 4.2c) apresenta uma relação C/t muito maior.

Curiosamente, galinhas treinadas para correr em uma esteira rolante também demonstraram um desvio em favor da relação C/t para resistência ideal prevista por Currey e Alexander para um osso de membro que recebe descarga de peso (Loitz e Zernicke, 1992; Matsuda et al., 1986). Galos adultos foram submetidos a exercício em uma esteira rolante regulada para 70 a 75% da capacidade aeróbica máxima prevista durante 1 hora por dia, 5 dias por semana, durante 9 semanas (Loitz e Zernicke, 1992), tendo sido obtida uma relação C/t de 2,3 em seus ossos tarsometatarsais – precisamente os valores previstos por Currey e Alexander (1985).

Por que esse achado é importante? Vamos considerar o seguinte. Currey calculou que, quando um cavalo galopa na velocidade de 54 km/h, cerca de 50% de sua potência é utilizado para acelerar e desacelerar os ossos de seus membros, e uma redução de 10% na massa óssea dos membros levaria a uma economia de potência da ordem de 5%. Essa economia pode ser significativa no contexto da seleção natural (para escapar de um predador), ou mesmo em uma corrida de cavalos puro-sangue.

	Exemplo *a*	Exemplo *b*	Exemplo *c*
Raio (*C*), cm	1,00	1,00	1,25
Espessura cortical (*t*), cm	0,75	1,00	0,25
Raio/espessura (*C/t*)	1,33	1,00	5,00

Observação: ver Figura 4.2 para esboços e dimensões desses exemplos.

Propriedades comparativas dos ossos

A partir da perspectiva de um biólogo, Currey considerou a relação entre estrutura-função dos ossos no que se relaciona com a seleção natural. Por exemplo, em 1979 Currey avaliou as propriedades mecânicas de três tipos de ossos de três amostras diferentes – da galhada de um cervo (*Cervus elaphus*), do fêmur de uma vaca (*Bos taurus*) e da bula timpânica de uma baleia comum (*Balaenoptera physalus*). Os ossos escolhidos se prestavam a funções muito distintas e, em consequência, demonstravam propriedades mecânicas muito diferentes.

Tendo em vista que as funções principais da galhada do cervo vermelho são para ostentação diante das fêmeas e para duelar, a resistência ao impacto é uma propriedade importante para vencer os combates. Currey observou uma elevada resistência ao impacto na galhada, mas com módulo elástico simultaneamente baixo (talvez para dar conta da absorção de choques) e uma resistência flexora relativamente baixa.

Contrastando com esses achados, a bula timpânica da baleia tinha o mais elevado conteúdo mineral e o módulo elástico mais alto entre os três ossos. Currey descreveu a bula como "de manipulação bastante parecida com uma rocha" e com dimensões aproximadas às de um punho humano. Como os ossículos da orelha humana, a bula timpânica da baleia comum fica protegida em segurança do mundo exterior no interior do crânio do mamífero. A rigidez (módulo elevado) seria uma propriedade muito importante, de modo a assegurar ao animal que as ondas sonoras sejam transmitidas com fidelidade, para acurácia auditiva. Assim, a resistência à fratura da bula da baleia comum é menos importante, existindo nesse osso uma mescla natural de forma e função. Por outro lado, o fêmur da vaca tem módulo elástico, resistência ao impacto e resistência à flexão bastante elevados, mas não extremos.

Implicações significativas das microfissuras nos ossos

Ao ocorrer comprometimento das propriedades mecânicas de um material como o osso, pode-se dizer que o material ficou lesionado. Tendo em vista que, em geral, as microfissuras se formam no interior do osso cortical, tais lesões são de difícil visualização *in situ*. Com o uso da microscopia, Zioupos e Currey (1994) visualizaram as distribuições tridimensionais das microfissuras no osso cortical, tendo verificado que as rachaduras estavam associadas a regiões de alta tensão. A microestrutura (grão, veios) do osso afetava a magnitude e direção da propagação das microfissuras no interior do osso, sendo mais provável que as microfissuras ocorressem nas partes mais intensamente mineralizadas do osso (talvez em decorrência do aspecto mais quebradiço associado à mineralização). Por que essas microfissuras são importantes? Como é do nosso conhecimento, o osso apresenta respostas tanto elásticas como plásticas. Na região plástica, mesmo com níveis de carga decrescentes durante cargas contínuas e cíclicas, há uma quantidade crescente de deformação – o osso fica lesionado e cada vez mais complacente. Microfissuras dispersas podem enfraquecer o osso e diminuir sua rigidez estrutural.

---

o osso cortical, cujo módulo elástico varia em torno de 13 a 17 GPa.

Normalmente, os espaços porosos entre as trabéculas (hastes ósseas) são preenchidos por medula vermelha, que pode ser importante para as propriedades de sustentação de carga do osso trabecular. Os testes de impacto-velocidade demonstraram que a resistência e o módulo elástico são nitidamente maiores em amostras de osso trabecular que tem medula óssea, em comparação com amostras em que a medula foi removida antes da realização do teste. Contudo, esse efeito de "enrijecimento" propiciado pela medula é mínimo quando o osso é submetido às velocidades fisiológicas de carga. Não obstante, com ou sem a presença de medula, o osso trabecular exibe os efeitos viscoelásticos previamente mencionados, porque seu "tijolo" de construção fundamental é o osso lamelar viscoelástico (como existe no osso cortical).

ADAPTAÇÃO DOS OSSOS

O osso é um tecido dinâmico que está sofisticadamente adaptado a inúmeros fatores internos (p. ex., os níveis sistêmicos de cálcio e hormônios) e externos (p. ex., cargas mecânicas) que podem afetar sua estrutura, composição e quantidade. A capacidade do osso de adaptar sua estrutura às cargas impostas se tornou conhecida como Lei de Wolff, depois que esse cirurgião, que viveu no século XIX, afirmou que "A cada mudança na forma e na função do... osso[s] ou isoladamente em sua função, seguem-se certas mudanças definidas em sua arquitetura interna e também claras alterações secundárias em sua conformação externa, em concordância com leis matemáticas" (Martin et al., 2015).

Entre os conceitos que emergiram no século XIX e que atualmente estão incorporados à lei de Wolff, encontramos a otimização da resistência do osso com relação ao seu peso, o alinhamento das trabéculas com as linhas de tensão principais e a autorregulação da estrutura óssea por células que respondem aos estímulos mecânicos (Martin et al., 2015; Weinkamer et al., 2019).

Os eventos que sinalizam mudanças no osso são classificados como modelagem ou remodelamento. Modelagem é a adição (formação) de osso novo, enquanto remodelamento envolve a reabsorção e formação ou reforma do osso já existente. A Tabela 4.2 resume as diferenças entre modelagem e remodelamento do osso.

A modelagem pode ocorrer em velocidades variáveis, sendo um processo contínuo que pode ocorrer sobre qualquer superfície óssea, de modo a produzir um ganho resultante no osso. Durante a modelagem, osteoclastos e osteoblastos não estão ativos ao longo da mesma superfície; a reabsorção pode ocorrer ao longo de um córtex, enquanto a deposição ocorre ao longo de outro. Ainda não foi devidamente esclarecido qual estímulo específico dá início à modelagem. A modelagem ocorre principalmente durante os anos de crescimento (p. ex., ossificação endocondral). A capacidade do osso de se adaptar à aplicação de cargas mecânicas é maior durante o crescimento, em comparação com o que ocorre após a maturidade; contudo, ainda assim poderá ocorrer uma modelagem limitada depois de completada a maturação do esqueleto (Suva et al., 2005).

O remodelamento do esqueleto, isto é, a reabsorção e reposição do osso existente, deflagra uma mobilização de minerais armazenados no próprio osso e consequente transporte até o sangue (reabsorção). A hidroxiapatita pode ser mobilizada em resposta a baixos níveis séricos de cálcio e de hormônios circulantes, por exemplo, paratormônio (PTH), calcitriol (vitamina D_3), calcitonina, hormônios sexuais, hormônios tireoidianos (T_3 e T_4), hormônio do crescimento e glicocorticoides. Os minerais reabsorvidos, como o cálcio e fosfato, podem ser utilizados no reparo das microlesões esqueléticas, ou

TABELA 4.2   Modelagem e remodelamento ósseos

	Modelagem	Remodelamento
Momento	Mudanças contínuas e adaptação durante o crescimento e ao longo de toda a vida	Renovação episódica, envolvendo processos de ativação-reabsorção-formação
Osteoclastos e osteoblastos	Localizados em diferentes superfícies	Localizados nas mesmas superfícies
Mudanças na forma e dimensões do osso	Sim	Variável
Superfícies afetadas	Todas as superfícies	20% das superfícies
Sequência e ativação	Sistêmicas	Ativação-reabsorção-formação localizadas

para equilibrar as necessidades mecânicas e de massa do esqueleto (Sidiqui e Partridge, 2016). Podemos mentalizar a sequência de eventos de remodelamento como ativação-reabsorção-formação. A primeira etapa no remodelamento é a ativação dos osteoclastos, com a finalidade de reabsorver o osso existente. Em seguida ao *front* de reabsorção dos osteoclastos, os osteoblastos depositam osso novo. A deposição de osso novo leva o triplo de tempo, em comparação com a reabsorção; isso se traduz por um lapso de tempo equivalente a uma semana entre a reabsorção e a formação de osso (Martin et al., 2015).

Lanyon (1987) descreveu o remodelamento funcional como uma "interpretação e uma reação intencional" a um estado de tensão óssea, o que possibilita a adaptação – tanto a tensões crescentes como decrescentes. "As tensões funcionais são tanto o objetivo como o estímulo para o processo de modelagem e de remodelamento adaptativas" (Lanyon, 1987, pp. 1084-1085). Rubin e Lanyon (1985) propuseram que, se as tensões funcionais forem demasiadamente elevadas, aumentarão a incidência de lesões e a probabilidade de fraturas. Se a intensidade das tensões for demasiadamente baixa, o custo de manter uma massa óssea desnecessária será elevado, ocorrendo então a reabsorção do osso (p. ex., um mecanismo proposto para a perda da densidade mineral óssea em seguida a um voo espacial prolongado). Portanto, a tensão funcional parece ser um parâmetro relevante a ser controlado. Entretanto, persiste uma questão: a qual atributo ou combinação de atributos da tensão (magnitude, velocidade de aplicação, frequência, distribuição ou gradiente) o osso demonstra maior sensibilidade?

Desenvolvimento e maturação

A Figura 4.3 resume grande parte das informações acumuladas sobre a relação entre o crescimento ósseo e a aquisição de minerais ósseos. Desde o nascimento até o início da adolescência, as diferenças entre os sexos em termos de conteúdo mineral ósseo (CMO) são desprezí-

veis, embora ocorra grande quantidade de modelagem e crescimento dos ossos, tanto no esqueleto axial como no esqueleto apendicular (membros). Por volta dos 13 anos de idade, o conteúdo mineral ósseo diverge entre meninas e meninos; em seguida ao período de crescimento da puberdade, os meninos exibem maior velocidade de ganho, comparativamente ao que ocorre nas meninas (Fig. 4.3).

Normalmente, por volta de um ano após a velocidade máxima do crescimento longitudinal, ou velocidade de altura de pico (VAP), ocorre a velocidade de pico do ganho no CMO. As associações entre crescimento linear e acumulação óssea durante o desenvolvimento humano (i. e., VAP e CMO) foram reveladas nos dados longitudinais coletados em cinco centros clínicos ao longo de um período de sete anos, conforme relato de McCormack et al. (2017). Os resultados desses autores se referem a mais de 2 mil crianças, adolescentes e adultos jovens saudáveis, compreendendo populações afro-americanas e não afro-americanas; os participantes tinham idades que variavam de 5 a 19 anos no início da coleta dos dados. A VAP dos meninos ocorreu entre 13,0 e 13,4 anos de

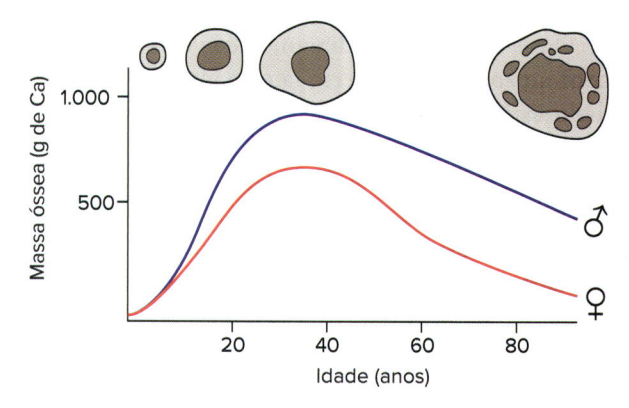

FIGURA 4.3   Relações entre massa óssea, idade e sexo. A ordenada (massa óssea) é representada em gramas totais de cálcio (Ca) no esqueleto.

Adaptada com permissão de F. S. Kaplan et al. "Form and Function of Bone," *in Orthopaedic Basic Science*, editado por S. R. Simon (Park Ridge, IL: American Academy of Orthopaedic Surgeons, 1994), p.167.

idade *versus* 11,0 e 11,6 anos de idade para as meninas. Comparativamente, a idade de aquisição de pico do CMO foi de 14,0 anos para os meninos e 12,1 até 12,4 anos para as meninas. Portanto, no intervalo entre o tempo de VAP e o rápido ganho no CMO, existe um período de fraqueza óssea relativa, com maior probabilidade de ocorrência de fratura. Caracteristicamente, a resistência óssea à fratura é um reflexo da massa corporal magra, porque o esqueleto tem a função de sustentar o peso dos tecidos que o revestem. Normalmente, as crianças com subpeso apresentam CMO mais baixo que crianças com peso normal, o que aumenta o risco de fraturas em decorrência da incapacidade de suportar forças externas elevadas. Além disso, crianças obesas exibem maior incidência de fraturas, em virtude de uma proporção maior de peso não atribuível à massa corporal magra e a maiores (e não explicadas) forças internas atuantes sobre os ossos (Vaitkeviciute et al., 2014). Os hormônios do crescimento e sexuais são principalmente responsáveis pelas rápidas elevações no CMO (Suva et al., 2005).

À medida que o crescimento longitudinal começa a diminuir durante a parte final da adolescência, cerca de 90% do CMO adulto já foi depositado. O CMO máximo é alcançado entre os 20 e 30 anos de idade. Além disso, em geral nem o conteúdo mineral ósseo nem a densidade mineral óssea (DMO) aumentam depois dos 30 anos, tanto em mulheres como em homens. Por ocasião da maturidade esquelética, os homens apresentam maior DMO em comparação com as mulheres, e a maior parte dessa diferença decorre do osso cortical mais espesso nos homens.

Por volta da quinta década de vida, a massa óssea começa a declinar. Tanto homens como mulheres perdem osso cortical aproximadamente na mesma velocidade, mas nas mulheres a perda de osso trabecular é muito mais rápida do que nos homens – sobretudo depois da menopausa. Entre os 40 e 50 anos, os homens perdem anualmente até 0,75% da massa óssea total, ao passo que, nas mulheres, a perda pode ocorrer em até mais do dobro dessa velocidade. Em alguns anos imediatamente após a menopausa, a perda óssea anual em algumas mulheres pode chegar a 3% (Bostrom et al., 2022).

Pelo exposto, alcançar o pico de massa óssea na adolescência e no início da vida adulta é fundamental para que sejam atenuados os efeitos da perda óssea e para a diminuição do risco de fraturas nas idades avançadas. Eis algumas sugestões para a otimização da aquisição dos minerais ósseos durante os anos de crescimento: assumir um compromisso permanente de praticar atividades físicas que envolvam descarga de peso desde cedo na vida, envolver-se diariamente em diversas atividades vigorosas e de curta duração (ao contrário da prática de atividades repetidas e prolongadas), realizar atividades que aumentem a força muscular e que trabalhem todos os grandes grupos musculares e, finalmente, evitar a imobilidade (Suva et al., 2005).

Nutrição

A nutrição exerce efeitos potentes no crescimento e no remodelamento dos ossos e, portanto, na qualidade óssea e em suas propriedades mecânicas. Agora, discutiremos alguns dos fatores nutricionais capazes de influenciar a qualidade e a quantidade dos ossos: cálcio, vitamina D, proteína, gorduras e açúcar.

Normalmente, o equilíbrio entre ossos e minerais no corpo é regulado pela ação sinérgica dos metabólitos da vitamina D, paratormônio e calcitonina – substâncias que influenciam a absorção alimentar de cálcio, a reabsorção e deposição de minerais ósseos, e a secreção e reabsorção de cálcio e fósforo pelos rins. Do cálcio corporal total, cerca de 99% se localizam no esqueleto, e o 1% restante encontra-se circulando no líquido extracelular (Bostrom et al., 2022; Ross et al., 2011). Os compostos contendo cálcio (p. ex., hidroxiapatita) constituem mais de metade da massa do osso. Tendo em vista que o cálcio é excretado durante todo o dia, passa a ser vital a ingestão adequada desse mineral para a saúde óssea. Ossos que apresentem conteúdo mineral ósseo diminuído podem ficar mais propensos às fraturas.

Vitamina D, proteína alimentar, fósforo, fibras e gorduras afetam a absorção de cálcio. A vitamina D é uma molécula lipossolúvel que pode ser armazenada na gordura corporal. A síntese da vitamina D depende de uma reação química que envolve o sistema tegumentar, o colesterol e os raios ultravioleta B do sol. Assim, as reservas de vitamina D dependem sobretudo do tempo durante o qual a pele fica exposta ao sol e das dimensões da área exposta. Por essa razão, em nível populacional, observa-se maior incidência de deficiência de vitamina D entre as pessoas que vivem em regiões distantes do equador (Kopiczko, 2014). Uma fração relativamente pequena das reservas corporais de vitamina D também é proveniente da dieta. A vitamina D_3 (calcitriol) ajuda a aumentar a absorção do cálcio pelo trato intestinal; assim, uma pessoa com deficiência de vitamina D absorve imperfeitamente o cálcio da dieta, tendo um maior risco de fraturas por osteoporose, evoluindo talvez para a osteomalacia (Kopiczko, 2014; Staud, 2005).

A proteína alimentar exerce um efeito significativo no processamento do cálcio urinário (Ashizawa et al., 1997; Darling et al., 2009). A deficiência de proteína pode resultar na diminuição dos níveis de cálcio na urina (hipocalciúria) e em uma redução na absorção desse mineral pelo intestino (Hengsberger et al., 2005; Ross et al., 2011). Por outro lado, a ingestão excessiva de proteína pode acarretar maior perda renal de cálcio, além de resultar em um equilíbrio negativo desse mineral (Giannini et al., 2011). A deficiência de proteína foi implicada na gênese da osteopenia (redução da massa óssea) em humanos desnutridos (Darling et al., 2009; Deprez e Fardellone, 2003) e em animais com o mesmo problema (Bourrin et al., 2000).

Para que seja obtida uma saúde óssea satisfatória, devemos evitar a ingestão excessiva de gorduras saturadas e de açúcar refinado, porque essas duas substâncias têm efeitos negativos na capacidade do corpo de absorver cálcio. Níveis elevados de ácidos graxos na alimentação reduzem a quantidade de cálcio alimentar absorvido nos intestinos, resultando, com isso, em níveis mais baixos de cálcio nos ossos (Liu et al., 2004). Níveis elevados de açúcar provocam acidez excessiva, o que leva à reabsorção de cálcio como um mecanismo protetor a fim de equilibrar o rigidamente regulado pH do sangue, porque derivados do cálcio podem ser reduzidos na forma de uma base.

Tríade da mulher atleta

Não importa se estamos tratando do rápido crescimento ósseo durante a puberdade ou da perda óssea durante a menopausa: os hormônios sexuais exercem um efeito potente sobre a saúde dos ossos. No caso das mulheres, o estrogênio é importante para a construção e manutenção do esqueleto; observou-se que o treinamento muito intensivo por jovens atletas do sexo feminino pode levar a efeitos deletérios sobre o esqueleto e o sistema reprodutivo, como resultado de distúrbios nos ciclos menstruais normais.

Em esportes como a ginástica, balé, corrida e patinação artística, há múltiplos exemplos de atletas mulheres jovens que deixam de menstruar (amenorreia), ou que menstruam apenas de maneira intermitente e irregular (oligomenorreia), como uma consequência da alteração dos níveis hormonais e da diminuição dos níveis de gordura no corpo. Diante dos níveis mais baixos de estrogênio que acompanham a amenorreia e a oligomenorreia, essas atletas jovens podem não alcançar uma massa óssea tão expressiva como a que poderiam diante de níveis normais de estrogênio. Se essa situação for atrelada às dietas com restrição de calorias com o objetivo de perder peso corporal, haverá ainda outro perigo: o de se incorrer no que é denominado tríade da mulher atleta, um apanhado de sintomas inter-relacionados que envolvem o consumo desordenado de alimentos, a alteração dos níveis hormonais (e a disfunção menstrual que acompanha esse problema) e um risco aumentado de ter ossos com déficit de qualidade ou quantidade. Uma comparação da massa mineral em vértebras de mulheres atletas de elite e de coortes com função menstrual normal constatou que as atletas amenorreicas apresentavam até 25% menos massa mineral do que as mulheres com função menstrual normal. Esse achado sugere que a privação de estrogênio exerce um poderoso efeito sobre a massa mineral trabecular (Marcus et al., 1985).

Essas jovens atletas não só têm um maior risco potencial de osteoporose futura como também podem ter fraturas por estresse nos anos finais da adolescência e na primeira parte da segunda década de vida (Zernicke et al., 1994). Entre os inúmeros fatores que podem contribuir para a ocorrência de fraturas por estresse nos membros inferiores em corredoras interuniversitárias de elite, um dos preditores mais significativos para esse tipo de fratura foi o tempo transcorrido entre o início de um treinamento sério e de alta intensidade e a primeira menstruação da corredora. Aquelas corredoras que vinham treinando regularmente há mais tempo antes da ocorrência da primeira menstruação (e aquelas cuja primeira menstruação talvez tenha sido adiada em função do treinamento intenso) tiveram maior probabilidade de ter uma fratura por estresse enquanto estavam correndo no nível interuniversitário.

Curiosamente, as atividades de carga de alta intensidade/impacto (embora possam causar distúrbios no equilíbrio hormonal normal em mulheres jovens) podem compensar, em parte, os efeitos integrais dos distúrbios menstruais (Bailey et al., 1996). Por exemplo, Robinson et al. (1995) comunicaram que, embora 47% das ginastas jovens por eles estudadas fossem oligomenorreicas ou amenorreicas, essas atletas apresentavam maior densidade mineral óssea do que uma coorte de corredoras ou de um grupo controle composto por mulheres com menstruação normal. De acordo com Bailey et al. (1996, p.256), os dados sugeriram que a prática de atividades de alto impacto sob carga em atletas mulheres com problemas na função menstrual pode ter um "efeito poupador [na densidade mineral óssea] em locais de descarga de peso, mas não na mesma extensão em locais que não envolvem descarga de peso".

Uso *versus* desuso

O exercício e a atividade física podem estimular o remodelamento ósseo, mas um tópico profundamente complexo é saber como o exercício afeta o esqueleto. Sem exceção, a intensidade do exercício, a maturidade do esqueleto, o tipo de osso (trabecular ou cortical) e a localização anatômica (ossos axiais ou dos membros) podem influenciar a resposta de ossos específicos ao exercício (Lieberman et al., 2003).

Uso

Os cinco pontos seguintes resumem o atual conhecimento das relações entre a atividade física e a massa óssea (Lorentzon et al., 2005):

1. O osso em crescimento responde ao exercício de intensidade baixa ou moderada por meio de uma significativa adição de osso novo, tanto cortical como trabecular, com expansão periosteal e contração endocortical.
2. O treinamento físico moderado a intenso pode produzir um aumento modesto (1 a 3%) no CMO em homens e nas mulheres na pré-menopausa. Em adultos jovens, um treinamento muito intenso pode aumentar o CMO da tíbia em até 11%, e sua densidade óssea em 7%. Algumas evidências demonstram que, nas mulheres, o exercício também pode acrescentar massa óssea ao esqueleto pós-menopausa, embora as quantidades sejam modestas e específicas a determinados locais. Transcorridos 1 ou 2 anos da prática de exercício intensivo, podem ser observados aumentos de até 5 a 8%, mas que normalmente ficam abaixo dos 2%.
3. Existe um limite de atividade acima do qual alguns ossos respondem negativamente pela supressão do crescimento e atividade de modelagem normais.
4. Em longo prazo, os benefícios do exercício são preservados apenas pela continuidade do exercício.
5. Ao que parece, a quantidade de massa óssea que pode ser obtida depende principalmente da massa óssea inicial; isso sugere que indivíduos com massa óssea inicial extremamente baixa podem obter maiores ganhos com o exercício, em comparação com aqueles com redução moderada da massa óssea.

No esqueleto adulto, o exercício prolongado e praticado com regularidade pode aumentar a massa esquelética dos membros envolvidos (Bass et al., 2005; Lee, 2019; Lorentzon et al., 2005; Suva et al., 2005), a espessura cortical (Hiney et al., 2004; Howe et al., 2011; Specker et al., 2004) e o conteúdo mineral ósseo (Engelke et al., 2006; Iwamoto et al., 2004; Korpelainen et al., 2006;

Senderovich e Kosmopoulos, 2018). Se, por exemplo, uma pessoa praticou tênis durante muitos anos, é de se esperar que haja maior densidade óssea no rádio e na ulna do braço dominante.

Desuso

As alterações relacionadas com o desuso nos ossos estão comumente associadas ao repouso no leito, imobilização ou voos espaciais. Sem a aplicação de uma carga normal, a reabsorção aumenta substancialmente e a deposição de tecido ósseo diminui por causa do elevado custo metabólico decorrente da manutenção da estrutura óssea; esses efeitos são acompanhados por pouca ou nenhuma tensão funcional. Em alguns casos, a reabsorção óssea pode aumentar drasticamente em um período de tempo muito curto (Loitz-Ramage e Zernicke, 1996).

Em humanos, os efeitos adversos da redução da carga aplicada sobre o osso têm ficado em maior evidência pela substancial degeneração esquelética e pela perda de cálcio que podem ocorrer em um voo espacial (Iwamoto et al., 2005). A perda da densidade óssea pode não ser tão drástica nos ossos não submetidos à descarga de peso (p. ex., rádio e ulna), mas os ossos trabeculares envolvidos na descarga de peso (p. ex., calcâneo, tíbia e fêmur) são altamente sensíveis à ausência de cargas normais vivenciada durante o período em microgravidade (Doty, 2004; Oganov, 2004).

Tendo em vista que as alterações por desuso são drásticas e em certos casos pode ser necessária imobilização, é importante que compreendamos até que ponto essas alterações podem ser revertidas pela remobilização. A fim de examinar esse tópico, um estudo (Tuukkanen et al., 1991) relatou os efeitos de 1 ou 3 semanas de imobilização seguidas por 3 semanas de remobilização em ratos. Os pesquisadores examinaram a tíbia e o fêmur; transcorridas 3 semanas de imobilização, o peso das cinzas ósseas diminuiu em até 12%, em comparação com os controles não imobilizados. Em seguida a um período de remobilização, a tíbia recuperou 62% de sua massa mineral, enquanto o fêmur readquiriu apenas 38% da massa mineral perdida. Essa pesquisa demonstrou que a perda mineral causada pela imobilização pode ser revertida até certo ponto, mas que a recuperação não ocorre com a mesma rapidez em que o tecido ósseo é perdido. Além disso, o grau de recuperação depende da duração da imobilização (Loitz-Ramage e Zernicke, 1996). Por essas razões, no tratamento de lesões ortopédicas, é recomendável que a remobilização seja rapidamente promovida.

A questão do retorno decrescente

Existem limites acima dos quais há um retorno decrescente na adição de osso novo em resposta a uma prática de exercício cada vez mais intensa? Uma faceta dessa questão foi examinada por MacDougall et al. (1992) na Universidade McMaster.

Esses pesquisadores investigaram a relação entre a quantidade de corrida e a massa mineral óssea em homens adultos corredores. Com a ajuda da absorciometria de fóton duplo, eles examinaram a densidade óssea do tronco, da coluna vertebral, da pelve, das coxas e das pernas de 22 controles sedentários e 53 corredores, que foram agrupados levando em conta a quantidade de milhas corrida por semana, conforme segue: 5 a 10, 15 a 20, 25 a 30, 40 a 55, e 60 a 75 milhas por semana. As idades (20 a 45 anos) e hábitos alimentares dos corredores eram similares. Nesse estudo transversal, não foram observadas diferenças significativas nas medidas de densidade óssea, exceto nas pernas. A densidade mineral óssea das pernas de corredores do grupo de 15 a 20 milhas por semana foi significativamente maior do que nos grupos que corriam 5 a 10 milhas por semana. Curiosamente, os pesquisadores não observaram novos aumentos na densidade mineral óssea nas pernas dos corredores do grupo de mais de 20 milhas por semana. Aliás, foi notada uma tendência à diminuição da densidade mineral óssea dentre aqueles que corriam 60 a 75 milhas por semana, talvez em decorrência das más adaptações causadas pela fadiga. Esses corredores de alta milhagem apresentaram uma densidade mineral óssea não diferente daquela dos controles sedentários.

Os dados de MacDougall et al. sugeriram que a quantidade de corrida (milhagem) pode influenciar a densidade mineral óssea e a espessura óssea nos ossos submetidos a descarga de peso, mas que também pode existir um efeito limitante para essas adaptações – tanto no limite superior como no limite inferior do espectro de aplicação de carga. Outros pesquisadores detectaram densidades minerais ósseas semelhantes nas vértebras (Bilanin et al., 1989) e pernas (Ormerod et al., 1988) de homens corredores de alta milhagem, em comparação com indivíduos normais e com halterofilistas. No conjunto, esses estudos sugerem a existência de um limite superior para o exercício que, uma vez ultrapassado, pode levar à interrupção da integridade mecânica dos ossos – e, na verdade, pode até mesmo levar à sua diminuição. Aliás, é sabido que a prática excessiva de exercício causa osteoporose, quando as altas taxas de traumatismo ultrapassam a taxa de remodelamento (Hetland et al., 1993; O'Brien, 2001).

Apenas exercício é suficiente?

Há mais de três décadas, Snow-Harter e Marcus (1991) postularam que não se sabe se o exercício é eficaz em prevenir e tratar a osteoporose; esses autores resumiram o que se sabia naquela ocasião, ao responderem às perguntas que se seguem (p.381):

- O exercício pode maximizar a massa óssea de pico?
- O exercício pode prevenir ou reduzir as perdas ósseas relacionadas com a idade?
- O exercício melhora a densidade mineral óssea em pessoas que já padecem de osteoporose?
- O exercício pode substituir a terapia de reposição de estrogênio durante os anos da pós-menopausa?

Com algumas ressalvas atualmente sabemos que a resposta às três primeiras perguntas é "sim", mas a resposta à quarta pergunta ainda hoje permanece obscura. A reposição de estrogênio (i. e., terapia hormonal, ou TH), que sabidamente inibe a atividade osteoclástica, foi aprovada pela U.S. Food and Drug Administration (FDA) para prevenção da perda óssea e da osteoporose em mulheres na pós-menopausa (NHTPSAP, 2017) e não existem evidências irrefutáveis de que o exercício isoladamente seja tão efetivo quanto a TH administrada isoladamente, ou que a TH acrescida do exercício mantenha a massa óssea e reduza o risco de fraturas em mulheres na pós-menopausa (Maddalozzo et al., 2007; Mehta et al., 2021). Os dados agregados (Mehta et al., 2021) revelam uma redução significativa no risco de fraturas em geral em mulheres na menopausa submetidas a TH combinada. Diante disso, a recomendação é optar por uma abordagem individualizada de TH combinada e exercício no tratamento de mulheres pós-menopáusicas sintomáticas, com uma reavaliação periódica que envolva uma abordagem de medicina de precisão, para que se possa determinar o melhor tipo, dose, formulação e via de administração para atender aos objetivos terapêuticos (Mehta et al., 2021).

BIOMECÂNICA E ADAPTAÇÃO DE OUTROS TECIDOS CONJUNTIVOS

Enquanto a cartilagem articular atua principalmente sob cargas compressivas, os ligamentos e tendões atuam sobretudo sob cargas tênseis. A composição da matriz extracelular dos ligamentos e tendões é especialmente formulada para essas tarefas específicas. Entretanto, há casos especiais em que estruturas especializadas devem atuar tanto sob cargas compressivas como tênseis. Um exemplo clássico dessa situação é o tendão do calcâneo, que conecta os músculos da panturrilha ao calcanhar. Esse tendão tem uma região capaz de suportar tensão e outra que está submetida a forças compressivas.

Biomecânica da cartilagem articular

É essencial entender o sinergismo entre as fibras colágenas, proteoglicanas e líquido sinovial para que se compreenda o comportamento mecânico da cartilagem articular. Mow et al. (1992, p.67) realizaram estudos pioneiros sobre a função e mecânica da cartilagem articular, afirmando que, normalmente, esses componentes "realizam suas funções de maneira tão adequada que, com frequência, nem mesmo chegamos a tomar conhecimento de sua existência, nem das funções por eles desempenhadas, até que ocorra uma lesão, ou que a região desenvolva uma artrite".

Resposta à carga

O colágeno tipo II é a principal proteína fibrosa da cartilagem hialina. A Figura 4.4 mostra como as fibras colágenas são recrutadas, à medida que vai sendo aplicada uma carga tênsil – seja em uma cartilagem articular, ligamento ou tendão. De modo parecido com a resposta de um osso à carga mecânica (Fig. 4.1), inicialmente ("região do pé da curva"), as fibras estão parcialmente relaxadas, com aspecto ondulado. À medida que a carga

tênsil continua aumentando (região linear), as fibras se retificam e ficam tensas. Se a carga aumentar ainda mais, as fibras individualmente começam a sofrer laceração e, por fim, grandes grupos de fibras se rompem sob tensão (falha).

Normalmente, pensamos sobre uma carga tênsil aplicada a um tecido como a tendência a tracionar e romper o tecido. No caso de um tendão retilíneo, é fácil visualizar uma carga tênsil simples. Mas, no caso de uma cartilagem articular, devemos ter em mente que o colágeno muda sua orientação ao longo de toda a profundidade da cartilagem para que possa opor resistência a cargas provenientes de várias direções. As fibras da zona tangencial superficial estão orientadas em paralelo com a superfície da articulação, enquanto na região média as fibras estão dispostas de maneira mais aleatória. Na camada mais profunda, as fibras com direção radial penetram no osso subjacente.

Na matriz cartilaginosa, a tensão é aplicada de muitas formas às fibras colágenas. Pode ocorrer a produção de forças de cisalhamento ao longo da superfície da cartilagem articular, quando as duas extremidades ósseas se movem uma sobre a outra. Dessa maneira, as fibras colágenas superficiais podem sofrer deformação (zona tangencial superficial). Do mesmo modo, devemos nos lembrar de que os agregados de proteoglicanas negativamente carregados e hidrofílicos (agrecanos) se autorrepelem e atraem a água para a matriz extracelular. Portanto, a cartilagem apresenta uma tendência natural a inchar; essa tendência é resistida pelo colágeno presente na matriz. Assim, desenvolve-se um equilíbrio homeostático, graças à pressão expansiva da cartilagem e à restrição tênsil das fibras colágenas.

A resposta de escoamento, ou o alongamento gradual de um tecido submetido à aplicação de uma carga constante, provoca a liberação do líquido extracelular da matriz. Depois de algum tempo, a cartilagem alcança uma deformação compressiva estável, ou deformação de equilíbrio. Se a carga compressiva for liberada, o líquido perdido é arrastado para a matriz pela ação das proteoglicanas hidrofílicas (Mow et al., 1992). A cartilagem repleta de água é de fácil compressão, e a cartilagem densamente ocupada pelas glicosaminoglicanas carregadas torna-se mais resistente à compressão.

Os ciclos de carga e descarga da cartilagem possibilitam um fluxo dinâmico de líquido (contendo nutrientes e produtos residuais) para dentro e para fora do tecido. Assim, a aplicação cíclica de uma carga na cartilagem pode ser benéfica para uma matriz normal e também para a saúde celular. No entanto, a aplicação de carga excessiva pode ter um efeito destrutivo sobre a matriz.

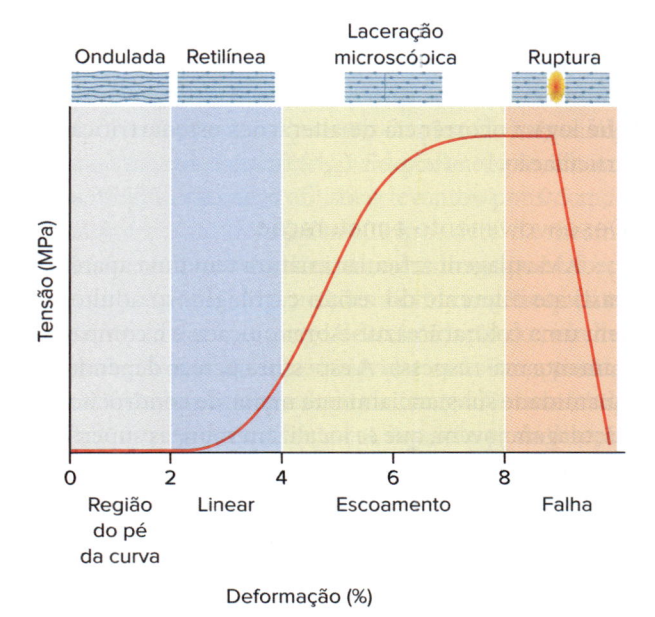

FIGURA 4.4 Recrutamento de fibras colágenas (na cartilagem articular, ligamento ou tendão) enquanto é aplicada uma carga tênsil às fibras do tecido.

Mecanismos de lubrificação

As superfícies das articulações diartrodiais apresentam coeficientes de atrito notavelmente baixos; isso é atribuído, em parte, ao líquido sinovial existente nas cavidades das articulações sinoviais. Durante o movimento, o líquido sinovial lubrifica e atua como um amortecedor dos tecidos da articulação. A cartilagem articular também contribui de maneira significativa para a lubrificação da articulação, graças às propriedades intrínsecas da cartilagem e ao fluxo de líquido. O coeficiente de atrito da cartilagem articular nas articulações diartrodiais humanas varia de 0,01 a 0,04. Para se ter uma ideia, o coeficiente de atrito para o gelo deslizando sobre gelo à temperatura de 0°C varia entre 0,02 e 0,09, e o coeficiente de atrito para o vidro deslizando sobre vidro é de 0,90.

Como atua esse elegante sistema de lubrificação? Levantaram-se várias hipóteses, mas ainda desconhecemos uma resposta definitiva. Foram propostos dois tipos principais de mecanismos de lubrificação: lubrificação de fronteira e de película líquida. A lubrificação de fronteira ocorre quando uma camada de moléculas adere a cada uma das duas superfícies que deslizam entre si. A lubrificação por película líquida ocorre quando duas superfícies não paralelas se movimentam entre si sobre uma delgada camada de líquido. A "cunha" do líquido fica encarcerada entre as duas superfícies móveis e mantém certa distância entre as duas superfícies. Se as duas superfícies em movimento não estiverem sujeitas à deformação, isso produz um subtipo de lubrificação por película líquida denominado lubrificação hidrodinâmica. Se uma ou ambas as superfícies forem deformáveis (p. ex., isotrópicas e elásticas lineares), esse segundo subtipo passa a se chamar lubrificação elasto-hidrodinâmica. Este último tipo de lubrificação é utilizado comumente como modelo da lubrificação nas articulações diartrodiais, porque a cartilagem articular é uma substância deformável (Lo et al., 2012; Mow et al., 1992).

Foram propostas ainda outras teorias para a lubrificação das cartilagens por película líquida (Lo et al., 2012). Um desses mecanismos recebeu a denominação de lubrificação por película espremida. Nesse modelo, as duas superfícies se movem em ângulo reto uma em relação à outra, como pode ocorrer na articulação do joelho no instante da fase de contato do calcanhar com o solo durante a marcha. O peso do corpo tende a fazer com que a parte distal do fêmur e a parte proximal da tíbia se aproximem com a compressão que ocorre na articulação do joelho, e o líquido sinovial é forçado lateralmente, afastando-se da cartilagem. Com isso, forma-se uma interface líquida entre as duas superfícies.

Esse tipo de lubrificação vai ser efetivo apenas durante pouco tempo, tornando-se mais evidente em condições de cargas mais expressivas.

Outro mecanismo possível é a lubrificação impulsionada; esse mecanismo é uma mescla dos tipos de lubrificação elasto-hidrodinâmica e por película espremida. A lubrificação impulsionada pode ocorrer, por exemplo, na articulação do joelho durante a fase de apoio da marcha ou da corrida. Quando as superfícies articulares do fêmur e da tíbia recebem a carga e deslizam entre si, ocorre deformação da cartilagem articular nas duas superfícies, o que força o deslocamento do líquido da matriz até o espaço entre as superfícies. Esse fluxo dinâmico do líquido aumenta sua viscosidade, o que, por sua vez, aumenta a efetividade da película do líquido lubrificante.

Adaptação da cartilagem articular

Nas articulações sinoviais, a cartilagem articular está muito bem adaptada às suas finalidades. Como ocorre em muitos tecidos conjuntivos submetidos a carga, a cartilagem articular depende de uma certa quantidade de uso para que possa exercer satisfatoriamente suas funções. Se a cartilagem for muito pouco utilizada (p. ex., imobilização) ou se for demasiadamente utilizada (p. ex., aplicação de carga excessiva), ocorrerá degradação da qualidade desse tecido. No adulto, a aplicação de carga/descarga ativa na cartilagem articular pode facilitar a difusão dos nutrientes através da matriz cartilaginosa, que é avascular (ou seja, não cicatriza). Conforme será descrito mais adiante, a cartilagem realmente se adapta, mas em muitos casos a adaptação é degenerativa, o que leva à ocorrência de alterações osteoartríticas na articulação.

Desenvolvimento e maturação

A cartilagem articular imatura tem uma aparência bastante diferente do tecido cartilaginoso adulto; ela tem uma coloração azul-esbranquiçada e é comparativamente mais espessa. A espessura parece depender da quantidade substancialmente maior de condrócitos na cartilagem jovem, que se localizam sobre as superfícies articulares e nas placas epifisárias dos ossos.

Além das diferenças morfológicas entre a cartilagem jovem e a mais madura, observa-se uma diferença substancial nos aspectos bioquímicos do tecido em função da idade. O conteúdo hídrico relativo na cartilagem articular imatura é consideravelmente maior do que na cartilagem adulta. Na cartilagem articular, o teor de proteoglicanas no momento do nascimento é o mais elevado, diminuindo lentamente ao longo do crescimento; assim, a concentração de colágeno aumenta com a maturidade. As cadeias dos núcleos proteicos e das glicosaminoglicanas são mais longas na cartilagem articular imatura; com o avanço da idade, ocorre diminuição da síntese dos proteoglicanas. O comprimento médio dos núcleos proteicos das proteoglicanas na cartilagem articular e na fibrocartilagem (p. ex., nos discos intervertebrais) diminui com o passar do tempo (Mankin et al., 2022; Singh et al., 2009). Diante de núcleos proteicos mais curtos e da diminuição na quantidade de cadeias de glicosaminoglicanas com o envelhecimento, pode ocorrer uma redução significativa da resiliência e das propriedades mecânicas da cartilagem articular.

Uso *versus* desuso

Tanto em animais como em humanos, o exercício faz com que a cartilagem articular fique inchada (Walker, 1996). Nos animais, o exercício prolongado pode produzir uma hipertrofia dos condrócitos, um aumento na matriz pericelular que circunda o condrócito e também na quantidade de células por unidade de cartilagem (Englemark, 1961). Esses efeitos já se tornam evidentes logo em seguida a curtos períodos de exercício, mas a prática de exercício em longo prazo resulta em uma mudança duradoura na cartilagem. Em alguns estudos, os condrócitos sob carga mecânica responderam positivamente, mostrando um aumento na biossíntese de proteoglicanas e proteínas em explantados de cartilagem (Jin et al., 2001; Musumeci, 2016). Contudo, outros estudos demonstraram que o aumento da carga provoca desgaste e laceração na cartilagem articular (Chen et al., 2003; Musumeci, 2016), exibindo menor síntese e maior degradação, particularmente diante de uma carga excessiva. Essas alterações podem resultar em osteoartrite, a doença articular mais comum em humanos e a principal causa de incapacidade crônica em idosos. A osteoartrite será discutida com mais detalhes no Capítulo 5.

Na outra ponta do espectro, se a carga incidente na articulação for substancialmente diminuída, a cartilagem poderá experimentar atrofia significativa, ou poderá até mesmo ocorrer degeneração. Quando a cartilagem fica sem carga durante períodos substanciais, pode ocorrer redução na síntese e na quantidade de proteoglicanas na cartilagem, aumento da fibrilação da superfície cartilaginosa e diminuição nas dimensões e quantidade de proteoglicanas agregadas. Da mesma maneira, as propriedades mecânicas da cartilagem articular experimentam degradação diante de períodos prolongados de imobilização. Ao ser comprimida, a cartilagem que estava imobilizada deforma com rapidez muito maior, por ocorrer rápida exsudação do líquido da matriz. Todas as alterações bioquímicas e biomecânicas ocorrentes na cartilagem articular como uma consequência da imobilização são parcialmente – se não completamente – reversíveis em seguida à remobilização da articulação (Mankin et al., 1994; Musumeci, 2016).

Assim, a cartilagem articular pode ficar comprometida tanto pelo excesso como pela carência de carga. A falta ou o excesso de tensão podem afetar negativamente a cartilagem articular, mas a aplicação cíclica de carga na zona fisiológica normal pode otimizar a saúde da cartilagem.

Biomecânica dos tendões e ligamentos

O estresse tênsil máximo médio dos tendões e ligamentos varia entre 50 e 100 MPa. A *carga máxima* (i. e., tensão máxima antes da ocorrência da falha) está relacionada com a área da seção transversa do tendão ou ligamento. As cargas máximas nos tendões, por exemplo, podem ser extremamente altas, sobretudo em tendões como o calcâneo ou o patelar. Conforme será discutido no Capítulo 6, o tendão patelar de um halterofilista de nível competitivo foi capaz de suportar estimados 14,5 kN (mais de 17,5 vezes o peso corporal do halterofilista olímpico) antes de experimentar ruptura (Zernicke et al., 1977).

Como ocorre com os ossos e cartilagens articulares, os tendões e também os ligamentos exibem comportamentos viscoelásticos, como a tensão-relaxamento cíclico e estático (Fig. 3.43), a histerese (Fig. 3.41*b*) e o escoamento (Fig. 3.42). Em comparação, o osso é mais sensível às mudanças na velocidade de deformação; apesar disso, as respostas mecânicas de tendões e ligamentos exibem uma moderada sensibilidade à velocidade de deformação. Como exemplo, se um tendão é alongado a uma grande velocidade de deformação, sua rigidez será maior do que se ele for alongado em velocidade menor. Esse efeito diferenciador da velocidade de deformação no osso e no ligamento pode influenciar em qual estrutura incidirá a lesão, de acordo com a velocidade de aplicação de carga. Se a carga tênsil for aplicada com muita rapidez, é mais provável que a lesão ocorra no ligamento, ao passo que, se a carga for aplicada lentamente, o mais provável é que um fragmento ósseo na inserção do ligamento venha a se soltar (fratura por avulsão).

A Figura 4.4 ilustra uma curva clássica de tensão-deformação para fibras colágenas de ligamento submetidas a uma carga em tensão. Em baixas tensões ("região do pé da curva"), a crimpagem (ondulação) das fibras colágenas começa a desaparecer, enquanto vai diminuindo a frouxidão. À medida que vai ocorrendo a retificação das fibras colágenas, forma-se uma linearidade, e pode-se medir o módulo elástico (de Young) (*E*) do material. Conforme já foi descrito, o módulo elástico (*E*) é a inclinação da região linear da curva de tensão-deformação (σ-ε). Devemos ter em mente que as deformações nas regiões do pé da curva e linear da curva são relativamente pequenas (deformação de 0 a 4%).

Nas proximidades do final da região de carga linear (elástica), algumas das fibras colágenas podem exceder sua capacidade de suportar carga; ocorre, então, uma ruptura. Se a carga (tensão) fosse removida nesse ponto, poderia ocorrer uma falha parcial do tendão ou ligamento, mas as fibras intactas da estrutura remanescentes ainda poderiam exercer a função de transmissão de carga. A laceração parcial pode induzir a uma resposta inflamatória e, eventualmente, a cicatrização irá formar tecido cicatricial (Cap. 5). No entanto, se ocorrer aumento do estresse tênsil, ocorrerá ruptura das fibras remanescentes do tendão ou ligamento.

Como ocorre com o osso, um ligamento ou tendão tem uma geometria específica que afeta seu comportamento mecânico estrutural. A Figura 4.5*a* e *b* ilustra duas situações que destacam o modo como as dimensões do ligamento (ou do tendão) podem afetar suas funções mecânicas no corpo. Na Figura 4.5*a*, observamos dois ligamentos de comprimentos de fibra iguais, mas com diferentes áreas de seção transversa. À medida que uma carga tênsil vai sendo aplicada a cada um dos ligamentos, o ligamento 2A – que tem o dobro da área de seção transversa – terá o dobro da resistência tênsil e da rigidez do ligamento A; contudo, o alongamento até a falha (ruptura) será o mesmo nos dois ligamentos.

A Figura 4.5*b* ilustra dois ligamentos com a mesma área de seção transversa (a mesma quantidade de fibras colágenas em paralelo); contudo, o ligamento 2L tem o dobro do comprimento original (em repouso) do ligamento L. Se uma carga similar for aplicada a cada ligamento, o ligamento 2L terá metade da rigidez e o dobro do alongamento no momento da falha (ruptura) em comparação ao ligamento L; contudo, visto que os ligamentos têm a mesma área de seção transversa, a resistência estrutural é idêntica para ambos os ligamentos.

A Figura 4.5*c* mostra que todos esses quatro ligamentos – mesmo com diferentes geometrias – podem ter as mesmas propriedades materiais, como o módulo elástico (*E*). Isso ocorre porque as propriedades materiais de tensão, deformação e módulo elástico são determinadas de acordo com valores característicos para a composição molecular do tecido ligamentar.

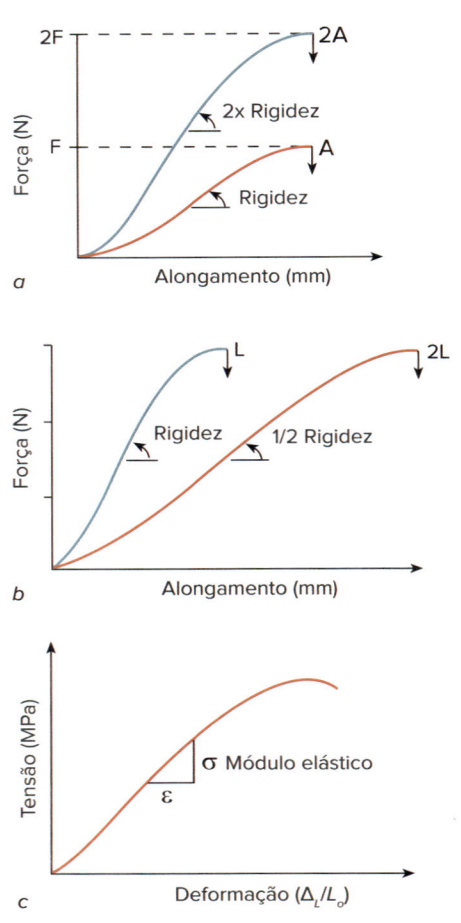

FIGURA 4.5   Efeitos *(a)* da área de seção transversa do ligamento (A = área original; 2A = dobro da área original) e *(b)* do comprimento original de um ligamento sobre suas propriedades estruturais (L = comprimento original; 2L = dobro do comprimento original). *(c)* Efeito normalizante dos cálculos de tensão e deformação para a estimativa das propriedades materiais de ligamentos de tamanhos variados; o módulo de Young (*E*) é calculado como a tensão dividida pela deformação (*E* = σ/ε).
Adaptada de Butler et al. (1978).

Adaptação de tendões e ligamentos

Há algumas décadas, os tendões e ligamentos eram considerados cordões passivos e inertes que transmitiam cargas. Desde então, pesquisas desvendaram as importantes propriedades adaptativas desses tecidos conjuntivos fibrosos.

Desenvolvimento e maturação

As propriedades mecânicas e a composição dos tendões são amplamente influenciadas pela idade. Antes da maturidade do esqueleto, os tendões e ligamentos são ligeiramente mais viscosos (resistentes às mudanças estruturais) e relativamente mais complacentes (i. e., movem-se à contração muscular; Frank, 1996). Com o passar do tempo, aumentam a rigidez e o módulo elástico dentro da faixa linear, até que seja alcançado o ponto da maturidade esquelética; então, essas propriedades permanecem relativamente constantes (Woo et al., 2022). Na meia-idade, as inserções dos ligamentos ou dos tendões no osso começam a enfraquecer, a viscosidade começa a declinar e o colágeno passa a apresentar maior quantidade de ligações cruzadas e menor flexibilidade elástica (Couppé et al., 2009; Frank, 1996; Woo et al., 2022). Diante do processo natural de envelhecimento, os ossos também passam a ser mais frágeis, e a inserção entre um ligamento e um tendão e o osso se torna uma ligação muito mais fraca. Como resultado, com o processo de envelhecimento, passa a ser mais comum a ocorrência de fraturas por avulsão – nas quais um fragmento ósseo é arrancado de seu local de inserção.

Uso *versus* desuso

Os tecidos conjuntivos fibrosos densos, como os ligamentos e tendões, são sensíveis tanto ao treinamento como ao desuso (Galloway et al., 2013; Taylor et al., 2004; Woo et al., 2004). Com o exercício, os tendões e ligamentos normais se adaptam às maiores cargas, tornando-se maiores ou mudando suas propriedades materiais, de modo a ter maior resistência por unidade de área (Galloway et al., 2013; Kasashima et al., 2002; Kjaer, 2004).

Aparentemente, a atividade cotidiana normal (sem treinamento) é suficiente para a manutenção de cerca de 80 a 90% do potencial mecânico dos ligamentos (Frank, 1996; Galloway et al., 2013). Os principais efeitos do exercício nos ligamentos são o aumento da resistência estrutural e da rigidez, com o potencial de aumentar esses dois fatores em até 20% (Fig. 4.6). Em comparação com o controle basal, o exercício pode melhorar moderadamente as propriedades estruturais e mecânicas dos ligamentos ao longo do tempo (até 40%), enquanto a imobilização exerce um drástico efeito negativo dentro de 8 a 12 semanas (p. ex., ver na Fig. 4.6 a curva vermelha ilustrativa da rápida perda das propriedades mecânicas do ligamento com a imobilização). Depois da interrupção da imobilização (curva vermelha) e início da remobilização e reabilitação (curva azul), pode ocorrer uma rápida recuperação das propriedades do ligamento. Entretanto, a recuperação do local de inserção de um ligamento previamente imobilizado ao osso tem velocidade de recuperação relativamente mais lenta.

Em geral, a prática do exercício físico aumenta a resistência da junção entre o osso e o ligamento (osteoligamentar) (Doschak e Zernicke, 2005). Tipton et al. (1975)

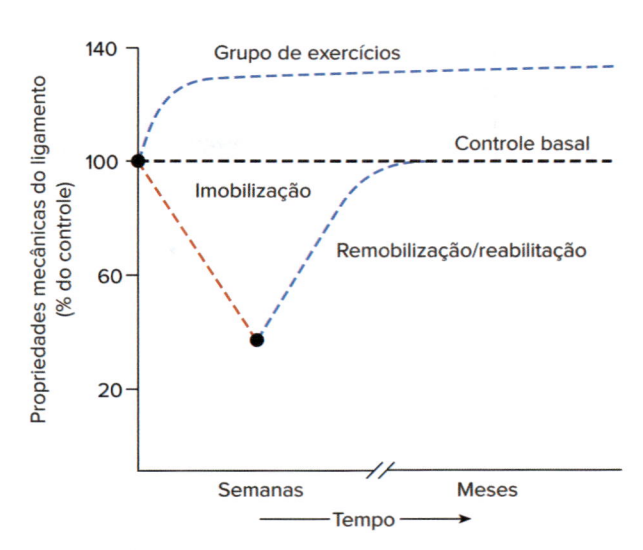

FIGURA 4.6 Respostas do ligamento ao exercício, imobilização e remobilização, em comparação com ligamentos normais (controles). Essa figura incorpora dados experimentais de Woo et al. (1987) com dados teóricos e derivados de computação relatados por Wren et al. (2000), de modo a ilustrar como as propriedades mecânicas (p. ex., resistência tênsil máxima) de um ligamento normal (controle) são afetadas por um programa de exercícios físicos, em comparação com uma sequência de intervenções de imobilização e remobilização/reabilitação. São apresentados três conjuntos de dados experimentais: (1) controle normal basal (preto), (2) intervenção com exercício físico (azul) e (3) intervenção de imobilização (vermelho) seguida por reabilitação/remobilização (azul).
Adaptada de Woo (1987) e Wren (2000).

concluíram que o treinamento de resistência é a forma mais efetiva de exercício voltado ao aumento da resistência da junção osteoligamentar.

Existe um conjunto menor de dados quantitativos disponíveis sobre as adaptações dos tendões relacionadas com o exercício físico, comparativamente ao que existe para os ligamentos. Os dados sugerem que o exercício pode aumentar a quantidade e as dimensões das fibrilas de colágeno e que também pode aumentar a área de seção transversal dos tendões, em comparação com tendões de controles sedentários (Galloway et al., 2013; Kasashima et al., 2002). O exercício também pode resultar em aumento na síntese de colágeno (Galloway et al., 2013; Kjaer, 2004) e na quantidade de fibroblastos nos tendões em crescimento (Benjamin e Hillen, 2003; Galloway et al., 2013).

A privação de carga ou a imobilização da articulação promove uma rápida deterioração nas propriedades bioquímicas e mecânicas do ligamento, em parte graças à atrofia, que provoca uma perda resultante da resistência e rigidez do ligamento (Frank, 1996; Galloway et al., 2013;

Mullner et al., 2000). A imobilização ou desuso diminui o teor de glicoproteínas e água dos ligamentos, aumenta a orientação não uniforme das fibrilas de colágeno e aumenta as ligações cruzadas redutíveis de colágeno (Akeson et al., 1987; Galloway et al., 2013). As taxas de *turnover* do colágeno aumentam com a imobilização, do mesmo modo que a proporção entre colágeno novo/velho aumenta em ligamentos imobilizados (Galloway et al., 2013; Harwood e Amiel, 1992). Além disso, ocorrem decréscimos na massa total de colágeno (Harwood e Amiel,1992) e na rigidez (Kjaer, 2004; Palmes et al., 2002) dos ligamentos. O efeito da imobilização ou do desuso é drástico e rápido. Com a imobilização, ocorre uma importante deterioração dentro de poucas semanas, tendo em vista que as células do ligamento produzem uma quantidade insuficiente de material ligamentar, o que, por sua vez, contribui para o enfraquecimento estrutural do complexo ligamentar (Frank, 1996). Ao mesmo tempo, ocorre uma resposta osteoclástica na junção osteoligamentar, o que diminui a resistência do osso de inserção.

Nessa mesma linha, uma ruptura do tendão do calcâneo sem reparo subsequente acarreta atrofia dos músculos da panturrilha. Esses achados sugerem que a ruptura desse tendão deve ser reparada por cirurgia logo em seguida à lesão, sendo implementada a mobilização precoce, com o objetivo de reduzir a perda da amplitude de movimento, aumentar a irrigação sanguínea e diminuir o grau de atrofia muscular, especialmente em atletas (Galloway et al., 2013; Sorrenti, 2006).

Nos tendões, as lesões por uso excessivo são responsáveis por aproximadamente 7% dos distúrbios musculoesqueléticos nos Estados Unidos. Esses distúrbios incluem tendinopatias do calcâneo, do extensor radial curto do carpo, e do patelar. Acompanhando essas tendinopatias, ocorrem alterações na morfologia dos tenócitos e nas fibrilas de colágeno, inflamação, apoptose (morte celular) e alterações neurovasculares associadas a microlesões e a respostas inflamatórias no interior do tendão em questão (Galloway et al., 2013).

BIOMECÂNICA DO MÚSCULO ESQUELÉTICO

As propriedades fundamentais do músculo estão ligadas à força, ao comprimento e à velocidade. No Capítulo 2, revisamos a dinâmica da contração muscular (Figs. 2.15 e 2.16) e as relações entre comprimento-tensão e força-velocidade (Fig. 2.20).

Os eventos mecânicos fundamentais na contração de um músculo se relacionam com propriedades de torção, contração tetânica não fundida (*unfused*) e tetania. Ocorre uma contração isolada em um músculo quando este é estimulado uma vez. Se outro estímulo vier a ocorrer para despolarização do músculo antes que ele relaxe por completo, os estímulos terão um efeito somatório, e a força produzida no músculo será superior àquela produzida com apenas uma contração. Esse fenômeno é conhecido como somação temporal. À medida que as salvas de estímulos (impulsos) vão chegando cada vez mais rapidamente, a tensão desenvolvida no músculo continuará aumentando até – em uma estimulação máxima – que o músculo entre em estado de tetania (ou tétano), sendo alcançada uma tensão máxima contínua. Se a velocidade de estimulação se situar pouco abaixo do máximo, então serão observadas flutuações na tensão; esse fenômeno é conhecido como contração tetânica não fundida. Ao produzir cargas excessivas, essas unidades motoras normalmente são recrutadas de maneira assíncrona, de modo a não estimular uma contração tetânica a cada vez que o músculo é recrutado (Dean et al., 2014).

A força total desenvolvida no músculo esquelético é proporcional à quantidade de pontes cruzadas ativas em paralelo, enquanto a velocidade na qual a força pode se desenvolver em um músculo é proporcional à quantidade de sarcômeros em série. Nesse cenário, o aumento da área de seção transversa do músculo por meio do treinamento de força amplia o recrutamento das proteínas contráteis, como a actina e a miosina, o que resulta em uma quantidade proporcionalmente maior de conexões de pontes cruzadas, aumentando a produção de força.

Para a indução de hipertrofia das células musculares, deve ser alcançado um estímulo-limite para induzir a adaptação na expressão das proteínas contráteis; isso resultará em subsequente crescimento muscular. Esse fenômeno se fundamenta no princípio de treinamento de sobrecarga progressiva, que afirma que os músculos trabalhados próximo de sua capacidade de produzir força terão um aumento na resistência (Lorenz et al., 2010; McArdle et al., 2001). Portanto, os programas de treinamento de força são elaborados com base no volume de exercício (um produto de séries, repetições e cargas associadas ao exercício específico), frequência (quantidade de sessões de exercício por semana) e intensidade (normalmente medida como um percentual de uma repetição máxima [1RM]) (Lorenz et al., 2010; Macaluso e De Vito, 2004; Wackerhage et al., 2019). Aqui, o ponto crucial é que as cargas aumentam progressivamente de modo a proporcionar um estímulo adequado ao longo de todo o regime de treinamento. Um efeito de aprendizado, que envolve progressos na coordenação das habilidades motoras e no nível de motivação, promove uma rápida melhora no desempenho durante a primeira e segunda semanas. Durante a terceira e quarta semanas, a resistência muscular aumenta, sem que ocorra um correspondente aumento nas dimensões do músculo (Macaluso e De Vito, 2004; Schoenfeld et al., 2019). Essas melhoras são atribuíveis sobretudo a adaptações nervosas, por exemplo, na coordenação intermuscular (comunicação e coordenação eficientes entre grupos musculares agonistas e antagonistas), coordenação intramuscular (quantidade de unidades motoras recrutadas e a sincronização dessas unidades motoras) e aumento dos impulsos nervosos provenientes do sistema nervoso central. Passadas mais de seis semanas, ocorre hipertrofia muscular, tanto no músculo como um todo (5 a 8% de aumento no tamanho) como nas próprias fibras musculares (25 a 35% de aumento) (McDougall, 2003; Schoenfeld et al., 2019). No caso do músculo esquelético, esse fenômeno ocorre sem hiperplasia (divisão celular) (McCall et al., 1999).

Diante da ocorrência de microlacerações do músculo esquelético causadas pelo treinamento de força, uma resposta inflamatória local resulta na ativação e fusão de células de sustentação locais, denominadas *células satélites*, que são mioblastos mitoticamente quiescentes localizados entre o sarcolema (ou a fibra muscular e sua matriz extracelular). Sob estimulação física, o fator de crescimento semelhante à insulina tipo 1 (IGF-1), encontrado circulando na matriz extracelular, é capaz de reagir com as células satélites, fazendo com que se dividam. Então, as células-filhas resultantes se fundem com a fibra muscular subjacente, adicionando núcleos, citoplasma e proteínas à fibra existente. Tendo em vista o aumento na quantidade de núcleos no interior da fibra muscular, a síntese das proteínas contráteis pode ser suprarregulada, disso resultando a hipertrofia da célula muscular (Chakravarthy et al., 2000; Ehrhardt e Morgan, 2005; Kadi et al., 2005; Yin et al., 2013). Em decorrência da hipertrofia, ocorre um aumento na área de seção transversa do músculo, e a densidade dos capilares e das mitocôndrias diminui, em função do efeito de diluição (Baldwin e Haddad, 2002; Parry et al., 2020).

ADAPTAÇÃO DO MÚSCULO ESQUELÉTICO

O músculo esquelético tem uma enorme capacidade de adaptação, como pode ser facilmente apreciado se contrastarmos o desenvolvimento muscular de um ginasta ou halterofilista olímpicos com os músculos atrofiados de um indivíduo que permaneceu acamado durante anos. O tipo de treinamento influencia no tipo de adaptação muscular decorrente das adaptações locais, específicas para as fibras musculares que estão sendo utilizadas. O treinamento de resistência melhora o potencial oxidativo do músculo, ao passo que o treinamento de força aumenta o diâmetro das miofibrilas do músculo e sua potência contrátil. Exemplificando, as adaptações das fibras musculares tipo I e tipo IIA (com propriedades oxidativas) podem envolver um aumento na biossíntese de mioglobinas e de enzimas mitocondriais, enquanto as fibras musculares tipo IIB (que têm propriedades glicolíticas) podem demonstrar um aumento na biossíntese de enzimas glicolíticas e na capacidade de tamponamento do lactato (Parry et al., 2020; Platt, 2005).

Desenvolvimento e maturação

Conforme explicado no Capítulo 2, as células do músculo esquelético são derivadas do mesoderma (Brand-Saberi, 2005; Tajbakhsh, 2003; Yin et al., 2013). O tipo de fibra muscular típico no início da formação do feto é a fibra de contração rápida primitiva (Bandy e Dunleavy, 1996). À medida que os sistemas muscular e neurológico amadurecem, histoquímica e metabolicamente, tipos distintos de fibra começam a aparecer (Buckingham et al., 2003). William e Goldspink (1981) indicaram que, embora seu desenvolvimento seja incompleto, é provável que a quantidade macroscópica de fibras musculares no corpo seja estabelecida no momento do nascimento. Portanto, o crescimento muscular continuado é o resultado do aumento no tamanho da fibra (tanto em largura como em comprimento) e da sua maturação. Depois do primeiro ano de vida, tem início uma distribuição genética e específica para cada indivíduo das fibras de contração rápida e lenta que surgem no sistema musculoesquelético. A relação entre esses tipos predispõe o indivíduo a um melhor desempenho diante de certos tipos de atividade física. Ao longo do desenvolvimento, o acréscimo de sarcômeros e a hipertrofia das fibras musculares têm continuidade até que, por volta dos 15 anos de idade, o crescimento cessa e é alcançado o tamanho adulto das fibras.

Embora um osso tenha placas de crescimento que lhe possibilitem estender-se em uma direção longitudinal, o comprimento associado ao crescimento dos músculos esqueléticos normalmente decorre da adição de sarcômeros em série às fibras musculares, sobretudo na região da junção miotendínea. Se uma unidade músculo-tendão (miotendínea) for esticada, normalmente sarcômeros extras serão adicionados à região da junção miotendínea (Garrett e Best, 2022). Em termos de adaptação funcional, a junção miotendínea é uma ativa e muito dinâmica – e com tendência a lesão. Surpreendentemente, pouco se sabe sobre o modo como a junção miotendínea se adapta ao treinamento. Diante de um treinamento com sobrecarga, não ocorre mudança no ângulo juncional relativo entre a miofibrila e o colágeno na junção miotendínea, e isso pode significar que sua capacidade de resistência está próxima do ideal (Tidball, 1983). Portanto, na junção miotendínea a adaptação pode estar relacionada com mudanças na qualidade do colágeno e da membrana sarcolêmica, e não a alterações na morfologia da junção. Pesquisas também sugerem que, da mesma maneira, o treinamento de força pode causar maiores invaginação e evaginação do sarcoplasma para, com isso, aumentar o contato entre o músculo e o tendão, o que facilitaria uma transferência de força mais eficiente (Pimentel Neto et al., 2020).

Comparativamente com a quantidade de informações sobre a adaptação muscular em adultos, são escassos os dados relacionados com a adaptação muscular em crianças. Bandy e Dunleavy (1996) relataram que, em meninos na fase de pré-puberdade que participaram de um programa de treinamento de força progressivo, a força muscular aumentou, sem que houvesse qualquer mudança digna de nota na área de seção transversa. Os pesquisadores sugeriram que o aumento na força foi resultante da melhora na coordenação e no controle nervoso de grupos musculares responsáveis pelos movimentos, em vez de mudanças nas dimensões das fibras. Ao longo da vida de uma pessoa, a força máxima, tanto em homens como em mulheres, é alcançada entre os 20 e 30 anos de idade, aproximadamente na mesma época em que a área de seção transversa dos músculos e o conteúdo mineral ósseo são maiores. O nível de força tende a se estabilizar até os 50 anos; doravante, ocorre declínio na força, que se torna acelerado por volta dos 65 anos e além.

A perda da força que ocorre com o processo de envelhecimento pode estar relacionada com a perda de massa muscular associada à atrofia e à redução na quantidade de fibras musculares. Com o passar do tempo, as fibras musculares de contração rápida normalmente se degeneram com mais rapidez do que as fibras musculares de contração lenta. Apesar disso, os músculos esqueléticos de idosos (≥ 60 anos) ainda respondem ao treinamento progressivo de força; nesse caso ocorrem aumentos não apenas no desempenho e na força, mas também na massa muscular e nas dimensões da fibra muscular, particularmente nas fibras de contração rápida. Esse aumento ou manutenção da força pode ter consequências significativas para a manutenção da coordenação neuromotora e também para a redução da incidência de quedas e lesões, de 13 a 40% (Bandy e Dunleavy, 1996; Li et al., 2016).

Efeitos relacionados com o sexo

Antes do início da puberdade, não são observadas diferenças entre os sexos no desempenho esportivo; a força muscular das meninas e dos meninos é basicamente igual. No entanto, durante a puberdade, as meninas não passam por uma mudança significativa na massa muscular. Flanagan et al. (2015) relataram mudanças nas características da força entre meninos e meninas pubescentes estudantes do 4º e 5º anos (i. e., idades entre 9,6 e 10,6 anos). Esses autores verificaram que, embora os meninos fossem mais fortes do que as meninas no 4º grau, as meninas melhoraram mais durante o período estudado; no 5º grau, apresentavam valores de força similares aos dos meninos. Outros pesquisadores relataram maiores diferenças na força durante o crescimento e desenvolvimento; as meninas eram aproximadamente 90% tão fortes quanto os meninos entre os 11 e 12 anos, diminuindo para 85% entre os 13 e 14 anos (Komi, 2003). Por volta dos 15 a 16 anos, as meninas normalmente tinham 75% da força dos meninos. Observe que esses dados após os anos da puberdade de momento se concentram nas diferenças biológicas entre os sexos.

Esses valores de força divergentes entre os sexos são consistentes com as diferenças na composição corporal existente entre homens e mulheres adultos. Exemplificando, o percentual médio de massa muscular (em relação à massa corporal total) em uma mulher atleta bem condicionada é de aproximadamente 23%, enquanto no homem atleta bem condicionado é de 40%. O percentual médio de gordura (em relação à massa corporal total) em mulheres condicionadas se situa na faixa de 10 a 15%, ao passo que em homens condicionados o percentual fica abaixo dos 7%. Já nas mulheres não condicionadas, o percentual médio de gordura corporal é de 25%, enquanto em homens não condicionados esse percentual chega perto dos 15%. Analogamente, há diferenças no tamanho médio do coração; em mulheres adultas, o coração mede 10,7 cm de diâmetro, ao passo que em homens adultos mede 12,1 cm. A capacidade pulmonar total média em mulheres adultas é de 4.200 mL *versus* 6.000 mL nos homens; a capacidade vital média dos pulmões em mulheres é de 3.200 mL, enquanto nos homens esse valor chega perto dos 4.800 mL (Åstrand et al., 2003).

As proporções relativas dos tipos de fibra muscular são parecidas entre homens e mulheres, mas a área de seção transversa total dos músculos nas mulheres mede apenas cerca de 75% da área nos homens, o que explica as diferenças na força em geral (Cureton et al., 1990; Haizlip et al., 2015). As diferenças na força entre homens e mulheres são mais expressivas nos membros superiores, comparativamente aos membros inferiores (Chen et al., 2012; Hakkinen, 2002); no entanto, as mulheres são capazes de adquirir uma força relativa, de modo parecido com o que ocorre nos homens (Cureton et al., 1990; Gentil et al., 2016).

Wilmore (1979) sugeriu que, embora os homens tenham maior força muscular na parte superior do corpo, as mulheres atletas de elite são praticamente equivalentes aos homens de mesma categoria em termos de força por unidade de tamanho e tipo de fibra muscular. Ikai e Fukunaga (1968), que examinaram a força dos músculos flexores de cotovelo em homens e mulheres comparando-a com as dimensões musculares, constataram haver pouca ou nenhuma diferença na força relativa de homens e mulheres. A capacidade de produção de força de uma fibra muscular independe do sexo (Bandy e Dunleavy, 1996). Há alguma indicação de que homens e mulheres podem aumentar a força em grau semelhante em seguida ao treinamento de força, mas que a hipertrofia muscular parece ser menos pronunciada em mulheres. Um dos fatores que podem contribuir para a maior hipertrofia ocorrente em homens é seu nível de testosterona, que exerce uma função anabólica potente na construção do tecido muscular. Embora existam diferenças individuais na produção de testosterona, nos homens os níveis séricos dessa substância são 20 a 30 vezes superiores aos níveis nas mulheres. Isso se deve, em parte, ao fato de que a testosterona é o principal hormônio sexual impulsionador do desenvolvimento masculino (Haizlip et al., 2015; Linnamo et al., 2005).

Uso *versus* desuso

O princípio da especificidade no treinamento por exercícios define que a adaptação dos músculos esqueléticos é específica à demanda imposta pelo exercício. Dois modos de treinamento comuns são o *treinamento de força* e o *treinamento de resistência* (Garrett e Best, 2022). Tendo em vista que o treinamento de força já foi discutido na seção sobre biomecânica do músculo esquelético, a presente seção abordará o treinamento de resistência.

O treinamento para aumento da resistência muscular envolve um desafio diferente, comparativamente ao treinamento de força; diferentes adaptações irão ocorrer. O treinamento de resistência aumenta a capacidade do músculo de utilizar a energia, não suas dimensões. Um elemento importante é o aumento no metabolismo oxidativo associado às mitocôndrias, que aumentam em tamanho, quantidade e densidade nos músculos esqueléticos treinados para resistência. No caso desse tipo de treinamento, as vias metabólicas se adaptam a um uso mais efetivo dos ácidos graxos como combustíveis, em lugar do glicogênio – por exemplo, por meio de uma maior biossíntese das enzimas envolvidas na clivagem dos ácidos graxos (esterases), no ciclo do ácido cítrico, na fosforilação oxidativa e no transporte transmembrana (transporte pela carnitina). Os diferentes tipos de fibra muscular respondem diferentemente ao treinamento de resistência, embora a capacidade oxidativa dos três tipos de fibra possa aumentar com o treinamento de resistência.

A ingestão alimentar pode também afetar a capacidade de resistência do músculo. O glicogênio, um polímero da glicose armazenado nas fibras musculares e no fígado, é amplamente utilizado nos exercícios de intensidade moderada a alta. O exercício intenso depende do metabolismo glicolítico anaeróbico para que haja rápida disponibilidade de energia; com isso, há mais combustível para a contração muscular. Por outro lado, o exercício prolongado depende de um metabolismo oxidativo de carboidratos mais expressivo para sua manutenção. Se grandes quantidades de carboidratos forem consumidas antes de uma competição, as reservas musculares e hepáticas poderão proporcionar a máxima disponibilidade de energia, tanto para as contrações intensas como prolongadas.

O oposto da hipertrofia é a atrofia. Essa diminuição nas dimensões do tecido muscular pode ser resultante de várias causas, por exemplo, a imobilização, o repouso no leito, o processo de envelhecimento ou um estilo de vida sedentário em seguida a um período de treinamento de alta intensidade. Os sinais clínicos da atrofia são: diminuição na circunferência e área de seção transversa, força e resistência muscular. Durante a reabilitação que se segue a uma lesão, ou quando um atleta retorna ao treinamento, as principais preocupações são os decréscimos na força e na resistência. É mais provável que as mudanças no tamanho das fibras ocorrentes nos casos de atrofia estejam ligadas a uma diminuição na velocidade de síntese de proteínas estruturais e funcionais e a um aumento na velocidade de degradação das proteínas (catabolismo). Diante da imobilização e do desuso, torna-se mais provável que a atrofia ocorrente no músculo esquelético venha a afetar as fibras de contração lenta (tipo I), que são mais recrutadas tonicamente, em comparação com o que ocorre com as fibras de contração rápida (tipo II).

REVISÃO DO CAPÍTULO

Pontos-chave

- No caso de tecidos conjuntivos sujeitos a carga, como osso, cartilagem, tendão, ligamento e músculo, a forma e a função estão indissociavelmente ligadas.
- Esses tecidos têm a capacidade de se adaptar (em maior ou menor extensão) ao seu ambiente.
- As capacidades mecânica, bioquímica, hormonal e molecular integradas desses tecidos de se adaptarem favoravelmente às influências ambientais constituem o principal atributo dos tecidos saudáveis.
- A incapacidade desses tecidos de se adaptarem a excessos (tanto altos como baixos) é um fator importantíssimo associado à degradação e às lesões.

Questões a considerar

1. O capítulo inicia com uma citação de D'Arcy Thompson (1860-1948). Nela, Thompson afirma que "a forma... da matéria... e as mudanças de forma que ficam evidentes... em seu crescimento... são decorrentes da ação de força(s)". Com base no que você aprendeu no capítulo, avalie a veracidade dessa afirmativa de Thompson.
2. Compare e contraste o conceito convencional de homeostase (estado de equilíbrio fisiológico) com o que o texto descreve alternativamente como "equilíbrio em contínua mudança".
3. Descreva a diferença entre *propriedades estruturais* e *propriedades materiais* e as consequências funcionais dessa diferença.
4. Explique as vantagens e desvantagens da estrutura oca de um osso longo.
5. Compare e contraste os conceitos de *modelagem* e *remodelamento* do osso.
6. Com frequência um modelo de U invertido se aplica a conceitos relacionados com o desempenho humano (p. ex., na fisiologia, biomecânica ou psicologia). Esse modelo prediz que o efeito ideal é obtido por algum nível moderado de estímulo, e que níveis mais baixos ou mais altos de estímulo resultam na diminuição do efeito. Selecione um tecido biológico e explique como um modelo em U invertido ajuda na descrição de sua resposta à carga.
7. Explique por que o uso de uma abordagem multidisciplinar se justifica no tratamento de uma atleta diagnosticada com a tríade da mulher atleta.
8. Quais recomendações de treinamento você proporia a alguém que deseje manter saudáveis seus tecidos musculoesqueléticos?

LEITURAS SUGERIDAS

Ossos

Bostrom, M.P.G., A. Boskey, J.J. Kaufman, and T.A. Einhorn. 2022. Form and function of bone. In *Orthopaedic Basic Science* (5th ed.), edited by R. Aaron. Park Ridge, IL: American Academy of Orthopaedic Surgeons.

Dull, P. 2006. *Hormone replacement therapy*. Primary Care 33: 953-963.

Howe, T.E., B. Shea, L.J. Dawson, F. Downey, A. Murray, C. Ross, R.T. Harbour, L.M. Caldwell, and G. Creed. 2011. Exercise for preventing and treating osteoporosis in postmenopausal women.

Cochrane Database of Systematic Reviews 2011(7): 1-167.

Iwamoto, J., T. Takeda, and Y. Sato. 2005. Intervention to prevent bone loss in astronauts during space flight. *The Keio Journal of Medicine* 54(2): 55-59. doi:10.2302/kjm.54.55

Oftadeh, R., M. Perez-Viloria, J.C. Villa-Camacho, A. Vaziri, and A. Nazarian. 2015. Biomechanics and mechanobiology of trabecular bone: A review. *Journal of Biomechanical Engineering* 137(1): 0108021-01080215. doi:10.1115/1.4029176

Cartilagem articular

Mankin, H.J., V.C. Mow, J.A. Buckwalter, J.P. Iannotti, and A. Ratcliffe. 2022. Articular cartilage structure, composition and function. In *Orthopaedic Basic Science* (5th ed.), edited by R. Aaron. Park Ridge, IL: American Academy of Orthopaedic Surgeons.

Tendões e ligamentos

Curwin, S.L. 1996. Tendon injuries: Patho-physiology and treatment. In *Athletic Injuries and Rehabilitation*, edited by J.E. Zachazewski, D.J. Magee, and W.S. Quillen. Philadelphia: Saunders.

Maffuli, N., P. Renstr.m, and W.B. Leadbetter. 2005. *Tendon Injuries: Basic Science and Clinical Medicine*. London: Springer.

Woo, S.L.-Y., K.-N. An, C.B. Frank, G.A. Livesay, C.B. Ma, J. Zeminski, J.S. Wayne, and B.S. Myers. 2022. Anatomy, biology, and biomechanics of tendon and ligament. In *Orthopaedic Basic Science* (5th ed.), edited by R. Aaron. Park Ridge, IL: American Academy of Orthopaedic Surgeons.

Músculo esquelético

Alexander, R.M. 2003. *Principles of Animal Locomotion*. Princeton, NJ: Princeton University Press.

Biewener, A.A. 2003. *Animal Locomotion*. Oxford, UK: Oxford University Press.

Flanagan, S., C. Dunn-Lewis, D. Hatfield, L. Distefanso, M. Fragala, M. Shoap, M. Gotwald, J. Trail, A. Gomez, J. Voler, C. Cortis, B. Comstock, D. Hooper, T. Szivak, D. Looney, W. DuPont, D. McDermott, M. Gaudiose, and W. Kraemer. 2015. Developmental differences between boys and girls result in sex-specific physical fitness changes from fourth to fifth grade. *Journal of Strength and Conditioning Research* 29: 175-180.

Garrett, W.E., Jr., and T.M. Best. 2022. Anatomy, physiology, and mechanics of skeletal muscle. In *Orthopaedic Basic Science* (5th ed.), edited by R. Aaron. Park Ridge, IL: American Academy of Orthopaedic Surgeons.

Herzog, W. 2000. *Skeletal Muscle Mechanics: From Mechanisms to Function*. Toronto: Wiley.

Lieber, R.L. 2002. *Skeletal Muscle Structure, Function, & Plasticity* (2nd ed.). Philadelphia: Lippincott Williams & Wilkins.

5

Conceitos de lesão e cicatrização

As gentilezas são facilmente esquecidas; mas as lesões! – que
pessoa virtuosa consegue esquecer das suas lesões?

William Makepeace Thackeray (1811-1863)

OBJETIVOS

- Estabelecer uma visão geral dos mecanismos de lesão, dos seus princípios e dos fatores contributivos para a ocorrência das lesões.
- Examinar as vias patológicas e de cicatrização envolvidas nas lesões a tecidos dos sistemas musculoesquelético e nervoso.

Ao avaliar uma lesão, a primeira coisa que a maioria das pessoas se pergunta é: "Como isso aconteceu?". A fim de que seja obtida uma resposta precisa para essa questão, é preciso considerar a relação de causa e efeito entre os eventos que envolvem a lesão e também a lesão em si. Em termos biomecânicos, esse é o *mecanismo de lesão*. Mecanismo, nesse contexto, é definido como o processo físico fundamental responsável por determinada ação, reação ou resultado. É essencial a identificação retrospectiva e precisa dos mecanismos de lesão para a obtenção de um diagnóstico, tratamento efetivo e prevenção de futuras lesões.

Muitas pessoas têm experiência na identificação dos mecanismos de lesão. Vamos considerar, por exemplo, uma jogadora de basquete que, ao aterrissar na quadra em seguida a um salto para arremessar a bola, cai sobre o pé de uma adversária e torce o tornozelo, o que resulta em dor intensa. O treinador corre e pergunta: "O que foi que aconteceu?". A jogadora faz uma careta e responde: "Torci meu tornozelo". Em palavras simples, a jogadora especificou o mecanismo de sua lesão. O conhecimento do mecanismo fornece ao técnico, ao preparador físico e ao médico dados que ajudarão a determinar o curso de ação adequado.

Agora, vamos imaginar um homem idoso que foi encontrado caído em uma calçada em uma noite de janeiro. Depois de verificar as funções vitais do idoso, os paramédicos que chegaram ao local determinam que não há perigo imediato, embora ele estivesse demonstrando sofrer muito. O homem informou que escorregou no gelo da calçada, tendo caído sobre o cóccix, apoiado pelas mãos. Também nesse caso, com a descrição do mecanismo da queda, o idoso fornece aos paramédicos informações valiosas que os ajudarão a determinar quais as próximas condutas. Continuando o questionamento, surgirão mais detalhes da queda.

Profissionais treinados podem traduzir a descrição simples de uma lesão, conforme ilustrado pelos exemplos precedentes, em termos mais específicos à sua especialidade. Um médico, por exemplo, pode explicar um tornozelo torcido como a rápida aplicação de uma carga na face lateral do tornozelo e do pé, com possível lesão aos ligamentos talofibular anterior e calcaneofibular. Já um biomecânico abordaria um escorregão e queda a partir de uma perspectiva mecanicista, concentrando-se no coeficiente de atrito na interface solo-pé, e na velocidade do corpo no instante de contato com o solo. Em ambos os casos, o profissional lança mão do conhecimento do mecanismo de lesão para que possa estabelecer uma relação de causa e efeito.

A descrição de um mecanismo de lesão depende, em parte, da perspectiva da pessoa envolvida. Sem dúvida, médicos, treinadores esportivos, preparadores físicos, supervisores, fisioterapeutas e a pessoa lesionada descreverão o mecanismo de lesão de maneira diferente – todos eles corretos, de acordo com sua perspectiva.

VISÃO GERAL DOS MECANISMOS DE LESÃO

Embora em alguns casos haja apenas um mecanismo isolado responsável pela lesão, com frequência os mecanismos atuam de maneira combinada. É importante que se conte com uma identificação precisa dos mecanismos de lesão para que se possa chegar a um diagnóstico, tratamento e reabilitação apropriados. Já nos referimos a muitos desses mecanismos em nossas discussões precedentes; eles serão explorados na seção seguinte e em capítulos subsequentes.

Os mecanismos não devem ser confundidos com o conceito relacionado, mas diferente, de *fatores predisponentes* ou *contributivos*. Os mecanismos estabelecem uma relação de causa e efeito. Os fatores contributivos aumentam ou diminuem a probabilidade de ocorrência e o nível do efeito; esses fatores serão discutidos em detalhes mais adiante neste capítulo.

São muitos e variados os mecanismos responsáveis por uma lesão, e não contamos com um sistema que, isoladamente, possa categorizá-los. A categorização dos mecanismos de lesão se fundamenta em conceitos mecânicos, respostas dos tecidos, ou em uma combinação dos dois. A partir da perspectiva da medicina esportiva, por exemplo, um sistema de classificação identifica sete mecanismos de lesão: contato, sobrecarga dinâmica, uso excessivo, vulnerabilidade estrutural, inflexibilidade, impacto e crescimento rápido (Leadbetter, 2001). Outra fonte lista como mecanismos causais: deformação, impacto impulsivo, aceleração esquelética, absorção de energia, e extensão e velocidade da deformação tecidual (Committee on Trauma Research, 1985).

De acordo com outra perspectiva, pode-se considerar todos os mecanismos de lesão como uma variação da sobrecarga. No Capítulo 3, definimos *carga* como a aplicação de uma força externa a um corpo e identificamos sete fatores que caracterizam as forças e, portanto, as cargas: magnitude, localização, direção, duração, frequência, variabilidade e velocidade. Os tecidos do corpo estão continuamente sob carga durante as atividades normais, sem que ocorra qualquer lesão óbvia. Diz-se que as cargas normais e não lesivas se situam dentro de uma faixa fisiológica. A probabilidade de ocorrência de uma lesão aumenta quando as cargas excedem a faixa fisiológica. Se o tecido que se encontra sob carga já estiver lesionado por alguma lesão precedente ou por doença, ocorrerá redução na sua faixa fisiológica.

Uso refere-se à aplicação de cargas funcionais normais, enquanto *uso excessivo* consiste na repetição de cargas excessivas. Muitas lesões (p. ex., tendinite, síndrome do túnel do carpo) são denominadas lesões por uso excessivo, por resultarem da aplicação repetida de cargas excessivas, com tempo insuficiente para a recuperação. Os Capítulos 6 a 8 descrevem exemplos específicos de lesões por uso excessivo.

As lesões por uso excessivo exemplificam uma grande classe de problemas causados pela aplicação repetida de uma força. São lesões crônicas (também conhecidas como distúrbios por trauma cumulativo ou síndromes de estresse repetitivo). Uma lesão também pode acontecer quando uma sobrecarga única excede a tolerância máxima do tecido; essas são lesões agudas. Em geral, podemos diferenciar lesões agudas e crônicas, mas também pode ocorrer uma inter-relação entre esses tipos. Exemplificando, uma aplicação de carga crônica (uso excessivo) pode enfraquecer um determinado tecido, baixar sua resistência máxima e aumentar a probabilidade de ocorrência de uma lesão aguda. Portanto, uma pessoa com uma inflamação crônica do tendão do calcâneo, por exemplo, está sob maior risco de experimentar uma ruptura tendínea aguda.

PRINCÍPIOS DAS LESÕES

O *como* e o *porquê* mecânicos das lesões são os pontos críticos de nossa abordagem; assim, esta seção apresenta os princípios da lesão importantes para as subsequentes discussões sobre mecanismos de lesão específicos.

Terminologia das lesões

No contexto da biomecânica musculoesquelética, definimos *lesão* como o dano a tecidos do corpo causado por algum traumatismo físico. A biomecânica das lesões conta com uma terminologia própria, baseada essencialmente na medicina e na mecânica. Embora haja concordância em relação à maioria das definições, algumas exceções podem resultar em confusão e pouca clareza (p. ex., ver discussão sobre valgo e varo no Cap. 6).

Também há campo para confusão ao serem empregados termos inespecíficos e abrangentes – o que O'Donoghue (1984) denominou termos "circunstanciais" (p.591) – na descrição de problemas com uma lesão ou grupo de lesões. Exemplificando, *cotovelo de tenista*, *canelites*, *joelho de saltador*, *cotovelo da Little League* e *lesões em chicote* são termos nebulosos, com mínima ou nenhuma utilidade clínica ou biomecânica. Embora alguns usem esses descritores comuns, porém vagos, desestimulamos seu uso e encorajamos o emprego de uma terminologia mais específica e apropriada.

Gravidade da lesão

Cada lesão é única; embora as lesões possam se parecer entre si, jamais são idênticas. Essa realidade impõe desafios à avaliação das lesões e classificação de sua gravidade. Embora todos os sistemas de categorização tenham grupos específicos e designem características similares para todas as lesões no grupo em questão, as lesões na verdade ocorrem ao longo de um espectro (Fig. 5.1). Portanto, embora duas lesões cranioencefálicas diferentes, categorizadas como concussões leves, possam compartilhar características similares, não são lesões idênticas. O diagnóstico e o tratamento devem permanecer específicos para cada lesão, baseados em suas características individuais.

Apesar do exposto, os esquemas de classificação clínica têm utilidade na designação de características gerais ou comuns às lesões similares. Existem muitos esquemas assim, baseados nos tecidos (p. ex., osso *versus* ligamento) e nas regiões do corpo (p. ex., cabeça *versus* perna) envolvidas. Um sistema típico de classificação em três níveis, por exemplo, especifica o envolvimento estrutural, sinais físicos e nível de disfunção (leve, moderada e grave) (Leadbetter, 1994).

Classificação da gravidade das lesões ligamentares

- *Grau 1.* Leve, com lacerações microscópicas mínimas das fibras. Na avaliação, não se nota lesão visível, há dor à palpação local e a articulação permanece estável. A perda funcional é mínima e perdura por alguns dias.
- *Grau 2.* Moderada, com lesão parcial ao tecido (p. ex., lacerações de fibras). Na avaliação, observa-se inchaço visível e estão presentes dor à palpação significativa e possível instabilidade. A perda funcional se prolonga por até seis semanas (talvez seja necessária órtese protetora).
- *Grau 3.* Grave, com laceração completa ou ruptura. Na avaliação, estão presentes inchaço intenso, dor à palpação significativa e instabilidade articular. Há indefinição com relação à perda funcional, que se prolonga por no mínimo seis a oito semanas.

A gravidade da lesão está relacionada com a magnitude da lesão experimentada pelo tecido. Nas lesões leves e moderadas, a estrutura do tecido normalmente teve um problema mínimo ou parcial. O tecido lesionado ainda mostra-se capaz de receber carga, embora mais leve do que antes da lesão. Em casos de falha completa, ocorre total descontinuidade do tecido, não sendo mais possível a transmissão de cargas. Em alguns casos, a aparência pode ser enganosa; um determinado tecido pode ter um aspecto intacto e parecer ser capaz de receber carga, mas, na realidade, houve ruptura das fibras, que têm pouca ou nenhuma capacidade de transmitir cargas.

Além das classificações gerais de gravidade das lesões, foram propostos sistemas para estruturas específicas, como por exemplo para o ligamento talofibular anterior (Cai et al., 2017), o ligamento colateral medial (Makhmalbaf e Shahpari, 2018) e separações da articulação acromioclavicular (Gorbaty et al., 2017).

Há dois conceitos relacionados com o entendimento dos sistemas de classificação, o *nível de disfunção* e a *progressão da lesão:*

- *Nível de disfunção.* Algumas lesões são simplesmente incômodas e relativamente triviais. Essas lesões não limitam consideravelmente a função e cicatrizam com rapidez. Contudo, um aumento na gravidade da lesão promove maior disfunção. No extremo, encontramos as lesões catastróficas, causadoras de incapacidade permanente ou morte.
- *Progressão da lesão.* Lesões relativamente menos expressivas que são ignoradas podem, diante da repetição da carga ou do dano, evoluir para lesões mais graves. Um tratamento tardio, impróprio ou inadequado também pode contribuir para a progressão para uma lesão mais grave. Em seguida a uma lesão, os atletas ou trabalhadores podem tentar ações demasiadamente intensas ou cedo demais. Diante de um tempo inadequado para sua cicatrização, uma lesão menos importante poderá evoluir para um nível mais debilitante.

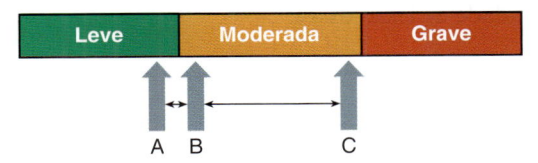

FIGURA 5.1 Espectro de gravidade das lesões. As lesões A e B estão próximas entre si no espectro das lesões, mas são classificadas de modo diferente (i. e., A é considerada *leve*, B é considerada *moderada*). Por outro lado, as lesões B e C estão distantes entre si no espectro das lesões, mas ambas são classificadas como *moderadas* de acordo com a classificação específica.

Tipo de lesão

Diversas distinções importantes ajudam a definir o tipo de lesão:

- *Lesão primária* versus *secundária*. Lesão primária refere-se a uma lesão que é consequência imediata e direta do traumatismo. Uma fratura de crânio decorrente de um traumatismo contuso e a ruptura de um ligamento colateral medial do joelho causada por um violento impacto lateral são exemplos de lesões primárias. Uma lesão secundária pode surgir algum tempo depois do traumatismo inicial (i. e., com atraso temporal). Em casos de impacto traumático no crânio, por exemplo, pode ocorrer uma lesão cerebral primária como resultado direto e imediato do impacto, enquanto lesões cerebrais tardia (ou secundárias), como uma lesão axonal difusa e isquemia (diminuição localizada no fluxo sanguíneo para um tecido) local ou regional, talvez não surjam senão horas ou dias depois do traumatismo inicial.

Alternativamente, uma lesão secundária pode ocorrer em função de uma acomodação a uma lesão primária, ou uma compensação decorrente desta. Quando uma pessoa lesionada altera seus padrões de movimento em resposta à dor ou disfunção decorrente de uma lesão primária, os movimentos alterados redistribuem as cargas sobre outras articulações no corpo. Essas mudanças na incidência das cargas podem produzir lesões remotas com relação à lesão primária, o que é conhecido como lesão compensatória. Um indivíduo com uma entorse de tornozelo, por exemplo, pode alterar sua marcha e fazer com que cargas não costumeiras incidam tanto em articulações como em tecidos ipsilaterais e contralaterais. Esses locais, que não estão habituados a essas forças redistribuídas, podem experimentar lesões secundárias, em sua tentativa de compensar a lesão original.

- *Lesão crônica* versus *aguda*. As lesões podem ser resultantes de um dano isolado (lesão aguda) ou da aplicação repetida e prolongada de cargas (lesão crônica). Danos crônicos continuados aos tecidos podem levar progressivamente a problemas degenerativos que estabelecem o ambiente para a ocorrência de uma lesão aguda.
- *Microtraumatismo* versus *macrotraumatismo*. A lesão crônica pode ter seu início como um dano microscópico à estrutura do tecido. Exemplificando, a lesão pode ocorrer na forma de lacerações microscópicas nas fibras de um tendão, ou de microfissuras ósseas (microtraumatismo). A aplicação repetida de cargas pode exacerbar a lesão, que eventualmente passa a ser macroscópica. Se tal quadro não for tratado, as microlacerações do tendão prognosticam uma eventual ruptura tendínea (macrotraumatismo). Analogamente, os achados radiográficos de um paciente que relata uma dor difusa no pé podem ser negativos, em decorrência da natureza microscópica das fissuras ósseas, mas a contínua aplicação de carga pode terminar evoluindo para uma fratura por estresse.

Estrutura dos tecidos

A resposta mecânica do tecido biológico depende, em grande parte, da composição estrutural não celular do tecido, o que inclui seu material constituinte, orientação, densidade e substâncias de conexão (conjuntivas). O osso, por exemplo, com sua treliça mineral e fibras colágenas, está projetado para transmitir cargas compressivas, de cisalhamento e tênseis de grande magnitude. Qualquer alteração na relação entre estrutura e carga, como pode ocorrer em um osso osteoporótico ou em outro osso que esteja submetido a uma carga anormal e não costumeira, leva a um aumento na probabilidade de lesão óssea.

Lesão compensatória

Um exemplo notável de lesão secundária indireta aconteceu com Dizzy Dean, um arremessador de beisebol pertencente ao Hall da Fama dos Estados Unidos. No Jogo *All-Star* de 1937, o hálux esquerdo do atleta, que era destro, fraturou depois de colidir com a bola em um arremesso direto. Em vez de esperar que o hálux se consolidasse completamente, Dean retornou muito prematuramente às atividades, alterando sua mecânica de arremesso a fim de acomodar a dor causada pela lesão. Ao fazê-lo, Dean teve uma lesão no seu ombro de arremesso, o que resultou no encerramento de sua carreira esportiva. Dean foi uma vítima desafortunada de uma lesão secundária compensatória, que atualmente é chamada por alguns de síndrome de Dizzy Dean.

Analogamente, as fibras colágenas dos tendões e ligamentos lhes conferem uma excepcional capacidade de suportar cargas aplicadas em paralelo à orientação de suas fibras. Graças à natureza anisotrópica desses tecidos, as forças incidentes fora de ângulo podem expor esses tecidos a um maior risco de lesão. A complexa relação sinérgica entre a estrutura do tecido e seu comportamento sob carga tem importantes consequências para um funcionamento apropriado e para o potencial de ocorrência de lesões.

Quando tecidos diferentes formam uma unidade funcional, durante uma lesão normalmente ocorre o fenômeno do elo mais fraco. Isso significa que, quando uma estrutura é submetida a uma carga mecânica, a falha inicial ocorrerá no elo mais fraco na cadeia estrutural. No corpo humano, os fatores contributivos para a determinação do elo mais fraco são muitos, estão inter-relacionados e com frequência não são identificados com facilidade ou devidamente compreendidos.

Fatores contributivos

Em termos simples, uma lesão ocorre quando uma carga incidente excede a tolerância (i. e., a capacidade de suportar cargas) de um tecido ou estrutura. No entanto, estabelecer os determinantes de uma lesão não é, absolutamente, uma tarefa simples. Entre os determinantes, encontramos inúmeros fatores contributivos que aumentam ou diminuem o risco e a gravidade da lesão. Seguem-se exemplos de fatores contributivos.

- *Idade*. Durante nossos anos de formação, os tecidos estão em fase de crescimento e de desenvolvimento. Mais tarde, pode ter início a degeneração dos tecidos e perda de sua resistência, complacência, densidade e capacidade de transporte de energia. Lesões agudas são mais comuns em pessoas mais jovens; contudo, à medida que envelhecemos, as lesões crônicas acontecem com maior frequência, bem como as lesões involuntárias (p. ex., em decorrência de escorregões e quedas). Ao discutir a idade como fator contributivo, é importante fazer uma distinção entre idade cronológica e idade fisiológica. A primeira se baseia nos anos do calendário, enquanto a segunda se baseia na qualidade fisiológica dos tecidos. Uma pessoa com 60 anos de idade pode, por exemplo, ter tecidos com melhores propriedades fisiológicas e mecânicas do que outra com 45 anos. Embora seja prática rotineira o uso de generalidades na descrição das respostas ao envelhecimento,

a resposta de cada pessoa é única, e pode ser bastante diferente da resposta de outras pessoas.
- *Sexo*. As diferenças específicas para o sexo na estrutura, hormônios, sociologia, padrões de atividade e muitas outras medidas preconizam que, sob certas circunstâncias, um sexo pode estar em maior ou menor risco de experimentar lesão, comparativamente ao outro sexo. A quantidade de fatalidades decorrentes de lesão não intencional é mais alta em homens de todas as categorias, exceto no caso de estrangulamento, roupas em chamas, quedas no mesmo nível e certos tipos de envenenamento. A relação homem-mulher nas fatalidades por lesões decorrentes do uso de máquinas é de 20:1; no motociclismo, 10:1; por armas de fogo, 7:1; e por sufocamento, 2:1 (Anderson et al., 2004). Foram observadas relações semelhantes também para lesões não fatais. As mulheres, entretanto, não estão em menor risco em todas as áreas. Exemplificando, e conforme será discutido em uma seção subsequente, as mulheres têm maior probabilidade (em comparação com os homens) de experimentar as consequências da osteoporose. O osso osteoporótico apresenta menor densidade e redução na resistência, estando mais propenso às fraturas.
- *Genética*. Os fatores genéticos influenciam a composição da matriz dos tecidos, estando implicados na predisposição a certas lesões, como a degeneração do disco intervertebral e do manguito rotador, síndrome do túnel do carpo e rupturas de tendão.
- Status *fisiológico e condição física*. A condição física de uma pessoa é um fator crucial em sua chance de ter uma lesão. Quanto melhor for seu condicionamento físico, menor a probabilidade de lesão. Contudo, se uma lesão vier a ocorrer, provavelmente uma pessoa mais bem condicionada terá uma lesão menos grave e se recuperará mais rápido.
- *Nutrição*. A alimentação fornece os materiais básicos para a construção, manutenção e reparo dos tecidos do corpo; portanto, ela desempenha um papel essencial, embora indireto, na biomecânica das lesões. A homeostase dos tecidos depende da remediação das deficiências, excessos e desequilíbrios nutricionais.
- Status *psicológico*. Parâmetros psicológicos podem influenciar a incidência das lesões. Esses fatores são: níveis de estresse, desatenção, distração, fadiga, depressão, excitação, erro humano, avaliação de risco, fatores da personalidade e recursos de enfrentamento.

- *Fadiga.* A fadiga, tanto física como mental, aumenta a probabilidade de ocorrência de lesões, por comprometer a resistência muscular, a coordenação, a atenção mental e a concentração. As lesões ligadas à fadiga tendem a ocorrer mais perto do final de uma atividade; por exemplo, foi constatado que motoristas de caminhão têm um risco três vezes maior de envolver-se em uma colisão depois de 6 horas na direção, comparativamente às duas primeiras horas; e que tinham adormecido ao volante ou estavam desatentos em 45% das colisões com veículos comerciais (Bunn et al., 2005). Os atletas também tendem a demonstrar maior risco de lesão durante os estágios finais de uma sessão de prática, ou jogo. Exemplificando, as lesões decorrentes da prática do esqui têm maiores probabilidades de ocorrer mais perto do final do dia, depois de várias descidas na montanha.
- *Ambiente.* São vários os fatores ambientais contributivos para a ocorrência de lesões, como a localização (local fechado *versus* ao ar livre, urbano *versus* rural), condições climáticas (temperatura, umidade, visibilidade), hora do dia ou da noite, terreno (plano *versus* inclinado, liso *versus* irregular, escorregadio *versus* aderente), altitude e atividade (trabalho *versus* recreação).
- *Equipamento.* Com frequência, os equipamentos desempenham um papel fundamental na lesão, seja na sua prevenção e/ou causa. Os equipamentos podem consistir em roupas, acolchoamento ou dispositivos protetores, e itens como instrumentos, maquinário ou computadores. A aparelhagem pode ter efeito protetor, sobretudo em ambientes com probabilidade de causar lesão. Itens como coletes à prova de bala, capacetes e escudos ajudam também na prevenção de lesões. Os equipamentos também podem estar associados a lesões agudas (p. ex., dedo decepado por maquinário) ou crônicas (p. ex., síndrome do túnel do carpo causada pela digitação repetida durante longos períodos).

O mesmo equipamento pode tanto proteger a pessoa como contribuir para a ocorrência de lesão. O capacete e as partes acolchoadas de um jogador de hóquei, por exemplo, protegem a cabeça e o corpo de impactos diretos. No entanto, esses equipamentos também podem contribuir para o estresse térmico (por diminuir a capacidade de termorregulação e aumentar a produção e retenção de calor) e para uma lesão cervical, no caso de um capacete mal ajustado; capacetes também podem infligir lesão a outro jogador, se esse jogador for atingido com o topo do capacete.

- *Interação humana.* Interações entre pessoas podem ser sociais, ocupacionais ou competitivas, como no caso da prática esportiva. Sempre que pessoas interagem, existe potencial para a ocorrência de lesão. A possibilidade da ocorrência de lesão pode ser remota em um jantar, por exemplo, mas essa chance passa a ser um fator importantíssimo em um jogo de rúgbi.
- *Lesão prévia.* Em seguida a qualquer lesão grave, pode haver persistência dos elementos da lesão, sejam físicos ou psicológicos. Com frequência, os tecidos reparados não são iguais em sua condição anterior à ocorrência da lesão e, por muitas razões, podem se tornar mais suscetíveis a uma lesão subsequente. O *status* psicológico também pode ficar alterado depois de uma lesão, conforme fica demonstrado pela relutância em realizar certos movimentos, mesmo depois da completa resolução da lesão.
- *Doença.* São muitas as doenças que aumentam o risco de ocorrência de lesão. Exemplificando, um osteossarcoma (um tumor ósseo maligno) enfraquece o osso, a aterosclerose lesiona paredes arteriais, e o diabetes predispõe a neuropatias periféricas e úlceras cutâneas, particularmente na superfície plantar do pé.
- *Fármacos ou substâncias de uso recreativo.* Sejam substâncias de uso recreativo ou fármacos usados com finalidade clínica ou como meios auxiliares ergogênicos, as substâncias podem afetar os tecidos do corpo e alterar o desempenho, de modo que ocorre mudança no risco de ocorrência de lesão. Além disso, esses agentes químicos também podem contribuir indiretamente para uma lesão, em decorrência de seus efeitos sistêmicos.
  - As substâncias de uso recreativo, sejam legais (p. ex., bebidas alcoólicas) ou ilegais (p. ex., cocaína), podem aumentar o risco de lesão musculoesquelética (Chikritzhs e Livingston, 2021; Miller et al., 2001; Taylor et al., 2010). O uso de substâncias (p. ex., heroína, morfina, barbitúricos ou álcool) está associado a todos os tipos de violência e a acidentes tão diversos como colisões automobilísticas, ferimentos por arma de foto e síndrome do bebê sacudido.
  - Os fármacos de uso clínico (i. e., medicamentos) podem ser obtidos por venda livre ou por prescrição. Incluem tudo, desde fármacos anti-

-inflamatórios não esteroides (AINEs) – por exemplo, aspirina e ibuprofeno – até analgésicos com receita (opioides), fármacos para asma brônquica e muitos outros. O uso de fármacos pode aumentar o risco de ocorrência de lesões, como quando determinados medicamentos aumentam o tempo de reação, comprometem a visão ou alteram o julgamento do motorista.

■ O uso de substâncias como um meio de melhorar o desempenho (ergogênicos) passou a ser mais insidioso e disseminado, mais notavelmente nos esportes competitivos. Ergogênico refere-se ao potencial gerador de trabalho ou de potência desses meios auxiliares, que constituem uma quantidade enorme de substâncias ou de tratamentos que, alegadamente, melhoram o desempenho fisiológico do indivíduo ou removem as barreiras psicológicas associadas às atividades mais intensas (Ellender e Linder, 2005). Muitos meios auxiliares farmacológicos foram banidos por federações esportivas oficiais, em decorrência da injusta vantagem que dão aos atletas durante o treinamento e a competição, e também por causa dos efeitos colaterais negativos passíveis de ocorrer, inclusive um maior risco de lesão. Exemplificando, os esteroides anabolizantes (p. ex., formas orais ou injetáveis de testosterona sintética que facilitam o aumento do volume e da resistência dos músculos) permearam muitos esportes em todos os níveis, do ensino médio aos níveis olímpico e profissional. Além do risco de uso excessivo ou de lesões miotendíneas agudas associadas ao excesso de treinamento que acompanha o uso dos esteroides anabolizantes, indivíduos consumidores dessas substâncias podem vivenciar outros efeitos colaterais, como acne vulgar, aumento do impulso sexual e da agressividade, distúrbios do humor, miocardiopatia, fibrilação atrial e disfunção hepática (Hartgens e Kuipers, 2004). O uso de esteroides anabolizantes também foi associado a um maior risco de rupturas de tendões; esse achado se fundamentou sobretudo em estudos com animais. No ser humano, as evidências são controversas, baseadas principalmente em observações (Jones et al., 2018).

■ *Reabilitação inadequada.* Depois de uma lesão, demorar demais para voltar a praticar até mesmo atividades leves ou o retorno a níveis extremamente elevados de atividade muito cedo podem resultar em nova lesão. Embora a inflamação – uma resposta primária às lesões articulares e teciduais – seja uma etapa necessária no processo de cicatrização (conforme será descrito com mais detalhes neste capítulo), sua ocorrência pode levar à dor na articulação, o que traz consigo o potencial para a ocorrência de atrofia do tecido, em consequência da inatividade e da falta de movimento. Por outro lado, se um tecido inflamado continuar em condições de uso excessivo, a pessoa estará em risco de ter uma lesão mais grave.

Tão logo a inflamação tenha sido controlada, o corpo precisa reconstruir o tecido que teve a lesão. Pode-se determinar a velocidade ideal para retornar às atividades se atentarmos aos sinais de regressão ou de robustez. Se tarefas que outrora eram desafiadoras se tornam significativamente mais fáceis, chegou a hora de fazer com que o tecido trabalhe mais; se os sintomas de dor ou debilidade forem exacerbados, esse pode ser o momento no qual essa escalada deve ser temporariamente refreada. Sem tal procedimento terapêutico, o tecido poderá voltar a lesionar-se – e, em alguns casos, a lesão secundária será ainda mais grave do que o problema original.

■ *Variabilidade antropométrica.* São muitas as formas e portes das pessoas, e essas diferenças nas dimensões do corpo costumam desempenhar um papel essencial na ocorrência de lesões. Antropometria é o estudo das medidas comparativas do corpo humano. Medidas antropométricas como altura, peso, composição corporal, massa muscular e forma (somatótipo) podem ser determinantes na avaliação das lesões. Indivíduos obesos, por exemplo, têm maior probabilidade de ter problemas no joelho, e esse risco aumenta com o passar do tempo. As medidas antropométricas também influenciam a postura e flexibilidade corporais (amplitude de movimento das articulações), sendo que ambas – isoladamente ou em conjunto – podem afetar o risco de lesão.

■ *Nível de habilidade.* A capacidade de adaptação com que determinada pessoa realiza uma tarefa influencia o risco de lesão. Especialmente nas atividades de alto risco (p. ex., corridas de automóveis), o nível de habilidade do praticante pode ser o determinante mais importante para o risco de lesão. Praticantes principiantes ou menos habilidosos têm maior probabilidade de lesão. Contudo, o oposto pode ser verdadeiro, quando indivíduos dotados de habilidade excepcional acreditam que têm competência para tentar tarefas acompanhadas de um risco inaceitavelmente alto de ocorrência de lesão.

- *Experiência*. Esse fator está intimamente relacionado com o nível de habilidade. Embora relacionadas, habilidade e experiência não são conceitos sinônimos. Determinado indivíduo pode ser experiente, por já ter realizado muitas vezes uma tarefa, mas permanece relativamente inábil. Outra pessoa pode ser naturalmente dotada com certa habilidade, mas com pouca experiência na tarefa em questão. Entretanto, geralmente, os dois fatores estão em íntima ligação. Em geral, praticantes experientes exibem eficiência de movimentos, em conjunto com uma sólida avaliação e capacidade de tomada de decisão. Todos esses fatores se combinam de modo a diminuir o risco de uma lesão.

- *Dor*. A sensação de dor é fundamental para qualquer discussão sobre lesões. A dor, isto é, o sinal do corpo indicativo de sofrimento, acompanha a maioria das lesões importantes, sendo frequentemente o fator que limita a continuidade na participação em determinada atividade. A dor decorre de diversas fontes biomecânicas e inflamatórias. É um dos fatores utilizados para determinar a gravidade de uma lesão e prescrever e monitorar a reabilitação durante o tratamento que se segue à lesão. A dor também influencia os padrões de movimento (em certos casos, de maneira grave, como na síndrome de Dizzy Dean). A dor pode comprometer a continuação da atividade ou, até mesmo, impedir totalmente a participação.

Reabilitação

O bem-sucedido retorno de um indivíduo ao seu estado prévio à lesão depende da natureza da lesão, da motivação da pessoa, da experiência e habilidade do fisioterapeuta responsável pela reabilitação, bem como da sofisticação dos métodos disponíveis para a reabilitação.

Uma das primeiras prioridades no tratamento das lesões musculoesqueléticas é controlar uma inflamação excessiva. Muitas modalidades efetivas são empregadas para neutralizar os excessos do processo inflamatório, inclusive a crioterapia (p. ex., gelo, compressas frias e *sprays* refrigerantes) e a termoterapia (p. ex., compressas quentes e úmidas, hidromassagem, almofadas térmicas e ultrassom). A lesão pode depender de outros tipos de tratamento, por exemplo, cirurgia reconstrutiva ou fisioterapia.

Em certas circunstâncias, mesmo os melhores métodos de reabilitação não serão capazes de fazer com que a pessoa retorne à sua capacidade anterior à ocorrência da lesão. Uma lesão grave pode ser permanentemente incapacitante, ou pode pôr em risco uma carreira. Por outro lado, a reabilitação tem o potencial de fazer com que a pessoa retorne não apenas às condições precedentes à lesão, mas possivelmente a um nível de função ainda mais elevado.

CONDIÇÕES INFLAMATÓRIAS E DE ENCARCERAMENTO

Embora os danos físicos resultante de cada lesão tenham um caráter único, o corpo humano responde de maneira generalizada às lesões ocorrentes em todas as circunstâncias, independentemente da região corporal específica ou dos tecidos afetados. Essa reação imediata à lesão é chamada de *resposta inflamatória*. Embora a resposta inflamatória seja essencial para o processo de cicatrização, ela pode resultar em dano, caso não seja controlada. Tendo em vista que, com frequência, a resposta inflamatória é um fator contributivo para as síndromes compartimentais ou de encarceramento, essas condições serão discutidas nesta seção.

Resposta inflamatória

A resposta inflamatória, ou inflamação, consiste em um processo generalizado que afeta os vasos sanguíneos e tecidos adjacentes. A inflamação ocorre em resposta a uma série de estímulos, especialmente a lesão. Os sinais básicos da inflamação já foram identificados há muito tempo por Aulus Cornelius Celsus (30 a.C.-38 d.C.). Celsus descreveu as manifestações da resposta inflamatória como *rubor et tumor cum calore et dolore,* ou rubor e tumefação acompanhados por calor e dor. Galeno (129-199 d.C.) acrescentou um quinto sinal, *functio laesa*, ou perda funcional, que frequentemente (mas nem sempre) também está presente em casos de inflamação.

A inflamação pode se desenvolver em resposta a uma lesão aguda, ou pode surgir em decorrência de uma irritação crônica (indicada pelo sufixo *-ite*), como se pode observar em casos de artrite, bursite ou tendinite. O rubor e o calor da inflamação são causados pela dilatação dos vasos sanguíneos e aumento da circulação. Aumentos na pressão hidrostática intracapilar e da permeabilidade capilar causam o inchaço (tumefação) da inflamação. A dor surge em decorrência do aumento

Ergonomia e lesão

Os custos econômicos e pessoais das lesões relacionadas ao trabalho são espantosos. Exemplificando, em 2019, nos Estados Unidos, ocorreram 4,64 milhões de lesões relacionadas ao trabalho que necessitaram de cuidados de saúde. Esse total teve como resultado a perda de 70 milhões de dias de trabalho e um custo monetário de U$ 171 bilhões (National Safety Council, 2019).

Os esforços para a redução desses custos se enquadram na área da ergonomia (também conhecida como *engenharia humana* ou dos *fatores humanos*), que é a área da ciência que procura entender e aprimorar as interações humanas com os produtos, equipamentos, ambientes e sistemas. Valendo-se da biologia humana, da psicologia, da engenharia e do planejamento, a ergonomia tem como objetivo desenvolver e aplicar conhecimentos e técnicas para otimizar o desempenho sistêmico e, ao mesmo tempo, proteger a saúde, a segurança e o bem-estar dos indivíduos envolvidos. O campo de estudo da ergonomia se estende aos ambientes de trabalho, de lazer e a outros aspectos de nossa existência cotidiana (Chartered Institute for Ergonomics and Human Factors, 2022).

A ergonomia tem por meta melhorar os objetos utilizados pelas pessoas e os ambientes em que trabalham e vivem. De muitas maneiras, os problemas associados às lesões no local de trabalho são mais complexos do que os associados às lesões relacionadas com a prática esportiva; apesar do considerável progresso alcançado em muitas áreas da prevenção de lesões, permanecem os desafios para os profissionais responsáveis pela promoção da saúde e do bem-estar da sociedade.

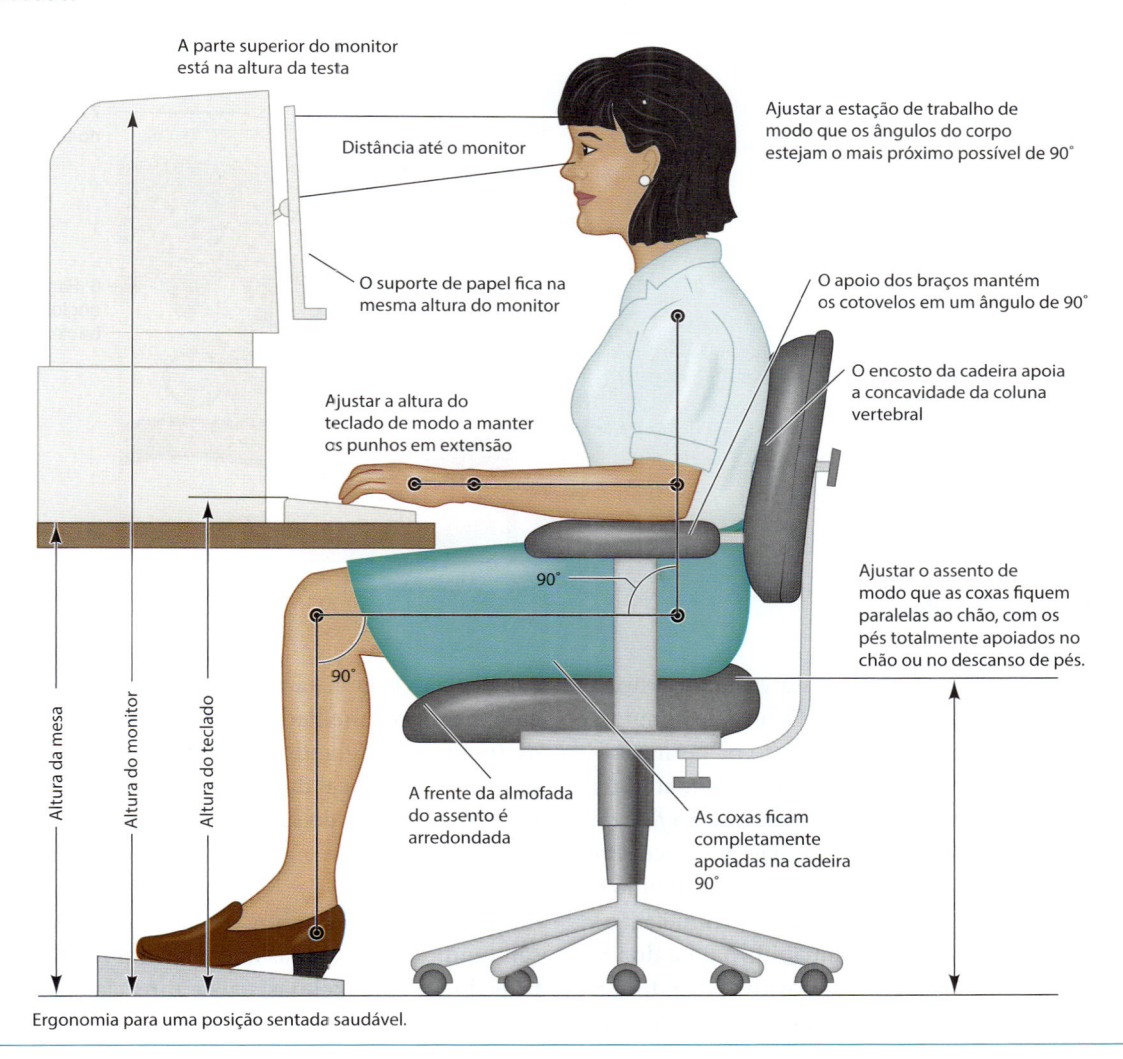

Ergonomia para uma posição sentada saudável.

(relacionado com o inchaço) na pressão sobre as terminações nervosas, sendo mais pronunciada nos casos de inflamação em um espaço confinado (p. ex., articulação sinovial). O inchaço pode limitar a função e persistir durante a cicatrização dos tecidos lesionados (p. ex., laceração de um ligamento ou fratura de um osso). *Cascata inflamatória* é a série de eventos envolvidos na inflamação (Fig. 5.2).

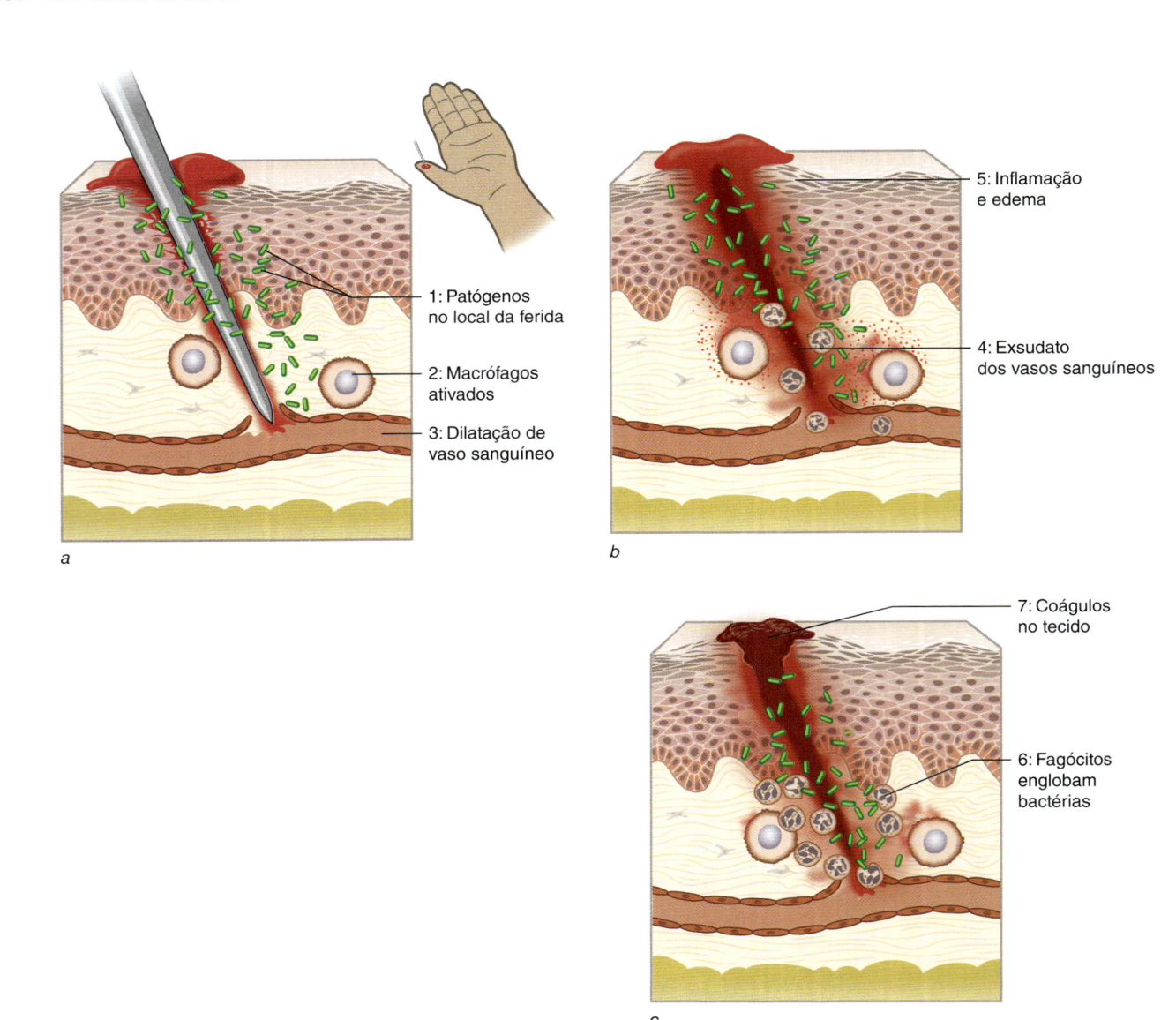

FIGURA 5.2 Cascata inflamatória.

Uma lesão produz uma resposta vasoconstritora conhecida como *fase de coagulação*. Dentro de minutos, essa resposta é seguida por um aumento na permeabilidade vascular, o que possibilita o fluxo de materiais dos vasos para os tecidos circunjacentes; essa é a *fase de vasodilatação*. Essas substâncias em movimento recebem a denominação de exsudatos e consistem em líquido e proteínas plasmáticas. Embora o inchaço (tumefação) causado pelo exsudato possa contribuir para a dor, o exsudato exerce diversas funções positivas: ele dilui e inativa toxinas; fornece nutrientes às células inflamatórias; e contém anticorpos, proteínas do complemento e fibrinogênio (um precursor da fibrina, uma proteína com ação no processo de coagulação).

O processo inflamatório é controlado por substâncias conhecidas como *mediadores químicos*. Entre tais substâncias, há a histamina imediatamente disponível, além de outros mediadores – como a serotonina, bradicinina, prostaglandinas, leucotrienos e plasmina – produzidos no local da inflamação ou pelos leucócitos (glóbulos brancos do sangue) atraídos ao local lesionado por meio da quimiotaxia (atração celular causada pela ação química).

Os mediadores químicos da resposta inflamatória são reunidos por células que realizam funções específicas. Entre essas células, existe uma classe conhecida como fagócitos (que degradam bactérias e tecido necrosado); os fagócitos mais importantes são os neutrófilos polimorfonucleares, que são responsáveis pela fagocitose (o engolfamento e a destruição de matéria particulada pelos fagócitos) e pela defesa contra infecções fúngicas e bacterianas. Diversas células do sistema imune – por exemplo, células acessórias e linfócitos (células B, células T e células NK) – também ajudam na defesa contra substâncias estranhas (coletivamente conhecidas como *antígenos*).

A inflamação é a primeira linha de defesa do corpo contra danos como os impostos por uma lesão. Os detalhes desse processo são complexos e, em alguns casos, desconhecidos. Está além dos objetivos deste texto realizar uma discussão detalhada da inflamação. Cavaillon e Singer (2018) apresentam em quatro volumes uma descrição abrangente da inflamação.

Mas, independentemente da complexidade do processo inflamatório, "parece... que, quanto mais aprendemos sobre a inflamação, mais simples passa a ser a mensagem: nossas células e humores nos defendem contra os invisíveis exércitos externos. Chamamos as nossas perdas de 'infecção', e as nossas vitórias de 'imunidade'" (Weissman, 1992, p.5).

Condições de encarceramento

A relação mecânica fundamental entre massa e volume desempenha um papel essencial em várias condições de encarceramento, também conhecidas como *síndromes compartimentais* ou *de impacto*. O elemento comum de todas essas condições é a relação entre massa e volume, ou densidade, e suas consequências mecânicas nos tecidos biológicos. O aumento da densidade do material no interior de um espaço confinado – seja pelo aumento da massa ou pela diminuição do volume (ou ambos) – aumenta a pressão exercida nos limites do espaço e sobre o material que ocupa o interior do espaço. Esse aumento na pressão é transmitido a todas as estruturas no interior do espaço fechado.

A relação entre pressão e densidade, bem como seus efeitos fisiológicos, podem ser visualizados em muitos casos de lesão musculoesquelética, alguns dos quais são detalhados nos capítulos que se seguem. Incluídos na ampla gama desses problemas, podem ser citados a síndrome do túnel do carpo, a síndrome do impacto glenoumeral, síndromes compartimentais de músculos esqueléticos, o inchaço em articulações sinoviais e o edema cerebral. Todos esses distúrbios são causados ou agravados pelas relações mecânicas entre massa, volume e pressão.

Os espaços afetados podem ser compartimentos do corpo completamente envoltos e fechados por uma fáscia inextensível, cápsulas articulares, ou aberturas estreitas definidas por túneis ósseos através dos quais passam tecidos vasculares e nervosos, como o túnel do carpo ou o desfiladeiro torácico. As causas dos problemas de encarceramento são, entre outras, fraturas, aparelhos gessados, compressão prolongada de um membro, lesões relacionadas a colisões automobilísticas, queimaduras, hemorragia e uso intravenoso de drogas.

Nos sistemas biológicos, as estruturas normalmente afetadas incluem músculos, nervos e vasos da rede circulatória. A pressão sobre nervos é percebida pela pessoa como parestesia, dormência ou dor. A pressão sobre vasos da circulação resulta em diminuição da perfusão arterial ou capilar, ou restrição do retorno venoso. No caso de uma síndrome compartimental, considerando que a fáscia que envolve o compartimento não sofre distensão, mesmo a ocorrência de um pequeno sangramento no interior do compartimento pode aumentar drasticamente a pressão. Os tecidos que dependem de um aporte nervoso e circulatório adequado serão afetados de modo deletério se a síndrome não for imediatamente tratada – podendo ocorrer até mesmo lesão nervosa e morte muscular. Conforme já observado, frequentemente tais situações são causadas ou pioradas pela inflamação – em particular, o inchaço que acompanha a resposta inflamatória. Em muitos casos, o sistema afetado acaba por ser envolvido em um ciclo de *feedback* positivo, com o aumento na pressão causando uma limitação no efluxo – o que, por sua vez, aumenta ainda mais a pressão.

Até agora, nossos comentários sobre a lesão em geral se aplicaram à maioria dos tecidos e estruturas biológicas. Além disso, cada tecido tem características singulares, determinadas por sua própria estrutura e por suas funções. As seções a seguir examinam algumas das características dos principais tecidos envolvidos na lesão musculoesquelética e nervosa.

LESÕES ÓSSEAS

Não podemos subestimar o papel essencial do osso, que proporciona suporte e proteção estruturais, facilita os movimentos e atua como local de hematopoese (produção de células sanguíneas) e de reservas minerais. Uma lesão óssea pode comprometer essas funções e interferir nas rotinas cotidianas.

Doença

A viabilidade do osso enquanto tecido depende do funcionamento apropriado do componente celular ósseo e da capacidade dessas células de produzir matriz extracelular e realizar outros processos fisiológicos importantes. Qualquer doença ou lesão que comprometa o desempenho dos osteócitos põe em risco a integridade estrutural do osso especificamente afetado e também do sistema esquelético em geral. Nas seções a seguir, descreveremos sucintamente as três condições que afetam o tecido ósseo. Lesões específicas que envolvam essas condições serão examinadas em detalhes em capítulos subsequentes.

Osteonecrose

Osteonecrose refere-se à morte de células ósseas resultante da cessação do fluxo sanguíneo necessário para um funcionamento celular normal. Essa denominação é preferível aos termos de uso comum, necrose avascular (i. e., a morte celular causada pela ausência ou deficiência do aporte sanguíneo) e necrose asséptica (i. e., a morte celular na ausência de infecção), por descrever mais adequadamente os processos histopatológicos envolvidos e por não implicar qualquer causa específica (Day et al., 1994).

Os mecanismos de um comprometimento da circulação que podem resultar em osteonecrose são a ruptura mecânica de vasos, a oclusão de vasos arteriais, a lesão a vasos arteriais ou pressão exercida sobre suas paredes e a oclusão do retorno venoso. Esses problemas podem ser decorrentes de uma fratura óssea, luxação articular, infecção, trombose arterial, ou de diversas condições que afetam a integridade da circulação. Embora as estruturas não celulares do osso (p. ex., matriz orgânica e inorgânica) possam, talvez, não ser imediatamente afetadas, com o passar do tempo sofrem efeitos deletérios em decorrência da ausência de produção celular. Uma redução na produção de matriz extracelular, por exemplo, pode resultar em uma diminuição da resistência óssea e em maior probabilidade de ocorrência de fraturas.

Osteopenia e osteoporose

Osteopenia (perda de tecido ósseo) é uma condição óssea classificada pela ocorrência de um índice de densidade mineral óssea (DMO) situado 1,0 a 2,5 desvios-padrão abaixo da média registrada para adultos jovens saudáveis. Dessa maneira, a osteopenia não é, *per se*, uma lesão. Entretanto, se deixada sem tratamento, a osteopenia poderá evoluir para uma osteoporose, com subsequente predisposição do indivíduo a fraturas (Fig. 5.3).

Osteoporose é um termo derivado do latim que, literalmente, significa "osso poroso". A Organização Mundial da Saúde (OMS, 2006) definiu a osteoporose como uma "doença esquelética sistêmica progressiva caracterizada por baixa massa óssea e deterioração da microarquitetura do tecido ósseo, com consequente aumento da fragilidade óssea e da suscetibilidade a fraturas". Do ponto de vista clínico, a osteoporose é operacionalmente definida por um índice de DMO mais de 2,5 desvios-padrão abaixo dos valores normativos para a densidade óssea (Fig. 5.3). Há mais de 70 anos a osteoporose já é identificada como um importante problema de saúde pública. Desde então, esse problema vem sendo objeto de extensas pesquisas e de discussões científicas. Evidências histológicas, radiológicas e clínicas já demonstraram com clareza que a perda progressiva de matéria óssea tem início na quarta década de vida, e a velocidade dessa perda aumenta com o avanço da idade (Fig. 5.4).

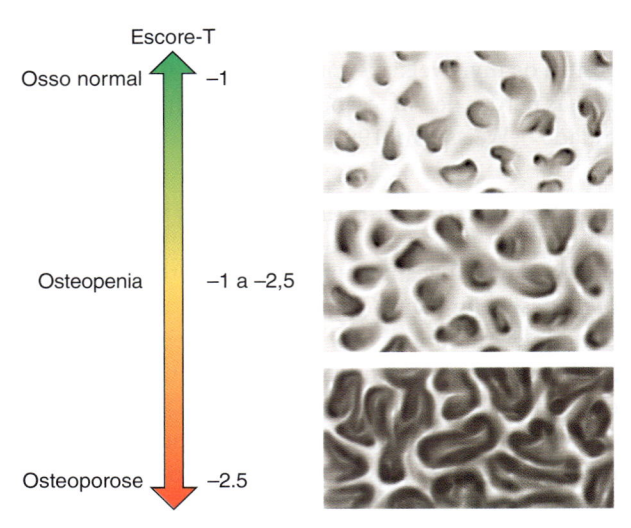

FIGURA 5.3 Osso normal, osteopênico e osteoporótico. (Com relação à densidade óssea, o desvio-padrão (DP) é frequentemente conhecido como escore-T.)

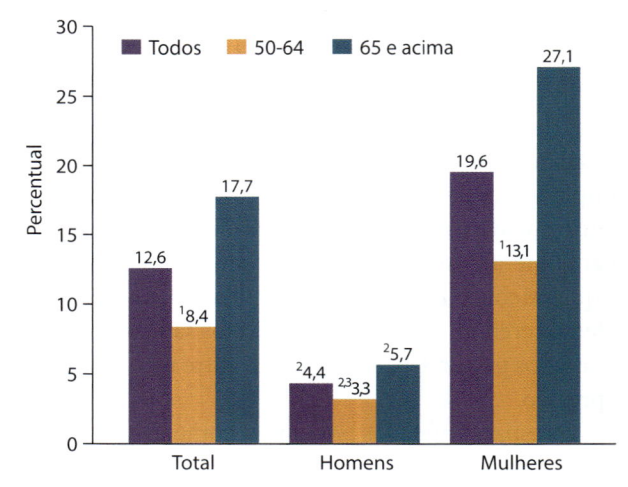

FIGURA 5.4 Prevalência da osteoporose em função da idade e do sexo.
Reproduzida de N. Sarafrazi, E. A. Wambogo e J. A. Shepherd, "Osteoporosis or Low Bone Mass in Older Adults: United States, 2017-2018." *NCHS Data Brief*, nº 405 (2021).

A osteoporose afeta predominantemente o osso trabecular e a superfície endosteal do osso cortical, sendo caracterizada pela redução da massa mineral óssea e por alterações na geometria óssea, o que acarreta maior probabilidade de ocorrência de fraturas, sobretudo no quadril, na coluna vertebral e no punho. A perda progressiva de massa óssea pode ser decorrente do processo normal de envelhecimento, ou pode ser causada por outros processos patológicos. Além disso, a quantidade de massa óssea em um local do corpo não está necessariamente correlacionada com a massa óssea em outros locais.

Tanto homens como mulheres têm alguma perda de massa óssea como parte do envelhecimento normal, mas a osteoporose evolui com rapidez muito maior em mulheres na menopausa. Depois dos 30 anos, os homens em geral perdem massa óssea aproximadamente na mesma velocidade pelo restante de suas vidas. Nas mulheres, entretanto, a perda óssea aumenta significativamente por volta de cinco anos após a menopausa, diminuindo em seguida até baixar para uma perda mais gradual. Nas mulheres, imediatamente após a menopausa, a velocidade de perda de massa óssea alcança uma velocidade até 10 vezes maior do que em homens da mesma idade (Reginster et al., 2006).

A identificação das causas precisas e dos mecanismos patogênicos envolvidos tanto no início como na progressão da osteoporose constitui um problema multifatorial, que continua desafiando os pesquisadores. Na pós-menopausa, a deficiência de estrogênio é apenas um dos fatores envolvidos no risco de ocorrência de osteoporose; tal fato torna essa condição um útil exemplo da complexa tarefa que é a análise dos fatores contributivos para a ocorrência de lesão. Outros fatores contributivos importantes são: absorção nutricional inadequada (p. ex., baixos níveis de vitamina D e de cálcio), sedentarismo, perda de peso, tabagismo, consumo de bebidas alcoólicas, poluição do ar, estresse, histórico de quedas, envelhecimento, sexo, origem étnica (raça branca), histórico familiar (genética), uso crônico de determinados medicamentos e comorbidades de certas condições (Pouresmaeili et al., 2018). Entre outras, podem ser citadas as seguintes condições associadas à osteoporose:

- Alcoolismo.
- Câncer.
- Doença celíaca.
- Tratamento com corticosteroides.
- Diabetes.
- Alimentação desordenada.
- Imobilização.

- Refluxo gástrico.
- Doença renal ou hepática.
- Lúpus eritematoso sistêmico.
- Síndromes de má absorção.
- Disfunção menstrual.
- Mieloma múltiplo.
- Osteogênese imperfeita.
- Artrite reumatoide.
- Tabagismo.

A Organização Mundial da Saúde declarou que, nos próximos 30 a 40 anos, a quantidade de fraturas de quadril associadas primariamente à osteoporose aumentará em mais de 300%. Na China, estimou-se que até 2035 as fraturas relacionadas com osteoporose dobrarão em quantidade (Si et al., 2015). Com o aumento observado na idade média da população, sem dúvida a osteoporose continuará sendo uma importante preocupação de saúde pública, e que continuará oferecendo um campo fértil para as pesquisas nas décadas vindouras, sobretudo nas áreas de tratamento com células-tronco, dinâmica do microbioma intestinal e em outras intervenções que objetivem retardar a progressão ou reverter o curso da osteoporose.

Clinicamente, é mais frequente que a avaliação do risco de fratura seja realizada com o uso do FRAX®, um modelo desenvolvido na University of Sheffield, no Reino Unido (Kanis et al., 2008). O modelo lança mão de algoritmos baseados em fatores de risco clínico e na densidade mineral óssea (DMO) do colo do fêmur para calcular a probabilidade de fratura em 10 anos (https://www.sheffield.ac.uk/FRAX/).

Fratura

A lesão mais comumente associada ao osso é a fratura, palavra derivada do latim *fractura*, que significa "quebrar". Embora o termo *fratura* também seja empregado para descrever a ruptura da cartilagem e da placa epifisária, está intimamente associado com rupturas na continuidade estrutural do tecido ósseo. Em termos simples, a fratura ocorre quando uma carga aplicada excede a capacidade do osso de suportar a força. No entanto, os muitos fatores envolvidos na especificação das condições de carga e nas características de resposta do osso submetido a carga fazem com que o estudo da mecânica das fraturas seja tudo, menos uma tarefa simples.

A resistência do osso à fratura é determinada pelas propriedades materiais do osso enquanto tecido e também pelas propriedades estruturais do osso enquanto órgão. A resistência à fratura é influenciada pela complexa interação de características viscoelásticas (p. ex., velocidade de deformação), geometria óssea (p. ex., dimensões da seção transversa), efeitos anisotrópicos (p. ex., orientação microestrutural em relação à direção de aplicação da carga) e porosidade óssea (Hipp e Hayes, 2003).

Em grande parte, a natureza da carga óssea determina o potencial de lesão e o tipo de fratura decorrente. Uma fratura traumática aguda pode ocorrer em resposta a uma carga isolada e de grande magnitude, como ocorre em uma colisão violenta. Alternativamente, fraturas podem resultar da aplicação repetida de forças de menor magnitude (aplicação crônica de carga), como é característico em uma fratura por estresse de um metatarsal resultante da prática excessiva de corridas ou saltos.

Uma fratura ocorrente no local específico de aplicação da força é denominada lesão direta. Quando a fratura tem localização distante do local de aplicação da força, trata-se de uma lesão indireta. Lesões indiretas são decorrentes da transmissão de força através de outros tecidos. Um exemplo de lesão indireta se dá quando uma força aplicada a um tendão ou ligamento é transferida para seu local de inserção óssea e provoca uma fratura por avulsão nesse local; nessa fratura, um fragmento ósseo é arrancado do local de inserção do tendão ou ligamento.

O risco de ocorrência de fratura também depende do tipo de osso que se encontra sob carga. Graças à sua porosidade relativamente baixa (i. e., alta densidade), o osso cortical (compacto) demonstra maior resistência às fraturas, em comparação com o osso trabecular (esponjoso), que é menos denso. Os fatores que aumentam a densidade óssea também aumentam a resistência do osso e, portanto, diminuem o risco de fratura. Por outro lado, os fatores que contribuem para a diminuição da densidade óssea aumentam o risco de uma lesão ao osso. A Figura 5.5 ilustra vários tipos de fratura.

Com frequência, as fraturas são classificadas de acordo com seu mecanismo de lesão. Entretanto, elas podem ser classificadas ou descritas de várias outras maneiras, inclusive as apresentadas por Salter (1999).

- *Local da lesão*. De acordo com sua localização, as fraturas podem ser classificadas como diafisárias, epifisárias ou metafisárias.
- *Extensão da lesão*. As fraturas podem ser completas ou incompletas, dependendo se a lesão atravessa por completo ou apenas de modo parcial a estrutura óssea, respectivamente.
- *Configuração*. Nos casos em que há apenas uma linha de fratura, a forma da linha pode ser transversal, oblíqua ou em espiral. Se houver mais de uma linha de fratura, esta poderá ser classificada como fratura cominutiva (osso despedaçado em decorrência de um impacto de alta energia) ou em asa de borboleta.
- *Relações entre os fragmentos*. As fraturas podem ser não deslocadas ou deslocadas. No último caso, o deslocamento dos fragmentos ósseos pode ocorrer de muitas maneiras, inclusive em angulação, rota-

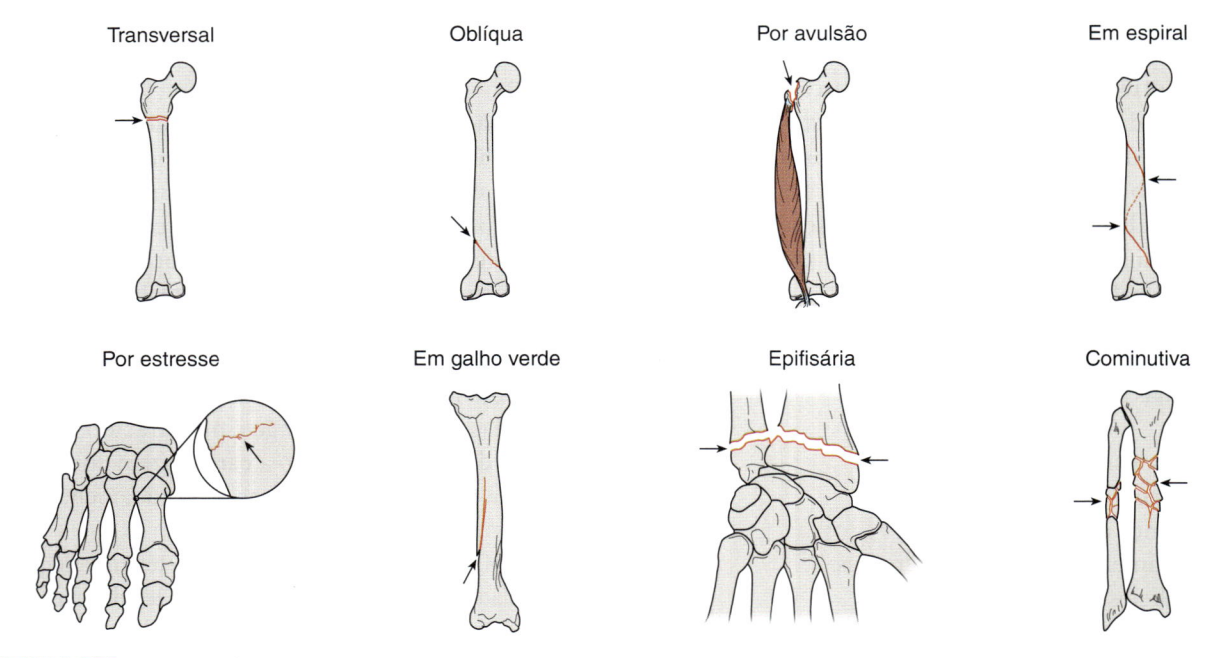

FIGURA 5.5 Tipos de fratura.

ção, distração, acavalamento, impactação ou em desvio lateral.

- *Relações ambientais*. Fraturas que permanecem no ambiente interno do corpo, mesmo que sejam fraturas deslocadas, são conhecidas como fraturas fechadas. As que penetram na pele e resultam na exposição de osso ao ambiente externo são chamadas fraturas expostas. Por motivos óbvios, as fraturas expostas representam um risco muito maior de infecção do que as fraturas fechadas. Historicamente, as fraturas fechadas e abertas eram conhecidas como *fraturas simples* e *compostas*, respectivamente. Mas essa terminologia reflete inadequadamente a natureza das fraturas, podendo ser enganosa. Assim, muitos médicos e outros profissionais não incentivam o uso de *simples* e *compostas* como descritores de fraturas, dando preferência a *fechadas* e *expostas*.
- *Complicações*. Algumas fraturas se fazem acompanhar por poucas, se houver, complicações. Mas muitas exibem complicações que podem ser imediatas (p. ex., lesão cutânea, vascular, neurológica, muscular ou visceral), precoces (p. ex., necrose de tecido, infecção, tétano, pneumonia) ou tardias (p. ex., osteoartrite, distúrbios do crescimento, osteoporose pós-traumática ou refratura).
- *Fatores etiológicos*. Em alguns casos, a fratura é precedida por condições predisponentes a uma lesão ao osso. São exemplos de fatores etiológicos predisponentes as microfraturas por uso repetitivo que antecedem as fraturas por estresse e distúrbios inflamatórios, osteopatias, anormalidades congênitas e neoplasias.
- *Lesões combinadas*. Uma fratura óssea pode estar associada a outras lesões, ou pode ter sido causada por alguma delas, como por exemplo fraturas múltiplas e fraturas-luxação. Outra condição combinatória resulta da "conexão" entre os tecidos. As forças aplicadas a uma junção osteotendínea, por exemplo, podem acarretar uma lesão a um tendão, uma fratura óssea ou ambas. O fenômeno do elo mais fraco prevê que, se o osso for mais resistente, o tendão será tensionado. Por outro lado, se o tendão for mais forte, o osso experimentará uma fratura por avulsão. Nesse caso, entram em ação as propriedades viscoelásticas do osso e também do tendão. Se a carga causadora da lesão for aplicada lentamente, é mais provável que ocorra uma fratura por avulsão, ao passo que, se a carga for aplicada com mais rapidez, é mais provável que a lesão ocorra no tendão.

Consolidação

A consolidação de uma fratura pode ser dividida em três fases: inflamação, reparação (união inicial das extremidades do osso) e remodelagem do calo ósseo. Imediatamente após a lesão, forma-se um hematoma (acúmulo de sangue) em torno do local fraturado (Fig. 5.6). Dentro de três dias, chegam à área as células me-

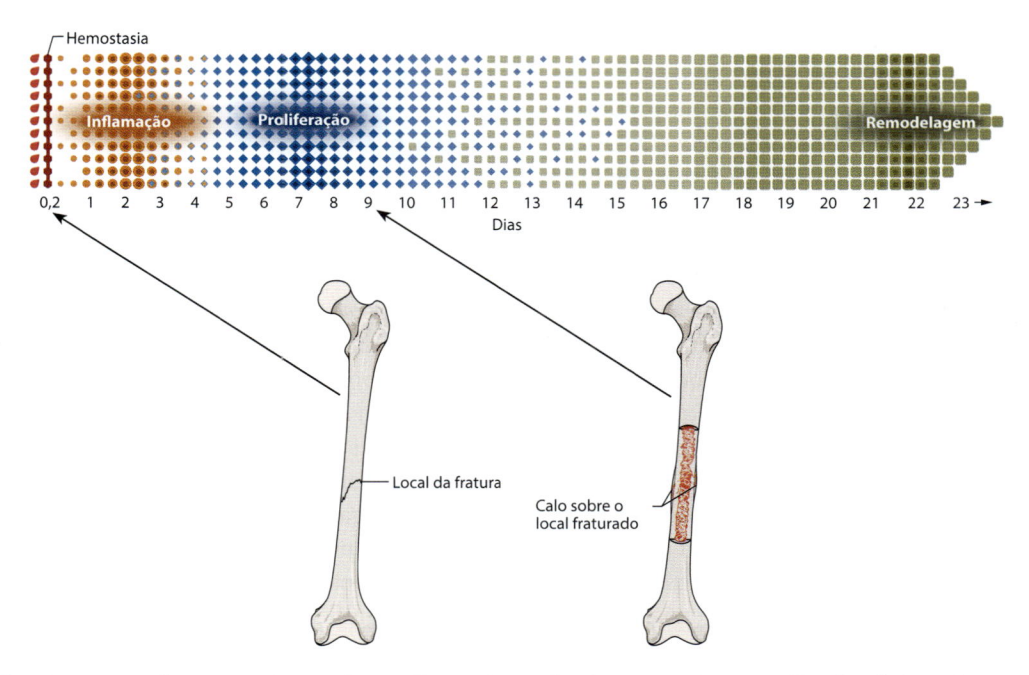

FIGURA 5.6 Consolidação de uma fratura óssea. Fase inflamatória (aproximadamente dias 0 a 4), fase de reparação (aproximadamente dias 5 a 11) e fase de remodelagem (aproximadamente dia 12 e além).

senquimais, que produzem um tecido fibroso que envolve as extremidades do osso fraturado e começa a formar o novo periósteo. Até esse ponto, as fraturas estáveis (que tendem a não deslocar) e as fraturas instáveis (que tendem a se deslocar em seguida à redução e imobilização) reagem de maneira parecida, mas, entre 3 e 5 dias após a ocorrência da fratura, o grau de estabilidade influencia as etapas subsequentes da consolidação. O exame microscópico do tecido fibroso revela que, em uma fratura estável, está presente uma boa vascularização do tecido, mas esta é deficiente em uma fratura instável.

No ponto em que o tecido fibroso encontra o córtex ósseo original – tanto em fraturas estáveis como nas instáveis – ocorre a formação de trabéculas novas pelos osteoblastos existentes na superfície do osso velho. No caso de uma fratura estável, ocorre a formação de osso novo ao longo da superfície periosteal da camada fibrosa, abrangendo o local fraturado. Em uma fratura instável, ocorre formação de osso novo ao longo da superfície periosteal do material fibroso, mas sem abranger inteiramente a linha de fratura. Em seres humanos, nesse ponto da consolidação óssea ocorre mínima formação de osso periosteal, e a união periosteal é mais tardia. À medida que tem continuidade a formação de trabéculas ósseas, o colarinho ósseo se torna mais compacto, havendo espessamento do periósteo.

No espaço entre as extremidades ósseas (e não ao longo da superfície periosteal), as primeiras células que invadem o local depois da lesão (aproximadamente no nono dia) são os macrófagos, seguidos pelos fibroblastos e capilares. Os macrófagos removem os restos celulares e da matriz, enquanto os fibroblastos produzem a matriz estrutural para as células e vasos. Os osteoblastos iniciam a deposição óssea por volta de duas semanas após a fratura e, por volta da terceira semana, fica estabelecida a união do osso nas extremidades fraturadas (idealmente). Se ocorrer a morte do osso adjacente ao local fraturado secundariamente à ruptura de sua irrigação sanguínea por ocasião da fratura, osteoclastos poderão estar presentes para que ocorra a reabsorção do tecido morto. Afora isso, qualquer que seja a fratura, os osteoclastos não estão rotineiramente presentes.

Em pequenos espaços (< 0,01 mm), ou nos casos em que as extremidades fraturadas fazem contato e a tensão fica abaixo dos 2%, a consolidação óssea primária ocorre por meio da remodelagem haversiana direta: os osteoclastos reabsorvem um cone ósseo, os osteoblastos depositam osso haversiano novo, e os osteócitos mantêm o osso novo em seguida à mineralização. Em espaços medindo 0,01 a 0,03 mm (um espaço demasiadamente grande para que ocorra a remodelagem haversiana, mas pequeno demais para a mobilização celular), os osteoclastos podem reabsorver o osso para que ocorra aumento do espaço entre as extremidades do osso fraturado. Mais tarde, chegam osteoblastos para depositar lamelas desorganizadas ao longo do espaço. Em seguida, o osso desorganizado é remodelado.

Quando a tensão se situa entre 2 e 10%, como é o caso em uma fratura instável, a formação de osso periosteal tem continuidade a partir das extremidades do osso velho em direção à linha de fratura, mas, ao longo dessa linha (em que o material fibroso é avascular), ocorre proliferação de condrócitos que depositam uma matriz cartilaginosa. Em uma sequência idêntica ao que acontece durante a ossificação endocondral dos ossos longos, a cartilagem que une as extremidades fraturadas vai sendo gradualmente substituída por tecido ósseo. Em humanos, por volta de seis semanas pode ser observada uma boa estabilidade. Com isso, ocorre proliferação de vasos sanguíneos e fibroblastos no espaço decorrente da fratura.

A remodelagem do calo da fratura tem seu início tão logo o local fraturado adquire estabilidade. A dinâmica dessa remodelagem é similar à remodelagem haversiana: o osso velho é reabsorvido pelos osteoclastos, e o osso novo é depositado pelos osteoblastos. Esse processo é vigoroso na área em que o calo periosteal encontra a superfície do osso velho. Antes da remodelagem, essa linha pode ser nitidamente visualizada; mas, depois da remodelagem, passa a ser impossível diferenciar o osso velho do calo ósseo.

LESÕES A OUTROS TECIDOS CONJUNTIVOS

Cartilagem articular, fibrocartilagem, tendão e ligamento são tecidos conjuntivos especializados que dão suporte e protegem o corpo. Esses tecidos se caracterizam pela presença de uma matriz colágena densa e células especializadas, embora cada um desses tecidos tenha composição e função próprias. Exemplificando, a cartilagem articular é composta sobretudo por colágeno tipo II e condrócitos, sendo avascular. Esse tecido atua principalmente ao ser comprimido. Basicamente, tendões e ligamentos são compostos por fibroblastos circundados por colágeno tipo I; e, embora sejam hipovascularizados, também têm um componente neurovascular significativo. Esses dois tecidos estão preparados para suportar cargas tênseis. Do mesmo modo que suas composições e funções variam, também diferem suas respostas à lesão e à cicatrização.

Cartilagem articular

Nas articulações sinoviais, com poucas exceções, as superfícies articulares dos ossos são revestidas com uma delgada (1 a 5 mm) camada de cartilagem articular hialina. Essa camada desempenha várias funções importantes, como distribuição das cargas, proteção da superfície articular e minimização do atrito e do desgaste.

Lesão

Uma lesão à cartilagem articular pode comprometer gravemente o funcionamento normal da articulação e, em casos avançados, pode tornar necessária a sua substituição. Dados experimentais sugerem que a aplicação excessiva de carga às articulações leva a três tipos de dano articular:

1. Perda de macromoléculas da matriz cartilaginosa, alteração da matriz macromolecular ou lesão aos condrócitos (qualquer desses três eventos pode ocorrer sem que haja ruptura detectável do tecido).
2. Lesão isolada à própria cartilagem articular, na forma de fratura condral ou lacerações em retalho.
3. Lesão à cartilagem e ao osso subjacente – uma condição conhecida como fratura osteocondral.

Osteoartrite

A osteoartrite (OA) – às vezes denominada doença articular degenerativa (DAD) – é um distúrbio das articulações sinoviais, sobretudo daquelas submetidas à descarga de peso, caracterizada pela deterioração da cartilagem articular hialina e formação de osso nas superfícies articulares e também nas suas margens (Fig. 5.7).

A OA é um problema progressivo, que se caracteriza inicialmente pelo amolecimento da cartilagem articular. Esse evento é atribuível a uma diminuição no teor de proteoglicanas da matriz. O processo degenerativo se caracteriza pela fibrilação da cartilagem, perda celular, condromalacia (amolecimento da cartilagem), perda da sustentação elástica e rutpura da estrutura colágena (Fulkerson et al., 1987; Horton et al., 2005). Essas alterações estruturais aumentam a suscetibilidade da cartilagem articular às cargas de cisalhamento; assim, tais alterações predispõem à ocorrência de lesão no tecido. Subsequentemente, ocorre adelgaçamento da cartilagem e sua superfície se torna mais irregular, passando a apresentar depressões, fissuras e ulcerações características. Os danos à cartilagem têm como implicação a liberação de enzimas, o que resulta em novas rupturas. Uma degeneração avançada da cartilagem é acompanhada por necrose do osso subcondral e pela formação de excrescências ósseas decorrentes da ossificação da cartilagem (osteófitos) nas margens da articulação. Normalmente, a gravidade da OA é classificada de acordo com o grau de estreitamento do espaço articular, formação de osteófitos, esclerose e deformação da articulação.

Ao descrever a patogênese da osteoartrite, Brandt (1992) afirmou que:

> [A osteoartrite] pode ocorrer em dois cenários: (1) as propriedades biomateriais do osso articular e da cartilagem estão normais, mas cargas excessivas aplicadas à articulação resultam em falha dos tecidos, ou (2) a carga aplicada é fisiologicamente razoável, mas as propriedades biomateriais da cartilagem ou do osso são inferiores. Em geral, as primeiras alterações degenerativas progressivas na [osteoartrite] ocorrem nos pontos intra-articulares submetidos às maiores cargas compressivas. (pp.75-76)

Desconhecemos a causa exata da osteoartrite. É provável que inexista uma causa única, ou uma via final co-

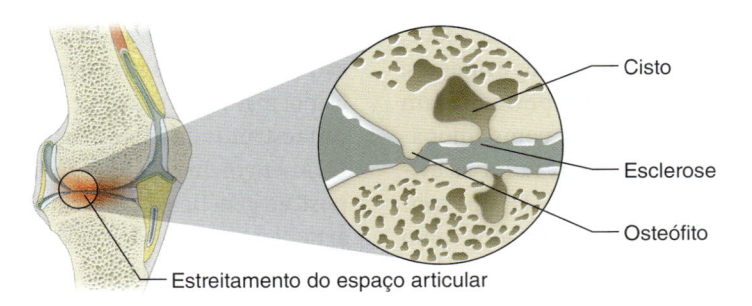

FIGURA 5.7 Osteoartrite no joelho, ilustrando o estreitamento do espaço articular (detalhe), a esclerose das placas terminais ósseas, os cistos e osteófitos nas margens da articulação.

mum; o mais provável é que vários fatores contributivos interfiram para levar ao estágio final da osteoartrite. A OA pode ser iniciada por algum traumatismo mecânico e pelas alterações intervenientes no processo químico, especialmente a frouxidão articular excessiva atribuível a uma lesão ligamentar prévia (Mankin et al., 1994). Exemplificando, frequentemente a ruptura do ligamento cruzado anterior causa a ocorrência de osteoartrite no joelho (Friel e Chu, 2013). Entre outros fatores que podem contribuir para a OA, estão a hereditariedade; alterações na atividade dos condrócitos; e mudanças nos mediadores químicos derivados do úmero, da cartilagem e do líquido sinovial (p. ex., interleucina-1).

Além disso, os tecidos no interior do sistema musculoesquelético exibem ampla inter-relação, e vias inflamatórias comuns foram implicadas na patogênese de uma série de condições (p. ex., OA, osteoporose e tendinopatias) (Collins et al., 2018; Hoy et al., 2014; Smith et al., 2014). Em termos funcionais, o comprometimento da integridade muscular, a atrofia persistente e o acúmulo de lipídios no músculo são fatores de risco para OA (Lee et al., 2012). Na verdade, a síndrome metabólica (um grupo de condições que incluem obesidade, hipertensão arterial, hiperglicemia e hiperlipidemia) foi associada à lesão aos tecidos em casos de OA (Farnaghi et al., 2017).

Em termos etiológicos, a OA foi descrita como (1) primária ou idiopática (de origem desconhecida); ou (2) secundária, sendo resultante de condições identificáveis, por exemplo, traumatismo, transtornos metabólicos (p. ex., doença por deposição de pirofosfato de cálcio di-hidratado ou hiperostose esquelética idiopática difusa), problemas inflamatórios existentes ou artropatias por cristais. Entre os fatores implicados na patogênese da osteoartrite, podem ser citados a obesidade, genética, distúrbios endócrinos e metabólicos, traumatismo articular, e padrões de atividade determinados pela ocupação ou pela escolha de atividade recreativa da pessoa. Evidências epidemiológicas sugerem que até 90% da população exibe algum grau de envolvimento osteoartrítico por volta dos 40 anos de idade, embora, em muitos casos, sem sinais clínicos evidentes.

Embora as causas da OA primária permaneçam indefinidas, a classificação dessa doença como idiopática pode ser uma opção enganosa. Ao resumir as evidências extraídas de vários estudos, Harris (1986) concluiu que, na grande maioria dos casos publicados como OA de quadril primária, anormalidades do desenvolvimento não identificadas e leves (p. ex., displasia acetabular e deformidade em punho de pistola) foram os fatores causais prováveis. Subsequentemente, Tanzer e Noiseux (2004) reafirmaram que o impacto femoroacetabular anterior repetido com frequência leva a uma dor na região anterior da virilha, lacerações labiais e lesões condrais, habitualmente terminando no desenvolvimento de artrite. Portanto, um grande percentual de casos de OA é equivocadamente classificado como OA primária.

Em casos de OA de causa conhecida, o uso mecânico excessivo tem um papel relevante. Esse uso excessivo pode ser agudo (p. ex., lesão traumática) ou crônico (p. ex., carregar objetos pesados repetidamente). Com frequência, o mecanismo de lesão nas condições crônicas está ligado à ocupação. Exemplificando, a incidência de OA entre os fazendeiros foi ligada ao ato de carregar itens muito pesados, caminhar em solo irregular e passar longos períodos dirigindo um trator. Como seria de esperar, também foi informada a ocorrência de OA relacionada com ocupação nos joelhos e colunas vertebrais dos trabalhadores de minas de carvão e nas mãos de trabalhadores de algodoarias.

Surpreendentemente, a obesidade não está fortemente associada ao início da OA no quadril, mas está mais envolvida na progressão de uma OA já estabelecida (Croft et al., 1992). Esses achados contrastam com a articulação do joelho, em que a obesidade, juntamente com o uso repetido e com alguma lesão precedente, é importante fator de risco para a ocorrência de OA (Collins et al., 2018; Felson et al., 1988).

A OA também está fortemente associada com a idade avançada. É rara a observação de evidências radiográficas de OA em indivíduos com menos de 25 anos, mas por volta dos 75 anos praticamente todas as pessoas exibem alguma evidência dessa doença em suas mãos; e cerca de metade dos indivíduos nessa faixa etária demonstra algum grau de OA em seus pés (Lawrence et al., 1989). O surgimento da OA em articulações específicas é variável; a doença ocorre mais precocemente nas articulações metatarsofalângicas e, em seguida, nas proximidades do punho e na coluna vertebral, nas articulações interfalângicas e carpometacarpais I, na articulação tibiofemoral e, por último, no quadril. Não são conhecidas as razões para esse surgimento sequenciado, mas provavelmente há envolvimento de alterações ultraestruturais anatômicas, biofísicas e biomecânicas. O desenvolvimento da OA é determinado pela predisposição genética do indivíduo à doença, anormalidades articulares, e padrões de carga mecânica e de uso. Em grande parte, ainda está cercada de mistério a relação precisa entre esses fatores biológicos e mecânicos, de modo que a identificação de seus mecanismos específicos é desafiadora.

Cicatrização

Em caso de dano significativo a uma cartilagem articular, raramente irá ocorrer o reparo com cartilagem hialina nova. A incapacidade da cartilagem articular de reparar defeitos de qualquer tamanho significativo é atribuída à ausência de vasos sanguíneos e à relativa carência de células. Essa incapacidade da cartilagem articular de efetuar um autorreparo substancial contribui para a ocorrência da osteoartrite.

Fibrocartilagem

A fibrocartilagem, composta de feixes densos de fibras colágenas, atua como um tecido de transição nas junções osteotendíneas e osteoligamentares, facilitando a distribuição das forças incidentes nos locais de inserção e diminuindo o risco de lesão. A fibrocartilagem também é encontrada em certas articulações na forma de um menisco, um coxim de fibrocartilagem interposto que atua na absorção de impacto e como uma cunha na periferia da articulação, o que melhora o encaixe estrutural articular. Encontram-se meniscos nas articulações tibiofemoral (joelho), acromioclavicular, esternoclavicular e temporomandibular. As lesões meniscais ocorrentes em diversas dessas articulações serão discutidas em capítulos subsequentes. O lábio fibrocartilaginoso da articulação glenoumeral tem funções similares às do menisco.

Também podemos observar a presença de fibrocartilagem nas camadas externas (anel fibroso) dos discos intervertebrais. A lesão à fibrocartilagem do anel fibroso desempenha um papel importantíssimo nos mecanismos da dor lombar causada pela herniação de discos intervertebrais (ver Cap. 8). A cicatrização de uma fibrocartilagem lesionada é limitada em decorrência da hipovascularidade desse tecido.

Avanços nas artroplastias

A dor debilitante da osteoartrite de quadril e joelho avançada pode limitar significativamente a mobilidade de um indivíduo. A cirurgia de substituição da articulação (artroplastia), em que as estruturas lesionadas são substituídas por materiais artificiais, proporciona um notável alívio da dor e restaura, na maioria dos casos, a função articular (Merola e Affatato, 2019). Em decorrência das responsabilidades de sustentação de peso dos membros inferiores, não surpreende que o quadril e o joelho sejam os principais locais atendidos pela artroplastia. À luz dos contínuos avanços nos biomateriais e nas técnicas cirúrgicas, o advento dos modelos assistidos por computador e diante de uma população que está envelhecendo, a quantidade de artroplastias realizadas continuará aumentando notavelmente. Para se ter uma ideia, a American Academy of Orthopaedic Surgeons (AAOS) estima que, por volta de 2030, as artroplastias totais de joelho nos Estados Unidos aumentarão em mais de 180% (1,28 milhões), e que as artroplastias totais de quadril aumentarão em mais de 170% (635 mil) (AAOS, 2018).

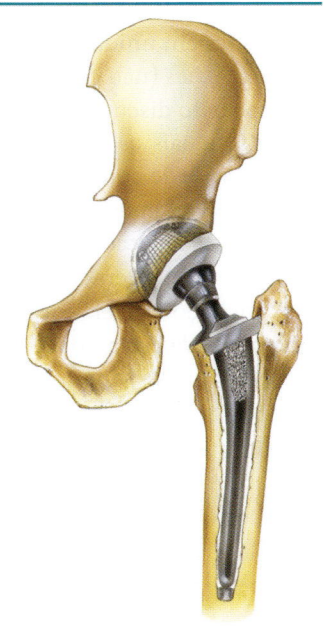

MedicalArtInc/Getty Images

A artroplastia total de quadril (ATQ) envolve a excisão da cabeça do fêmur e de parte do colo femoral, e o alargamento do acetábulo. Em seguida, o cirurgião coloca uma prótese metálica femoral no canal medular do fêmur, que pode ser cimentada no canal com o uso de metilmetacrilato. Uma técnica alternativa, que não usa cimento, utiliza uma prótese com estrutura porosa que incentiva o crescimento ósseo (por permeação nos poros); entretanto, ainda é objeto de discussão o sucesso das próteses sem cimentação. No caso do *resurfacing* – uma técnica de uso mais raro – não é feita a remoção do colo e da cabeça do fêmur. A prótese é projetada de maneira a se encaixar como uma touca sobre a cabeça do fêmur, e uma outra "touca" de dimensões apropriadas se encaixa com precisão no sulco do acetábulo.

Embora a técnica tradicional da ATQ obtenha sucesso razoável entre indivíduos idosos e relativamente inativos, no longo prazo ela pode oferecer desfechos menos satisfatórios entre pacientes mais jovens e ativos. Pode haver necessidade de uma cirurgia de revisão, que tem como objetivo reparar algum dano decorrente de uma cirurgia prévia, dano que é mais comumente causado pela infecção, e menos frequentemente por fraturas e instabilidades.

Ao longo das duas últimas décadas, progressos na tecnologia, nos modelos robóticos e nas técnicas cirúrgicas têm contribuído para a obtenção de desfechos mais satisfatórios nas cirurgia de reposição articular. Pensando mais à frente, "uma nova geração de sistemas robóticos vem sendo introduzida no campo da artroplastia; e os resultados iniciais com a artroplastia unicompartimental do joelho e com a artroplastia total do quadril demonstraram maior precisão de posicionamento, aumento na satisfação do paciente e diminuição na ocorrência de complicações" (Jacofsky e Allen, 2016, p.2353).

Tendão

Sendo a estrutura responsável pela transferência de forças do músculo esquelético para o osso, o tendão é um elo crucial no sistema musculoesquelético. A lesão às estruturas tendíneas pode limitar ou mesmo impedir os movimentos e as funções normais. A estrutura conjuntiva do tendão produz três zonas estruturais: (1) o corpo do tendão em si (substância tendínea), (2) a conexão do tendão com o osso (junção osteotendínea) e (3) as conexões com seu músculo associado (junção miotendínea, ilustrada na Fig. 5.8).

Doença

A lesão a um tendão pode ser resultante de um traumatismo direto, como por exemplo quando tendões da mão ou dos dedos são lacerados por facas, serras ou outros instrumentos cortantes. As lesões tendíneas também podem ser indiretas, decorrentes da aplicação de cargas tênseis excessivas sobre a estrutura do tendão. A tentativa de transmissão de cargas que excedem a resistência máxima das fibras (ou do tendão como um todo) levará à lesão do tendão.

As lesões em unidades miotendíneas são denominadas distensões (não confundir com *deformação mecânica*, conceito discutido nos Caps. 3 e 4). Como muitas lesões teciduais, as lesões tendíneas são categorizadas em conformidade com sua gravidade. Uma distensão leve se caracteriza por uma interrupção estrutural desprezível, dor à palpação local e mínimo déficit funcional. Uma distensão moderada manifesta defeito estrutural parcial, inchaço visível, dor à palpação significativa e alguma perda da estabilidade. Distensões graves caracterizam-se por ruptura completa da estrutura, dor à palpação significativa e deficiências funcionais que normalmente necessitam de intervenção cirúrgica corretiva.

Com frequência, uma distensão tendínea grave (ruptura completa da estrutura do tendão) é precedida por uma lesão não detectada do tecido, existente antes do incidente específico de ruptura. Tais casos têm sido denominados *rupturas espontâneas de tendão*, sendo normalmente observadas em pessoas de meia-idade envolvidas em atividades muito vigorosas. Com frequência, a pessoa lesionada não relata um histórico de lesão ou de qualquer dano previamente identificado. Essas rupturas espontâneas de tendão ocorrem de maneira inesperada, e são acompanhadas por um estalido. Depois de ocorrida a lesão, o exame durante a cirurgia com frequência identifica uma patologia preexistente, sugestiva de que uma degeneração tendínea e outras patologias previamente não detectadas podem ter facilitado a ruptura espontânea (Kannus e Józsa, 1991; Longo et al., 2007; Woo et al., 1994). O Capítulo 6 descreve exemplos de rupturas espontâneas nos tendões calcâneo e patelar.

A aplicação repetida de uma sobrecarga em um tendão pode resultar em uma resposta inflamatória, ou tendinite. A reação pode ser aguda (em resposta a uma sessão ou evento limitado) ou crônica (resultado do uso excessivo repetido). Além do tendão em si, as estruturas relacionadas que facilitam o deslizamento dos tendões (p. ex., peritendão, bainha tendínea e bolsa que acompanha essas estruturas) também podem inflamar e, subsequentemente, ser lesionadas.

São variáveis os termos utilizados na descrição do tendão e das condições ligadas a essa estrutura. As palavras *tendinite*, *tenossinovite*, *tendinose* e outras são empregadas pelos profissionais de saúde e pesquisadores em contextos variados, para descrever diversos tipos de condições; assim, justifica-se que sejamos cautelosos no uso intercambiável desses termos. Devemos identificar com clareza as estruturas submetidas a exame para evitar confusão.

Além da substância do tendão, a junção miotendínea também pode ser lesionada. A estrutura da junção miotendínea exibe uma interdigitação de fibras de músculo esquelético com fibras colágenas do tendão, em um padrão de pregueamento de membrana que é característico. Esse padrão de pregueamento diminui as tensões na junção miotendínea durante a contração muscular, o que diminui a probabilidade de lesão.

Também ocorrem lesões na junção osteotendínea, o local onde o tendão se insere na superfície do osso cortical. Com frequência, essa inserção exibe quatro

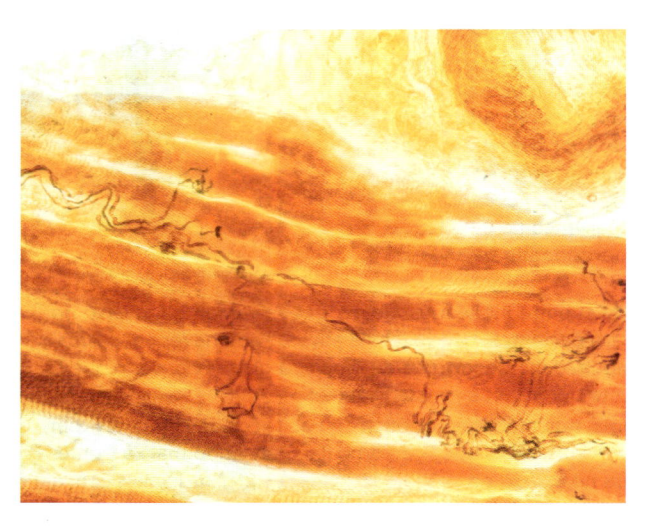

FIGURA 5.8 Micrografia eletrônica de transmissão da junção miotendínea.
Jlcalvo/Dreamstime.com

camadas (zonas) de rigidez mecânica crescente: tendão, fibrocartilagem não mineralizada, fibrocartilagem mineralizada e osso. Essas zonas de transição distribuem as forças tênseis e reduzem a probabilidade de lesão.

Cicatrização

Sabe-se muito sobre a cicatrização de tendões seccionados e subsequentemente reparados por cirurgia. Em seguida a uma fase inflamatória inicial, desencadeia-se a síntese de glicosaminoglicanas (GAG) e de colágeno, no que é conhecido como *fase proliferativa*. Essas substâncias são empregadas na restauração da integridade da matriz do tendão. Na primeira semana após uma lesão aguda de tendão, recomenda-se repouso, aplicação de gelo e imobilização a fim de evitar danos adicionais ao tecido. Na segunda e terceira semanas, a aplicação de cargas cíclicas de pouca intensidade aos tendões em processo de cicatrização poderá ajudar no alinhamento das fibras novas e no fortalecimento do tendão em processo de reparação; chamamos esse período de *fase regenerativa* (ou *de remodelagem*). Além disso, a prática do alongamento e da ativação da unidade miotendínea pode prevenir uma excessiva atrofia muscular e rigidez articular. Depois da terceira semana, um aumento progressivo no estresse aplicado sobre o tendão otimizará a cicatrização do tecido.

Sabemos muito menos sobre os processos e respostas de cicatrização associados à tendinite crônica. De acordo com Andarawis-Puri et al. (2015), "As tendinopatias conducentes à ruptura de um tendão resultam mais frequentemente do acúmulo de lesões sub-ruptura. Desconhecemos em grande parte os mecanismos subjacentes associados à patogênese das tendinopatias" (p.783).

Ligamento

Um ligamento é um tecido conjuntivo colágeno que une um osso a outro. Os ligamentos protegem a integridade das conexões interósseas, ao opor resistência a movimentos excessivos ou à luxação dos ossos. Nessa função, os ligamentos são caracterizados como estabilizadores passivos das articulações.

Doença

A lesão a um ligamento, denominada entorse ligamentar, pode comprometer a capacidade de estabilização dessa estrutura, prejudicando sua capacidade de limitar os movimentos articulares. A gravidade da entorse é especificada em termos clínicos com um esquema em três níveis, conforme foi relatado na seção

Terminologia das lesões, um pouco antes neste capítulo. São de ocorrência mais comum as entorses leve e moderada. Uma laceração completa do ligamento (entorse grave) ocorre apenas em uma minoria dos casos.

Devemos lembrar que os ligamentos podem ser intracapsulares, capsulares ou extracapsulares. A localização e inserções desses tipos de ligamentos ajudam a determinar sua função, sua resposta à aplicação de cargas mecânicas e a sua suscetibilidade às lesões. Exemplos nos Capítulos 6 e 7 ilustram essas respostas específicas dos ligamentos em articulações dos membros inferiores e superiores.

A inserção do ligamento ao osso tem uma estrutura similar à encontrada na junção osteotendínea. A junção osteoligamentar exibe zonas de transição de fibrocartilagem e de fibrocartilagem mineralizada interveniente entre o ligamento e o osso cortical no qual está inserido. Essa estrutura zonal facilita a distribuição das cargas nos locais de inserção dos ligamentos. Além disso, as fibras do ligamento avançam em um sentido relativamente paralelo à superfície do osso, fundindo-se gradualmente ao periósteo.

Cicatrização

Há mais de um quarto de século, Frank (1996) delineou as três fases da cicatrização dos ligamentos: sangramento e inflamação, proliferação do material de união, e remodelagem da matriz. Essas fases foram detalhadamente explicadas por Leong et al. (2020). Em resumo, a primeira fase, uma resposta inflamatória, é paralela à descrição dada na sessão precedente sobre inflamação. Plaquetas provenientes do sangue promovem a coagulação, há deposição de um coágulo de fibrina, são liberados fatores de crescimento destinados a promover a cascata inflamatória, ocorre dilatação dos vasos locais e infiltração de células inflamatórias agudas e, por fim, chegam ao local as células de cicatrização fibroblástica.

A segunda fase da cicatrização ligamentar é a produção da matriz cicatricial. No entanto, a cicatriz produzida na fase 2 e que termina por ser remodelada na fase 3 não é constituída por ligamento normal. Tipicamente, as fibras colágenas da cicatriz têm menor diâmetro do que no ligamento normal, exibem ligações cruzadas, estão alinhadas de maneira mais aleatória do que em um ligamento normal, e contêm mais colágeno tipo III (Woo et al., 2006).

A remodelagem da matriz constitui a terceira fase da cicatrização do ligamento. Nessa fase, a matriz da cicatriz diminui de diâmetro e passa a ser mais viscosa e mais densa e organizada. Com o passar do tempo, a cicatriz pode começar a se parecer e a funcionar mais como um ligamento não lesionado, mas jamais se tornará idêntica ao ligamento normal, não lesionado, tanto em estrutura como em resistência.

MÚSCULO ESQUELÉTICO

Os músculos esqueléticos são os motores que proporcionam ao corpo humano a potência necessária para seus movimentos. Os músculos esqueléticos têm uma capacidade singular entre todos os tecidos do corpo no que se refere à produção de força e contração. Suas células especializadas possibilitam ao músculo produzir força (que às vezes é chamada de *tensão*, ou carga tênsil), além de terem a capacidade de mudar de forma por encurtamento, ou contração.

Lesões ao músculo esquelético ocorrem comumente e podem assumir diversas formas e envolver mecanismos variados. Como se pode observar em muitas ocupações, esportes e atividades físicas, os músculos esqueléticos têm a capacidade de produzir grandes forças (e potência) sem que venham a sofrer lesão. Contudo, se o músculo transmitir muita força ao longo de uma unidade miotendínea, é provável que venha a ocorrer uma lesão. Quais regiões da unidade miotendínea têm maior probabilidade de sofrer dano?

Músculo estimulado *versus* passivo

Pesquisas têm demonstrado que quando unidades de músculo-tendão-osso são tracionadas até a falha, podem ocorrer lacerações nas junções osteotendíneas, no interior do ventre muscular ou nas junções miotendíneas (McMaster, 1933). Mais recentemente, estudos experimentais confirmaram lacerações em unidades músculo-tendão na junção miotendínea (Garrett et al., 1988) ou em locais no interior da célula muscular a aproximadamente 0,5 mm da junção miotendínea (Tidball e Chan, 1989).

Grande parte desse trabalho investigou as características da falha de unidades miotendíneas passivas (não estimuladas), mas dois estudos (Garrett et al., 1987; Tidball et al., 1993) investigaram a falha miotendínea em um músculo estimulado *versus* quiescente. Garrett et al. (1987) compararam as propriedades biomecânicas do músculo passivo *versus* estimulado (extensor longo dos dedos de coelhos) que foi rapidamente alongado até a ocorrência de ruptura. Esses pesquisadores não observaram diferenças significativas na quantidade de alongamento na qual aconteceu a ruptura, independentemente do estado de ativação.

Porém, quando os músculos foram estimulados, eles alcançaram forças de pico (i. e., máximas) 14 a 16% maiores no momento da ruptura em relação ao músculo passivo. Também verificaram uma absorção de energia substancialmente maior até o ponto de ruptura nas unidades miotendíneas estimuladas *versus* não estimuladas. Garrett et al. relataram a ruptura normalmente ocorria na junção miotendínea.

Tidball et al. (1993) utilizaram a microscopia eletrônica para localizar o ponto específico de ruptura na interface músculo-tendão em unidades osso-tendão-músculo-tendão-osso tetanicamente estimuladas *versus* não estimuladas, usando o músculo semitendíneo de sapos. As amostras foram distendidas em velocidades fisiológicas de distensão até sua ruptura, e todas as rupturas ocorreram na junção miotendínea proximal (tendão de origem) ou em suas proximidades, tanto no músculo estimulado como no não estimulado. Como Garrett et al. (1987), Tidball et al. (1993) constataram que as unidades miotendíneas estimuladas necessitavam de 30% mais força e cerca de 110% mais energia até a ocorrência da ruptura. Curiosamente, a análise ao microscópio eletrônico revelou diferenças sistemáticas nos locais de ruptura, que variavam com o estado de ativação das células musculares no momento da lesão. Esses autores também verificaram que a força de ruptura do disco Z no músculo estimulado diferia do que acontecia no músculo não estimulado – sugerindo que dois sistemas de sustentação de carga podem, paralelamente, estar em ação no interior dos discos Z.

As Figuras 5.9, 5.10 e 5.11, obtidas do estudo de Tidball et al. (1993), demonstram com clareza a variação no local de ruptura dependendo do estado de ativação do músculo. Uma micrografia eletrônica de transmissão (Fig. 5.9*a*) ilustra uma seção longitudinal de um músculo não estimulado, enquanto a figura 5.9*b* ilustra uma seção similar de um músculo não estimulado. No músculo não estimulado, o local de ruptura ocorreu no interior do músculo, nas proximidades da junção miotendínea. A ruptura aconteceu em um plano transverso simples de cada célula no interior dos discos Z; e outros discos Z na área permaneceram estirados – com distensões residuais percentuais da ordem de várias centenas (Fig. 5.9*a*). Contrastando com esse achado, a Figura 5.9*b* foi obtida de um músculo estimulado, em um local distante cerca de 100 µm do local de ruptura. Nessa figura, podemos observar os discos Z relativamente normais; essas estruturas não demonstram distensões residuais.

Quando os locais de ruptura foram examinados mais detalhadamente no músculo não estimulado, foram detectadas lacerações no tendão, nas proximidades da junção miotendínea (delineadas pelas setas na Fig. 5.10a). Lacerações de aspecto idêntico foram observadas nas junções miotendíneas de amostras não estimuladas e estimuladas. Grandes separações (denotadas por S na Fig. 5.10b) foram visualizadas no interior do tendão, perto da junção miotendínea de um músculo não estimulado. Na Figura 5.11 (uma microfotografia eletrônica obtida através da junção miotendínea de um músculo estimulado), o local de ruptura (separação completa) se situa em um ponto imediatamente externo à membrana da junção miotendínea, e não parece haver tecido conjuntivo conectado à membrana da junção (ver setas).

Tipos de lesão

Uma lesão *por distensão* ocorre quando um dano é infligido a uma unidade miotendínea. É comum o uso do termo *distensão* para descrever uma lesão miotendínea; contudo, essa denominação não tem aceitação universal. Exemplificando, Mueller-Wohlfahrt et al. (2013) propuseram uma terminologia e uma classificação alternativas para as lesões musculares, tendo concluído que "*Distúrbios musculares funcionais* não são o mesmo que lesões *estruturais*. O uso do termo *distensão* – se empregado de maneira indiferenciada – não é mais recomendado, tendo em vista que é um termo biomecânico, não devidamente definido e utilizado de maneira indiscriminada para se referir a lesões musculares anatômica e funcionalmente diferentes. Em vez de *distensão*, propomos o uso de *laceração* para as *lesões estruturais*" (p.348). Mas, diante de seu amplo e continuado uso, empregaremos *distensão* em nossa discussão das lesões miotendíneas.

Os aspectos específicos da lesão a um tendão já foram discutidos previamente; na presente seção, nos concentraremos nas três formas de lesão a um músculo esquelético: distensão muscular aguda, lesão por impacto e lesão muscular induzida pelo exercício.

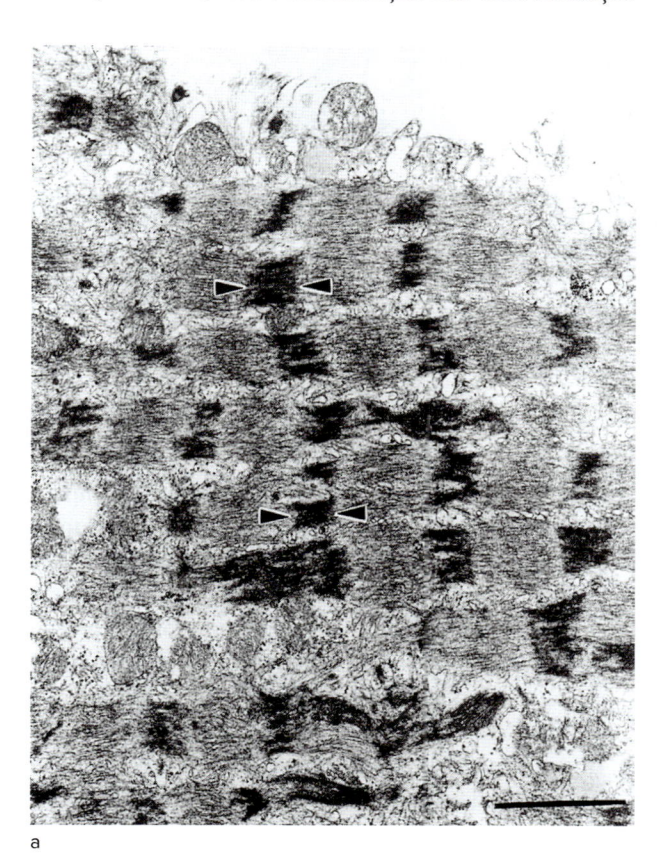
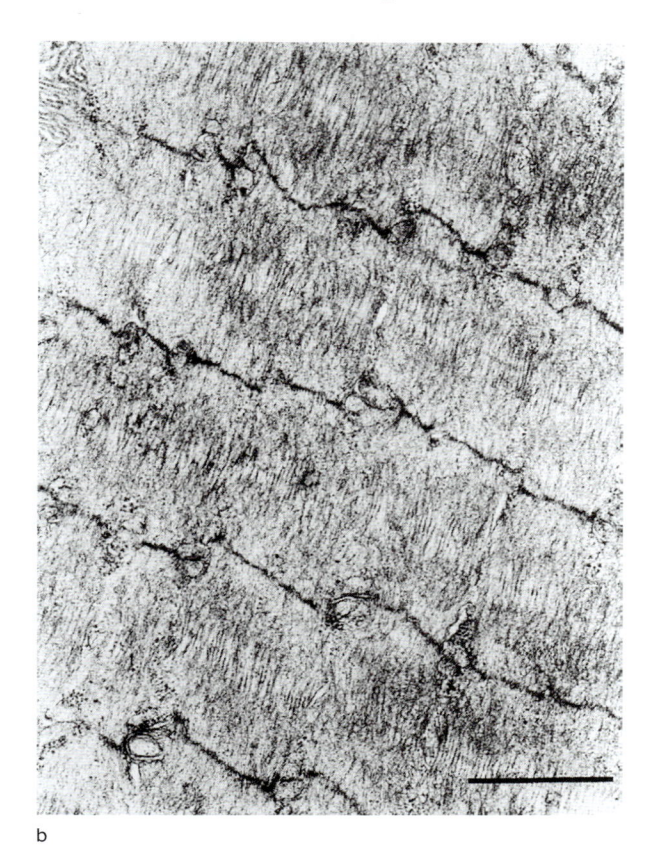

a
b

FIGURA 5.9 *(a)* Corte longitudinal de um músculo não estimulado sob carga até sua ruptura. A micrografia eletrônica de transmissão ilustra uma laceração incompleta através de uma fibra muscular, localizada à distância de aproximadamente 80 μm do local da laceração completa. Os discos Z (entre as cabeças de seta) exibem extensa distensão residual. *(b)* Corte longitudinal obtido pela secção de um músculo estimulado que foi distendido até a ocorrência de ruptura. Na fotografia, o local está situado a cerca de 100 μm de distância do local de ruptura. Os discos Z estão nítidos e não demonstram sinais de persistência da distensão. A barra inserida nas fotografias (1,5 μm) é igual em ambas as imagens.

(a) e *(b)* Reproduzidas com permissão de J. G. Tidball, G. Salem e R. F. Zernicke, "Site and Mechanical Conditions for Failure of Skeletal Muscle in Experimental Strain Injuries," *Journal of Applied Physiology*, 74 (1993): 1283 e 1285, respectivamente.

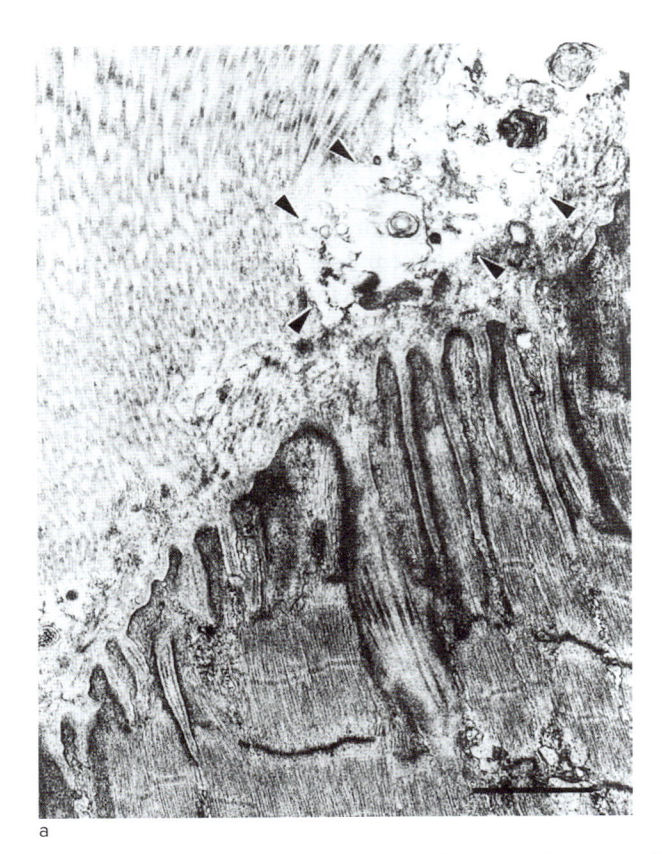 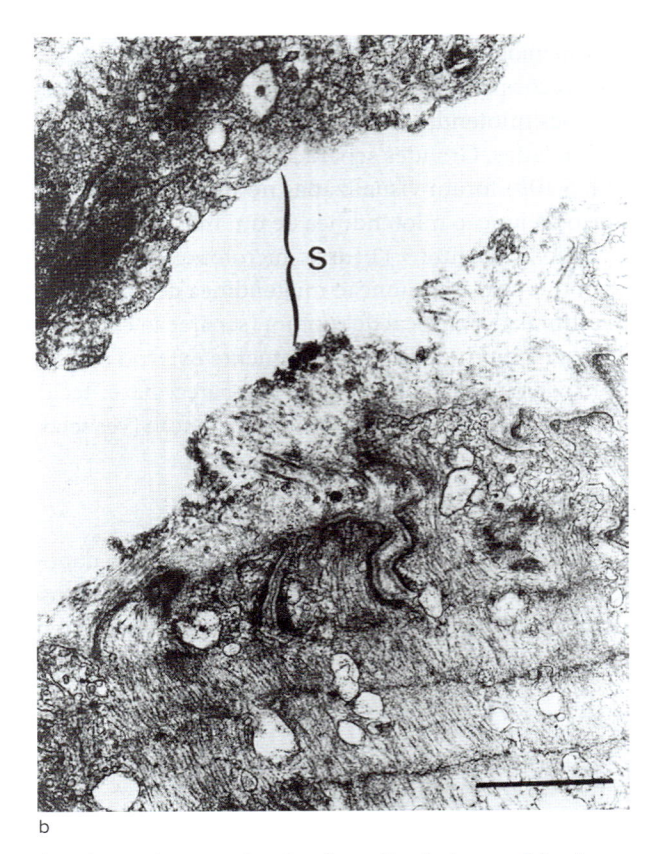

a

b

FIGURA 5.10 Corte longitudinal através da junção miotendínea de origem de um músculo não estimulado que foi submetido a uma carga até sua ruptura. *(a)* Existiam lacerações no tendão, nas proximidades das junções miotendíneas (delineadas pelas setas). Foram observadas lacerações idênticas nas junções miotendíneas das fibras não estimuladas e estimuladas. A barra inserida representa 2,0 µm. *(b)* Em algumas preparações, foram observadas grandes separações (S) no interior do tendão nas proximidades das junções miotendíneas, embora nessas preparações as lacerações completas estivessem localizadas nas fibras. A barra inserida representa 2,5 µm.

Reproduzida com permissão de J. G. Tidball, G. Salem e R. F. Zernicke, "Site and Mechanical Conditions for Failure of Skeletal Muscle in Experimental Strain Injuries," *Journal of Applied Physiology*, 74 (1993): 1285.

- Normalmente, uma distensão muscular aguda é resultado de um estiramento excessivo de um músculo passivo, ou de uma sobrecarga dinâmica a um músculo ativo, seja em ação concêntrica ou excêntrica. A gravidade dos danos ao tecido depende da magnitude da força e da velocidade de sua aplicação, bem como da resistência das estruturas miotendíneas. Distensões leves se caracterizam por alteração estrutural mínima e por um rápido retorno às funções normais. Distensões moderadas são acompanhadas por uma laceração parcial do tecido muscular (frequentemente na junção miotendínea, ou em suas proximidades), dor e algum grau de perda da função. Finalmente, distensões musculares graves são caracterizadas por uma ruptura completa ou quase completa do tecido e pela perda funcional, bem como por uma hemorragia e inchaço significativos.

- As lesões por impacto são resultantes de um impacto compressivo direto. Esse contato pode causar uma contusão muscular, que se diferencia pela hemorragia intramuscular. É comum a ocorrência de contusões musculares em esportes de contato (p. ex., basquete, futebol americano, futebol) quando, por exemplo, a coxa de um atleta sofre um impacto violento contra o joelho de algum adversário. Traumatismos mecânicos repetidos a um músculo lesionado, antes da sua cicatrização, podem piorar a lesão e levar a graves problemas secundários, como a miosite ossificante (formação de uma massa ossificada no interior do músculo).

- A lesão muscular induzida pelo exercício é decorrente da ruptura de tecidos conjuntivo e contrátil em seguida à prática do exercício, caracterizando-se por dor à palpação local, rigidez e limitação da amplitude de movimento. Esse tipo de lesão, tam-

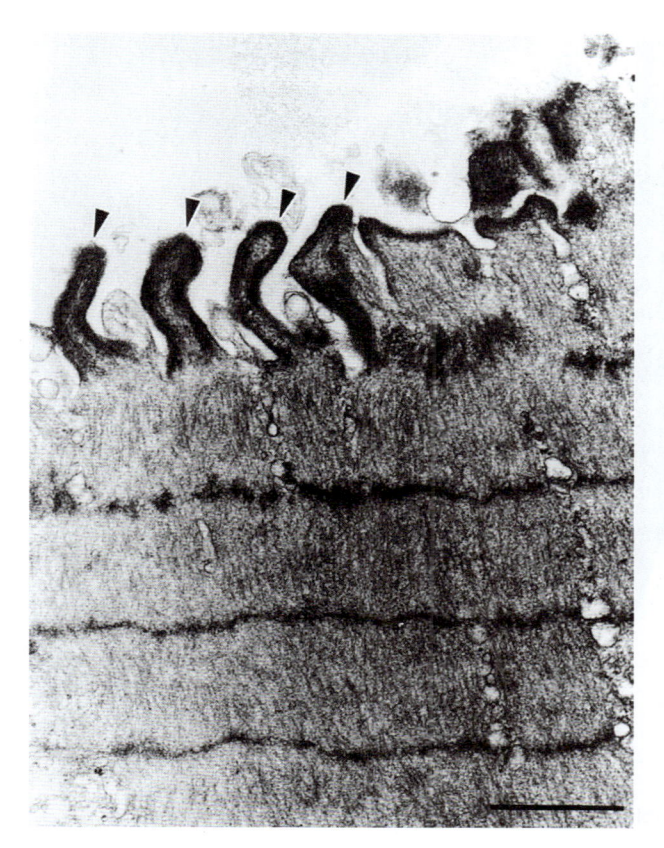

FIGURA 5.11 Corte longitudinal através da junção miotendínea de origem de um músculo estimulado que foi submetido a uma carga até a ocorrência de ruptura. O local de separação completa é imediatamente externo à membrana juncional, de modo que não se observa tecido conjuntivo associado aos processos juncionais (ver setas). A barra inserida representa 2,0 μm.

Reproduzida com permissão de J. G. Tidball, G. Salem e R. F. Zernicke, "Site and Mechanical Conditions for Failure of Skeletal Muscle in Experimental Strain Injuries," *Journal of Applied Physiology*, 74 (1993): 1284.

bém conhecida como dor muscular de início tardio (DMIT), normalmente ocorre 24 a 72 horas depois da prática de exercício vigoroso, sobretudo em seguida a uma ação muscular excêntrica em tecido contrátil desacostumado às demandas da atividade. Historicamente, acreditava-se que a DMIT era causada pelo acúmulo de ácido láctico no músculo, embora essa teoria tenha caído em descrédito. Atualmente, acredita-se que, basicamente, a DMIT seja um resultado de microlesões ao tecido muscular (Hotfiel et al., 2018). Os sintomas e eventos metabólicos (p. ex., dor, inchaço, presença de infiltrados celulares, aumento da atividade lisossômica e níveis aumentados de algumas proteínas de fase aguda na circulação) que acompanham os casos de DMIT são semelhantes àqueles da inflamação agu-

da e sugerem a existência de uma relação entre esses dois eventos (Close et al., 2005).

Embora não seja particularmente lesiva *per se*, a cãibra muscular comum pode ser indicativa de condições predisponentes à ocorrência de lesão. A demanda excessiva imposta a um músculo diante desse espasmo continuado e frequentemente doloroso pode resultar em uma distensão muscular. Apesar da frequência de sua ocorrência, os mecanismos da cãibra muscular ainda não foram completamente elucidados. Em sua maioria, as cãibras ocorrem em um músculo encurtado, caracterizando-se por uma atividade elétrica anormal. Foram propostos muitos fatores causais para as cãibras musculares, por exemplo, desidratação, desequilíbrios eletrolíticos, impacto direto, fadiga e níveis séricos reduzidos de cálcio e magnésio. As cãibras ocorrem em muitos músculos, especialmente no gastrocnêmio, semimembranáceo, semitendíneo, bíceps femoral e abdominais, e podem ser aliviadas pela atividade dos músculos antagonistas, ou pelo alongamento manual do músculo afetado. Esse alongamento precisa ser cuidadoso, porque, se for aplicada força excessiva a um músculo espasmódico, o resultado poderá ser uma distensão muscular.

LESÕES ARTICULARES

Em virtude de sua frequentemente complicada estrutura e da também complexa carga mecânica dos vários músculos envolvidos, as articulações esqueléticas demonstram propensão para a ocorrência de lesões. Embora não devidamente esclarecida em muitos casos, a dinâmica da aplicação de carga mecânica a uma articulação determina as lesões específicas ocorrentes. Tendo em vista que múltiplas lesões articulares serão examinadas em detalhes em capítulos subsequentes, limitaremos nossa discussão na presente seção aos conceitos básicos e à terminologia utilizada na lesão articular.

Ao ser aplicada uma força suficiente a uma articulação, os ossos articulados podem sofrer deslocamento. O resultado é uma luxação completa ou parcial (subluxação) (Fig. 5.12). Devemos ter em mente que o termo *subluxação* pode ser definido de diversas maneiras. Exemplificando, a definição biomecânica (empregada neste texto) refere-se a uma luxação parcial, não completa. Por outro lado, os profissionais de saúde normalmente utilizam o termo *subluxação* em casos nos quais uma luxação (seja parcial, ou completa) é imediatamente seguida pela redução espontânea da articulação (i. e., o realinhamento ou reposicionamento do osso luxado de volta à sua posição normal).

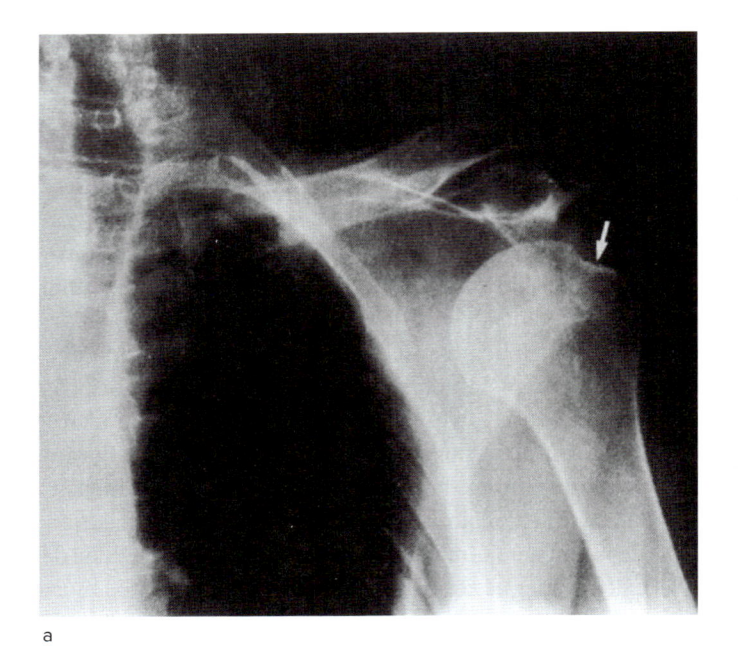

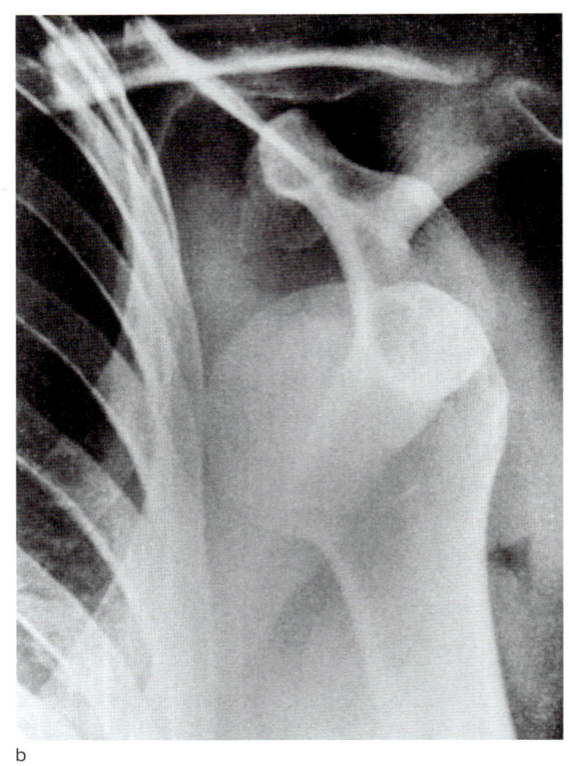

FIGURA 5.12   Radiografia de *(a)* um deslocamento parcial (subluxação) e *(b)* um deslocamento completo (luxação).
(a) Reproduzida com permissão de M. J. Julian e M. Mathews, "Shoulder Injuries," in *The Team Physicians Handbook*, editada por M. B. Mellion (Filadélfia: Hanley & Belfus, Inc., 1990), 320. *(b)* Reproduzida por permissão de P. G. Gusmer e H. G. Potter, "Imaging of Shoulder Instability," *Clinics in Sports Medicine* 14, nº 4: 780.

As luxações completas, em particular, com frequência são acompanhadas por outras lesões, por exemplo, entorses ligamentares e lacerações na cápsula articular fibrosa, juntamente com possíveis danos vasculares e nervosos.

A superfície interna da cápsula articular é revestida por membrana sinovial, uma delgada camada de tecido com função biomecânica desprezível, mas que tem uma importante função na fisiologia das articulações normais e lesionadas. A irritação ou traumatismo à sinóvia pode causar sinovite, uma condição que exibe sintomas inflamatórios, que, por sua vez, podem limitar o funcionamento da articulação.

Artrite refere-se à inflamação de uma articulação, ou a um estado que se caracteriza por inflamação articular. A artrite compreende muitas condições que exibem envolvimento inflamatório primário ou secundário; já foram identificados mais de 100 tipos de artrite. Entre os principais tipos estão os resultantes da aplicação de cargas mecânicas crônicas e excessivas (p. ex., *osteoartrite*, descrita previamente), doença sistêmica (p. ex., artrite reumatoide), ou desequilíbrios bioquímicos (p. ex., artrite gotosa). A artrite pode ser uma condição primária, ou pode ocorrer em resposta a um traumatismo não inflamatório, como ocorre em casos de osteoartrite. Qualquer que seja o caso, a artrite e suas sequelas (os efeitos subsequentes) têm o potencial de infligir uma dor debilitante e a perda da função articular.

LESÕES NÃO MUSCULOESQUELÉTICAS

Uma ampla gama de lesões não musculoesqueléticas envolve a pele e o tecido nervoso, que com frequência são afetados secundariamente a uma lesão musculoesquelética.

Pele

A pele forma o revestimento externo de proteção da maior parte da superfície do nosso corpo. Por ser a defesa mais externa do corpo, a pele está sujeita a uma grande variedade de lesões.

Doença

As lesões à pele podem assumir formas variadas, envolvendo muitos mecanismos causais, alguns dos quais de natureza mecânica. Um atrito suficiente entre a pele e uma superfície oposta pode resultar em uma lesão superficial, como uma abrasão (raspagem da camada superficial da pele, normalmente por ação mecânica), ou em uma lesão mais profunda, como uma bolha (uma estrutura preenchida por líquido, abaixo ou no interior da epiderme, causada por um agente térmico, químico ou mecânico).

Uma lesão cutânea não penetrante é conhecida por contusão, que habitualmente é resultado de um impacto violento direto. Uma hemorragia interna pode acompanhar a contusão e, em casos graves, pode ter efeito bastante debilitante.

Instrumentos cortantes que penetram na pele produzem ferimentos puntiformes, que não só lesionam as camadas dérmica e epidérmica, mas também podem, diante de suficiente profundidade de penetração, lesionar estruturas internas. Com frequência, a mecânica da lesão por punção resulta em um ferimento que tem um aspecto na superfície da pele muito menos grave do que é na realidade, porque em muitos casos a pele se fecha por ocasião da remoção do instrumento, ocultando, dessa maneira, a lesão mais profunda. Frequentemente, a ferida parece ser limpa, deixando pouca evidência externa visível da lesão produzida internamente. A laceração irregular da pele (laceração) é característica das feridas de corte por uma faca ou por outro instrumento cortante, porque o mecanismo de lesão é o de laceração, não de punção. Em comparação com o aspecto externo de um ferimento puntiforme, nas lacerações o aspecto normalmente é mais indicativo da extensão da lesão.

A pele exposta ao calor, contato químico ou elétrico, radiação ou raios solares em excesso pode experimentar lesões por queimadura. Queimaduras menos graves, de primeiro grau, caracterizam-se por rubor e dor, e as lesões ficam limitadas à camada externa da pele (epiderme). Queimaduras de segundo grau lesionam a epiderme e também a segunda camada subjacente (derme); podem-se observar inchaço, rubor, bolhas e dor considerável. As queimaduras mais graves (terceiro grau) penetram abaixo da pele; as áreas queimadas exibem uma coloração negra, branca ou acastanhada, possível dormência, lesão nervosa e dor extrema.

Cicatrização

Qualquer lesão que penetre na pele, qualquer que seja a profundidade de penetração, traz consigo o risco de infecção. Justifica-se que se tenha cautela ao tratar toda lesão penetrante, independentemente do seu grau de gravidade, porque os efeitos lesivos da infecção resultante de uma lesão tratada de maneira inadequada podem exceder em muito os efeitos deletérios da lesão original em si.

Tendo em vista a proximidade entre a vasculatura venosa e a derme, as lesões de pele frequentemente se caracterizam por um sangramento considerável (hemorragia). Lacerações faciais, por exemplo, comumente resultam em um sangramento efusivo, sobretudo nas áreas imediatamente acima (supraorbital) e abaixo (infraorbital) do olho, e também no queixo.

Ferimentos cutâneos cicatrizam ao longo de quatro fases sobrepostas: (1) hemostasia, (2) inflamação, (3) proliferação, e (4) maturação (Fig. 5.13). Na fase de hemostasia, o corpo busca interromper o sangramento formando um coágulo, no qual as plaquetas se combinam com o colágeno para bloquear o fluxo sanguíneo. Em seguida, a trombina entra em ação formando uma malha de fibrina, que estabiliza o coágulo.

Durante a fase inflamatória, a coagulação opera destruindo as bactérias (por meio da ação dos neutrófilos) e removendo os restos (por meio da ação dos macrófagos) da área lesionada. Em seguida, o processo de cicatrização avança à fase proliferativa, durante a qual ocorre o preenchimento da ferida com tecido conjuntivo granulado e vasos sanguíneos novos. A fase final, de maturação, caracteriza-se pela reorganização das fibras colágenas, em conjunto com o aumento da flexibilidade e da resistência. A fase de maturação pode se prolongar desde algumas semanas até dois anos, dependendo da gravidade do ferimento.

Tecido nervoso

O tecido nervoso não é classificado como tecido musculoesquelético, mas, considerando que uma lesão no tecido nervoso pode afetar – direta ou indiretamente – a função dos tecidos musculoesqueléticos, apresentamos um breve resumo das lesões ao tecido nervoso.

Lesões ao tecido nervoso têm o potencial de produzir os tipos mais debilitantes de disfunção. A lesão ao encéfalo e a outras estruturas supraespinais, medula espinal, nervos espinais ou nervos periféricos pode afetar o mais essencial dos sistemas de comunicação do corpo, comprometendo ou mesmo impedindo processos sensitivos e motores. As lesões a estruturas do sistema nervoso periférico são estudadas nos Capítulos 6 e 7; o Capítulo 8 apresenta exemplos de lesões ao sistema nervoso central (p. ex., concussão cerebral). Como prelúdio, apresentaremos aqui uma breve revisão das lesões ao tecido nervoso.

Os nervos são órgãos cordiformes que atuam como condutores de comunicação que enviam informações

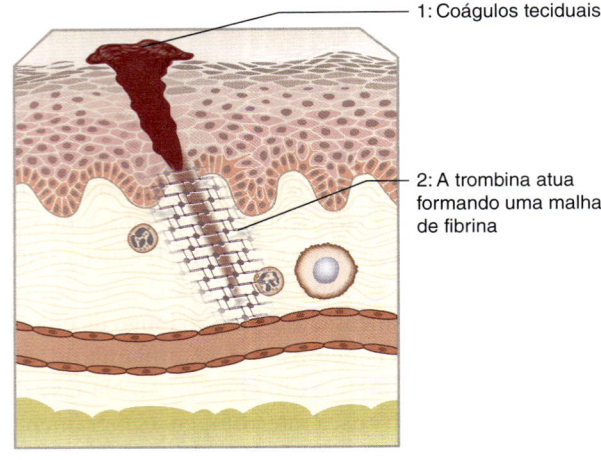

1: Coágulos teciduais

2: A trombina atua formando uma malha de fibrina

a

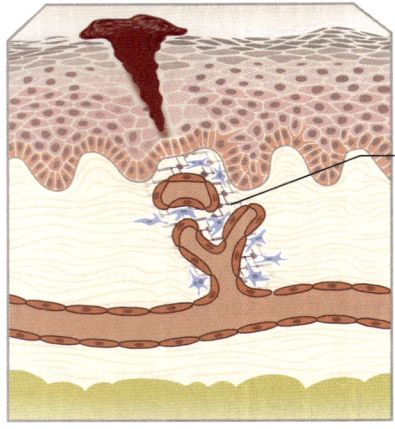

3: A ferida é ocupada por tecido conjuntivo granulado e por vasos sanguíneos novos

b

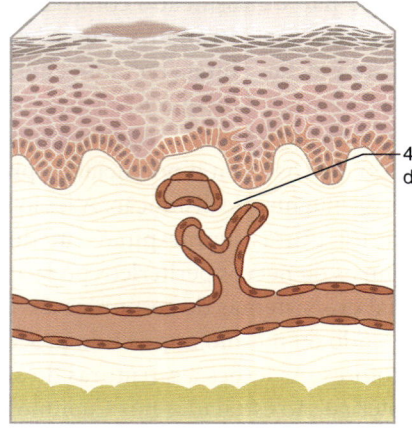

4: Reorganização das fibras colágenas

c

FIGURA 5.13 Estágios da cicatrização das feridas: inflamação, proliferação e maturação.

entre a periferia e o sistema nervoso central (Fig. 5.14). Cada nervo consiste em inúmeras fibras individuais (axônios) dispostas em feixes paralelos. Esses feixes estão envoltos por camadas de tecido conjuntivo. Cada axônio é revestido por uma delicada bainha endoneural, ou endoneuro. Os axônios são agrupados em feixes nervosos (fascículos), que, por sua vez, são circundados pelo perineuro. Por fim, os fascículos formam coletivamente o nervo (tronco nervoso), que está circundado por uma rígida cobertura de tecido epineural (epineuro).

O tecido nervoso pode ser lesionado por meios químicos, térmicos, isquêmicos, ou mecânicos; aqui, nos concentraremos apenas nos meios mecânicos. As influências mecânicas sobre as estruturas nervosas podem assumir uma de duas formas: encarceramento ou traumatismo. Na primeira forma, o encarceramento, o tecido nervoso é comprimido no interior de um espaço anatômico confinado, ou entre outras estruturas anatômicas. As forças resultantes causam impacto no tecido nervoso e podem produzir danos e comprometer a função.

A segunda forma de lesão nervosa – o traumatismo – é resultante de um dano mecânico direto ao tecido, ou de forças indiretamente aplicadas ao tecido nervoso por meio de estruturas circunjacentes. Cada um dos três tipos principais de carga pode estar presente, isoladamente ou em combinação. A aplicação de uma carga compressiva resulta em pressão, cargas tênseis promovem alongamento do tecido (que pode resultar em uma lesão por estiramento) e a carga de cisalhamento pode levar a uma lesão relacionada ao atrito. Nos casos de encarceramento e traumatismo, a natureza de qualquer disfunção resultante dependerá das características (p. ex., magnitude e duração) do ambiente mecânico presente no momento da lesão.

Comumente, a gravidade da lesão, com base na histopatologia do nervo, é avaliada com o uso de um sistema de classificação qualitativo em cinco níveis (Sunderland, 1990). Os elementos básicos desses níveis serão apresentados logo a seguir, e também na Figura 5.15:

- O nível menos grave, a lesão de primeiro grau, caracteriza-se pela presença de um bloqueio de condução. Essa interrupção da transmissão do sinal nervoso pode ser breve, leve ou grave. Lesões nervosas de primeiro grau não envolvem qualquer efeito de denervação e o resultado é uma completa recuperação, embora tal recuperação possa levar alguns meses. Uma lesão de primeiro grau pode

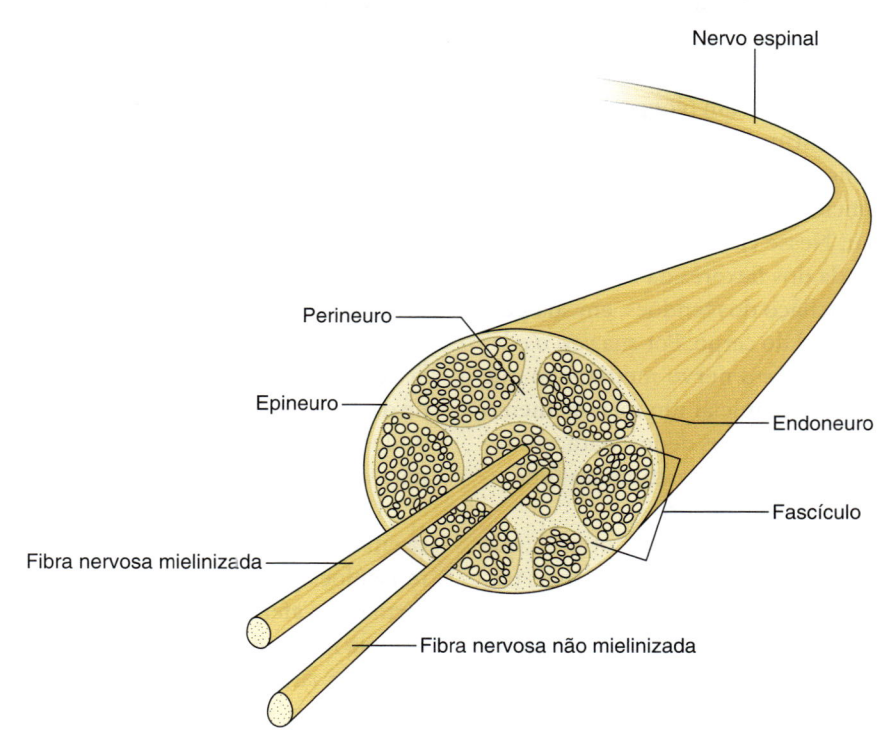

FIGURA 5.14 Estrutura de um nervo.

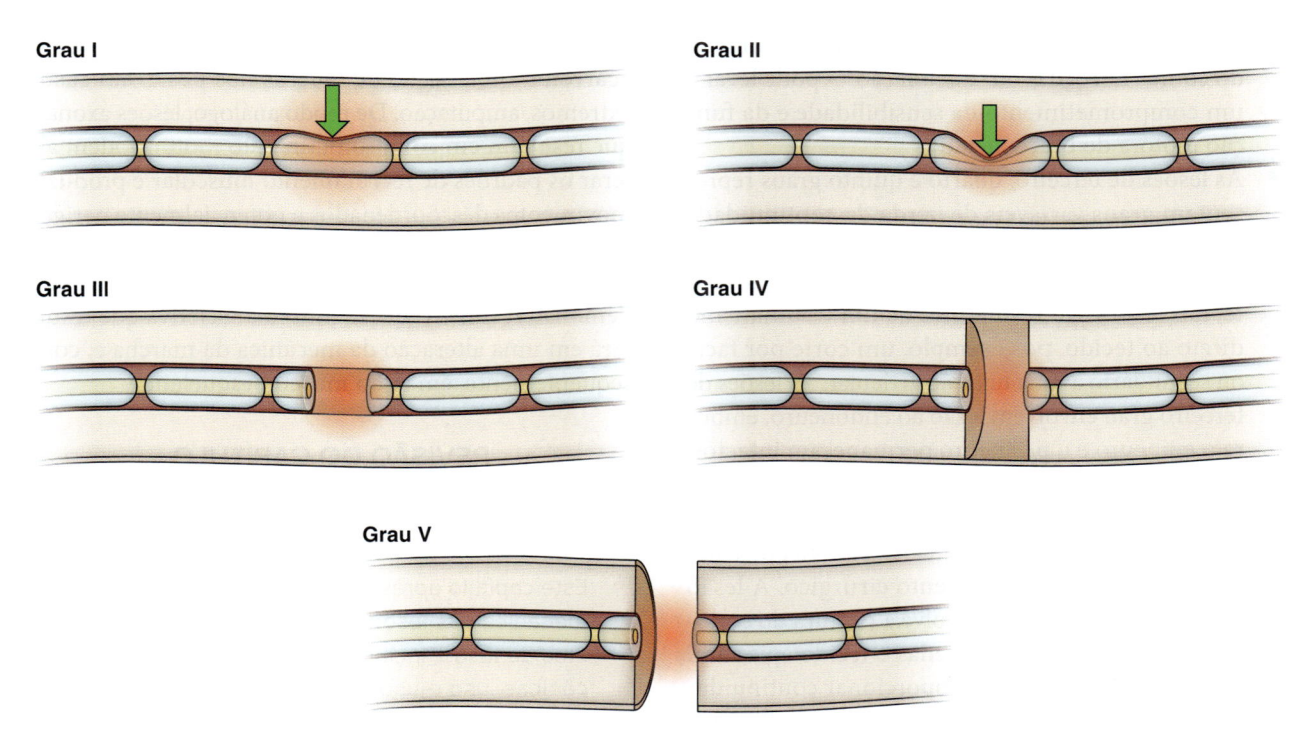

FIGURA 5.15 Graus, ou níveis, da lesão nervosa.

acontecer em seguida a uma compressão prolongada e de baixa intensidade, ou a um evento de alta compressão que resulta em um bloqueio de condução, mas sem descontinuidade axonal, ou neurapraxia. A síndrome do túnel do carpo é um exemplo de encarceramento nervoso que resulta em lesão de primeiro grau. Nesse caso, o uso excessivo e a posição inadequada dos flexores da mão e dos dedos resultam em inchaço dos tendões, em sua passagem através do túnel do carpo. Por sua vez, o edema coloca pressão sobre o nervo mediano, o que tem como consequência inicial um formigamento ou sensação de queimação nos dedos, para, em seguida, evoluir para um comprometimento funcional, se o problema não for tratado.

- A lesão de segundo grau envolve axonotmese, que é uma interrupção na estrutura axonal e, mais tarde, degeneração walleriana (que será discutida mais adiante), mas sem que ocorra secção da estrutura de sustentação do nervo. As lesões podem ser decorrentes de mecanismos de pinçamento ou de esmagamento, ou de uma pressão prolongada. Durante a recuperação de uma lesão nervosa de segundo grau, normalmente ocorre regeneração do nervo. Em alguns casos, a lesão ao plexo braquial resultante de um estiramento excessivo da parte superior do tronco – o que é habitualmente conhecido como "ferroada" ou "queimação" – pode levar a um comprometimento da sensibilidade e da função motora do braço afetado.
- As lesões de terceiro, quarto e quinto graus representam graus variáveis de perda da continuidade das fibras (neurotmese), em que ocorre lesão tanto ao axônio como à bainha endoneural. Normalmente, tais lesões são resultantes de um traumatismo direto ao tecido, por exemplo, um corte por faca, ou secundário a uma luxação articular. As lesões de terceiro grau envolvem lesão ao endoneuro, embora o epineuro e o perineuro permaneçam intactos. A lesão de terceiro grau tem como consequência a perda completa das funções sensitiva e motora, e a recuperação é uma possibilidade, embora possa haver necessidade de tratamento cirúrgico. A lesão nervosa de quarto grau envolve a ruptura do endoneuro e do perineuro, e apenas o tecido epineural permanece intacto para proporcionar continuidade estrutural. Uma recuperação bem-sucedida raramente ocorre de modo espontâneo, e na maioria dos casos há indicação para um reparo cirúrgico. A lesão nervosa de quinto grau – a mais grave lesão nesse tecido – resulta em secção completa do nervo. A regeneração, se vier a ocorrer, normalmente é incompleta e imperfeita. Em geral, haverá necessidade de recorrer a um reparo cirúrgico.

Em casos de traumatismo com lesão à fibra nervosa, a parte do nervo distal ao local lesionado pode sofrer degradação, em um processo conhecido como degeneração walleriana. Esses casos envolvem a degeneração do axônio e de sua bainha de mielina, e o resultado é a separação (denervação) entre o neurônio axonal (célula nervosa) e seu órgão-alvo. A resposta celular depende da localização e da gravidade da lesão; essa resposta pode possibilitar uma resposta regenerativa, ou terminará com a morte celular.

O comprometimento da função sensitiva ou motora em qualquer nível pode acelerar ou exacerbar a lesão musculoesquelética, porque o prejuízo causado às informações aferentes (i. e., que chegam) impede que o sistema nervoso central produza uma resposta eferente (i. e., que sai) apropriada. O comprometimento da função sensitiva, por exemplo, pode alterar a sensação álgica, o que retarda o sistema de alerta do corpo e, além disso, possibilita a ocorrência de uma lesão mais grave do que a que poderia ocorrer em um quadro de sensibilidade normal. Essa situação pode ser observada nas neuropatias periféricas comumente presenciadas nos pés de pessoas diabéticas. Essas neuropatias podem acarretar a formação de úlceras nos pés e, em casos extremos, amputação. De modo análogo, lesões axonais que resultam em comprometimento motor podem alterar os padrões de recrutamento muscular e produzir movimentos descoordenados e potencialmente perigosos. Exemplificando, um corredor com um descontrole motor atribuível a uma lesão de tecido nervoso pode demonstrar uma fraqueza muscular seletiva que resultará em uma alteração da mecânica da marcha e, consequentemente, em lesão musculoesquelética.

REVISÃO DO CAPÍTULO

Pontos-chave

- Este capítulo apresenta conceitos fundamentais da mecânica das lesões, sua terminologia e mecanismos de lesão, incluindo cargas e sobrecargas mecânicas, uso e uso excessivo, bem como nível de disfunção e de progressão das lesões.
- As lesões são classificadas de acordo com o grau de lesão nos tecidos. A gravidade da lesão dita o nível de comprometimento e o alcance do reparo e da reabilitação.

■ A probabilidade e a gravidade da lesão dependem de inúmeros fatores contributivos, que interagem de maneiras complexas. Cada tecido do corpo (p. ex., osso, cartilagem, tendão, ligamento, músculo e nervo) tem suas próprias características morfológicas, fisiológicas e biomecânicas. Essas diferenças intrínsecas, combinadas ao tipo de mecanismo de lesão, promovem padrões de lesão e processos de reparo específicos ao tecido em questão.

Questões a considerar

1. Selecione uma lesão específica que você, ou alguém conhecido, tenha tido. Descreva a lesão, seu(s) mecanismo(s), e qualquer fator contributivo que possa se aplicar à lesão descrita.

2. Explique o fenômeno do elo mais fraco em sua aplicação às lesões musculoesqueléticas. Descreva quais fatores podem estar envolvidos na determinação do elo mais fraco para uma estrutura ou sistema anatômico em particular.

3. Descreva uma situação de lesão em que dois ou mais fatores contributivos (entre os listados no texto, ou outros identificados por você) interagem para aumentar ou diminuir a probabilidade de lesão.

4. Descreva um exemplo de como um fator contributivo isolado poderia tanto aumentar *como* diminuir o risco de ocorrência de lesão.

5. Explique como a inflamação proporciona uma "primeira linha de defesa" contra danos, em seguida a uma lesão.

6. A osteoporose e problemas correlatos (p. ex., fraturas ligadas a quedas) constituem uma crescente preocupação à saúde pública. Descreva a natureza multifatorial da osteoporose como problema de saúde pública.

7. Selecione um tecido (p. ex., osso, cartilagem articular, tendão, ligamento) e explique seu processo de doença e cicatrização.

LEITURAS SUGERIDAS

Aaron, R. 2021. *Orthopaedic Basic Science: Foundations of Clinical Practice* (5th ed.). Rosemont, IL: American Academy of Orthopaedic Surgeons.

Browner, B.D., J. Jupiter, C. Krettek, and P.A. Anderson. 2019. *Skeletal Trauma: Basic Science, Management, and Reconstruction* (6th ed.). Philadelphia, PA: Elsevier.

Fu, F.H., and D.A. Stone. 2001. *Sports Injuries: Mechanisms, Prevention, Treatment*. Baltimore: Williams & Wilkins.

Hamblen, D.L. 2020. *Adam's Outline of Fractures* (14th ed.). Edinburgh, UK: Churchill Livingstone.

Tornetta, P., III, W. Ricci, C.M. Court-Brown, M.M. McQueen, and M. McKee. 2019. *Rockwood and Green's Fractures in Adults* (9th ed.). Philadelphia: Wolters Kluwer.

TERCEIRA PARTE

LESÕES REGIONAIS

Lesões de membro inferior

A dor é simplesmente algo com que eu convivo e isso é muito estranho na minha idade, certo? ... Já lacerei parcialmente minha panturrilha duas ou três vezes, quebrei uma costela em 2016 e, sim, aconteceu que moí meu dedo do pé em cinco pedaços na última Olimpíada, sem que eu sequer me desse conta... Acho que é isso. Se você está saltando no ar o tempo todo, em alguma ocasião a gravidade vai dizer não.

Simone Biles (ginasta olímpica)

OBJETIVOS

- Descrever a anatomia relevante do membro inferior envolvida nas lesões musculoesqueléticas.
- Identificar e explicar os mecanismos envolvidos nas lesões musculoesqueléticas das principais articulações (quadril, joelho, tornozelo) e segmentos (coxa, perna, pé) do membro inferior.

As lesões nas articulações do membro inferior, em particular no joelho e no tornozelo, estão entre os mais comuns de todos os distúrbios musculoesqueléticos. Tendo em vista a importância dos membros inferiores nas atividades cotidianas, como andar, correr e manter a postura, a lesão a essas articulações tem um efeito significativo na vida diária. As circunstâncias da lesão a um membro inferior podem variar, desde o traumatismo agudo e de alta energia representado por uma torção de tornozelo até o surgimento mais gradual de uma fratura por estresse de um metatarsal.

As lesões de membro inferior apresentadas neste capítulo foram escolhidas com base em sua prevalência e em seu valor na ilustração de mecanismos de lesão específicos. Selecionamos lesões representativas das principais articulações do membro inferior (quadril, joelho e tornozelo) e das regiões que abrangem essas articulações (coxa, perna e pé). Além disso, exploraremos em maior profundidade as lesões do ligamento cruzado anterior (LCA); para tanto, ampliaremos nossa discussão além dos mecanismos de lesão, de modo a descrever a estrutura e a mecânica tecidual do LCA e também detalhar a avaliação clínica, o tratamento e

a reabilitação desse ligamento. Embora limitações de espaço não possibilitem esse nível de detalhamento em todas as lesões, acreditamos que esta seção seja uma ferramenta instrutiva, a fim de que o leitor saiba como qualquer lesão pode ser apresentada em um contexto mais amplo e com maior detalhamento.

LESÕES NO QUADRIL

A articulação do quadril é formada pela junção do fêmur com o cíngulo do membro inferior (osso do quadril), especificamente pelas superfícies articulares da cabeça do fêmur e o acetábulo (Fig. 6.1). O encaixe ósseo é aprimorado pelo lábio do acetábulo, um coxim fibrocartilaginoso preso à borda óssea do acetábulo. Anteriormente, a articulação do quadril recebe o reforço do ligamento iliofemoral; posteriormente, do ligamento isquiofemoral; e anteroinferiormente do ligamento pubofemoral (Fig. 6.2). O ligamento da cabeça do fêmur fornece um suporte estrutural limitado, tendo como função principal conter a vasculatura que irriga a cabeça do fêmur. Um apoio extra é fornecido pela cápsula articular, cujas fibras formam um colarinho fibroso em torno do colo do fêmur e ajudam a firmar a cabeça do fêmur no acetábulo.

A configuração da articulação do quadril em "bola e soquete" (i. e., uma enartrose) possibilita movimentos nos três planos principais; chamamos esses movimentos de flexão-extensão (plano sagital), abdução-adução (plano frontal) e rotação medial-lateral (plano transverso). A Figura 6.3 ilustra os músculos responsáveis pelo controle dos movimentos em torno da articulação do quadril; suas

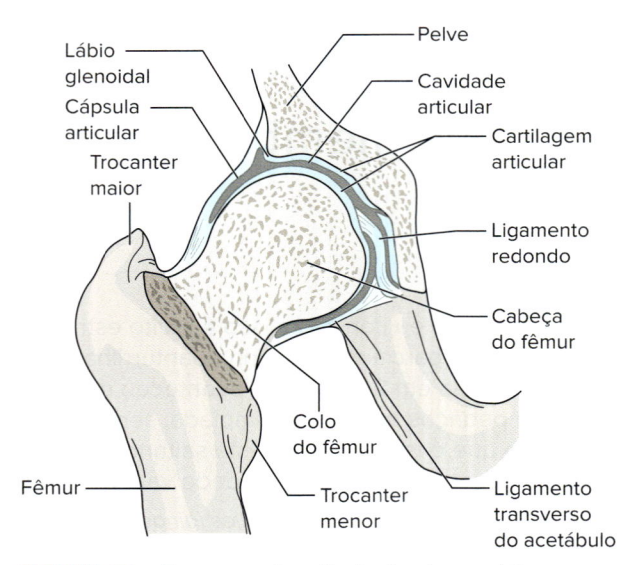

FIGURA 6.1   Estruturas da articulação do quadril.

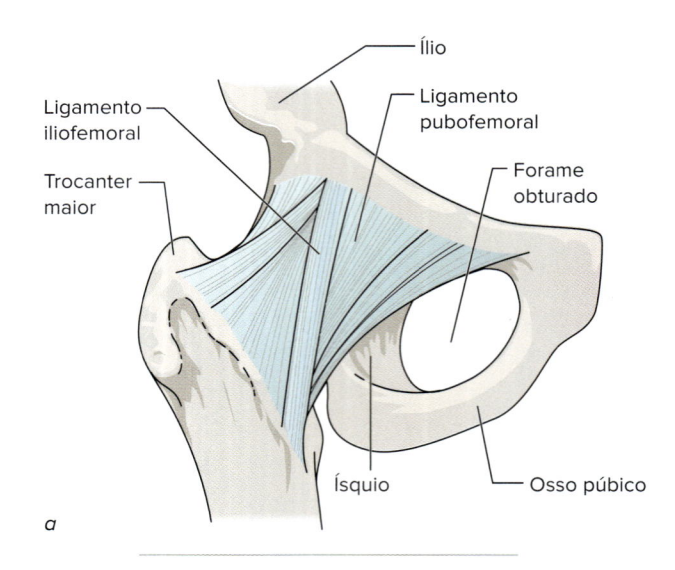

a

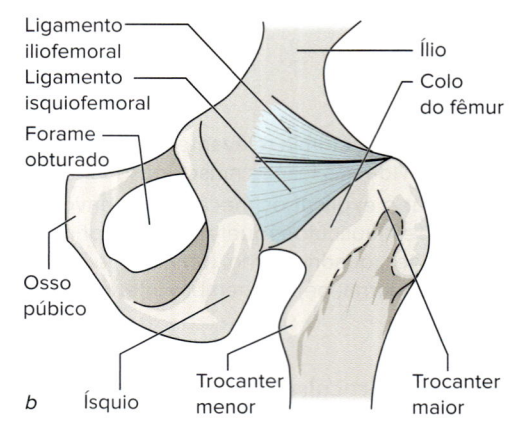

b

ações estão resumidas na Tabela 6.1. Essa musculatura considerável ajuda a estabilizar a articulação do quadril.

Nas duas próximas seções, discutiremos as fraturas e luxações do quadril. Embora essas lesões sejam apresentadas em seções distintas, não são raras as lesões conjugadas de fratura-luxação, tendo em vista que as lesões do quadril mais graves envolvem traumatismos de alta energia.

Fraturas do quadril e da pelve

Normalmente, as fraturas de quadril são decorrentes de um traumatismo de alta energia, como o associado às quedas de locais elevados e colisões envolvendo veículos automotores. O risco de ocorrência de fratura é elevado em pessoas com ossos frágeis (p. ex., osteoporose). A incidência de fraturas de quadril é cerca de três vezes maior entre mulheres do que em homens, e essa incidência aumenta de modo significativa com o avanço da idade (Cummings e Melton, 2002; Kanis et al., 2012; Papadimitropoulos et al., 1997). As fraturas pélvicas, embora nem de perto tão prevalentes como as fraturas femorais, representam também um perigo significativo (Breuil et al., 2016). Embora correspondam a somente 3% das lesões esqueléticas, as vítimas de traumatismo pélvico exibem elevada taxa de mortalidade, o que faz com que o traumatismo pélvico "seja um dos mais complexos de tratar (e mais graves) da área da traumatologia" (Coccolini et al., 2017, p.1).

Em casos de colisão automobilística, a direção da força determina em grande parte o padrão de lesão. As fraturas pélvicas decorrentes de colisões envolvendo

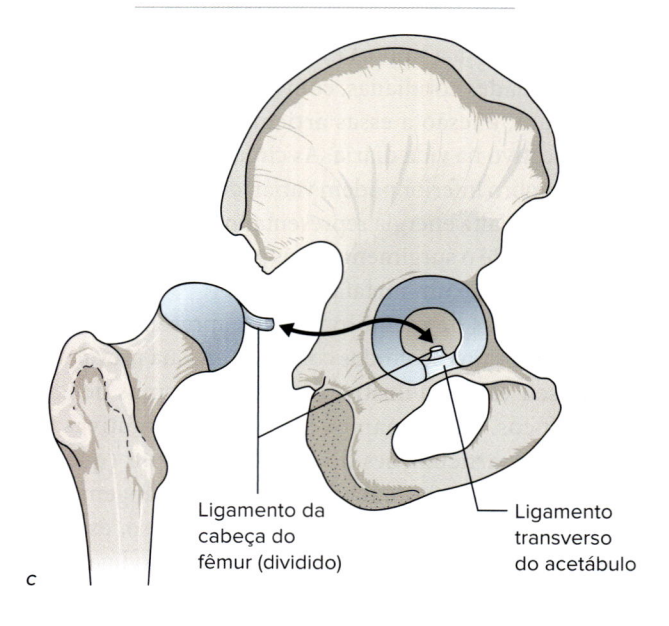

c

FIGURA 6.2   Ligamentos da articulação do quadril: *(a)* ligamentos iliofemoral e pubofemoral, vista anterior; *(b)* ligamento isquiofemoral, vista posterior; e *(c)* ligamentos transverso do acetábulo e da cabeça do fêmur, vista anterior.

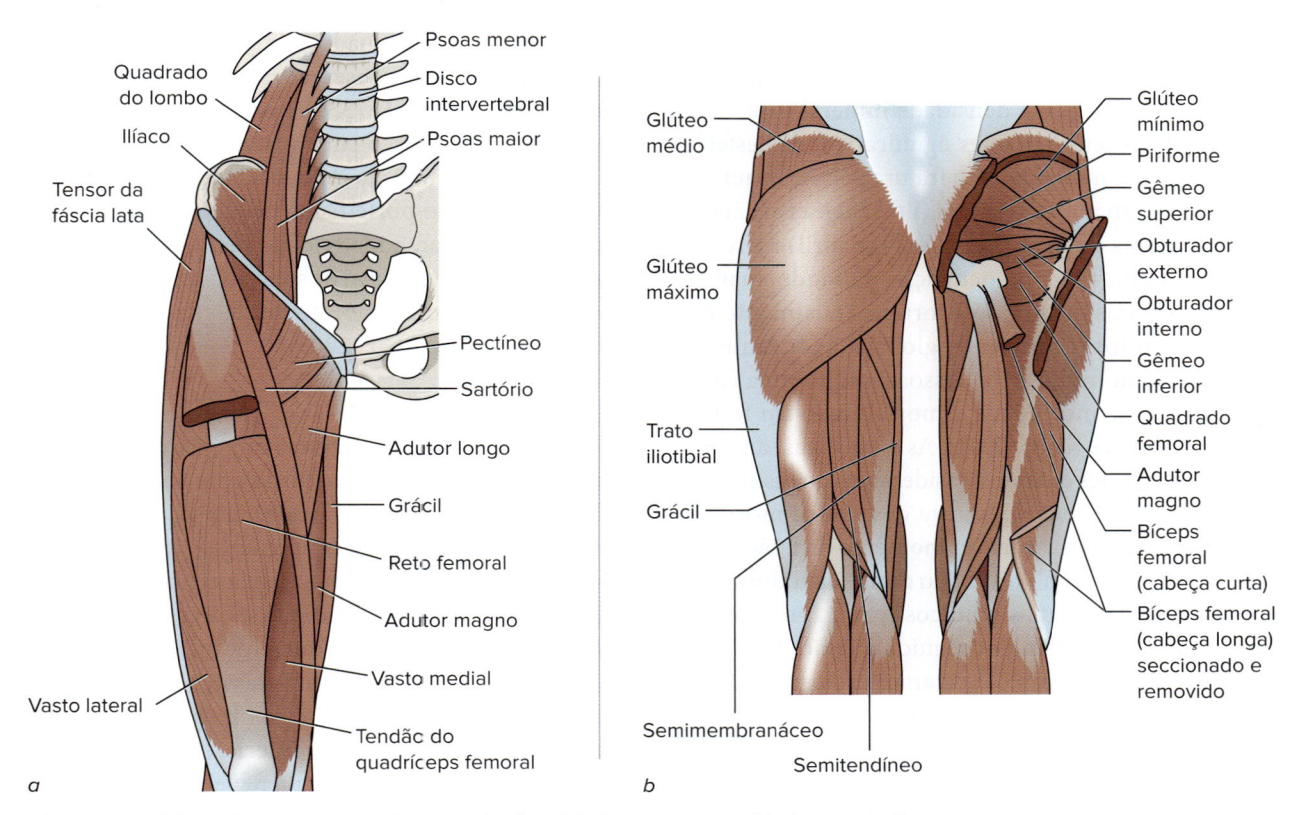

FIGURA 6.3 Musculatura do quadril, coxa e joelho: *(a)* vista anterior *e (b)* vista posterior.

TABELA 6.1 Músculos do quadril

Músculo	Ação
Grupo adutor Adutor curto Adutor longo Adutor magno	Promove adução e rotação lateral da coxa
Bíceps femoral (cabeça longa)	Estende a coxa
Glúteo máximo	Estende e promove rotação lateral da coxa
Glúteo médio	Promove abdução e rotação medial da coxa
Glúteo mínimo	Promove abdução e rotação medial da coxa
Grácil	Promove adução da coxa
Iliopsoas (psoas maior e ilíaco)	Flexiona a coxa; flexiona o tronco quando o fêmur está fixo
Pectíneo	Promove adução, flexão e rotação lateral da coxa
Piriforme	Promove rotação lateral da coxa; ajuda na extensão e abdução da coxa
Reto femoral	Flexiona a coxa
Sartório	Estende a coxa
Semimembranáceo	Estende a coxa
Semitendíneo	Estende a coxa
Tensor da fáscia lata	Ajuda na flexão, abdução e rotação medial da coxa

veículos automotores graves são significativamente mais frequentes em colisões envolvendo impacto lateral, ocorrem em velocidades muito menores em impactos laterais do que em colisões frontais e trazem consigo elevadas taxas de mortalidade, em decorrência das lesões associadas (Gokcen et al., 1994). A mortalidade e a morbidade relacionadas com as fraturas são especialmente problemáticas para as mulheres. A espessura dos tecidos moles trocantéricos e a densidade mineral óssea total do quadril são determinantes significativos do desfecho das fraturas em mulheres com fratura pélvica resultante de colisões com impacto lateral (Etheridge et al., 2005).

As fraturas do fêmur proximal (quadril) representam uma importante preocupação de saúde; mais de 350 mil fraturas desse tipo ocorrem anualmente nos Estados Unidos. Em termos globais, as fraturas do quadril afetam milhões de pessoas, sendo uma causa significativa de morbidade e mortalidade em todo o mundo (Johnell e Kanis, 2004). As estatísticas são ainda mais preocupantes quando consideramos que estimados 10 a 30% das vítimas de fratura de quadril morrerão dentro de um ano a contar do momento da lesão – não necessariamente como resultado direto da fratura, mas por causa de problemas crônicos (p. ex., pneumonia, demência) que pioram em seguida à lesão. Davidson et al. (2001), por exemplo, relataram um percentual de 26% de mortalidade em 12 meses.

Embora tenham sido publicadas projeções animadoras que estimam que as fraturas de quadril irão estacionar ou mesmo diminuir em algumas populações (Lewiecki et al., 2018; Lofman et al. 2002) e considerando a promessa de tratamentos farmacológicos efetivos (Curtis et al., 2017), as tendências mundiais apontam para um número crescente desse tipo de fratura em um futuro próximo. Estima-se que haverá um aumento global de 1 a 3% na sua incidência anual na maioria das regiões do mundo, tanto em mulheres como em homens (Cummings e Melton, 2002). Ainda em termos globais, projeta-se que as fraturas do quadril chegarão a 4,5 milhões por volta de 2050 (Veronese e Maggi, 2018).

Embora as fraturas do quadril sejam relativamente raras em indivíduos jovens, a probabilidade de ocorrência desse tipo de lesão aumenta significativamente com o avanço da idade. Fraturas de quadril são comuns em populações mais idosas. Na China, por exemplo, foi relatada uma prevalência geral da fratura de quadril de 2,36% em chineses de meia-idade e idosos. Nessa população, a prevalência foi de 1,62% em pessoas abaixo dos 50 anos e de 5,42% em pessoas com 70 anos ou mais (Ren et al., 2019).

Curiosamente, o risco de fratura de quadril específico ao país varia consideravelmente. Em uma comparação entre 63 países, Kanis et al. (2012) relataram uma variação de mais de 10 vezes no risco de fratura de quadril entre os países. Os países com risco mais baixo, medido pela quantidade de fraturas por 100 mil mulheres por ano, foram: Nigéria (2), África do Sul (20), Tunísia (58) e Equador (73). As taxas mais elevadas de fratura foram observadas na Dinamarca (574), Noruega (563), Suécia (539) e Áustria (501). Entre os muitos fatores de risco para a fratura de quadril estão as quedas, a diminuição da densidade mineral óssea e da massa óssea, o porte físico pequeno, a diminuição da força muscular, a inatividade física, circunstâncias ambientais, o uso abusivo de substâncias, enfermidades crônicas e o comprometimento da cognição, visão e percepção (Marks et al., 2003).

Classificação e causas

A classificação das fraturas na região proximal do fêmur (quadril) é feita de acordo com sua localização (Fig. 6.4). As fraturas do colo do fêmur são consideradas intracapsulares porque essa região se situa proximalmente aos limites distais da cápsula articular. A região extracapsular está subdividida nas áreas trocantérica (também conhecida como intertrocantérica) e subtrocantérica. A incidência das fraturas depende da região; um estudo relatou que 49% das fraturas de quadril ocorrem na região intertrocantérica, 37% no colo do fêmur (intracapsular) e 14% na região subtrocantérica (Michelson et al., 1995). Outros estudos mais recentes sugerem percentuais de incidência similares entre o colo

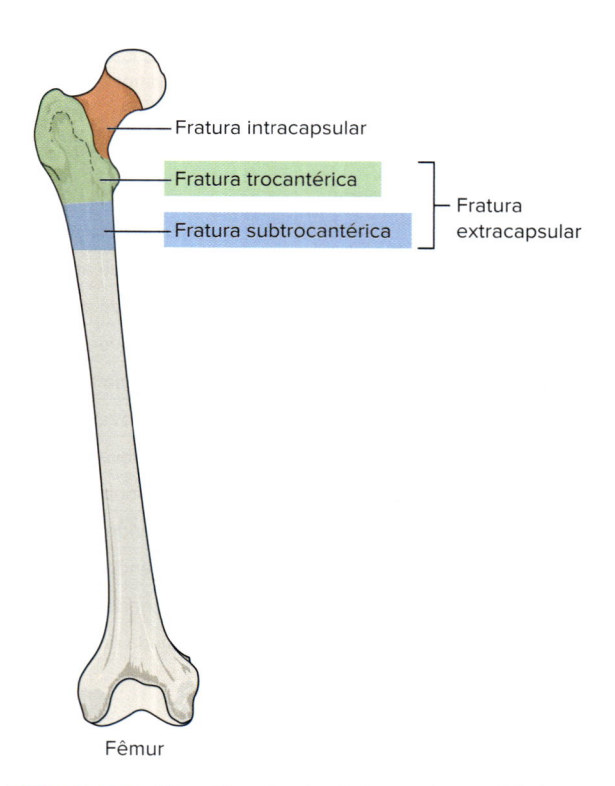

FIGURA 6.4 Classificação das fraturas de quadril de acordo com sua localização.

do fêmur e a região intertrocantérica (Diaz e Navas, 2018; Fox et al., 2000).

Considerando que a área contém grande quantidade de osso esponjoso e boa irrigação sanguínea, as fraturas extracapsulares (tanto intertrocantéricas como subtrocantéricas) normalmente têm boa consolidação; ocorrem mais complicações na região subtrocantérica. Em comparação, o colo do fêmur e a cabeça do fêmur contêm menor quantidade de osso esponjoso, com uma irrigação sanguínea relativamente limitada; assim, as fraturas de quadril intracapsulares exibem uma incidência mais alta de necrose avascular, pseudoartrose, consolidação viciosa e alterações degenerativas (LeBlanc et al., 2014).

Nos jovens, as fraturas de quadril normalmente são causadas por impactos de alta energia, ocorrendo mais amiúde em colisões envolvendo veículos automotores. Com frequência, essas lesões estão associadas à luxação do quadril. O mecanismo mais frequente para a fratura de colo do fêmur é o traumatismo direto ao quadril, como se pode observar em uma queda (Lauritzen, 1997). Um mecanismo menos comum envolve uma rotação lateral da perna, enquanto o corpo cai para trás. Nesse caso, o colo do fêmur é fraturado quando a pessoa cai para trás com o pé apoiado no chão; o ligamento iliofemoral prende o colo do fêmur, enquanto o tendão do iliopsoas enrijecido fornece uma base sólida contra a qual ocorre a fratura do colo do fêmur. Em raras ocasiões, pessoas jovens têm fratura por estresse do fêmur proximal, como resultado da carga repetida durante uma atividade muito vigorosa.

Nos idosos, as fraturas de quadril estão associadas às quedas (tópico discutido na próxima seção), frequentemente causadas por tropeços ou por uma marcha insegura. Essa associação levanta uma questão intrigante: a fratura de quadril é a causadora da queda, ou o impacto da aterrissagem de uma queda faz com que ocorra a fratura óssea? Na maioria dos casos, a força do impacto precipita a fratura; apenas em raras circunstâncias uma fratura espontânea será a causa de uma queda. Hayes et al. (1993) demonstraram que o impacto no quadril ou na lateral do membro inferior foi o determinante mais importante para o risco de fratura em residentes de asilos.

A energia produzida por uma queda é muito maior do que a necessária para a fratura de um osso. Tendo em vista que as fraturas de quadril ocorrem em menos de 5% das quedas, outros tecidos obviamente absorvem uma parte considerável da energia. Essa observação fica substanciada pelo fato de que o risco de uma fratura de quadril é mais baixo em pessoas com índice de massa corporal (peso/altura^2) mais elevado. Robinovitch et al. (1995) concluíram que, embora os tecidos moles da região trocantérica sejam mais espessos em pessoas obesas e efetivamente amorteçam a queda, essa atenuação da força mostra-se insuficiente para evitar a ocorrência de fraturas de quadril. É provável que outros mecanismos de absorção (p. ex., usar o braço estendido para frear a queda ou a ação excêntrica do quadríceps femoral durante a descida do corpo) estejam envolvidos na prevenção da fratura.

Pesquisas sugerem que, embora o osso osteoporótico apresente uma redução da resistência e aumente a probabilidade de ocorrência de fratura, a dinâmica da queda pode ser o componente dominante na incidência de fraturas. Modelos dinâmicos das quedas de lado predizem que as forças de pico (i. e., máximas) do impacto trocantérico variam de 2,90 a 9,99 kN, sendo mais do que suficientes para causar uma fratura (van der Kroonenberg et al., 1995). Portanto, os efeitos da osteoporose devem ser considerados em conjunto com a qualidade do osso, força muscular, características dos tecidos moles e coordenação neuromuscular. (Normalmente, a osteoporose está associada mais com a *quantidade* de tecido ósseo, enquanto a *qualidade* do osso refere-se à integridade estrutural de determinado volume ósseo.)

Riscos e prevenção em pessoas idosas

A força do impacto decorrente de uma queda é o mecanismo predominante da fratura de quadril em pessoas idosas. O risco de queda é um problema multifatorial. Entre os muitos fatores de risco identificados pelo CDC (2021), podem ser citados:

Fatores intrínsecos

- Idade avançada.
- Quedas precedentes.
- Fraqueza muscular.
- Problemas de marcha e equilíbrio.
- Deficiência visual.
- Hipotensão postural.
- Problemas crônicos, inclusive artrite, acidente vascular encefálico, incontinência urinária, diabetes, doença de Parkinson ou demência.
- Medo de cair.

Fatores extrínsecos

- Ausência de corrimões nas escadas.
- Escadarias mal projetadas.
- Ausência de barras de segurança nos banheiros.
- Iluminação insuficiente, ou luminosidade excessiva.
- Obstáculos e riscos de tropeços.

- Superfícies escorregadias ou irregulares.
- Fármacos psicoativos.
- Uso inadequado dos dispositivos de assistência à locomoção.

A redução ou eliminação dos fatores de risco associados às quedas é a melhor maneira de enfrentar a contínua crise de saúde representada pelas fraturas de quadril em pessoas idosas. Pode-se recorrer a múltiplas estratégias, inclusive as que se seguem:

- Melhora da força muscular nos membros inferiores.
- Melhora do equilíbrio.
- Treinamento em técnicas para segurança nas quedas.
- Limitação do consumo de bebidas alcoólicas.
- Uso de dispositivos de assistência à locomoção.
- Uso de meios auxiliares para a visão e para a audição.
- Uso de almofadas de proteção de quadril e de assoalhos com capacidade de absorção da energia.
- Uso de calçados antiderrapantes.

Mais de 50% das quedas são causadas por escorregões (Pavol et al., 1999). Entre os fatores contributivos para a ocorrência de uma queda, sobretudo em pessoas idosas, podem ser citados andar com passadas rápidas, postura inclinada para a frente e fraqueza nos músculos extensores de joelho e das costas (Pavol et al., 2001). As estratégias preventivas envolvem melhorar o tempo de resposta, praticar respostas de recuperação, aumentar a força muscular e caminhar mais devagar (Grabiner et al., 2002; Owings et al., 2001; Pavol et al., 1999; Pavol et al., 2001; van den Bogert et al., 2002).

Em 1985, um texto de Baker informava que não existe problema de saúde maior nem com maior potencial para melhora do que a fratura de quadril. Essa autora tinha esperança de que "nossa geração e as gerações seguintes não estarão submetidas à mesma probabilidade de morbidade, incapacidade e alterações trágicas no estilo de vida que atualmente caracterizam as quedas que levam a população idosa a ter uma fratura de quadril" (Baker, 1985, p.507). Embora tenha havido progresso nas décadas subsequentes à esperançosa declaração de Baker, ainda há muito a ser feito para reduzir ainda mais as quedas e, em consequência, as fraturas de quadril.

Luxação do quadril

A luxação (deslocamento) do quadril é rara, em grande parte por causa da robusta sustentação ligamentar e da substancial musculatura circunjacente. Na maioria dos casos, a luxação de quadril requer uma força tremenda; assim, não é surpresa que as colisões envolvendo veículos automotores, quedas de locais elevados e acidentes durante a prática de esqui se situem entre as causas mais comuns. Embora tenha sido documentada a ocorrência de luxações isoladas, as grandes forças envolvidas frequentemente produzem uma fratura concomitante do acetábulo, da região proximal do fêmur ou ambas.

A aplicação de uma força causadora da luxação de quadril pode surgir de maneiras variadas. Uma força pode ser aplicada ao trocanter maior, ao joelho flexionado, ao pé com o joelho ipsilateral estendido e, raramente, à parte posterior da pelve (Levin e Browner, 1991). Dependendo de sua localização e direção, as forças aplicadas tendem a promover translação e rotação do fêmur. Na maioria dos casos, essas forças promovem a luxação posterior do fêmur em relação ao acetábulo.

Há muito tempo as colisões envolvendo veículos automotores são as causas principais de luxação do quadril, tipicamente acompanhadas por outras lesões, sendo mais comum a fratura de acetábulo (Cooper et al., 2018). Há mais de oito décadas, Funsten et al. (1938) cunharam o termo "luxação do painel de instrumentos" para descrever 20 casos de luxação traumática. O mecanismo de lesão é uma colisão violenta do joelho do ocupante contra o painel de instrumentos do automóvel (Fig. 6.5), cujo resultado é uma luxação posterior do quadril, com frequência acompanhada por uma fratura do acetábulo, ou, menos comumente, por uma fratura femoral. Não deve surpreender que as vítimas de uma luxação do quadril ligada a acidentes envolvendo veículos automotores invariavelmente não estão usando o cinto de segurança.

Embora o mecanismo do impacto com o painel de instrumentos tenha sido aceito há décadas, Monma e Sugita sugeriram, mais recentemente (2001), que o mecanismo de uma luxação posterior traumática do quadril (LPTQ) envolve o pedal de freio, mais do que o painel de instrumentos. Esses autores propuseram a hipótese de que, em uma colisão frontal iminente, o motorista pisa vigorosamente no pedal do freio com o quadril direito em leve flexão, adução e rotação medial, com transmissão da força do pedal para o membro inferior, chegando então ao quadril. Em apoio a essa hipótese, os pesquisadores apresentaram evidências encontradas estudando 48 motoristas envolvidos em colisões frontais, tendo observado que o quadril direito estava envolvido em 45 dos casos; 31 casos não envolviam lesões ao joelho. Monma e Sugita postularam que, se o mecanismo de lesão envolvesse o painel de instrumentos, seria observado um maior envolvimento do quadril esquerdo. Seus dados falam em favor de uma explicação alternativa

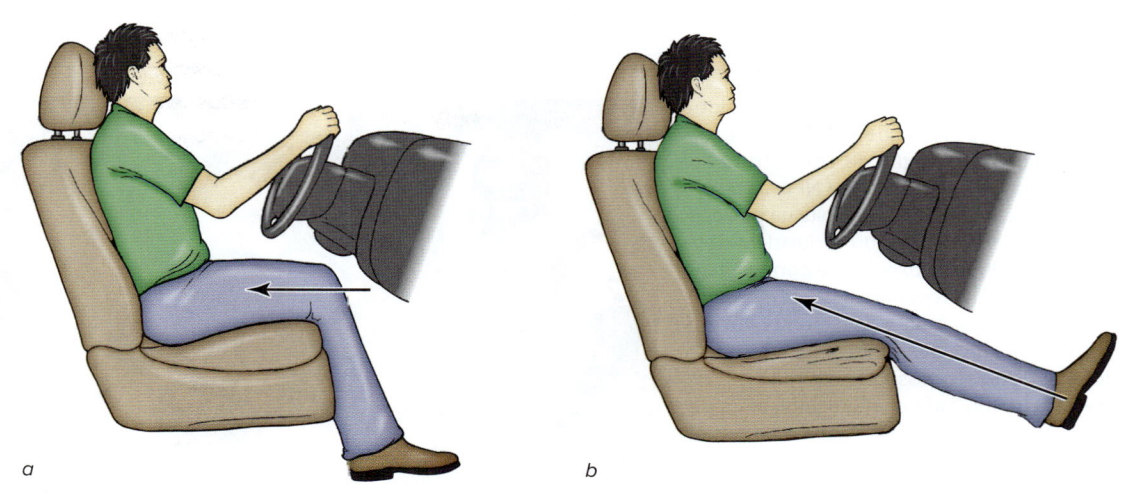

FIGURA 6.5   Mecanismos de luxação do quadril em uma colisão automobilística. *(a)* Articulações do quadril e joelho a 90° de flexão no momento do impacto com o painel de instrumentos. *(b)* Joelho completamente estendido como defesa à força de impacto com direção axial, que impulsiona a cabeça do fêmur posteriormente para fora do acetábulo.

razoável para a LPTQ em colisões frontais. Monma e Sugita (2001) sugeriram ser impossível discernir o real mecanismo em acidentes efetivamente ocorridos, e que esse conhecimento poderá continuar cercado de imprecisões, porque, em um modelo experimental, manequins de teste de colisões envolvendo veículos automotores não são capazes de pressionar ativamente o pedal de freio. Atualmente, depois de mais de 20 anos, os avanços na robótica talvez tornem exequível obter uma resposta para essa questão em um futuro não tão distante.

Em resposta à hipótese de Monma e Sugita, Kumar e Parkinson (2002) propuseram algumas questões para consideração, inclusive a possibilidade de que alguns motoristas podem ter usado seu pé esquerdo para frear o automóvel, a possível influência do consumo de bebidas alcoólicas ou de drogas (o que poderia fazer com que o motorista se tornasse incapaz de usar o pedal de freio) e a inespecificidade das lesões no joelho em 35% dos pacientes. Essas questões podem ter proporcionado indícios em relação aos mecanismos de lesão.

Embora as colisões envolvendo veículos automotores constituam a causa predominante da luxação posterior de quadril, essas lesões têm sido relatadas também em contextos esportivos (Chudik et al., 2002). Moorman et al. (2003), por exemplo, descreveram oito subluxações (i. e., luxações parciais) ocorridas em jogadores de futebol americano; o mecanismo de lesão mais comum foi a queda sobre um quadril em flexão e adução. Mais recentemente, Bakalakos et al. (2019) descreveram uma luxação posterior do quadril em um jogador amador de futebol, juntamente com uma fratura da parede posterior do acetábulo. Os autores descreveram o mecanismo como "uma queda

sobre o joelho com o quadril flexionado". Matsumoto et al. (2003) também observaram que, embora os praticantes de *snowboard* tivessem uma probabilidade cinco vezes maior de experimentar uma luxação de quadril do que os praticantes de esqui, havia uma incidência significativamente maior de luxação anterior nos praticantes de esqui e uma incidência mais elevada de luxação posterior nos praticantes de *snowboard*.

As luxações anteriores de quadril são pouco frequentes (cerca de 10% de todas as luxações do quadril); normalmente, essas lesões resultam em uma luxação anteroinferior. Uma abdução forçada, o fator principal nas luxações anteriores, pressiona o colo do fêmur ou o trocanter contra a borda do acetábulo e alavanca a cabeça do fêmur para fora de seu encaixe. A abdução combinada à flexão e rotação lateral do quadril simultâneas resultam em uma luxação do tipo obturador. Quando combinada à extensão, a abdução resulta em uma luxação do tipo púbico ou ilíaco.

Como ocorre com a maioria das lesões, foram publicados relatos de mecanismos incomuns para a lesão de quadril, normalmente na forma de estudos de casos. Um desses estudos descreveu uma luxação de quadril bilateral assimétrica e traumática em um rapaz de 18 anos que dirigia um veículo envolvido em uma colisão frontal (Lam et al., 2001). Em seguida ao impacto inicial, seu automóvel girou 90°, tendo sido então golpeado por um segundo veículo que trafegava na direção oposta. Os autores relataram uma luxação anteroinferior do quadril esquerdo (envolvido em abdução e rotação lateral) e uma luxação posterior do quadril direito (envolvido em adução e rotação medial).

Bo Jackson

Em 13 de janeiro de 1991, Bo Jackson, considerado um dos maiores atletas de todos os tempos, teve uma luxação de quadril ao ser derrubado durante um jogo de desempate da NFL. Jackson relatou que colocou seu fêmur de volta na posição (i. e., autorredução), embora alguns duvidem desse relato. Apesar disso, a luxação e a concomitante fratura do acetábulo resultaram em comprometimento do fluxo sanguíneo e, finalmente, em um diagnóstico de necrose avascular no quadril lesionado do atleta. A lesão pôs fim à carreira profissional de Jackson no futebol americano, além de pôr em risco também sua carreira como profissional de beisebol. Em 1993, Bo Jackson retornou aos campos esportivos para jogar beisebol profissional depois de ter sido tratado com uma artroplastia de quadril, conseguindo um *home run* em sua primeira entrada como rebatedor em seu retorno ao clube Chicago White Sox. Bo estava de volta – mas apenas por mais duas temporadas. O grande atleta se aposentou do beisebol ao término da temporada de 1994. Se as modernas técnicas cirúrgicas e terapêuticas, como a artroplastia de *resurfacing* (Morse et al., 2021), estivessem disponíveis em 1991, Bo Jackson poderia ter prolongado sua carreira esportiva como profissional.

Foto AP / Al Messerschmidt.

Curiosamente, parece existir uma relação entre a estrutura femoral e a probabilidade de luxação de quadril. Pacientes que tiveram luxações exibem uma anteversão significativamente menor do que o grupo controle; portanto, parece que pacientes com uma retroversão relativa podem estar predispostos a luxações de quadril (Upadhyay et al., 1985). Diante da estabilidade anatômica do quadril normal e da rara ocorrência de luxações nessa articulação, essas observações sugerem que pessoas com luxações recorrentes do quadril têm anormalidades estruturais (Levin e Browner, 1991).

Embora em sua maioria as luxações do quadril sejam decorrentes de um evento traumático, há uma classe de lesões em lactentes jovens conhecida como luxação congênita, na qual ocorre luxação espontânea do quadril. Essas ocorrências dependem da posição da articulação: a ação dos músculos posteriores da coxa em um quadril flexionado com o joelho estendido está associada à ocorrência de luxação posterior, e a ação do músculo iliopsoas sobre um quadril estendido está associada à ocorrência de luxação anterior.

Osteoartrite de quadril

Conforme descrito no capítulo precedente, a osteoartrite (OA) é o tipo mais comum de artrite, sendo um problema incapacitante em todo o mundo. A OA de quadril, em particular, é uma causa importantíssima de incapacidade, sobretudo em pessoas idosas. As elevadas cargas mecânicas aplicadas nessa importante articulação envolvida na sustentação de peso a colocam em risco de ocorrência de OA.

Estima-se que a OA de quadril afete 10 milhões de norte-americanos. A idade é o maior fator de risco para o problema. Ainda não se conhece o exato mecanismo responsável pela forte relação entre a OA e a idade. Uma explicação possível implica um mecanismo molecular que envolve o acúmulo de produtos finais da glicação avançada (PFGA) no colágeno da cartilagem. As ligações transversas das PFGA aumentam a rigidez da rede colágena, o que talvez influencie na diminuição da capacidade dessa rede de opor resistência aos danos (Verzijl et al., 2002; Verzijl et al., 2003). Outros fatores de risco podem ser citados:

- *Densidade mineral óssea.* Pessoas com OA de quadril têm uma densidade mineral óssea (DMO) superior à de controles de faixa etária semelhante.
- *Deformidades do desenvolvimento.* Na infância, os distúrbios do quadril podem causar diretamente uma OA de quadril prematura.

- *Sexo.* As evidências são conflitantes; alguns estudos demonstram igual prevalência em homens e mulheres, enquanto outros estudos (p. ex., Quintana et al., 2008) informam percentuais ligeiramente mais elevados em mulheres (possivelmente atribuíveis a efeitos ligados ao estrogênio).
- *Predisposição genética.* São robustas as evidências de predisposição genética à OA; acredita-se que possam ser atribuídas a defeitos estruturais do colágeno ou de alterações no metabolismo dos ossos ou cartilagens, ligadas a anormalidades genéticas.
- *Sobrecarga articular.* A sobrecarga repetida a uma articulação pode ser um fator de risco preditivo para a OA de quadril. A participação em atividades físicas vigorosas e em esportes de elite que envolvem carga articular elevada está relacionada com a subsequente ocorrência de OA de quadril. Também estão implicadas as atividades agrícolas, em particular, e ocupações que envolvem carregar objetos muito pesados. Alguns autores propuseram a hipótese de que motoristas de veículos com níveis elevados de vibração em todo o corpo têm um risco aumentado de OA de quadril. Contudo, um estudo recente não encontrou evidências em apoio a essa hipótese (Jarvholm et al., 2004).
- *Nutrição.* É limitada a literatura relacionando a OA de quadril ao quadro nutricional. O elevado consumo de antioxidantes na alimentação e anti-inflamatórios pode proporcionar alguma proteção.
- *Obesidade ou índice de massa corporal (IMC).* Com frequência, a obesidade e o IMC são citados como fatores de risco para a osteoartrite. São claras as evidências de uma relação entre a obesidade e a OA de joelho. Entretanto, são menos claras as evidências que associam a obesidade à OA de quadril, e esse tópico permanece controverso. Uma avaliação de nove estudos de pesquisa concluiu que há evidências moderadas que indicam haver uma associação positiva entre a obesidade e a OA de quadril (Lievense et al., 2002).
- *Tabagismo.* As evidências são inconclusivas, mas algumas pesquisas (p. ex., Cooper et al., 1998; Lee, 2019) informam que há uma associação negativa entre o tabagismo e a OA (i. e., o tabagismo está associado a uma incidência mais baixa de OA de quadril). Roux et al. (2021) não observaram associação entre o consumo de cigarro e a função articular, dor ou necessidade de artroplastia, mas efetivamente relataram a ocorrência de uma menor quantidade de osteófitos no grupo de fumantes.

- *Traumatismo e lesão.* Lesões no quadril estão associadas à ocorrência de OA unilateral, o que provavelmente pode ser atribuído a alterações induzidas pela lesão na função mecânica e na resultante aplicação anormal de cargas à articulação.
- *Problemas comórbidos.* Pessoas com cardiopatia, diabetes e obesidade apresentam percentuais mais elevados de OA (Barbour et al., 2017).

LESÕES NA COXA

A região da coxa abrange as articulações do quadril e do joelho. Consiste no fêmur, que está alinhado longitudinalmente e é circundado por três compartimentos musculares (anterior, medial, posterior), que são definidos por sua localização e ações musculares (Fig. 6.3). O compartimento anterior inclui os músculos iliopsoas (ilíaco e psoas maior), tensor da fáscia lata, pectíneo, sartório e quadríceps femoral (vasto lateral, vasto medial, vasto intermédio e reto femoral). O compartimento medial é composto pelos três músculos adutores (adutor longo, adutor magno e adutor curto) e grácil. O compartimento posterior contém três músculos (semitendíneo, semimembranáceo, bíceps femoral), coletivamente conhecidos como *posteriores da coxa.*

Contusão do quadríceps femoral

As *contusões* estão entre as lesões mais comuns da coxa, sobretudo na área dos esportes de contato como o futebol, o futebol americano e o rúgbi. Frequentemente, há envolvimento da face anterolateral da coxa, com uma lesão resultante ao quadríceps femoral. O mecanismo de lesão predominante é a compressão exercida por uma força contusa não penetrante, mais comumente pelo impacto contra um joelho, capacete ou ombro. A ruptura de capilares, o edema, a inflamação, o sangramento infiltrativo e o esmagamento muscular que resultam da compressão podem acarretar dor, inchaço e diminuição da amplitude de movimento do joelho. A gravidade da lesão depende do local de impacto, do nível de ativação muscular, da idade e do grau de fadiga (Beiner e Jokl, 2001). Quase todas as contusões do quadríceps femoral são leves a moderadas; mas, em casos raros, a contusão pode ser grave e acompanhada por uma síndrome compartimental (Diaz et al., 2003; Joglekar e Rehman, 2009).

Apesar da exaustiva descrição dos sintomas, tratamento e sequelas decorrentes da contusão do quadríceps femoral, pouco se sabe sobre os mecanismos fisiopatológicos subjacentes da lesão tecidual. Crisco et al. (1994) examinaram aspectos biomecânicos, fisiológicos e histológicos específicos das lesões contusas; para tanto, esses autores lançaram mão de um modelo de impacto único reprodutível no complexo do músculo gastrocnêmio de ratos anestesiados. Apesar de algumas limitações e da natureza especulativa da extrapolação dos resultados de estudos em animais para observações clínicas humanas, os resultados foram esclarecedores. Uma observação macroscópica da superfície do músculo dentro de duas horas da lesão demonstrou uma ruptura do músculo no centro do local de impacto, acompanhada por um extenso hematoma intramuscular-intersticial circunjacente, mas sem que ocorresse lesão à junção miotendínea proximal ou distal. O aumento de 11% no peso muscular observado foi atribuído à hemorragia e ao edema. A lesão aguda também resultou em uma redução de 38% na tensão tetânica máxima, em comparação com os controles contralaterais não lesionados.

O curso de lesão aguda, degeneração, regeneração e normalização também foi examinado microscopicamente. No dia 0, a lesão ao gastrocnêmio se localizava nas proximidades do local de impacto, estendendo-se profundamente no complexo muscular. Estava presente uma vacuolação intracelular de miofibras intactas, juntamente com visível ruptura de miofibras. Dois dias depois da lesão, o músculo exibia uma resposta inflamatória significativa, com evidências de macrófagos, células polimorfonucleares e proteínas contráteis em processo degenerativo. No sétimo dia, ficou evidente uma extensa proliferação celular de mioblastos e fibroblastos. Dentro de 24 dias, não foi possível diferenciar entre os espécimes lesionados e os músculos do grupo controle.

O estudo de Crisco et al. (1994) também nos forneceu as seguintes observações instrutivas com relação à mecânica dos impactos e às respostas dos tecidos:

1. As pressões na pele produzidas por um impacto resultam em estresse ao tecido muscular subjacente. Quando esses estresses excedem algum valor crítico, ocorre lesão. Os autores propuseram uma hipótese de que esse é o mecanismo das lesões por contusão.
2. Isoladamente, a massa e a velocidade (ver equação 3.24) do objeto impactante não são suficientes para descrever o evento; o tamanho e a forma do objeto impactante também devem ser considerados.
3. Assumindo que uma falha passiva (i. e., um músculo inativo submetido a uma carga até a falha) seja indicativa da resistência do tecido, as lesões por contusão podem se revelar mais suscetíveis a lesões por distensão subsequentes no local da lesão, até que tenha ocorrido a cicatrização da lesão original.

Miosite ossificante

Miosite ossificante (MO) é descrita como "uma massa de tecidos moles ossificada benigna, solitária e com frequência autolimitante, que normalmente ocorre no interior do músculo esquelético" (Kransdorf et al., 1991, p.1243) (Fig. 6.6). A forma mais comum de MO, a *miosite ossificante traumática*, resulta de um traumatismo contuso agudo muito intenso ou repetido a um músculo. Em geral, a formação de uma massa calcificada no interior do músculo ocorre algumas semanas depois da lesão inicial (Rossettini et al., 2018). Os locais mais comumente afetados pela miosite ossificante são a face anterior do braço (bíceps braquial) e a face anterior da coxa (quadríceps femoral) (Leadbetter, 2001). Com frequência, essas lesões estão ligadas a alguma prática esportiva (p. ex., futebol, futebol americano, rúgbi).

Embora os dados limitados sejam limitados, estudos relataram a presença de calcificação em 9 a 17% dos pacientes com contusão do quadríceps femoral (Hierton, 1983; Norman e Dorfman, 1970; Rothwell, 1982). É mais comum a detecção de casos de miosite ossificante em

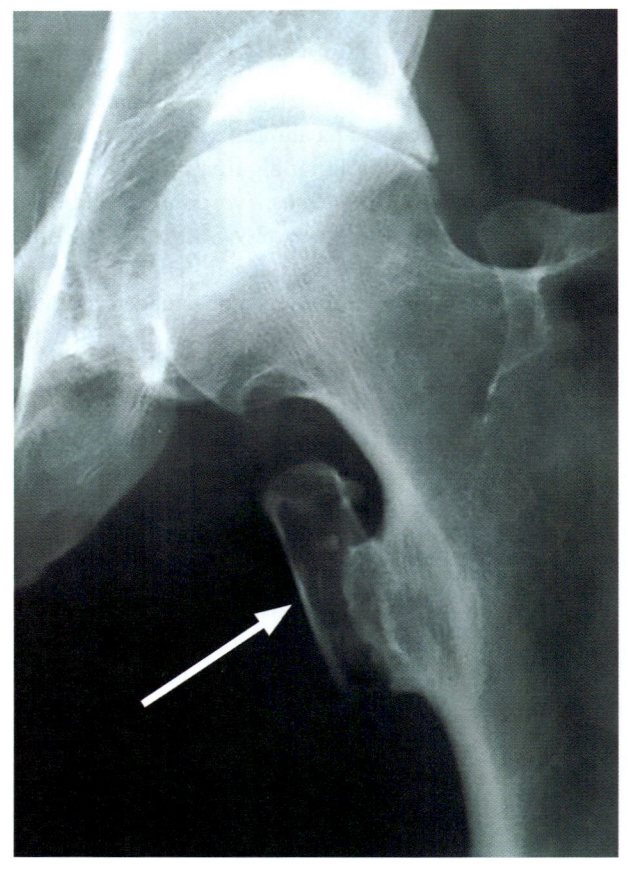

FIGURA 6.6 Miosite ossificante.
Dr. P. Marazzi/Science Source.

adultos jovens; os casos envolvendo crianças são raros (Gindele et al., 2000). Em alguns esportes, o advento de melhores dispositivos de acolchoamento para proteção limitou a incidência de miosite ossificante (p. ex., futebol americano); contudo, isso não ocorreu em outros (p. ex., rúgbi), cujos jogadores usam dispositivos de proteção limitados (Beiner e Jokl, 2002).

Esse osso patogênico pode se formar contiguamente ao osso normal (periosteal) ou livre de qualquer conexão com o osso, no interior do ventre muscular. O tipo periosteal pode ter um aspecto achatado, localizado imediatamente adjacente à diáfise, ou uma forma que lembra um cogumelo conectado ao osso (King, 1998).

Ainda não foi devidamente explicado o mecanismo preciso para a miosite ossificante, mas foi proposto que esse problema é resultante da ossificação de tecido conjuntivo fascial proliferativo, por meio de uma cascata inflamatória e de suas sequelas (Walczak et al., 2015). Medici e Olsen (2012) descrevem mais detalhadamente o processo, que envolve a transição endotelial-mesenquimal; nesse local, células endoteliais vasculares se diferenciam em células esqueléticas (osteoblastos) que induzem à formação de osso heterotópico (i. e., formado em um local anormal). Normalmente, ocorre autorresolução da miosite ossificante em um período de semanas ou meses, mas em raros casos, nos quais essa resolução não ocorre naturalmente, pode ser indicada uma excisão cirúrgica (Orava et al., 2017).

Fratura de fêmur

Embora as fraturas do colo femoral (já discutidas anteriormente) representem uma das mais urgentes preocupações de saúde em pessoas idosas, fraturas em outras regiões do fêmur também acarretam consequências. Exemplificando, nos Estados Unidos a incidência de fraturas da diáfise femoral é de aproximadamente 1:10.000 (DeCoster e Swenson, 2002; Weiss et al., 2009), número que se traduz em mais de 30 mil casos anuais. Em sua maioria, as fraturas da diáfise femoral são resultantes de traumatismos de alta energia e, portanto, podem pôr em risco a vida do paciente; além disso, são fonte de grave incapacidade. Um estudo que envolveu 520 fraturas do fêmur, por exemplo, relatou que perto de 78% resultaram de colisões de automóveis, de motocicletas ou de atropelamentos de pedestres (Winquist et al., 1984).

Tipicamente, os padrões de fratura são classificados por sua localização, nível de cominuição ou fragmentação, e configuração (p. ex., em espiral, oblíqua ou transversal; ver Fig. 5.5). Um sistema proposto por Winquist e Hansen (1980) e que se mantém vigente há muito tempo classifica as fraturas femorais pelo grau de lesão segmentar e de cominuição (Fig. 6.7).

- Tipo 0: sem cominuição.
- Tipo I: pequeno fragmento em asa de borboleta, inferior a 25% da largura do osso.

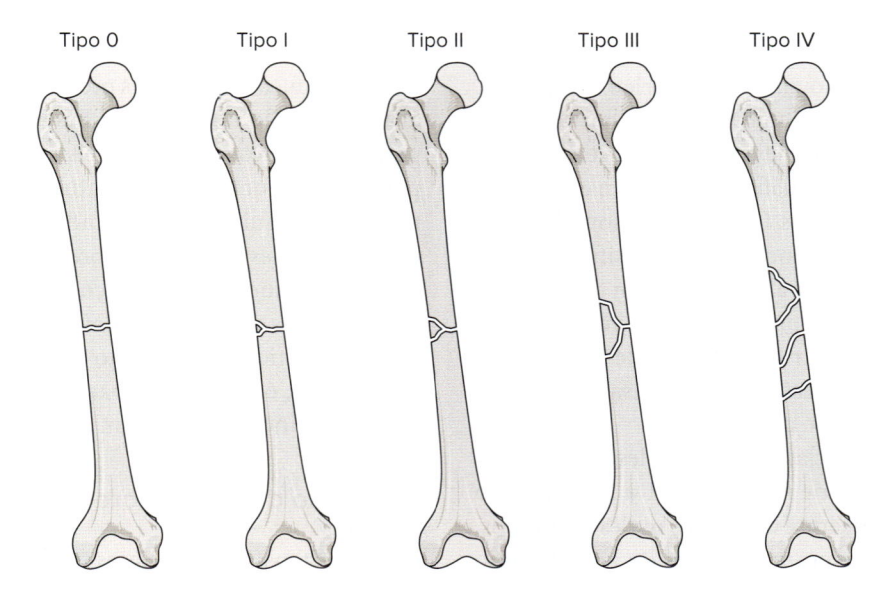

FIGURA 6.7 Classificação de Winquist-Hansen para as fraturas do fêmur.

- Tipo II: fragmento em asa de borboleta com 25 a 50% da largura do osso.
- Tipo III: cominutiva com um fragmento em asa de borboleta superior a 50% da largura do osso.
- Tipo IV: cominuição intensa de toda uma secção do osso.

Um sistema de classificação mais atual, adotado pela Orthopaedic Trauma Association (OTA), classifica as fraturas levando em conta o osso (p. ex., tíbia), a localização (p. ex., proximal, diafisária, distal), o tipo de fratura (p. ex., simples ou polifragmentada), o grupo de fratura (p. ex., em espiral, oblíqua, transversal, em cunha) e o subgrupo de fratura (conforme definição para cada osso específico). Com esse sistema, as orientações da OTA identificam mais de 100 classificações para a fratura femoral.

As fraturas do fêmur em adolescentes merecem uma consideração especial, sobretudo quando a fratura ocorre nas proximidades das articulações ou através das epífises. Há a possibilidade de ocorrência de problemas em longo prazo associados ao crescimento e desenvolvimento anormais pós-lesão e também a possibilidade de uma osteoartrite subsequente.

Ferimentos por arma de fogo, ou balísticos, fornecem um exemplo singular para os mecanismos de lesão. Obviamente, um projétil pode atingir qualquer local no corpo, mas limitaremos nossa atenção àqueles que colidem com o fêmur. Os padrões de fraturas por projétil de arma de fogo dependem de múltiplos fatores, incluindo o diâmetro da bala (calibre), velocidade, peso, forma e características de sua movimentação (Brien et al., 1995). Projéteis de arma de fogo com baixa velocidade (< 600 m/s), típicas de revólveres de pequeno calibre, tendem a causar estilhaçamento da diáfise femoral. Em um estudo, a vasta maioria (93%) das fraturas relacionadas com armas de fogo de baixa velocidade foi classificada como de grau III ou IV (Wiss et al., 1991). Além de provocar graves fraturas ósseas, os projéteis de alta velocidade (> 600 m/s) provenientes de rifles e de tiros de espingarda a curta distância causam lesões mais extensas aos tecidos moles, além de cavitação considerável.

Long et al. (2003) classificaram as lesões causadas por projéteis de arma de fogo (graus 1 a 3) de acordo com a evidência de necrose de tecidos moles profundos. Esses autores descreveram as lesões de grau 1 como tendo pequenos orifícios de entrada e de saída (< 2 cm) e ausência de características de lesão de alta energia; as de grau 2 como tendo pequenos ferimentos (< 5 cm), mas com evidência de lesão de alta energia; e as de grau

3 como causadoras de necrose do tecido muscular no local da fratura.

Um último exemplo de mecanismo de fratura do fêmur pode ser visto nas lesões em esquiadores. As fraturas do fêmur, como outras lesões ocorridas na prática do esqui, dependem da habilidade do esquiador, condições da neve, nível de condicionamento físico, idade e mecanismo de lesão. Sterett e Krissoff (1994) examinaram 85 casos de fraturas femorais em praticantes de esqui alpino. Esses autores se concentraram nos mecanismos de lesão em função da idade do esquiador, tendo informado que, na faixa etária mais jovem (3 a 18 anos), a fratura femoral tendia a resultar da aplicação de uma carga de torção à diáfise do fêmur, comumente ocorrida quando o esquiador em alta velocidade prendia o esqui na neve congelada ou densa. No grupo de esquiadores com mais idade, era mais provável que essa carga de torção resultasse em lesão aos tecidos moles do joelho. Fraturas em adultos jovens (18 a 45 anos) ocorriam sobretudo em decorrência de colisões com impacto direto e de alta energia contra um objeto (p. ex., uma pedra ou árvore); não deve surpreender que tais acidentes tenham resultado em fraturas cominutivas de alto grau. Nos esquiadores com mais idade (> 45 anos), a maioria das fraturas se localizava na área do quadril (no colo femoral e peritrocantéricas), tendo sido causadas por quedas com impacto de baixa energia sobre uma neve firme.

Em geral, em comparação aos esquiadores iniciantes, os esquiadores experientes têm menor probabilidade de experimentar lesões. Contudo, a fratura do fêmur é uma das poucas lesões mais prevalentes em esquiadores avançados, não nos novatos. Esse fato é atribuível em grande parte aos elevados níveis de energia necessários para a ocorrência de uma fratura de fêmur. Normalmente, os esquiadores avançados praticam o esporte em velocidades maiores e sobre terrenos mais difíceis, comparativamente ao que ocorre com os esquiadores iniciantes. As velocidades maiores resultam em maior energia cinética (ver equação 3.20), que, no momento do impacto, é transferida para os tecidos musculoesqueléticos, inclusive o fêmur.

Distensão dos posteriores da coxa

As distensões musculares (ver discussão prévia das distensões no Cap. 5) envolvem a lesão a um complexo miotendíneo. A distensão é classificada como uma lesão indireta, por ser o resultado de cargas tênseis excessivas e não de traumatismos diretos.

Normalmente, a lesão ocorre durante um alongamento forçado ou de uma ação muscular excêntrica usada para controlar ou desacelerar movimentos de alta velocidade (p. ex., em um tiro de corrida ou em um arremesso). As distensões dos posteriores da coxa são comuns. Em um estudo que analisou lesões por distensão no futebol australiano de 1992 até 1999, 69% envolviam o grupo dos posteriores da coxa, seguidos pelo quadríceps femoral (17%) e músculos da panturrilha (14%) (Orchard, 2001). As distensões dos posteriores da coxa variam desde leves (dor leve, ausência de laceração muscular) até graves (ruptura completa do músculo, normalmente como resultado de um movimento explosivo) (Peterson e Renström, 2017).

Ao nível muscular, estudos em animais implicam a excessiva distensão mecânica dos sarcômeros como a principal causa de lesão (Lieber e Friden, 2002). Esses autores propuseram, como hipótese, que uma distensão mecânica excessiva pode causar ruptura da membrana extracelular ou intracelular, o que, por sua vez, pode levar à ocorrência de hidrólise das proteínas estruturais. Esses eventos resultam na ruptura de miofibrilas e em inflamação local, o que degrada e enfraquece ainda mais o tecido muscular.

Em relação às distensões musculares, já foi devidamente documentada a relevância da condição ativa *versus* passiva do músculo no momento da lesão. Conforme foi discutido no capítulo precedente, Garrett et al. (1987) relataram que a força produzida no momento da falha era apenas 15% maior no músculo extensor longo dos dedos de coelhos estimulados, em comparação com músculos não estimulados, enquanto a energia absorvida foi aproximadamente 100% maior no momento da falha nos músculos ativados. Esses achados sugerem que qualquer comprometimento na capacidade contrátil de um músculo (p. ex., fadiga) pode diminuir sua capacidade de absorção da energia, com maior risco de ocorrência de lesão.

Além da fadiga, foram identificados diversos outros fatores de risco relacionados com a distensão muscular. Esses fatores incluem desequilíbrios na resistência muscular, pouca flexibilidade, aquecimento insuficiente, idade, histórico de lesão, debilidade muscular, treinamento insuficiente, uso de fármacos inadequados, presença de tecido cicatricial e reabilitação incompleta ou evidentemente agressiva (Croisier et al., 2002; Opar et al., 2012; Verrall et al., 2003; Worrell, 1994).

Certos músculos parecem estar mais propensos a distensões do que outros. Os músculos posteriores da coxa (semitendíneo, semimembranáceo, bíceps femoral), em particular, demonstram suscetibilidade à distensão muscular. Esses músculos, com a exceção da cabeça curta do bíceps femoral, exercem função biarticular. Esse arranjo estrutural estabelece que o comprimento muscular é determinado pela ação conjunta das articulações do quadril e do joelho. Tanto a flexão do quadril como a extensão do joelho alongam os músculos semitendíneo, semimembranáceo e bíceps femoral (cabeça longa). A simultânea flexão do quadril e extensão do joelho resultam em um estado de alongamento dos posteriores da coxa que contribui para a suscetibilidade desses músculos à lesão (Fig. 6.8).

As circunstâncias da distensão dos posteriores da coxa em corredores velocistas e em corredores de provas com barreiras ilustram um mecanismo de lesão comum. Em geral, nessas práticas esportivas, a lesão por distensão ocorre no final da fase de balanço, ou no início da fase de apoio. Durante a parte final da fase de balanço, os posteriores da coxa atuam excentricamente para desacelerar tanto a coxa como a perna, em preparação para o contato com o solo. No início da fase de apoio, os posteriores da coxa atuam concentricamente para realizar a extensão do quadril. Análises cinéticas demonstraram que, durante essas fases, ocorrem picos de torque no quadril e no joelho. Um fator contributivo adicional, sugerido em um estudo, é a proporção relativamente elevada de fibras musculares de contração rápida (tipo II) existentes nos músculos posteriores da coxa, o que possibilitaria níveis mais elevados de produção de força intrínseca, embora um estudo (Evangelidis et al., 2017) não tenha conseguido obter apoio a essa hipótese. A combinação desses fatores coloca os posteriores da coxa em alto risco de lesão em movimentos de grande velocidade.

FIGURA 6.8 A ocorrência simultânea de flexão do quadril e extensão do joelho colocam o grupo muscular dos posteriores da coxa em uma posição de alongamento, aumentando o risco de uma lesão por distensão.

Com frequência, é difícil determinar com precisão o local lesionado. Qual dos músculos posteriores da coxa, por exemplo, tem maior probabilidade de ter uma lesão? A tomografia computadorizada (TC) empregada na localização de distensões nos posteriores da coxa demonstrou que as lesões tendiam a ser proximais e laterais no interior do grupo dos posteriores da coxa, mais frequentemente na cabeça longa do bíceps femoral (Garrett et al., 1989). Estudos mais recentes confirmaram que o bíceps femoral é o músculo desse grupo com maior probabilidade de lesão. Koulouris e Connell (2003), por exemplo, relataram que 80% de 154 lesões dos posteriores da coxa envolviam o bíceps femoral; o semimembranáceo (14%) e o semitendíneo (6%) raramente foram implicados. Thelen et al. (2005) propuseram uma hipótese de que a elevada propensão à ocorrência de lesões no bíceps femoral pode ser atribuível, pelo menos em parte, às diferenças intermusculares nos braços de momento dos posteriores da coxa com relação às articulações do quadril e do joelho.

A lesão por distensão na unidade miotendínea ocorre com maior frequência na junção miotendínea (JMT). A estrutura microscópica da JMT faz com que essa estrutura seja um local provável para a aplicação de carga mecânica concentrada (elevadora de tensão). A JMT tem características estruturais que objetivam reduzir o efeito de elevação da tensão. Primeiramente, o pregueamento estrutural da membrana juncional (Fig. 6.9) aumenta a área de superfície em pelo menos 10 vezes; com isso, diminuem as tensões. Em segundo lugar, a configuração em pregueamento alinha a membrana, de modo que essa estrutura fica principalmente submetida a forças de cisalhamento, não a forças tênseis.

Em terceiro lugar, o pregueamento pode aumentar a resistência adesiva da célula muscular ao tendão. Em quarto lugar, os sarcômeros próximos à junção exibem maior rigidez do que os distantes da estrutura e, com isso, apresentam extensibilidade limitada (Noonan e Garrett, 1992). Mas, apesar dessas características estruturais, a JMT permanece sendo um local provável para a ocorrência de lesões miotendíneas.

São bastante comuns as distensões recorrentes dos posteriores da coxa. Entre as razões para essa recorrência estão o retorno prematuro à ação, tecidos enfraquecidos, deficiências na resistência e alteração nas características mecânicas. Evidências sugerem que músculos posteriores da coxa previamente lesionados alcançam seu pico de torque em comprimentos significativamente mais curtos, em comparação com músculos não lesionados (Brockett et al., 2004; Proske et al., 2004). Esse desvio no perfil de torque-comprimento pode ser um fator predisponente para que os músculos posteriores da coxa experimentem lesão futura, além de ser responsável pelo elevado percentual de novas lesões.

Embora a recorrência de distensões dos posteriores da coxa seja comum, há evidências sugerindo que programas de prevenção apropriados podem diminuir o risco de lesão. Para que seja efetivo, esse programa de prevenção precisa incluir sobrecarga excêntrica (Askling et al., 2003), treinamento de força (Croisier et al., 2002), exercício excêntrico leve (Proske et al., 2004), alongamento durante o estado de fadiga, exercícios de treinamento específicos ao esporte, treinamento intervalado anaeróbico de alta intensidade (Verrall et al., 2005) e treinamento excêntrico combinado de flexibilidade e força (Arnason et al., 2008).

Em resumo, a estrutura anatômica macroscópica e microscópica dos posteriores da coxa, o arranjo biarticular e o envolvimento no controle dos movimentos de alta velocidade são aspectos que, sem exceção, contribuem para o particular risco de distensão a que está submetido esse grupo muscular. Esse risco pode ser diminuído, mas não eliminado, por protocolos adequados de prevenção, tratamento e reabilitação.

LESÕES NO JOELHO

A articulação do joelho contém três superfícies articulares: entre a patela e o fêmur (articulação patelofemoral) (Fig. 6.10*a*), e entre os côndilos medial e lateral do fêmur e tíbia (articulação tibiofemoral) (Fig. 6.10*c*). Embora frequentemente classificado como uma articulação em gínglimo (o que implica movimento uniplanar), o joelho é mais corretamente classificado como

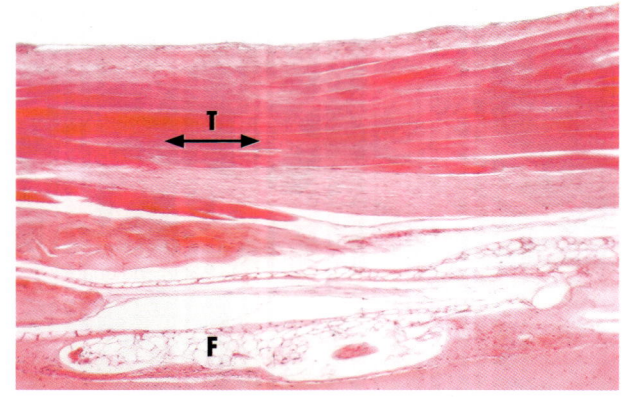

FIGURA 6.9　Micrografia eletrônica de uma junção miotendínea. A célula muscular parece interdigitar-se com o tendão (setas). O tendão contém fibroblastos (F) e fibras colágenas densas (T). (barra = 3,0 μm.)

Kateryna Kon/Dreamstime.com

uma articulação elipsóidea dupla, por ter potencial de movimento tanto em flexão-extensão como em rotação (quando o joelho está flexionado). A Figura 6.3 ilustra os músculos atuantes na região da articulação do joelho; a Tabela 6.2 apresenta um resumo desses músculos.

O movimento da articulação do joelho é um dos mais complexos entre todos os movimentos articulares no corpo humano. Embora seu movimento primário seja o de flexão-extensão, a estrutura da articulação determina um movimento não parecido com o de uma

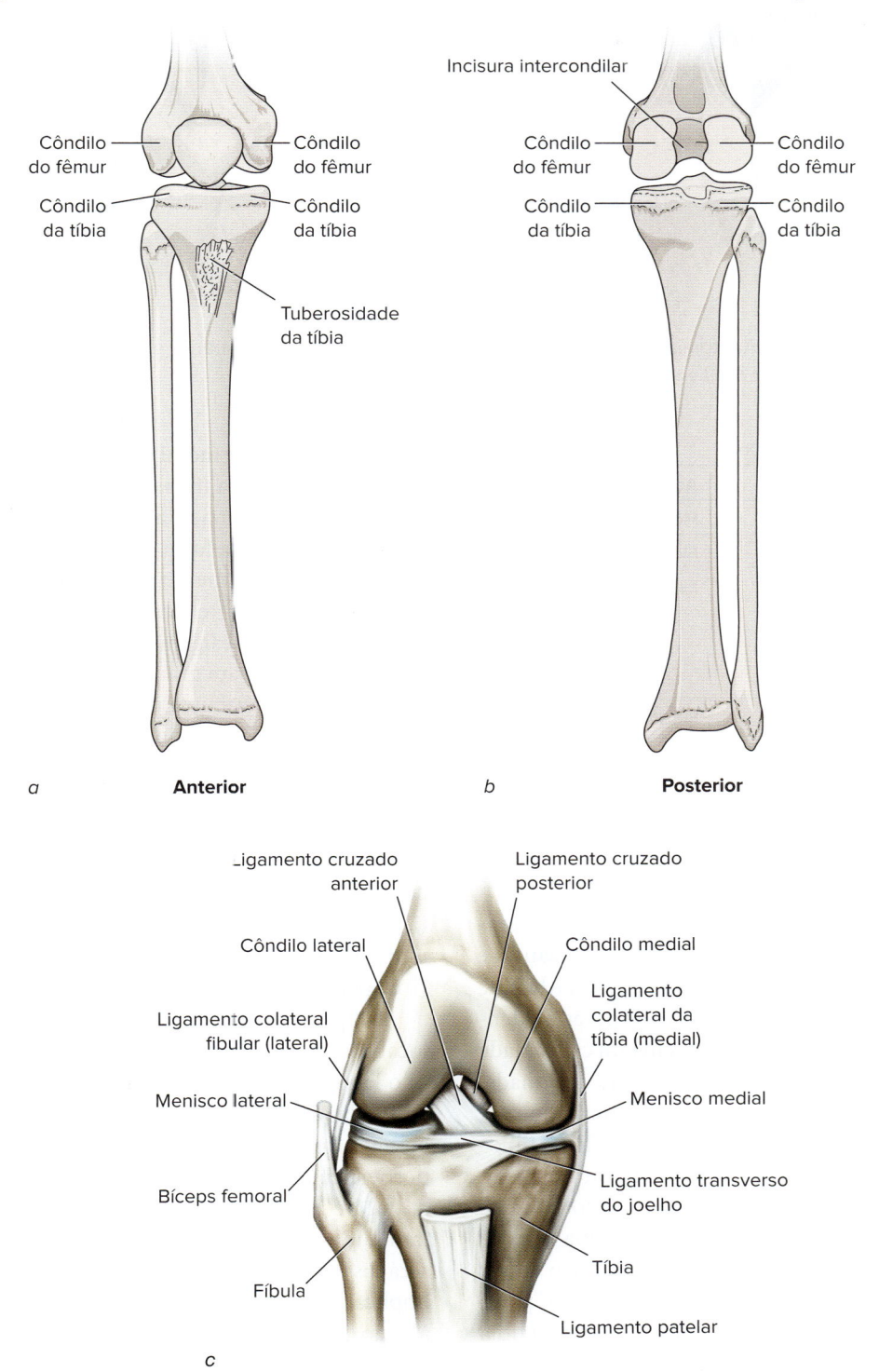

FIGURA 6.10 Anatomia do joelho: estruturas esqueléticas, *(a)* vista anterior e *(b)* vista posterior; ligamentos do joelho, *(c* e *d)* vista anterior e *(e)* vista posterior.

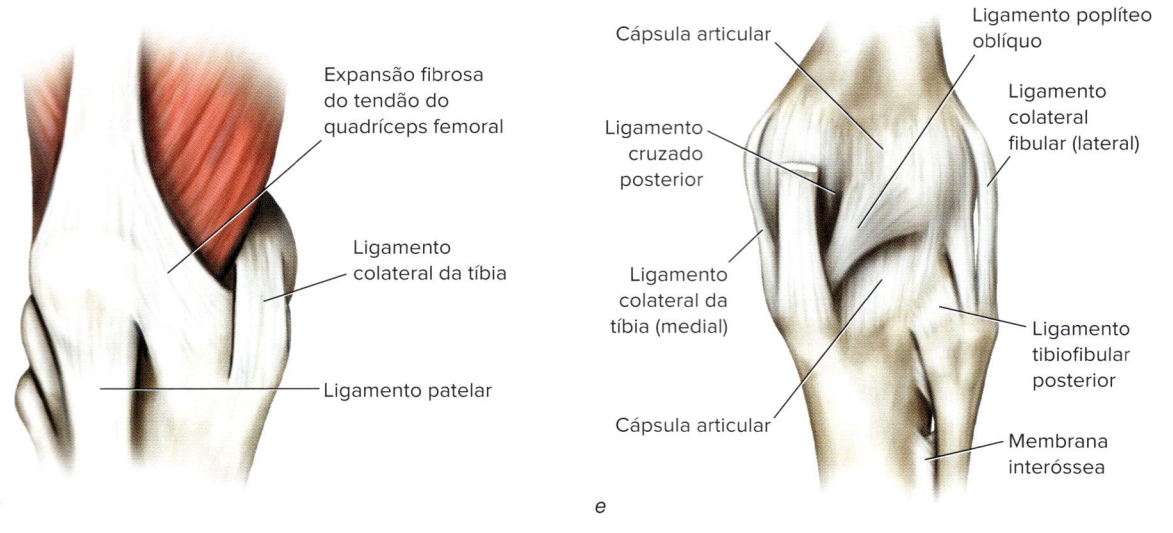

FIGURA 6.10   (*continuação*) Anatomia do joelho: estruturas esqueléticas, *(a)* vista anterior e *(b)* vista posterior; ligamentos do joelho, *(c e d)* vista anterior e *(e)* vista posterior.

TABELA 6.2   Músculos do joelho

Músculo	Ação
Grácil	Flexiona a perna
Sartório	Flexiona a perna
Quadríceps femoral Reto femoral Vasto intermédio Vasto lateral Vasto medial	Estende a perna
Grupo dos posteriores da coxa Bíceps femoral Semimembranáceo Semitendíneo	Flexiona a perna

dobradiça, caracterizado por um eixo de rotação instantâneo variável e movimentos rotacionais, deslizantes e de rolamento combinados (Figs. 3.19*b* e 3.20). Além de atender predominantemente às funções de flexão e extensão, a articulação tibiofemoral também tem capacidade rotacional quando a articulação se encontra flexionada, e também de um movimento varo-valgo limitado.

Uma característica exclusiva da articulação tibiofemoral é o chamado mecanismo de parafusamento (Hallén e Lindahl, 1965; Hallén e Lindahl, 1966). Durante os 20° a 30° finais de extensão do joelho, uma rotação relativa (aproximadamente 10°) entre a tíbia e o fêmur trava a articulação em completa extensão, por um "parafusamento" rotacional que aproxima os ossos. Se a tíbia estiver fixa, o fêmur faz uma rotação medial (interna) na extensão. Por outro lado, se o fêmur estiver fixo, a tíbia realiza uma rotação lateral relativa. No início da flexão, a articulação tibiofemoral "desparafusa", invertendo as rotações relativas da tíbia e do fêmur.

Por ser uma articulação sinovial, o joelho tem uma cápsula fibrosa forte que se insere superiormente ao fêmur e inferiormente à margem articular da tíbia. Tendo em vista seu relativamente fraco encaixe ósseo, o joelho depende de ligamentos (juntamente com músculos e tendões) para grande parte de sua resistência e integridade estruturais. Entre os mais importantes – e mais frequentemente lesionados – estão os ligamentos colaterais e os ligamentos cruzados (Fig. 6.10*c* e *d*). Os ligamentos colaterais abrangem as faces medial e lateral do joelho e opõem resistência às cargas em valgo e varo. Uma carga em valgo incidente no joelho resulta em uma curvatura da perna para dentro ao nível da articulação (i. e., pernas em tesoura). Uma carga em *varo* resulta em uma curvatura da perna para fora ao nível da articulação (i. e., pernas arqueadas).

O ligamento colateral lateral (fibular) (LCL) tem localização extracapsular e se estende desde o epicôndilo lateral do fêmur até a superfície lateral da cabeça da fíbula. O ligamento colateral medial (tibial) (LCM) abrange desde o epicôndilo medial do fêmur até a superfície superomedial da tíbia. Ao contrário do LCL, o LCM é um ligamento capsular que se insere diretamente na cápsula e no menisco medial. Conforme será discutido mais adiante, esse arranjo estrutural tem implicações importantes para a suscetibilidade do LCM à lesão. A referência ao LCM como um ligamento singular subestima sua complexidade anatômica. O LCM tem componentes superficiais e profundos que atuam sinergicamente para limitar movimentos da articulação do joelho. O ligamento oblíquo posterior é um espessamento capsular situado imediatamente posterior ao LCM superficial (Peterson e Renström, 2017). Alguns autores também incluem o ligamento oblíquo posterior como parte do complexo do LCM.

Os dois ligamentos cruzados (Fig. 6.11), que receberam esses nomes por sua orientação oblíqua ou em forma de X entre si, estendem-se entre o fêmur e a tíbia. O mais fraco dos dois, o ligamento cruzado anterior (LCA), insere-se proximalmente na face posteromedial do côndilo lateral do fêmur, e distalmente na porção anterior da superfície intercondilar da tíbia. O LCA se compõe de dois feixes principais: o feixe anteromedial, que fica tensionado em flexão e relativamente frouxo em extensão, e o feixe posterolateral, que fica tensionado em extensão e frouxo em flexão. Obviamente, a probabilidade de lesão a um dos feixes depende do grau de flexão do joelho no momento da lesão. A principal função do LCA é limitar o movimento anterior da tíbia em relação ao fêmur (ou, inversamente, limitar o movimento posterior do fêmur em relação à tíbia). Sua função secundária é oferecer resistência aos movimentos em valgo e varo, à hiperextensão e à rotação tibial.

O ligamento cruzado posterior (LCP), que é mais forte, insere-se proximalmente à face anteromedial do côndilo medial do fêmur, avança medialmente ao LCA e se insere distalmente à porção posterior da área intercondilar da tíbia. O LCP também é composto por dois feixes (Anderson et al., 2012). O feixe anterolateral (FAL), o maior dos dois, fica tensionado em flexão e relativamente frouxo em extensão, e o feixe posteromedial (FPM), o menor, fica maximamente tensionado em extensão e relativamente frouxo em flexão (Fig. 6.12). O LCP limita o movimento posterior da tíbia em relação ao fêmur (ou, inversamente, limita o movimento anterior do fêmur em relação à tíbia). Além disso, o LCP limita a hiperflexão do joelho e ajuda na estabilização do fêmur nas situações em que o joelho flexionado estiver sustentando peso.

Além de receber suporte capsular e ligamentar, o joelho contém dois meniscos. O menisco é um coxim de fibrocartilagem em forma de cunha com inserção periférica à cápsula articular. Os meniscos se projetam centralmente e se movem livremente nos movimentos de flexão sem sustentação de peso. Os dois meniscos exibem uma característica forma de meia-lua (Fig. 6.13).

Em comparação com o menisco lateral, o menisco medial apresenta um raio de curvatura maior e uma forma semilunar. O menisco medial mede aproximadamente 10 mm de largura no corno posterior, sendo mais estreito nas zonas média e anterior. Várias características estruturais do menisco medial aumentam o risco de lesão nessa estrutura. Algumas delas são sua firme conexão com a cápsula articular e o LCM e sua frequente conexão com o LCA.

FIGURA 6.11   Ligamento cruzado anterior.
Sciepro/Science Photo Library/Getty Images

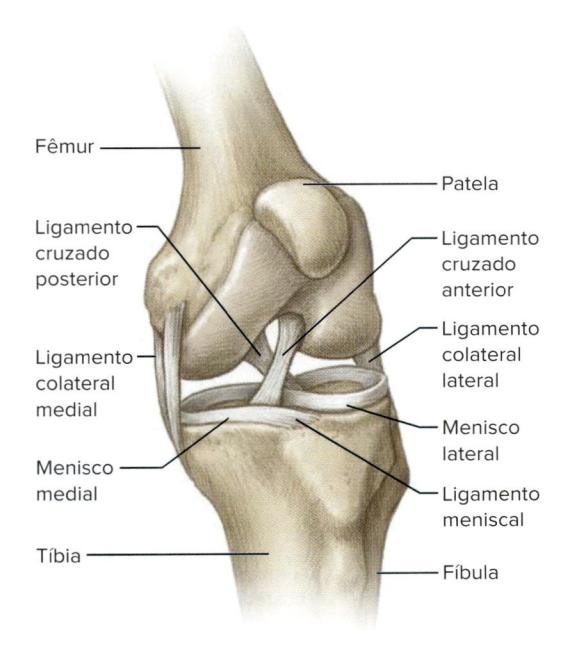

FIGURA 6.12   Ligamento cruzado posterior.

Varo, valgo, vexame!

Terminologia confusa não é nada novo. Em 1980, Houston e Swischuk publicaram um artigo, "Varo e valgo – não é por acaso que há confusão", no *New England Journal of Medicine*, em que discutiam o uso dos termos **varo** e **valgo**. Trechos do artigo ressaltam a confusão causada pelo uso desses termos na literatura médica.

"Em uma conferência para estudantes de medicina sobre doença ósseas pediátricas, percebemos tristemente que os termos varo e valgo causam grande confusão. Todos os anos, ao exibir uma radiografia de coxa em valgo e perguntar pelo diagnóstico apropriado, cerca de um terço dos estudantes vota em favor de coxa em varo, um terço coxa em valgo e o último terço admite seu desconhecimento.

"Considerando que os radiologistas, cirurgiões ortopédicos e pediatras usam habitualmente os termos varo e valgo em suas conversas e nos artigos, atribuímos a ignorância dos estudantes de medicina à sua inexperiência, associada com a infeliz omissão do latim no ensino médio como pré-requisito para o ingresso em uma faculdade de medicina. No presente ano, um de nós criticou o uso incorreto do termo varo na revisão de um livro escrito pelo outro. Essa crítica levou a uma consulta a dicionários atuais e mais antigos e a uma pesquisa com base em importantes manuais de ortopedia.

"Para nossa surpresa, aprendemos que o significado latino original para a palavra varo era "em tesoura", e para valgo, "pernas arqueadas" – exatamente o oposto do usado atualmente em pediatria e radiologia.

"Para demonstrar que o uso corrente é consistentemente oposto à derivação das palavras e às definições da maioria dos dicionários ao longo dos anos, um de nós analisou 24 manuais de ortopedia modernos... Para nossa surpresa, encontramos uma definição dos termos em apenas dois desses livros. O livro *Orthopedics for the Undergraduate* (1969), de W. A. Crabbe, forneceu a definição de varo a seguir: 'Desvio de um membro na direção da linha mediana do corpo'. O *Textbook of Disorders and Injuries of the Musculoskeletal System* (1970), de Robert B. Salter, apresentava definições detalhadas e úteis, tendo sido o único livro, entre os 24 pesquisados, a mencionar a discrepância histórica. Sob o título 'Varo e valgo', Salter afirmava: 'Esse particular par de termos vem causando mais confusão do que qualquer outro par, em parte porque os termos latinos originais tinham o significado oposto ao que hoje em dia é de aceitação universal'. Todos os 24 livros faziam referência a pernas arqueadas como joelho varo, embora o joelho com esse problema esteja afastado da linha mediana do corpo. Portanto, varo é atualmente empregado para indicar uma inclinação, na direção da linha mediana, do osso além da articulação, não importando se o prefixo é o nome da articulação ou do osso que a ultrapassou. Certamente, isso é muito confuso.

"Considerando que a confusão é universal, e tendo em vista que o uso corrente é diretamente contrário à derivação latina, e ainda que o uso desses termos no sentido direcional seja pelo menos enganoso e, no máximo, perigoso, sugerimos que os simples termos "pernas arqueadas" e "joelhos em tesoura" são, de longe, superiores aos termos joelho valgo e joelho varo.

"Em resumo, seria bem melhor evitar totalmente os termos varo e valgo. Qualquer pessoa que persista em seu uso deve seguir a sugestão de Crabbe e Salter, definindo-os com clareza. Além disso, os dicionários devem demonstrar, de uma forma sem qualquer ambiguidade, não só a derivação desses termos, mas também o modo oposto com que estão sendo usados na literatura ortopédica moderna" (pp.471-472).

A recomendação de Houston e Swischuk – de que seja evitado o uso dos termos *varo* e *valgo* – não teve boa repercussão nas comunidades científica e médica. Os dois termos estão ainda em amplo uso e continuam criando confusão. Ficamos tentados a não usar tais termos, mas, diante de sua contínua prevalência na literatura, usaremos os termos *varo* e *valgo* nos próximos capítulos. Mas, ao fazê-lo, oferecemos definições precisas para cada um deles.

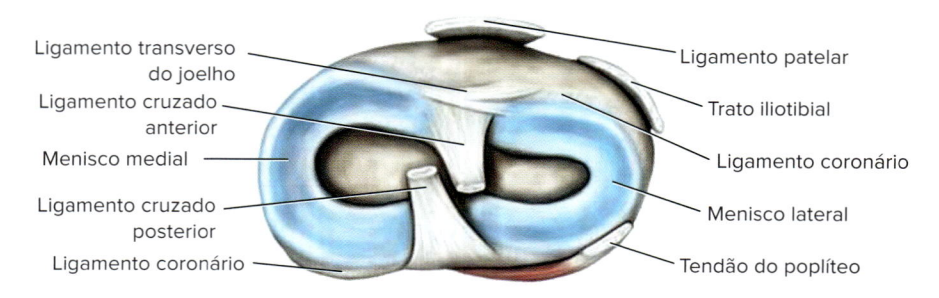

FIGURA 6.13 Meniscos do joelho.

O menisco lateral exibe uma curvatura mais estreita, formando uma curva praticamente fechada. Seu corno posterior é mais largo do que a região correspondente do menisco medial. Posteriormente, o menisco lateral se insere na fossa intercondilar femoral e apresenta apenas uma inserção frouxa na cápsula articular, não tendo conexão direta com o LCL. A natureza dessas inserções possibilita que o menisco lateral tenha maior mobilidade do que o menisco medial, tanto em condições livres de carga (Fig. 6.14) como sob carga.

A patela, localizada entre o tendão do quadríceps femoral e sua inserção na tuberosidade da tíbia (via tendão patelar, também conhecido como ligamento patelar), aumenta a vantagem mecânica do mecanismo extensor do joelho. A articulação da patela com o fêmur forma a articulação patelofemoral (APF). Quando o joelho se encontra em uma posição flexionada, a APF fica sujeita a grandes cargas (Fig. 6.15); assim, a APF tem predisposição a certos tipos de lesão.

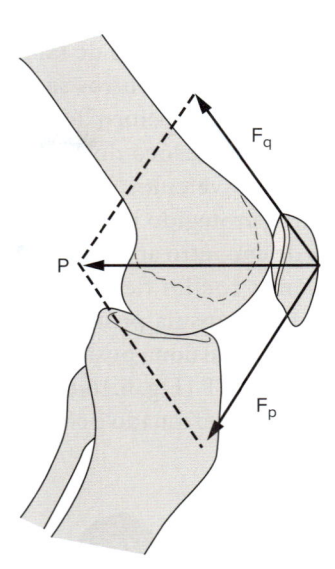

FIGURA 6.15 Força de reação (P) da articulação patelofemoral. O vetor P é formado pela soma vetorial do vetor força do tendão do quadríceps (F_q) e do vetor força do tendão patelar (F_p).

Lesão ao ligamento cruzado posterior

Desde a primeira descrição de ruptura do LCA em meados do século XIX e das tentativas iniciais de reconstrução cirúrgica dessa estrutura no início do século XX, formou-se um considerável volume de literatura sobre o ligamento. A crescente prática de exercício físico e participação nos esportes que vem ocorrendo nos últimos anos pressagiou um aumento na incidência de lesões do ligamento cruzado, sobretudo em meninas e em mulheres.

A prevalência da lesão no LCP é muito mais baixa do que no LCA. Com efeito, outrora acreditava-se que o LCP raramente era lesionado; contudo, avanços nas técnicas diagnósticas, além do conhecimento adquirido com estudos anatômicos e biomecânicos recentemente publicados, ampliaram nossa compreensão sobre as lesões do LCP (Arthur et al., 2020; Kannus et al., 1991; LaPrade et al., 2015; van Kuijk et al., 2019; Wind et al., 2004). Das lesões do LCP, menos de metade ocorre isoladamente (apenas no LCP); o restante (60%) envolve outros ligamentos e estruturas do joelho (p. ex., meniscos) (Fanelli e Edson, 1995). A lesão combinada ao LCP e ao LCA, em particular (com possível envolvimento dos ligamentos medial e lateral), representa uma situação especialmente complexa, que exige uma cuidadosa avaliação e também tratamento cirúrgico, inclusive considerando aspectos relacionados com o ato cirúrgico (p. ex., seleção do enxerto e métodos de fixação, aglomeração no túnel, quadro vascular, momento oportuno para a realização da cirurgia) (Duethman et al., 2020; Fanelli e Edson, 2020; Stannard et al., 2020).

Cerca de metade das lesões do LCP pode ser atribuída a traumatismos resultantes de colisões envolvendo veículos automotores. Em sua maioria, os casos restantes ocorrem durante atividades esportivas (40%) e acidentes industriais (10%). Normalmente, as colisões envolvendo veículos automotores e os acidentes industriais envolvem uma dinâmica de alta energia, enquanto as lesões ligadas à prática esportiva envolvem uma dinâmica de energia relativamente baixa.

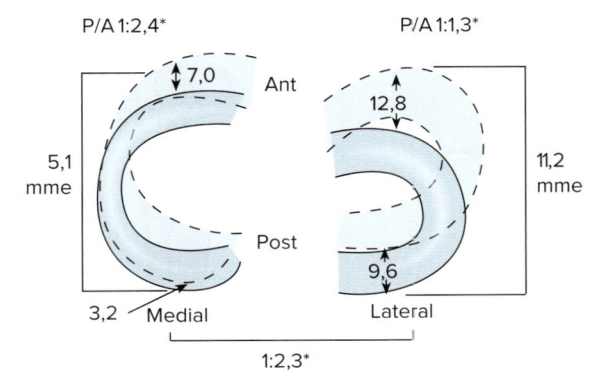

FIGURA 6.14 Diagrama da excursão meniscal média (EMM) ao longo do platô tibial. Ant, anterior; Post, posterior; P/A, relação entre a translação meniscal posterior/anterior durante a flexão. Com exceção das relações, os outros valores são fornecidos em milímetros. *$p < 0,05$ pela análise do teste t de Student.

São muitos os mecanismos de falha do LCP. Alguns são bastante comuns; outros são relativamente raros. A Figura 6.16 ilustra cinco desses mecanismos. Mais comumente, as lesões do LCP decorrem de colisões envolvendo veículos automotores, quando um ocupante não protegido pelo cinto de segurança é arremessado de encontro ao painel de instrumentos do veículo. Com o joelho flexionado a 90º, o LCP está sob tensão e a cápsula posterior está frouxa. A força do impacto impulsiona posteriormente a tíbia e causa a ruptura do LCP (Fig. 6.16a). No caso de uma queda sobre o joelho flexionado e com o tornozelo em

flexão plantar, o impacto incide sobre a tuberosidade da tíbia. Também nesse caso, a porção proximal da tíbia é impulsionada em uma direção posterior (Fig. 6.16b). A flexão de joelho forçada com o tornozelo em flexão plantar ou em dorsiflexão pode resultar em uma lesão de LCP (Fig. 6.16c). Uma hiperextensão de joelho súbita e violenta pode causar ruptura do LCP, frequentemente acompanhada por algum dano ao LCA (Fig. 6.16d). A mudança brusca do peso de um pé para o outro durante uma rápida rotação do corpo sobre o joelho em mínima flexão, resultará em rotação medial e em translação anterior do fêmur.

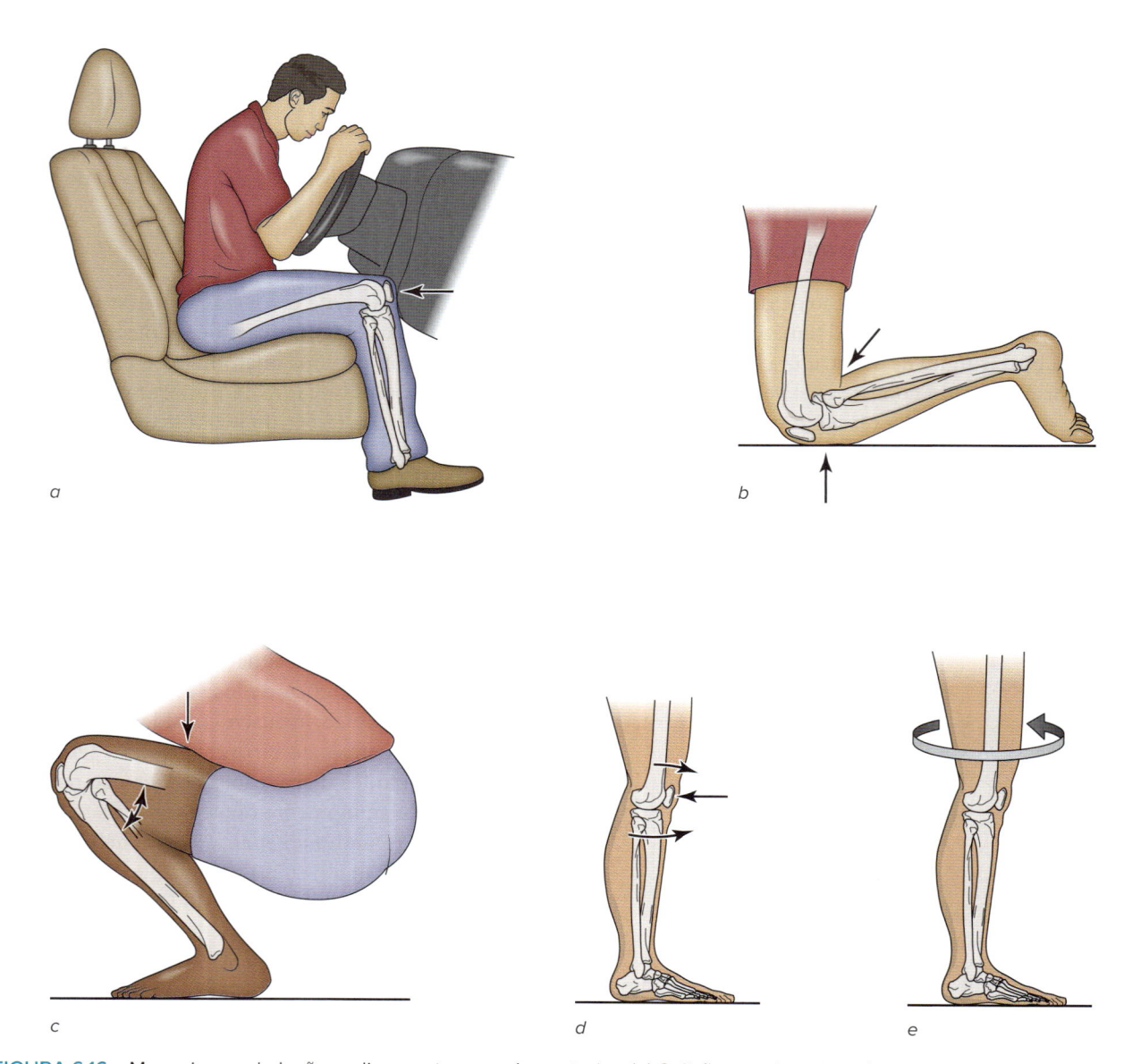

FIGURA 6.16   Mecanismos de lesão no ligamento cruzado posterior. *(a)* Colisão envolvendo veículos automotores, em que o impacto contra o painel de instrumentos força posteriormente a tíbia em relação ao fêmur. *(b)* Queda sobre um joelho flexionado, com impulsão posterior da tíbia. *(c)* Flexão forçada do joelho. *(d)* Hiperextensão forçada do joelho. *(e)* Mudança brusca de direção com o joelho em leve flexão.

Esses eventos acarretam uma lesão do LCP (Fig. 6.16e) (Andrews et al., 1994).

Quase todas as lesões de LCP envolvem algum nível de força levando a tíbia em sentido posterior. A magnitude dessa força tibial posterior transmitida ao LCP depende amplamente do ângulo de flexão do joelho. Quanto maior o ângulo de flexão, maior a proporção de força tibial posterior observada no LCP (Markolf et al., 1997). O acréscimo de um momento valgo à força tibial posterior aumenta significativamente as forças incidentes no LCP, o que torna maior a probabilidade de ocorrência de uma lesão.

A lesão de LCP pode ocorrer na ausência de forças tibiais com direção posterior, embora isso seja relativamente raro. Markolf et al. (1996) relataram a ocorrência de forças mais intensas incidentes no LCP em casos de uma combinação de torque tibial interno e momento varo a 90° de flexão do joelho (na ausência de uma força tibial com direção posterior). Como ocorre nesse caso, a combinação de cargas frequentemente aumenta o risco de uma lesão.

Lesão no ligamento cruzado anterior: um olhar mais atento

🔍 Poucas lesões (talvez nenhuma) vêm recebendo mais atenção na prática clínica e de pesquisadores do que as ocorrentes no ligamento cruzado anterior (LCA). Ao longo dos últimos 40 anos, foram publicados mais de 15 mil artigos de pesquisa e clínicos relacionados com o LCA. Essa realidade não é surpresa, considerando o importante papel desempenhado pelo LCA no funcionamento da articulação do joelho e o enorme ônus econômico associado às lesões desse ligamento. Embora não restem dúvidas acerca da importância funcional do LCA, ainda há controvérsias a respeito do diagnóstico dessa lesão e seu tratamento e reabilitação. Em decorrência da frequência da lesão e do volumoso corpo de pesquisas disponível, apresentaremos uma revisão mais minuciosa das lesões do LCA, comparativamente às demais lesões descritas neste capítulo.

Epidemiologia

As estimativas da incidência das lesões de LCA variam; são citadas taxas anuais de 1:3.000 nos Estados Unidos (Miyasaka et al., 1991) e de 1:5.000 no Reino Unido (Dandy, 2002). As estimativas de problemas no LCA nos Estados Unidos também variam consideravelmente, de algo como 80 mil até 200 mil (ou mais) lacerações anuais (Gornitzky et al., 2015; Griffin et al., 2000; Hubbell e Schwartz, 2005; Kaeding et al., 2016; Singh, 2018; Vavken e Murray, 2013). Muitas lesões de LCA demonstram relação com alguma prática esportiva, e a incidência mais elevada é observada em pessoas na faixa etária de 15 a 25 anos, que praticam esportes que envolvem rápidas mudanças de direção e movimentos rotatórios (em pivô) (Griffin et al., 2000).

À luz da natureza multifatorial dos problemas do LCA, não surpreende que os percentuais de lesão desse ligamento sejam específicos ao esporte e ao sexo (Agel et al., 2016; Bjordal et al., 1997; Bradley et al., 2002; Montalvo et al., 2019).

Estrutura e função do tecido

O LCA é um complexo ligamento que faz a conexão entre o fêmur e a tíbia (Figs. 6.10 e 6.11). Proximalmente, o LCA se insere à superfície medial do côndilo lateral do fêmur. Distalmente, o ligamento se insere na superfície anterior do platô tibial médio. Em sua porção intermediária, o LCA é constituído por uma faixa de tecido conjuntivo com orientação regular; em seus locais de inserção, o LCA se expande de modo a criar uma área de inserção mais ampla.

O LCA consiste em duas faixas ou feixes: anteromedial (AM) e posterolateral (PL). Cada faixa desempenha uma função singular na estabilização da articulação tibiofemoral. Durante uma flexão do joelho, a faixa AM fica tensa, enquanto a faixa PL exibe relativa frouxidão. Já na extensão do joelho, a faixa PL torna-se tensa e a faixa AM permanece retesada, mas com menor intensidade do que na faixa PL (Dienst et al., 2002). O papel de cada faixa foi confirmado em um estudo *in situ* em cadáver; esse estudo relatou a ocorrência de forças maiores na faixa PL do que na faixa AM em ângulos de flexão do joelho inferiores a 15°, em resposta a uma carga de 110 N aplicada à face anterior da tíbia (Allen et al., 1999).

O LCA atua como limitador primário da translação tibial anterior (TTA). Nessa função, o LCA limita a TTA em relação ao fêmur fixo; ou, por outro lado, limita o movimento posterior do fêmur com relação à tíbia fixa. Por ser o limitador primário da TTA, o LCA aceita 75% das forças anteriores em uma situação de completa extensão do joelho, e 85% com o joelho flexionado a 90° (Peterson e Renström, 2017).

O LCA atua como limitador secundário da rotação medial da tíbia. É menos claro o papel do LCA como limitador da angulação em varo-valgo e da rotação lateral, embora em geral tal função seja aceita. O LCA também opera em concerto com o ligamento cruzado posterior (LCP) na limitação da hiperextensão e da hiperflexão do joelho.

Mecânica do tecido

Woo et al. (1991) testaram complexos fêmur--LCA-tíbia pareados com o objetivo de avaliar o efeito da orientação das cargas e da idade nas propriedades mecânicas do LCA. Esses autores aplicaram testes tênseis sob duas condições: (1) uma carga tênsil ao longo do eixo anatômico preservado do LCA (orientação anatômica) e (2) uma carga tênsil ao longo do eixo longitudinal da tíbia (orientação tibial). Os pesquisadores informaram que os espécimes jovens (22 a 35 anos) testados em orientação anatômica apresentaram cargas finais significativamente mais elevadas (2.160 N ou 220 kg) do que os espécimes testados em orientação tibial (1.602 N ou 163 kg). Os espécimes testados em orientação anatômica também revelaram maior rigidez (242 N/mm) do que os espécimes em orientação tibial (218 N/mm). Os autores do artigo explicaram esses resultados, observando que, em orientação anatômica, a maior parte das fibras do LCA está alinhada de modo a receber cargas tênseis. Woo et al. também relataram reduções significativas na carga máxima e na rigidez com o aumento da idade, independentemente da orientação da carga.

Ao ser utilizado o complexo inteiro, a complexa estrutura do LCA torna extremamente difícil a aplicação uniforme de carga a todas as fibras do ligamento. Por essa razão, os pesquisadores também têm realizado testes para cada uma das faixas do LCA em separado, de modo a avaliar suas propriedades mecânicas individuais. Exemplificando, em testes de sete unidades LCA-osso de cadáveres, os feixes anteriores desenvolveram módulos significativamente mais elevados e máximas tensões e densidades de energia de deformação, em comparação com o verificado nos feixes posteriores (Butler et al., 1992).

Mecanismos de lesão

Uma ruptura de ligamento cruzado anterior pode ser resultante de diversos mecanismos (Yu e Garrett, 2007). Lesões de LCA ocorrem mais frequentemente em resposta a uma carga em valgo combinada com uma rotação lateral da tíbia ou à hiperextensão acompanhada por uma rotação medial da tíbia. Condições de aplicação de cargas combinadas colocam o LCA em maior risco de experimentar uma lesão (Markolf et al., 1995).

Normalmente, o primeiro mecanismo (rotação em valgo) ocorre no que é conhecido como *lesão sem contato*, na qual o pé está apoiado no chão, a tíbia encontra-se em rotação lateral, o joelho está praticamente em flexão total e o joelho colapsa para uma posição em valgo (Myer et al., 2005). O colapso à posição em valgo parece ser um elemento crítico. Evidências extraídas de modelos biomecânicos sugerem que forças aplicadas à articulação do joelho no plano sagital não são capazes de causar uma ruptura do LCA durante manobras laterais com mudança rápida da direção, e que a aplicação de uma carga em valgo é um mecanismo mais provável (McLean et al., 2004).

A situação é exacerbada se ocorrer a aplicação de uma força ao joelho enquanto o pé está em contato com o solo (lesão com contato). Isso ocorre comumente em esportes de contato como o futebol americano, o rúgbi e o futebol, quando outro jogador causa um impacto com a face lateral do joelho, acentuando a rotação e a carga em valgo. Uma carga incidente em um joelho em valgo, combinada a uma rotação lateral da tíbia, causa intenso estresse no LCA. Embora as lesões com contato sejam muito menos comuns do que as lesões sem contato (Boden et al., 2000), nas lesões com contato o acréscimo da força impactante aumenta em muito a probabilidade de ocorrência e a gravidade de uma lesão.

Um segundo mecanismo envolve a hiperextensão do joelho, acompanhada por uma rotação medial da tíbia. Embora seja em geral um mecanismo menos comum, a hiperextensão pode ser o mecanismo predominante em certas populações, por exemplo, jogadores de basquete ou ginastas, cujas lesões ocorrem, em muitos casos, ao aterrissar em seguida a um salto e hiperestender o joelho violentamente (Fig. 6.17a). É importante identificar o mecanismo de lesão porque as lesões relacionadas com saltos estão associadas a incidências maiores de lacerações de menisco e possível predisposição a alterações degenerativas subsequentes (Paul et al., 2003). Em raras circunstâncias, uma ruptura do LCA pode ser causada pela aplicação de uma carga excessiva em varo.

Uma abordagem para determinar os mecanismos da lesão no LCA lança mão de imagens por ressonância magnética (IRM), a fim de avaliar as lesões ósseas associadas a essas lesões. Conforme já descrito, a aplicação de uma carga em valgo resulta em forças compressivas entre o côndilo lateral do fêmur e o platô lateral da tíbia. Speer et al. (1992) identificaram um padrão de lesão denominado em seu artigo a "tríade da IRM" – que consiste em ruptura do LCA, lesão óssea no sulco terminal e lesão óssea e/ou de tecidos moles no canto posterolateral – tendo proposto vários mecanismos consistentes com esse padrão de lesão. Esses mecanismos incluem a aplicação de uma carga em valgo com subsequente compressão lateral e hiperextensão da articulação. Os autores foram prudentes em suas conclusões, ao fazer uma declaração que permanece válida para muitas lesões: "A grande dificuldade em explicar uma lesão por meio

FIGURA 6.17 Mecanismos de lesão no ligamento cruzado anterior. *(a)* Hiperextensão do joelho. *(b)* Lesão no ligamento cruzado anterior (LCA) causada por uma queda de costas. Esse mecanismo empurra vigorosamente a tíbia em uma direção anterior em relação ao fêmur, estressando o LCA. *(c)* Lesão no ligamento cruzado anterior causada pelo "pé fantasma" formado pela parte do esqui situada atrás da bota.

de um único mecanismo pode ser que a tarefa não seja possível; ou seja, ambos os mecanismos podem entrar em ação, dependendo da natureza das forças extrínsecas e intrínsecas aplicadas" (Speer et al., 1992, p.387).

Uma abordagem parecida foi escolhida para a investigação da hipótese que propõe que, para os esquiadores praticantes da modalidade *downhill*, pode haver envolvimento de vários mecanismos nas lesões do LCA. Padrões de contusão óssea sugerem que menores cargas em valgo incidem nos esquiadores, o que fica evidenciado pela maior variedade de manifestações da lesão ao longo da borda posterior da tíbia (Speer et al., 1995). Esses dados são consistentes com observações de que, com frequência, a lesão no LCA em esquiadores está associada a uma queda de costas. Nesse tipo de queda, ocorre uma aceleração

anterior do esqui e das botas em relação ao corpo do esquiador; em decorrência dos modelos modernos de botas, a aceleração também envolve a tíbia. Essa situação produz um mecanismo de gaveta anterior (i. e., translação anterior da tíbia) que é coerente com uma falha do LCA, no que passou a ser conhecido como lesão no LCA *induzida pela bota*.

Um segundo mecanismo de lesão no LCA exclusivo para os esquiadores foi descrito como *pé fantasma*, com referência à alavanca formada pela seção posterior do esqui, que efetivamente forma outro "pé" na direção posterior. No caso de uma queda de costas, esse pé fantasma alavanca o joelho flexionado em rotação medial da tíbia com relação ao fêmur e amplifica o estresse incidente no LCA. Um estudo sugeriu que uma mudança no mecanismo de conexão do esqui pode ajudar a diminuir a incidência de lesões no LCA resultantes do mecanismo de pé fantasma (St-Onge et al., 2004).

A lesão a algum dos ligamentos cruzados pode ser uma lesão isolada, ou pode ocorrer em conjunto com danos a outras estruturas. Um exemplo de lesão combinada é aquela conhecida como tríade de O'Donoghue ou tríade infeliz. Nesses casos, o LCA, o ligamento colateral medial (LCM) e o menisco medial são lesionados. Normalmente, essa lesão envolve o mecanismo de rotação em valgo descrito previamente.

Tratamento conservador

Em seguida a uma ruptura do LCA, é difícil a decisão de optar por um tratamento conservador ou pelo reparo cirúrgico. Em uma revisão de estudos que compararam desfechos conservadores *versus* cirúrgicos, Linko et al. (2005) concluíram pela insuficiência de evidências para que se possa determinar qual é a abordagem que, em geral, é a melhor. São muitos os fatores envolvidos no processo de tomada de decisão, inclusive a idade do paciente, sua condição física, lesões correlatas e atividades antecipadas após a realização da cirurgia. Normalmente, o tratamento conservador será mais apropriado para pacientes muito jovens e muito idosos.

A decisão em favor do reparo cirúrgico pode ser mais fácil nos casos envolvendo pessoas mais jovens que desejam retornar a um estilo de vida ativo, com vistas à prática de esportes. Mas em pessoas idosas a decisão se torna mais difícil, porque a deficiência do LCA talvez não comprometa o desempenho em atividades de baixa carga, como deambular. Contudo, a opção pelo tratamento conservador (i. e., não cirúrgico) não está isenta de risco, pois joelhos com deficiência do LCA têm sido associados à ocorrência de instabilidade do joelho, lesão secundária a outras estruturas (p. ex., meniscos, cartilagem articular) e a um início prematuro de osteoartrite (Woo et al., 2001).

Inicialmente, o tratamento conservador envolve o controle do edema e o tratamento da dor; também pode incluir o uso de algum tipo de órtese para suporte, crioterapia e medicamentos anti-inflamatórios. Exercícios para aumentar a amplitude de movimento e fortalecer os músculos devem ser acrescentados progressivamente, bem como exercícios que não envolvam movimentos bruscos de mudança de direção, por exemplo, natação, ciclismo, caminhadas no plano sagital (para os lados) e trote de baixa intensidade.

Reparo cirúrgico

São muitos os casos em que há indicação para a reconstrução cirúrgica do LCA, sobretudo em pacientes que tenham planos de retornar a um estilo de vida ativo, com inclusão de movimentos de mudança brusca de direção e de pivô (p. ex., tênis ou basquete). Nos últimos anos, aumentou a quantidade de reconstruções do LCA (Dodwell et al., 2014; Lyman et al., 2009).

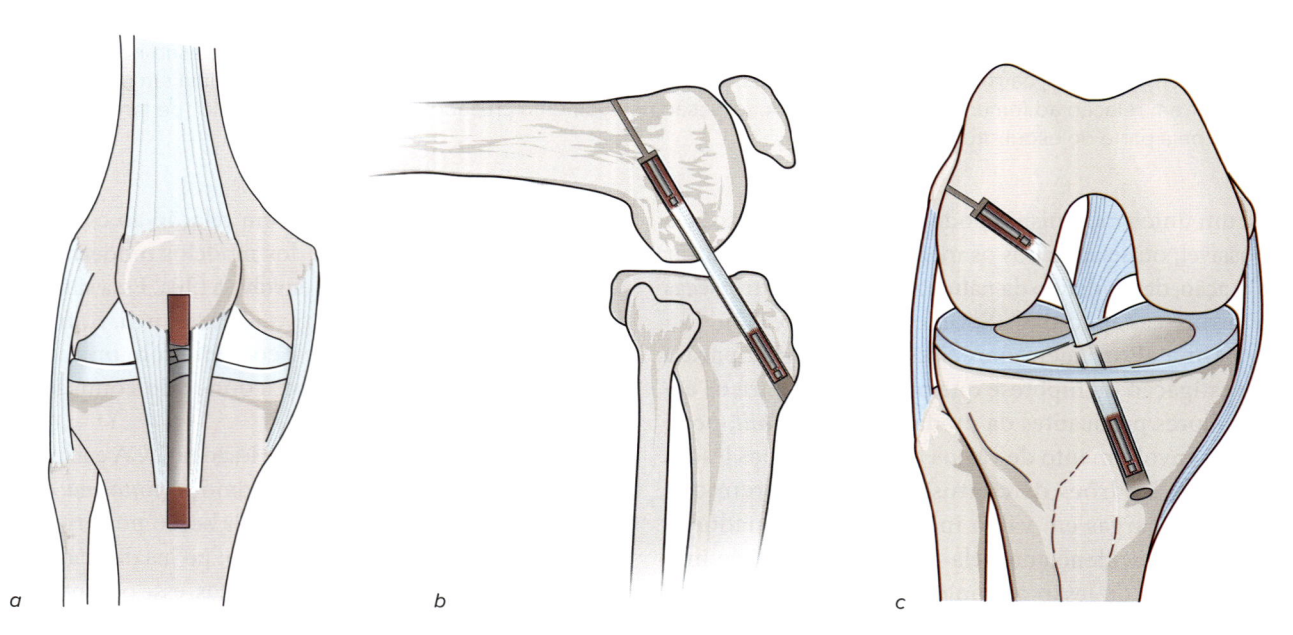

a　　　　　　　　　　*b*　　　　　　　　　　*c*

FIGURA 6.18 Reparo cirúrgico do LCA com um enxerto osso-tendão patelar-osso (OTPO). *(a)* O enxerto foi excisado da porção média do tendão patelar. *(b)* O enxerto, com as âncoras ósseas na subsuperfície de cada extremidade, é passado através de um túnel ósseo criado pela perfuração com uma broca cirúrgica, desde a face posterior da tíbia até a face inferior do fêmur. *(c)* Fixação do enxerto com parafusos.

Tão logo tenha sido tomada a decisão em favor da cirurgia, a próxima questão crítica envolve a origem do tecido de reparo, ou enxerto. As escolhas envolvem tecido obtido do próprio paciente (enxerto autólogo, ou autoenxerto), tecido de um cadáver (aloenxerto), ou enxertos sintéticos artificiais. Embora cada escolha tenha suas vantagens e limitações, na vasta maioria das cirurgias de substituição do LCA a escolha recai em autoenxertos: enxerto osso-tendão patelar-osso (OTPO) ou enxerto de tendão dos posteriores da coxa (PC, p. ex., do semitendíneo ou do grácil).

Uma importantíssima vantagem da abordagem com o uso do OTPO é a presença de "âncoras" ósseas em cada extremidade do enxerto doador (Fig. 6.18). Essas âncoras possibilitam uma boa fixação do enxerto nos locais de inserção no fêmur e na tíbia, além de possibilitarem uma estabilidade inicial. Uma limitação do procedimento com OTPO é a morbidade observada no local de excisão do enxerto.

Os proponentes do uso do enxerto de PC citam as vantagens da morbidade mais baixa no local doador e da resistência e rigidez comparáveis do enxerto (com o uso das técnicas atuais). Contudo, a ausência de âncoras ósseas no enxerto de PC diminui a integridade inicial da fixação nos locais de inserção.

Estão em andamento as discussões sobre qual é a melhor fonte de enxerto; cada tipo tem seus proponentes. Uma metanálise abrangendo 11 artigos que compararam OTPO e PC não detectou diferença significativa entre os dois tipos de enxerto em relação à incidência de instabilidade. Seus autores concluíram que a escolha do enxerto deve se fundamentar nas necessidades do paciente e na preferência e expe-riência do cirurgião; antes que seja tomada a decisão, tanto o paciente como o cirurgião devem considerar os benefícios e riscos de cada abordagem (Goldblatt et al., 2005).

Reabilitação

Embora os protocolos para reabilitação em seguida a uma cirurgia reconstrutiva do LCA devam ser individualizados, algumas diretrizes gerais para a reabilitação são aplicáveis. Essas diretrizes envolvem a restauração da amplitude de movimento da articulação do joelho, inibição da atrofia muscular, controle da dor e do edema, fortalecimento muscular e retorno progressivo às atividades normais. A linha cronológica da reabilitação é variável. Pacientes mais idosos e menos condicionados talvez necessitem de períodos de reabilitação mais prolongados, quando comparados a atletas mais jovens que desejam retornar à prática esportiva com a maior rapidez possível. É motivo de controvérsia o nível apropriado de agressividade na reabilitação, especialmente no caso de atletas (Cascio et al., 2004).

Filbay e Grindem (2019) observam que, nas últimas décadas, a reabilitação passou por uma transição, de uma abordagem baseada no tempo para conteúdos e progressões individualizados e baseados em critérios. Esses autores oferecem um exemplo de estrutura para a reabilitação do LCA, com um conjunto de fases recomendadas e de objetivos para a reabilitação de rupturas do LCA baseada em evidências (Tab. 6.3).

O fornecimento de detalhes de programas de reabilitação específicos vai além dos objetivos deste livro. O leitor interessado no assunto deve consultar as fontes listadas ao final deste capítulo.

TABELA 6.3 Recomendações baseadas em evidências para reabilitação da ruptura do LCA

Fase	Objetivos principais
Fase pré-operatória	Ausência de derrame na articulação do joelho, amplitude de movimento total (ativa e passiva), 90% de simetria na força do quadríceps femoral
Fase aguda (imediatamente após a cirurgia)	Ausência de derrame na articulação do joelho, amplitude de movimento total (ativa e passiva), elevação da perna estendida sem "extensor *lag*"
Fase intermediária	Controle da extensão final do joelho em posições de sustentação de peso, 80% de simetria da força do quadríceps femoral, 80% de simetria no teste de saltar com qualidade de movimento adequada
Fase tardia	90% de simetria na força do quadríceps femoral, 90% de simetria no teste de saltar com qualidade de movimentos adequada, manutenção e construção da confiança do atleta, progressão das habilidades específicas ao esporte: de habilidades fechadas com foco interno para habilidades abertas com foco externo
Fase de prevenção contínua de lesões	Manutenção da força muscular e da estabilidade dinâmica do joelho; controle das cargas

Adaptada de S. R. Filbay e H. Grindem, "Evidence-based Recommendations for the Management of Anterior Cruciate Ligament (ACL) Rupture", *Best Practice & Research Clinical Rheumatology* 33, nº 1 (2019): 33-47. Distribuída sob os termos da Creative Commons Attribution 4.0 International License (http://creativecommons.org/licenses/by/4.0/).

Prevenção

Diversos estudos testemunharam um aumento alarmante na incidência de lesões no LCA em mulheres atletas, em desproporção com as lesões observadas em homens. As jogadoras de futebol em nível interuniversitário, por exemplo, têm o triplo da probabilidade de ter uma lesão no LCA, em comparação com o que ocorre nos homens praticantes desse esporte. No basquete, a diferença salta para 3,6 vezes (Agel et al., 2005). Também foram relatadas diferenças similares para as praticantes de esqui alpino em nível competitivo; essas mulheres têm probabilidade 3,1 vezes maior de ter uma lesão no LCA do que os homens (Stevenson et al., 1998).

Ainda não foram elucidadas as razões para essas diferenças nos percentuais de lesões no LCA; atualmente, o consenso aponta para uma natureza multifatorial para o problema (Ireland, 2002). Entre os fatores predisponentes sugeridos, podem ser citados: pelve mais ampla das mulheres, sua maior flexibilidade, musculatura menos desenvolvida, vasto medial oblíquo hipoplásico, geometria da incisura femoral, joelhos valgos e torção lateral da tíbia. Também devem ser considerados o movimento do corpo na prática esportiva, a força e a coordenação dos músculos, característica da superfície dos calçados, nível de condicionamento, frouxidão articular, alinhamento dos membros e dimensões dos ligamentos (Arendet e Dick, 1995; Ireland e Ott, 2001). Por outro lado, também podem desempenhar algum papel os hormônios (Dragoo et al., 2003), a forma do joelho (van Kuijk et al., 2021) e o ciclo menstrual (Arendt et al., 2002; Wojtys et al., 2002). Permanece ainda por ser desvendada a exata combinação de fatores responsáveis pelas discrepâncias entre os sexos em termos das lesões no LCA; atualmente, esse tópico é objeto de intenso debate clínico.

A análise por vídeo de lesões reais do LCA implica em uma "posição de não retorno", que é tipicamente observada nas paradas ou aterrissagens abruptas e desajeitadas (Ireland, 2002). Essa posição de não retorno envolve a perda do controle dos quadris e da pelve, rotação medial do fêmur, joelho valgo, inclinação anterior do tronco e rotação lateral da tíbia sobre o tornozelo em pronação. Evitar a "posição de não retorno" pode diminuir drasticamente o risco de lesão ao LCA.

Um dos elementos dessa posição, o joelho valgo, foi amplamente estudado. McLean et al. (2005), por exemplo, constataram que mulheres universitárias atletas apresentavam maiores momentos valgos de pico, flexão inicial do quadril e rotação medial em tarefas de passos laterais quando comparadas a atletas homens. Os autores concluíram que a implementação de um programa de treinamento para reduzir a carga em valgo do joelho pode ajudar a prevenir lesões do LCA, sobretudo em mulheres.

Evidências publicadas recentemente sugerem enfaticamente que a incidência das lesões no LCA pode ser drasticamente reduzida por meio de programas de treinamento direcionados a estratégias de controle de movimentos específicos e neuromuscular (Hewett et al., 2005). Foram publicados resultados positivos para atletas mulheres praticantes de futebol (Mandelbaum et al., 2005) e de handebol (Myklebust et al., 2003; Petersen et al., 2005), e para ambos os sexos no esqui (Urabe et al, 2002).

Um estudo mais antigo (Mandelbaum et al, 2005), que consistiu no seguimento de dois anos de jovens jogadoras de futebol com idades variando entre 14 e 18 anos submetidas a uma intervenção de treinamento específica ao esporte, relatou uma redução de 74 a 88% nas lesões no LCA. A intervenção envolveu orientações, alongamento, fortalecimento, treinamento pliométrico e exercícios de agilidade específicos ao esporte. Esses elementos substituíram o aquecimento tradicional. Os autores concluíram que um programa de treinamento neuromuscular pode reduzir diretamente a quantidade de lesões no LCA em jogadoras de futebol.

Mais recentemente, diversos estudos e metanálises vêm confirmando a eficácia dos programas de treinamento neuromuscular (TNM) em reduzir o risco de lesão no LCA (p. ex., Myer et al., 2013; Noyes e Barber-Westin, 2018; Petushek et al., 2019; Ramirez et al., 2014).

Resumidamente, Ireland (2002) conclui que

> São vários os fatores responsáveis pela ocorrência de lacerações do LCA. O fator-chave na discrepância [entre os sexos] parece ser dinâmico, não estático; e proximal, não distal. Há inúmeros fatores envolvidos na avaliação do LCA da mulher. Contudo, os fatores mais críticos são os padrões de movimento dinâmico das posições do quadril e do joelho, com aumento da flexão e com um padrão de disparo muscular proximal coordenado (para que o corpo seja mantido em uma posição de aterrissagem segura). Uma lesão no LCA em pessoas muito jovens é um evento que muda a vida da pessoa lesionada. Podemos ser extremamente bem-sucedidos na reconstrução e reabilitação de um LCA, mas não podemos nos satisfazer apenas com isso. Atualmente, devemos focar na área da prevenção (pp.648-649).

Lesão de menisco

Meniscos são discos fibrocartilaginosos localizados nos platôs medial e lateral da tíbia (Fig. 6.13).

Antigamente, acreditava-se que os meniscos seriam remanescentes inúteis de inserções intra-articulares. Mas atualmente é do conhecimento geral que essas estruturas desempenham um papel essencial na manutenção do funcionamento normal do joelho. A compressão dos meniscos facilita a distribuição de nutrientes às estruturas adjacentes. Interessam também em nossa discussão dos mecanismos de lesão as funções mecânicas dos meniscos, especificamente a descarga de peso, a absorção de impacto, a estabilização e a facilitação rotacional. Evidências recentemente publicadas mostram que a resposta mecanobiológica das células meniscais é crucial para a resposta fisiológica, patológica e de reparação do menisco, e que certos fatores mecânicos são essenciais para a degeneração, a regeneração e a manutenção da saúde (McNulty e Guilak, 2015).

Os meniscos transmitem percentuais variados de força através da articulação do joelho, dependendo da posição dessa articulação. Em extensão completa, os meniscos acomodam 45 a 50% da carga, ao passo que a 90° de flexão eles recebem 85% da carga (Ahmed e Burke, 1983; Ahmed et al., 1983). A distribuição das cargas entre os meniscos medial e lateral difere. Medialmente, o menisco e a cartilagem articular compartilham igualmente a carga. Lateralmente, o menisco assume 70% da transmissão da carga (Seedhom e Wright, 1974; Walker e Erkman, 1975). Um estudo de simulação de elementos finitos recentemente publicado demonstrou que as lacerações longitudinais dos cornos meniscais resultam em aumento da magnitude e na alteração da distribuição das tensões sobre os meniscos, em particular sobre o corno posterior do menisco medial (Zhang et al., 2019) (Fig. 6.19).

A articulação tibiofemoral (do joelho) recebe uma combinação de forças tênseis compressivas e de cisalhamento que variam, dependendo do indivíduo e também da tarefa. O exemplo mais evidente é a força compressiva produzida pelas forças de reação do solo decorrentes do contato (p. ex., no impacto do pé no solo, quando andamos ou corremos). Normalmente, essas cargas compressivas são acomodadas por meio de um efeito de arco circunferencial, no qual as forças são direcionadas perifericamente, ao longo das linhas de maior rigidez das fibras colágenas. Podem ser observadas forças tênseis nas estruturas que opõem resistência à distração entre a tíbia e o fêmur. As forças de cisalhamento surgem das cargas rotacionais em movimentos que envolvem uma mudança brusca de direção.

Tendo em vista que as lesões meniscais são frequentemente causadas por velocidades elevadas de aplicação de força, a característica bifásica (i. e., sólida e líquida) do menisco é fundamental na determinação da resposta mecânica. Embora tensões circunferenciais dominem a resposta tecidual (o que é atribuível ao efeito de arco), as deformações circunferenciais são relativamente pequenas, e a fase líquida recebe uma parte significativa da carga aplicada (Spilker et al., 1992).

De maneira geral, uma lesão de menisco será traumática ou degenerativa. As lesões traumáticas têm sua origem em algum dano agudo ao menisco, sendo normalmente observadas em indivíduos jovens e ativos. As lacerações meniscais degenerativas são lesões crônicas, habitualmente observadas em pessoas de mais idade; tipicamente, tais lesões são resultantes de movimentos simples, como flexões profundas do joelho, que aplicam carga sobre um tecido meniscal enfraquecido. Lacerações degenerativas transversais (radiais) e horizontais (Fig. 6.20*a*) ocorrem mais comumente em adultos (Stanitski, 2002).

A combinação de movimentos articulares complexos e de padrões de carga continuamente variáveis produz um formidável mistério, em termos da identificação de mecanismos específicos para lesões do menisco. Apesar disso, certos mecanismos são implicados. Em geral, o dano ocorre quando o menisco é submetido a uma combinação de flexão e rotação, ou de extensão e rotação, sob descarga de peso e pelo resultante cisalhamento entre os côndilos da tíbia e do fêmur (Sibley et al., 2012; Siliski, 2003). Exemplificando, quando um atleta cujo pé permaneceu plantado no solo tenta mudar rapidamente de direção, a rotação medial do fêmur sobre a tíbia fixa provoca um deslocamento posterior do menisco medial. A inserção do menisco à cápsula articular e ao LCM opõe resistência a esse movimento, fazendo com que o menisco tenha que suportar uma carga tênsil.

Por causa de considerações estruturais (p. ex., a inserção do menisco medial a outras estruturas mediais) e de características motoras (p. ex., a aplicação de carga em rotação em valgo durante movimentos envolvendo mudanças rápidas de direção), o menisco medial tem uma probabilidade cinco vezes maior de lesão, em com-

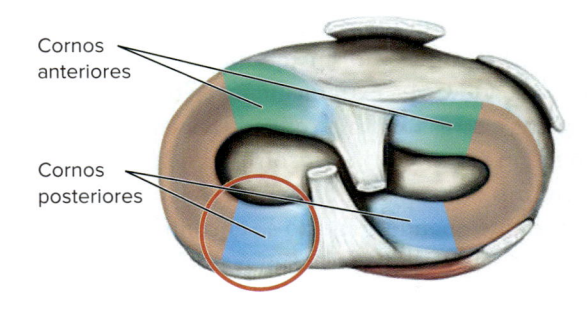

Cornos anteriores

Cornos posteriores

FIGURA 6.19 Cornos posteriores do menisco medial.

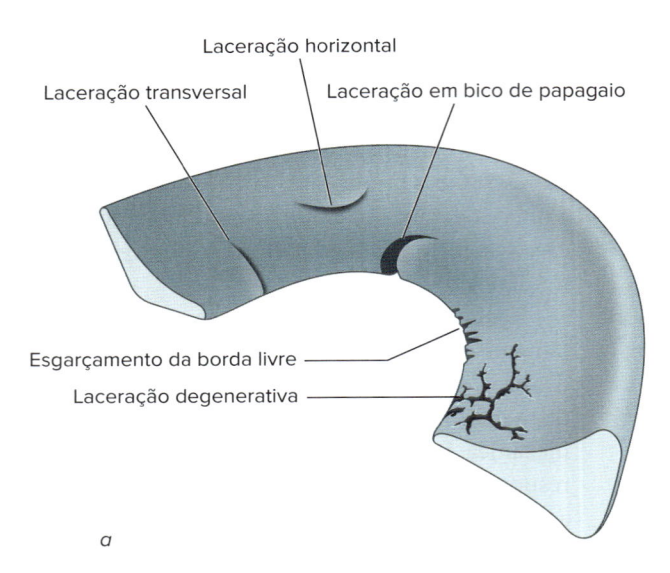

Laceração horizontal
Laceração transversal
Laceração em bico de papagaio
Esgarçamento da borda livre
Laceração degenerativa

a

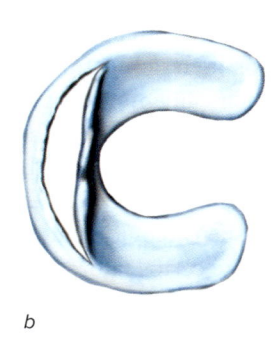

b

FIGURA 6.20 Tipos de lacerações meniscais: *(a)* Transversal, horizontal, em bico de papagaio e degenerativa; esgarçamento da borda livre. *(b)* Laceração em alça de balde.

paração com o menisco lateral. A rotação lateral do pé e da perna (em relação ao fêmur) é um fator predisponente para lesão ao menisco medial. Por outro lado, a rotação medial do pé e da perna faz com que o menisco lateral fique mais vulnerável.

A extensão rápida do joelho produz forças suficientes para causar uma laceração longitudinal do menisco medial. Ocasionalmente, a carga é grande o bastante a ponto de causar uma laceração longitudinal vertical que se estende até o corno anterior – uma lesão conhecida como laceração em alça de balde. É mais comum que o padrão em alça de balde tenha sua origem nos repetidos traumatismos a uma laceração parcial que evolui até abranger grande parte do menisco (Fig. 6.20*b*). As lacerações em alça de balde ocorrem predominantemente em pessoas com esqueleto imaturo.

A predisposição a uma lesão de menisco depende da atividade; ou seja, certos esportes estão associados a altas incidências desse tipo de lesão. Liderando essa lista, encontra-se o futebol; em sua prática, frequentemente ocorrem colisões entre jogadores adversários. Nesses casos, o jogador muda de direção e de posição do corpo, enquanto as travas da chuteira estão firmemente presas ao gramado. Lesões de menisco também ocorrem comumente no atletismo (p. ex., entorse de joelho no arremesso de peso ou de disco) e no esqui (p. ex., um escorregão com o esqui ou quando a lâmina do esqui prende na neve, levando a uma súbita torção do joelho). Ocupações que envolvem a manutenção ou repetição de movimentos de agachamento (p. ex., trabalhadores de minas, aplicação de carpetes, jardinagem) também estão implicadas em lesões de menisco; com frequência, esse

tipo de lesão é atribuído aos processos degenerativos decorrentes de permanecer em flexão de joelho por tempo prolongado e às cargas estruturais decorrentes desses movimentos.

Lesão nos ligamentos colaterais

São bastante comuns as lesões ao complexo do ligamento colateral medial (LCM); o envolvimento do ligamento colateral lateral (LCL) é muito menos frequente. Essas duas lesões são resultantes da aplicação súbita e violenta de uma carga. Tanto para lesões do LCM como do LCL, há necessidade de um exame físico adequado, em conjunto com uma avaliação por IRM, para que se dê prosseguimento ao tratamento e à reabilitação (Quarles e Hosey, 2004).

Ligamento colateral medial

O ligamento colateral medial (LCM) é um estabilizador primário do joelho; trata-se do ligamento do joelho mais comumente lesionado (Andrews et al., 2017). Um impacto na face lateral do joelho força a articulação em valgo e faz incidir uma carga tênsil sobre a face medial (Fig. 6.21*a*), um mecanismo que pode resultar em lesão no LCM. O LCM é extremamente efetivo em opor resistência a cargas em valgo quando o joelho se encontra em flexão de 25° a 30° (Swenson e Harner, 1995). Outras estruturas desempenham um papel relativamente mais importante quando o joelho se encontra em extensão completa em vez de em flexão parcial. Cada parte do LCM é submetida a cargas diferenciadas nos diversos ângulos de flexão do joelho. Em uma flexão de 5°, a parte

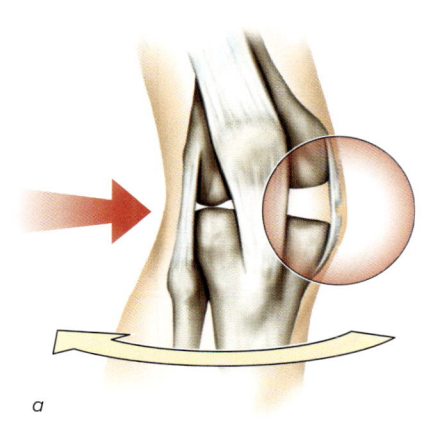

a

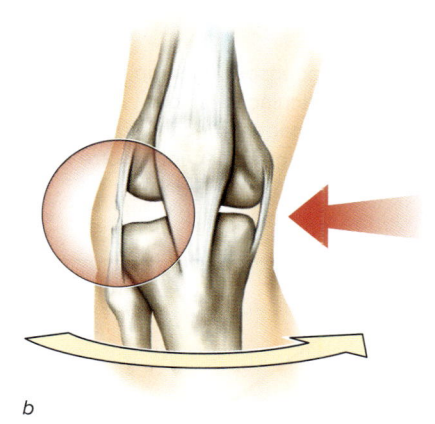

b

FIGURA 6.21 Lesão a ligamento co ateral no joelho. *(a)* Carga em valgo sobre o ligamento colateral medial. *(b)* Carga em varo sobre o ligamento colateral lateral.

superficial do LCM responde por 57% da estabilidade medial; a parte profunda do LCM responde por 8% e o ligamento oblíquo posterior por 18%. Ao prosseguir a flexão do joelho até 25º, o LCM superficial aumenta para 78%, enquanto o LCM profundo e o ligamento oblíquo posterior caem para 4% cada (Peterson e Renström, 2001).

O papel do LCM em opor resistência às cargas em valgo foi demonstrado experimentalmente (Grood et al., 1981; Piziali et al., 1980; Seering et al., 1980). Pesquisas sugerem que o LCM é o limitador primário do movimento em valgo, com envolvimento apenas secundário dos ligamentos cruzados. Contudo, nos casos de falha isolada do LCM, estruturas residuais – em particular o LCA – mostram-se capazes de opor resistência aos momentos em varo-valgo (Inoue et al., 1987). Embora a maioria das lesões do LCM seja aguda e de origem traumática, também já foram implicadas síndromes por

uso excessivo, especificamente associadas à técnica de movimentação das pernas empregada pelos nadadores do estilo peito.

Ligamento colateral lateral

Em geral, as lesões no LCL são decorrentes da aplicação de cargas em varo, frequentemente em combinação com hiperextensão. A aplicação de uma carga em varo ocorre durante um impacto à face medial do joelho, enquanto o pé está plantado no solo (Fig. 6.21*b*). Essa carga em varo produz forças tênseis nas estruturas laterais do joelho. Considerando sua estrutura extracapsular, é maior a probabilidade de esse ligamento (em comparação com o LCM) experimentar uma lesão isolada. Apesar disso, não é rara a ocorrência de uma lesão combinada ao LCL e a um dos ligamentos cruzados.

O grau de impacto afeta a progressão da lesão. Um impacto moderado resultará em uma ruptura isolada do LCL. Um impacto violento talvez cause ruptura do LCL, acompanhada por falha do LCA. Já impactos extremamente violentos provocam rupturas do LCL, LCA e LCP (Peterson e Renström, 2017).

Distúrbios do mecanismo extensor do joelho

O complexo da articulação do joelho forma o elo intermediário crítico na cadeia cinética do membro inferior; suas características de carga e movimento determinam um funcionamento efetivo do membro. Problemas em algum dos muitos componentes funcionais da articulação do joelho aumentam o risco de ocorrência de lesão. Provavelmente, o componente mais importante é o chamado mecanismo extensor do joelho, que consiste no músculo quadríceps femoral, articulação patelofemoral e grupo de tendões (tendão do quadríceps e tendão patelar) que conectam esses elementos.

A patela atua como a estrutura central no mecanismo extensor do joelho. Nesse papel, essa estrutura atua como um fulcro (i. e., ponto de apoio), ou pivô, para aumentar a vantagem mecânica do quadríceps femoral durante a flexão e a extensão do joelho. A patela efetivamente desloca a linha de ação dos tendões, afastando-a do centro (eixo) articular instantâneo; assim, aumenta o braço de momento (Fig. 6.22). Então, uma determinada força produz um maior momento de força, ou torque.

A força produzida pelo quadríceps femoral é transmitida ao longo do seu tendão e do tendão patelar (também conhecido como *ligamento patelar*) à tuberosidade da tíbia. Estudiosos do passado assumiam equivocadamente que a força no tendão do quadríceps (F_Q) era idêntica à força no tendão patelar (F_p). Mas essa

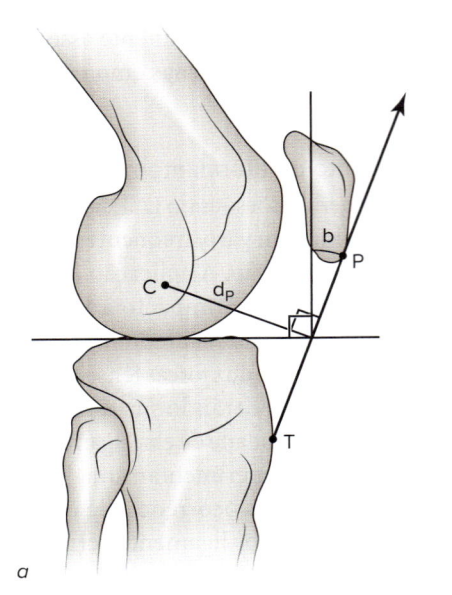
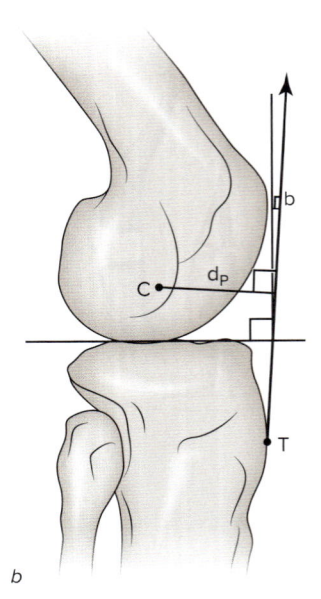

a   *b*

FIGURA 6.22 Efeito da patela no aumento da vantagem mecânica do mecanismo extensor do joelho. *(a)* A patela efetivamente move a linha de ação do tendão em afastamento do centro instantâneo da articulação (eixo de rotação, *C*); isso aumenta o braço de momento (d_p) do quadríceps femoral, aumentando também sua vantagem mecânica. *(b)* Na ausência da patela, o braço de momento (d_p) é mais curto, o ângulo de tração (ß) é menor e a vantagem mecânica sofre redução. *T* é o local de inserção do tendão patelar na tuberosidade da tíbia.

suposição foi desacreditada por estudos que demonstraram que F_Q e F_p não são iguais (Ahmed et al., 1987; Huberti et al., 1984). Na verdade, as forças incidentes em cada tendão dependem do ângulo da articulação do joelho (Fig. 6.23). O contato tendofemoral em posições de flexão extrema (p. ex., em um agachamento profundo) transfere uma porção significativa da força de contato, reduzindo com isso a carga incidente na patela. Além disso, ao longo da amplitude de movimento do joelho (0° a 60°), a relação F_p/F_Q se revelou significativamente maior para a carga axial do que para a carga multiplanar; esse achado sugere que a orientação da carga afeta a transferência de forças do tendão do quadríceps para o tendão patelar (Powers et al., 2010).

Distúrbios patelofemorais

A dor patelofemoral (DPF) é um dos problemas mais comuns do membro inferior. Apesar de sua prevalência, persistem controvérsias com relação à sua causa, avaliação e tratamento; há muito ainda por ser feito para que possamos identificar os mecanismos envolvidos. Powers (2003) sugeriu que uma avaliação abrangente da DPF precisa considerar os movimentos do quadril-pelve e do pé-tornozelo; constatou também que a avaliação não deve se concentrar exclusivamente nas estruturas do joelho ou em eventos que envolvam essa articulação.

À medida que forças são transmitidas ao longo do mecanismo extensor do joelho, um componente da

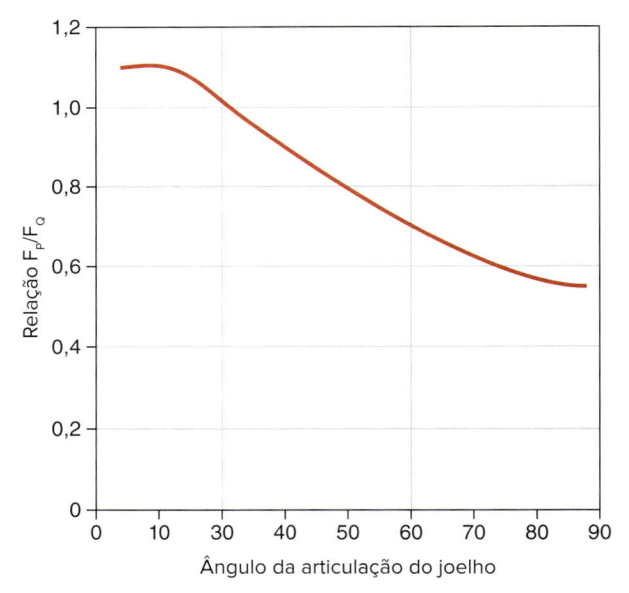

FIGURA 6.23 Relação entre a força no tendão patelar (F_P) e a força no tendão do quadríceps femoral (F_Q) em função do ângulo de flexão do joelho. Em geral, no início da flexão (0° a 30°), a relação F_P/F_Q fica ligeiramente acima de 1,0, sugerindo que $F_P > F_Q$. Além dos 30° de flexão do joelho, a relação cai para menos de 1,0 (i. e., $F_Q > F_P$).

força é direcionado, por meio da patela, até o centro da articulação, empurrando a patela contra o fêmur. Nas proximidades da extensão completa, a patela desliza superiormente sobre o fêmur. Durante a flexão de joelho, a patela desliza até se acomodar na fossa intercondilar. Esse movimento da patela ao longo do fêmur é conhecido como *tracking* patelar.

O *tracking* patelar efetivo depende da congruência entre a patela e o fêmur. Normalmente, essa congruência é medida pelo ângulo de congruência, ângulo patelofemoral lateral e ângulo de inclinação da patela (Fig. 6.24). Aqui, justifica-se que tenhamos cautela na interpretação dessas medidas com base nos pontos de referência ósseos, pois a geometria superficial da cartilagem talvez não acompanhe a morfologia óssea (Staubli et al., 1999).

O *tracking* patelar apropriado também depende de uma complexa interação entre as forças musculares (i. e., soma vetorial dos vetores de força individuais do vasto medial, vasto lateral, vasto intermédio e reto femoral), patela alta (patela em posição anormalmente elevada sobre o fêmur), e da geometria da fossa intercondilar, além de outras forças (p. ex., retináculos) e considerações estruturais (p. ex., ângulo Q; Fig. 6.25). Com a movimentação da patela, formam-se pressões de contato entre a patela e o fêmur. Essas pressões, bem como a área e a força de contato, variam com o grau

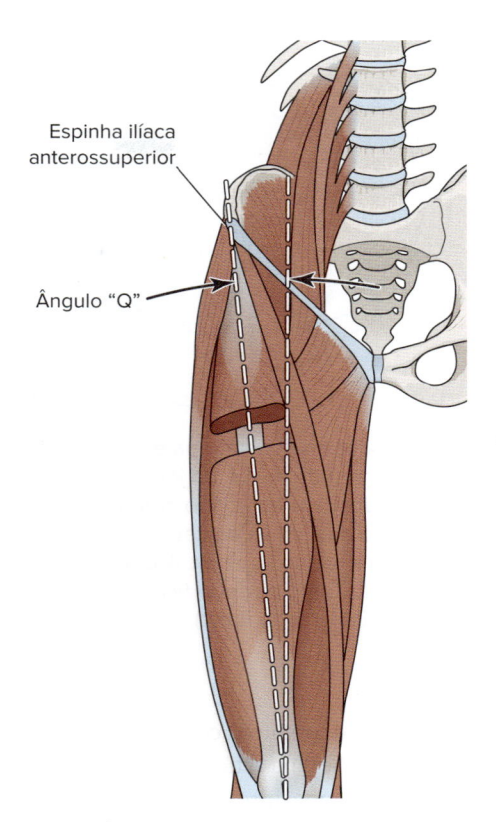

FIGURA 6.25 Ângulo do quadríceps (Q), o ângulo formado por uma linha traçada desde a espinha ilíaca anterossuperior até o meio da patela, e por outra linha traçada desde esse último ponto até a tuberosidade da tíbia.

de flexão do joelho. Em um dos mais antigos estudos sobre a dinâmica patelofemoral, Huberti e Hayes (1984) relataram aumentos na área, pressão e força de contato quando o joelho flexiona entre 20° e 90°.

O movimento da patela muda simultaneamente a localização da força de reação da articulação patelofemoral e o braço de momento em torno do eixo instantâneo da articulação do joelho. Durante o deslizamento da patela no interior da fossa intercondilar, a área de contato retropatelar muda (Fig. 6.26). Brechter et al. (2003) estabeleceram a eficácia do uso da IRM na quantificação da área de contato da articulação patelofemoral. Essa técnica (IRM) também foi utilizada na confirmação dos resultados de estudos mais antigos (p. ex., Hungerford e Barry, 1979) que relataram que, durante a flexão do joelho, a área de contato da articulação patelofemoral aumenta e migra superiormente sobre a superfície retropatelar, enquanto a patela desliza mais profundamente na fossa intercondilar (Salsich et al., 2003). A maior parte desse aumento na área de contato ocorre nos primeiros 45° a 60° de flexão (Salsich et al., 2003). O aumento na área de contato possibilita uma distribuição mais ampla das

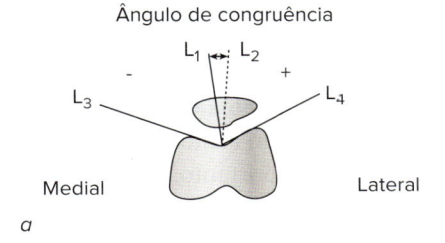

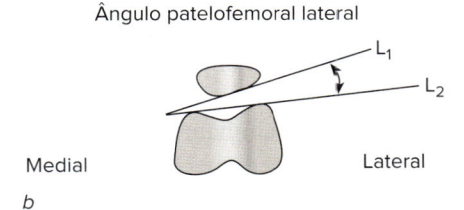

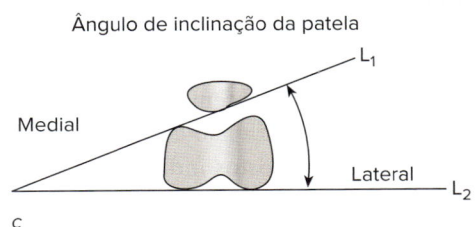

FIGURA 6.24 Medidas do ângulo patelofemoral. *(a)* Ângulo de congruência (entre as linhas L_1 e L_2). *(b)* Ângulo patelofemoral lateral. *(c)* Ângulo de inclinação da patela.

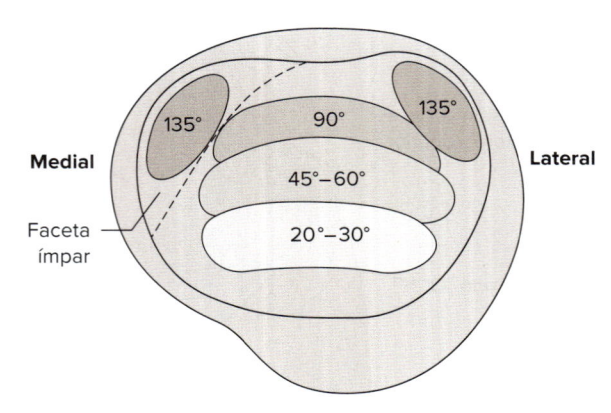

FIGURA 6.26   Áreas de contato patelofemoral em função da mudança no grau de flexão do joelho. À medida que o joelho flexiona desde a extensão completa (0°) até 90°, ocorre a migração da área de contato da superfície retropatelar inferior para a região superior. A 135° de flexão, a área de contato se situa tanto na superfície superolateral como na faceta medial ímpar (*odd facet*).

crescentes forças de contato e, com isso, ajuda a moderar a pressão (e as tensões) na articulação patelofemoral. Em ângulos do joelho superiores a 60°, a área de contato se estabiliza, podendo até mesmo ocorrer uma diminuição em flexões extremas dessa articulação (a 120°), sob certas condições de carga (Huberti e Hayes, 1984).

O estresse sobre a articulação patelofemoral e sua área de contato tem importantes ramificações clínicas, conforme ficou demonstrado pelos estudos listados a seguir:

- Brechter e Powers (2002) relataram a ocorrência de um estresse significativamente maior na articulação patelofemoral (o que foi atribuído à menor área de contato) em indivíduos com DPF comparados a indivíduos livres de dor.
- Estudos sobre a influência da patela alta no estresse incidente na articulação patelofemoral demonstraram que indivíduos com patela alta exibiam uma área de contato significativamente menor e maior estresse patelofemoral do que indivíduos do grupo controle (Ward e Powers, 2004; Ward et al, 2007).
- Salem e Powers (2001) estudaram mulheres atletas universitárias que realizaram agachamentos até três níveis de profundidade (70°, 90°, 110° de flexão dos joelhos) empregando 85% da repetição máxima (1RM) pessoal. Os resultados sugeriram que a força de reação de pico da articulação patelofemoral e o estresse nessa articulação não variam significativamente entre 70° e 110°. Diante desses achados, os autores concluíram que os agachamentos

profundos não se mostram mais desafiadores para a articulação patelofemoral do que os agachamentos em ângulos menores.

- Besier et al. (2005) informaram que, quando sob descarga de peso, as áreas de contato patelofemoral aumentam em 24%, tendo concluído que a área de contato patelofemoral varia em relação ao sexo, posturas de flexão do joelho e condições fisiológicas de carga.
- Estudos que utilizaram IRM relataram mudanças na espessura e na deformação da cartilagem articular (Freedman et al., 2015; Lange et al., 2019), bem como na congruência articular (Clark et al., 2019) ao longo das amplitudes de flexão do joelho.
- A aplicação de cargas multiplanares sobre o mecanismo extensor do joelho superestima a pressão de contato a 0° de flexão do joelho (i. e., em extensão completa) e também superestima a pressão de contato a 90° de flexão do joelho em comparação com a aplicação de cargas axiais; e a aplicação de carga a músculos vastos individuais afeta a cinemática patelar (Powers et al., 1998).

Conforme já citado, ainda existem controvérsias com relação às causas da dor patelofemoral. Powers (2003, p.639) sugeriu que "acredita-se que o movimento ou movimentos anormais da tíbia e do fêmur nos planos transverso e frontal tenham efeito na mecânica da articulação patelofemoral e, portanto, na DPF". Thomeé et al. (1995, p.237) sugeriram que "a aplicação crônica de sobrecarga e o uso excessivo temporário da articulação patelofemoral – e não o alinhamento vicioso – contribuem para a dor patelofemoral".

Dye (2004) discordou da teoria do alinhamento vicioso para a DPF, questionando:

Se a presença do alinhamento vicioso é crucial na gênese da dor na face anterior do joelho, por que nos deparamos com pacientes com alinhamento patelofemoral bilateralmente vicioso (i. e., inclinações patelares) comprovado por estudos radiográficos, mas que exibem sintomas apenas unilateralmente? Por que mais de 90% dos pacientes que padecem de dor patelofemoral e com diagnóstico causal de alinhamento vicioso obtêm sucesso com a terapia conservadora, embora não exista "correção" nem restauração dos supostos indicadores subjacentes do alinhamento vicioso (p. ex., um ângulo Q elevado ou uma tróclea rasa)? ... Pela lógica, pode-se assumir que, na maioria dos casos, a percepção da dor patelofemoral depende de alguma combinação de estímulos neurológicos nociceptivos oriundos de tecidos patelares e peripatelares (pp.5-7).

Em resumo, a integridade do movimento patelofemoral é controlada pelo sinergismo neuromecânico entre o *tracking* patelofemoral, as pressões de contato patelofemoral e o controle neuromotor dos agonistas patelofemorais. Ainda é obscura a relação precisa entre o movimento patelofemoral e a dor nessa articulação. Diante da natureza multifatorial da DPF, ainda persistirá a controvérsia acerca da sua origem (Powers et al., 2017; Crossley et al., 2019).

Com frequência, o distúrbio da integridade patelofemoral resulta em lesão. As lesões ao mecanismo extensor do joelho resultam de traumatismo direto, traumatismo indireto, ou uso excessivo crônico. Qualquer que seja a causa, há pouca dúvida de que as lesões são inúmeras e prevalentes.

No Capítulo 5, alertamos contra o uso de descritores inespecíficos para as lesões. Dois desses termos de uso comum em referência às patologias patelofemorais são o *joelho de saltador* e a *condromalacia patelar*. O primeiro termo refere-se à dor na parte tendínea do mecanismo extensor do joelho, que se desenvolve por causa da prática repetida de saltos. Sugerimos o uso de denominações clinicamente mais úteis, que identifiquem a localização e as condições do tecido envolvido (p. ex., *tendinite do quadríceps femoral, tendinite patelar, apofisite da tuberosidade da tíbia,* ou *doença de Osgood-Schlatter*).

O segundo termo, a condromalacia patelar, evoluiu até um descritor muito comum para a dor patelar generalizada; no entanto, é melhor que reservemos o uso desse termo para descrever especificamente a degeneração da cartilagem articular retropatelar. Outrora tida como uma condição primária de etiologia desconhecida, a condromalacia patelar hoje é considerada uma condição que ocorre com mais frequência secundariamente a outros mecanismos, inclusive eventos traumáticos (p. ex., fratura de patela) e crônicos (p. ex., alinhamento vicioso da patela, subluxação crônica, *tracking* patelar patológico).

Rupturas dos tendões do quadríceps e patelar

Forças de extrema intensidade ou traumatismos mecânicos continuados a um mecanismo extensor já enfraquecido podem resultar em uma ruptura de tendão (ver *Estudo de caso: Ruptura de tendão patelar*). Normalmente, a ruptura do tendão do quadríceps femoral ocorre na junção osteotendínea do polo superior da patela, em pessoas com mais de 40 anos. A calcificação no local da ruptura sugere que a ruptura do tendão do quadríceps tende a ocorrer em áreas previamente sub-

metidas a microtraumas. Por outro lado, as rupturas do tendão patelar tendem a acometer pessoas com menos de 40 anos; mais frequentemente, ocorre laceração no polo inferior da patela.

Caracteristicamente, o mecanismo de lesão envolve uma violenta contração do quadríceps contra resistência no joelho. São necessárias cargas substanciais para que ocorre uma ruptura. Embora de rara ocorrência, também foram relatados diversos casos de rupturas bilaterais do tendão patelar (Divani et al., 2013; Foley et al., 2019; Kellersmann et al., 2005; Rose e Frassica, 2001; Sibley et al., 2012; Tarazi et al., 2016). Algumas dessas lesões têm mecanismos identificáveis (p. ex., saltar, tropeçar ou praticar tarefas esportivas específicas) e fatores de risco predisponentes (p. ex., doença sistêmica ou uso de esteroides), enquanto outras lesões parecem ser eventos idiopáticos em indivíduos saudáveis nos demais aspectos.

Doença de Osgood-Schlatter

A doença de Osgood-Schlatter (DOS), assim batizada em homenagem aos médicos Robert Bayley Osgood e Carl Schlatter que, em 1903, identificaram simultânea e independentemente esse distúrbio (Nowinski e Mehlman, 1998) – é uma apofisite de tração da tuberosidade da tíbia. Comumente diagnosticada em adolescentes, a DOS se caracteriza por inflamação do osso no local de inserção do tendão patelar à tuberosidade da tíbia (Fig. 6.27). A DOS é diferente da tendinite patelar, que se manifesta na forma de uma inflamação do tendão patelar nas proximidades de sua inserção na tuberosidade da tíbia.

O mecanismo de lesão mais frequentemente associado à DOS é uma ação repetida do quadríceps submetido a uma grande carga em adolescentes durante períodos de crescimento rápido (Peterson e Renström, 2017). Comumente estão implicados esportes que envolvem saltos e corridas (p. ex., basquete e vôlei). Além da atividade, a estrutura anatômica, o peso corporal, a rigidez e fraqueza musculares, bem como a tensão dos posteriores da coxa, podem também ter alguma influência no risco de ocorrência da DOS. Demirag et al. (2004) concluíram que a DOS pode ser causada, pelo menos em parte, por um tendão patelar inserido mais proximalmente e ao longo de uma área mais ampla da tíbia.

Imagens por ressonância magnética já foram empregadas na descrição da progressão da DOS: inchaço (edema) e inflamação na tuberosidade da tíbia, seguidos por lacerações no centro de ossificação secundária e formação de um ossículo originado de uma porção da tuberosidade que sofreu avulsão parcial (Hirano et al., 2002).

sexos pode diminuir com o aumento da participação das mulheres em esportes de alto impacto (p. ex., basquete, vôlei) (Ladenhauf et al., 2020). Embora a maioria dos relatos informe que a DOS é um distúrbio autolimitante, um estudo sugeriu que pessoas com histórico de DOS podem ter níveis mais elevados de incapacidade da articulação do joelho em idades avançadas, comparativamente àquelas sem histórico de DOS (Ross e Villard, 2003).

Síndrome do trato iliotibial

O trato iliotibial (TIT) é uma faixa de tecido fascial espessada que abrange desde a crista ilíaca (com inserção parcial desde o tensor da fáscia lata) até o côndilo lateral da tíbia (no tubérculo de Gerdy) (Fig. 6.28). Em uma posição de extensão completa (0° de flexão), o TIT fica situado anteriormente ao epicôndilo lateral do fêmur. Quando o joelho flexiona até 30°, o TIT passa por sobre o epicôndilo lateral do fêmur até assumir uma posição posterior ao epicôndilo (Fig. 6.28). A área onde o TIT passa sobre o epicôndilo lateral é denominada por alguns estudiosos como *zona de impacto* (Farrell et al., 2003).

Quando o TIT passa sobre o epicôndilo lateral do fêmur, ocorre atrito entre o TIT e a superfície lateral do epicôndilo; com a repetição dos ciclos de flexão-extensão, o TIT pode ser irritado, o que resultará em uma condição inflamatória e dolorosa conhecida como síndrome do trato iliotibial (STIT), também denominada *síndrome do atrito do trato iliotibial* (SATIT). No entanto, outros autores questionam o papel do atrito como fator causal na STIT, implicando em seu lugar o trato tendíneo como uma causa mais provável (Fairclough et al., 2006).

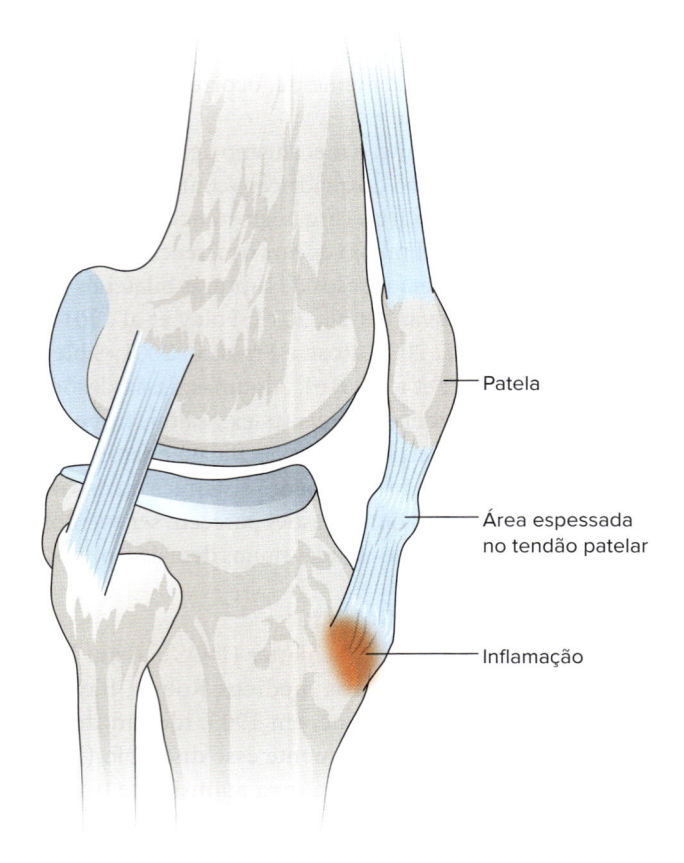

FIGURA 6.27 Joelho com doença de Osgood-Schlatter.

Mais frequentemente, a DOS ocorre em meninos com idades entre 10 e 16 anos; na maioria dos casos, o problema desaparece quando o adolescente chega à completa maturidade. No entanto, essa diferença entre os

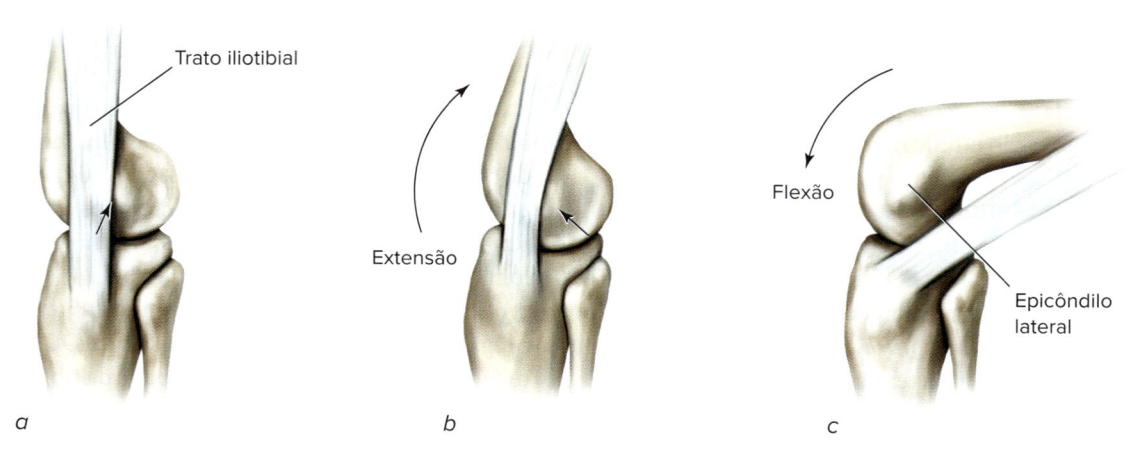

FIGURA 6.28 Síndrome do trato iliotibial. *(a)* Atrito do trato iliotibial. *(b)* Trato iliotibial anterior ao epicôndilo durante a extensão do joelho. *(c)* O trato iliotibial atrita sobre o epicôndilo e se move posteriormente ao epicôndilo quando o joelho é flexionado além de 30°.

Observa-se comumente STIT em corredores, ciclistas e em militares (Kirk et al., 2000), porque os joelhos dessas pessoas são submetidos a repetidos ciclos de flexão-extensão ao longo de uma amplitude de movimento limitada. Em um estudo com recrutas militares, a ocorrência de STIT foi associada às corridas e a aumentos abruptos no volume de treinamento, e sua ocorrência foi ultrapassada apenas por entorses do tornozelo como o diagnóstico mais frequente para as lesões (Almeida et al., 1999).

Na prática do ciclismo, o joelho se move ao longo da faixa de 30° de flexão a cada ciclo de pedalada. Farrell et al. (2003) constataram que as forças ao nível de pé-pedal na zona de impacto durante a prática do

ciclismo representavam apenas 18% das observadas na interface pé-solo durante corridas; esses pesquisadores concluíram que a repetição parece ser mais importante que os níveis de força na precipitação do surgimento da STIT). Os autores também observaram que pode ocorrer agravamento da STIT por uma altura inadequada do selim da bicicleta, diferenças anatômicas e erros de treinamento.

Uma excessiva pronação do pé foi associada à ocorrência de STIT (Peterson e Renström, 2017), mas alguns autores (Khaund e Flynn, 2005) afirmam que não existem pesquisas que respaldem essa teoria. Outros fatores de risco potenciais são a rigidez do TIT; grandes quilometragens nas corridas; debilidade muscular nos

---

Estudo de caso: ruptura de tendão patelar

Normalmente, as lesões musculoesqueléticas não acontecem sob condições que possibilitam uma avaliação quantitativa da dinâmica da lesão. Na maioria dos casos, profissionais de saúde e pesquisadores se limitam a uma avaliação qualitativa. Entretanto, em raras ocasiões, as circunstâncias possibilitam uma avaliação quantitativa. Um desses casos ocorreu na ruptura do tendão patelar de um halterofilista durante uma competição nacional de halterofilismo, que estava sendo filmada com a finalidade de analisar aspectos biomecânicos (Zernicke et al., 1977).

O halterofilista de nível mundial (categoria leve) estava tentando realizar a segunda fase de um movimento de arremesso com 175 kg quando seu tendão patelar direito se rompeu. O tendão sofreu separação total, com evidência de lesão ao polo distal da patela e na inserção do tendão patelar na tíbia. Empregando um modelo *multilink* de corpo rígido, Zernicke et al. (1977) tiveram a possibilidade de estimar a força tênsil aplicada ao tendão no instante da ruptura. A força foi de aproximadamente 14,5 kN, ou mais de 17,5 vezes o peso corporal do halterofilista.

Esse exemplo excepcional enfatiza a complexa dinâmica da lesão, além de fornecer evidências dos elevados estresses aplicados aos tecidos biológicos e por estes suportados, e também a importância da velocidade da aplicação de carga na resposta do tecido às cargas mecânicas.

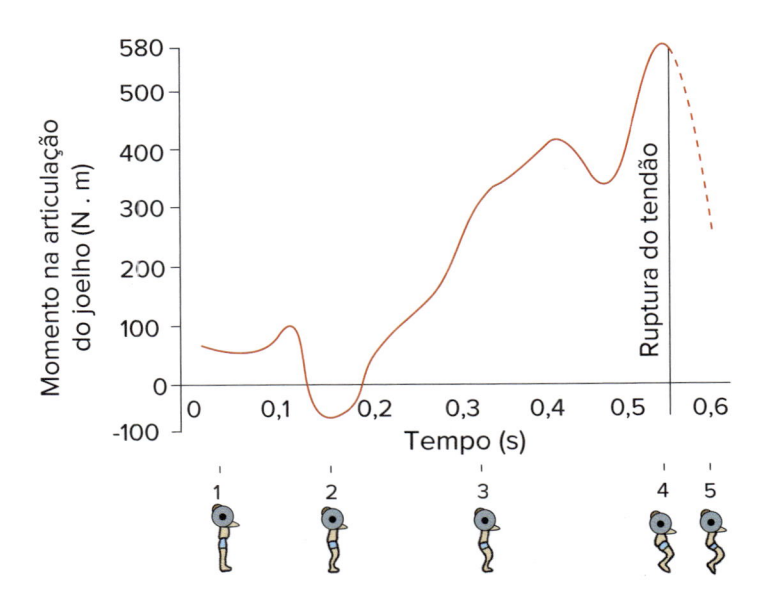

Ruptura de tendão patelar. Momentos médios resultantes da articulação do joelho, desde o início do movimento de arremesso até pouco depois da ruptura do tendão.
Adaptada com permissão de R. F. Zernicke, J. Garhammer e F. W. Jove, "Human Patellar-Tendon Rupture", *The Journal of Bone and Joint Surgery* 59, nº 2 (1977):181.

extensores de joelho, flexores de joelho e abdutores de quadril; joelho varo (pernas arqueadas); rotação tibial; e discrepância no comprimentos dos membros inferiores (Khaund e Flynn, 2005; Peterson e Renström, 2017). Além disso, Louw e Deary (2014) identificaram como fatores potenciais associados à STIT uma diminuição na eversão do retropé, nos ângulos de rotação medial da tíbia e de adução do quadril no joelho, e diminuição das amplitudes de movimento de abdução e adução do quadril. São limitadas ou conflitantes as evidências em relação ao papel da fraqueza dos abdutores de quadril na STIT (van der Worp et al., 2012).

LESÕES NA PERNA

A perna é o segmento que abrange as articulações do joelho e do tornozelo, contendo dois ossos alinhados longitudinalmente, a tíbia (medial) e a fíbula (lateral). Quatro compartimentos musculares (anterior, lateral, posterior superficial, posterior profundo) circundam esses ossos; uma fáscia rígida envolve cada compartimento. O compartimento anterior contém os músculos tibial anterior, extensor longo do hálux, extensor longo dos dedos e fibular terceiro. O compartimento lateral contém os fibulares longo e curto. O maior compartimento em termos de massa muscular é o posterior superficial, que contém o gastrocnêmio e o sóleo (em conjunto denominados *tríceps sural*) e o plantar. O compartimento posterior profundo abriga o flexor longo do hálux, flexor longo dos dedos e tibial posterior (Fig. 6.29). A Tabela 6.4 resume as ações dos músculos do pé e do tornozelo.

Síndrome compartimental

Com frequência, a lesão aguda ou um esforço crônico aumenta o acúmulo de líquido no interior dos compartimentos musculares dos braços, pés e pernas. O líquido em excesso pode ser atribuível à hemorragia e/ou ao edema. Tendo em vista a relativa inextensibilidade da fáscia circunjacente, o aumento do líquido resulta em maior pressão no interior do compartimento. Isso acarreta uma síndrome compartimental (SC), definida como "uma condição patológica do músculo esquelético caracterizada por aumento da pressão intersticial no interior de um compartimento muscular anatomicamente confinado, que interfere na circulação e no funcionamento do músculo e dos componentes neurovasculares do compartimento" (Garrett, 1995, p.48).

A partir de uma perspectiva mecânica, as síndromes compartimentais são consequentes das relações entre massa, volume e pressão (ver Cap. 5). O aumento da massa no interior de um local com volume fixo aumenta a pressão interna. Essa é a essência de uma síndrome compartimental.

O mecanismo da SC pode ser crônico (*síndrome compartimental crônica*, também *síndrome compartimental por esforço crônico*) (Buerba et al., 2019) ou agudo (*síndrome compartimental aguda*, também *síndrome compartimental traumática*) (Schmidt, 2017). Muitas condições podem levar a uma síndrome compartimental, por exemplo, contusão de tecidos moles, esmagamento, fratura de tíbia, distúrbios hemorrágicos, obstrução venosa, oclusão arterial, queimadura, compressão prolongada em seguida a uma *overdose* de drogas, cirurgia, uso de vestes que aumentam o retorno venoso (p. ex., calças antichoque que comprimem os membros inferiores) e prática excessiva de exercícios físicos.

Na perna, qualquer dos quatro compartimentos musculares (anterior, lateral, posterior superficial, posterior profundo) pode ser afetado. Mais comumente, há envolvimento do compartimento anterior (Schepsis et al., 2005), sendo afetados todos os músculos no interior do compartimento. Em casos raros, há envolvimento isolado de apenas um músculo (p. ex., tibial anterior) (Church e Radford, 2001).

O aumento na pressão compartimental compromete as funções vascular e nervosa e estabelece o cenário para a ocorrência de isquemia e de um ciclo autoperpetuante de acúmulo de líquido e limitação do fluxo sanguíneo. A situação é exacerbada pelas propriedades mecânicas da fáscia, que, segundo foi demonstrado, aumenta em espessura e rigidez em resposta à síndrome compartimental crônica (Hurschler et al., 1994). A situação também piora em razão da diminuição no volume do compartimento, o que pode ser causado pelo uso de faixas compressivas ou por roupas apertadas.

Pressões no compartimento suficientemente elevadas resultam na oclusão de vasos e podem ter consequências fisiológicas catastróficas. Um colapso venoso diminui gravemente o retorno sanguíneo, levando à congestão capilar e à redução da perfusão dos tecidos. Nessa situação, os tecidos locais sofrem as consequências da hipoperfusão (p. ex., isquemia e eventual necrose), podendo até mesmo exigir uma amputação.

Normalmente, podem ser observados aumentos temporários nas pressões compartimentais em resposta ao esforço. Em pessoas não afetadas pela síndrome compartimental crônica (SCC), as pressões em repouso são variáveis, oscilando de 0 a 20 mmHg (Dayton e Bouche, 1994). Durante um esforço, as pressões podem ultrapassar os 70 mmHg, mas retornam rapidamente aos níveis de repouso dentro de minutos após o término do

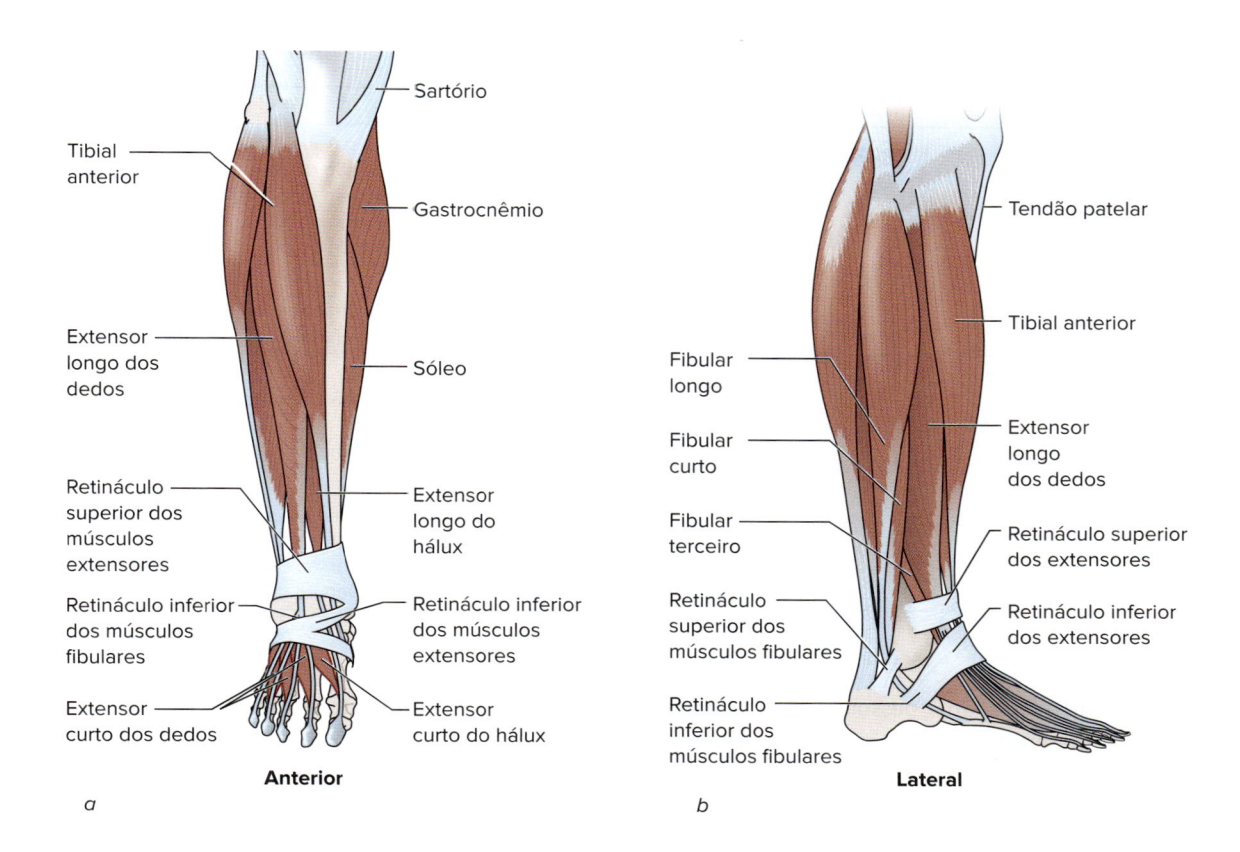

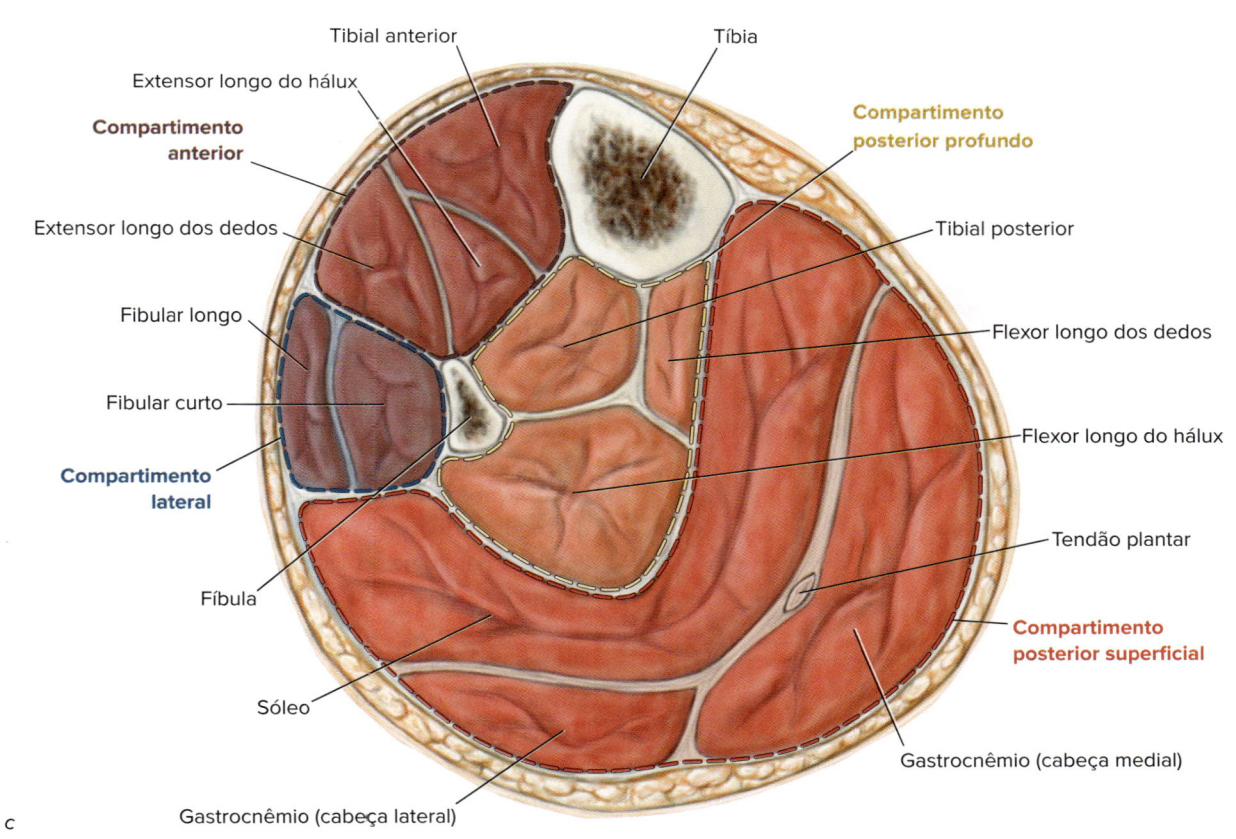

FIGURA 6.29 Músculos da perna. *(a)* Vista anterior. *(b)* Vista lateral. *(c)* Os quatro compartimentos da perna.

TABELA 6.4   Músculos da perna e do tornozelo

Músculo	Ação
Compartimento anterior	
Tibial anterior	Dorsiflexão do tornozelo e inversão do pé
Extensor longo do hálux	Dorsiflexão do tornozelo e inversão do pé
Extensor longo dos dedos	Dorsiflexão do tornozelo e eversão do pé
Fibular terceiro	Dorsiflexão do tornozelo e eversão do pé
Compartimento lateral	
Fibular longo	Flexão plantar do tornozelo e eversão do pé
Fibular curto	Flexão plantar do tornozelo e eversão do pé
Compartimento posterior superficial	
Gastrocnêmio	Flexão plantar do tornozelo e flexão da perna
Sóleo	Flexão plantar do tornozelo
Plantar	Flexão plantar do tornozelo e flexão da perna
Compartimento posterior profundo	
Poplíteo	Sem ação no tornozelo ou no pé; flexão e rotação medial da perna
Flexor longo do hálux	Flexão plantar do tornozelo e inversão do pé
Flexor longo dos dedos	Flexão plantar do tornozelo e inversão do pé
Tibial posterior	Flexão plantar do tornozelo e inversão do pé

exercício. Por outro lado, uma pessoa com SCC pode exibir pressões de repouso de 15 mmHg, que podem subir para mais de 100 mmHg durante o exercício, com um prolongado declínio depois do exercício (Fig. 6.30).

Nos casos de SCC, o alívio é obtido por procedimento cirúrgico, mediante uma incisão fascial (fasciotomia), com o objetivo de liberar o compartimento, aumentar efetivamente seu volume e reduzir a pressão interna. Há alguma controvérsia com relação à pressão-limite acima da qual há indicação para uma fasciotomia. Os valores sugeridos variam de 30 a 45 mmHg. Entretanto, também devem ser levados em consideração muitos outros fatores:

- As pressões intracompartimentais não indicam o grau de isquemia neuromuscular. O desenvolvimento da isquemia depende tanto da magnitude como da duração da pressão elevada.
- A tolerância do paciente à isquemia pode variar.
- O músculo lesionado pode se mostrar menos tolerante à isquemia e à pressão elevada, em comparação com o músculo intacto (Gulli e Templeman, 1994).

Síndrome do estresse tibial medial

A síndrome do estresse tibial medial (SETM) é descrita como uma dor induzida pelo exercício ao longo da borda tibial posteromedial; a dor pode ser identificável à palpação da borda posteromedial da tíbia ao longo de mais de 5 cm (Moen et al., 2009; Yates e White, 2004). A patologia subjacente à SETM permanece ainda inconclusa (Winters, 2020). Evidências mais antigas sugeriram que a SETM pode estar associada a uma fasciopatia (Johnell et al., 1982), mas relatos mais recentes implicaram a sobrecarga óssea e uma densidade mineral óssea mais baixa na região (Magnusson et al., 2001), bem como o encurvamento tibial durante atividades crônicas envolvendo descarga de peso (Beck, 1998).

A SETM é resultante de forças tênseis excessivas aplicadas à fáscia pela ação excêntrica das unidades miotendíneas, mais frequentemente do sóleo e do flexor

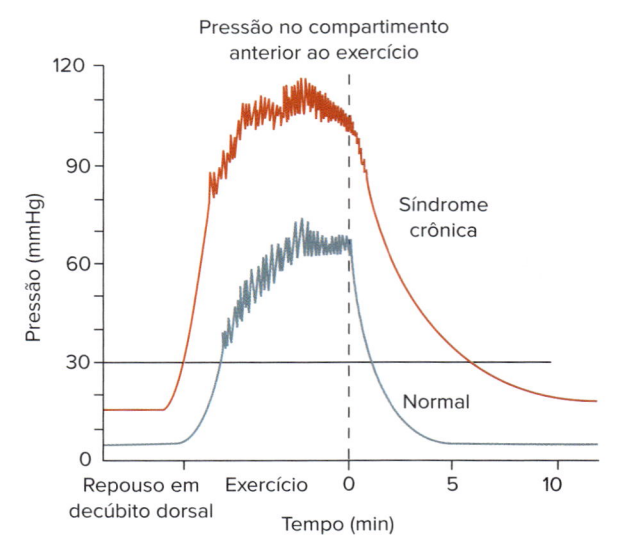

FIGURA 6.30   Pressões no compartimento anterior registradas em um paciente com síndrome compartimental anterior crônica e em um indivíduo normal.

Reproduzida com permissão de S. J. Mubarak, *Compartment Syndromes and Volkmann's Contracture* (Filadélfia, PA: W. B. Saunders Company, 1981), p.218.

longo dos dedos. Há controvérsias acerca do envolvimento, ou não, do tibial posterior. De início, essa condição se manifesta como uma fascite; com a continuação da carga, a SETM pode evoluir para uma periostite e, no final do processo, para uma redução da densidade mineral óssea na área afetada (Magnusson et al., 2001).

Em muitas ocasiões, podemos observar SETM em corredores, dançarinos e nos militares, sendo a fonte mais comum de dor nas pernas induzida pelo exercício. Yates e White (2004) relataram uma incidência de SETM de 35% em um grupo de 124 recrutas navais que realizaram um programa de treinamento básico com duração de 10 semanas. Foi maior a probabilidade de ocorrência de SETM nas recrutas mulheres do que nos homens (53% *vs.* 28%).

A SETM foi diagnosticada em 16% das pessoas com lesões ligadas à prática de corrida (Mulvad et al., 2018). Trata-se de uma síndrome multifatorial causada pelo uso excessivo, relacionada com a estrutura anatômica do corredor, seu programa de treinamento, flexibilidade, força muscular, calçados usados e mecânica da corrida. Mudanças em alguma dessas variáveis pode resultar em uma lesão relacionada com a SETM. Apesar da prevalência da SETM, seu diagnóstico é problemático, à luz dos diagnósticos diferenciais de reação ao estresse e fratura por estresse (tópicos discutidos na seção a seguir), tendinite, distensão miotendínea e síndromes compartimentais crônicas.

O tratamento da SETM inicialmente é conservador (p. ex., repouso e crioterapia), mas talvez haja necessidade de uma intervenção cirúrgica caso as medidas conservadoras não resolvam o problema. A cirurgia envolve uma fasciotomia do compartimento posterior profundo, com o objetivo de aliviar a pressão na área afetada. Os desfechos cirúrgicos são variados. Em um estudo que se debruçou no tratamento cirúrgico da SETM, Yates et al. (2003) relataram resultados excelentes (35%), bons (34%), razoáveis (22%) e insatisfatórios (9%) em 78 pacientes. Embora a cirurgia possa aliviar a dor na maioria dos pacientes, muitos deles podem não ser capazes de voltar integralmente às atividades. Yates et al. relataram uma redução significativa da dor em 72% dos pacientes, mas apenas 41% foram capazes de retornar por completo ao seu nível de atividade precedente ao surgimento da sintomatologia.

Reação de estresse tibial e fratura por estresse

Em conformidade com a lei de Wolff (ver Cap. 4), o osso responde à aplicação repetida de cargas adaptando sua estrutura. Esse processo inclui a reabsorção em locais em que as condições de carga tornam o osso desnecessário e a deposição de tecido ósseo em regiões que precisam sustentar cargas mecânicas novas. Contudo, se a magnitude e a frequência da carga excederem a capacidade do osso de se adaptar, ocorrerá lesão. A forma mais identificável de lesão é a fratura óssea. Conforme foi discutido no capítulo precedente, a fratura pode ocorrer de maneira aguda (fratura traumática) ou em resposta à aplicação crônica de carga (fratura por estresse). Mais frequentemente, as fraturas causadas pela aplicação crônica de cargas estão associadas a um súbito aumento na atividade (p. ex., atletas, recrutas militares), sendo denominadas fraturas por fadiga. Menos identificadas são as fraturas crônicas observadas em pessoas sem aumento na atividade, mas com diminuição da densidade óssea. Essas fraturas por estresse são conhecidas como fraturas por insuficiência.

Em si, o termo *fratura por estresse* padece por seu uso excessivo, ou talvez por seu uso equivocado, porque essa denominação é empregada com frequência para descrever um osso sem evidência de descontinuidade, ou de uma linha de fratura. O termo reação de estresse descreve um osso com evidências de remodelagem, mas sem evidências radiológicas de fratura. Essas reações de estresse são bastante comuns, e podem ser detectadas com o uso de uma combinação de exames de radiografia, cintilografia e ressonância magnética (Fig. 6.31).

As fraturas em si ocorrem com uma frequência muito menor do que poderia ser previsto ao se considerar exclusivamente a carga mecânica (i. e., falha por fadiga do material); isso sugere que o processo que leva a uma reação de estresse e subsequente fratura por estresse envolve processos fisiológicos de adaptação óssea à carga mecânica. Mas não devemos ignorar completamente o papel da fadiga mecânica, pois microfraturas foram detectadas em locais de remodelagem.

A ocorrência de fraturas por estresse verificáveis é mais frequente na tíbia, representando até 50% de todas as lesões ósseas desse tipo. Muitas fraturas por estresse em ossos longos têm orientação transversal com relação ao eixo longitudinal do osso; fraturas por estresse com direção longitudinal são incomuns, sendo normalmente observadas no córtex anterior da porção distal da tíbia (Tearse et al., 2002).

De certo modo, a localização das fraturas por estresse depende da atividade. As demandas mecânicas de movimentos específicos parecem desempenhar um papel de destaque na determinação do local de ocorrência da fratura. Corredores, que são as vítimas mais comuns das fraturas por estresse tibial, exibem fraturas

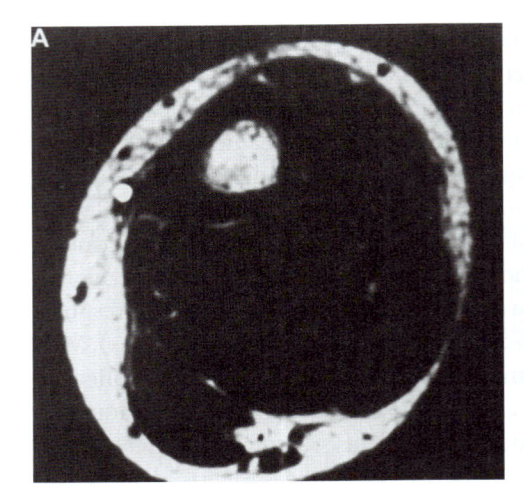
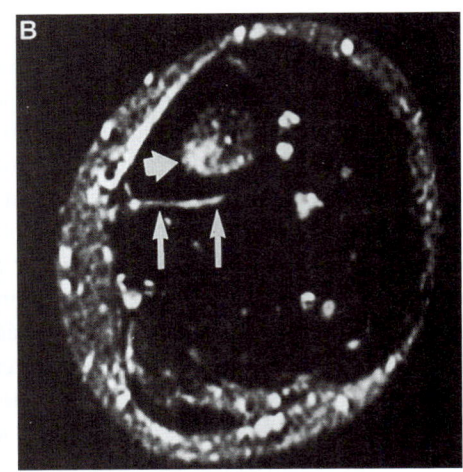
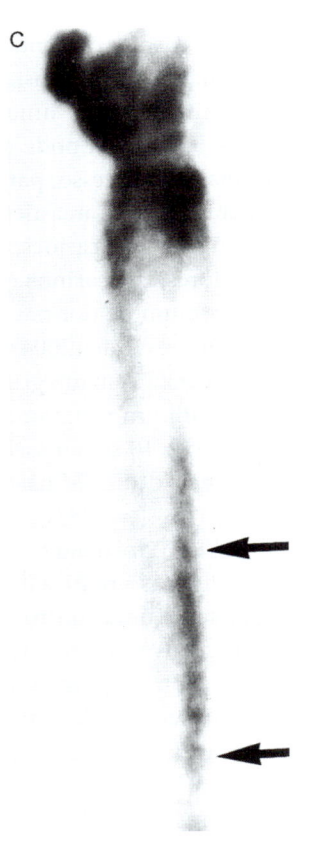

FIGURA 6.31   Reação de estresse na perna esquerda de uma corredora universitária com 18 anos de idade. A imagem por ressonância magnética axial ponderada em T1 *(a)* não mostra anormalidade detectável, mas a imagem ponderada em T2 *(b)* revela um edema periosteal moderado (setas longas) ao longo da face posteromedial da tíbia. Também observa-se um edema medular (seta curta) na parte adjacente da tíbia. A cintigrafia óssea *(c)* demonstra maior atividade ao longo da metade distal da diáfise da tíbia (setas).

Reproduzida com permissão de M. Fredericson et al., "Tibial Stress Reaction in Runners: Correlation of Clinical Symptoms and Scintigraphy with a New Magnetic Resonance Imaging Grading System", *The American Journal of Sports Medicine* 23, nº 4 (1995): 472-481, reproduzida com permissão de SAGE Publications.

Canelites

Entre os muitos termos abrangentes utilizados na literatura médica, talvez nenhum se equipare a *canelite* em termos de inespecificidade, falta de consenso sobre o significado, além de incompreensão e confusão contínua. Embora a literatura mais moderna pareça associar o termo *canelite* mais frequentemente à síndrome do estresse tibial medial (SETM), apresentamos aqui algumas das diversas descrições, pregressas e atuais, desse termo.

- "Áreas difusas de dor à palpação aumentada sobre as inserções ósseas anterior ou posterior dos músculos tibiais anteriores à tíbia... Essa condição relativamente benigna deve ser diferenciada de dois "primos" mais incapacitantes, a fratura por estresse tibial e a síndrome compartimental por esforço crônico" (Kibler e Chandler, 1994, p.549).
- "A síndrome do estresse tibial medial (SETM), comumente conhecida como canelite, descreve a dor na face medial dos ossos da canela, que acomete muitos atletas em decorrência de microtraumatismos na tíbia" (Hammad et al., 2018, p.1).
- "A dor na canela pode estar ligada ao uso excessivo ou ao estresse dos músculos dos grupos extensor ou flexor, fratura por estresse ou isquemia induzida no interior de compartimentos musculares, que levam a uma síndrome compartimental" (Ciullo e Shapiro, 1994, p.661).
- "Uma lesão dolorosa aos músculos tibiais e extensores dos dedos ou às suas fáscias e a concomitante inflamação, causada por traumatismos mínimos repetidos (como correr sobre uma superfície rígida)" (Merriam-Webster, 2005, p.758).
- "Uma dor indefinida no compartimento anterior, posterior ou posterolateral da tíbia. Comumente, essa dor se segue à prática vigorosa ou repetida de exercício físico, estando frequentemente relacionada com uma mecânica defeituosa do pé (p. ex., pé chato ou pé cavo). A causa pode ser uma isquemia dos músculos no interior do compartimento, lacerações diminutas nos tecidos, ou avulsão parcial do periósteo dos músculos tibiais ou fibulares" (Venes, 2005, p.1987).
- Uma "condição dolorosa da face anterior da perna, associada a uma tendinite, fraturas por estresse ou distensão muscular, que frequentemente ocorre como resultado de corridas ou de outras atividades atléticas vigorosas, sobretudo em uma superfície não resiliente" (Dictionary.com 2021).

Entre as definições mais confusas estão as do *Dicionário Médico Stedman* (2005):

- *Canelite (shin-splints*, com hífen) – "Dor à palpação e incômodo acompanhadas por endurecimento e inchaço no compartimento tibial anterior, sobretudo em seguida a um esforço atlético excessivo realizado por uma pessoa não devidamente treinada."

- *Canelite (shin splints)* (duas palavras, não hifenizadas) – "Um termo coletivo para diversas lesões na perna, inclusive síndrome compartimental por esforço crônico, síndrome do estresse tibial medial e periostite".

O'Donoghue (1984, p.591) observou com perspicácia que "Como ocorre com muitos termos de uso comum, observa-se uma argumentação considerável e frequentemente acirrada com relação ao que, de fato, se quer dizer com esse termo. Como ocorre habitualmente em tais circunstâncias, o termo 'canelite' é uma denominação geral, uma 'cesta de lixo' que recebe muitas condições diferentes. Os autores de diversos artigos sobre esse tópico estão inclinados a afirmar de maneira bastante categórica que a canelite é causada por determinado evento, com a exclusão de todos os demais, o que causa grande confusão".

Como aconselhamos no Capítulo 5, o termo "canelite" deve ser relegado à cesta de lixo de O'Donoghue. Em seu lugar, recomendamos o uso de termos que sejam clinicamente corretos, específicos e úteis. Aqui refletimos a percepção de Batt (1995, p.53): "o termo canelite deve ser reconhecido como genérico e não diagnóstico; as condições específicas atualmente abrangidas por esse termo devem ser diferenciadas".

---

concentradas entre os terços médio e distal da tíbia. Atletas praticantes de esportes que envolvem saltos (p. ex., basquete e vôlei) tendem a ter fraturas proximais. Por outro lado, os dançarinos têm maior quantidade de fraturas na parte intermediária da diáfise desse osso.

Fraturas traumáticas da tíbia e da fíbula

Danos mecânicos à perna podem ter como resultado uma fratura traumática da tíbia, fíbula, ou ambos os ossos. As origens da força aplicada variam, mas é mais habitual que envolvam colisões entre veículo e pedestre e movimentos ligados à prática esportiva. Outras causas são acidentes envolvendo escorregões e quedas, quedas de locais elevados, golpes diretos, esmagamento, ferimentos por arma de fogo, e uso excessivo (Court-Brown e McBirnie, 1995).

Os mecanismos causais podem ser classificados como de baixa energia (p. ex., escorregão e queda, lesão ligada a esporte) ou de alta energia (p. ex., golpes

---

Estudo de caso: fratura em espiral bilateral

Todos os anos, ocorrem muitos milhares de lesões em esquiadores, em alguns casos por presilhas de fixação excessivamente apertadas ou por causa do mau funcionamento na liberação das travas de fixação (Hull e Mote, 1980). Zernicke (1981) relatou o caso de uma lesão na qual um esquiador, em sua primeira corrida do dia na pista para principiantes, começou involuntariamente a "limpar neve" com o esqui, sem controle. Isso forçou as duas pernas em uma rotação medial extrema. A falha na abertura das presilhas de fixação do esqui teve como consequência fraturas em espiral nas duas tíbias. Testes subsequentemente realizados nos esquis, botas e presilhas de fixação com a ajuda de um modelo biomecânico (ver figura) forneceram estimativas quantitativas dos torques transmitidos à perna ao serem aplicadas forças laterais aos esquis. Os dados demonstraram que as presilhas de fixação colocaram o esquiador em elevado risco de lesão, pois, "em praticamente todas as aplicações de cargas laterais ao esqui, as presilhas de fixação do esquiador não se soltaram antes que fosse excedido o limite de torção elástica da tíbia" (Zernicke, 1981, p.243).

Felizmente, presilhas de fixação com problema como as descritas nesse caso não se encontram mais em uso. Não obstante, o exemplo demonstra o potencial de ocorrência de lesão na prática do esqui e, além disso, enfatiza a importância de uma seleção e manutenção adequadas do equipamento, a fim de reduzir o risco de lesão musculoesquelética.

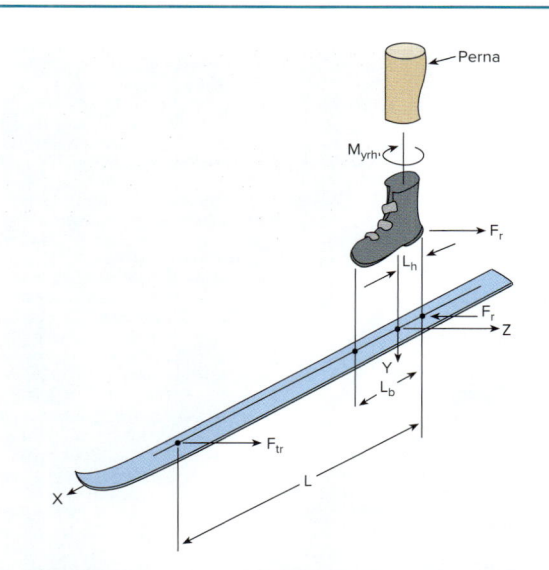

Diagrama esquemático do sistema de fixação perna-bota-esqui. M_{yrh} = torque transmitido à perna do esquiador; F_r = força de liberação lateral aplicada ao calcanhar; L_h = distância entre o eixo vertical da tíbia e a ponta do calcanhar; L_b = distância entre o calcanhar e o ponto de pivô no hálux (i. e., comprimento da bota); F_{tr} = força lateral aplicada ao esqui a uma distância (L) em frente ao ponto de liberação do calcanhar; Z = eixo das coordenadas z; Y = eixo das coordenadas y; X = eixo das coordenadas x.

diretos, colisões entre veículos motorizados). Com frequência as fraturas de baixa energia envolvem torção ou encurvamento da tíbia, com mínimo envolvimento dos tecidos moles. A aplicação de uma carga de torção ocorre quando a perna sofre torção em torno de seu eixo longitudinal (ver Cap. 5), como por exemplo quando um esqui produz um braço de momento estendido, aplicando um torque à diáfise da tíbia do esquiador. Já as cargas de encurvamento são criadas quando forças paralelas e em direção oposta são simultaneamente aplicadas ao osso. A clássica fratura da parte superior da bota (mostrada na Fig. 3.35c) ilustra esse mecanismo de encurvamento.

Por outro lado, as lesões de alta energia envolvem um impacto direto ou forças de encurvamento de grande magnitude, resultando na ocorrência de fraturas transversais e em considerável fragmentação ou cominuição (Watson, 2002) (Fig. 6.32). As colisões entre veículos motorizados são responsáveis pela maioria das fraturas de impacto direto, ou com esmagamento.

Um estudo identificou os bastões de beisebol como agentes causais em fraturas da tíbia. As fraturas não ocorreram durante competições esportivas, tendo sido resultantes do uso dos bastões como armas. Levy et al. (1994) relataram 47 dessas durante o período de um ano em um centro traumatológico urbano. Onze dessas fraturas ocorreram na tíbia; muitas envolviam extensa cominuição e também complicações (p. ex., consolidação tardia ou síndrome compartimental).

Qualquer que seja o mecanismo, a fratura tibiofibular é uma lesão grave, por causa do comprometimento da capacidade do osso lesionado em transportar cargas, em seu papel como elo crítico na cadeia cinética do membro inferior.

LESÕES NO TORNOZELO E NO PÉ

Tendo em vista seus múltiplos ossos, ligamentos e articulações, é bem possível que o pé e o tornozelo constituam a mais complexa região do corpo humano. A articulação do tornozelo é formada pela articulação entre a tíbia, a fíbula e o tálus. A tíbia e a fíbula formam um soquete profundo, ou encaixe, que abriga o tálus. Em uma posição de dorsiflexão, o tálus se encaixa confortavelmente no interior desse soquete, ficando em uma situação bastante estável. Durante a flexão plantar do tornozelo, a seção posterior mais estreita do tálus gira até a área situada entre os maléolos. Esse encaixe mais frouxo compromete a estabilidade da articulação, resultando em um tornozelo relativamente instável na posição de flexão plantar (Fig. 6.33).

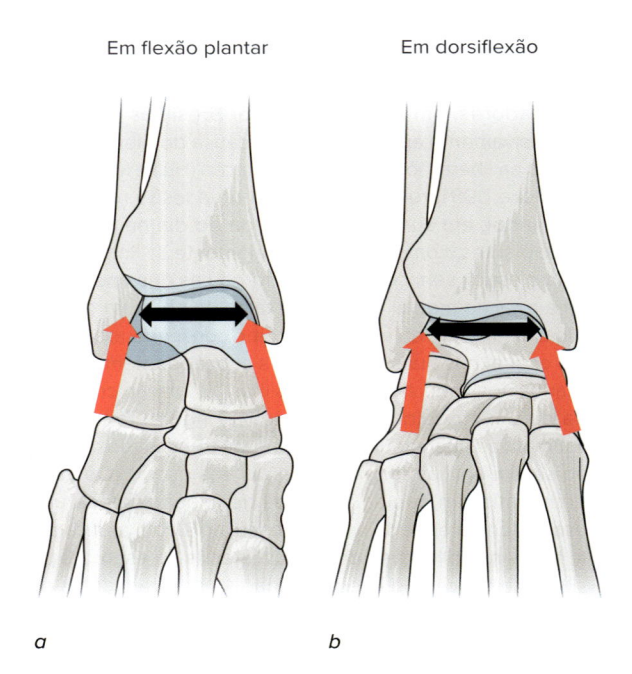

Em flexão plantar   Em dorsiflexão

a   b

FIGURA 6.33 Articulação do tornozelo em *(a)* flexão plantar, e *(b)* dorsiflexão. A estreita largura do tálus entre os maléolos tibial e fibular (*a*, seta preta) resulta em um encaixe frouxo do osso (*a*, setas vermelhas). Essa situação coloca o tornozelo em maior risco de lesão em comparação com a maior largura do tálus e do encaixe ósseo mais ajustado da posição de dorsiflexão (*b*).

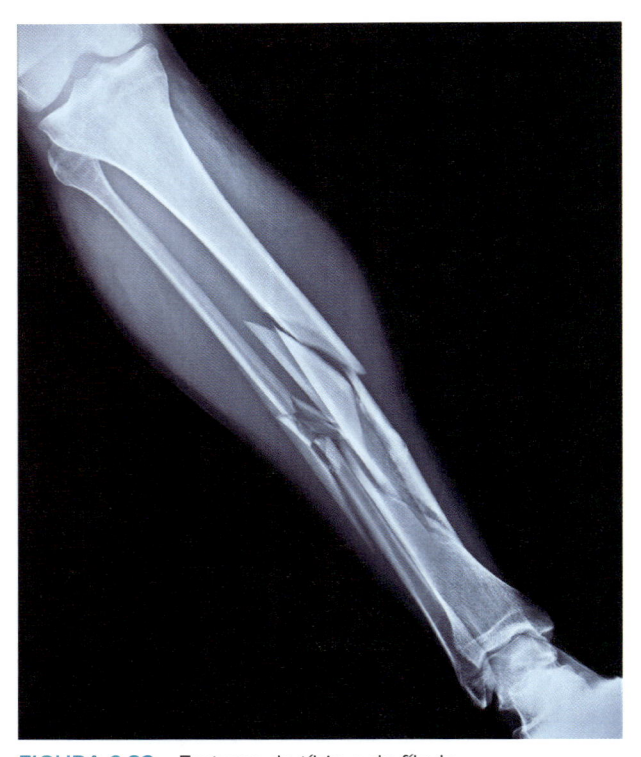

FIGURA 6.32   Fraturas da tíbia e da fíbula.
thesleepsles1/iStock/Getty Images

Muitos ligamentos reforçam o tornozelo. Medialmente, o robusto complexo ligamentar deltóideo oferece resistência à eversão forçada. Na face lateral, três ligamentos são basicamente responsáveis por limitar a inversão. O mais fraco desses três ligamentos, o ligamento talofibular anterior (LTFA), estende-se em uma direção anteromedial, desde o maléolo fibular até o colo do tálus. O ligamento calcaneofibular (LCF) avança em uma direção posteroinferior, desde a ponta do maléolo da fíbula até a superfície lateral do calcâneo. O ligamento talofibular posterior (LTFP) conecta a fossa maleolar da fíbula ao tubérculo lateral do tálus (Fig. 6.34).

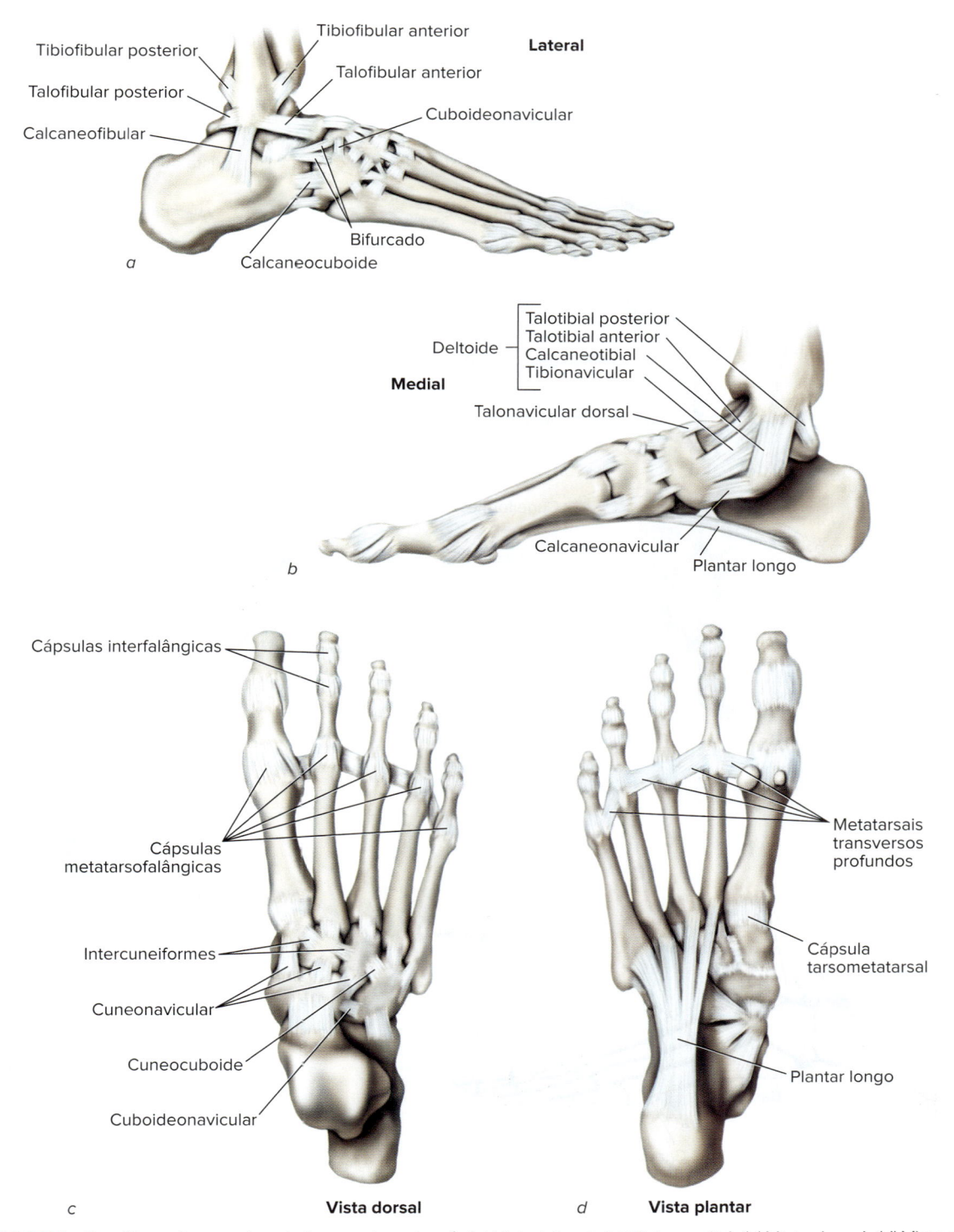

FIGURA 6.34 Tendões e ligamentos do tornozelo e do pé. *(a)* Vista lateral. *(b)* Vista medial. *(c)* Vista dorsal. *(d)* Vista plantar.

Cada pé contém 26 ossos (Fig. 6.35). O maior deles, o calcâneo, é o local de inserção do tendão do calcâneo, que transmite a força dos músculos do grupo tríceps sural durante a flexão plantar do tornozelo. A articulação do calcâneo com o tálus forma a articulação talocalcânea, uma articulação essencial para o funcionamento adequado do complexo pé-tornozelo durante a sustentação de carga. O eixo da articulação talocalcânea avança em uma direção oblíqua, conforme mostra a Figura 6.36.

Os ossos do pé formam dois arcos primários: o arco longitudinal, que avança desde o calcâneo até as extremidades distais dos metatarsais, e o arco transverso, que se estende de um lado do pé para outro (em um sentido transversal) (Fig. 6.37). O arco longitudinal se divide em uma parte medial que inclui o calcâneo, o tálus, o navicular, três cuneiformes e os três metatarsais mais mediais. A parte lateral é muito mais achatada, e faz contato com o solo durante a posição de apoio. O

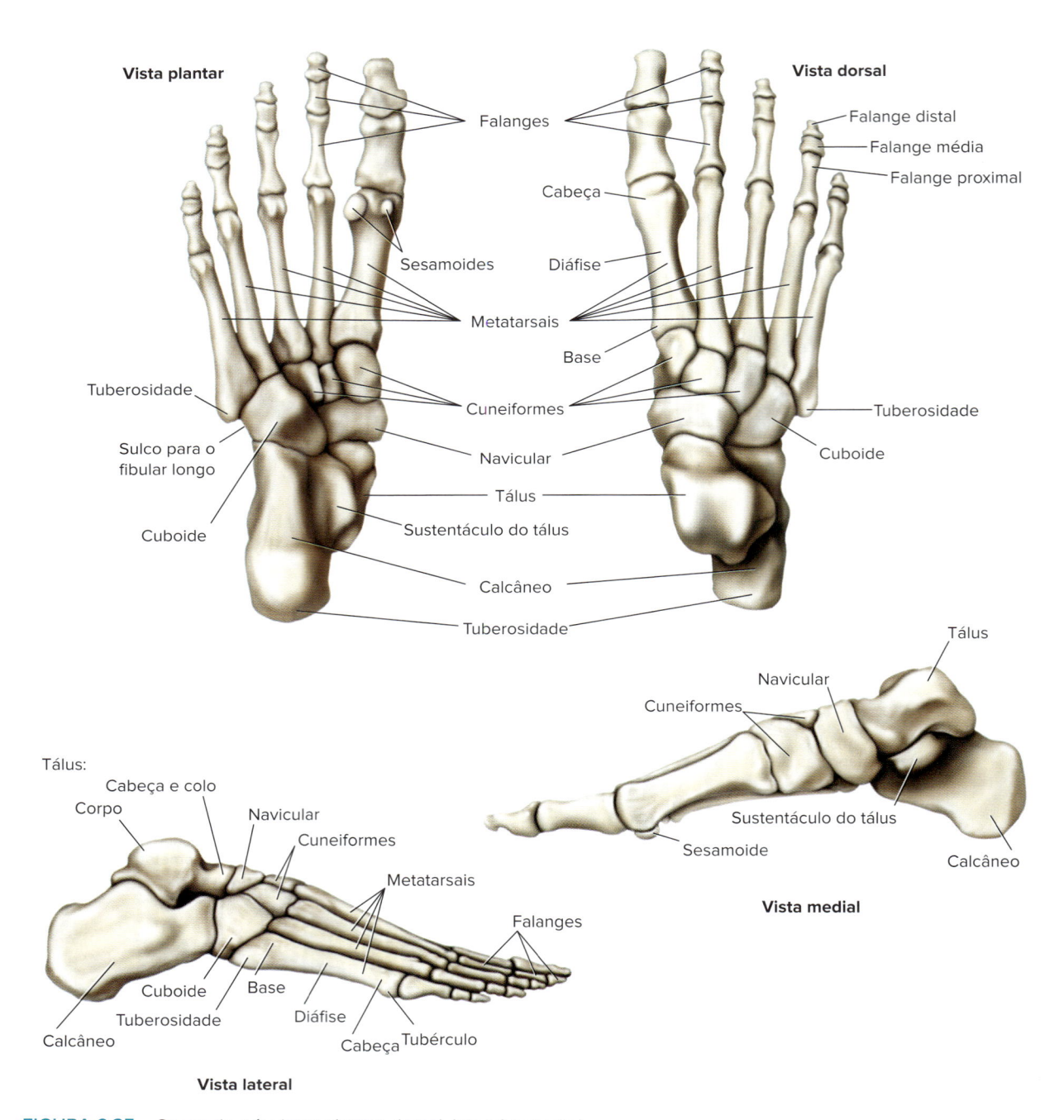

FIGURA 6.35   Ossos do pé: vistas plantar, dorsal, lateral e medial.

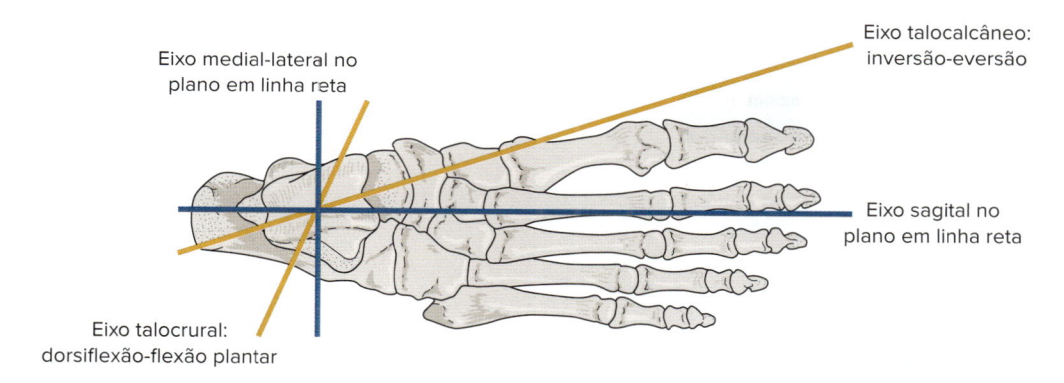

FIGURA 6.36 Anatomia do eixo da articulação talocalcânea.

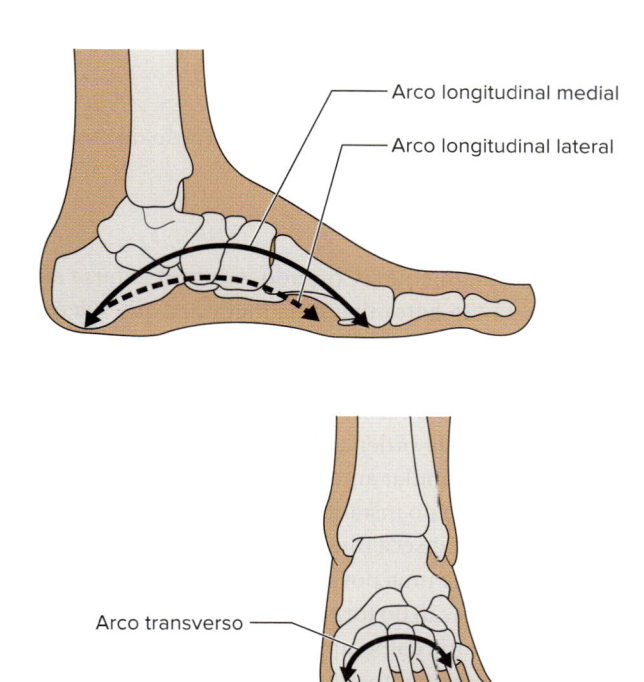

FIGURA 6.37 Arcos do pé.

Reproduzida com permissão de W.C. Whiting, *Dynamic Human Anatomy*, 2.ed. (Champaign, IL: Human Kinetics, 2019).

arco transverso é formado pelo cuboide, cuneiformes e bases dos metatarsais.

Durante as atividades de sustentação de peso, os arcos são comprimidos, para absorção e distribuição das cargas. São vários os ligamentos que auxiliam nessa distribuição de forças. São o ligamento calcaneonavicular plantar, o ligamento plantar curto e o ligamento plantar longo. A integridade dos arcos e sua capacidade de

absorção de cargas são preservadas pelas articulações firmemente ajustadas entre os ossos do pé, pela ação da musculatura intrínseca do pé, pela resistência dos ligamentos plantares e pela aponeurose plantar (fáscia plantar).

Entorse de tornozelo

Em decorrência de sua relativa instabilidade anatômica e de sua função de sustentação, é frequente a ocorrência de lesões na articulação do tornozelo (Fig. 6.38). Em certos esportes (p. ex., basquete, vôlei), as entorses de tornozelo constituem a lesão mais comum. Mas, apesar de sua prevalência, os profissionais de saúde continuam se deparando com verdadeiros desafios diagnósticos e terapêuticos diante de tal lesão (Safran et al., 1999).

Para que possamos apresentar uma discussão pertinente dos mecanismos de lesão do tornozelo, devemos revisar as diversas estruturas anatômicas e suas características funcionais. Como já foi descrito anteriormente em breves palavras, a articulação do tornozelo é formada pela junção entre a tíbia, a fíbula e o tálus. O corpo do tálus tem forma de cunha, e sua porção anterior é mais larga que a posterior. Essa irregularidade contribui diretamente para a estabilidade posicional da articulação. Em dorsiflexão, a parte mais ampla se encaixa entre os maléolos, o que confere estabilidade à articulação. Por outro lado, a parte estreita do tálus se movimenta entre os maléolos em flexão plantar, possibilita a translação e a inclinação do tálus, e resulta em instabilidade lateral. A justaposição da tíbia e da fíbula é mantida por uma sindesmose tibiofibular, que consiste em um ligamento interósseo (espessamento da membrana interóssea), um ligamento tibiofibular inferior anterior, um ligamento tibiofibular inferior posterior, e um ligamento tibiofibular transverso inferior (Carr, 2003).

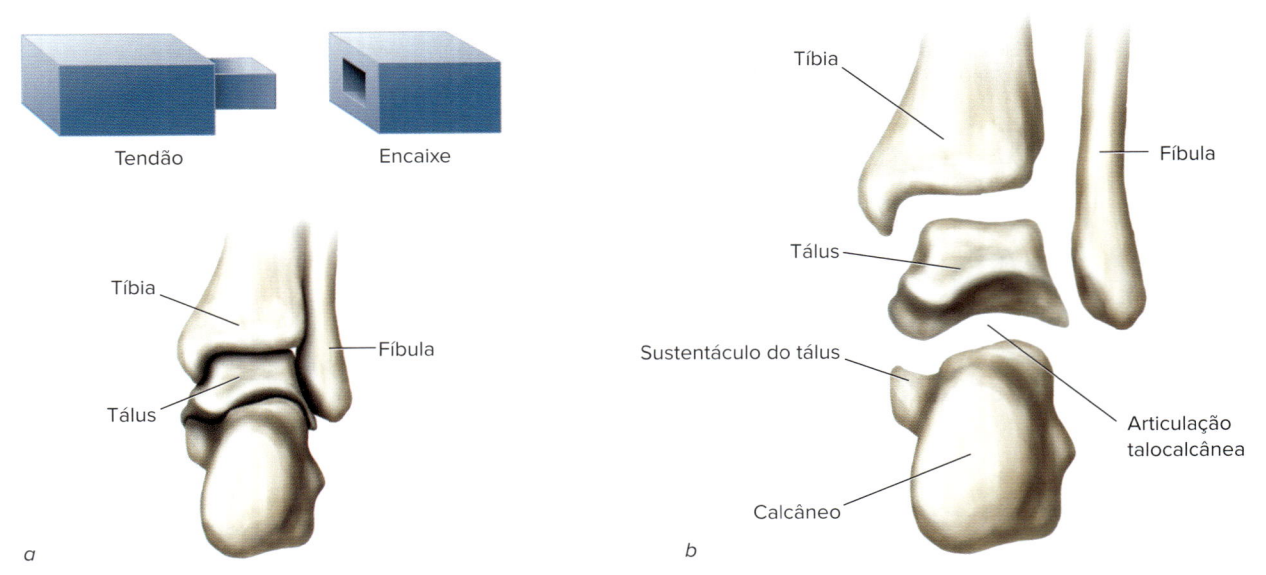

FIGURA 6.38 Anatomia dos ossos da articulação do tornozelo. *(a)* A articulação talocrural, como articulação de encaixe (tíbia e fíbula) e tendão (tálus). *(b)* Vista posterior do tornozelo, ilustrando a articulação talocalcânea.

De certo modo, *entorse de tornozelo* é uma denominação equivocada, porque a lesão normalmente envolve tanto a articulação do tornozelo como a articulação talocalcânea. Essas duas articulações se movem em concerto para a execução daquilo que seria considerado corretamente como um movimento combinado do tornozelo-pé. Nossas convenções em relação aos movimentos são descritas e ilustradas na Figura 6.39.

Os fatores determinantes em uma lesão no tornozelo, como na maioria das lesões, são a posição da articulação no momento da lesão; a magnitude, direção e velocidade das forças aplicadas; e a resistência fornecida pelas estruturas articulares. Os movimentos articulares comumente envolvidos nas lesões do tornozelo-pé são precipitados por caminhadas sobre superfícies irregulares, tropeções em buracos, rolamento do tornozelo durante uma manobra de mudança brusca de direção, ou em eventos esportivos, ao aterrissar sobre o pé de outro jogador ao baixar de um salto (Fig. 6.40). As lesões decorrentes desses movimentos articulares variam, desde uma fratura-luxação até uma lesão ligamentar (entorse). As entorses de tornozelo são mais comuns nas mulheres do que nos homens, em crianças do que em adultos, e em esportes *indoor* e de quadra (Doherty et al., 2014).

Em sua vasta maioria (85 a 90%), as entorses de tornozelo são denominadas entorses em inversão. Em concordância com nossa nomenclatura, o mecanismo é a supinação (i. e., uma combinação de flexão plantar do tornozelo, inversão talocalcânea e rotação medial do pé, em que a linha mediana longitudinal do pé desvia,

ou roda, medialmente). Contudo, o termo *entorse em inversão* está tão entranhado na literatura que sua extinção parece improvável. Pode ser mais apropriado um termo alternativo, entorse lateral de tornozelo.

Na maioria dos casos, a falha do ligamento ocorre em uma sequência ordenada (Fig. 6.41). Inicialmente, o ligamento talofibular anterior (LTFA) falha por causa de sua orientação no instante da aplicação da carga e de sua fraqueza intrínseca (Siegler et al., 1988). Quando o tornozelo assume uma posição de flexão plantar (como ocorre na supinação do tornozelo-pé), o LFTA se alinha com a fíbula e atua como um ligamento colateral (Carr, 2003). Esse alinhamento, considerado em conjunto com a fraqueza relativa do LFTA, atua como fator predisponente à ocorrência de lesão nesse ligamento. Cerca de 65 a 70% das lesões ligamentares na região do tornozelo envolvem uma lesão isolada do LFTA.

O ligamento calcaneofibular (LCF) é a estrutura seguinte a experimentar lesão, seguido pela rara lesão do ligamento talofibular posterior (LTFP). Quando o tornozelo se encontra em dorsiflexão, o LCF se alinha com a fíbula e proporciona reforço colateral. São raras as lesões isoladas do LCF; esse ligamento é mais frequentemente lesionado em combinação ao LTFA (20%).

Uma curiosa relação estrutural entre o LTFA e o LCF foi descrita há mais de quatro décadas por Inman (1976). Esse autor descreveu uma variação considerável (70º a 140º) no ângulo entre o LTFA e o LCF (Fig. 6.42). Inman propôs uma hipótese: que um ângulo maior pode estar associado a uma frouxidão da articulação do tornozelo

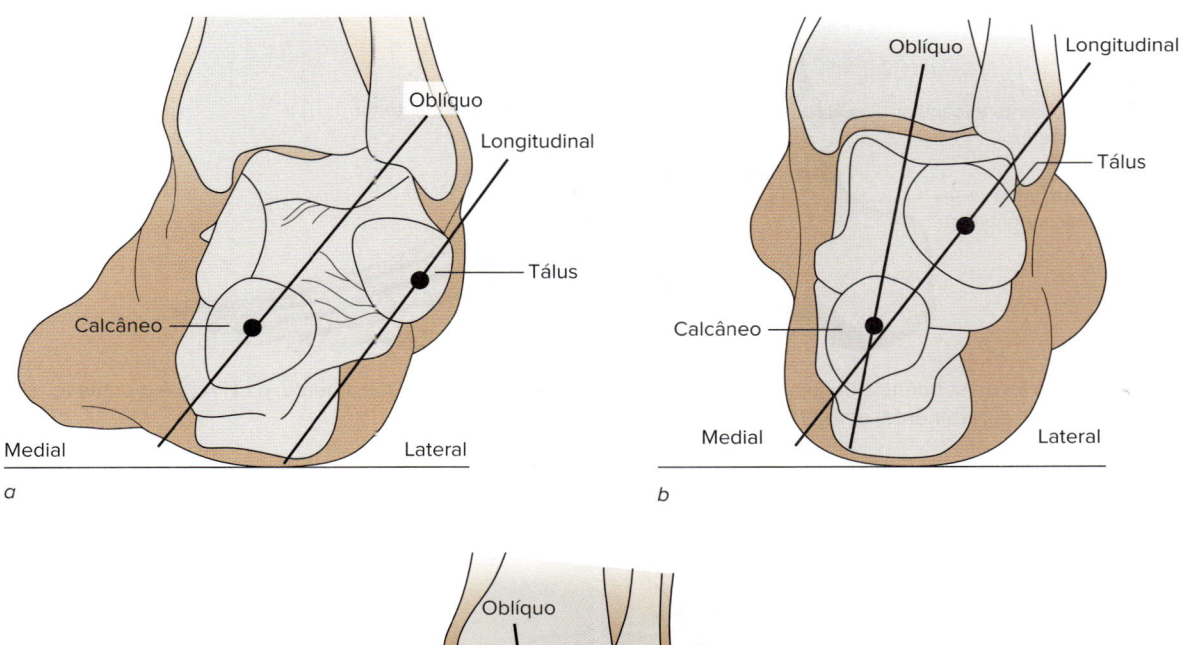

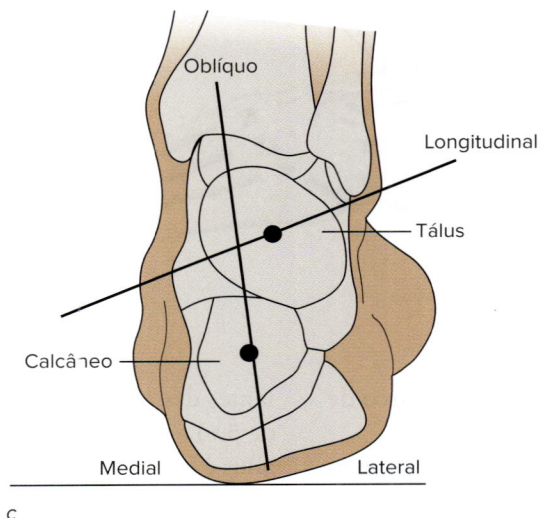

FIGURA 6.39   Movimentos do pé e do tornozelo no pé direito. *(a)* Supinação (movimentos combinados de inversão talocalcânea, flexão plantar do tornozelo e rotação medial do pé). *(b)* Posição neutra. *(c)* Pronação (movimentos combinados de eversão talocalcânea, dorsiflexão do tornozelo e rotação lateral do pé).

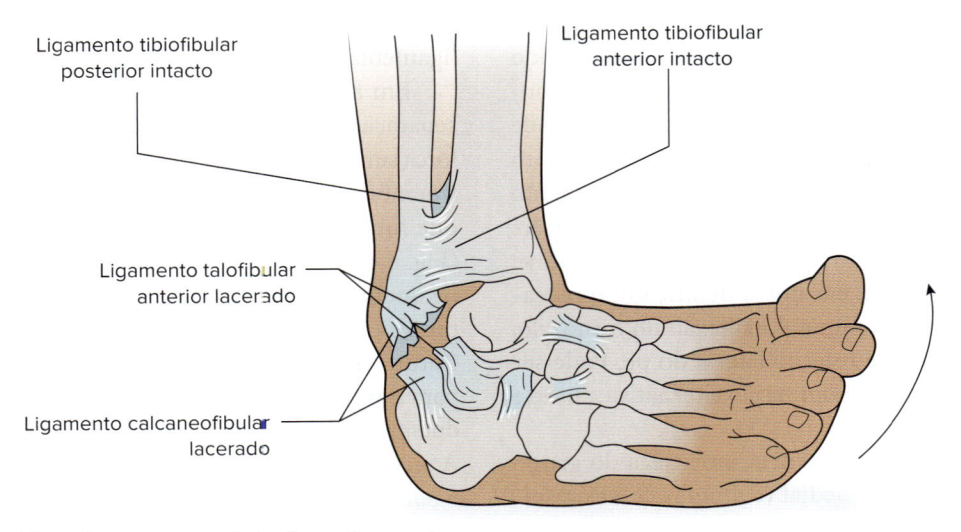

FIGURA 6.40   Mecanismo comum de lesão no tornozelo.

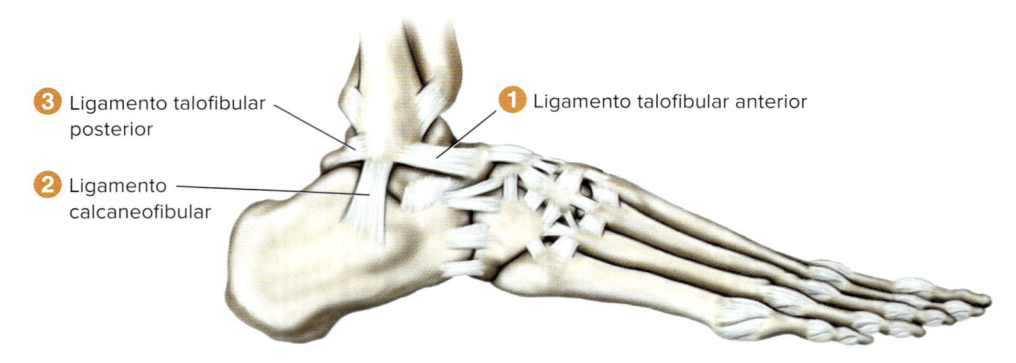

FIGURA 6.41 Padrão de sequência de falha dos ligamento laterais do tornozelo. Tipicamente, o LTFA (1) é o primeiro a falhar, seguido pelo LCF (2) e, raramente, pelo LTFP (3).

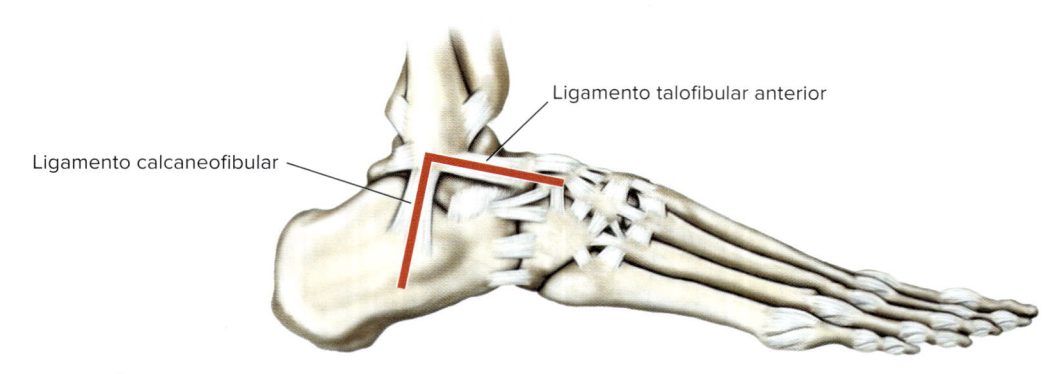

FIGURA 6.42 Ângulo entre o LTFA e o LCF.

em sua face lateral – e possivelmente a maior risco de ocorrência de lesão.

Ocasionalmente, a porção anterior do ligamento deltoide sofre dano durante uma lesão por inversão. À primeira vista, essa observação pode parecer incongruente. Por que uma estrutura medial sofreria lesão em decorrência de uma inversão vigorosa? A resposta se situa na complexidade da ação articular, especificamente no fato de a porção anterior do ligamento deltoide estar retesada na flexão plantar do tornozelo. Considerando que o tornozelo se encontra em flexão plantar no momento da lesão, a porção anterior do ligamento deltoide passa a ser candidata a uma lesão. Contudo, por ser um ligamento intrinsecamente robusto, é raro o ligamento deltoide sofrer lesão nas chamadas entorses em inversão. O padrão de movimento oposto produz uma entorse em eversão (pronação, em nossa definição); o mecanismo de lesão envolve uma dorsiflexão do tornozelo, eversão talocalcânea e rotação lateral do pé. Pode ser mais apropriada uma denominação alternativa, entorse medial de tornozelo.

Tendo em vista a resistência intrínseca do grupo do ligamento colateral medial (deltoide), lesões resultantes desse mecanismo são menos frequentes (cerca de 5%) e também menos graves. Nesse mecanismo, o tálus é forçado contra o maléolo lateral. Considerando que o maléolo lateral é mais longo e mais delgado que o maléolo medial, o tálus fica impossibilitado de fazer rotação sobre o maléolo lateral. Isso pode resultar em uma fratura maleolar. É possível a ocorrência de ruptura do ligamento deltoide, embora tal evento seja raro e sempre observado em conjunto com outras lacerações ligamentares.

Em alguns casos, as cargas aplicadas causam a separação entre a porção distal da fíbula e a tíbia com força suficiente para que ocorra laceração da sindesmose (membrana interóssea e ligamentos tibiofibulares), no que foi denominado como entorse alta de tornozelo (Fig. 6.43). A lesão ligamentar pode ser observada no ligamento tibiofibular anterior, ligamento tibiofibular posterior, ou em ambos, juntamente com uma possível fratura (Hunt et al., 2015). Os mecanismos prováveis para uma entorse alta de tornozelo incluem torção talar, dorsiflexão forçada do tornozelo e impactos traumáticos. A incidência mais elevada de entorses altas de tornozelo é relatada na prática do futebol americano, luta livre e

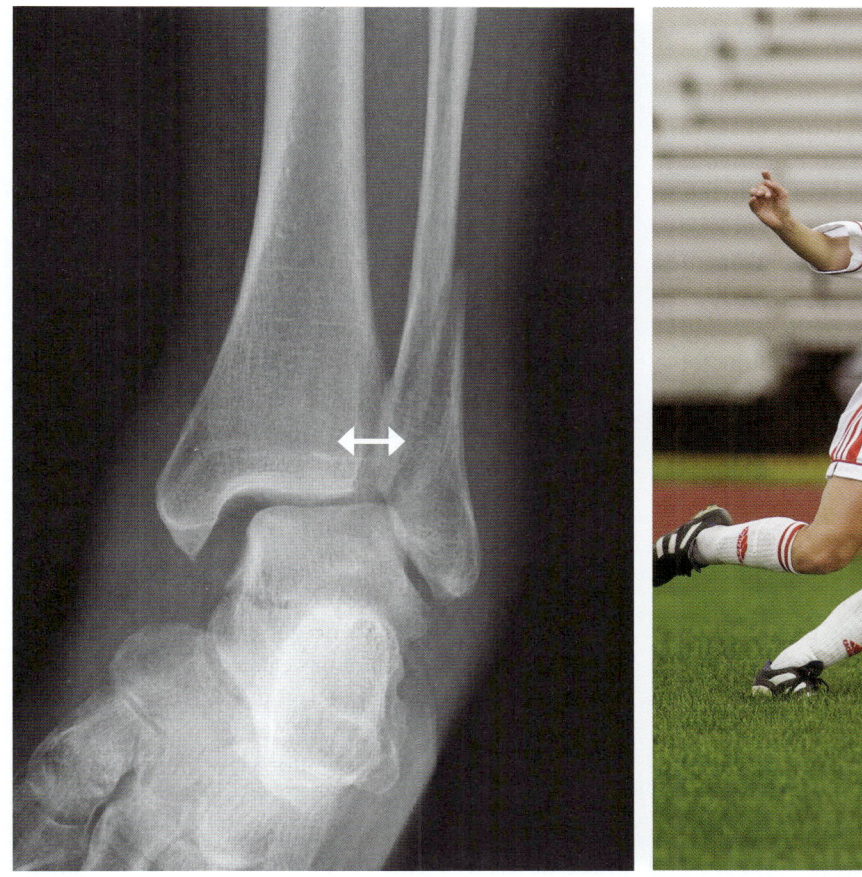

a   *b*

FIGURA 6.43 Entorse alta de tornozelo. *(a)* Tíbia e fíbula ficam afastadas em decorrência da rotação do tálus. *(b)* Rotação do pé esquerdo com o tornozelo em dorsiflexão.
Steven Needell/Science Source

hóquei no gelo (Mauntel et al., 2017). Lesões sindesmóticas não diagnosticadas nem tratadas podem resultar em uma instabilidade crônica e em artrose do tornozelo.

Em geral, as entorses de tornozelo que permanecem sem diagnóstico e sem tratamento podem resultar em incapacidade física residual, inclusive instabilidade crônica do tornozelo (Herzog et al., 2019).

Problemas no tendão do calcâneo

Desde a época em que Aquiles, o guerreiro grego, tombou por uma flecha cuidadosamente direcionada a seu tornozelo desprotegido, a região do calcanhar vem sendo associada à sua suscetibilidade a experimentar lesões.

O tendão do calcâneo, o maior e mais forte tendão do corpo humano, é formado pela mescla dos tendões distais do gastrocnêmio e do sóleo em um ponto cerca de 5 a 6 cm proximal ao seu local de inserção na superfície posterior do calcâneo. No local de inserção, a largura

do tendão varia de 1,2 a 2,5 cm. Em um ponto situado cerca de 12 a 15 cm proximal à inserção, o tendão do calcâneo começa a espiralar, sofrendo uma torção de aproximadamente 90° ao se aproximar de sua inserção no calcâneo (Schepsis et al., 2002).

A aplicação frequente e repetida de cargas ao tendão do calcâneo predispõe essa estrutura à ocorrência de problemas por uso excessivo, mais comumente a peritendinite (inflamação do peritendão), distúrbios de inserção (p. ex., bursite ou tendinite de inserção), lesão da junção miotendínea ou tendinopatias (Kvist, 1994).

O tendão do calcâneo transmite cargas substanciais do tríceps sural (gastrocnêmio e sóleo) até sua inserção na face posterior do calcâneo. Uma amostra pertinente de estudos confirma as elevadas cargas transmitidas através do tendão do calcâneo:

■ Burdett (1982) empregou um modelo biomecânico e estimou a ação de forças de pico no tendão do calcâneo, tendo observado variações de 5,3 até 10,0 vezes a força exercida pelo peso corporal durante a fase de apoio da corrida.

- Fukashiro et al. (1995) utilizaram um transdutor de força implantado em tendões, tendo observado uma força de pico no tendão do calcâneo de 2.233 N (aproximadamente 228 kg) no salto agachado, 1.895 N (aproximadamente 193 kg) no salto de contramovimento, e 3.786 N (aproximadamente 386 kg) no salto no lugar.
- Usando dados experimentais e um modelo quantitativo, Giddings et al. (2000) predisseram uma força máxima no tendão do calcâneo 3,9 vezes a força do peso corporal durante a marcha e 7,7 vezes durante a corrida, com as cargas de pico a 70% da fase de apoio durante a marcha e a 60% da fase de apoio durante a corrida.
- Bogey et al. (2005) utilizaram uma técnica de processamento de eletromiografia para mensuração da força, tendo estimado uma força de pico incidente no tendão do calcâneo de 2,9 kN (aproximadamente 296 kg) durante a marcha.
- Pourcelot et al. (2005), utilizaram uma técnica ultrassônica não invasiva, tendo observado forças de pico no tendão do calcâneo de aproximadamente 850 N (aproximadamente 87 kg) durante a fase de apoio do ciclo da marcha.
- Revak et al. (2017) empregaram medidas cinemáticas e com placa de força, tendo informado menores cargas no tendão do calcâneo em exercícios de elevação-descida (bilateral e na posição sentada) do calcanhar quando comparadas a condições unilaterais e na posição em pé.
- Gheidi et al. (2018) empregaram um modelo musculoesquelético e compararam a carga incidente no tendão do calcâneo durante exercícios envolvendo descarga de peso. Os autores observaram a mais alta força de pico (6,68 vezes o peso corporal) em uma aterrissagem unilateral após um pulo, e a menor força de pico (0,77 vezes o peso corporal) em um exercício de agachamento.

Embora seja evidente que o tendão do calcâneo fica submetido a cargas de grande magnitude ao longo de um amplo espectro de atividades, Komi et al.. (1992) sugeriram que a velocidade de aplicação da carga pode ter maior relevância clínica do que a magnitude da carga aplicada.

São quatro os mecanismos principais implicados na ruptura do tendão do calcâneo (Mahan e Carter, 1992; Fig. 6.44): (1) dorsiflexão súbita de um pé em flexão plantar (p. ex., um jogador de lacrosse no ato de

arremessar), (2) empurrar o pé que sustenta o peso enquanto estende o joelho ipsilateral, (p. ex., um jogador de basquete ao executar uma mudança brusca de direção), (3) uma tensão súbita e excessiva sobre um tendão já tensionado (p. ex., pegar um objeto pesado que vem em sua direção) e (4) um tendão tensionado golpeado por um objeto contuso (p. ex., um taco de softbol). Esses mecanismos sugerem – e evidências epidemiológicas confirmam – que, na maior parte, as rupturas de tendão do calcâneo são unilaterais. Embora de ocorrência rara, já foi relatada a ocorrência de rupturas bilaterais desse tendão (Garneti et al., 2005).

As tendinopatias do calcâneo têm causa multifatorial; entre outros, os fatores contributivos são erros de treinamento, o terreno da corrida, alinhamentos viciosos (p. ex., uma combinação de pé chato e de pronação excessiva) e defeitos biomecânicos, calçados inadequados, traumatismo, idade, sexo (os homens têm um risco 5 a 6 vezes maior de ruptura do que as mulheres), aspectos antropométricos, ambientais e psicomotores. O tendão também pode ter ficado enfraquecido (e, portanto, em maior risco) por doenças sistêmicas, uso de esteroides e uso de antibióticos do grupo das fluoroquinolonas (Casparian et al., 2000; Maffulli e Wong, 2003; Vanek et al., 2003). Também podem contribuir para o aumento do risco de lesão as tensões não uniformes sobre o tendão, que podem ser atribuídas a contribuições musculares individuais (Arndt et al., 1998).

A ocorrência de degeneração do tendão poderá, mais adiante, resultar em uma completa ruptura do tendão. Normalmente, as rupturas de tendão do calcâneo ocorrem em homens sedentários na faixa dos 30 a 40 anos, que subitamente se empenham em uma prática esportiva envolvendo corrida, saltos ou mudanças bruscas de direção (Järvinen et al., 2001; Schepsis et al., 2002; Yinger et al., 2002). Em muitos casos, parece que essas rupturas espontâneas do tendão "simplesmente acontecem". No entanto, uma avaliação subsequente à lesão revela evidências de degeneração no tendão que se rompeu. Portanto, com frequência a ruptura do tendão ocorre secundariamente a processos degenerativos, em vez de ser uma lesão primária espontânea.

Normalmente, a ruptura do tendão do calcâneo ocorre em um local a cerca de 2 a 6 cm proximalmente à inserção no calcâneo, em uma região sabidamente hipovascularizada. Esse fato, combinado à diminuição do fluxo sanguíneo associada à idade, ajuda a explicar a frequência desse tipo de ruptura em pessoas de meia-idade. O tendão do calcâneo tem uma irrigação sanguínea limitada que, pensava-se antigamente, não variava ao longo de sua extensão (Ahmed et al., 1998).

FIGURA 6.44 Mecanismos de ruptura do tendão do calcâneo. *(a)* Dorsiflexão rápida do tornozelo por um jogador de lacrosse. *(b)* Manobra de "corte", com mudança brusca de direção. *(c)* Pegando um peso em queda. *(d)* Trauma contuso a um tendão tensionado.

Mas os autores de um estudo que utilizou um método novo relataram a existência de uma região avascularizada nas proximidades do local de inserção no calcâneo, além de diferenças regionais na densidade vascular ao longo da extensão do tendão (Zantop et al., 2003). A parte intermediária do tendão do calcâneo tem uma densidade vascular muito mais baixa (28,2 vasos/cm²) do que a parte proximal (73,4 vasos/cm²) ou distal (56,6 vasos/cm²). Esses autores identificaram essa redução na

vascularização (e a resultante hipóxia) como um fator predisponente à degeneração do tendão do calcâneo e sua eventual ruptura. Além disso, a porção distal do tendão do calcâneo se encontra em maior risco de ruptura, em decorrência da menor área de seção transversa distal, em comparação com a região proximal (Reeves e Cooper, 2017).

Como observação de interesse, talvez exista uma relação entre o tipo sanguíneo e o aumento na incidência de ruptura do tendão. Pessoas com sangue tipo O parecem ter maior probabilidade de ter rupturas tendíneas em geral (Józsa et al., 1989), e do tendão do calcâneo em particular (Kujala et al., 1992), em comparação com indivíduos com outros tipos sanguíneos. Essa suposição sugere a existência de uma ligação genética entre o grupo sanguíneo ABO da pessoa e a estrutura molecular do tecido tendíneo. Mas outro estudo não observou uma relação significativa entre o grupo sanguíneo ABO e a ruptura do tendão do calcâneo (Maffulli et al., 2000). Esses últimos autores concluíram que a associação entre grupo sanguíneo e ruptura de tendão pode ser atribuída a diferenças na distribuição dos grupos sanguíneos entre populações geneticamente segregadas. Fatores genéticos também desempenham certo papel na predisposição à ruptura do tendão do calcâneo (Ribbans e Collins, 2013).

A predisposição à ruptura também pode ser afetada pelo tipo de colágeno. Eriksen et al. (2002) constataram um acúmulo de colágeno tipo III no local da ruptura, provavelmente atribuível a microtraumatismos e a eventos relacionados com a cicatrização. Foram relatados resultados similares de maior nível de colágeno tipo III em locais de ruptura do tendão do calcâneo (Pajala et al., 2009). O aumento no teor de colágeno tipo III pode contribuir para baixar a resistência tênsil do tendão e aumentar o risco de ruptura.

Resumidamente, as explicações teóricas para as rupturas do tendão do calcâneo e outros problemas crônicos sugerem uma sequência de eventos que tem seu início com uma patologia intrínseca do tendão, em associação com o desuso, alterações no tendão relacionadas com a idade, e hipovascularidade, o que tem, como consequência, uma degeneração localizada e enfraquecimento do tendão. Essa série de eventos diminui o limiar de ruptura do tendão. Ainda permanecem no campo da especulação as circunstâncias proprioceptiva e patomecânica precisas e a carga causadora da lesão. Fatores relacionados com o controle neuromuscular e fatores endócrinos provavelmente compõem a complexa equação que explica uma eventual ruptura do tendão do calcâneo (Yinger et al., 2002, p.234).

Fascite plantar

A fascite plantar (FP) tem sido descrita como uma condição inflamatória da fáscia plantar na região do mediopé ou em sua inserção na tuberosidade medial do calcâneo, com envolvimento de microlacerações ou de uma ruptura parcial de fibras fasciais. *Fascite plantar* também é outro termo genérico já arraigado na literatura utilizado como um descritor geral da dor na área plantar do retropé. Uma designação inespecífica mais apropriada seria *dor plantar no calcanhar* ou *síndrome da dor no calcanhar*; o termo *fascite plantar* deve ficar reservado à inflamação especificamente da fáscia plantar. Tendo em vista que evidências mostram a presença de uma condição não inflamatória (p. ex., degeneração mixoide acompanhada por fragmentação da fáscia plantar) na fáscia plantar de pacientes submetidos a uma cirurgia de liberação de fáscia (La Porta e La Fata, 2005), alguns autores sugeriram *fasciose plantar* (Thomas et al., 2010) ou *fasciopatia plantar* (Trojian e Tucker, 2019) como um descritor mais acurado para essa condição. Em um relatório de consenso publicado em 2018, o American College of Foot and Ankle Surgeons informou que "Finalmente, a denominação fasciopatia tem sido historicamente empregada como termo geral que inclui tanto a inflamação no curto prazo (fascite) quanto a degeneração no longo prazo (fasciose). Em uma tentativa de simplificação da terminologia para as finalidades do presente CCS, utilizamos neste documento apenas o termo 'fascite'" (Schneider et al., 2018, p.372).

Os diagnósticos diferenciais para a fascite plantar são: síndrome do túnel do tarso, fratura aguda do calcâneo, tumor ósseo, apofisite do calcâneo, tendinite do calcâneo, ruptura da fáscia plantar e bursite retrocalcânea (Goff e Crawford, 2011; Thomas et al., 2010).

Na maioria dos casos, a FP ocorre em resposta à aplicação de carga repetida (p. ex., em uma corrida), em que forças compressivas achatam o arco longitudinal do pé. Foi estimado que as forças incidentes na fáscia plantar durante uma corrida chegam a 1,3 a 2,9 vezes o peso corporal (Scott e Winter, 1990). Esse achatamento dos arcos resulta em um estiramento da fáscia e na absorção da carga, de maneira muito parecida com uma mola laminar, ao envergar para a acomodação de grandes pesos – fenômeno conhecido como mecanismo de treliça (*truss mechanism*) (Fig. 6.45a). A extensão dos dedos do pé impõe um estresse adicional às estruturas, por meio de um mecanismo de molinete, conforme ilustra a Figura 6.45b.

A fascite plantar se acelera ou piora pela falta de flexibilidade. A tensão do tendão do calcâneo, por exemplo, limita a dorsiflexão do tornozelo, o que resulta em um maior estresse na fáscia plantar. Deficiências na força e na flexibilidade do tornozelo foram observadas nos membros sintomáticos, em comparação com os membros não afetados e com um grupo controle assintomático (Kibler et al., 1991).

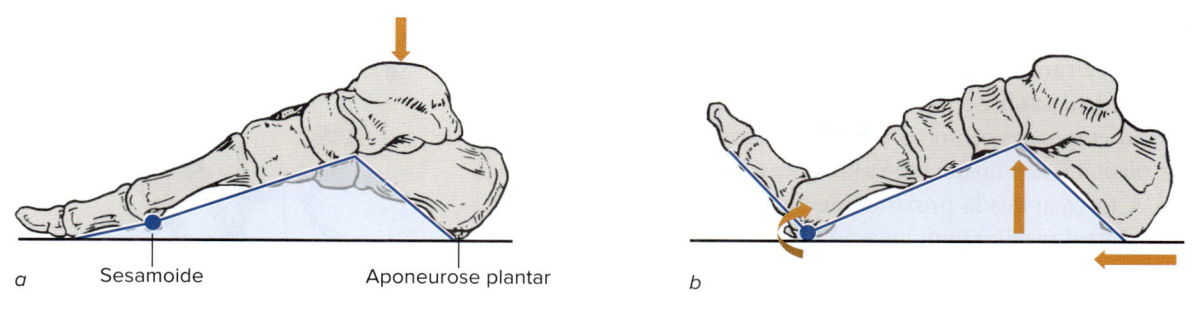

a Sesamoide   Aponeurose plantar   *b*

FIGURA 6.45 Mecanismo de treliça (*truss mechanism*), no qual o peso do corpo comprime o arco longitudinal. *(b)* Mecanismo de molinete (originalmente propostc por Hicks, 1954), no qual a hiperextensão dos dedos do pé aumenta a tensão nas estruturas plantares.

Além da força e da flexibilidade, há outros fatores associados à FP, como por exemplo excesso de treinamento, discrepância no comprimento dos membros inferiores, fadiga, inextensibilidade da fáscia e mecânica motora defeituosa. A pronação excessiva durante a corrida é um bom exemplo de como um padrão de movimento patológico contribui para a FP. Durante a pronação, ocorre eversão da articulação talocalcânea, o que resulta em alongamento da fáscia plantar e aumento do estresse incidente nos tecidos. A repetição dessa carga patológica acarreta microlesões e uma concomitante inflamação. Embora a pronação excessiva tenha sido associada à FP, não existe uma ligação nítida entre a FP e o pé cavo (elevação dos arcos do pé) ou o pé chato (pé plano) (Peterson e Renström, 2001). Ainda não foi descoberta a causa da fascite plantar.

Lesões aos dedos do pé

Jacques Lisfranc, um cirurgião de campo do exército de Napoleão, descreveu a amputação através da articulação tarsometatarsal de um pé gangrenoso (Vuori e Aro, 1993). Embora essa descrição não incluísse qualquer referência à fratura-luxação da articulação, hoje em dia seu nome é dado a essas lesões à região tarsometatarsal (ver Fig. 6.46). As fraturas-luxações de Lisfranc envolvem as articulações tarsometatarsais, intermetatarsais e intertarsais anteriores (Lau et al., 2017).

As circunstâncias da lesão articular de Lisfranc variam; podem ser lesões de baixa energia (p. ex., escorregar ou tropeçar) ou de alta energia (p. ex., uma queda de local elevado, esmagamento direto, colisão de veículo automotor). Já foram sugeridos vários mecanismos para

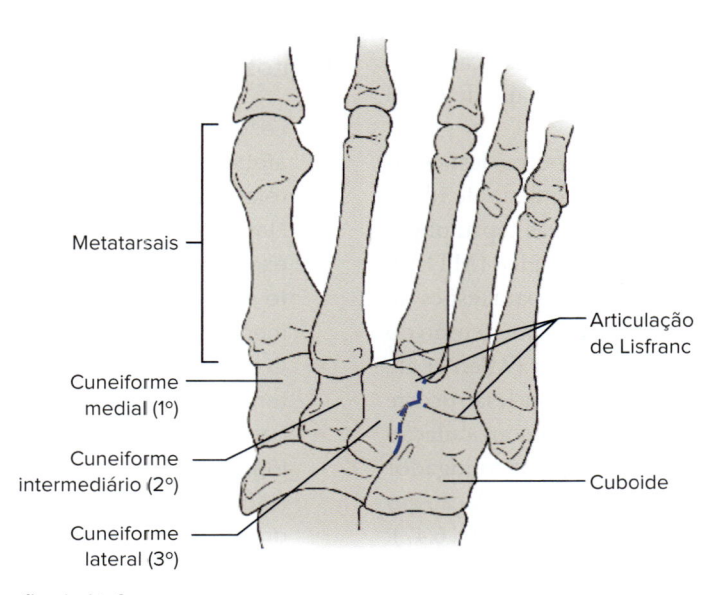

Metatarsais

Articulação de Lisfranc

Cuneiforme medial (1º)

Cuneiforme intermediário (2º)

Cuboide

Cuneiforme lateral (3º)

FIGURA 6.46 Fratura-luxação de Lisfranc.

explicar as fraturas-luxações de Lisfranc. Um mecanismo relativamente raro é a força direta, como quando um objeto pesado cai sobre o pé. A força direta aplicada ao metatarsal empurra o osso para baixo e provoca uma luxação plantar e, acompanhando a luxação, uma possível fratura. A força aplicada proximalmente à articulação tarsometatarsal resultará em luxação dorsal.

Um segundo mecanismo envolve a aplicação de uma carga axial à região, quando são aplicadas forças indiretas (p. ex., a força de reação do solo) a um pé em extrema flexão plantar. Isso ocorre quando uma pessoa está na ponta dos pés no instante da aplicação da carga. Uma carga similar também pode ocorrer em dorsiflexão. Em ambos os casos, o metatarsal é empurrado vigorosamente a uma posição extra-articular. Normalmente, tal lesão se faz acompanhar por uma ruptura da cápsula e por fratura do metatarsal.

Uma abdução violenta, induzida por um mecanismo de torção, é outra causa de lesão de Lisfranc. Essa situação fica classicamente ilustrada por uma lesão equestre, em que o pé do cavaleiro está preso no estribo quanto ele sofre uma queda; isso projeta os metatarsais a uma posição de extrema abdução.

Embora as fraturas-luxações de Lisfranc tenham valor instrutivo para a demonstração dos mecanismos de lesão, sua incidência é bastante baixa. Uma revisão de 700 casos de fratura em metatarsais constatou que menos de 10% envolviam lesões na articulação de Lisfranc (Vuori e Aro, 1993). Mais recentemente, Stødle et al. (2020) chegaram a uma incidência para as fraturas de Lisfranc de 14:100 mil pessoas-anos e uma incidência de lesões instáveis (i. e., lesões com deslocamento detectável das articulações tarsometatarsais) de 6:100 mil pessoas-anos.

A prevalência é maior no caso de outras lesões do pé e dos dedos. Entre essas lesões, há o dedo de turfa, uma lesão que envolve danos às estruturas capsuloligamentares da articulação metatarsofalângica (MTF) I. Já foram implicados vários mecanismos para lesões do tipo *dedo de turfa*, mais comumente a hiperextensão do hálux com o tornozelo em flexão plantar (Allen et al., 2004; Poppe et al., 2019). Normalmente, essa lesão ocorre quando o pé está plantado no solo com a articulação MTF I em extensão. Uma carga (p. ex., outro jogador que cai sobre o pé do lesionado) força a articulação em hiperextensão e lesiona estruturas articulares (Fig. 6.47). Mais raramente, o dedo em turfa é decorrente de um mecanismo de hiperflexão. Essa lesão também pode ocorrer secundariamente em resposta à aplicação de

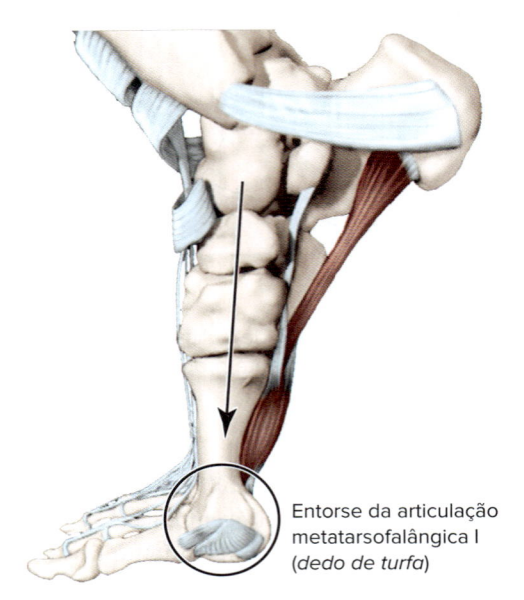

Entorse da articulação metatarsofalângica I (*dedo de turfa*)

FIGURA 6.47   Entorse da articulação metatarsofalângica I (*dedo de turfa*), causada pela hiperextensão do hálux, com aplicação simultânea de uma carga compressiva.
© Primal Pictures Ltd.

cargas excessivas em valgo e varo na articulação MTF I. Embora antigamente essa lesão tenha sido considerada como de menor importância, atualmente o dedo em turfa é reconhecido como um problema que traz consigo efeitos significativos no curto prazo e consequências graves no longo prazo (Seow et al., 2020).

REVISÃO DO CAPÍTULO

Pontos-chave

- Lesões de membro inferior ocorrem comumente, afetando a postura, a marcha, a corrida e outras tarefas que envolvem descarga de carga.
- Nas últimas décadas, uma maior participação em esportes de competição e recreativos, especialmente por meninas e mulheres, contribuiu para o aumento da incidência de lesões de membro inferior.
- O risco de uma lesão de membro inferior é multifatorial.
- Logicamente, as mudanças demográficas e sociológicas prognosticam aumentos futuros em certas lesões de membro inferior (p. ex., fraturas de quadril em idosos).
- Os programas de prevenção de lesões se mostraram efetivos em reduzir a incidência de certas lesões (p. ex., rupturas do LCA).

Questões a considerar

1. Neste capítulo, a seção *Um olhar mais atento* examinou detalhadamente a lesão ao ligamento cruzado anterior. Selecione outra lesão apresentada no capítulo e escreva a sua própria seção *Um olhar mais atento* para a lesão escolhida.

2. Usando exemplos específicos, explique como as lesões de membro inferior podem afetar a postura, a marcha, a corrida e outras tarefas que envolvem descarga de carga.

3. Selecione uma lesão de membro inferior descrita no texto e explique como e por que a lesão escolhida pode ser considerada um problema multifatorial.

4. O texto descreve como as mudanças demográficas previstas provavelmente aumentarão a incidência de fraturas do quadril. Selecione outra lesão e explique como tais mudanças demográficas podem prognosticar futuros aumentos (ou diminuições) no risco para a lesão escolhida.

LEITURAS SUGERIDAS

Browner, B.D., J. Jupiter, C. Krettek, and P.A. Anderson, eds. 2019. *Skeletal Trauma: Basic Science, Management, and Reconstruction* (6th ed.). Philadelphia: Elsevier.

Bulstrode, C., J. Wilson-MacDonald, D.M. Eastwood, J. McMaster, J. Fairbank, P.J. Singh, S. Bawa, P.D. Gikas, T. Bunker, G. Giddins, M. Blyth, D. Stanley, P.H. Cooke, R. Carrington, P. Calder, P. Wordsworth, and T. Briggs, eds. 2011. *Oxford Textbook of Trauma and Orthopaedics* (2nd ed.). New York: Oxford University Press.

Canata, G.L., P. d'Hooghe, K.J. Hunt, G.M.M.J. Kerkhoffs, and U.G. Longo, eds. 2019. *Sports Injuries of the Foot and Ankle: A Focus on Advanced Surgical Techniques*. New York: Springer.

Diermeier, T., B.B. Rothrauff, L. Engebretsen, A.D. Lynch, O.R. Ayeni, M.V. Paterno, . . . S.J. Meredith. 2020. Treatment after anterior cruciate ligament injury: Panther Symposium ACL Treatment Consensus Group. *Knee Surgery, Sports Traumatology, Arthroscopy* 28: 2390-2402.

Fanelli, G.C., ed. 2015. *Posterior Cruciate Ligament Injuries: A Practical Guide to Management* (2nd ed.). New York: Springer.

Feliciano, D., K. Mattox, and E. Moore, eds. 2020. *Trauma* (9th ed.). New York: McGraw-Hill.

Filbay, S.R., and H. Grindem. 2019. Evidence-based recommendations for the management of anterior cruciate ligament (ACL) rupture. *Best Practice & Research Clinical Rheumatology* 33: 33-47.

Griffin, B.L.Y., M.J. Albohm, E.A. Arendt, et al. 2006. Understanding and preventing noncontact anterior cruciate ligament Injuries: A Review of the Hunt Valley II Meeting. *The American Journal of Sports Medicine* 34: 1512-1532.

Kruse, L.M., B. Gray, and R.W. Wright. 2012. Rehabilitation after anterior cruciate ligament reconstruction: A systematic review. *Journal of Bone & Joint Surgery* 94(19): 1737-1748.

Noyes, F.R., and S. Barber-Westin, eds. 2018. *ACL Injuries in the Female Athlete: Causes, Impacts, and Conditioning Programs* (2nd ed.). New York: Springer.

Noyes, F.R., and S. Barber-Westin, eds. 2019. *Return to Sport after ACL Reconstruction and Other Knee Operations: Limiting the Risk of Reinjury and Maximizing Athletic Performance*. New York: Springer.

Porter, D.A., and L.C. Schon, eds. 2020. *Baxter's the Foot and Ankle in Sport* (3rd ed.). Philadelphia: Elsevier.

Richie, D.H. 2021. *Pathomechanics of Common Foot Disorders*. New York: Springer.

Rodríguez-Merchán, E.C., and A.D. Liddle, eds. 2019. *Disorders of the Patellofemoral Joint: Diagnosis and Management*. New York: Springer.

Tornetta, P., III, W. Ricci, C.M. Court-Brown, M.M. McQueen, and M. McKee, eds. 2019. *Rockwood and Green's Fractures in Adults* (9th ed.). Philadelphia: Lippincott Williams & Wilkins.

van Melick, N.E., R.E.H. van Cingel, M.P.W. Tijssen, and M.W.G.N van der Sanden. 2016. Assessment of functional performance after anterior cruciate ligament reconstruction: A systematic review of measurement procedures. *Knee Surgery, Sports Traumatology, Arthroscopy* 21(4): 869-879.

Lesões de membro superior

Cicatrização é questão de tempo, mas algumas vezes também é questão de oportunidade.

Hipócrates (460-375 a.C.)

OBJETIVOS

- Descrever a anatomia relevante do membro superior envolvida nas lesões musculoesqueléticas.
- Identificar e explicar os mecanismos envolvidos nas lesões musculoesqueléticas nas principais articulações (ombro, cotovelo, punho e dedos) e segmentos (braço, antebraço e mão) dos membros superiores.

Raramente se passa um dia sem algum relato na mídia de alguma lesão musculoesquelética digna de nota. São por demais comuns manchetes do tipo "Criança tem ferimentos graves na mão em um acidente com fogos de artifício" ou "Grande incidência de síndrome do túnel do carpo observada em operários de fábrica", ou ainda "Astro do basquete tem laceração do manguito rotador". As lesões no membro superior são particularmente preocupantes, pois prejudicam a capacidade da pessoa de manipular o ambiente. Mesmo tarefas simples como abrir um frasco ou inserir uma chave na fechadura passam a ser difíceis para uma pessoa com prejuízos em sua destreza. Uma lesão significativa ao ombro, cotovelo, punho ou dedos da mão pode por fim a uma carreira, impor uma mudança de ocupação, ou comprometer a participação do indivíduo em suas atividades recreativas.

O diagnóstico, tratamento e reabilitação efetivos das lesões no membro superior dependem de uma sólida compreensão dos mecanismos de lesão. Apenas quando é possível estabelecer e compreender as relações causais entre as forças aplicadas e a lesão resultante podemos formular e implementar programas apropriados de intervenção e de prevenção.

Da mesma maneira que foi feito para as lesões do LCA no Capítulo 6, este capítulo oferece uma detalhada exploração das lesões de impacto glenoumeral e das lesões do manguito rotador na seção *Problemas do manguito rotador: um olhar mais atento*. Nessa seção, expandimos nossa discussão além dos mecanismos de lesão, apresentando descritores detalhados da estrutura do complexo do ombro e da mecânica dos tecidos, além de uma discussão da avaliação clínica, tratamento e reabilitação dos problemas do manguito rotador.

LESÕES NO OMBRO

O cíngulo do membro superior contém dois ossos: a escápula e a clavícula. A clavícula se articula medialmente com o manúbrio do esterno (articulação esternoclavicular) e lateralmente com o acrômio da escápula (articulação acromioclavicular) (Fig. 7.1). A articulação acromioclavicular (AC) é uma articulação sinovial plana (deslizante), cujas superfícies articulares estão separadas por um disco articular. O ligamento acromioclavicular dá suporte à articulação AC superiormente; o apoio inferior é proporcionado pelo ligamento coracoclavicular.

O úmero se articula com a escápula na articulação glenoumeral (GU) (também conhecida como *articulação do ombro*), que é a articulação com maior mobilidade do corpo humano, em que a cabeça do úmero se encaixa frouxamente na pouco profunda cavidade glenoidal da escápula. O lábio glenoidal, de estrutura fibrocartilaginosa, prende-se à borda da cavidade glenoidal e, com isso, melhora o encaixe dos ossos da articulação. Dois ligamentos emprestam força à articulação GU: o ligamento glenoumeral (um espessamento da cápsula

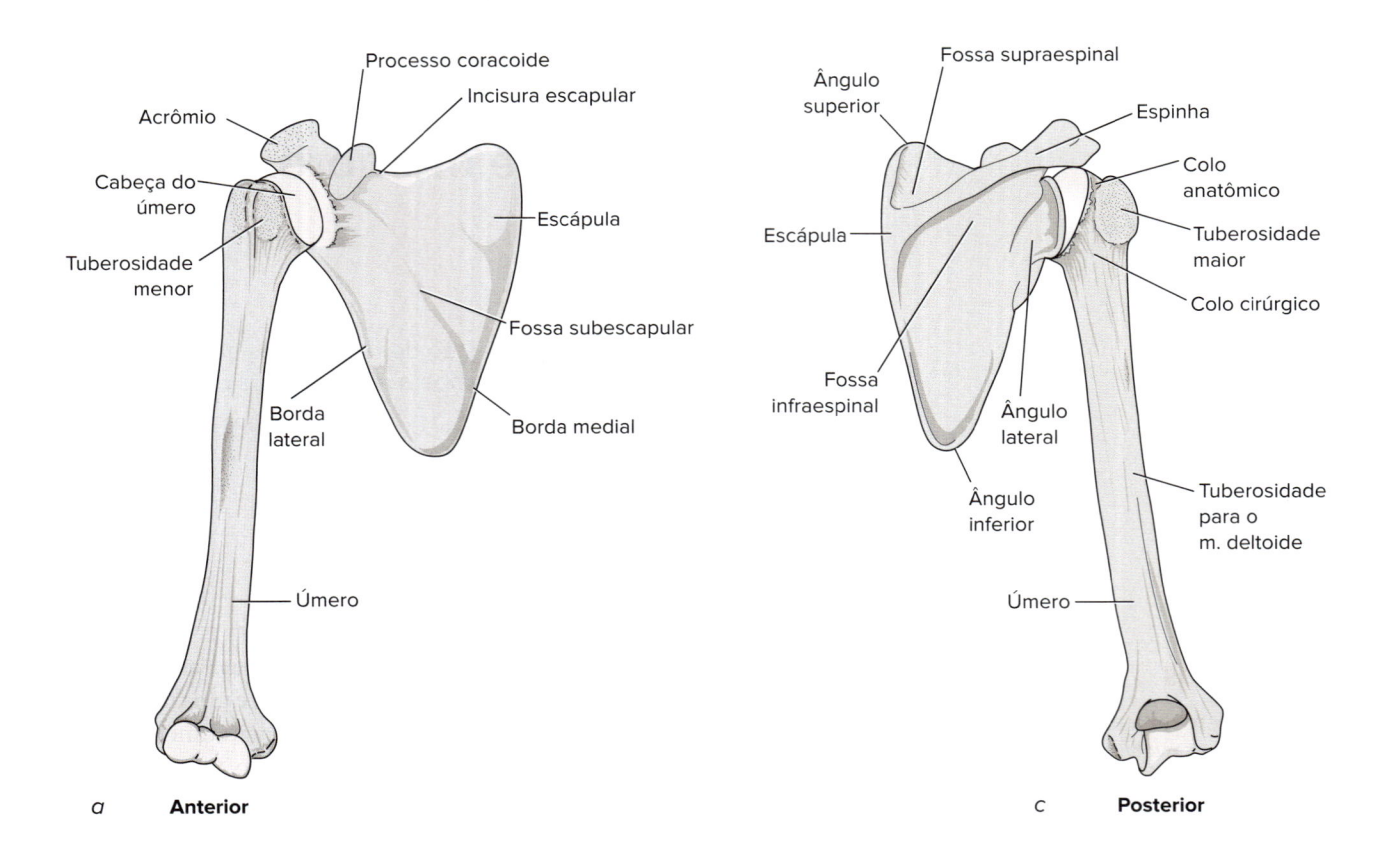

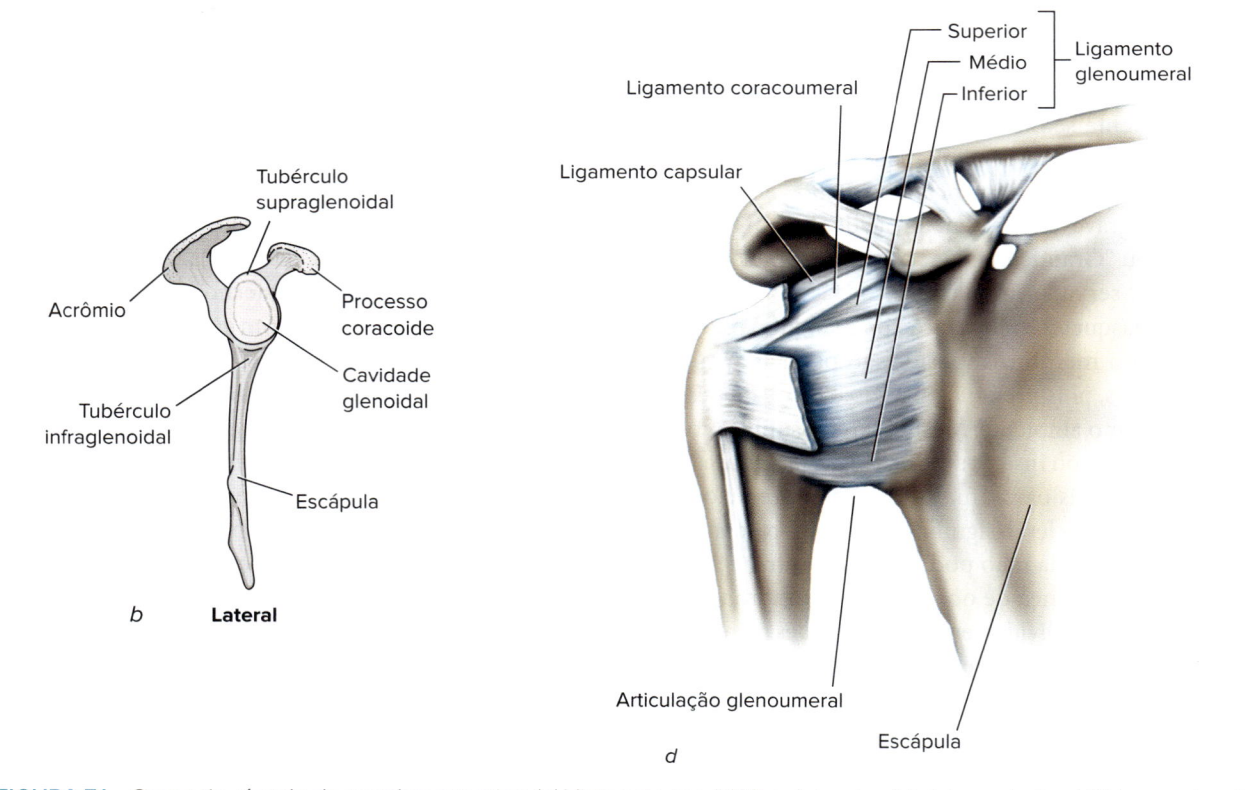

FIGURA 7.1 Ossos do cíngulo do membro superior: *(a)* Vista anterior, *(b)* Vista lateral, e *(c)* vista posterior. *(d)* Ligamentos do ombro.

articular anterior) e o ligamento coracoumeral, que prende firmemente o úmero ao processo coracoide da escápula.

A estrutura em "bola e soquete" (i. e., articulação esferóidea) da articulação GU possibilita a realização de movimentos triplanares conhecidos como de *flexão-extensão* (no plano sagital), de *abdução-adução* (no plano frontal) e de *rotação medial-lateral* (no plano transverso). A Figura 7.2 ilustra os músculos responsáveis pela produção e controle dos movimentos na articulação GU; a Tabela 7.1 oferece um resumo desses músculos. Entre os músculos GU mais importantes (e que frequentemente são lesionados) estão os quatro músculos do grupo do manguito rotador (subescapular, supraespinal, infraespinal e redondo menor). Esses músculos auxiliam

na estabilização da articulação GU por formarem um manguito em torno da cabeça do úmero e tracionar esse osso para o interior da cavidade glenoidal.

São lesões significativas no ombro: entorse acromioclavicular, instabilidade e luxação da articulação glenoumeral, tendinite do bíceps braquial, síndrome de impacto, ruptura do manguito rotador e doenças labiais. Com frequência essas lesões estão associadas à prática de esportes específicos (Tab. 7.2) e, em muitos casos, dependem da posição do atleta (Perry e Higgins, 2001). Exemplificando, as lesões no ombro são mais comuns em arremessadores de beisebol e em nadadores que competem nos estilos borboleta e livre, em comparação com jogadores de beisebol que atuam em outras posições e com nadadores que competem em outros estilos. As

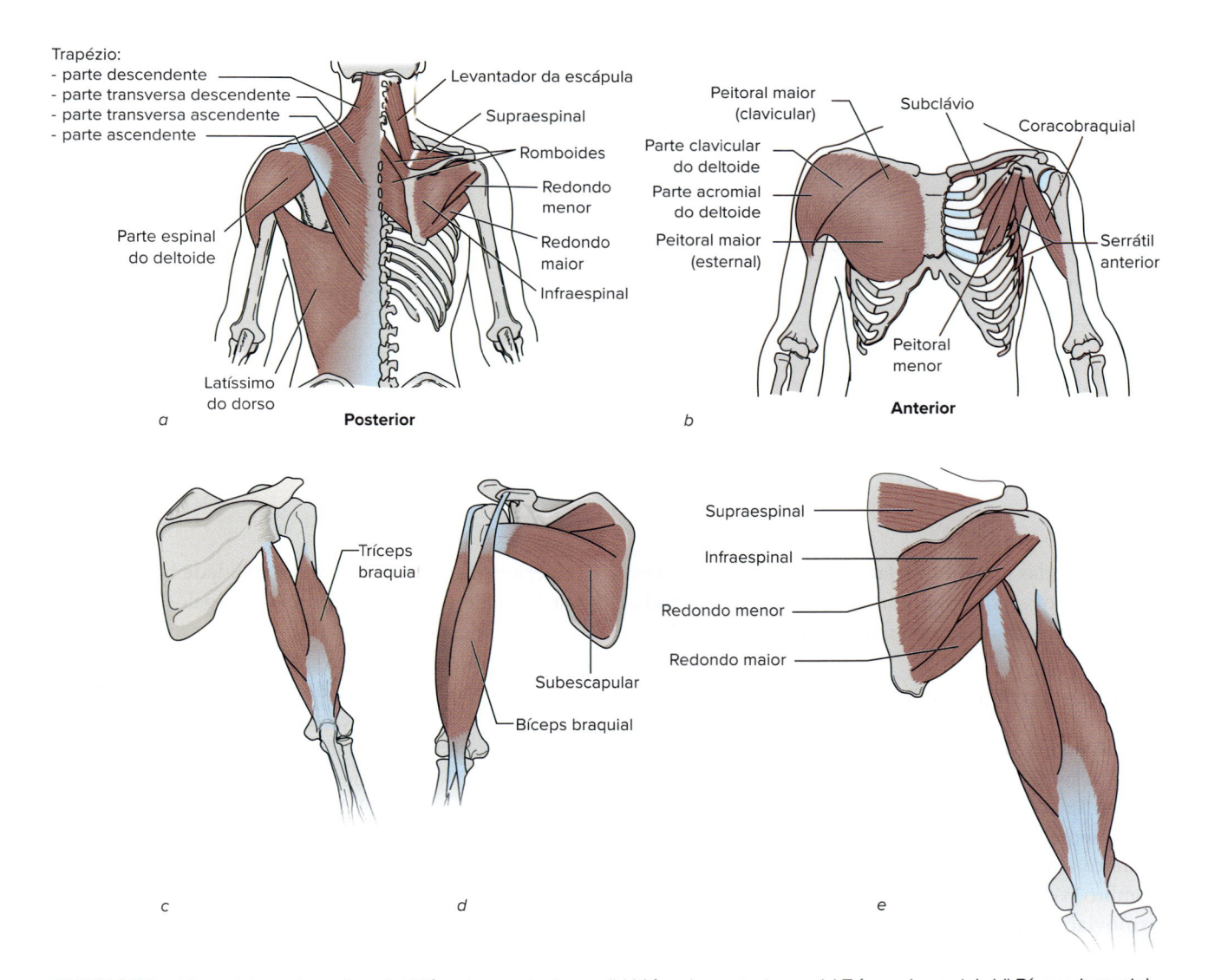

FIGURA 7.2 Musculatura do ombro: *(a)* Músculos posteriores. *(b)* Músculos anteriores. *(c)* Tríceps braquial. *(d)* Bíceps braquial e subescapular. *(e)* Vista posterior do supraespinal, infraespinal, redondo menor e redondo maior.

TABELA 7.1   Músculos do ombro

Músculo	Ação
Bíceps braquial	Flexiona o braço
Coracobraquial	Flexiona e aduz o braço
Deltoide	Realiza adução do braço; as fibras posteriores estendem e realizam rotação lateral (externa) do braço; as fibras anteriores flexionam e realizam rotação medial (interna) do braço
Infraespinal*	Realiza rotação lateral e leve adução do braço
Latíssimo do dorso	Realiza adução, extensão e rotação medial do braço
Peitoral maior	Realiza adução, flexão e rotação medial do braço
Subescapular*	Realiza rotação medial do braço
Supraespinal*	Realiza abdução do braço
Redondo maior	Realiza adução, extensão e rotação medial do braço
Redondo menor*	Realiza rotação lateral, leve adução e extensão do braço
Tríceps braquial (cabeça longa)	Realiza extensão do braço

*Músculos incluídos no grupo do manguito rotador.

TABELA 7.2   Taxa de lesão de lesões específicas no ombro relacionadas ao esporte em atletas estudantes do ensino médio

Esporte	Sexo	Geral	Competição	Prática
Futebol	Feminino	0,39	0,88	0,19
	Masculino	0,57	1,19	0,30
Basquete	Feminino	0,45	0,76	0,32
	Masculino	0,47	0,90	0,30
Softbol	Feminino	1,10	1,46	0,91
Beisebol	Masculino	1,90	2,38	1,64
Futebol americano	Masculino	5,09	16,2	2,72
Vôlei	Feminino	1,07	0,72	1,26
Geral	Feminino	0,72	0,94	0,61
	Masculino	3,05	6,64	1,85
	Combinado	2,27	4,41	1,46

Taxas de lesão (por 10 mil atletas-exposições), anos letivos de 2005-6 e 2006-7, National High School Sports-Related Injury Surveillance Study.
Adaptada de J. E. Bonza, S. K. Fields, E. E. Yard, et al., *Journal of Athletic Training* 44, n° 1 (2009): 76-83; https://doi.org/10.4085/1062-6050-44.1.76.

lesões agudas no ombro relacionadas com a prática esportiva são responsáveis por cerca de um terço de todas as lesões ocorrentes nessa região (Enger et al., 2019).

Entorse acromioclavicular

A entorse acromioclavicular (AC) é decorrente da aplicação de forças que tendem a deslocar o acrômio da escápula da extremidade distal da clavícula. Habitualmente, essa lesão é conhecida como separação do ombro, e não deve ser confundida com uma luxação do ombro (ver seção a seguir). A articulação AC, do tipo sinovial, é classificada como uma articulação plana, que contém um disco intra-articular que normalmente experimenta degeneração com o passar do tempo (Hatta et al., 2013; Horvath e Kery, 1984). Os ligamentos AC

superior e inferior fornecem estabilidade horizontal; a estabilidade vertical é proporcionada pelos ligamentos coracoclaviculares.

As lesões acromioclaviculares são decorrentes da ação de forças diretas ou indiretas. A causa mais comum de lesão AC é uma força direta aplicada à ponta do ombro com o braço em uma posição de adução (Buss e Watts, 2003). Esse mecanismo pode ser observado quando uma pessoa colide com um objeto ou superfície sólidos, e a força do impacto projeta o acrômio inferiormente em relação à clavícula (Fig. 7.3a). Nos casos sem fratura, os níveis aumentados de força provocam a progressão da lesão AC conforme segue: (1) leve entorse do ligamento AC, (2) entorse moderada do ligamento AC com envolvimento do ligamento coracoclavicular e (3) luxação completa da articulação AC, acompanhada por laceração das inserções claviculares dos músculos deltoide e trapézio e ruptura completa do ligamento coracoclavicular.

Menos frequentemente, as lesões AC são resultantes de forças indiretas, como por exemplo quando uma pessoa cai sobre a mão ou braço estendido (Fig. 7.3b). Nesse mecanismo, as forças de contato são transmitidas superiormente pelo braço, através do úmero e até o acrômio. Essas cargas direcionadas superiormente forçam a separação entre o acrômio e a clavícula. Em raras ocasiões, forças de tração extremas aplicadas ao braço podem causar a separação do acrômio de sua ligação à clavícula (Edgar, 2019).

Classicamente, a classificação das lesões AC identifica seis tipos de entorse e luxação da articulação AC (Williams et al., 1989). A Figura 7.4 ilustra o mecanismo e as lesões resultantes em cada um dos seis tipos. Os primeiros três tipos (tipos I-III), originalmente descritos por Tossy et al. (1963) e por Allman (1967), são os mais comuns e representam quase 98% de todas as lesões AC (Lambert e Hertel, 2002). Os tipos IV-VI ocorrem apenas raramente.

Os seis tipos de lesão AC são caracterizados como segue (Peterson e Renström, 2001):

- Tipo I: entorse isolada do ligamento AC, com dor sobre a articulação AC; dor mínima durante movimentos do ombro; leve dor à palpação.
- Tipo II: alargamento da articulação AC, com elevação da extremidade distal da clavícula e ruptura do ligamento AC; dor moderada a intensa; limitação nos movimentos do ombro.
- Tipo III: luxação da articulação AC com deslocamento superior da clavícula; ruptura dos ligamentos coracoclaviculares; alargamento do espaço coracoclavicular; dor moderada a intensa; depressão no membro superior, com possível flutuação livre da clavícula.
- Tipo IV: luxação da articulação AC, com deslocamento posterior da clavícula até o músculo trapézio ou através deste músculo; ruptura completa do ligamento coracoclavicular; clinicamente semelhante ao tipo III, mas a dor é mais intensa, bem como o deslocamento clavicular posterior.

a

b

FIGURA 7.3   Mecanismos de entorse acromioclavicular (separação do ombro). *(a)* Colisão com um objeto ou superfície. *(b)* Queda sobre um braço ou mão estendidos.

(a) Denis Poroy/Getty Images *(b)* Sergey Lavrentev/fotolia.com

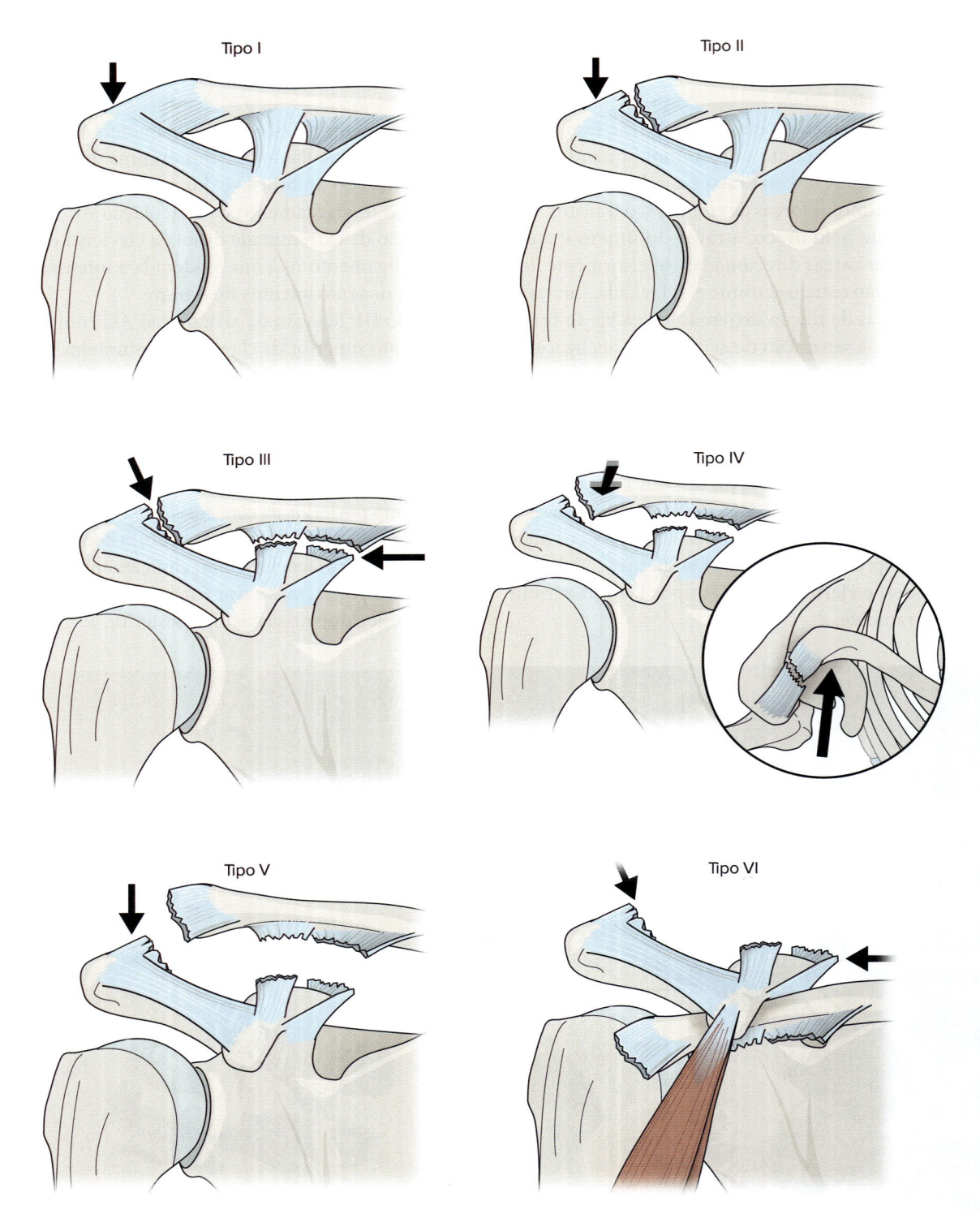

FIGURA 7.4 Tipos de lesão na articulação acromioclavicular (I-VI).

■ Tipo V: ruptura dos ligamentos acromioclavicular e coracoclavicular; deslocamento visível da articulação AC; clinicamente semelhante ao tipo III, mas a dor é mais intensa, bem como o deslocamento.

■ Tipo VI: ruptura dos ligamentos acromioclavicular e coracoclavicular; deslocamento inferior da clavícula até uma posição subacromial ou subcoracoide.

Instabilidade e luxação glenoumerais

Em toda articulação, a capacidade de opor resistência à luxação está diretamente relacionada com a sua estabilidade intrínseca. O que o ombro ganha em mobilidade perde em estabilidade. Conforme discutido no Capítulo 6, articulações como a do quadril, que exibem bom encaixe ósseo e uma extensa musculatura circunjacente, raramente experimentam luxação. A articulação glenoumeral, por outro lado, demonstra tendência à luxação em decorrência de seu encaixe ósseo limitado e musculatura de sustentação limitada. A estrutura rasa da cavidade glenoidal e a limitada área de contato entre a cavidade e a cabeça do úmero contribuem para a instabilidade da articulação.

Até certo ponto, o lábio glenoidal melhora o encaixe articular, ao aumentar a área de superfície e também aprofundar a cavidade; apesar disso, a articulação glenoumeral é provavelmente a de menor estabilidade no corpo humano – uma distinção discutível, endossada pelas frequentes luxações. Assim, devemos compreender os fatores contributivos para sua estabilidade, para que possamos discutir adequadamente os mecanismos da luxação glenoumeral.

Os fatores estabilizadores são classificados como ativos (dinâmicos) ou passivos (estáticos). A estabilização ativa é proporcionada por músculos que circundam e exercem ações na articulação glenoumeral. Esses músculos são deltoide, trapézio, latíssimo do dorso, peitoral maior e músculos do grupo do manguito rotador (subescapular, supraespinal, infraespinal e redondo menor). Nas posições intermediárias de movimento, os músculos do ombro têm uma poderosa ação como estabilizadores glenoumerais. Contudo, nos extremos do movimento, certos músculos (p. ex., deltoide e peitoral maior) podem contribuir para a instabilidade glenoumeral (Labriola et al., 2005).

A estabilização passiva é proporcionada pela cápsula articular e pelos ligamentos de suporte. Nos extremos do movimento articular, a tensão nas estruturas capsuloligamentares fornece resistência à luxação. Nessas estruturas, a frouxidão necessária para os excepcionais

---

Ombro congelado

Em 1872, o médico francês E. S. Duplay descreveu uma "periartrite" caracterizada por rigidez do ombro e limitação dos movimentos na articulação. Sessenta e dois anos depois, E. A. Codman (1934) cunhou o termo *ombro congelado* para descrever a mesma condição, a dor que a acompanha e a redução da rotação lateral e da abdução.

Neviaser (1945) identificou a condição como uma capsulite adesiva, um termo que ainda é empregado ocasionalmente na descrição dessa condição. O ombro congelado é uma condição idiopática que envolve rigidez do ombro e dor na região. Afeta a cápsula articular anterior e o intervalo do manguito rotador (entre o subescapular e o supraespinal). Uma avaliação utilizando a artrografia por ressonância magnética aponta para a ocorrência de um espessamento do ligamento coracoumeral no intervalo do manguito rotador (Mengiardi et al., 2004).

Os três sintomas principais do ombro congelado são: rigidez insidiosa do ombro, dor intensa e perda da rotação lateral, tanto ativa como passiva (Cho et al., 2019; Dias et al., 2005; Robinson et al., 2012). Mais comumente, o ombro congelado afeta pessoas na faixa dos 40 a 70 anos, sendo mais comum em mulheres do que em homens.

Embora a causa do ombro congelado seja desconhecida, vários fatores foram associados à condição. Esses fatores incluem problemas do manguito rotador, diabetes, doença tireoidiana e autoimune, problemas na parte cervical da coluna vertebral, traumatismo, problemas na parte torácica da coluna vertebral ou hiperlipidemia (Clasper, 2002).

Normalmente, ocorre resolução do ombro congelado em um a três anos, mas a cura nem sempre é completa. Foram descritos três estágios clínicos (Chan et al., 2017; Clasper, 2002; Dias et al., 2005):

■ *Primeiro estágio.* Estágio doloroso (congelamento) – surgimento gradual da dor, especialmente à noite. A rigidez leva a um menor uso do braço.

■ *Segundo estágio.* Estágio de enrijecimento (aderência) – diminuição da dor, com rigidez residual. Redução dos movimentos articulares, sobretudo a rotação lateral do ombro.

■ *Terceiro estágio.* Estágio de descongelamento (resolução) – melhora da amplitude de movimento da articulação.

Apesar dos progressos no diagnóstico e no tratamento do ombro congelado, boa parte do que Codman falou em 1934 ainda reflete uma verdade: "Essa é uma classe de casos que, em minha opinião, é difícil de definir, difícil de tratar e cuja patogênese é muito difícil de explicar" (Codman, 1934, p.216).

movimentos na articulação glenoumeral impede seu envolvimento como estabilizadoras ao longo das amplitudes de movimento normais. Durante as amplitudes de movimento normais, há necessidade da interferência de outros mecanismos estabilizadores. Esses mecanismos incluem os efeitos combinados da pressão intracapsular negativa e os mecanismos de compressão da concavidade e de equilíbrio escapuloumeral.

Em uma articulação glenoumeral normal (i. e., com a cápsula intacta), uma pequena pressão intracapsular negativa ajuda a estabilizar a articulação (Speer, 1995). Embora não seja particularmente expressiva, essa força (90 a 140 N) contribui de maneira efetiva para a manutenção da estabilidade glenoumeral ao longo de toda a sua amplitude de movimento.

Os mecanismos de compressão da concavidade e de equilíbrio escapuloumeral também contribuem significativamente para a estabilização da articulação. Compressão da concavidade refere-se à estabilidade criada quando um objeto convexo é pressionado no interior de uma superfície côncava (Lippitt e Matsen, 1993). Quando as superfícies são conjuntamente pressionadas, observa-se maior resistência aos movimentos de translação entre as superfícies. Na superfície entre a cabeça do úmero e a cavidade glenoidal, diversas forças musculares aumentam a pressão articular e estabilizam a articulação. A resistência translacional na articulação glenoumeral é maior na direção superoinferior, em comparação com o que ocorre na direção anteroposterior, ocorrendo aumento na resistência diante de cargas compressivas maiores. Apesar da resistência, a translação ocorre com uma combinação de abdução, extensão e rotação lateral da articulação glenoumeral.

Com a ajuda de um sensor de posição tridimensional e de transdutores de força e de torque, Harryman et al. (1990) descreveram a translação da cabeça do úmero diante de movimentos glenoumerais passivos. Esses autores observaram a ocorrência de uma translação anterior significativa durante a flexão glenoumeral e de movimentos corporais transversais, e de uma translação posterior à extensão e rotação lateral. Os resultados de Harryman et al. são clinicamente relevantes, pois sugerem que a articulação glenoumeral não funciona exclusivamente como um mecanismo de "bola e soquete", e que mesmo a manipulação passiva da articulação resulta em uma translação significativa da cabeça do úmero no interior da cavidade glenoidal.

Mais recentemente, Klemt et al. (2018) relataram a ocorrência de forças compressivas e de cisalhamento durante atividades de vida diária (AVD), tendo enfatizado a importância da aplicação de cargas glenoumerais nos projetos de implante, procedimentos cirúrgicos e protocolos de reabilitação. A Tabela 7.3 apresenta exemplos de cargas glenoumerais.

Equilíbrio escapuloumeral refere-se à ação muscular coordenada que mantém a força de reação resultante da articulação no interior da cavidade. Conforme podemos observar na Figura 7.5, quando a linha de

TABELA 7.3 Cargas glenoumerais durante atividades de vida diária

Atividade	Força de contato glenoumeral (GU) (% do peso corporal)	Razão entre a força de cisalhamento GU (superior [+], inferior [-]) e a força de compressão	Razão entre a força de cisalhamento GU (posterior [+], anterior [-]) e a força de compressão
Alcançar a parte de trás da cabeça	33	0,13	-0,24
Lavar as costas	39	-0,57	-0,16
Comer com colher	32	0,09	-0,16
Levantar uma sacola de compras do chão	53	-0,32	-0,21
Sentar e ficar em pé	164	0,41	-0,50
Tracionar	38	-0,77	-0,14
Empurrar	38	-0,81	-0,19
Abdução (lenta)	58	0,28	-0,23
Abdução (rápida)	54	0,30	-0,18
Flexão (lenta)	54	0,13	-0,19
Flexão (rápida)	51	0,14	-0,14

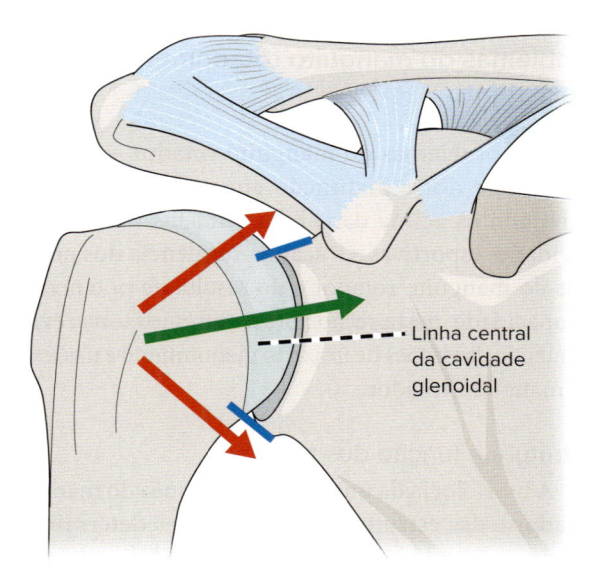

FIGURA 7.5 Linha de força de reação articular no interior do espaço glenoidal (seta verde, estável) e fora desse espaço (setas vermelhas, instável). A linha de ação da força de reação articular pode se mover para fora dos limites do espaço glenoidal (linhas azuis) por meio do movimento do úmero, da reorientação da cavidade glenoidal ou por uma combinação desses dois eventos.

ação da força de reação está direcionada à cavidade glenoidal, há estabilidade na articulação. A articulação passa a ficar instável à medida que a linha de ação se afasta do centro geométrico da cavidade glenoidal e além dos limites de sua superfície. A responsabilidade pela manutenção de uma congruência glenoumeral apropriada recai mais imediatamente nos músculos do manguito rotador, e secundariamente nos músculos deltoide, trapézio, serrátil anterior, romboides, latíssimo do dorso e levantador da escápula. A ocorrência de fadiga em algum desses músculos (p. ex., em decorrência da realização repetida de arremessos) compromete a capacidade de compensação do complexo musculoesquelético no ombro e, previsivelmente, aumenta a possibilidade de ocorrência de lesões como tendinite, impacto, problemas no manguito rotador, instabilidade articular e luxação glenoumeral.

Indivíduos com frouxidão congênita de ombro podem ter luxações atraumáticas causadas por forças de intensidade mínima. Contudo, na maior parte dos casos, a luxação de ombro tem sua origem em um dano traumático ao complexo glenoumeral. Na vasta maioria dos casos (> 90%), a luxação é anterior. A luxação anterior ocorre com maior frequência por causa de forças indiretas, ao serem aplicadas cargas axiais ao braço em abdução, extensão e rotação lateral (Fig. 7.3b). Com

menor frequência, a luxação anterior é decorrente da aplicação de forças diretas à face posterior do úmero (Fig. 7.6a).

Embora raros, já foram descritos alguns casos de luxação bilateral da articulação glenoumeral. Em um caso singular, um homem jovem teve luxação glenoumeral anterior bilateral quando fazia um exercício de supino (*bench press*). Ocorreu fadiga, o que fez com que o peso da barra forçasse os braços do jovem em hiperextensão durante a posição de abdução intermediária. Suas diáfises umerais giraram em relação ao banco de exercício, forçando a luxação anterior das cabeças dos úmeros (Cresswell e Smith, 1998). Outras luxações bilaterais resultaram de convulsões (Rudy e Hennrikus, 2017; Taneja et al., 2013), quedas (Agrahari et al., 2020; Khedr et al., 2017; Silva et al., 2015) e prática da equitação (Turhan e Demirel, 2008).

Aproximadamente 25% das luxações anteriores de ombro são complicadas por uma fratura simultânea. Os fatores de risco para a ocorrência de fraturas-luxações são a idade (≥ 40 anos), um primeiro episódio de luxação e o mecanismo (p. ex., uma queda de local elevado, luta ou agressão, ou colisão de veículo automotivo) (Emond et al., 2004).

As luxações glenoumerais posteriores são relativamente raras. Isso se deve, em grande parte, aos estabilizadores estáticos (lábio posterior, cápsula articular, ligamento glenoumeral posteroinferior) e à estabilização dinâmica promovida pelo músculo subescapular (Doehrmann e Frush, 2021). Basicamente, os mecanismos de luxação posterior são o inverso daqueles que acabamos de descrever para a luxação anterior. Forças indiretas transmitidas através do ombro em flexão, adução e rotação medial impulsionam posteriormente o úmero (Fig. 7.6b). A luxação posterior também pode ser decorrente de um traumatismo direto à face anterior do úmero (Fig. 7.6c) ou ao braço submetido a adução e rotação medial forçadas (Samilson e Prieto, 1983).

Já foram publicados casos nos quais a ocorrência de contrações musculares violentas durante choque elétrico ou convulsões causou luxações posteriores. Nesses casos, as forças substanciais dos rotadores internos (subescapular, latíssimo do dorso e peitoral maior) maximamente acionados sobrecarregam os rotadores externos (infraespinal e redondo menor), e alavancam a cabeça umeral da cavidade glenoidal. As ocasionais luxações inferiores ocorrem quando um mecanismo de hiperabdução produz um ponto de apoio entre o colo do úmero e o acrômio, alavancando a cabeça do úmero para fora inferiormente.

a

b

c

FIGURA 7.6   Mecanismos de luxação glenoumeral. *(a)* Luxação glenoumeral anterior causada por uma força aplicada diretamente à face posterior do ombro. *(b)* Luxação glenoumeral posterior causada por uma força aplicada indiretamente através do braço em posição de flexão, adução e rotação medial. *(c)* Luxação glenoumeral posterior causada por uma força aplicada diretamente à face anterior do ombro.

(a) Rick Ulreich/Icon Sportswire via Getty Images *(b)* Lee Parker-CameraSport via Getty Images *(c)* GREG BAKER/AFP via Getty Images

Problemas do manguito rotador: um olhar mais atento

🔍   Os problemas do manguito rotador são origem comum de dor e disfunção em pessoas que fazem movimentos acima da cabeça em seus trabalhos ou atividades esportivas. Graças à prevalência dos problemas do manguito rotador e do resultante potencial de incapacidade, nesta seção apresentaremos uma revisão detalhada das lesões de impacto glenoumeral e das lesões do manguito rotador.

Estrutura e função dos tecidos

A morfologia da unidade miotendínea do manguito rotador e das estruturas circunjacentes determina os movimentos glenoumerais e a suscetibilidade dessa articulação à síndrome do impacto e às lesões do manguito rotador. A Tabela 7.4 resume as características estruturais e funcionais dos músculos do grupo do manguito rotador.

A irrigação dos músculos do manguito rotador é proveniente de várias artérias. Descobriu-se que a porção 1,0 a 1,5 cm distal dos tendões do supraespinal e do infraespinal é uma zona crítica de hipovascularização. Alguns autores sugeriram que a hipovascularidade nessa área é um fator predisponente aos problemas do manguito rotador, mas "permanece ainda objeto de discussão a existência e a extensão de uma verdadeira zona crítica, e seu significado com relação às alterações patológicas ocorrentes no manguito rotador" (Malcarney e Murrell, 2003, p.995).

Tendões do manguito rotador saudáveis contêm predominantemente água e fibras colágenas tipo I (com traços de colágeno tipo III). As fibras colágenas tipo I têm uma orientação paralela. Já as fibras tipo III tendem a exibir uma orientação com um padrão mais aleatório, são menores e têm resistência tênsil mais baixa do que as fibras tipo I. Quantidades maiores de colágeno tipo III são encontradas nos tendões em processo de reparo e naqueles que estão envelhecendo e sofrendo degeneração. Em relação à estrutura, não surpreende que tendões do manguito rotador lesionados e envelhecidos sejam mais suscetíveis a lesões.

Enfatizamos a importância de identificar as relações integrais entre o impacto glenoumeral, a instabilidade da articulação e lesões do manguito rotador. Com frequência, rupturas do manguito rotador estão alicerçadas em síndromes de impacto precedentes, com um espectro de causalidade que evolui desde um leve impacto até a completa ruptura do manguito rotador. Assim, até certo ponto é arbitrário separar a discussão desses dois tipos

TABELA 7.4 Características estruturais e funcionais dos músculos do manguito rotador

	Subescapular	Supraespinal	Infraespinal	Redondo menor
Origem	Escápula ventral	Escápula superior	Escápula dorsal	Escápula dorsolateral
Inserção (no úmero)	Tuberosidade menor	Tuberosidade maior	Tuberosidade maior	Tuberosidade maior
Inervação	Nervo subescapular (C5-C8)	Nervo supraescapular (C4-C6)	Nervo supraescapular (C4-C6)	Nervo axilar (C5-C6)
Movimento (na articulação glenoumeral)	Rotador medial	Abdutor	Rotador lateral	Rotador lateral

de lesão. Uma discussão abrangente dos problemas de ombro não deve incluir alguma dessas condições com exclusão da outra.

Impacto glenoumeral

A síndrome do impacto ocorre quando um aumento da pressão no interior de um espaço anatômico confinado afeta de maneira deletéria os tecidos no interior desse espaço. Com referência à articulação glenoumeral, síndrome do impacto é uma denominação erroneamente definida, podendo se referir a algum dos dois tipos principais de impacto glenoumeral: impacto subacromial e impacto interno.

Tipos de impacto. Impacto subacromial refere-se à abdução do ombro que leva estruturas supraumerais (mais notavelmente o tendão distal do supraespinal, bolsas subacromiais e parte proximal do tendão da cabeça longa do bíceps braquial) a serem forçadamente pressionadas contra a superfície anterior do acrômio e o ligamento coracoacromial (que, em conjunto, formam o arco coracoacromial) (Fig. 7.7). Além de afetar as estruturas supraumerais, o impacto subacromial pode resultar em lesões à cartilagem articular glenoumeral (Guntern et al., 2003).

Observamos elevação nas pressões de contato subacromial em pacientes com síndrome de impacto; ocorre pressão de contato máxima com o braço em uma posição de hiperabdução, ou com o braço em adução transversal ao tórax do paciente, com o braço em rotação medial (Nordt et al., 1999). Foi demonstrado que a acromioplastia é um procedimento efetivo em reduzir a pressão de contato subacromial, mediante a secção ou raspagem do acrômio, de modo a aplainar o osso.

Walch et al. (1992) descreveu outro tipo de impacto (impacto interno), em que o tendão do supraespinal faz contato com a borda posterossuperior da cavidade glenoidal e o lábio posterior. Esse mecanismo pode ser importante na evolução de problemas do manguito rotador (Edelson e Teitz, 2000). Com frequência, o impacto interno ocorre durante um arremesso, quando

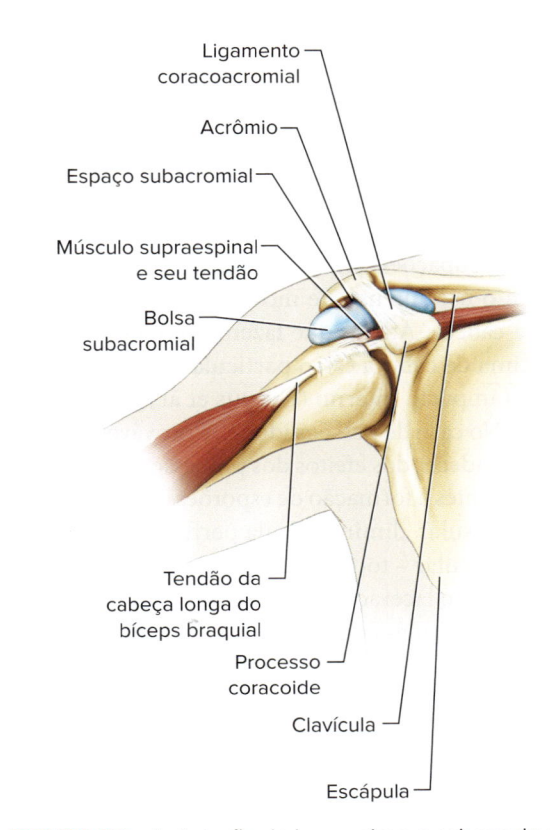

FIGURA 7.7 A abdução do braço eleva a cabeça do úmero, promovendo impacto na bolsa subacromial, no tendão distal do supraespinal e no tendão proximal do bíceps braquial (cabeça longa) contra o arco coracoacromial.

o ombro faz abdução e rotação lateral (p. ex., a fase de progressão até a rotação lateral máxima do ombro, i. e., *cocking phase*, em um arremesso com o braço acima da cabeça), mas esse problema não se limita aos arremessadores (McFarland et al., 1999). O impacto interno pode envolver lacerações na subsuperfície (no lado articular) dos tendões do supraespinal e do infraespinal, degeneração labial posterossuperior, degeneração labial anterior e lesões osteocondrais (Giaroli et al., 2005; Paley et al., 2000). É preciso que tenhamos cautela ao atribuir todas as lesões de subsuperfície do manguito rotador a impactos internos, porque há outros mecanismos que podem ser responsáveis pela condição (Budoff et al., 2003).

Em sua revisão dos subtipos de impacto anterior (p. ex., impacto subcoracoide, impacto anterossuperior, "impressão condral", degeneração da porção superior do subescapular com lesão por impacto [ESSI]), Cunningham e Lädermann (2018) concluíram que, "embora os avanços na pesquisa biomecânica e nas tecnologias artroscópicas tenham ajudado em nossa melhor compreensão dessas entidades, a literatura científica atual ainda está repleta de teorias e resultados conflitantes" (p.359).

Etiologia. As lesões por impacto se enquadram em duas categorias amplas, fundamentadas na idade. Normalmente, o impacto em pessoas com menos de 35 anos envolve praticantes de esportes (p. ex., natação, polo aquático, beisebol ou futebol americano) ou que têm certas ocupações (p. ex., carpinteiros, pintores) que envolvem o uso intenso de movimentos com o braço acima da cabeça. Atletas que fazem arremessos com o braço acima da cabeça estão particularmente em risco de ter um impacto interno (Corpus et al., 2016; Lin et al., 2018). No caso de pessoas idosas, é provável que elas venham a padecer dos efeitos dos processos degenerativos conducentes à formação de esporões ósseos, adelgaçamento capsular, diminuição da perfusão dos tecidos e atrofia muscular – todos estes podem contribuir para a ocorrência de lacerações degenerativas do manguito rotador relacionadas com a idade (Keener et al., 2019).

Jobe e Pink (1993) propuseram uma classificação das lesões com base nas diferenças ligadas à idade. As lesões do Grupo I se caracterizam por um impacto isolado, sem que ocorra instabilidade articular; em geral, tais lesões são observadas em atletas recreativos com mais idade (> 35 anos). As lesões do Grupo II são resultantes do uso excessivo, normalmente em atletas jovens (18 a 35 anos) que praticam movimentos com o braço acima da cabeça, apresentando-se principalmente na forma de uma instabilidade glenoumeral acompanhada por impacto secundário. As lesões do Grupo III também são comuns em atletas praticantes de movimentos com o braço acima da cabeça, e estão intimamente associadas ao Grupo II. As lesões do Grupo III podem ser diferenciadas das do Grupo II pela presença de uma frouxidão ligamentar generalizada no cotovelo, no joelho e nos dedos das mãos.

A repetição dos movimentos de abdução resulta na aplicação de grandes tensões sobre as estruturas miotendíneas e capsuloligamentares e, eventualmente, acarreta microtraumatismo aos tecidos. A contínua aplicação de cargas mecânicas enfraquece ainda mais os tecidos e acelera a ocorrência de falhas. Por sua vez,

as falhas nos tecidos contribuem para a instabilidade glenoumeral e para um maior movimento articular. Isso aumenta a probabilidade de subluxação umeral, o que agrava ainda mais a condição de impacto. Assim, a pessoa fica presa em um desafortunado ciclo de deterioração e de comprometimento da função articular.

Existe uma associação já devidamente estabelecida entre (1) debilidade dos músculos do manguito rotador e impacto subacromial (Reddy et al., 2000) e (2) alteração da cinemática glenoumeral e escapulotorácica (Halder et al., 2001; Yamaguchi et al., 2000). Ainda não ficou devidamente esclarecido se a debilidade do manguito rotador acelera o impacto, ou se, em última análise, o impacto enfraquece os músculos.

A estrutura acromial é também citada como um fator que influencia o impacto glenoumeral. O sistema em uso mais comum na atualidade para a classificação da morfologia acromial, originalmente apresentado por Bigliani et al. (1986), especifica três formas, ilustradas na Figura 7.8. Farley et al. (1994) também sugeriram um quarto tipo de acrômio (convexo inferiormente).

Outras características morfológicas foram implicadas nas lesões por impacto e do manguito rotador. Essas características são o espessamento do ligamento coracoacromial (Farley et al., 1994; Ogata e Uhthoff, 1990; Soslowsky et al., 1996), uma inclinação anterior do acrômio (Prato et al., 1996), alterações na morfologia acromial relacionadas com a idade (Wang e Shapiro, 1997) e *os acromiale* (Hutchinson e Veenstra, 1993). Recentemente, McLean e Taylor (2019) publicaram uma revisão das classificações e medidas do acrômio.

Algumas pesquisas que lançaram mão de métodos alternativos para a classificação da morfologia acromial detectaram uma relação mais robusta entre a geometria do arco e a disfunção do ombro (Prato et al., 1998; Tuite et al., 1995; Vaz et al., 2000). Kaur et al. (2019) relataram uma prevalência maior de impacto e laceração do manguito rotador em associação com um menor ângulo lateral do acrômio, maior ângulo crítico do ombro, e menor distância acromioumeral, mas sem relação entre o tipo de acrômio e lesões do manguito. Em resumo, ainda não se sabe ao certo qual a relação exata entre a forma do acrômio e os problemas do manguito rotador.

À luz das evidências, provavelmente não existe um mecanismo que, de maneira isolada, cause lesão por impacto, mas sim uma variedade de fatores específicos dependendo das características morfológicas e história de carga articular de cada indivíduo.

Os fatores de risco para a síndrome do impacto glenoumeral são os mesmos associados a outros distúrbios de traumatismos cumulativos no ombro (p. ex.,

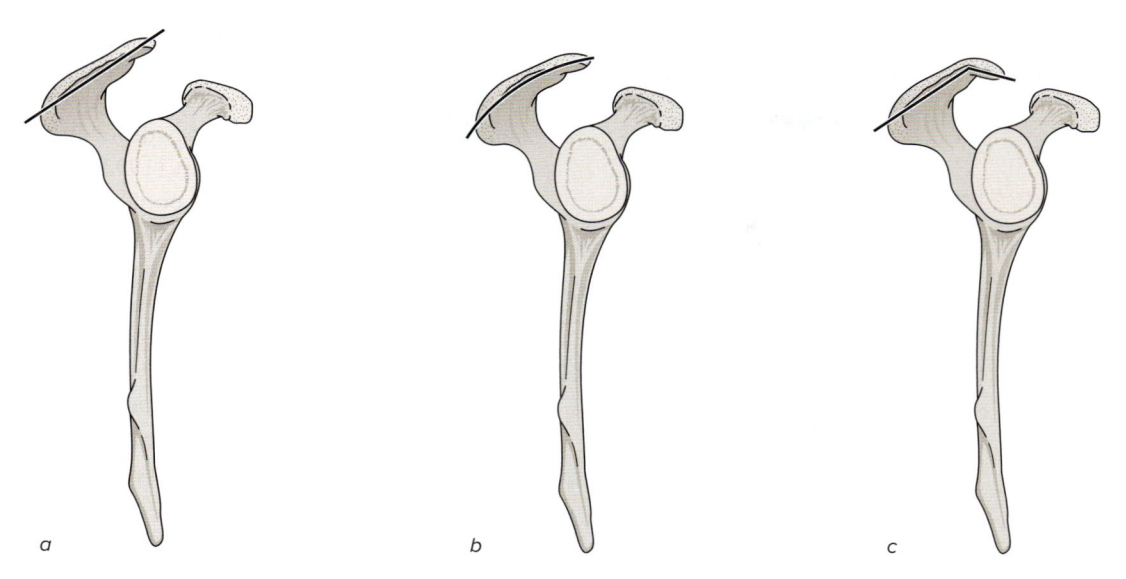

FIGURA 7.8 Variação na forma do acrômio (vista lateral). *(a)* Tipo I, plano. *(b)* Tipo II, curvo. *(c)* Tipo III, em gancho.

tendinite bicipital, bursite subacromial, ou síndrome do desfiladeiro torácico). Esses fatores incluem, entre outros, posturas desajeitadas ou estáticas, trabalho pesado, sustentação direta de carga, movimentos repetitivos do braço, trabalho com as mãos acima da altura dos ombros, e fadiga resultante da falta de descanso.

A síndrome do impacto afeta também determinadas populações especiais. Atletas em cadeira de rodas, por exemplo, têm elevada incidência de impacto no manguito rotador; o desequilíbrio muscular foi sugerido como mecanismo causal. O padrão de desequilíbrio típico nos atletas em cadeira de rodas difere do padrão observado em atletas que usam os braços acima da cabeça, como os arremessadores no beisebol, nadadores, e jogadores de polo aquático. O desequilíbrio muscular nos atletas que realizam movimentos com os braços acima da cabeça é evidenciado pela relativa debilidade nos abdutores e rotadores externos. Por outro lado, os atletas em cadeira de rodas exibem tipicamente uma relativa debilidade nos adutores, além de uma deficiência geral na força dos rotadores. A resultante dominância dos abdutores exagera o movimento superior da cabeça do úmero, acarretando em impacto no espaço subacromial (Burnham et al., 1993). Além dos atletas em cadeira de rodas, indivíduos com lesão medular (LM) usuários de cadeira de rodas manual estão em risco de impacto glenoumeral durante a elevação do ombro no plano escapular e propulsão (Mozingo et al., 2020).

Atualmente, os mecanismos subjacentes ao impacto no manguito rotador são objeto de debate. Em um sentido amplo, os mecanismos podem ser intrínsecos (alterações inflamatórias no interior do manguito), extrínsecos (forças atuantes externamente ao manguito rotador) ou dos dois tipos.

Ruptura de manguito rotador

Normalmente, a ruptura de estruturas miotendíneas no manguito rotador é resultante de uma cadeia de eventos que tem seu início com uma pequena inflamação, evoluindo (com a continuação do uso excessivo) até uma inflamação avançada, ocorrência de microlacerações do tecido, e eventual ruptura parcial ou completa do manguito. O comprometimento da integridade do tecido e a fadiga muscular contribuem para a alteração da mecânica dos movimentos; e esses movimentos modificados estressam ainda mais os tecidos envolvidos e aceleram sua eventual falha. O supraespinal é o músculo mais comumente lesionado no grupo do manguito rotador (Goldberg et al., 2001) (Fig. 7.9). A lesão do supraespinal, em particular, está associada a padrões de movimento com o braço acima da cabeça repetidos e frequentemente violentos (p. ex., arremessar, golpear, martelar ou pintar).

Muitos dos complexos movimentos do ombro estressam os músculos do manguito rotador. O movimento de arremesso, em particular, impõe cargas excepcionais ao ombro. Como resultado da aplicação de tais cargas, o manguito rotador torna-se especialmente suscetível a lesões. Em seu todo, o manguito rotador opõe resistência sinérgica às forças de distração que tendem a tracionar a cabeça do úmero para fora da cavidade glenoidal. A lesão ou fadiga em algum desses músculos leva a alterações na mecânica do arremesso e aumenta a probabilidade de lesão adicional aos tecidos.

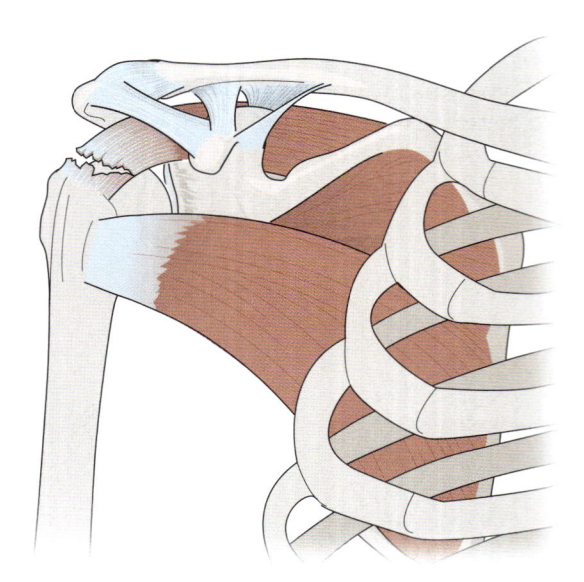

FIGURA 7.9 Laceração de manguito rotador (tendão distal do supraespinal).

Há muito tempo mecanismos intrínsecos têm sido implicados como causadores de lesões do manguito rotador relacionadas com o impacto, sugerindo que o processo degenerativo é inerente ao próprio supraespinal. Esse conceito é, em grande parte, atribuível ao comprometimento do fluxo sanguíneo como resultado das pressões de impacto e de regiões de relativa avascularidade no supraespinal próximo de sua inserção no úmero. Evidências convincentes apoiam esse conceito. Em primeiro lugar, com frequência podem-se observar lesões de manguito rotador na ausência de qualquer envolvimento extrínseco. Em segundo lugar, alguns estudos demonstraram que a degeneração ocorre inicialmente na superfície articular do tendão, e não no lado da bolsa. Contudo, o embasamento para o papel da hipovascularidade nas lesões por impacto não tem aceitação universal.

A abordagem extrínseca, originalmente sugerida por Neer (1972), implica fatores externos como a compressão do tendão do manguito rotador por estruturas externas. Outros fatores extrínsecos que podem acelerar o impacto glenoumeral e as resultantes lacerações no manguito rotador incluem: postura incorreta, rigidez capsular, alteração na cinemática articular e problemas estruturais no arco coracoacromial (Michener et al., 2003), e osteófitos (esporões ósseos) nos espaços articulares que atuam como indutores de estresse, concentrando forças no tendão do supraespinal e reduzindo funcionalmente a região de saída do supraespinal.

Padrões cinemáticos e lesões do manguito. Os músculos específicos envolvidos dependem do padrão de movimento do ombro. Em um estudo clássico, Burkhart (1993) identificou quatro padrões distintos de cinemática do manguito rotador associados com lesões de manguito específicas. Todos os padrões envolvem uma lesão ao supraespinal. Burkhart (1993) relatou que as lesões do tipo I (cinemática de ponto de apoio estável) demonstravam lacerações no supraespinal e em parte do infraespinal, mas não até um nível que promovesse um desarranjo dos pares de força essenciais. Os pacientes apresentavam movimentos normais e níveis praticamente normais de força.

Os pacientes com lesões do tipo II (cinemática de ponto de apoio instável, padrão de laceração posterior do manguito) exibiam enormes lacerações nas porções superior e posterior do manguito rotador, resultando no desequilíbrio dos pares de força essenciais e levando a um ponto de apoio instável para os movimentos glenoumerais. Os pacientes com lesões desse tipo podiam realizar pouco mais do que um encolhimento de ombros.

Tanto as lesões do tipo III (cinemática com ponto de apoio aprisionado) como as do tipo IV (cinemática de ponto de apoio instável, padrão de laceração subescapular) envolviam lesões ao subescapular. Os pacientes com padrão do tipo III, menos grave, exibiam lacerações parciais ao subescapular (lesões superiores e posteriores associadas). A lesão muscular nos pacientes com o tipo III impediam que a cabeça do úmero ficasse centrada na cavidade glenoidal, ocorrendo subluxação superior do úmero e formação de um ponto de apoio acromioumeral aprisionado, o que limitava a elevação do úmero. As lesões do tipo IV envolviam lacerações do supraespinal e do subescapular; os músculos posteriores do manguito permaneciam intactos. Esse quadro consistia em uma inversão do padrão de tipo II, no qual uma instabilidade do ponto de apoio glenoumeral (atribuível aos desequilíbrios nos pares de força) era produzida pelas lacerações musculares. Nos pacientes com o tipo IV, foi observado um déficit na elevação do ombro (Burkhart, 1993). O tipo IV envolvia lesões resultantes de um evento traumático como por exemplo, uma queda. Macrotraumatismos podem estar associados à prática de esportes de contato (Blevins, 1997), por exemplo, o futebol americano profissional, em que o mecanismo mais comum para a ocorrência de lacerações completas do manguito rotador é uma queda sobre o ombro (Foulk et al., 2002).

Tipos de acrômio e lacerações do manguito. São inconsistentes as evidências para uma associação entre o tipo de acrômio e lesões ao manguito rotador. O acrômio em forma de gancho (tipo III; Fig. 7.8c) tem sido associado a uma incidência maior de lacerações do manguito rotador; contudo, as evidências para tal associação são inconsistentes. Alguns estudos relataram a existência de uma relação positiva entre o tipo de acrômio e lesões ao manguito rotador (Blake et al., 2013; Bigliani e Levine, 1997; Toivonen et al., 1995), enquanto outras pesquisas não conseguiram chegar a uma relação significativa (Banas et al., 1995; Chalmers et al., 2020; Farley et al., 1994). A principal dificuldade em encontrar uma relação significativa pode estar na razoável a insatisfatória confiabilidade entre observadores em determinar o tipo de acrômio (Bright et al., 1997; Haygood et al., 1994; Jacobson et al., 1995; Zuckerman et al., 1997).

Tratamento de problemas do manguito rotador

O tratamento adequado de problemas do manguito rotador é essencial para a restauração da função do membro superior. Normalmente, o tratamento conservador (i. e., não cirúrgico) é o primeiro curso de ação que, com frequência, revela-se efetivo. Em casos mais graves, pode haver indicação para uma intervenção cirúrgica.

Tratamento conservador. É tarefa difícil a escolha do tratamento para a síndrome do impacto subacromial e outros problemas do manguito rotador, por causa da natureza multifatorial da condição (Michener et al., 2003). O tratamento conservador (não cirúrgico) do impacto e dos problemas de manguito rotador tem início com a evitação de atividades capazes de agravar o quadro e envolve também o uso de técnicas de alongamento para aumentar a amplitude de movimento, fármacos não esteroides para controlar a inflamação, uso ocasional de injeções de corticosteroides, e modalidades físicas. Esses tratamentos têm continuidade até que a dor diminua. Com a redução da dor, pode ser iniciado um programa de treinamento de força. Esse programa de tratamento resulta em satisfação do paciente em cerca de 50% dos casos (Ruotolo e Nottage, 2002).

Já foram identificados diversos fatores preditores de um prognóstico insatisfatório para o tratamento conservador. Esses fatores incluem lacerações de manguito rotador medindo mais de 1 cm, debilidade muscular intensa e histórico de sintomas que se prolongam por mais de um ano (Bartolozzi et al., 1994). Itoi e Tabata (1992) constataram que um histórico de 12 meses de sintomas é também um indicador de um prognóstico significativamente ruim. Hawkins e Dunlop (1995) relataram a ocorrência de dor capaz de interromper o sono como um fator prognóstico ruim para o tratamento conservador.

Prosseguem as discussões sobre tratamento conservador *versus* cirúrgico para as lacerações degenerativas (i. e., não traumáticas) do manguito rotador. Alguns estudos chegaram a resultados semelhantes ao compararem abordagens conservadoras e cirúrgicas (Kukkonen et al., 2014; Kukkonen et al., 2015). Em outras pesquisas, os resultados foram inconclusivos. Exemplificando, Lambers Heerspink et al. (2015) realizaram um ensaio clínico randomizado e controlado comparando o tratamento conservador *versus* cirúrgico de lacerações completas do manguito rotador. Empregando o escore de Constant-Murley, uma escala de 100 pontos composta por parâmetros individuais (dor, atividades de vida diária, força muscular, amplitude de movimento), esses autores não detectaram diferenças nos desfechos funcionais, mas encontraram diferenças significativas na dor e na incapacidade que favoreceram o tratamento cirúrgico. Outros estudos relataram ainda desfechos melhores para o tratamento cirúrgico (*versus* conservador) (Piper et al., 2018; Schemitsch et al., 2019).

Em comparação com estudos de longo prazo, estudos com períodos de seguimento curtos demonstraram inexistência de diferenças, ou diferenças menores. Moosmayer et al. (2019) informaram que as diferenças nos desfechos entre cirurgia e fisioterapia para casos de lacerações pequenas e médias do manguito rotador eram maiores 10 anos depois do tratamento, em comparação com períodos de seguimento mais curtos nos mesmos pacientes. No longo prazo, as diferenças favoreciam o reparo cirúrgico.

Tratamento cirúrgico. Há mais de um século, Codman (1911) descreveu seu reparo cirúrgico de uma ruptura completa do tendão do supraespinal. Desde aquela época, houve um notável progresso em nosso entendimento sobre a morfologia do manguito rotador, patomecânica do ombro e técnicas terapêuticas.

Em termos de alívio da dor e de retorno da força muscular, o reparo cirúrgico das lacerações traumáticas do manguito rotador normalmente apresenta um percentual mais elevado de sucesso do que as abordagens conservadoras (Ruotolo e Nottage, 2002; Wittenberg et al., 2001). Há indicação para tratamento cirúrgico de uma laceração do manguito rotador para quatro grupos:

- Paciente ativo, com 20 a 30 anos, que teve uma laceração aguda do manguito, acompanhada por grave déficit funcional.
- Paciente entre os 30 e 50 anos que sofreu uma laceração aguda secundária a um evento específico.

- Atleta competitivo de alto nível, sobretudo se realiza atividades de arremesso ou movimentos com o braço acima da cabeça.
- Paciente que não responde ao tratamento conservador.

Embora um relato detalhado das muitas técnicas cirúrgicas usadas para reparar lesões do manguito rotador esteja além do âmbito desta nossa discussão, justifica-se que mencionemos a obra pioneira de Charles Neer, cuja identificação do papel da porção anterior do acrômio na patogênese das lesões do manguito rotador lançou a base para todas as técnicas cirúrgicas subsequentes. Os objetivos da abordagem de Neer para o reparo do manguito eram: fechar o defeito do manguito, eliminar o impacto, preservar o deltoide e prevenir a rigidez (Neer, 1990). "Sua técnica cirúrgica de uma abordagem superior aberta – acromioplastia, excisão do ligamento coracoacromial, mobilização do tendão e reparo do tendão por sua junção ao osso – permanece sendo o 'padrão-ouro', com o qual devem ser comparados todos os métodos modernos de tratamento cirúrgico das lacerações do manguito rotador" (Williams et al., 2004, p.2765).

Qualquer que seja a técnica cirúrgica escolhida, deve-se estar ciente dos aspectos biomecânicos do reparo cirúrgico. Conforme Burkhart (2000, p.89) observou, "Grande parte da história do reparo do manguito rotador tem sido posta em cheque em decorrência das imprudentes tentativas de, simplesmente, 'tapar o buraco no manguito'. Ao ignorar a mecânica do ombro, muitos desses métodos podem, na verdade, piorar o ombro... Uma meticulosa atenção aos detalhes em cada etapa é fundamental. Uma sutura frouxa ou um ponto de fixação indevidamente localizado pode significar a perda da integridade de toda a construção cirúrgica. Na cirurgia ortopédica, como na engenharia estrutural, a integridade de uma estrutura é construída dando-se um passo de cada vez".

Entre os aspectos importantes que precisam ser considerados estão as indicações para um reparo cirúrgico e o momento de sua realização, o método cirúrgico (i. e., via aberta, minimamente invasiva, ou artroscópica), a necessidade de uma acromioplastia ou excisão de ligamento coracoacromial e o tratamento de lacerações do manguito irreparáveis (Williams et al., 2004).

Já foi comprovada a eficácia de todos os métodos cirúrgicos. O reparo do manguito rotador por via aberta traz consigo uma longa história de sucesso. Mais recentemente, as técnicas cirúrgicas minimamente invasiva e artroscópica também têm sido favorecidas, muitas vezes com resultados comparáveis ou melhores (Buess et al.,

2005; Rebuzzi et al., 2005). Em sua maioria, os estudos vêm observando pouca ou nenhuma diferença nos resultados entre reparos cirúrgicos do manguito rotador por técnica artroscópica ou minimamente invasiva, em termos de desfechos no longo prazo (Sauerbrey et al., 2005; Warner et al., 2005; Youm et al., 2005), mas foi demonstrada a ocorrência de dor menos intensa e maior flexão do ombro para o grupo artroscópico imediatamente após a cirurgia (Karakoc e Atalay, 2020; Kelly et al., 2019; Liu et al., 2017). Em resumo, "No manguito rotador, os efeitos do reparo artroscópico (em comparação com o reparo minimamente invasivo) na função, dor e amplitude de movimento são pequenos demais para que tenham importância clínica nos seguimentos de 3, 6 e 12 meses" (Nazari et al., 2019, p.2).

Um dos fatores essenciais no reparo de manguito bem-sucedido é que a intervenção cirúrgica seja realizada precocemente nos casos de lacerações menores, degeneração tendínea mínima e risco de nova ruptura reduzido (Williams et al., 2004). O diagnóstico e reparo precoces das lacerações do manguito rotador também podem limitar a deterioração do tendão do bíceps braquial (Chen et al., 2005).

Nos casos de lacerações massivas do manguito rotador (LMMR), também conhecidas como *lacerações de manguito rotador funcionalmente irreparáveis* (LMRFI), deve-se tomar uma decisão com relação à escolha da abordagem cirúrgica. Os procedimentos que devem ser considerados são desbridamento, acromioplastia, divisão ou tenodese do tendão do bíceps, reconstrução da cápsula superior, interposição de enxerto e implante de balão (Burnier et al., 2019).

Entretanto, a opção mais comum para LMMR e seus déficits concomitantes é a transferência de unidades miotendíneas (Kany, 2020). Tradicionalmente, os procedimentos de transferência miotendínea têm envolvido o uso do peitoral maior para as lesões anterossuperiores (Wirth e Rockwood, 1997) ou do latíssimo do dorso ou do redondo maior para as lacerações de manguito posterossuperiores (Warner e Parsons, 2001). Mais recentemente, foi relatada eficiência da transferência do tendão da parte ascendente do trapézio com aloenxertos de tendão do calcâneo incorporados no tratamento de LMMR (Stoll e Codding, 2019). Atualmente, encontra-se em estudo a transferência do latíssimo do dorso para a tuberosidade menor do úmero como alternativa à transferência do peitoral maior em casos de lacerações massivas do subescapular (Burnier et al, 2019).

Normalmente, as transferências de tendão se limitam a pacientes mais jovens (Lädermann et al., 2015). Pessoas de mais idade com LMMR crônica podem ser clinicamente beneficiadas com uma artroplastia reversa total do ombro (Thorsness e Romeo, 2016).

Nos casos em que não é possível o tratamento cirúrgico, ou quando não houve sucesso com essa opção terapêutica, vêm se revelando promissoras as soluções de engenharia tecidual e medicina regenerativa (ETMR). Os primeiros estudos de Funakoshi et al. (2005, 2006), por exemplo, demonstraram ser possível uma regeneração do manguito rotador com o uso de técnicas de engenharia tecidual; os autores utilizaram um tecido não trançado de quitina como matriz acelular para a regeneração do manguito rotador (colágeno tipo III) em coelhos.

Atualmente, encontram-se em fase de exploração e de desenvolvimento diversas tecnologias para o reforço e reparo do manguito rotador. Essas tecnologias são, entre outras, retalhos de tendão extracelular, suportes criados por *electrospinning* (Hong et al., 2019; Stace et al., 2018), células-tronco, fatores de crescimento, plasma rico em plaquetas e implantes de quitosana-fosfato de glicerol/ sangue para reparo de cartilagem (Deprés-Tremblay et al., 2016).

Cuidados pós-operatórios e reabilitação. Em seguida à cirurgia, torna-se essencial um programa de reabilitação bem planejado para que o paciente possa alcançar uma recuperação completa e o retorno às suas atividades normais. Cada programa de reabilitação deve ser individualizado. Entre os elementos de um programa de reabilitação consistente, devem ser levados em consideração o seguinte: inicialmente, o reparo do manguito rotador deve ficar protegido durante cinco a seis semanas. No pós-cirúrgico imediato, o paciente dará início a exercícios que objetivem manter a motricidade ativa de cotovelo, punho e mão. Exercícios de encolhimento dos ombros e de adução da escápula devem ser imediatamente incluídos, juntamente com exercícios pendulares, bem como exercícios isométricos leves com o braço em posição neutra. Transcorridas três a quatro semanas após a cirurgia, o fisioterapeuta poderá acrescentar atividades de mobilização passiva. A elevação ativa assistida poderá ser adicionada por volta da sexta semana, e outros exercícios com resistência progressiva serão incluídos na medida do possível. Três meses depois da cirurgia, os pacientes poderão retornar à maioria das suas atividades cotidianas normais, mas não serão permitidos movimentos muito vigorosos (p. ex., levantar objetos pesados ou realizar movimentos balísticos). Embora a cicatrização do tendão possa estar praticamente completa por volta de 3 meses após a cirurgia, talvez leve um ano para que ocorra o retorno integral da sua resistência (Millstein e Snyder, 2003).

A American Society of Shoulder and Elbow Therapists definiu os componentes de uma linha cronológica para a reabilitação em seguida a um reparo artroscópico do manguito rotador (Thigpen et al., 2016). Esses componentes são:

- Primeira fase (0 a 6 semanas): orientações ao paciente; modalidades (p. ex., crioterapia); exercícios de amplitude de movimento passiva (ADMP).
- Segunda fase (6 a 12 semanas): ADMP praticamente completa; introdução de exercícios de amplitude de movimento ativoassistida (ADMAA) e amplitude de movimento ativa (ADMA); fortalecimento leve quando a dor estiver bem controlada; início dos exercícios de elevação ativa do braço.
- Terceira fase (12 a 20 semanas): ênfase no fortalecimento dos músculos e tendão, consistente com as etapas e objetivos relacionados com a amplitude de movimento (ADM); manutenção dos níveis de atividade eletromiográfica (EMG) na faixa dos 30 a 49% da amplitude máxima; fortalecimento com movimentos acima da cabeça apenas para pacientes que demonstrem uma adequada tolerância da elevação resistida no plano escapular.
- Quarta fase (20 a 26 semanas): continuação e avanço do fortalecimento, conforme tolerância; exercícios ≥ 50% da EMG.

Prevenção de problemas do manguito rotador

Tendo em vista a prevalência do impacto, tanto sintomático como assintomático, e das lesões do manguito rotador, a prevenção torna-se uma preocupação preponderante, sobretudo para as pessoas em risco. Um programa de prevenção adequado deve incluir dois elementos: (1) um programa de condicionamento físico, e (2) a identificação e modificação de qualquer mecanismo patológico subjacente. Na verdade, qualquer abordagem para prevenir lesões que se concentre exclusivamente na melhora do condicionamento físico pode, em última análise, revelar-se ineficaz, se a patomecânica subjacente (p. ex., inadequação na mecânica dos movimentos) também não for considerada. Além disso, essas etapas preventivas devem ser complementadas com estratégias de identificação e de intervenção precoces.

O programa de condicionamento físico deve envolver os músculos que estabilizam e mobilizam as articulações glenoumeral e escapulotorácica, com ênfase na melhora da força e da resistência dos músculos do manguito rotador. Devemos dar especial atenção ao fortalecimento do subescapular. Também fica indicada a melhora da amplitude de movimento, tanto na articu-

Problemas do manguito rotador ligados à idade: normais ou não?

Em pessoas idosas, pode ocorrer degeneração do manguito rotador, juntamente com formação de osteófitos, adelgaçamento da cápsula articular, diminuição da perfusão sanguínea, atrofia muscular e eventuais lacerações em músculos. Essas alterações podem resultar em dor significativa e na perda da função. Mais de metade das pessoas na oitava década de vida apresentam lacerações do manguito rotador (Tashjian, 2012).

Estudos também observaram problemas do manguito rotador em indivíduos assintomáticos. Tempelhof et al. (1999) relataram evidências de lacerações do manguito rotador em 23% de 411 adultos assintomáticos (≥ 50 anos de idade), com um nítido padrão de mais lacerações com o passar do tempo. No grupo de mais idade (> 80 anos), 51% dos pacientes apresentavam lacerações do manguito rotador na ausência de sintomas. Outros estudos publicaram resultados semelhantes (Milgrom et al., 1995; Sher et al., 1995; Worland et al., 2003). Em uma população de cadáveres, Lehman et al. (1995) observaram um aumento nas lacerações completas do manguito rotador com o aumento da idade; 30% dos cadáveres com mais de 60 anos de idade exibiam evidências de laceração do manguito rotador. Mais recentemente, outros autores confirmaram a elevada prevalência de lacerações do manguito rotador em adultos idosos assintomáticos (Keener et al., 2015; Minagawa et al., 2013).

Esses estudos demonstram que as lacerações do manguito rotador "devem, até certo ponto, ser consideradas como um atrito degenerativo 'normal', não necessariamente causadores de dor nem de comprometimento funcional" (Tempelhof et al., 1999, p.296). Em resumo, a princípio, as lacerações assintomáticas do manguito rotador (1) são prevalentes na população geral, mas especialmente em pessoas idosas, (2) provavelmente se tornarão sintomáticas com o passar do tempo, e (3) eventualmente resultarão em diminuição da função, da força e da amplitude de movimento (Lawrence et al., 2019).

lação glenoumeral (tendo o cuidado de não alongar em demasia a cápsula articular anterior) como na articulação escapulotorácica. As atividades também devem ser monitoradas de modo a que sejam reduzidos os movimentos que possam agravar o problema. A correção da técnica pode ajudar na prevenção de lesões (Jobe, 1997).

Lesões labiais

O lábio glenoumeral é uma borda fibrocartilaginosa que circunda a superfície articular da cavidade glenoidal da escápula. Em sua face inferior, o lábio glenoumeral se parece com uma estrutura fibrosa arredondada, que tem continuidade com a cartilagem articular hialina. Superiormente, o lábio glenoumeral se parece mais com um menisco, com fixação frouxa à cavidade glenoidal (Nam e Snyder, 2003). A irrigação vascular do lábio glenoumeral tem origem nos vasos capsulares ou periosteais, sendo mais pronunciada em nível periférico do que centralmente. Em comparação com outras áreas labiais, as porções superior e anterossuperior exibem uma vascularidade reduzida (Cooper et al., 1992). Em geral, a irrigação sanguínea do lábio glenoumeral é suficiente para possibilitar sua reinserção depois de uma lesão (Alashkham et al., 2017).

As lesões labiais podem acontecer de maneira aguda ou crônica, e são causadas por mecanismos variados, inclusive compressões atribuídas a quedas, uma tração (tensão) decorrente do levantamento de um peso, arremessos na prática de esportes envolvendo movimentos acima da cabeça, e luxações-subluxações glenoumerais.

A luxação anterior pode provocar uma avulsão da porção anteroinferior do lábio glenoidal no local de inserção do complexo do ligamento glenoumeral inferior (LGUI), no que é conhecido como lesão de Bankart (Fig. 7.10a). A lesão de Bankart, originalmente descrita pelo ortopedista inglês Arthur Bankart (1923), invariavelmente se faz acompanhar pela ruptura da cápsula articular e pelo estiramento do LGUI. O comprometimento do LGUI contribui para a instabilidade glenoumeral anterior.

Em 1990, Snyder et al. cunharam o termo lesão SLAP (lesão do lábio superior, de anterior para posterior), para descrever lesões labiais superiores. Esses pesquisadores identificaram quatro tipos de lesões SLAP:

- Tipo I: desgaste do lábio superior, sem desinserção na inserção do bíceps (Fig. 7.10b).
- Tipo II: desinserção do lábio superior e do tendão do bíceps (Fig. 7.10c).
- Tipo III: laceração em alça de balde do lábio superior, com bíceps intacto (Fig. 7.10d).
- Tipo IV: laceração em alça de balde do lábio superior, com laceração do tendão do bíceps (Fig. 7.10e).

A prevalência do tipo de lesão varia consideravelmente, dependendo do estudo. Exemplificando: em três estudos, a prevalência das lesões do tipo I variou de 9,5 a 74%, enquanto a prevalência das lesões do tipo II variou de 21 a 55% (Handelberg et al., 1998; Kim et al., 2003; Snyder et al., 1995).

Morgan et al. (1998) subdividiram o tipo II das lesões SLAP em três subtipos, de acordo com a localização da desinserção labial-tendão do bíceps: anterior, posterior, e anterior-posterior combinados. As lesões SLAP do tipo II

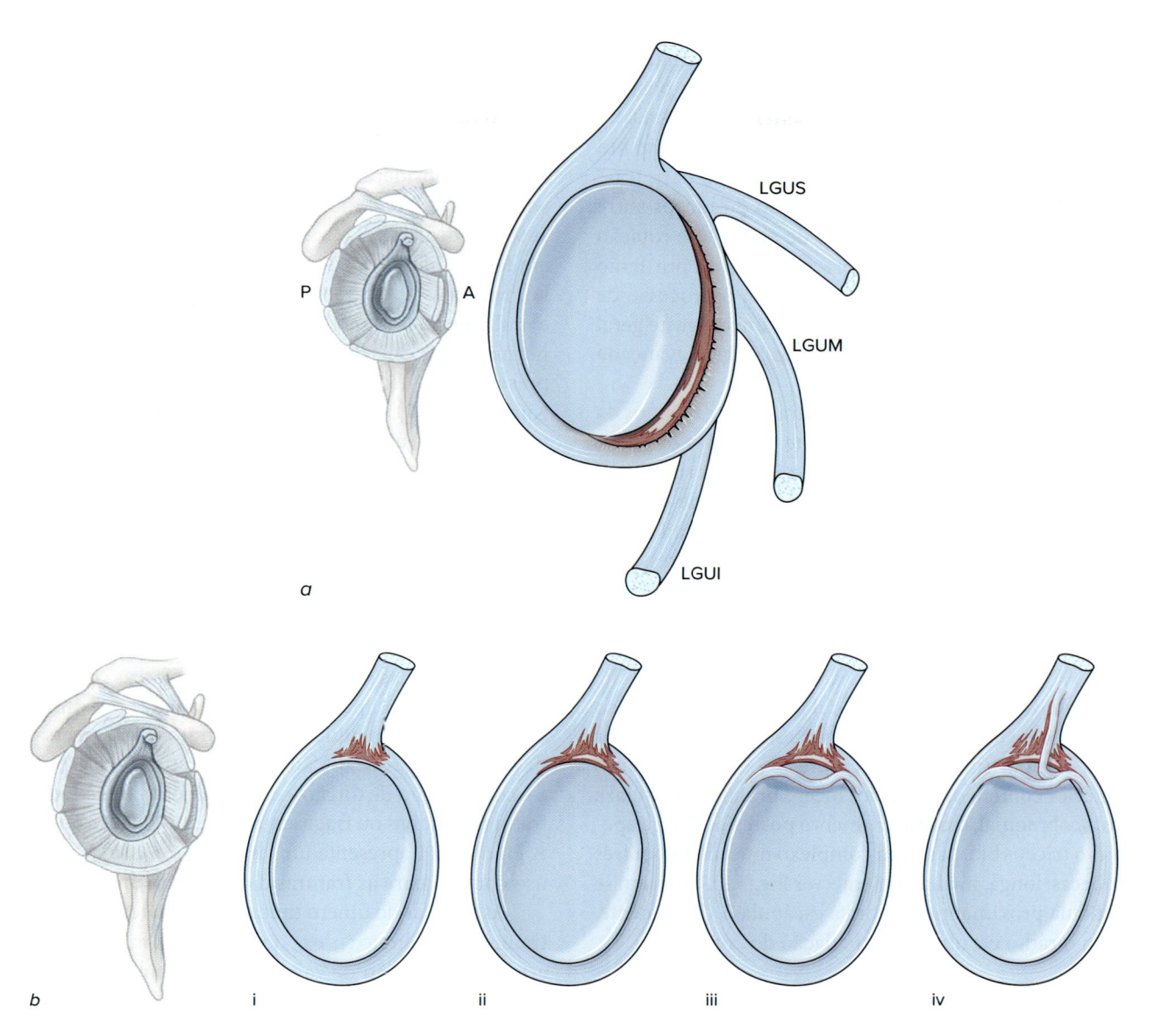

FIGURA 7.10 Lesões labiais. *(a)* Lesão de Bankart envolvendo uma avulsão da porção anteroinferior do lábio glenoidal no local de inserção do complexo do ligamento glenoumeral inferior (LGUI). A = anterior; LGUM = ligamento glenoumeral médio; P = posterior; LGUS = ligamento glenoumeral superior. *(b)* Tipos de lesões do lábio superior, de anterior para posterior (SLAP). *(i)* Tipo I: desgaste do lábio superior, sem desinserção do bíceps braquial *(ii)* Tipo II: desinserção do lábio superior e do tendão do bíceps. *(iii)* Tipo III: laceração em alça de balde do lábio superior, com bíceps intacto. *(iv)* Tipo IV: laceração em alça de balde do lábio superior, com laceração do tendão do bíceps.

foram associadas à chamada *síndrome do braço morto*, que limita a velocidade e o controle em arremessos, o que foi em grande parte atribuído à dor e ao incômodo associados às lesões labiais (Burkhart e Morgan, 2001; Burkhart et al., 2000).

Andrews et al. (1985) descreveram originalmente lacerações labiais superiores nas proximidades da origem da cabeça longa do bíceps braquial em uma população de atletas que realizavam arremessos com o braço acima da cabeça. Os autores postularam que a tensão incidente sobre o tendão do bíceps durante o arremesso tracionava o lábio de sua inserção.

Já foram sugeridos diversos mecanismos para as lesões SLAP. Andrews et al. (1985) propuseram a teoria de um mecanismo de tração (tensão). Snyder et al. (1990, 1995) defenderam um mecanismo de compressão, como o que pode ser observado em uma queda ou colisão. Maffet et al. (1995) sugeriram um mecanismo de tração, ou de "puxão". Outros autores (Jobe, 1995; Walch et al., 1992) implicaram o contato com os músculos do manguito rotador (p. ex., supraespinal), quando o braço que está arremessando se encontra na posição em que a bola está prestes a ser liberada. Burkhart e Morgan (1998) e Morgan et al. (1998) descreveram um mecanismo envolvendo "o descascamento para trás" do lábio superior, quando a inserção do bíceps sofre torção durante um movimento de abdução e rotação lateral. Também podem ocorrer lacerações por lesão SLAP degenerativa (relacionadas com o processo de envelhecimento) secundariamente a um desgaste geral e a padrões de laceração associados à idade avançada (Varacallo et al., 2021).

As frequências informadas para os mecanismos da lesão SLAP variam, provavelmente por causa das diferenças nas populações em avaliação, inclusive suas faixas etárias, condição física, padrões de atividade e lesões associadas (p. ex., problemas do manguito rotador). As informações disponíveis sugerem que a compressão é, provavelmente, o mecanismo mais comum (Tab. 7.5).

LESÕES NO BRAÇO

O *braço* abrange as articulações do ombro e do cotovelo e contém o úmero, que está circundado por dois compartimentos musculares. O compartimento anterior contém os músculos bíceps braquial, braquial e coracobraquial; o compartimento posterior abriga apenas o tríceps braquial, um complexo muscular com três cabeças: longa, medial e lateral (ver Fig. 7.2). O úmero se articula proximalmente com a escápula e, distalmente, com o rádio e a ulna na articulação do cotovelo.

TABELA 7.5 Mecanismos das lesões SLAP

	Snyder et al. (1995) (N = 140)	Handelberg et al. (1998) (N = 32)
Compressão (queda ou compressão)	43 (31)	9 (28)
Tração (carregar peso)	23 (16)	7 (22)
Luxação-subluxação	27 (19)	7 (22)
Arremesso (esportes com movimento do braço acima da cabeça)	16 (12)	8 (25)
Surgimento inespecífico	31 (22)	1 (3)

Valores com percentuais entre parênteses.

Fratura do úmero

Fraturas do úmero respondem por cerca de 5 a 8% de todas as fraturas; o risco de ocorrência dessa lesão aumenta consideravelmente com a idade (Court-Brown e Caesar, 2006; Ekholm et al., 2006; Praemer et al., 1999; Updegrove et al., 2018). Essas fraturas ocorrem em locais diferentes, dependendo da idade e do sexo; homens mais jovens têm mais fraturas distais do úmero, e mulheres idosas apresentam mais fraturas proximais, normalmente causadas por quedas e relacionadas com a presença de osteoporose (Court-Brown e Caesar, 2006; Kim et al., 2012). Nos Estados Unidos, estima-se que 500 mil fraturas do úmero ocorrerão em 2030, caso persistam as tendências atuais (Kim et al., 2012).

As fraturas do úmero são decorrentes de traumatismo direto ou indireto. As lesões diretas geralmente são de alta energia e exibem grande cominuição (i. e., fragmentação do osso) e ruptura de tecidos moles, enquanto os traumatismos indiretos envolvem menos energia e mínimo deslocamento ósseo.

O padrão das fraturas ósseas varia: forças compressivas acarretam ruptura nas extremidades proximal e distal, o encurvamento resulta em fraturas transversais da diáfise, cargas de torção levam a fraturas em espiral, e a combinação de torção e encurvamento pode causar fraturas oblíquas ou fragmentação em asa de borboleta. A Figura 7.11 apresenta um sistema de classificação de uso comum para as fraturas da diáfise do úmero.

As fraturas do úmero tipicamente são resultantes de traumatismo direto (p. ex., queda sobre a mão ou braço estendidos, colisão de veículos automotivos). Embora raras, também ocorrem fraturas desse osso em resposta a contrações musculares violentas, como foi originalmente descrito por Wilkinson (1895).

O padrão de fratura depende da magnitude, localização e direção das forças aplicadas, e o movimento dos segmentos fraturados é determinado pela ação dos músculos na área. Exemplificando, no caso de fratura proximal ao local de inserção do peitoral maior, o segmento distal sofre deslocamento medial pela ação desse músculo, enquanto o segmento proximal é mobilizado em abdução e rotação medial pelo manguito rotador (Fig. 7.12*a*). Se o local da fratura se situa entre as inserções do peitoral maior e do deltoide, o segmento distal é mobilizado em adução pela ação do deltoide, enquanto o segmento proximal é tracionado medialmente pelos músculos peitoral maior, latíssimo do dorso e redondo maior (Fig. 7.12*b*). Nas fraturas distais à inserção do deltoide, o segmento proximal é mobilizado em abdução

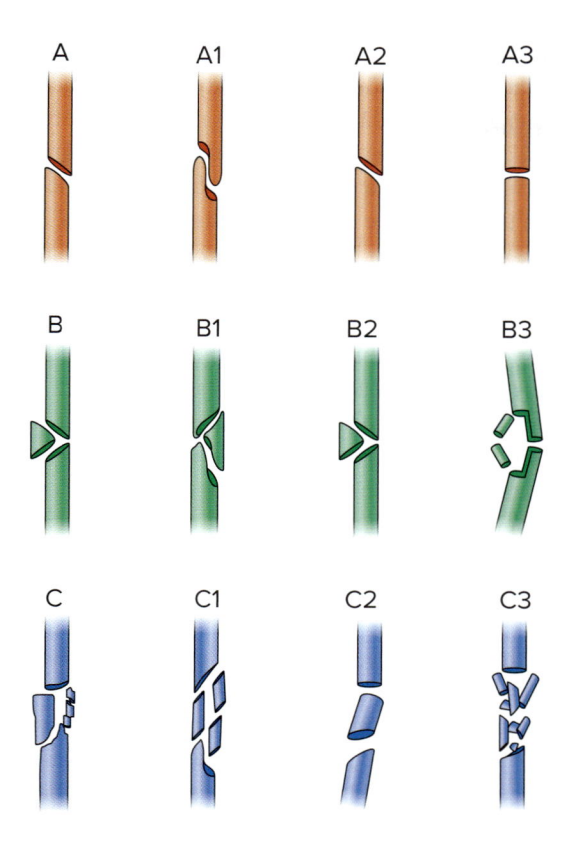

FIGURA 7.11 Sistema de classificação de fraturas da diáfise umeral: A = fraturas simples, B = fraturas em cunha (com fragmentos em asa de borboleta), e C = fraturas complexas (cominutivas).

Reproduzida com permissão de B. D. Browner et al., *Skeletal Trauma*, 3.ed. (Philadelphia: Saunders, Ltd, 2003): 1485, com permissão de Elsevier.

e flexão, e o segmento distal é deslocado superiormente (Fig. 7.12c).

Na maioria das lesões, a idade desempenha um papel importante para a determinação da natureza e extensão da lesão tecidual; isso vale também para as fraturas do úmero. Fraturas nesse osso em pessoas idosas são mais comumente resultantes de quedas (Kim et al., 2012; Tytherleigh-Strong et al., 1998), enquanto o culpado habitual pela fratura em pessoas mais jovens é um impacto direto, ou um arremesso vigoroso. Já foi documentada a ocorrência de fraturas do úmero como resultado do arremesso de objetos tão variados como bolas de beisebol, dardos e granadas de mão (Callaghan et al., 2004; Kaplan et al., 1998). Foram propostas diversas teorias para explicar as fraturas ligadas a arremessos, inclusive fatores de ação dos músculos antagonistas, ação muscular violenta e descoordenada, mecânica deficiente de arremesso, forças de torção excessivas e fadiga.

Em uma série de 12 fraturas do úmero espontâneas ocorridas em jogadores de beisebol que participavam regularmente de uma liga sênior (jogadores com mais de 30 anos), foi observado que os atletas lesionados tinham estado inativos durante anos, antes de se juntarem à liga. O prolongado período de inatividade pode ter contribuído para a atrofia por desuso no úmero e talvez tenha atuado como um fator predisponente para fraturas súbitas e por estresse nesses jogadores. Foram identificados quatro fatores de risco para as fraturas: idade (média de 36 anos para os jogadores lesionados), ausência prolongada das atividades de arremesso, falta

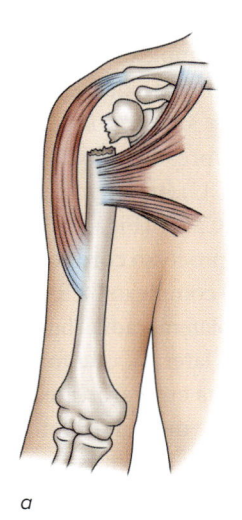

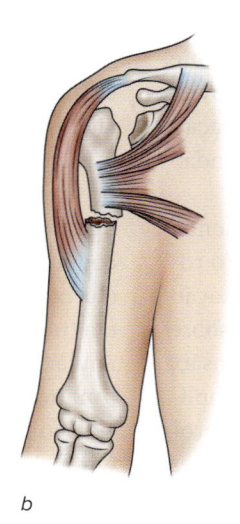

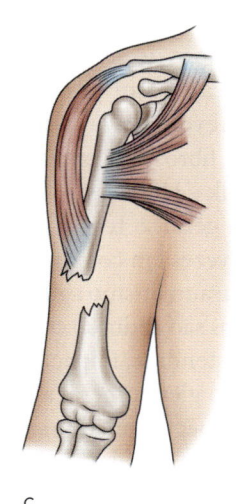

a   *b*   *c*

FIGURA 7.12 *(a)* Fratura proximal à inserção do peitoral maior. *(b)* Fratura distal à inserção do peitoral maior e proximal à inserção do deltoide. *(c)* Fratura distal à inserção do deltoide.

de exercícios regulares e dor prodrômica (precursora) no braço (Branch et al., 1992). No caso da fratura (e como ocorre em muitas lesões), as condições da pessoa e seu padrão de atividade desempenham um papel importante na determinação da suscetibilidade à sua ocorrência.

Lesões no tendão do bíceps braquial

O tendão proximal da cabeça longa do bíceps braquial (CLBB) tem inserções no tubérculo supraglenoidal (ou âncora do bíceps) e na borda superior do lábio glenoidal. A âncora do bíceps proporciona uma limitação primária para o tendão da CLBB, com a limitação secundária dada pela inserção labial (Healey et al., 2001). A partir dessa inserção, o tendão do bíceps avança através do intervalo do manguito rotador no sulco bicipital do úmero. Distalmente, o bíceps braquial se insere na tuberosidade do rádio.

A ação principal do bíceps braquial é flexionar o cotovelo (com envolvimento menor como um flexor glenoumeral). O tendão proximal do bíceps braquial tem predisposição a lesão em decorrência de seu íntimo envolvimento com a ação do manguito rotador e sua inserção no lábio superior. As lesões no tendão do bíceps são: tenossinovite crônica e subluxação, luxação e ruptura agudas.

Ainda não ficou devidamente esclarecida a causa das lesões no bíceps, em grande parte por causa da complexa interação das lesões por impacto e por instabilidade, e também pela considerável variação anatômica. Em geral, a tenossinovite do bíceps está associada à prática repetida de tarefas com movimentos acima da cabeça, por exemplo, a execução de arremessos. Agudamente, a tenossinovite se manifesta na forma de inchaço e inflamação. Com o trauma repetido, a tenossinovite crônica evolui para desgaste do tendão, proliferação sinovial, fibrose e eventual ruptura ou luxação do tendão (Ptasznik e Hennessy, 1995).

Em geral, o tendão do bíceps luxa medialmente, muitas vezes em conjunto com lesões do manguito rotador e traumatismo agudo. Os mecanismos da luxação do bíceps são abdução com rotação lateral, quedas sobre a mão estendida, impacto lateral direto, hiperextensão, e luxação glenoumeral anterior. Alguns estudos implicaram aspectos anatômicos, mais notavelmente a profundidade e angulação do sulco bicipital, como fatores predisponentes à luxação do tendão do bíceps. Há maior probabilidade de desalojamento do tendão nos casos de sulco pouco profundo ou com baixa angulação.

Tendo em vista a inseparável relação entre os problemas do manguito rotador e do tendão do bíceps, existe também uma firme associação entre os mecanismos incentivadores das lesões do manguito (p. ex., impacto) e a degeneração do tendão do bíceps. A ruptura desse tendão é uma consequência lógica da degradação progressiva do tecido. A ruptura do tendão do bíceps foi associada a uma tração distal e à contração ativa do bíceps, como ocorre quando uma pessoa está fazendo tração ativa e o braço é subitamente sacudido em uma direção distal.

Com frequência, a congruência estrutural entre o lábio glenoidal e o tendão proximal do bíceps resulta em lesões combinadas na junção bicipital-labial (p. ex., lesão SLAP). Embora o mecanismo exato para essa lesão ainda não tenha sido elucidado, pode haver envolvimento de uma tração do tendão do bíceps e também da cabeça do úmero.

LESÕES NO COTOVELO

Estruturalmente, o cotovelo é classificado como uma articulação sinovial do tipo gínglimo (dobradiça), formada por articulações duplas entre o capítulo do úmero (Fig. 7.13a) e a cabeça do úmero (Fig. 7.13c) e entre a tróclea umeral (Fig. 7.13a e b) e a incisura troclear da ulna (Fig. 7.13c). O rádio e a ulna se articulam na articulação radioulnar proximal (Fig. 7.13c e d). O movimento normal do cotovelo é restrito à flexão-extensão uniplanar; a pronação-supinação do antebraço é proporcionada pelas rotações combinadas das articulações radioulnares proximal e distal. Por ser uma articulação sinovial, o cotovelo é circundado por uma delgada cápsula fibrosa que avança desde sua inserção umeral proximal até se tornar contínua, distalmente, com a cápsula sinovial da articulação radioulnar proximal.

O cotovelo é reforçado pelo complexo do ligamento colateral radial (LCR), que se estende desde o epicôndilo lateral do úmero até o ligamento anular do rádio (Fig. 7.13e). O cotovelo também é reforçado pelo complexo do ligamento colateral ulnar (LCU) (também chamado ligamento colateral medial [LCM]) (Fig. 7.13f), que conecta o epicôndilo medial ao processo coronoide e ao olécrano da ulna (Fig. 7.13c-f). O complexo LCR consiste em três ligamentos (ligamento colateral radial, ligamento anular e ligamento ulnoumeral lateral), que fornece a limitação primária contra cargas em varo (i. e., força aplicada em direção lateral na face medial do cotovelo). O LCU é composto por três tratos distintos (anterior, posterior, transverso). Os tratos anterior e posterior opõem resistência à ação de cargas em valgo (i. e., força aplicada em direção medial na face lateral do cotovelo), enquanto o trato transverso desempenha mínimo papel na estabilização da articulação. A Figura 7.2 ilustra os

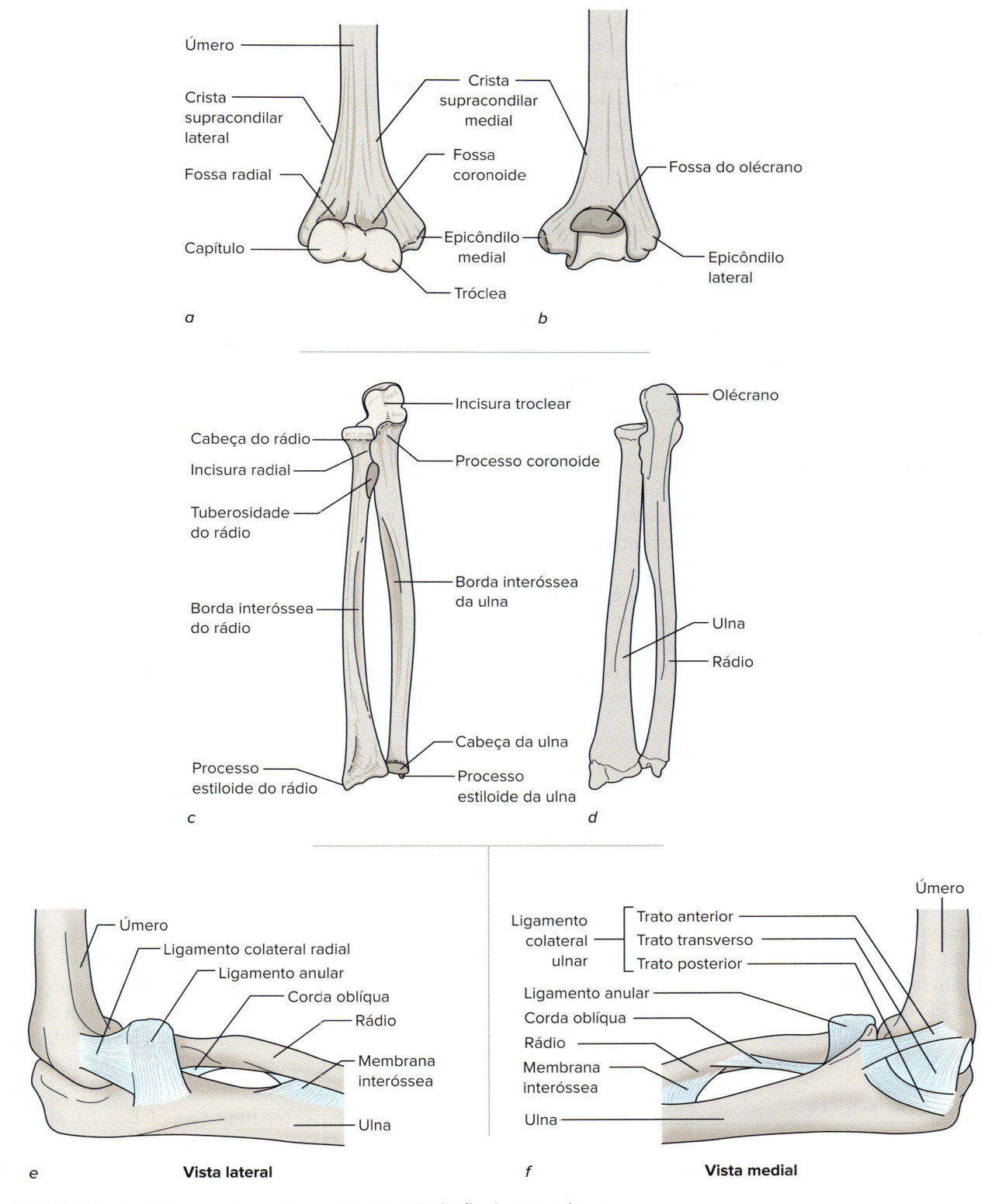

FIGURA 7.13 *(a-d)* Ossos e *(e* e *f)* ligamentos da articulação do cotovelo.

músculos controladores dos movimentos do cotovelo e a Tabela 7.6 oferece um resumo desses músculos.

Antes de começarmos a estudar as lesões específicas, é importante que nos debrucemos sobre vários termos genéricos e disseminados utilizados na descrição das lesões no cotovelo. O mais comum desses termos é o *cotovelo de tenista*, expressão com significados variáveis. "Cotovelo de tenista" é usado como um descritor geral de qualquer dor no cotovelo e no entorno da articulação até um diagnóstico específico de epicondilite lateral (ver seção a seguir). Nesse último caso, *cotovelo de tenista* pode ser triplamente confuso, porque essa expressão pode ser interpretada como se a prática do tênis fosse a única responsável pela epicondilite; que a epicondilite é a única lesão no cotovelo observada em praticantes desse esporte; ou que todos os tenistas têm esse problema. Nenhuma dessas suposições é correta. Por essas razões, nos abstemos de usar esse termo coloquial, *cotovelo de tenista*, e seus "primos", *cotovelo da Little League*, *cotovelo de golfista* e *cotovelo de alpinista*. Em vez de usar tais termos, nos concentraremos em descritores clínicos específicos.

São lesões significativas no cotovelo: epicondilite, tendinite, distensão miotendínea, osteocondrite dissecante, osteocondrose, luxação, bursite, entorse ligamentar, e fraturas do úmero, ulna e rádio. Muitas dessas lesões ocorrem comumente entre os atletas, sendo específicas às tarefas esportivas (Tab. 7.7).

Epicondilite

Em sua maioria, as lesões no cotovelo são problemas de uso excessivo, caracterizados por uma degeneração tecidual progressiva. Como ocorre na maioria das lesões crônicas, a aplicação repetida de uma carga produz microtraumatismo nos tecidos, antes que o problema se torne sintomático. Mesmo em indivíduos sintomáticos, foram relatadas evidências de calcificação intracitoplasmática, divisão e torção das fibras colágenas, além de

TABELA 7.6　Músculos do cotovelo

Músculo	Ação
Ancôneo	Estende o antebraço
Bíceps braquial	Flexiona o antebraço; também supina o antebraço e flexiona o braço
Braquial	Flexiona o antebraço
Braquiorradial	Flexiona o antebraço
Tríceps braquial	Estende o antebraço; a cabeça longa também estende o braço

TABELA 7.7　Lesões no cotovelo específicas da prática esportiva

Esporte	Lesões e mecanismos
Beisebol/softbol	Epicondilite medial, distensão e ruptura do ligamento colateral ulnar (LCU), sobrecarga de extensão em valgo, neurite ulnar (síndrome do túnel cubital), tendinite dos flexores
Basquete	Tendinite, bursite, epicondilite lateral, luxação, fratura
Golfe	Epicondilite medial e lateral, tendinite
Ginástica	Hiperextensão, luxação, fratura, ruptura do LCU, osteocondrite dissecante, epicondilite medial
Tênis	Epicondilite lateral (*backhand*), epicondilite medial (*forehand* e saque)
Vôlei	Epicondilite medial, sobrecarga de extensão em valgo (cortada)

interligações anormais das fibras (Kannus e Józsa, 1991). Ainda não foram determinadas com clareza as causas dessas histopatologias, mas elas podem ser de natureza mecânica ou vascular.

A aplicação contínua de cargas piora os danos microscópicos, eventualmente levando a um envolvimento sintomático dos tecidos, na forma de uma inflamação inicial, com perda da flexibilidade e debilidade tecidual. No cotovelo, esses eventos frequentemente se manifestam na forma de uma epicondilite, com envolvimento das inserções de tecidos moles nos epicôndilos umerais. A especificidade da tarefa determina se haverá envolvimento do epicôndilo medial ou lateral.

Nirschl (1988) descreveu quatro estágios na progressão da epicondilite:

- Primeiro estágio: inflamação não associada a alterações patológicas nos tecidos.
- Segundo estágio: alterações patológicas nos tecidos caracterizadas por alterações na arquitetura do colágeno, na forma de resposta vascular fibroblástica e imatura (tendinose), em relativa ausência de células inflamatórias.
- Terceiro estágio: tendinose com falhas estruturais nos tecidos (p. ex., microlacerações).
- Quarto estágio: continuação das falhas estruturais, com fibrose ou calcificação.

O termo *epicondilite* pode levar a equívocos, pois são escassas as evidências da presença de marcadores inflamatórios no local afetado; além disso, é considerável a discordância acerca de diversos outros aspectos do distúrbio (Ciccotti e Charlton, 2001, p.77; Nirschl e Ashman, 2003). Foram sugeridas algumas designações alternativas para a epicondilite, por exemplo, *tendinose* (Kraushaar e Nirschl, 1999), *tendinose angiofibroblástica* (Nirschl e Ashman, 2003) e *epicondralgia* (Hotchkiss, 2000). Apesar disso, *epicondilite* está tão incorporado na literatura que é improvável que seu uso seja descontinuado. Qualquer que seja a denominação empregada, Whaley e Baker nos lembram que, "em si, a doença não é um processo inflamatório, trata-se de um processo degenerativo" (2004, p.688).

Epicondilite lateral

A *epicondilite lateral* se caracteriza pela presença de dor na face lateral do cotovelo, que é geralmente atribuída a um problema na inserção proximal do músculo extensor radial curto do carpo (ERCC) (Abrams et al., 2012; Nirschl e Pettrone, 1979). A epicondilite lateral tem sua origem na prática repetitiva de atividades ocupacionais ou esportivas, especificamente aquelas que envolvem extensão do punho e supinação radioulnar (Tosti et al, 2013).

A epicondilite lateral é prevalente em praticantes do tênis; entre 40 e 50% dos jogadores têm essa lesão em algum momento durante seus anos na prática. A lesão é mais comum nos jogadores entre os 30 e 50 anos. Os mecanismos causais suspeitos são: mecânica incorreta ao rebater, contato da bola fora do centro da raquete, força ao segurar a raquete e vibração da raquete. O impacto repetido entre a raquete e a bola estressa os músculos que estabilizam e controlam os movimentos do punho. Esses estresses podem ser decorrentes de ações musculares concêntricas e também excêntricas.

Em particular, a mecânica do *backhand* foi associada à incidência de epicondilite lateral (Priest et al., 1980). Estudos eletromiográficos demonstraram níveis elevados de atividade dos extensores do punho, sobretudo no ERCC, durante a execução dessa rebatida (Giangarra et al., 1993; Morris et al., 1989). Quando um tenista (normalmente um principiante) avança com o cotovelo adiante, são produzidas forças maiores nos extensores de punho. Essas cargas são transferidas, através da musculatura ativa e enrijecida, à inserção proximal na face lateral do úmero.

Apesar do escasso apoio na literatura, alguns estudiosos associaram a execução do *backhand* com uso das duas mãos a uma incidência mais baixa de epicondilite lateral, porque a ação simplificada e coordenada da rotação do tronco e do movimento do braço impõe uma menor demanda mecânica ao sistema musculoesquelético. Giangarra et al. (1993), por exemplo, concluíram

que "a diminuição na ocorrência de epicondilite lateral nos tenistas que praticam o *backhand* com as duas mãos talvez não seja resultante de uma redução na atividade dos extensores; essa diminuição seria decorrente de fatores associados a uma mecânica defeituosa no golpe, mais frequentemente observada nos usuários da técnica com uma das mãos" (p.394).

A ocorrência de epicondilite lateral não é exclusividade dos tenistas. Também estão implicados outros esportes que envolvem rebatidas, como o raquetebol e o golfe, bem como ocupações e tarefas manuais que envolvem movimentos repetitivos do punho e do cotovelo (Haahr e Andersen, 2003; van Rijn et al., 2009). Especificamente, pesquisas demonstraram que movimentos de beliscar (pinçamento) e de preensão com os dedos e as mãos sempre produzem momentos flexores no punho; e que, para a manutenção do equilíbrio, são produzidos momentos extensores. O uso excessivo do mecanismo extensor em atividades repetidas de pinçamento e de preensão, como por exemplo no trabalho crônico com instrumentos manuais ou na escrita, aumenta a suscetibilidade de epicondilite lateral (Snijders et al., 1987).

Epicondilite medial

Em comparação com a epicondilite lateral, a epicondilite medial ocorre com pouca frequência (Barco e Antuña, 2017). Os números publicados variam; Leach e Miller (1987) informaram que a epicondilite lateral é 7 a 10 vezes mais comum que a epicondilite medial e, mais recentemente, Shiri et al. (2006) concluíram que ela é 3,25 vezes mais comum.

Muitos casos de epicondilite medial estão ligados a alguma prática esportiva. No tênis, por exemplo, a epicondilite medial é decorrente da excessiva aplicação de carga durante movimentos de *forehand* e de saque. Esses movimentos, especialmente quando realizados por tenistas de elite, envolvem uma vigorosa extensão do punho. A ação excêntrica dos flexores de punho para o controle da extensão dessa articulação impõe um estresse considerável sobre esses músculos e sobre sua inserção na face medial do úmero.

A epicondilite medial ocorre mais frequentemente em arremessadores cujos padrões de movimento envolvem um mecanismo de extensão em valgo e alta velocidade (p. ex., beisebol ou arremesso de dardos) (Wilson et al., 1983). A aplicação de uma carga em valgo durante o arremesso, sobretudo durante as fases que precedem a liberação do objeto e de aceleração, produz elevadas forças tênseis na face medial do cotovelo. A repetida aplicação de cargas em valgo é prenúncio de epicondilite medial (Grana, 2001). Essa ação (i. e., a repetida

> ## Um osso não tão engraçado
>
> O chamado *osso engraçado* não é um osso nem é particularmente engraçado. Seu nome deriva da sensação temporária de dormência e formigamento que vivenciamos quando a face posteromedial do cotovelo sofre um golpe. Nessa região, o nervo ulnar avança pela face posterior do epicôndilo do úmero em seu percurso do ombro até o antebraço e a mão. A compressão violenta do nervo ulnar contra o úmero provoca um bloqueio temporário dos impulsos nervosos. Isso produz a sensação "engraçada" quando o nervo é golpeado.

aplicação de cargas em valgo) também pode acarretar outras lesões, como danos ao ligamento colateral ulnar (LCU), à unidade miotendínea flexora-pronadora e ao nervo ulnar (Safran, 2004).

Lesões causadas por carga em valgo-extensão

São numerosos os estudos que examinaram a cinemática, a cinética e o envolvimento muscular no cotovelo durante o movimento de arremesso com o braço acima da cabeça. Normalmente, o movimento de arremesso se divide em cinco fases: preparação, elevação do braço, aceleração, desaceleração e acompanhamento/finalização. Às vezes, uma sexta fase – passada – é inserida entre a preparação e a elevação do braço.

Diversos estudos (Fleisig et al., 1995) quantificaram a cinética do cotovelo durante o arremesso, tendo informado as forças consideráveis e potencialmente lesivas e seus momentos. Mais perto do final da fase de elevação do braço, quando o cotovelo está se aproximando da sua extensão final, essa articulação sofre a aplicação de uma carga em valgo que é resistida por um torque em varo produzido pelos tecidos miotendíneos e periarticulares (Fig. 7.14). Foi estimado que os torques em varo nesse momento variam de 64 a 120 N.m, com previsão de uma força articular entre o rádio e o úmero de aproximadamente 500 N (Fleisig et al., 1995; Werner et al., 1993).

O pareamento do torque em valgo e da extensão do cotovelo resulta no chamado mecanismo de sobrecarga em valgo-extensão que, por sua vez, pode levar a lesões na face medial do cotovelo, incluindo epicondilite, ruptura do ligamento colateral ulnar, fratura por avulsão e lesão nervosa. Além disso, o estresse em valgo-extensão provoca um impacto da face medial do olécrano sobre a fossa do olécrano e um impacto da cabeça do rádio sobre o capítulo. Impactos repetidos podem resultar em inflamação, condromalacia, formação de osteófitos e fraturas por estresse no olécrano (Ahmad e ElAttrache, 2004).

Nos arremessos, como também em outros movimentos dinâmicos, as maiores cargas se desenvolvem durante ações excêntricas que opõem resistência e controlam o movimento em alta velocidade. A repetida aplicação dessas altas cargas pode resultar em uma degeneração progressiva e eventual falha do tecido. Embora esse processo ocorra comumente, não é inevitável. Alguns atletas e trabalhadores são capazes de aplicar cargas repetidas aos seus tecidos com mínima ou nenhuma resposta sintomática. Por que determinado histórico de aplicação de carga provoca lesão em uma pessoa, mas não em outra? Provavelmente a resposta se situa no fato de que a lesão é um "quebra-cabeças" multifatorial, e que algumas pessoas demonstram maior suscetibilidade a uma lesão do que outras. Para definir essa suscetibilidade, Meeuwisse (1994) propôs um modelo que incorpora fatores tanto intrínsecos (p. ex., idade, força, flexibilidade, lesão prévia) como extrínsecos (p. ex., biomecânica das habilidades motoras, equipamento, condições ambientais, cronogramas de atividade, demandas intrínsecas).

Graças à sua natureza repetitiva, o arremesso nos proporciona um exemplo instrutivo de evolução da lesão crônica e da natureza interativa desses fatores intrínsecos e extrínsecos. Kibler (1995) caracterizou a degeneração progressiva como um ciclo de *feedback* negativo, no qual os cinco complexos a seguir interagem para a criação de uma espiral descendente, que leva à falha do tecido:

1. Sobrecarga do tecido.
2. Sintomas clínicos.
3. Lesão ao tecido.
4. Déficit biomecânico funcional.
5. Adaptação subclínica.

Aplicando esse modelo ao movimento de arremesso com o braço acima da cabeça, por exemplo, podemos observar como esses complexos contribuem interativamente para a lesão no cotovelo. Durante o final da fase de elevação do braço, o mecanismo de extensão em valgo provoca *sobrecarga tecidual* na face medial do cotovelo, na forma de microtraumatismo assintomático. A repetição dos danos mecânicos, por sua vez, resulta em *sintomas clínicos* de dor à palpação pontual sobre o epicôndilo medial e em *lesão ao tecido* nas inserções do grupo flexor-pronador e nos ligamentos colaterais

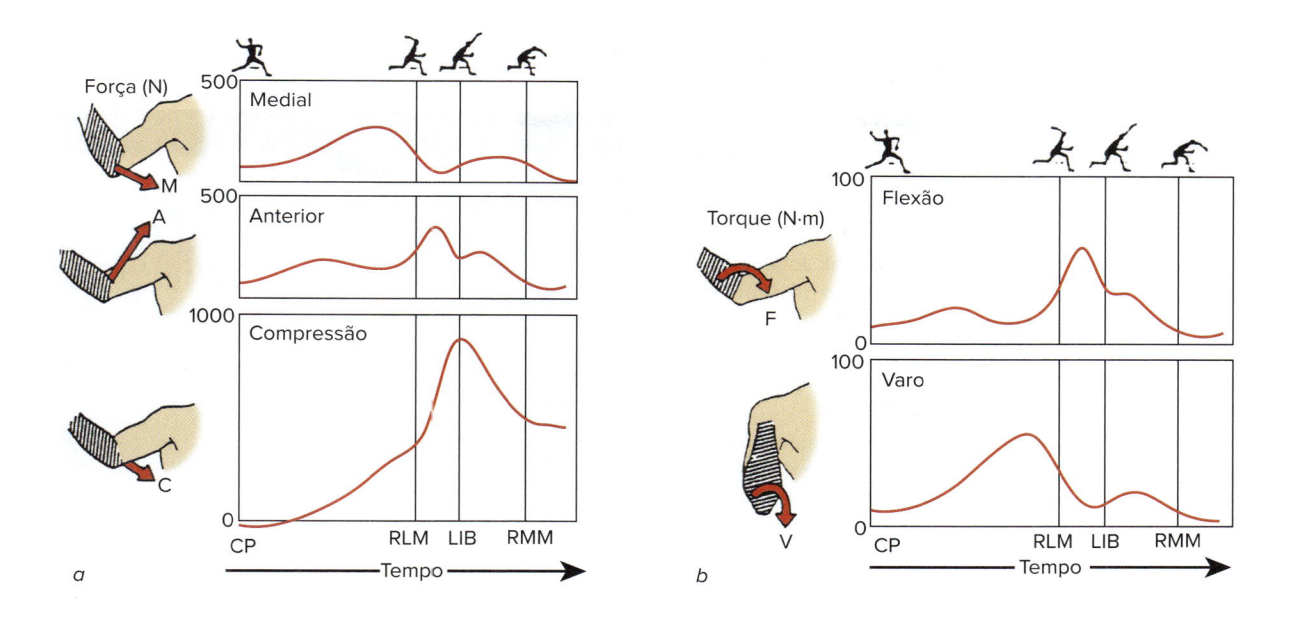

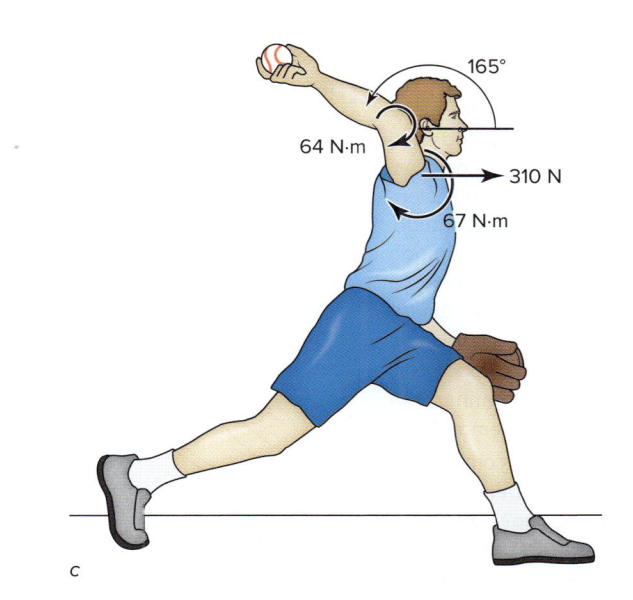

FIGURA 7.14 Cinética do arremesso no beisebol. *(a)* Força aplicada ao antebraço na região do cotovelo nas direções medial (M), anterior (A) e em compressão (C). Estão ilustrados os instantes de contato frontal do pé (CP), rotação lateral máxima (RLM), liberação da bola (LIB) e rotação medial máxima (RMM). *(b)* Torques aplicados ao antebraço na região do cotovelo nas direções de flexão (F) e em varo (V). *(c)* Pouco antes da rotação lateral máxima, o braço estava em rotação lateral de 165° e o cotovelo estava flexionado a 95°. Nesse instante, foram anotados 67 N.m de torque em rotação medial, 310 N de força anterior no ombro, e 64 N.m de torque em varo no cotovelo.

Adaptada com permissão de G. S. Fleisig et al. "Kinetics of Baseball Pitching with Implications About Injury Mechanisms", *The American Journal of Sports Medicine* 23, nº 2 (1995): 236-268. Reproduzida com permissão de SAGE Publications.

ulnares. Então, o cotovelo sofre *déficits biomecânicos funcionais*, na forma de enfraquecimento e diminuição da flexibilidade flexora-pronadora, em conjunto com diminuição da flexibilidade do cotovelo e desequilíbrio muscular. Diante disso, o arremessador modifica sua

técnica (*adaptação subclínica*), na tentativa de compensar seus déficits. Essas compensações sobrecarregam ainda mais os tecidos, e esse insidioso ciclo terá continuidade até que venha finalmente a ocorrer a falha tecidual. Um programa apropriado de reabilitação deve abranger

Cirurgia de transplante de tendão

Em 1974, o arremessador Tommy John, do Los Angeles Dodgers, estava com um recorde de 13-3 e a caminho de ter uma das melhores temporadas de sua vida esportiva. John então rompeu o ligamento colateral ulnar (LCU) do braço de arremesso, e parecia que era o fim da sua carreira. John pediu ao médico da equipe, Frank Jobe, que "fizesse alguma coisa" para salvar seu braço de arremesso – e o Dr. Jobe fez exatamente isso. No que passou a ser conhecido como *cirurgia de Tommy John*, o Dr. Jobe reconstruiu o LCU de John utilizando um enxerto tendíneo livre (palmar longo) do outro braço do atleta.

Na época, ninguém sabia qual seria o desfecho da cirurgia. John perdeu a temporada de beisebol de 1975 e retornou em 1976 para testar o braço reparado. John passou brilhantemente no teste. Depois da cirurgia, ele arremessou por mais 13 anos, tendo acumulado 164 vitórias. Essas vitórias, combinadas com suas 124 vitórias obtidas antes da cirurgia, fizeram com que John obtivesse 288 triunfos para toda a sua carreira, quando o atleta finalmente se aposentou do esporte em 1989. Depois da lesão, John foi por três vezes escolhido *All-Star* (1978, 1979, 1980), terminando em segundo lugar na votação para o prêmio Cy Young Award em 1977 e em 1979.

O Dr. Jobe continuou realizando e refinando suas técnicas de reconstrução do LCU (Jobe et al., 1986), tendo compartilhado seu procedimento com outros colegas da área. Jobe e seus colegas relataram resultados bons a excelentes em 80% dos pacientes (Conway et al., 1992). Contudo, o resultado mais digno de nota continua sendo o obtido com Tommy John. As 288 vitórias ao longo de sua carreira podem até ser esquecidas, mas seu nome não será. "Tommy John" estará para sempre associado à pioneira cirurgia que salvou sua carreira como arremessador de beisebol. Nas palavras de John, "eu jamais seria capaz de ganhar 288 jogos sem a cirurgia. Estaremos ligados para sempre".

E, no que se refere às perspectivas de John com relação à cirurgia e sua carreira como jogador de beisebol, ele declarou, "Sabe do que eu tenho mais orgulho? ... Arremessei por 13 anos depois do procedimento cirúrgico e jamais deixei de iniciar meus jogos. Não tive nenhum tipo de problema. Quando lembrarem de mim, gostaria que as pessoas também se lembrassem disso".

a

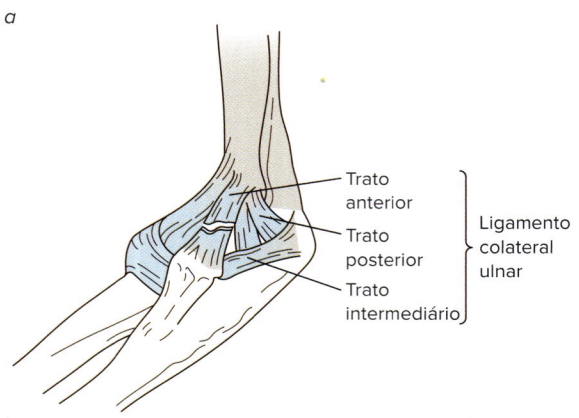

b

(a) Tommy John arremessando depois de seu revolucionário reparo cirúrgico. *(b)* Ligamento colateral ulnar, formado por três tratos: anterior, intermediário, posterior. Na ilustração, o trato anterior tem uma laceração completa.
Focus on Sport/Getty Images

todos os cinco complexos para que seja interrompido esse ciclo de *feedback* negativo.

Luxação do cotovelo

Considerando sua relativa estabilidade, não deve surpreender que o cotovelo tenha uma probabilidade três vezes menor, em comparação com o ombro, de ter uma luxação (Praemer et al., 1999). Apesar disso, a luxação do cotovelo não é rara. Tendo em vista que apenas raramente as luxações articulares ocorrem de forma isolada – com frequência tais lesões são acompanhadas por extensos danos aos tecidos moles, em decorrência do deslocamento vigoroso dos ossos –, as luxações do cotovelo normalmente envolvem ruptura completa ou avulsão dos ligamentos colaterais, tanto o ulnar como o radial. A luxação do cotovelo é mais prevalente em indivíduos jovens e em associação a atividades esportivas.

A configuração óssea do cotovelo proporciona uma excepcional resistência à luxação anterior. Dessa maneira, a vasta maioria das luxações ocorre posteriormente (Rettig, 2002) e pode ser de direção direta-posterior, posteromedial ou posterolateral (Fig. 7.15). A luxação tende a ser posterolateral (Nestor et al., 1992; O'Driscoll et al., 1991) para possibilitar a passagem do processo coronoide inferiormente à tróclea (O'Driscoll, 2000). As crianças também apresentam essa propensão à luxação posterior. Em um estudo (Rasool, 2004) de 33 luxações de cotovelo em crianças (todas causadas por quedas), 91% eram posteriores.

O mecanismo mais comum para a luxação do cotovelo envolve a aplicação de uma força axial ao cotovelo estendido ou hiperestendido. Essa força alavanca eficazmente a ulna para fora da tróclea, causando rupturas capsular e ligamentar, o que, por sua vez, possibilita a luxação da articulação (Hotchkiss, 1996). Durante a hiperextensão forçada, o alinhamento da articulação também produz um estresse em valgo que pode levar à ruptura do ligamento colateral ulnar e, em alguns casos, à ruptura na origem do grupo flexor-pronador na face medial do úmero.

O'Driscoll et al. (1991, 1992) descreveram a instabilidade rotatória posterolateral (IRPL), que é resultante de uma combinação de compressão axial, instabilidade em valgo e supinação. A IRPL envolve uma lesão ao complexo do ligamento colateral radial (LCR) (Anakwenze et al., 2014). De acordo com O'Driscoll et al., a IRPL evolui ao longo de quatro estágios de gravidade:

- Primeiro estágio: ruptura da porção ulnar do complexo do LCR, com resultantes subluxação posterolateral e redução espontânea.
- Segundo estágio: continuação da ruptura anterior e posteriormente, com concomitante subluxação.

- Terceiro estágio A: ruptura de todos os tecidos moles, exceto do feixe anterior do ligamento colateral ulnar; luxação posterior completa.
- Terceiro estágio B: ruptura completa do complexo do ligamento colateral ulnar, acompanhada por visível instabilidade em valgo e em varo.

Fraturas de cotovelo

Fraturas poderão ocorrer em qualquer dos três ossos do cotovelo (úmero, ulna ou rádio). O envolvimento de cada um desses ossos depende da natureza, magnitude, localização e direção das forças aplicadas.

- As fraturas umerais podem envolver várias áreas da porção distal do úmero, inclusive as regiões supracondilar, intercondilar (fraturas em Y e em T), condilar, epicondilar e articular (Fig. 7.16a).
- As fraturas ulnares geralmente envolvem o olécrano, sendo resultado direto de algum impacto violento à face posterior do cotovelo, ou indiretamente, em decorrência de quedas que aplicam carga à articulação do cotovelo (Fig. 7.16b).
- As fraturas coronoides ocorrem durante a luxação da articulação, quando a tróclea causa o cisalhamento da ponta do processo coronoide da ulna (Fig. 7.16c). Em conjunto com a fratura da cabeça do rádio, a fratura do processo coronoide compromete particularmente a estabilidade da articulação do cotovelo (Cohen, 2004).
- Mais frequentemente, as fraturas da cabeça do rádio são decorrentes da aplicação de uma carga longitudinal sobre o rádio, como resultado de uma queda ou de uma luxação simultânea do cotovelo (Fig. 7.16d). As fraturas radioulnares serão descritas com mais detalhes na seção seguinte.

LESÕES NO ANTEBRAÇO

O antebraço abrange as articulações do cotovelo e do punho; consiste em dois ossos com alinhamento longitudinal: o rádio (lateral) e a ulna (medial), que são circundados por diversos músculos que atuam nas articulações do cotovelo, radioulnar e do punho, e cujos tendões distais têm continuidade até a mão, para controle dos movimentos dos dedos (Fig. 7.17a). Os músculos do antebraço estão divididos em dois grupos principais: o grupo flexor-pronador e o grupo extensor-supinador. A Tabela 7.8 apresenta os músculos específicos que compõem cada um desses grupos.

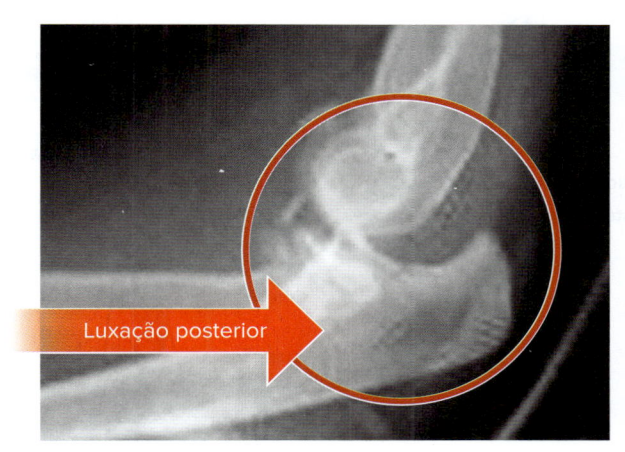

FIGURA 7.15 Radiografia de luxação posterior do cotovelo, causada por uma queda sobre a mão estendida (QSAME).

Luxação posterior

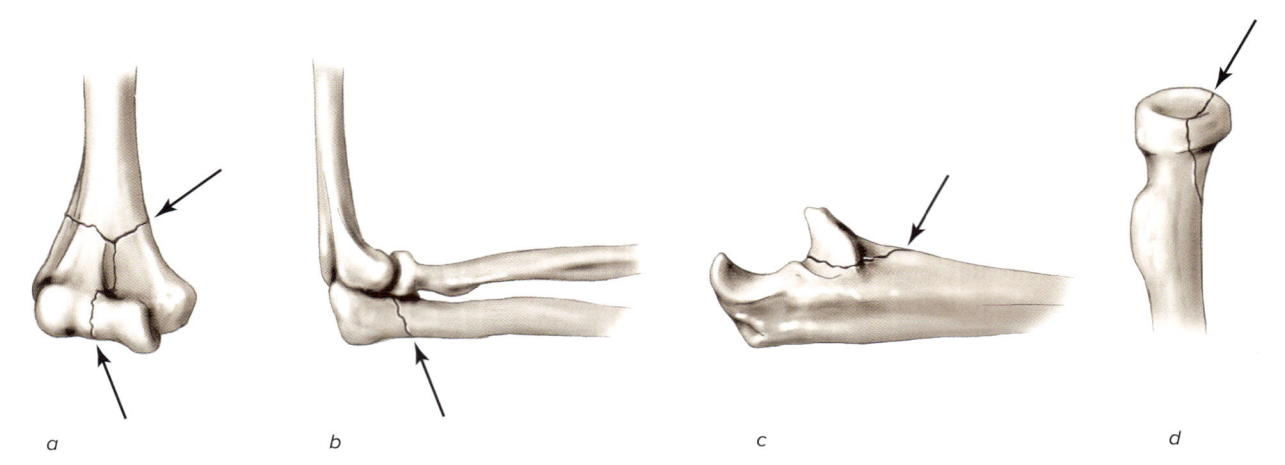

FIGURA 7.16 Fraturas do cotovelo. *(a)* Fratura da porção distal do úmero. *(b)* Fratura da ulna. *(c)* Fratura do processo coronoide. *(d)* Fratura da cabeça do rádio.

O rádio e a ulna se articulam na articulação radioulnar proximal, que é uma articulação sinovial em pivô entre a cabeça do rádio e a incisura radial da ulna; e na articulação radioulnar distal, que é também uma articulação sinovial em pivô entre a cabeça da ulna e a incisura ulnar do rádio.

A ação coordenada dessas duas articulações produz os movimentos de pronação e supinação do antebraço. Na posição de pronação, o rádio rola sobre a ulna relativamente fixa. Ocorre o inverso na posição de supinação, quando o rádio retorna à sua posição anatômica (Fig. 7.17*b*).

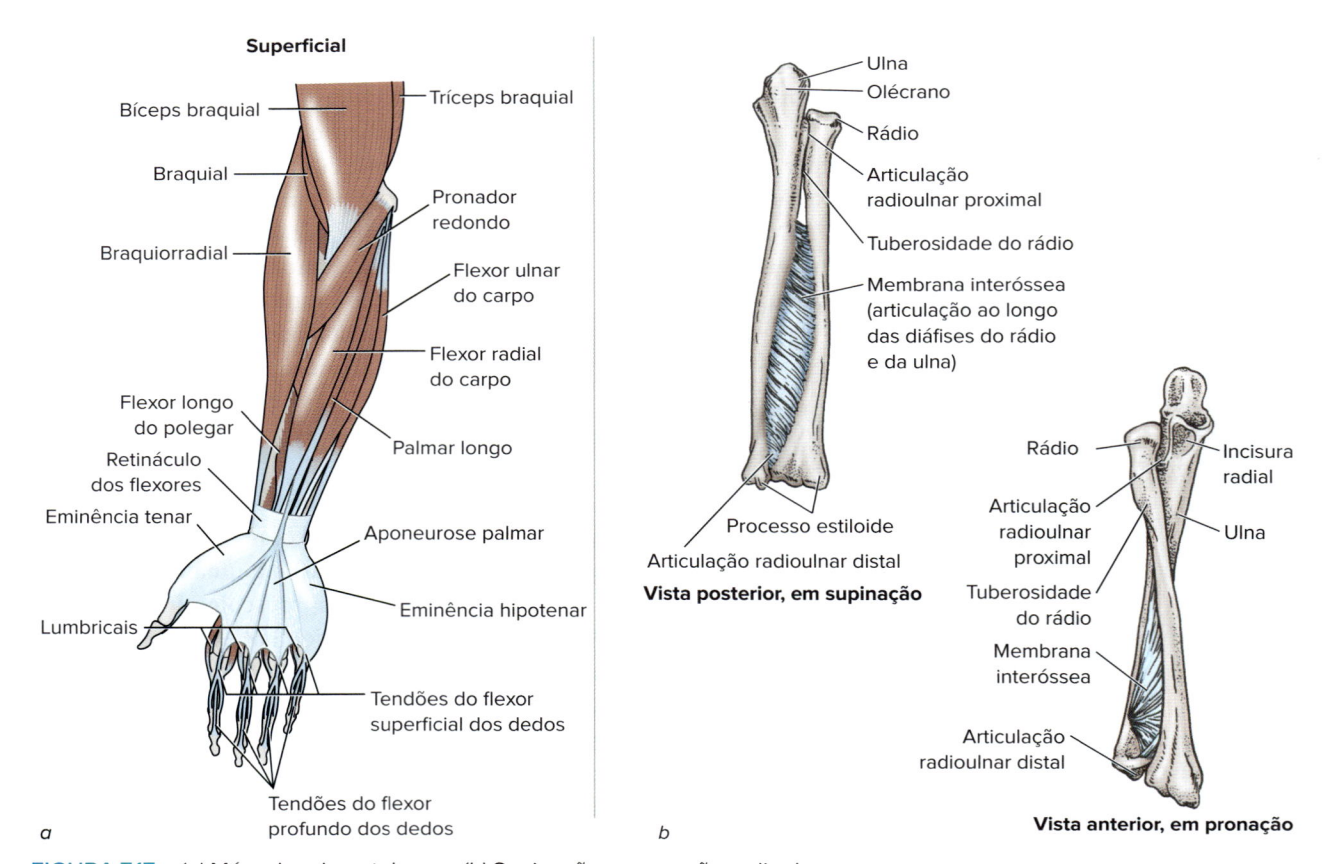

FIGURA 7.17 *(a)* Músculos do antebraço. *(b)* Supinação e pronação radioulnares.

TABELA 7.8   Músculos do antebraço

Grupo flexor-pronador	
Grupo superficial	Pronador redondo
	Flexor radial co carpo
	Palmar longo
	Flexor ulnar do carpo
	Flexor superficial dos dedos
Grupo profundo	Flexor profundo dos dedos
	Flexor longo do polegar
	Pronador quadrado

Grupo extensor-supinador	
Extensores, abdutores e adutores do punho	Extensor radial longo do carpo
	Extensor radial curto do carpo
	Extensor ulnar do carpo
Extensores dos quatro dedos mediais	Extensor dos dedos
	Extensor do dedo indicador
	Extensor do dedo mínimo
Extensores e abdutores do polegar	Abdutor longo do polegar
	Extensor curto do polegar
	Extensor longo do polegar

Fraturas das diáfises do rádio e da ulna

Fraturas do rádio e da ulna podem ocorrer isoladamente ou em combinação; foram sugeridos diversos mecanismos de lesão. É importante identificar o mecanismo de lesão, porque ele sugere a localização e o tipo de fratura. Em geral, a lesão combinada a esses dois ossos, rádio e ulna, envolve um traumatismo direto e de alta energia, por exemplo, uma colisão automobilística ou um ferimento por arma de fogo, mas também o impacto de menor energia de uma queda.

São raras as fraturas isoladas dos dois terços superiores do rádio (fraturas proximais), graças à proteção oferecida pela musculatura suprajacente. Nessa região, geralmente as forças suficientes para causar uma fratura de rádio também fraturam a diáfise da ulna. São mais comuns as fraturas ocorrentes na junção entre os terços médio e distal do rádio; com frequência, tais fraturas estão associadas a uma lesão à articulação radioulnar distal. As fraturas do terço distal do rádio são conhecidas como fraturas de Galeazzi (Galeazzi, 1934), sendo resultantes com mais frequência de um golpe direto contra a face dorsolateral do punho, ou de uma queda sobre o braço estendido, o que faz incidir uma carga axial ao antebraço hiperpronado (Jupiter e Kellam, 2003).

Fraturas isoladas da ulna ocorrem em função de vários mecanismos. Lesões causadas por traumatismo direto são coloquialmente conhecidas como fraturas de cassetete, como uma referência à situação na qual o indivíduo, em resposta a um golpe iminente vindo de cima para baixo, levanta o braço e expõe a superfície medial ao impacto.

Outro mecanismo para as fraturas isoladas da ulna envolve uma luxação da epífise radial. Esse mecanismo foi originalmente sugerido em 1814 por Giovanni Monteggia, que descreveu a fratura da ulna proximal associada à luxação anterior da cabeça do rádio.

Bado (1967) propôs o termo lesão de Monteggia e ampliou a abrangência da lesão de modo a incluir todas as fraturas ulnares resultantes de uma luxação da epífise radial. Bado sugeriu um sistema de classificação que consiste em quatro tipos (I-IV) de lesão, conforme ilustra a Figura 7.18.

- *Tipo I (luxação anterior).* Essas fraturas de Monteggia são as mais comuns, representando cerca de 70% das lesões de Monteggia (Wilkins, 2002). Foram propostos diversos mecanismos para as lesões do tipo I. Nos anos de 1940, Smith (1947) e Speed e Boyd (1940) sugeriram que um golpe direto à face posterior do antebraço causava uma fratura na diáfise ulnar, seguida pelo deslocamento da cabeça do rádio, que era forçada em luxação anterior. Em 1949, Evans descreveu um mecanismo de hiperpronação resultante de uma pronação forçada, que causa fratura da ulna e eventual deslocamento anterior da cabeça do rádio. O mecanismo atualmente mais aceito é o de hiperextensão proposto por Tompkins (1971). Nesse caso, ao cair sobre o braço estendido a pessoa hiperestende o cotovelo. O bíceps braquial opõe vigorosa resistência à hiperextensão, e o resultado é a luxação da cabeça do rádio. Em seguida, a carga compressiva é transferida à diáfise da ulna, que termina por falhar à tensão, na forma de uma fratura oblíqua completa, ou fratura em galho verde (Wilkins, 2002).
- *Tipo II (luxação posterior).* As fraturas do tipo II de Monteggia são decorrentes de uma luxação posterior do cotovelo, em que a diáfise da ulna se fratura antes que ocorra ruptura do ligamento colateral ulnar. Nesse mecanismo, uma força longitudinal e ascendente é direcionada ao longo do antebraço, com o cotovelo flexionado. Esse quadro resulta na falha do córtex posterior da ulna e em luxação posterior da cabeça do rádio (Penrose, 1951). Foram identificados quatro subtipos de lesões de tipo II, com base em sua localização e no mecanismo de aplicação de carga (encurvamento, cisalhamento ou compressão) da fratura ulnar (Jupiter et al., 1991).
- *Tipo III (luxação lateral).* As lesões do tipo III constituem o segundo tipo mais comum, sendo responsáveis por praticamente 25% das lesões de Monteggia. Wright (1963) descreveu uma carga em varo

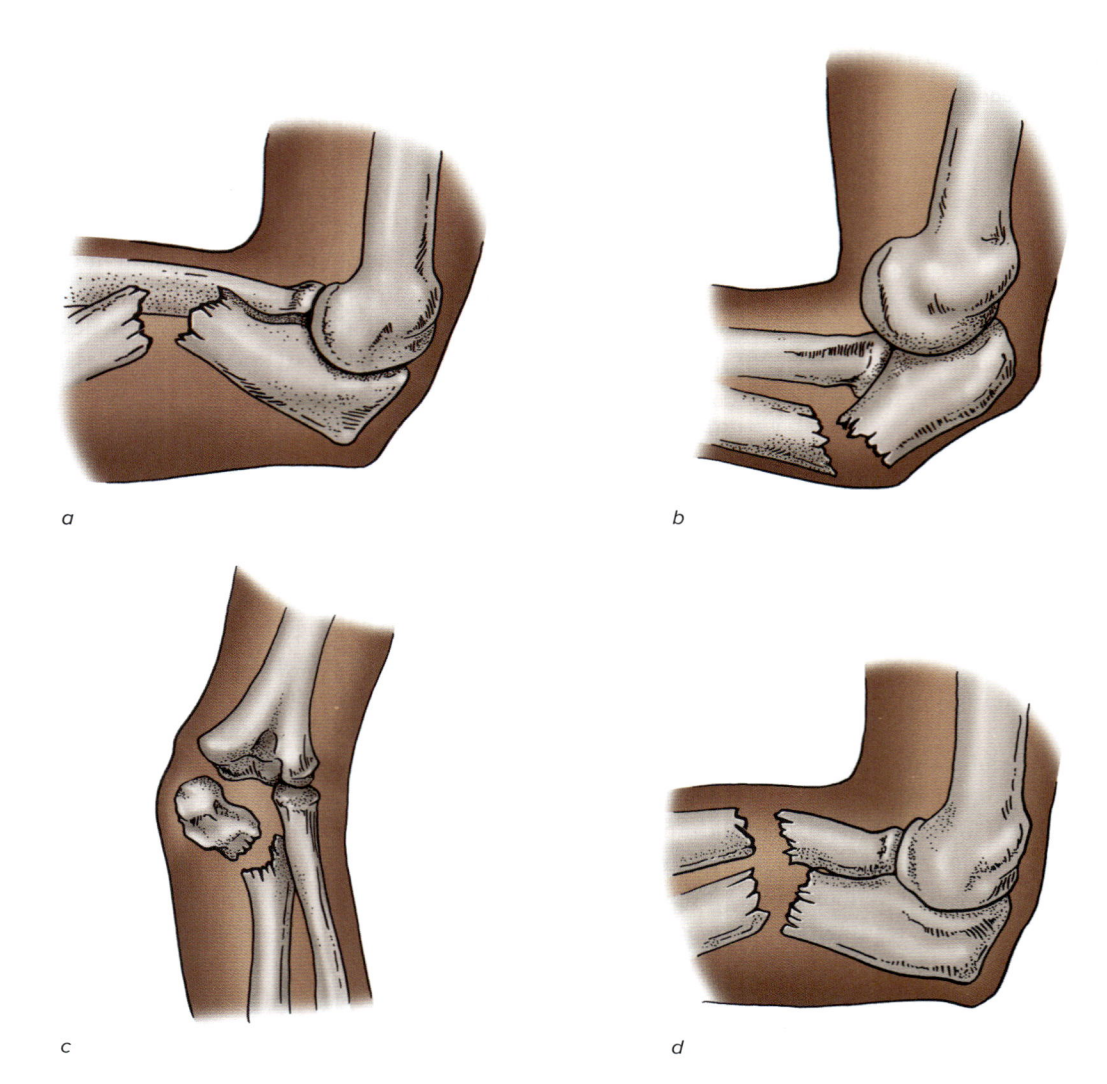

FIGURA 7.18   Classificação das fraturas de Monteggia. *(a)* Tipo I, luxação anterior da cabeça do rádio e fratura da diáfise da ulna, com angulação anterior. *(b)* Tipo II, luxação posterior ou posterolateral da cabeça do rádio e fratura da diáfise da ulna, com angulação posterior. *(c)* Tipo III, luxação lateral ou anterolateral da cabeça do rádio e fratura da metáfise ulnar. *(d)* Tipo IV, luxação anterior da cabeça do rádio e fratura do terço proximal do rádio e da ulna.

aplicada ao cotovelo estendido, que resulta em uma falha ulnar, seguida por deslocamento lateral ou anterolateral da cabeça do rádio.

- *Tipo IV (luxação anterior com fratura da cabeça do rádio).* As lesões do tipo IV são raras, sendo responsáveis por cerca de 1% de todas as lesões de Monteggia. Lesões desse tipo têm um mecanismo semelhante às do tipo I, com acréscimo da presença de fratura da cabeça do rádio.

A complexidade das lesões de Monteggia é aumentada pela cominuição da porção proximal da ulna, pelo nível de fragmentação da cabeça do rádio, redução da cabeça do rádio e instabilidade umeroulnar (Kim e London, 2020). Diante da importância do antebraço na mediação do movimento entre o cotovelo e os dedos, os profissionais de saúde devem avaliar com bastante exatidão os mecanismos de lesão, estabelecer um diagnóstico informado e planejar um tratamento apropriado.

Fratura da porção distal do rádio

As fraturas da porção distal do rádio são comuns e representam até um sexto de todas as fraturas. O mecanismo mais comum é a queda sobre o braço estendido (Rettig e Raskin, 2000). Em termos de incidência dessa fratura, homens jovens e mulheres idosas superam em muito as mulheres jovens e os homens idosos.

A literatura está repleta de epônimos para as fraturas da porção distal do rádio. Entre outros, citamos *fraturas de Colles, de Smith* e *de Barton*, cada qual tendo suas características diferenciadoras. No presente texto, empregamos as descrições clínicas com referência entre parênteses aos epônimos correspondentes.

Foram propostos muitos sistemas de classificação para a descrição das fraturas da porção distal do rádio. Um sistema útil agrupa essas fraturas de acordo com seus mecanismos de lesão, e não pelas características radiológicas (Fernandez e Jupiter, 1996). São descritos cinco tipos (Fig. 7.19):

- Tipo I: fraturas por encurvamento.
- Tipo II: fraturas por cisalhamento da superfície articular.
- Tipo III: fraturas por compressão da superfície articular.
- Tipo IV: fraturas por avulsão.
- Tipo V: fraturas combinadas.

As fraturas do tipo I (por encurvamento) ocorrem quando o indivíduo aterrissa sobre um braço estendido. Cargas compressivas axiais provocam o encurvamento do rádio, com um padrão de fratura (fratura de Colles, Fig. 7.20*a*) que exibe uma falha volar (anterior ou palmar) do córtex metafisário e graus variáveis de cominuição na superfície dorsal (posterior). Essas lesões do tipo I constituem a maioria das fraturas da porção distal do rádio. Um encurvamento oposto é resultante de uma queda sobre o punho flexionado ou o braço estendido e em supinação. A carga compressiva então resulta em uma falha tênsil (fratura de Smith, Fig. 7.20*b*) na face dorsal (posterior) da metáfise e cominuição compressiva no aspecto volar. Esse padrão de fratura também pode ser observado nos casos em que o punho cerrado e levemente flexionado atinge uma superfície rígida.

A aplicação de uma carga de alta energia, particularmente em indivíduos jovens, produz fraturas por cisalhamento do tipo II (fratura de Barton, Fig. 7.20*c*), nas quais o lábio volar da superfície articular do rádio é removido pela ação de cisalhamento. Nas fraturas do tipo III, cargas compressivas elevadas (como as produzidas quando uma pessoa cai de um local elevado) causam fraturas intra-articulares da superfície articular, com ruptura do osso subcondral e esponjoso.

Cargas mecânicas capazes de impor um estresse elevado nas inserções osteoligamentares, como ocorre em uma torção exagerada, causam fraturas por avulsão (tipo IV). O mecanismo mais complexo de fratura da porção distal do rádio é o do tipo V, ou fratura combinada, que

Tipo	Mecanismo
I	Encurvamento
II	Cisalhamento
III	Compressão
IV	Tração
V	Combinado

FIGURA 7.19 Fraturas da porção distal do rádio, caracterizadas pelo mecanismo de lesão.

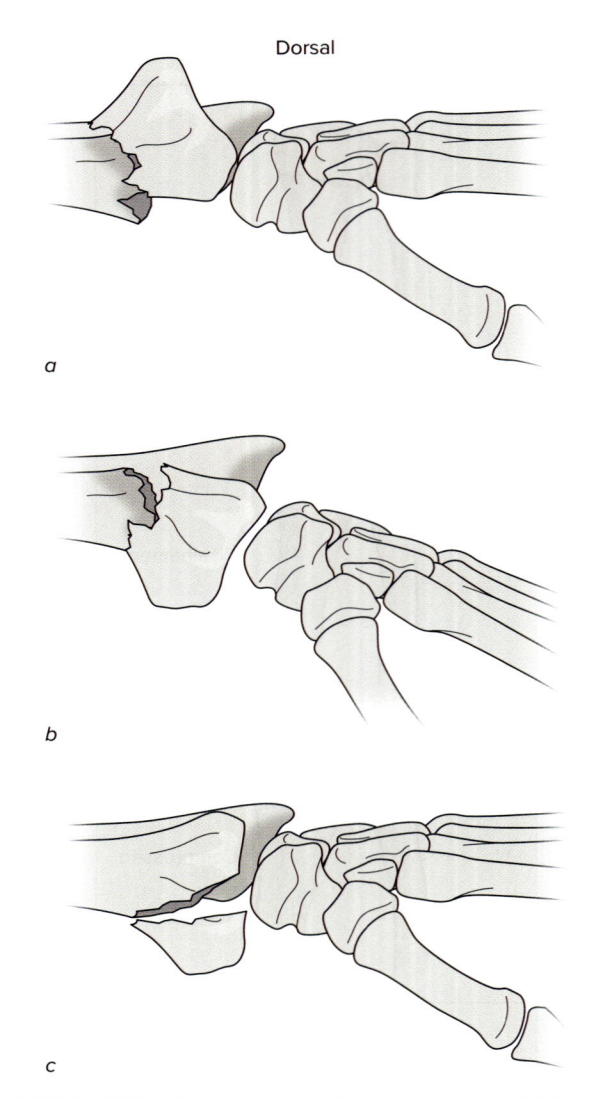

Dorsal

a

b

c

FIGURA 7.20 Fraturas da porção distal do rádio. *(a)* Fratura de Colles. *(b)* Fratura de Smith. *(c)* Fratura de Barton.

normalmente decorre de lesões de alta energia que incluem combinações de mecanismos de encurvamento, compressão, cisalhamento ou avulsão.

Variância ulnar

Os comprimentos relativos da ulna e do rádio desempenham um papel importante na mecânica do antebraço e do punho. Essa diferença nos comprimentos é conhecida como variância ulnar (VU). (Observação: *variância ulnar* não deve ser confundida com *desvio ulnar*, que descreve o movimento do punho-mão no plano frontal em direção ao lado ulnar do antebraço.)

Se o rádio e a ulna tiverem o mesmo comprimento, VU é igual a zero. Quando a ulna é mais comprida que o rádio, diz-se que há uma variância ulnar positiva. Por

outro lado, há uma variância ulnar negativa quando o comprimento do rádio excede o da ulna. As medidas da VU são variáveis; as médias informadas oscilam de -0,84 mm até 0,2 mm (Kristensen et al., 1986; Nakamura et al., 1991). Recentemente, Sayit et al. (2018) chegaram a uma VU mediana de 0,65 mm (resultado de mensurações de 600 punhos), tendo relatado uma diferença significativa entre homens (mediana: 0,4, mínimo: -3,8, máximo: 5,1) e mulheres (mediana: 0,83, mínimo: -4,8, máximo: 5,7).

Aqui, deve-se ter cautela ao interpretar os valores médios, porque a VU varia com a idade, etnia e sexo. Além disso, a VU é determinada pela genética, problemas no cotovelo e histórico de carga (De Smet, 1994). Para a nossa discussão dos mecanismos de lesão, o histórico de carga é extremamente relevante. Embora o punho não tenha sido projetado como uma articulação destinada a sustentar carga, certas atividades (p. ex., ginástica) expõem a articulação a cargas consideráveis. Essas cargas compressivas são transmitidas através dos carpos até o rádio e a ulna; o rádio absorve aproximadamente 80% da carga. Em casos de repetidas cargas compressivas no indivíduo com um esqueleto imaturo, esse diferencial de cargas pode determinar o fechamento prematuro da placa de crescimento radial. Nesse caso, a continuação do crescimento da ulna iria resultar em uma variância ulnar adquirida.

Os ginastas têm uma tendência especial a VU. Dois fatores de risco associados, o início precoce da atividade esportiva (o ginasta começa a treinar em uma idade relativamente jovem) e a repetida incidência de cargas no membro superior, explicam a prevalência das lesões de punho nessa população. Ginastas de elite pareados por idade têm uma VU positiva de 0,46 mm (De Smet et al., 1994), em comparação com -1,1 mm em ginastas não pertencentes à elite (DiFiori et al., 1997) e com -2,3 mm em não ginastas (Hafner et al., 1989). Essa VU desproporcionalmente positiva nos punhos dos ginastas pode inibir o crescimento da porção distal do rádio e/ou estimular o crescimento da ulna (DiFiori et al., 1997). Apesar da plausibilidade da inibição do crescimento da porção distal do rádio, ainda não contamos com evidências conclusivas claras (Caine et al., 1997).

Certas habilidades da ginástica colocam em particular risco o punho do atleta. O flic-flac (i. e, salto de costas para trás), por exemplo, impõe cargas nos punhos com forças que podem chegar a até 2,4 vezes o peso corporal, e o rádio absorve a maior parte dessa carga (Koh et al., 1992). No caso dos homens, o cavalo com alças é o principal culpado. Foram relatadas forças articulares de até duas vezes o peso corporal e taxas de aplicação de carga equivalentes a até 219 vezes o peso corporal por segundo (Markolf et al., 1990). O punho dos ginastas assume um papel de sustentação de carga, para o qual essa região não está preparada. As consequências se manifestam em uma síndrome do impacto ulnar, caracterizada pela degeneração progressiva do complexo da fibrocartilagem triangular e do aspecto ulnar do carpo.

Que nível de carga em uma articulação deve ser considerado excessivo? Tendo em vista a natureza multifatorial do problema, essa questão ainda não foi devidamente resolvida. Contudo, um estudo que examinou fatores associados à dor no punho em ginastas jovens nos fornece algumas ideias em relação a isso. A intensidade do treinamento em relação à idade do praticante e à idade em que ele começou a treinar parece ser um determinante crítico para a ocorrência de dor no punho (DiFiori et al., 1996). Embora a dor no punho seja uma ocorrência comum em ginastas, evidências radiográficas sugerem que a VU não está associada a esse tipo de dor nem a lesões na epífise distal do rádio (DiFiori et al., 2002).

LESÕES NO PUNHO E NA MÃO

O punho não é composto por uma articulação única; na verdade, consiste em um grupo de articulações que incluem as articulações radiulnar distal, radiocarpais e intercarpais. A mão contém diversas articulações: carpometacarpais (CM), metacarpofalângicas (MCF) e interfalângicas (IF) (Fig. 7.21). Todas são articulações sinoviais. Estruturalmente, as articulações MCF são condiloides, enquanto as articulações IF são do tipo gínglimo (i. e., em dobradiça). Tanto as articulações MCF como IF são reforçadas por ligamentos palmares e colaterais.

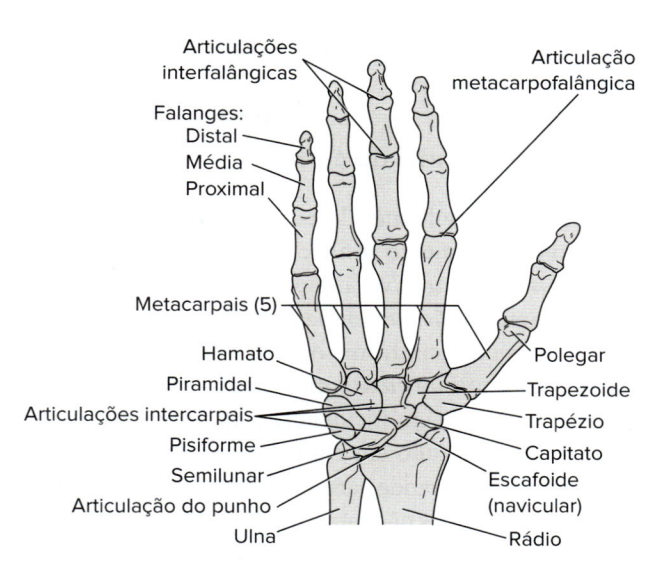

FIGURA 7.21   Ossos e articulações do punho e da mão.

Os músculos existentes no antebraço são os principais controladores dos movimentos do punho e dos dedos, com a ajuda dos músculos intrínsecos da mão. Os tendões distais da maioria dos músculos flexores no antebraço estão no aspecto ventral do punho, onde são firmemente mantidos no lugar pelo retináculo dos músculos flexores, uma bainha fascial espessa e relativamente inextensível. Esses tendões, em conjunto com as estruturas neurovasculares, passam pelo interior do chamado túnel do carpo, formado pelos ossos carpais e o retináculo dos músculos flexores (Fig. 7.22). De modo análogo, os tendões distais dos extensores são

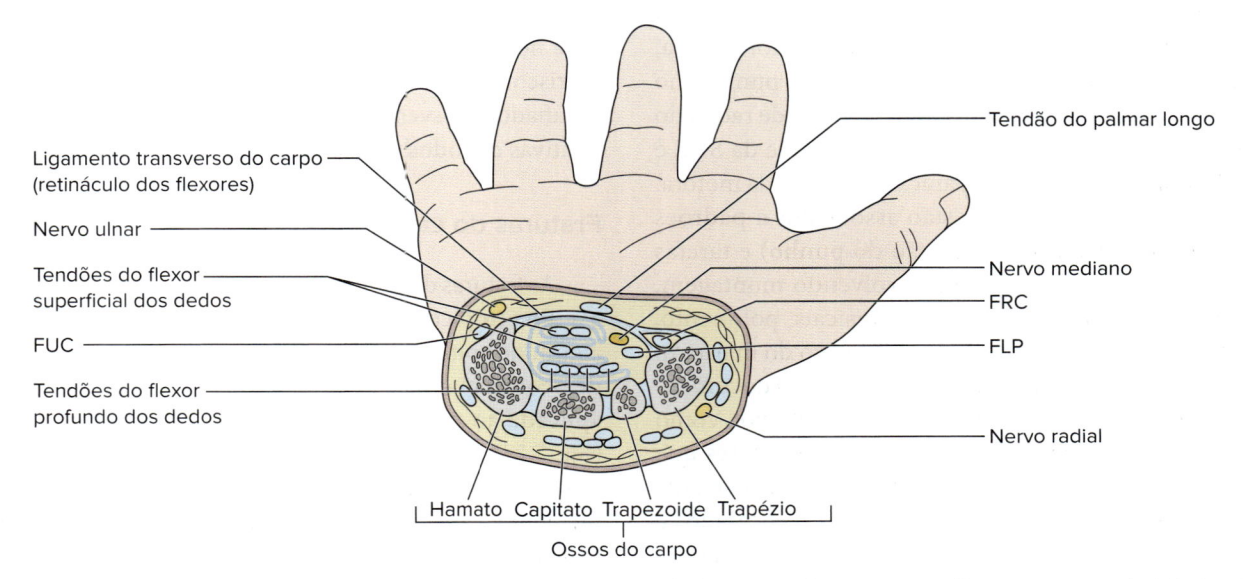

FIGURA 7.22   Estrutura do túnel do carpo. Estruturas neurovasculares, incluindo o nervo mediano, passam pelo interior do túnel do carpo, que é limitado pelo retináculo dos flexores e ossos do carpo.

firmados entre os ossos do carpo e o retináculo dos músculos extensores.

Síndrome do túnel do carpo

As lesões resultantes do estresse repetido aos tecidos são coletivamente conhecidas como *distúrbios do traumatismo cumulativo* (DTC), mas também recebem outros nomes: *lesão por tensões cumulativas*, *microtraumatismo crônico*, síndrome do uso excessivo e *síndrome do traumatismo cumulativo*. Essas lesões crônicas vêm aumentando em incidência com uma velocidade alarmante, sobretudo em contextos ocupacionais; são responsáveis por grande parte de todas as novas enfermidades ocupacionais não fatais. Os DTC são prevalentes em muitas ocupações e representam um grande ônus, tanto em termos econômicos como humanos.

Um dos distúrbios crônicos mais debilitantes é a síndrome do túnel do carpo (STC), um problema originalmente descrito por Paget em 1854 (Lo et al., 2002) e que se caracteriza por inchaço no interior do túnel do carpo. Esse inchaço acarreta uma neuropatia compressiva que afeta o nervo mediano (Fig. 7.22) (Padua et al., 2016). Como outras síndromes de encarceramento, a STC envolve o aumento da pressão no interior de um espaço confinado. As margens inextensíveis formadas pelos ossos do carpo e pelo retináculo dos flexores (também denominado *ligamento transverso do carpo*) impedem um aumento nas dimensões do túnel. A inflamação e o edema que ocorrem em resposta à repetição da carga comprimem os tecidos neurovasculares e comprometem seu funcionamento. De consequências ainda maiores é a compressão do nervo mediano, que tem como resultado o surgimento de sintomas sensitivos de dormência, parestesia, sensação de queimação e dor no punho e no primeiro, segundo e terceiro dígitos e metade radial do quarto dígito. O déficit sensitivo decorrente da STC é mais pronunciado em comparação com a perda motora.

Os sintomas da STC estão associados a padrões motores (p. ex., flexão-extensão do punho) e tarefas específicas (p. ex., trabalhos envolvendo montagem, digitação, uso de instrumentos musicais, polimento, lixamento, limpeza por esfregação ou uso do martelo). A síndrome do túnel do carpo também já foi documentada em trabalhadores dos mais diversos ofícios, como por exemplo usuários de teclado, trabalhadores que lidam com chapas metálicas, caixas de supermercado, tosquiadores de ovelhas, processadores de pescados e intérpretes da língua de sinais. Contudo, é preciso cautela nas tentativas de estabelecer uma conexão causal em todos os casos, pois a discriminação pode ser bastante tênue entre casos de STC relacionados e não relacionados com o trabalho. Estimou-se que a prevalência de STC na população geral varia de 1 a 5%; Atroshi et al. (1999) relataram uma prevalência de 3,8%. Historicamente, tem sido informado que a STC ocorre mais comumente entre mulheres do que homens, em uma proporção de aproximadamente 2:1 (Phalen, 1966; Praemer et al., 1999).

A etiologia da STC é complexa, tendo em vista serem muitos os mecanismos e fatores de risco que desempenham papéis contributivos. Basicamente, a fisiopatologia da STC envolve uma combinação de isquemia e traumatismo mecânico (Viikari-Juntura e Silverstein, 1999; Werner e Andary, 2002).

No início do processo, pode ser difícil estabelecer um diagnóstico preciso de STC, pois estresses repetidos estão implicados em outros problemas da mão e do punho, como por exemplo as tendinites. Uma vez diagnosticada, a STC permanece mecanicamente problemática, pois essa condição tem inúmeros fatores de risco, como esforços demasiadamente vigorosos, atividades repetidas ou prolongadas, posturas desajeitadas, estresses de contato localizado, vibração e temperaturas muito frias.

Silverstein et al. (1987) observaram 652 trabalhadores com o objetivo de avaliar o papel da força e da repetição na prevalência de STC nessa população. Esses autores observaram uma prevalência mais baixa (0,6%) em trabalhadores com tarefas que usavam pouca força e baixas repetições, e encontraram uma prevalência mais alta (5,6%) naqueles com trabalhos envolvendo muita força e altas repetições. Silverstein et al. concluíram que, entre os dois fatores, "altos níveis de repetição" pareciam constituir um maior risco, comparativamente a "grandes forças". Embora estudos como esse lancem alguma luz para nosso entendimento das relações entre os fatores de risco para a STC, ainda continua sendo uma tarefa desafiadora desvendar as inter-relações e contribuições relativas de todos os fatores de risco.

Fraturas do carpo

As fraturas do punho envolvem lesões ósseas ao rádio e à ulna (tópico já discutido previamente) e fraturas a algum dos oito ossos do carpo. O mecanismo de lesão de ocorrência mais comum é uma carga compressiva aplicada ao punho hiperestendido (dorsiflexionado) (Fig. 7.23). Outros mecanismos menos comuns já foram implicados nas fraturas do carpo. Esses mecanismos incluem a hiperflexão e aplicação de carga rotacional contra um objeto fixo ou superfície.

A vasta maioria das fraturas do carpo ocorre ao serem transmitidas cargas axiais através do punho em

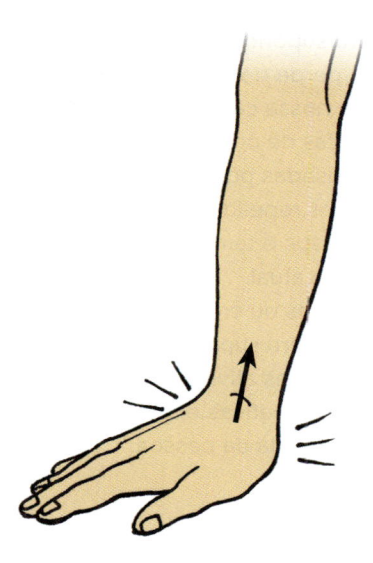

FIGURA 7.23 Mecanismo de lesão atribuível a uma carga compressiva aplicada ao punho hiperestendido no momento do impacto.

hiperextensão. Com o punho nessa posição, ocorre a transmissão de forças compressivas através dos ossos carpais até o complexo radioulnar distal. Podemos prever que certos carpais têm maior probabilidade de serem lesionados do que outros. Entre as influências atenuantes, podem ser citados o grau de desvio radial ou ulnar, a magnitude da energia absorvida, o ponto de aplicação e direção das forças aplicadas e a resistência relativa dos ossos e ligamentos.

Tendo em vista a proporção de 80:20 da distribuição de cargas entre o rádio e a ulna, respectivamente, o escafoide e o semilunar têm maior probabilidade de se fraturar, por causa de suas articulações com o rádio. As fraturas do escafoide são mais comuns (Fowler e Hughes, 2015; Sabbagh et al., 2019), sendo responsáveis por 60 a 70% de todas as fraturas carpais (Botte e Gelberman, 1987). A ocorrência de fraturas do escafoide é mais provável nos casos em que o punho fica hiperestendido em ângulos superiores a 95° e quando a porção radial da palma da mão absorve a maior parte da carga (Dias, 2002; Weber e Chao, 1978). Em seguida a esses eventos, a face palmar do escafoide geralmente falha em decorrência da tensão, e a face dorsal falha por causa da compressão (Ruby e Cassidy, 2003). Menos comumente, a fratura do escafoide pode ser decorrente da aplicação de uma força compressiva ao punho na posição neutra ou em ligeira flexão, o que coloquialmente é conhecido como *fratura do boxeador* (Horii et al., 1994). As demais fraturas do carpo (piramidal, trapézio, capitato, pisiforme, trapezoide, semilunar e hamato) respondem por um pequeno percentual entre todas as fraturas carpais

(Hey e Chong, 2011; Suh et al., 2014), e os mecanismos de lesão variam desde um golpe direto até o impacto decorrente da hiperflexão ou hiperextensão do punho.

Lesões no polegar

Tendo em vista que o polegar é essencial para nossas habilidades de preensão, a lesão a esse dedo pode comprometer gravemente a destreza manual da pessoa. Descreveremos as lesões mais comuns no polegar (entorse, fratura, lesão nervosa) para ilustrar os mecanismos de lesão que podem prejudicar significativamente a função do polegar.

A entorse de ocorrência mais comum na mão envolve o ligamento colateral ulnar da primeira articulação metacarpofalângica (Fig. 7.24). Essa lesão, coloquialmente conhecida como *polegar de guarda-caça* ou *polegar de esquiador*, pode envolver a aplicação crônica de cargas tênseis (estiramento) ao ligamento, ou de uma carga aguda que resulte em qualquer nível de entorse, inclusive com ruptura ligamentar completa. Essa lesão ocorre mais comumente quando um esquiador cai sobre a mão esticada e com o polegar em uma posição de abdução. O cabo do bastão de esqui efetivamente mantém o polegar em abdução, enquanto a carga compressiva resultante da queda é absorvida pela mão. Essa abdução forçada resulta na aplicação de cargas tênseis excessivas sobre o ligamento colateral ulnar, o que precipita sua lesão.

Entorses do ligamento colateral ulnar também podem ser decorrentes de uma hiperextensão da primeira articulação metacarpofalângica, como por exemplo por uma colisão entre dois atletas. Ao fazer a marcação de uma adversária que tenha se jogado para alcançar

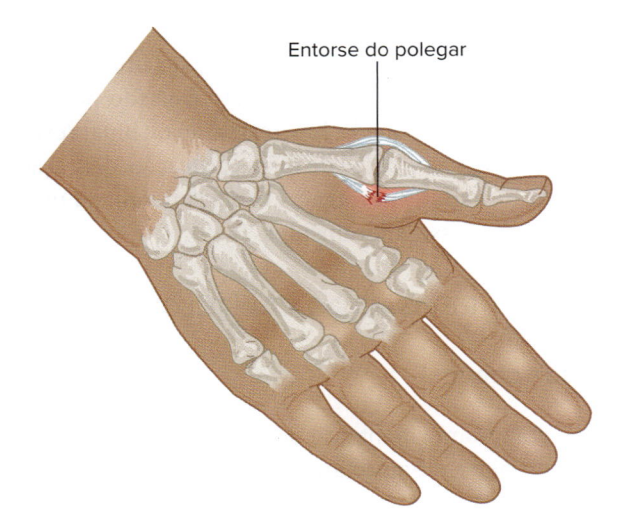

Entorse do polegar

FIGURA 7.24 Mecanismo abdutor, causador de ruptura do ligamento colateral ulnar do polegar.

a segunda base, uma jogadora de softbol pode ter seu polegar violentamente hiperestendido pela força de contato entre seu polegar e o pé ou a perna da adversária que está se aproximando da base.

A subluxação com fratura da articulação trapeziometacarpal (fratura de Bennett) consiste em uma fratura intra-articular do primeiro metacarpal (polegar), resultante da aplicação de uma força axial quando o osso metacarpal está flexionado. São muitas as circunstâncias que podem causar essa lesão, mas ela é classicamente observada como resultado de um golpe mal aplicado em uma luta de boxe ou em uma briga de rua.

É mais comum que uma lesão nervosa, que se caracteriza por fibrose perineural do nervo digital ulnar do polegar (conhecida como *polegar de boliche*), envolva sintomas de parestesia (formigamento) e, em menor extensão, de dor à palpação e hiperestesia (sensibilidade patológica). Seu mecanismo de lesão é um traumatismo contuso repetido ao nervo digital ulnar do polegar (p. ex., como o causado ao agarrar e soltar uma bola de boliche). Esse problema pode ser tratado por procedimentos conservadores, ou pode ser evitado pelo alargamento dos orifícios na bola de boliche ou pela modificação da mecânica utilizada para pegar bola, a fim de evitar o traumatismo repetido ao nervo.

Problemas nos metacarpos e falanges

Fraturas metacarpais e falângicas são lesões comuns, sobretudo entre atletas (Cotterell e Richard, 2015; Wahl e Richard, 2020). O padrão das fraturas e luxações que envolvem os metacarpais e falanges depende diretamente das circunstâncias da lesão (impacto direto, esmagamento, traumatismo indireto) e da natureza da aplicação da força (p. ex., magnitude, localização, direção). Entre os mecanismos de lesão implicados, podemos citar o traumatismo direto causado por um implemento ou por queda, hiperextensão ou hiperflexão muito vigorosa, aplicação de forças de torção, distração violenta, alavancagem forçada, esmagamento, ou uma combinação desses mecanismos.

REVISÃO DO CAPÍTULO

Pontos-chave

- O comprometimento de qualquer componente estrutural do membro superior compromete nossa capacidade de manipular ou mover objetos com eficácia.

- O membro superior está preparado para a mobilidade, e a perda da destreza pode ter efeitos profundos em nossa capacidade de realizar eficientemente tarefas de preensão ou manipulação.

- Lesões causadas por traumatismos cumulativos e por estresses repetidos representam problemas laborais imensos e também sobrecarregam o sistema de saúde atual.

- Lesões agudas ou crônicas a alguma das articulações do membro superior podem afetar de maneira significativa as atividades de vida diária, ocupacionais ou recreativas e, por fim, comprometem a qualidade de vida da pessoa.

Questões a considerar

1. Neste capítulo, a seção *Um olhar mais atento* se debruçou minuciosamente sobre os problemas do manguito rotador. Selecione outra lesão apresentada no capítulo e redija seu próprio *Um olhar mais atento* para a lesão escolhida.

2. Explique, usando exemplos específicos, como as lesões no membro superior podem comprometer nossa capacidade de manipular ou mover objetos com eficácia.

3. O Capítulo 3 discutiu o espectro que vai da mobilidade à estabilidade, definindo que, em geral, uma maior estabilidade articular (i. e., resistência à luxação) está associada a mobilidade menor; e, por outro lado, uma maior mobilidade articular está associada a estabilidade menor. As articulações do membro superior se encontram entre as articulações mais móveis no corpo; assim, são relativamente instáveis. Descreva, empregando exemplos específicos, como essa pouca estabilidade pode aumentar o risco de ocorrência de lesões.

4. O texto apresenta a síndrome do túnel do carpo como um exemplo de distúrbio do traumatismo cumulativo (DTC). Descreva com detalhes outros exemplos de DTC no membro superior.

LEITURAS SUGERIDAS

Andrews, J.R., K.E. Wilk, and M.M. Reinold, eds. 2008. *The Athlete's Shoulder* (2nd ed.). New York: Churchill Livingstone.

Bauer, A.S., and D.S. Bae, eds. 2019. *Upper Extremity Injuries in Young Athletes (Contemporary Pediatric and Adolescent Sports Medicine)*. New York: Springer.

Browner, B.D., J. Jupiter, C. Krettek, P.A. Anderson, eds. 2019. *Skeletal Trauma: Basic Science, Management, and Reconstruction* (6th ed.). Philadelphia: Elsevier.

Bulstrode, C., J. Wilson-MacDonald, D.M. Eastwood, J. McMaster, J. Fairbank, P.J. Singh, S. Bawa, P.D. Gikas, T. Bunker, G. Giddins,

M. Blyth, D. Stanley, P.H. Cooke, R. Carrington, P. Calder, P. Wordsworth, and T. Briggs, eds. 2011. *Oxford Textbook of Trauma and Orthopaedics* (2nd ed.). New York: Oxford University Press.

Feliciano, D.V., K. Mattox, and E. Moore, eds. 2020. *Trauma* (9th ed.). New York: McGraw-Hill.

Fu, F.H., and D.A. Stone. 2001. *Sports Injuries: Mechanisms, Prevention, Treatment* (2nd ed.). Philadelphia: Lippincott Williams & Wilkins.

Gomes, N.S., L. Kovačič, F. Martetschläger, and G. Milano, eds. 2020. *Massive and Irreparable Rotator Cuff Tears: From Basic Science to Advanced Treatments*. New York: Springer.

Kibler, W.B., and A.D. Sciascia. 2019. *Mechanics, Pathomechanics and Injury in the Overhead Athlete: A Case-Based Approach to Evaluation, Diagnosis and Management*. New York: Springer.

Morrey, B.F., J.S. Sotelo, and M.E. Morrey, eds. 2017. *The Elbow and Its Disorders* (5th ed.). Philadelphia: Elsevier.

Provencher, M.T., B.J. Cole, A.A. Romeo, P. Boileau, and N. Verma, eds. 2019. *Disorders of the Rotator Cuff and Biceps Tendon: The Surgeon's Guide to Comprehensive Management*. Philadelphia: Elsevier.

Slutsky, D. 2014. *Operative Orthopedics of the Upper Extremity*. New York: McGraw-Hill.

Tornetta, P., III, W. Ricci, C.M. Court-Brown, M.M. McQueen, and M. McKee, eds. 2019. *Rockwood and Green's Fracture in Adults* (9th ed.). Philadelphia: Lippincott Williams & Wilkins.

Waters, P.M., D.L. Skaggs, and J.M. Flynn, eds. 2020. *Rockwood and Green's Fracture in Children* (9th ed.). Philadelphia: Wolters Kluwer.

Lesões na cabeça, no pescoço e no tronco

Você tem apenas um encéfalo.

Dra. Ann McKee (diretora de neuropatologia,
Department of Veterans Affairs)

OBJETIVOS

- Descrever a anatomia relevante da cabeça, do pescoço e do tronco envolvida nas lesões musculoesqueléticas.
- Identificar e explicar os mecanismos envolvidos nas lesões musculoesqueléticas e neurológicas na cabeça, no pescoço e na coluna vertebral.

De todas as regiões do corpo, a cabeça, o pescoço e o tronco são as mais importantes para o controle das funções vitais do organismo. O traumatismo a estruturas dessas regiões (p. ex., encéfalo, medula espinal, coração) representa o maior perigo ao nosso bem-estar físico. Nos capítulos precedentes, discutimos as lesões aos membros que podem resultar em graus variáveis de incapacidade, mas que raramente serão fatais. Ao contrário, as lesões na cabeça, no pescoço e no tronco representam um potencial real e imediato de risco à vida. O bom entendimento dos mecanismos responsáveis por essas lesões pode nos ajudar com diagnósticos, tratamentos e medidas preventivas apropriados.

Este capítulo envolve uma exploração detalhada de lesões concussivas em *Concussão: um olhar mais atento*. Nessa seção, expandimos nossa discussão além dos mecanismos de lesão, de modo a incluir descrições detalhadas da estrutura e da mecânica do tecido nervoso, e também explicações da avaliação clínica, tratamento e reabilitação para as lesões concussivas.

ANATOMIA

A cabeça consiste no crânio, que envolve o encéfalo, as meninges, os nervos cranianos e as origens da medula espinal. As estruturas da cabeça são protegidas por uma complexa coleção de 28 ossos. Os ossos cranianos – aqueles que compõem a abóbada de sustentação do encéfalo – são o frontal, o occipital, o etmoide e o esfenoide, e os ossos pares temporal e parietal (Fig. 8.1). Em uma posição anterior e anterolateral aos ossos cranianos, encontramos os 14 ossos faciais: nasais, maxilas (maxilares superiores), zigomáticos (bochechas), lacrimais, palatinos e conchas nasais inferiores, todos pares; e a mandíbula (maxilar inferior) e o vômer, que são ossos singulares. Os seis ossos remanescentes estão abrigados no interior da orelha e são conhecidos como ossículos auditivos (bigorna, estribo e martelo, que são ossos pares). O osso hioide, suspenso do processo estiloide do osso temporal por ligamentos e músculos, está situado fora da estrutura craniana, mas às vezes é incluído entre as estruturas ósseas da cabeça.

O encéfalo e seu revestimento meníngeo protetor estão abrigados em uma abóbada craniana. O encéfalo é composto por três estruturas principais: o cérebro, o cerebelo e o tronco encefálico (Fig. 8.2). O cérebro, a maior e mais superior das estruturas encefálicas, compreende os hemisférios direito e esquerdo, que estão unidos por uma faixa fibrosa denominada corpo caloso. Cada hemisfério está dividido em lobos (frontal, parietal, temporal, occipital), cada qual com funções exclusivas e complementares no processamento dos pensamentos e atividades sensório-motoras.

A segunda estrutura encefálica em tamanho, o cerebelo, localiza-se inferiormente ao cérebro e posteriormente ao tronco encefálico. Entre suas funções, o cerebelo coordena os movimentos subconscientes dos músculos esqueléticos, a detecção de erros nos movimentos, a manutenção do equilíbrio e da postura

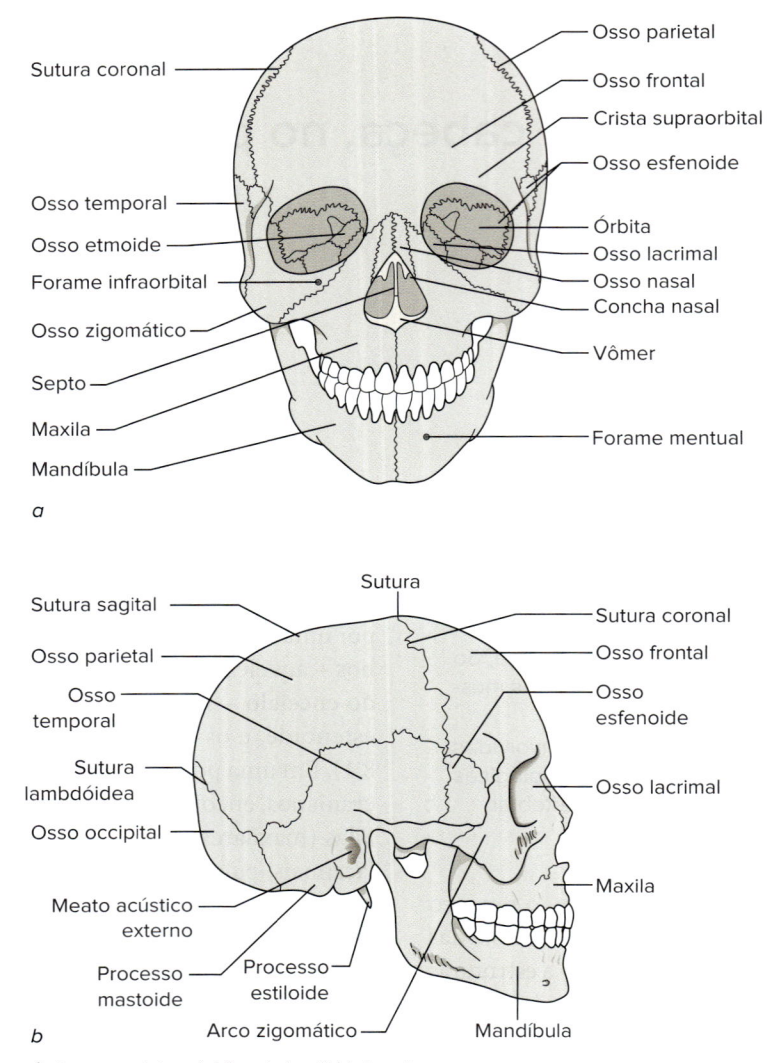

FIGURA 8.1 Ossos do crânio, nas vistas *(a)* frontal e *(b)* lateral.

e a previsão da futura posição do corpo durante determinado movimento. O cerebelo também desempenha certo papel no desenvolvimento emocional, ao modular as sensações de prazer e de raiva.

A última estrutura, o tronco encefálico, está localizada inferiormente ao encéfalo, atuando como um elo entre o encéfalo e a medula espinal. É formado pelo bulbo, ponte, mesencéfalo e hipotálamo. Em grande parte, o tronco encefálico atua como uma via para a maior parte das informações sensitivas e motoras que transitam entre o encéfalo e a medula espinal, ao mesmo tempo que abriga diversos centros reflexos vitais que são essenciais a funções de sustentação da vida, como a frequência cardíaca, a respiração, a pressão arterial e os níveis de consciência. O tronco encefálico também abriga os núcleos da maioria dos 12 nervos cranianos (Tab. 8.1).

O cérebro, o tronco encefálico e a medula espinal são revestidos por três camadas de um tecido de proteção, conhecido como meninge: a dura-máter, a aracnoide-máter e a pia-máter. A camada mais exterior é a dura-máter (expressão latina para "mãe rija, dura"), um tecido conjuntivo resistente formado por duas camadas. A mais externa dessas camadas (periosteal ou endosteal) adere firmemente à superfície interna da cavidade craniana e não se estende além do forame magno, local em que o tronco encefálico se transforma em medula espinal. A camada interna da dura-máter é denominada camada meníngea, estando situada imediatamente abaixo da camada periosteal e estendendo-se além da cavidade craniana de modo a envolver a medula espinal. A camada meníngea intermediária, a aracnoide-máter, tem o aspecto de uma membrana em teia. A pia-máter (expressão latina para "mãe suave, branda") é a mais

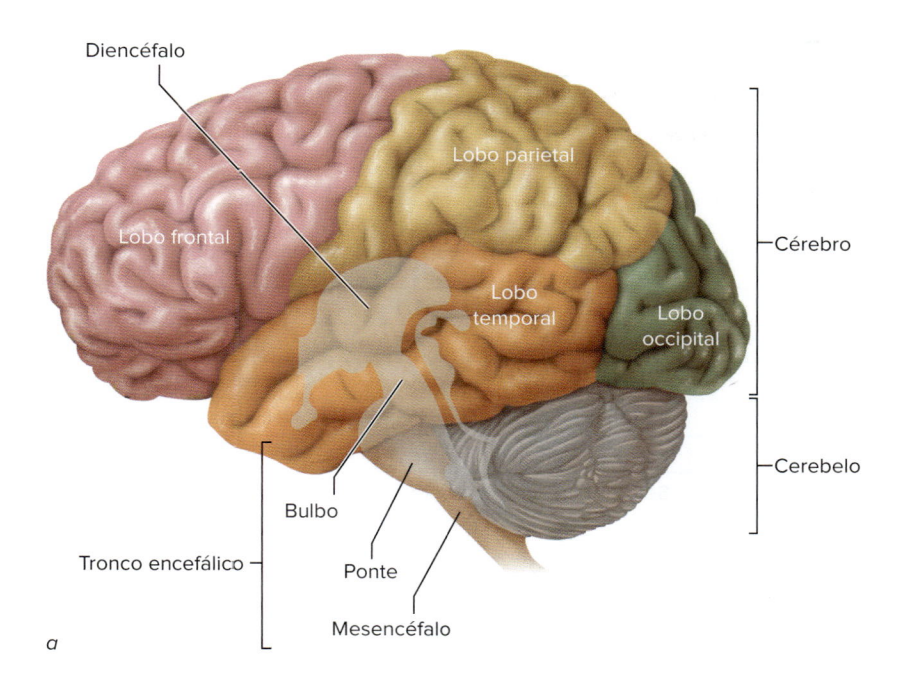

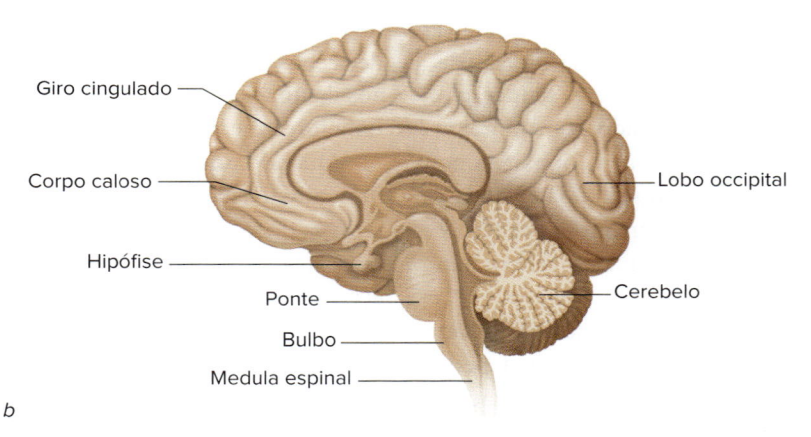

FIGURA 8.2   Anatomia do encéfalo. *(a)* Vista lateral. *(b)* Corte sagital.

delgada e delicada entre as meninges. Essa membrana adere intimamente aos contornos do encéfalo. O líquido cerebrospinal (LCE) flui no espaço situado entre a aracnoide e a pia-máter (i. e., espaço subaracnóideo) e circula em torno do encéfalo e da medula espinal, com funções de sustentação, proteção e nutrição.

LESÕES NA CABEÇA

Quanto à intensidade, as lesões na cabeça podem variar, desde leves até aquelas que trazem risco à vida, com consequências tanto imediatas quanto no longo prazo. O termo *lesão na cabeça* engloba todas as lesões à estrutura óssea e aos tecidos moles da cabeça, com inclusão do crânio, encéfalo e pele, entre outros. A gravidade da lesão depende, em parte, de vários princípios, inclusive a magnitude do dano, as estruturas anatômicas envolvidas, idade, e outros. Aqui, introduziremos vários termos e discutiremos os princípios das lesões na cabeça, antes de explorar com detalhes lesões específicas nessa parte do corpo.

As lesões na cabeça podem resultar de uma série de mecanismos, em que as lesões mecânicas são caracterizadas como diretas ou indiretas. Cargas diretas (por contato) decorrem de algum impacto (p. ex., contato entre capacetes no futebol americano). Uma carga indireta (inercial) ocorre quando forças são transmitidas à cabeça através das estruturas adjacentes, como o pescoço (p. ex.,

TABELA 8.1 Nervos cranianos

Nervo	Nome	Funções sensitivas	Funções motoras
I	Olfatório	Olfato	Nenhuma
II	Óptico	Visão	Nenhuma
III	Oculomotor	Nenhuma	Movimento do bulbo do olho, pálpebra superior, constrição pupilar
IV	Troclear	Nenhuma	Movimento do bulbo do olho
V	Trigêmeo	Sensibilidade dos dentes e face	Mastigação
VI	Abducente	Nenhuma	Movimento do bulbo do olho
VII	Facial	Paladar	Expressão facial, secreção de saliva e lágrimas
VIII	Vestibulococlear	Equilíbrio, audição	Nenhuma
IX	Glossofaríngeo	Paladar e reflexo de engasgo	Secreção salivar, deglutição, fonação
X	Vago	Sensibilidade de muitos órgãos	Deglutição, ações involuntárias do coração, pulmões e trato digestório
XI	Acessório	Nenhuma	Giro da cabeça, movimento de encolher os ombros, alguma atuação na fonação
XII	Hipoglosso	Nenhuma	Movimentos da língua durante a fala e a deglutição

lesão em chicote). Não importa se direta ou indireta, a força aplicada promove aceleração ou desaceleração da cabeça. As força aplicadas à cabeça imóvel tenderão a acelerar sua massa, o que fica tipificado por um golpe violento, enquanto forças atuantes em oposição ao movimento da cabeça promoverão sua desaceleração, como por exemplo quando o movimento da cabeça é abruptamente interrompido por uma superfície não flexível (Fig. 8.3).

Múltiplos fatores inter-relacionados se combinam para determinar o mecanismo de lesão exato, dependendo do tipo de força e de sua magnitude, localização, direção, duração e velocidade. Menos compreendidas são as lesões relacionadas com explosões, que são resultantes de pressão excessiva; contudo, essas lesões podem ter desfechos estruturais e clínicos no encéfalo equivalentes aos de uma lesão por aceleração decorrente da ação de uma força mecânica (Bryden et al., 2019).

Quando uma força é aplicada à cabeça, ocorre um movimento em resposta à carga. As forças direcionadas através do centro de massa da cabeça provocam sua translação linear (Fig. 8.4a), enquanto as forças com ação excêntrica (fora do centro) em relação ao centro de massa resultarão em rotação da cabeça em algum dos planos primários, ou mesmo nos três planos (Fig. 8.4b). Considerando que o crânio está preso à porção cervical da coluna vertebral, não é possível a ocorrência de uma aceleração puramente linear ou rotacional;

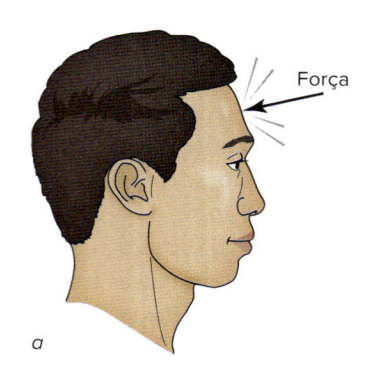
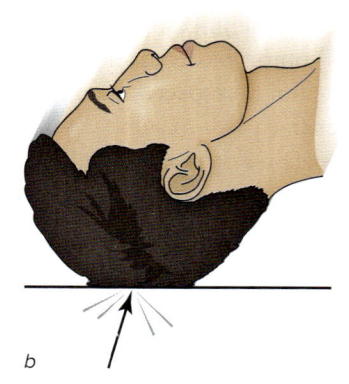

a

b

FIGURA 8.3 *(a)* Força aplicada a uma cabeça imóvel. *(b)* Força de impacto produzida pelo contato de uma cabeça em movimento com uma superfície pouco flexível.

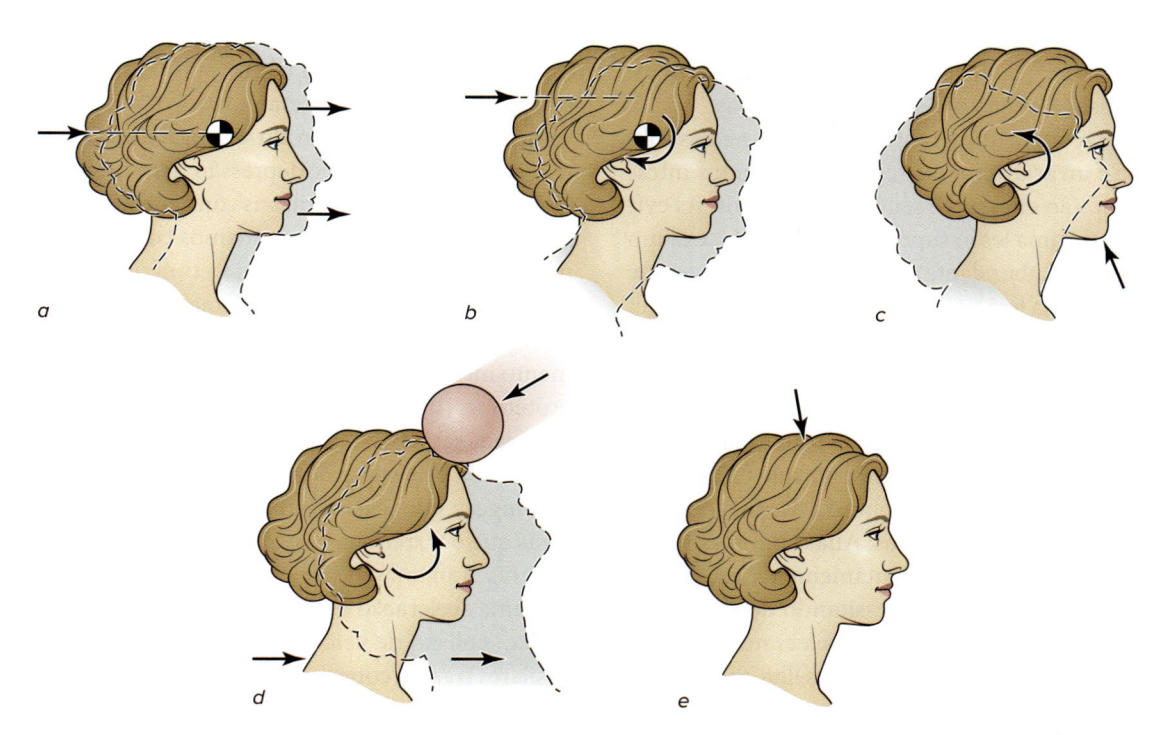

FIGURA 8.4 Efeito de forças aplicadas à cabeça (linha cheia = posição original; linha tracejada = posição em seguida à aplicação da força). *(a)* Uma força aplicada através do centro de massa da cabeça provoca uma translação linear da cabeça. *(b)* A força aplicada excentricamente (fcra do centro) promove rotação da cabeça. *(c)* A força aplicada ao queixo provoca a rotação da cabeça. *(d)* O impacto simultâneo por uma bola à cabeça e a força de contato com as costas produzem tanto uma rotação da cabeça como uma translação do corpo. Essa combinação acentua o mecanismo de hiperextensão na porção cervical da coluna. *(e)* Um trauma contuso na face superior da cabeça causa uma fratura de crânio deprimida.

portanto as forças aplicadas produzem um movimento translacional e rotacional combinado, ou geral, do crânio e de seu conteúdo.

As propriedades mecânicas dos tecidos constituintes da cabeça são importantes para a determinação da localização e gravidade da lesão. O crânio forma um invólucro rígido, embora levemente compressível, que abriga o encéfalo e suas estruturas de revestimento. Em contraste, o encéfalo é mais complacente, com uma consistência gelatinosa. Ao descrever possíveis mecanismos de lesão, devemos ter em mente as diferentes respostas mecânicas e a relativa mobilidade desses tecidos. Ao ser aplicada uma carga à cabeça, os perfis de tensão-distensão de cada componente estrutural levarão a uma resposta complexa (e não completamente compreendida).

O encéfalo e outros tecidos intracranianos desenvolvem estresses internos em resposta à aplicação da carga. Pode estar presente algum dos três tipos principais de estresse (compressão, tensão, cisalhamento), o que resulta em deformação e distensão dos tecidos. A lesão acontece ao ser excedida a capacidade do tecido de suportar a carga aplicada. Dependendo da localização do dano estrutural, a lesão na cabeça será categorizada

como contusa ou penetrante. As lesões contusas (p. ex., concussão, edema cerebral, lesão axonal difusa) resultam em uma lesão ao encéfalo ou às suas estruturas de revestimento, mas sem exposição ao ambiente externo. Já as lesões penetrantes ocorrem quando um objeto (p. ex., projétil de arma de fogo, dardo, flecha) penetra diretamente no crânio e em seu conteúdo neurovascular.

Os fatores descritos não necessariamente ocorrem isoladamente; em vez disso, podem ocorrer dois ou mais deles em um mesmo episódio. Exemplificando, uma pessoa que leva um soco direto no queixo em uma luta de boxe pode experimentar uma lesão por aceleração, que produz uma hiperextensão violenta (Fig. 8.4*c*). Em outro exemplo, um jogador de futebol que, ao cabecear a bola, sofre simultaneamente um contato nas costas por um adversário (Fig. 8.4*d*) poderia ficar sujeito aos efeitos combinados de uma translação linear anterógrada do tronco e de uma hiperextensão do pescoço.

Antes de considerar lesões específicas na cabeça, oferecemos duas observações finais:

- Com frequência, as lesões na cabeça são de natureza insidiosa, pois as evidências por ocasião da lesão primária podem proporcionar pouca ou nenhuma indicação acerca de lesões secundárias associadas, que subsequentemente serão evidenciadas.

- Uma lesão a estruturas superficiais não necessariamente e invariavelmente resultará em danos intracranianos ao encéfalo e seus revestimentos. As evidências de uma lesão superficial extensa (p. ex., um sangramento abundante), por exemplo, nem sempre predizem uma lesão cerebral. Por outro lado, uma lesão cerebral importante poderá ocorrer na ausência de qualquer dano superficial. Na maioria dos casos, a gravidade geral de uma lesão na cabeça será avaliada de maneira mais adequada pelo grau de dano interno às estruturas nervosas, porque essas estruturas são responsáveis pela eficácia das funções cognitivas, sensitivas e motoras. Aliás, algumas lesões cerebrais podem evoluir lentamente (p. ex., hematoma subdural), talvez necessitando de avançados exames de imagem para o estabelecimento de um diagnóstico. Para tais lesões, aconselha-se enfaticamente que se realize um monitoramento contínuo de pacientes que tiveram lesões na cabeça.

Fratura de crânio

É longa a história do estudo da biomecânica das fraturas de crânio; em sua maioria, tais lesões são resultantes de um traumatismo contuso, quando a cabeça colide com uma superfície ou objeto (p. ex., como resultado de uma queda, ou de colisão de veículo automotivo) ou quando a cabeça é atingida por um objeto (p. ex., um taco de beisebol). O trabalho pioneiro de Gurdjian et al. nas décadas de 1940 e 1950 (Gurdjian e Webster, 1946; Gurdjian et al., 1947, 1949, 1953) e de Hodgson et al. nas décadas de 1960 e 1970 (Hodgson, 1967; Hodgson e Thomas, 1971, 1972, 1973) resultou em valiosas informações sobre a resistência do crânio e as características das fraturas.

Pesquisas mais recentes ampliaram nossa compreensão acerca da mecânica craniana. Yoganandan et al. (1995), por exemplo, testaram crânios de cadáveres e chegaram a cargas no ponto de falha que variaram de 4,5 a 14,1 kN (aproximadamente 459-1.437 kg). Os autores constataram que o crânio exibe cargas de falha médias mais elevadas (11,9 kN, ou 1.213 kg) ao serem submetidos a cargas dinâmicas do que sob cargas quase estáticas (6,4 kN ou cerca de 652 kg). A resistência do crânio varia de acordo com a região; as maiores resistências se situam na região occipital (posterior), seguida pelas regiões lateral e frontal (Yoganandan e Pintar, 2004).

As fraturas de crânio podem ocorrer ao longo da convexidade, ou abóbada, do crânio, ou através de sua base, sendo comumente categorizadas como lineares, deprimidas, ou compostas. Fraturas lineares são decorrentes de traumatismos contusos em baixa velocidade. Tais lesões produzem rachaduras no crânio, não acompanhadas por depressão nem deslocamento. Normalmente, são mínimas as consequências deletérias das fraturas lineares. Traumatismos contusos de maior magnitude podem causar uma fratura de crânio deprimida (Fig. 8.4e), que apresenta uma indentação no osso, com potencial de causar contusão cerebral e sangramento intracraniano e com envolvimento das camadas protetoras (meninges) do encéfalo. As lesões de maior gravidade são as fraturas compostas; nesses lesões, ocorre ruptura da pele suprajacente e penetração das camadas meníngeas, com exposição do tecido encefálico. As fraturas que ocorrem na base do crânio são denominadas fraturas cranianas basilares e são comumente causadas por uma aceleração e desaceleração em alta velocidade (p. ex., colisão de veículo automotivo). Essas fraturas basilares trazem consigo o risco extra de lesão à medula espinal e aos vasos sanguíneos que passam através do forame magno. A localização dos nervos cranianos, na superfície ventral do encéfalo, também os coloca em risco de lesão.

Em seguida a uma fratura, pode ocorrer uma lesão às estruturas intracranianas subjacentes. Essas lesões podem ser: contusões cerebrais, hemorragia intracraniana e, nos casos de exposição a agentes contaminantes (p. ex., como laceração do couro cabeludo ou exposição da cavidade nasal e dos seios paranasais), infecção do líquido cerebrospinal (meningite ou cerebrite). A abundante vasculatura das meninges aumenta a probabilidade de ocorrência de hemorragia entre as camadas, o que resulta em um hematoma epidural, subdural ou subaracnóideo:

- *Hematoma epidural.* Ruptura da artéria meníngea, com extravasamento de sangue ao espaço situado entre a dura-máter e o crânio. O acúmulo de sangue no espaço epidural provoca a compressão do encéfalo, o que resulta em rápido surgimento de cefaleia, alterações na consciência e possível comprometimento das funções pupilares e oculares. A intervenção cirúrgica consiste no alívio da pressão por meio de um orifício feito com uma broca, ou por uma craniotomia.
- *Hematoma subdural.* Acúmulo de sangue no espaço subdural entre a camada protetora externa (dura-máter) e a camada intermediária (aracnoide-máter) do encéfalo proveniente de uma lesão venosa. O hematoma subdural é o tipo mais comum de lesão de massa intracraniana. Hematomas subdurais

agudos podem ser decorrentes de um evento traumático (p. ex., rápida aceleração-desaceleração, ou traumatismo contuso forte), enquanto hematomas subdurais crônicos podem ocorrer ao longo de alguns dias ou semanas como resultado de um traumatismo menor na cabeça (mais frequentemente em idosos).

■ *Hematoma subaracnóideo.* Acúmulo de sangue no espaço subaracnóideo entre as camadas intermediária (aracnoide-máter) e interna (pia-máter) que revestem o encéfalo. Tipicamente, os hematomas subaracnóideos ocorrem como resultado de um traumatismo na cabeça, mas também podem ter sua origem em um aneurisma cerebral.

A presença de uma fratura de crânio é um forte preditor da presença de uma hemorragia intracraniana. Contudo, a ausência de uma fratura não deve ser interpretada como prova de inexistência de lesão encefálica, pois aproximadamente 20% das lesões fatais na cabeça não exibem evidências de fratura de crânio (Gennarelli e Graham, 2005).

O acúmulo causado por qualquer hematoma é uma condição grave e, dependendo de suas dimensões, pode elevar a pressão intracraniana (PIC) sobre os delicados tecidos encefálicos. Aumentos não detectados na PIC podem resultar em danos permanentes e, eventualmente, na morte da pessoa.

Fratura de face

As fraturas de face são particularmente preocupantes por causa da íntima proximidade dos ossos faciais com estruturas nervosas e sensitivas vitais. As fraturas de face ocorrem mais comumente em pessoas com idades entre 20 e 40 anos (Neuman e Eriksson, 2006) e em até 76% dos casos está associada a uma lesão neurológica (Haug et al., 1994). Na vasta maioria dos casos, o mecanismo de lesão é um traumatismo contudo vigoroso, com a gravidade do impacto determinada pela velocidade, em lugar da força, com uma correlação extremamente elevada com a gravidade da fratura (Rhee et al., 2001).

O objeto causador do impacto pode ser de diversas formas. Estudos descreveram vários objetos e acessórios como causadores de fraturas de face: colisões contra alguma parte do corpo de outra pessoa (p. ex., cabeça, ombro, cotovelo), um acessório (p. ex., taco de hóquei, taco de beisebol), um projétil (p. ex., bola de críquete, de beisebol, ou de golfe) ou uma superfície não flexível (p. ex., o volante de um automóvel). Historicamente, as fraturas de face com maior frequência têm sido resul-

tantes de colisões automobilísticas. Em todo o mundo, preocupa muito o papel das colisões automobilísticas nas fraturas de face. Estudos informam que tais colisões são responsáveis por 45% das fraturas de face no Brasil (Brasileiro e Passeri, 2006), 70% no Canadá (Hogg et al., 2000), 45% na Alemanha (Kühne et al., 2007) e 56% na Nigéria (Adebayo et al., 2003). Entretanto, um recente aumento na ocorrência de fraturas de face como resultado de agressões violentas sugere uma tendência perturbadora. Em sua revisão, Lim et al. (1993), por exemplo, relataram que, na Austrália, as agressões foram responsáveis por 51,2% das 839 fraturas de face estudadas. De maneira análoga, Alvi et al. (2003) comunicaram que 41% das fraturas de face tratadas em um centro traumatológico em Chicago tinham sido causadas por agressão, vindo em seguida as fraturas causadas por colisões automobilísticas, 26,5%.

Essa mudança na etiologia das fraturas de face tem sido, pelo menos em parte, resultado do aumento no uso dos cintos de segurança nos automóveis. No momento do impacto, o motorista sem o cinto de segurança é projetado com seu tórax à frente, contra o volante do automóvel (Fig. 8.5*a*). Contrastando com essa situação, o motorista contido apenas por um cinto de segurança abdominal (i. e., sem a proteção para os ombros) tem maior probabilidade de ter uma lesão na cabeça, pois o crânio é projetado na direção do volante (Fig. 8.5*b*). Em comparação com os motoristas desprotegidos, os usuários de sistemas com contenção dos ombros têm uma menor incidência de lesões na cabeça, mas podem ter mais lesões abdominais, porque o corpo sofre uma rápida desaceleração pelo cinto de segurança. Alguns estudos relataram prevalências maiores de lesões gastrintestinais, em particular em adultos (Wotherspoon et al., 2001) e em crianças (Sokolove et al., 2005) usuários do cinto.

Além dos cintos de segurança, os *airbags* diminuíram a incidência de fraturas de face. Na maioria dos casos, o *airbag* pode evitar ou diminuir a gravidade da lesão, mas jamais tais dispositivos terão uma efetividade de 100%. Ainda poderão ocorrer lesões substanciais nos casos em que as velocidades de colisão excederem a capacidade do *airbag* de dissipar as forças. Também acontecerão lesões graves em outros cenários (p. ex., uma colisão seguida por capotamento) que limitam a proteção dada pelo *airbag*.

Tendo em vista que as lesões faciais normalmente decorrem de algum traumatismo direto, o risco de ocorrência de uma fratura depende em grande parte da resistência do tecido ósseo no local do impacto (Fig. 8.6). Vários pesquisadores se destacaram em seus

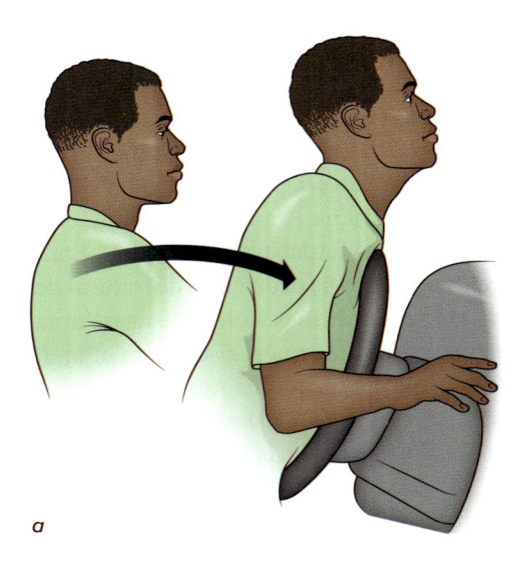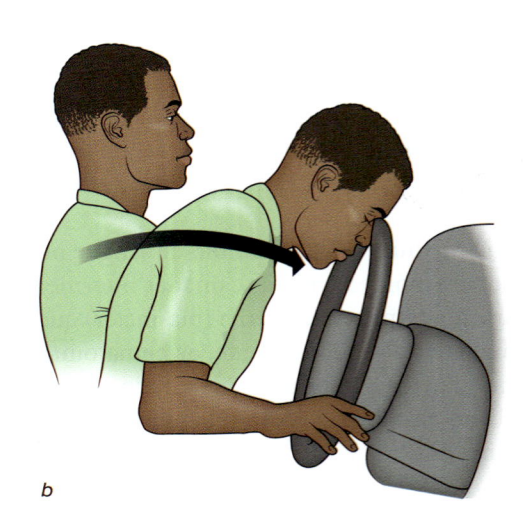

a   b

FIGURA 8.5   *(a)* Motorista não protegido pelo cinto de segurança, arremessado com seu tórax à frente, contra a coluna de direção. *(b)* O tronco de um motorista contido apenas por um cinto de segurança abdominal rotaciona para a frente, e o resultado é um impacto da cabeça contra o volante.

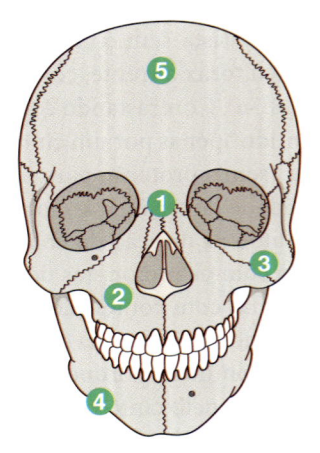

Área	NTMF	TP
1	25-75	342-450*
2	140-445	668-1801
3	200-450	489-2401
4	425-925	402-1607
5	800-1600	1000-6494

FIGURA 8.6   Tolerâncias de força e pressão dos ossos faciais. 1 = arco nasal, 2 = maxila, 3 = zigomático, 4 = mandíbula, 5 = osso frontal. NTMF = nível de tolerância mínima à fratura (lbs), TP = tolerância à pressão (N). *Nesse caso, há um risco de 50% de fratura em decorrência de uma força aplicada de 450 a 800 N. (Cormier, 2010).

Dados de Hampson (1995), Cormier et al. (2010), Pappachan e Alexander (2012), e Weisenbach et al. (2020).

relatos acerca da resistência dos ossos faciais. Entre esses estudiosos, citamos Hodgson (1967), Nahum et al. (1968), Schneider e Nahum (1972), Hopper et al. (1994) e Yoganandan et al. (1993). Hampson (1995) resumiu as tolerâncias dos ossos craniofaciais para o zigoma, arco zigomático, mandíbula, maxila, osso frontal e nariz.

É tarefa difícil chegar a conclusões válidas no que diz respeito às tolerâncias às fraturas de face, por causa da amostra limitada normalmente empregada em estudos de impacto, diferenças nos protocolos de teste e idade da amostra. Apesar desses problemas, Allsop e Kennett (2001) identificaram algumas tendências:

- As características das fraturas não são significativamente afetadas pelo conteúdo mineral ósseo.
- A duração do pulso de força não afeta substancialmente a força de fratura.
- A força de fratura não é afetada pela velocidade inicial da força nem pela taxa de distensão.
- A fratura inicial pode ocorrer em um nível inferior ao da força máxima.
- A espessura dos ossos cranianos afeta significativamente a força de fratura.
- A área de impacto do aparelho utilizado no teste afeta significativamente a força de fratura.

Normalmente, as fraturas de face isoladas são lesões pouco complicadas, em particular nos casos em que não ocorre deslocamento ósseo. No entanto, considerando o elevado nível de vascularização, o tecido nervoso e outras estruturas da cabeça, não é rara a ocorrência de uma lesão secundária. Em seguida a uma fratura, alguns nervos podem ficar encarcerados (i. e., pinçados), e tal ocorrência, caso não seja prontamente tratada, pode ter como resultado um dano permanente. Fraturas da cavidade orbital podem ter como resultado a impactação dos músculos controladores do olho. Fraturas aos ossos

O curioso caso de Phineas Gage

Em sua maioria, as lesões penetrantes na cabeça ocorridas na atualidade são resultantes de ferimentos por arma de fogo. Contrastando com essas tragédias contemporâneas, que são demasiadamente comuns, podemos citar o caso peculiar de Phineas Gage, de 25 anos, que era contramestre em uma obra ferroviária na cidade de Vermont do século XIX. O rapaz estava trabalhando até mais tarde em um dia quente de verão, instalando explosivos para a remoção de pedras que estavam no caminho planejado para a Estrada de Ferro Rutland & Burlington, quando o pó explosivo, que tinha sido depositado em um orifício perfurado em uma pedra, detonou prematuramente e arremessou a barra de ferro que Gage estava usando para compactar o pó no buraco (Damasio, 1994). A barra, que pesava quase 6 kg e media 3,2 cm de diâmetro, penetrou na cabeça de Gage. Em seu estudo, Damasio descreveu graficamente o ocorrido (p. 4), "A explosão é tão brutal... O barulho é incomum, e a rocha está intacta. A barra de ferro penetra na bochecha esquerda de Gage, perfura a base do crânio, atravessa a

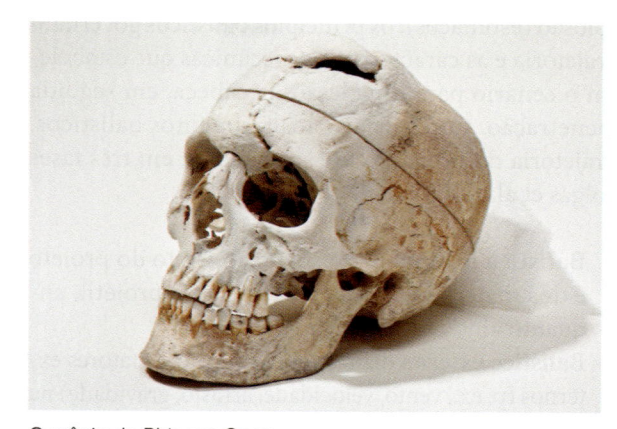

O crânio de Phineas Gage.
Usada com permissão de Warren Anatomical Museum collection, Center for the History of Medicine in the Francis A. Countway Library of Medicine, Harvard University.

parte frontal de seu encéfalo, e sai em alta velocidade pelo topo da cabeça do homem. A barra aterrissa a uma distância superior a 30 m, coberta por sangue e tecido encefálico. Phineas gage foi arremessado ao solo. No lusco-fusco do entardecer, ele está atordoado e em silêncio, mas está consciente." Miraculosamente, Gage sobreviveu, tendo sido "capaz de conversar e andar, e logo em seguida se mostrou racional" (p. 5).

Dentro de dois meses após o acidente, Gage foi considerado como completamente recuperado (pelo menos fisicamente), não demonstrando dificuldade para andar, estabelecer contato, ouvir ou falar. Ao que parece, as áreas e conexões encefálicas responsáveis pela linguagem, percepção e funcionamento motor sobreviveram ao acidente de um modo relativamente intacto. Contudo, Gage passou a apresentar alterações devastadoras e progressivas em sua personalidade, e sua capacidade de se relacionar socialmente apresentou mudanças definitivas.

As implicações da resposta de Gage à sua lesão são profundas. "A história de Gage sugeriu um fato surpreendente: De alguma maneira, existem sistemas no encéfalo humano dedicados mais ao raciocínio do que a qualquer outra coisa – e em particular, às dimensões pessoais e sociais do raciocínio. A observância de convenções sociais e de regras éticas previamente adquiridas poderia se perder em decorrência de uma dano cerebral, mesmo quando nem o intelecto básico nem a linguagem parecem comprometidos" (Damasio, 1994, p. 10).

---

frontais podem resultar no esmagamento dos seios, o que acarretará em infecção.

As fraturas de face são particularmente problemáticas, pois em muitos casos envolvem diversas especialidades médicas. Frequentemente, o tratamento das lesões associadas às fraturas de face depende da experiência combinada de ortopedistas, neurologistas, odontologistas, oftalmologistas e profissionais de outras especialidades médicas.

Lesões penetrantes

Lesões penetrantes são decorrentes de forças de impacto que excedem a resistência tênsil do crânio, o que, por sua vez, resulta na exposição do espaço intracraniano ao ambiente externo. Essa denominação é por vezes utilizada nesse sentido mais amplo, a fim de descrever lesões resultantes de qualquer causa, inclusive colisões automobilísticas, lesões ocupacionais e esportivas e penetração de objetos no crânio.

Mais comumente, as lesões penetrantes se limitam àquelas em que um objeto perfura o crânio, com exposição do conteúdo da abóbada craniana. Normalmente, essas lesões são resultantes de projéteis em alta velocidade (p. ex., uma bala de arma de fogo), e se fazem acompanhar por lesões secundárias ao tecido cerebral, decorrentes da propagação das ondas de choque através do tecido; ou são resultantes de projéteis em baixa velocidade (p. ex., uma faca) que fraturam as seções mais delgadas do osso, mas com uma propagação de ondas de choque secundárias menos deletérias. Um caso notável e famoso de lesão penetrante está descrito em "O curioso caso de Phineas Gage".

Em sua maioria, as lesões penetrantes na cabeça são resultantes de tiros de arma de fogo. Balística é a ciência que estuda o movimento de projéteis ou mísseis. A balística dos ferimentos estuda a interação entre projéteis penetrantes e tecidos no corpo vivo (Fackler, 1998). No caso de projéteis de arma de fogo ou de fragmentos de explosão (estilhaços), os princípios balísticos governam a trajetória e as características mecânicas que estabelecem o cenário para uma lesão na cabeça, em seguida à penetração. Com relação aos ferimentos balísticos, a trajetória do projétil pode ser dividida em três fases (Volgas et al., 2005):

- **Balística interna** diz respeito ao efeito do projeto e dos materiais da bala e da arma no projétil, enquanto ainda está no cano da arma.
- **Balística externa** diz respeito ao efeito de fatores externos (p. ex., vento, velocidade, arrasto, gravidade) na trajetória do projétil, desde o cano da arma até o alvo.
- **Balística terminal** diz respeito ao comportamento dos projéteis nos tecidos.

As balísticas interna e externa determinam as condições iniciais para a balística terminal (i. e., velocidade, ângulo e giro de uma bala). Ao penetrar, o projétil pode causar lesão tecidual por meio de três mecanismos: secção ou laceração direta dos tecidos, criação de uma cavidade permanente e criação de uma cavidade temporária (Volgas et al., 2005). A cavidade permanente é o trajeto ao longo do qual o projétil se desloca pelo tecido; e, na ausência de fragmentação, a cavidade é normalmente pequena. Pode ocorrer a formação de uma cavidade temporária em decorrência das ondas de impulso que emanam perpendicularmente ao trajeto do projétil. A quantidade de cavitação temporária depende da velocidade do projétil, densidade do tecido e também se o projétil "rola" ou se fragmenta. A cavidade temporária produz um vácuo que arrasta o tecido e outros materiais até o espaço cavitário. Esse evento é seguido por um ressalto do tecido, que cria uma segunda cavidade temporária à medida que os tecidos colidem e ressaltam entre si no espaço de vácuo (Volgas et al., 2005). A Figura 8.7 mostra uma cavitação.

Em virtude de seu movimento, os projéteis têm energia cinética, que é descrita pela equação 3.20:

$$E_k = \frac{1}{2}.m.v^2$$

em que m = massa e v = velocidade linear. O potencial destrutivo de uma bala de arma de fogo é determinado, em parte, pela magnitude de sua energia cinética no momento do impacto. Assim, a magnitude da lesão é determinada em parte pela massa e velocidade do projétil. O valor ao quadrado aplicado à velocidade indica a maior influência que esse parâmetro tem na energia

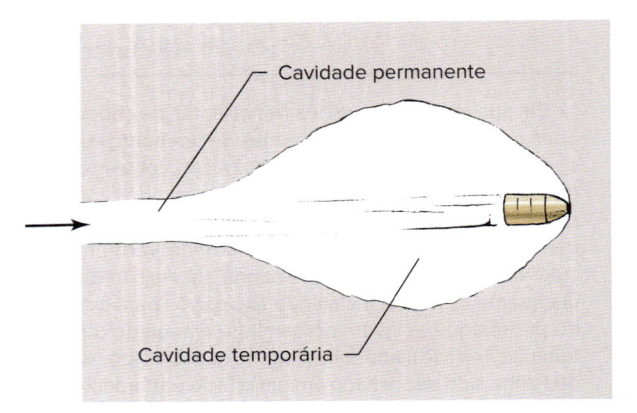

FIGURA 8.7 Cavitação causada por um projétil penetrando em um tecido.

cinética em geral. Ao ser dobrada a massa da bala de arma de fogo, por exemplo, ocorrerá duplicação de sua energia cinética; mas se sua velocidade for duplicada, a energia cinética quadruplicará.

Em termos mecânicos, a energia absorvida (E_a) pelos tecidos da cabeça (ou de qualquer outra parte do corpo) é a quantidade de energia cinética perdida entre o impacto do projétil e sua saída:

$$E_k = E_i - E_e = 1/2.m. (v_i^2 - v_e^2) \qquad \textbf{(8.1)}$$

em que E_i = energia cinética no momento do impacto, E_e = energia cinética na saída, m = massa, v_i = velocidade do impacto, e v_e = velocidade de saída. Nos casos em que a bala permanece no crânio, a energia cinética é absorvida totalmente pelos tecidos intracranianos. Nos casos em que a bala tem energia cinética suficiente para atravessar o encéfalo, mas não o bastante para perfurar o crânio outra vez e se exteriorizar, a bala pode ricochetear na superfície interior do crânio, transferindo energia extra para o encéfalo. Nessa situação, o projétil causa maior dano ao se enterrar no tecido encefálico.

Tendo em vista que apenas a dissipação da energia não determina integralmente o tipo e a extensão dos danos teciduais, as medidas de velocidade e de energia são indicativas apenas do potencial de lesão, não tendo valor preditivo para indicar a natureza e extensão da lesão (Santucci e Chang, 2004). Portanto, dois projéteis com a mesma energia cinética no momento da entrada podem resultar em padrões de lesão imensamente diferentes (Fackler, 1996). Além da velocidade e da energia, as características dos danos teciduais são determinadas pelos fatores descritos a seguir (Bartlett, 2003):

- A estabilidade e perfil de entrada do projétil (p. ex., giratório, arremessado e com mecanismo de orientação).

- Calibre, construção, materiais de construção, configuração e forma do projétil.
- Distância e trajeto do projétil no corpo.
- Características biológicas dos tecidos (p. ex., resistência, elasticidade, densidade). Tecidos mais densos, por exemplo, fornecem maior resistência e contribuem para uma maior perda de energia. Ao penetrar no crânio, a bala de arma de fogo perderia maior quantidade de energia no tecido cerebral, em comparação com outro projétil ao penetrar no pulmão, um órgão contendo ar.

- Mecanismo de lesão aos tecidos (p. ex., estiramento, esmagamento, laceração).
- Deformação e fragmentação do projétil. Balas projetadas e construídas para que sofram deformação ou fragmentação em seguida ao impacto potencializam a perda de energia cinética e aumentam a gravidade da lesão tecidual.

Todos os fatores previamente citados interagem de modo a determinar o complexo perfil de transferência de energia durante a dissipação da energia do míssil e

Riscos do futebol americano

No século XXI, nenhum outro esporte foi alvo de análises tão intensas como o futebol americano. Por ser um dos esportes mais populares nos Estados Unidos, o futebol americano tem adeptos em todas as esferas da vida, e exibe profunda ligação com a cultura americana. Embora há muito tempo o risco de ocorrência de lesões ortopédicas seja do conhecimento e aceitação gerais, mais recentemente foram publicadas análises mais detalhadas com relação aos riscos de concussão e da repetição de impactos na cabeça, tanto no curto como no longo prazo – ocorrências que, de longa data, são consideradas como parte rotineira do jogo.

Do ponto de vista físico, o futebol americano levanta muitas questões interessantes. Os atletas participam do mais vigoroso (talvez) de todos os esportes, e que depende de uma combinação eficiente de potência, velocidade, agilidade, coordenação e resistência. Em maior grau do que para a maioria dos demais praticantes de outros esportes, os jogadores de futebol americano sujeitam-se a abusos físicos consideráveis, que são rotineiros na prática de um esporte com tamanho contato físico. As lesões relacionadas à prática do futebol americano variam desde pequenos cortes e escoriações até problemas mais graves, por exemplo, traumatismos cefálicos e cervicais. As lesões ligamentares dos membros superiores e inferiores ocorrem com maior frequência, e o joelho é a articulação mais comumente lesionada. Concussões respondem por menos de 10% das lesões relacionadas ao futebol americano, mas o risco de uma concussão durante um jogo se situa entre os mais elevados, considerando todos os esportes (Van Pelt, 2021).

Na sua forma mais grave, as lesões que ocorrem no futebol americano podem resultar inclusive em morte súbita. Em 2019, 20 atletas de todos os níveis do jogo morreram, como um resultado direto ou indireto de sua participação no futebol americano – uma morte para cada 250 mil participantes (Kucera et al., 2020).

Logo em seguida a essas lesões agudas, situa-se o potencial para a ocorrência de lesões neurológicas cumulativas em atletas que sofreram repetidos danos mecânicos. Comumente conhecida como encefalopatia traumática crônica (ETC), o efeito deletério dos repetidos impactos na cabeça (com e sem ocorrência de concussão) na função neurológica é fato que vem sendo descrito na literatura médica há mais de 100 anos. Harrison Martland (1928), em seu trabalho inspirador, identificou 23 boxeadores como "aturdidos" (i. e, *punch drunks*), em decorrência dos repetidos impactos na cabeça. Ao longo do século XX, diversos outros investigadores avaliaram os efeitos de concussões e impactos na cabeça de boxeadores e em modelos animais, mas não se tinha uma ligação estabelecida entre ETC e o futebol americano até 2005, quando Bennet Omalu publicou um estudo de caso sobre Mike Webster, ex-jogador do Pittsburgh Steelers (Omalu et al., 2005).

A compreensão das nuances da ETC pelos cientistas ainda está em uma fase inicial; portanto, há necessidade de estudos longitudinais prospectivos, para que seus riscos possam ser totalmente quantificados. Evidentemente, atletas praticantes de esportes em que não haja contato (p. ex., natação) e que jamais sofreram uma concussão não apresentarão risco aumentado. Da mesma forma, não contamos hoje em dia com dados sugerindo que atletas que sofreram uma única concussão, rapidamente identificada e tratada de forma adequada, venham, a longo prazo, correr risco de um desfecho deletério (Giza et al., 2013). É intuitivo que o aumento da exposição de um atleta a concussões ou a repetidos impactos na cabeça aumentaria as probabilidades de ocorrência de um resultado desfavorável; mas é pequeno o percentual de ex-atletas de futebol americano já diagnosticados com ETC. Os percentuais de diagnósticos entre participantes de outros esportes de contato intenso (p. ex., hóquei no gelo) são mais baixos. No entanto, certos fatores intrínsecos (p. ex., genética) e extrínsecos (p. ex., dieta, exercício, ambiente) têm o potencial de modificar o risco entre atletas mais expostos a concussões e a impactos na cabeça.

Apesar da falta de evidências abrangentes, alguns têm propugnado pela proibição total do futebol americano, enquanto outros acreditam que tudo deveria continuar como está atualmente. Entre esses dois extremos, foram efetuadas mudanças nas diretrizes médicas (McCrory et al., 2017), nos capacetes (Rowson et al., 2014) e nas práticas e competições. Tais mudanças resultaram em maior segurança para os atletas praticantes do futebol americano (Wiebe et al., 2018).

sua absorção pelo tecido circunjacente ao trajeto do míssil. A lamentável tendência observada nos projetos das armas de fogo em favor de balas mais poderosas, rápidas e deformáveis prenuncia um aumento no seu potencial destrutivo e, inevitavelmente, em maiores níveis de lesões e de mortes catastróficas.

Traumatismo cranioencefálico

Em termos amplos, o traumatismo cranioencefálico (TCE) é definido como uma lesão ao encéfalo decorrente da aplicação de uma força direta ou indireta na cabeça. O TCE é um importante problema de saúde pública; nos Estados Unidos, anualmente, verificam-se cerca de três milhões de ocorrências, sobretudo em decorrência de quedas (52%), colisões automobilísticas (20%) e golpes sofridos por um objeto ou contra um objeto (17%) (CDC, 2019). Tendo em vista que em geral não existe uma lesão visível, os TCE foram caracterizados pelo U. S. Centers for Disease Control and Prevention (CDC) como uma "epidemia silenciosa" (Langlois et al., 2004).

Em grande parte, a gravidade da lesão depende da magnitude do impacto. Já foram publicadas diversas escalas com o objetivo de medir o grau de disfunção nervosa em decorrência do TCE como: leve (concussão), moderada ou grave, de acordo com características clínicas. Historicamente, o sistema de classificação de uso mais comum é a Escala de coma de Glasgow (ECG), que mede a resposta auditiva, motora e visual do paciente a um estímulo, além de determinar o nível de disfunção encefálica de acordo com uma escala de 13 pontos, que varia de 3 até 15 (Tab. 8.2). Um somatório dos escores da ECG de 13 a 15 indica lesão leve; 9 a 12, lesão moderada; e 3 a 8, lesão grave. As lesões leves, que envolvem alguma alteração funcional no tecido nervoso, também são conhecidas como *concussões*.

Comumente, além das alterações funcionais, lesões moderadas e graves envolvem também alterações estruturais do tecido nervoso. Em seguida a um impacto, a lesão tecidual pode ficar restrita a uma área limitada (lesão focal) ou pode se alastrar, alcançando uma maior região de tecido nervoso (lesão difusa). Lesões difusas e focais podem ocorrer simultaneamente.

Contusão cerebral

Considerando que o crânio e o encéfalo estão apenas frouxamente conectados, movimentos de aceleração ou de desaceleração do crânio decorrentes de um impacto resultarão em um movimento ligeiramente atrasado do encéfalo. Quando o impacto e o movimento resultante

TABELA 8.2 Escala de coma de Glasgow

Abertura dos olhos	
Espontânea	4
À fala	3
À dor	2
Nenhuma	1
Melhor resposta motora	
Obedece	6
Localiza	5
Recua	4
Flexão anormal	3
Estende	2
Nenhuma	1
Resposta verbal	
Orientada	5
Conversação confusa	4
Palavras inadequadas	3
Sons incompreensíveis	2
Nenhuma	1

Pontuação baseada no *ranking* da ECG modificada: Grave: 3-8; moderada: 9-12; leve: 13-15.
Adaptada de "Glasgow Coma Scale", Center for Disease Control, acessada em 30 de junho de 2022, https://www.cdc.gov/masstrauma/resources/gcs.pdf.

são suficientemente importantes, o encéfalo pode colidir com a superfície interna da cavidade craniana, o que provocará uma lesão do encéfalo diretamente abaixo do local do impacto craniano (lesão de golpe) ou no lado oposto ao ponto do impacto craniano (lesão de contragolpe) (Fig. 8.8). Qualquer um desses mecanismos poderá resultar em uma lesão do tecido cerebral conhecida como contusão cerebral.

Nem todo impacto na cabeça irá resultar em uma lesão de golpe-contragolpe. Conforme observação de Valsamis (1994),

as velocidades de aceleração e de desaceleração determinarão se o contato ocorrerá no início ou na cessação do movimento do crânio. Assim, uma aceleração rápida seguida por uma desaceleração relativamente lenta resultará em uma lesão de golpe. Já uma aceleração relativamente lenta combinada com uma desaceleração rápida resultará em uma lesão de contragolpe. Se os dois componentes ocorrerem com rapidez, o resultado será uma lesão "de golpe-contragolpe"; e, se os dois componentes forem relativamente lentos, não ocorrerá contusão. (pp. 176-177)

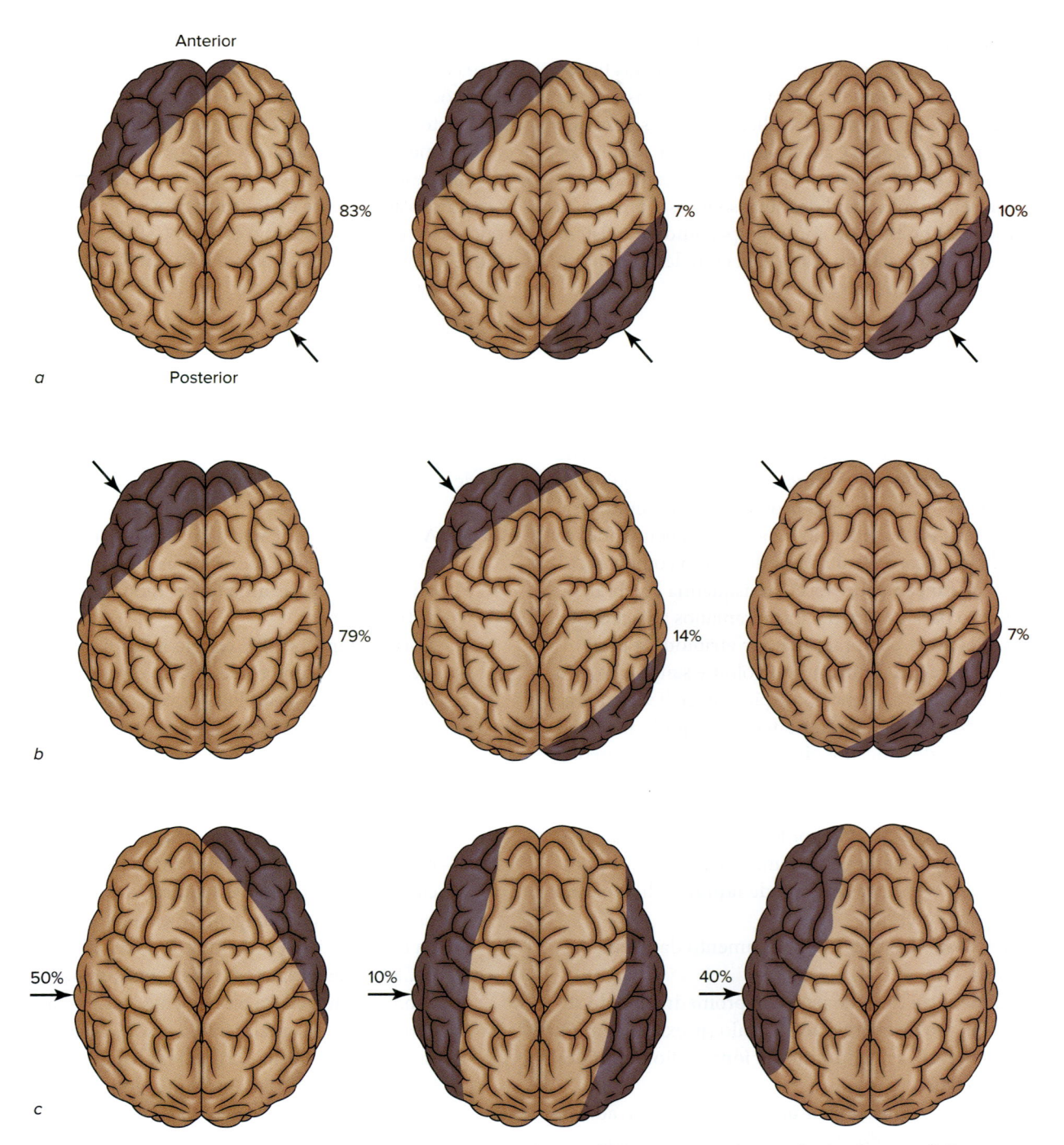

FIGURA 8.8 Localização das lesões de golpe e de contragolpe em 63 casos em que os pacientes foram a óbito como resultado das lesões na cabeça. (As setas indicam a localização da força de impacto. As áreas sombreadas indicam áreas das lesões cerebrais.) *(a)* Impactos occipitais. *(b)* Impactos frontais. *(c)* Impactos laterais.

Adaptada com permissão de K. Sano et al., "Mechanisms and Dynamics of Closed Head Injuries (preliminary report)", *Neurologia Medico-Chirurgica* 9, nº 22 (1967).

Ao longo de muitas décadas, vem sendo considerada a importância da rotação da cabeça, em lugar da translação, no desenvolvimento de cargas de cisalhamento no tecido cerebral. Holbourn (1943), por exemplo, observou que as tensões de cisalhamento produzidas pela aceleração linear da cabeça são de pequena magnitude, em comparação com as tensões produzidas em resposta às acelerações rotacionais. Esse fato foi verificado experimentalmente por Ommaya et al. (1971, p. 515), que minimizaram o papel do movimento linear ("a translação isolada da cabeça jamais demonstrou ser um fator que leva a lesão encefálica") e propuseram que "a distorção do crânio e a rotação da cabeça... explicam muitos dos casos de lesões de golpe e de contragolpe". Embora tenhamos aprendido muito sobre os mecanismos de lesões de golpe e de contragolpe, ainda persistem muitas dúvidas relacionadas a esse complexo conjunto de lesões por contusão cerebral.

Edema cerebral

Em muitos casos, contusões e outros traumatismos cranioencefálicos são acompanhados secundariamente por inchaço (edema) cerebral, que é um problema grave e potencialmente fatal, no qual o conteúdo da abóbada craniana aumenta em volume. O aumento do líquido no interior do tecido cerebral provoca um aumento geral nas dimensões do encéfalo e na PIC. Dependendo do grau de inchaço, o resultado pode ser um comprometimento da função neurovascular, isquemia cerebral, ou herniação para os espaços intracranianos adjacentes.

O aumento cerebral pode ser atribuído a uma hiperemia cerebral (aumento no volume sanguíneo), ou ao edema cerebral, uma condição especializada que se caracteriza pelo aumento do teor de líquido nos tecidos. Foram identificados cinco tipos de edema cerebral (Miller, 1993):

- Vasogênico: causado por lesão vascular (p. ex., contusão) que danifica a barreira hematencefálica e possibilita o extravasamento de líquido adicional no espaço cerebral.
- Hidrostático: causado por aumento da pressão arterial.
- Citotóxico: causado pelo comprometimento do suprimento de energia ao encéfalo (p. ex., isquemia), resultando em acúmulo de íons sódio e líquidos associados.
- Osmótico: causado por uma movimentação adicional de líquido do sangue para o encéfalo em decorrência dos níveis muito baixos de sódio no sistema circulatório (p. ex., hiponatremia).
- Intersticial: causado pela desregulação na produção de líquido cerebrospinal.

Concussão: um olhar mais atento

A identificação clínica da concussão data do século V a.C., tendo sido descrita como "uma comoção do encéfalo" que resulta em perda da fala, da audição e da visão (McCrory e Berkovic, 2001). Desde aquela remota época, já foram propostas na literatura científica mais de 101 definições (Kristman et al., 2014). Embora essas definições variem um pouco em sua exata formulação, elas contêm os elementos da caracterização clássica, como "uma paralisia traumática da função nervosa, na ausência de lesão" (Denny-Brown e Russell, 1941, p. 159). A definição atualmente mais aceita para concussão, ou concussão relacionada com o esporte (CRE), proposta pelo Concussion in Sport Group e atualizada em 2016 (McCrory et al., 2017), inclui várias características comuns:

A concussão relacionada com o esporte é um traumatismo cranioencefálico induzido por forças biomecânicas. Podem ser empregadas várias características comuns para definir clinicamente a natureza de uma lesão concussiva na cabeça:

- A CRE pode ser causada por um golpe direto na cabeça, face, pescoço ou em outros locais no corpo por uma força impulsiva transmitida à cabeça.
- Normalmente, a CRE resulta no rápido surgimento de um comprometimento de curta duração nas funções neurológicas; esse comprometimento desaparece espontaneamente. Entretanto, em alguns casos, os sinais e sintomas evoluem ao longo de alguns minutos a horas.
- A CRE pode resultar em alterações neuropatológicas, mas os sinais e sintomas clínicos agudos refletem, em grande parte, um distúrbio funcional, não uma lesão estrutural; dessa maneira, os exames de imagem do encéfalo de rotina nada revelam em termos de anormalidades.
- A CRE pode resultar em vários sinais e sintomas clínicos, que podem ou não envolver perda da consciência. Normalmente, a resolução das características clínicas e cognitivas segue um curso sequencial. No entanto, em alguns casos, os sintomas podem se prolongar.

Essa definição conclui que "Os sinais e sintomas clínicos não podem ser explicados pelo uso de drogas ilícitas, bebidas alcoólicas ou fármacos, por outras lesões (p. ex., lesões cervicais, disfunção vestibular periférica etc.) ou por outras comorbidades (p. ex., fatores psicológicos ou problemas clínicos coexistentes)" (McCrory et al., 2017).

Ainda se discute se a concussão é uma entidade única, ou se pode ser usada de maneira intercambiável com *traumatismo cranioencefálico leve* (TCEL). O pensamento tradicional sugere que o TCEL implica em algum tipo de lesão cerebral estrutural, enquanto em geral as concussões são descritas como envolvendo alguma disfunção nervosa, sem a ocorrência de lesão cerebral estrutural. Mas, com o uso das modernas técnicas científicas (p. ex., imagens por tensor de difusão), é possível exibir alterações na integridade dos tratos de substância branca em seguida a uma lesão; esses achados sugerem a ocorrência de lesão estrutural em um nível microscópico.

Definição e gradação. Historicamente, as concussões têm sido classificadas de acordo com a presença ou ausência de inconsciência, e por sua duração. Até 2001, já tinham sido publicadas não menos que nove escalas de classificação para as concussões, e muitas delas classificavam numericamente a lesão (1, 2 ou 3) representando uma gravidade crescente, embora algumas oferecessem até seis níveis (Cantu, 2001). Em 2004, o Concussion in Sport Group sugeriu um sistema de classificação dicotômico, de lesões "simples" ou "complexa" (McCrory et al., 2005). Desde aquela época, a maioria das organizações médicas e o Concussion in Sport Group vêm recomendando que as classificações da gravidade da concussão sejam completamente abandonadas (Broglio et al., 2014; Harmon et al., 2019; McCrory et al., 2017).

As concussões têm sido definidas como uma lesão heterogênea, em que não existem duas lesões que se apresentem da mesma maneira em uma pessoa, ou entre indivíduos. Entre outros, os sintomas de concussão podem ser: cefaleia, tontura, náuseas, distúrbios visuais, tinido, confusão mental e a sensação de "não estar se sentindo bem". As concussões podem resultar em manifestações físicas como: perda da consciência, confusão mental, amnésia, comprometimento do equilíbrio e da coordenação, instabilidade na marcha, lentidão ao responder a perguntas ou seguir comandos, baixa concentração, exibição de emoções inadequadas, vômitos, olhar vago, fala enrolada, alterações da personalidade e comportamento inadequado (McCrory et al., 2005). Embora por definição os sintomas sejam temporários, o tempo necessário para a recuperação do indivíduo varia consideravelmente, desde alguns segundos até meses. Aproximadamente 50% dos indivíduos que tiveram uma concussão terão se recuperado dentro de duas semanas a contar do momento da lesão; 90% terão se recuperado dentro de um mês (McCrea et al., 2013). Uma pequena quantidade de indivíduos continuará informando sintomas depois desse tempo, mas os que estiverem sintomáticos depois de transcorridos três meses talvez tenham uma síndrome pós-concussiva (American Psychiatric Association, 2013).

O tratamento clínico da concussão mudou drasticamente desde a virada do século XXI. Antes disso, atletas que continuavam competindo depois de terem tido uma concussão eram frequentemente vistos como um motivo de orgulho, ou então eram absolutamente ignorados. Mas, desde o início dos anos 2000, a melhor compreensão da concussão, os esforços educativos e as leis em geral fizeram com que subisse o percentual de comunicação da lesão, o que resultou em mais indivíduos tratados.

Epidemiologia. Estimativas precisas da incidência de concussão são ilusórias, o que é atribuído em parte à subnotificação dos casos e à dificuldade de determinar um diagnóstico definitivo (McCrea et al., 2004). Bazarian et al. (2005) estimaram uma incidência anual de concussões de 127,8 a cada 100 mil habitantes, com base nos casos que chegavam ao pronto atendimento. Mas esses dados deixaram de incluir as concussões observadas em contextos não emergenciais (p. ex., consultórios particulares), nem as possíveis concussões em pessoas que não buscam ajuda médica. Alguns autores estimaram a incidência anual de concussões resultantes da prática esportiva e de atividades recreativas, com inclusão de lesões não comunicadas. Tais estimativas variam de 1,6 até 3,8 milhões de casos (Langlois et al., 2006).

É possível prever quais são as causas principais de concussão: quedas, traumatismos causados por veículos motorizados, impactos acidentais da cabeça, agressões, e atividades esportivas e recreativas. É bem possível que as estimativas mais precisas da incidência de concussões sejam provenientes dos ambientes esportivos, que oferecem ambientes controlados que, normalmente, são monitorados por profissionais da área médica (i. e., treinadores esportivos ou médicos). O risco de ocorrência de concussão varia dependendo do esporte; os esportes de contato e colisão se encontram entre os de maior incidência. Uma metanálise que analisou o risco de concussão informou que o rúgbi apresenta o maior risco geral (28,23 por 10 mil exposições esportivas), seguido pelo futebol americano (8,72 por 10 mil) e pelo hóquei no gelo (7,87 por 10 mil) (Van Pelt et al., 2021).

Contudo, fica evidente que, ao examinarmos modalidades esportivas diversas, as mulheres apresentam um risco mais elevado de lesão nos esportes que permitem a comparação entre os sexos (p. ex., futebol; ver Van Pelt et al., 2021). Os cientistas não estão absolutamente seguros em relação à causa para essa diferença, mas algumas evidências sugerem que as mulheres têm menor musculatura no pescoço em relação à massa da cabeça (ver Tierney et al., 2005) e que, além disso, podem ter maior suscetibilidade à lesão em certos momentos do ciclo menstrual. Além disso, também é maior a probabilidade de as mulheres notificarem a um médico as lesões sofridas (Wunderle et al., 2014).

Estrutura e função dos tecidos. Praticamente toda definição de concussão descreve a lesão como uma disfunção nervosa, não acompanhada por dano estrutural em nível macroscópico. Acredita-se que a força transmitida ao encéfalo – seja ela aplicada direta ou indiretamente – distende o tecido nervoso, o que abre mecanicamente os canais controlados por voltagem e possibilita o fluxo indiscriminado de íons através da membrana (Giza e Hovda, 2014). Tendo em vista que o corpo irá procurar constantemente manter a homeostasia, ocorre suprarregulação da bomba de íons sódio-potássio para que seja restaurado o equilíbrio iônico, à custa do uso extra de energia. O estado de hiperglicólise ocorre simultaneamente ao aumento no cálcio intracelular e no potássio extracelular, e à redução do fluxo sanguíneo cerebral. Com o passar do tempo, o encéfalo acabará retornando ao seu estado natural; e dentro de quatro semanas quase todos os indivíduos retornarão aos níveis de funcionamento precedentes à lesão (McCrea et al., 2013).

Por sua incompressibilidade, o tecido encefálico lida bem com as cargas compressivas; porém, esse tecido é muito menos resistente às cargas de cisalhamento produzidas pela rotação da cabeça. Em todos os níveis do esporte, foram publicadas pesquisas que tentaram quantificar a magnitude do impacto no qual uma concussão ocorre, com uma surpreendente consistência (Broglio et al., 2010; Guskiewicz et al., 2007; Pellman et al., 2003). Embora exista uma significativa variação individual, tanto em um mesmo atleta como entre atletas, comumente foi informada uma aceleração linear média nas proximidades de 100 g e uma aceleração rotacional de 4.500 rad/s². Curiosamente, a aceleração rotacional estimada como necessária para que ocorra uma concussão é mais baixa em adultos (4.500 rad/s²) do que em lactentes (10.000 rad/s²). Esse contraste aponta para diferenças na resposta mecânica entre o crânio e encéfalo adultos e os de uma criança em fase de desenvolvimento. Essas diferenças são atribuídas às propriedades dos materiais constitutivos, geometrias estruturais, respostas fisiológicas dependentes da idade aos estresses mecânicos, massa global e propriedades estruturais da cabeça (Ommaya et al., 2002). Encéfalos de dimensões variadas apresentam limites diferentes para a lesão e propriedades mecânicas relacionadas com a idade igualmente dissimilares (Goldsmith e Plunkett, 2004).

Mecanismos de lesão. A concussão é resultado de uma mudança no momento da cabeça e, portanto, envolve com maior frequência mecanismos de impacto direto ou de aceleração-desaceleração. Na vasta maioria dos casos, há envolvimento de um impacto direto à cabeça, embora a aceleração-desaceleração rápidas, na ausência de um impacto direto, também possa causar uma concussão. Os mecanismos propostos para as concussões são as tensões de cisalhamento causadas pela rotação (Holbourn, 1943), a cavitação do golpe-contragolpe causada pelo deslocamento entre o crânio e o encéfalo (Gross, 1958), a aceleração linear causadora de um estresse de cisalhamento ou distorção no tronco encefálico (Gurdjian et al., 1955), e a perturbação centrípeta sequencial que tem início na superfície do encéfalo e se estende ao interior, até alcançar estruturas cerebrais mais profundas (Ommaya e Gennarelli, 1974). A importância da aceleração rotacional como um mecanismo nas lesões concussivas foi originalmente sugerida por Holbourn (1943), e vem sendo reiterada por muitos pesquisadores, notavelmente Ommaya e Gennarelli (1974). Esses últimos autores sugeriram que as acelerações rotacionais incidentes na cabeça causam lesões difusas e disseminadas, enquanto as acelerações translacionais causam sobretudo lesões focais. Apesar do grande volume de pesquisas publicadas ao longo do último meio século, ainda resta controvérsia com relação aos exatos mecanismos causadores das concussões (Zhang et al., 2001).

Tratamento, reabilitação e prevenção. Diversos grupos médicos e internacionais já delinearam o tratamento, a reabilitação e a prevenção apropriados para a concussão, todos específicos a profissionais de medicina (Broglio et al., 2014; Harmon et al., 2019; McCrory et al., 2017). Embora existam diferenças entre esses documentos, eles concordam que toda atleta sob suspeita de ter tido uma concussão deverá ser imediatamente removido da prática esportiva, não sendo permitido o seu retorno até que tenha sido liberado por um médico treinado na identificação e tratamento das concussões. Depois de retirado de campo/quadra, o indivíduo deve repousar durante 24 a 48 horas; após esse período, retornará às atividades de vida diária e, depois, prosseguirá por uma lenta progressão até que possa retornar às atividades físicas regulares. Se o indivíduo for um estudante, os processos de retorno à sala de aula e à prática esportiva poderão ocorrer em paralelo, mas esse estudante deverá ter retornado integralmente aos estudos antes que venha a retornar por completo ao seu esporte. Embora a vasta maioria dos indivíduos venha a se recuperar de sua lesão dentro de um mês e não exiba consequências discerníveis no longo prazo, aproximadamente 10% dos indivíduos que tiveram uma concussão continuarão apresentando sintomas relacionados a essa lesão depois de ultrapassada a marca de um mês. Nesse momento, poderá haver necessidade de cuidados especializados.

Embora as concussões não possam ser eliminadas, uma ênfase na prevenção pode ajudar a reduzir o risco de lesão, além dos custos físicos, financeiros e emocionais decorrentes do problema. Basicamente, a prevenção das concussões tem se concentrado sobretudo nas atividades esportivas e recreativas, em particular por meio de avanços no modelo dos equipamentos de proteção. Os capacetes se encontram no centro dessa discussão: A rígida camada externa do capacete distribui as forças do impacto ao longo de uma grande área, para proteção contra lesões focais (p. ex., lacerações do escalpo); o revestimento interno ajuda na dissipação da energia cinética através de um mecanismo de absorção de energia (Bailes e Cantu, 2001). Foi demonstrado que os modernos modelos de capacete utilizados no futebol americano diminuem o risco de concussão, em comparação aos modelos mais antigos (Rowson et al., 2014); a tecnologia mais recente tem por objetivo minimizar a aceleração rotacional que se segue ao impacto. É menos evidente a influência dos protetores bucais na redução do risco de concussão; as pesquisas sobre esse tópico obtiveram resultados inconclusivos. Uma revisão da literatura sugere que os protetores bucais não têm efeito no risco de concussão (Mihalik et al., 2007), embora estudos epidemiológicos mais amplos tenham chegado a achados contrários (Chisholm et al., 2020). Independentemente da capacidade de atenuação do risco de concussão, os protetores bucais apresentam alta efetividade na redução das lesões dentais.

A implementação e o cumprimento das regras que objetivam a diminuição na quantidade de lesões também podem ajudar na diminuição do risco. Exemplificando, no futebol americano, limitar as sessões de treinamento de contato diminui a exposição a impactos na cabeça (Broglio et al., 2016), e ajustar o posicionamento para o *kickoff* (chute inicial) reduz o risco de concussão (Wiebe et al., 2018). As regras instituídas nos anos de 1970, que baniram a prática do *spearing* (i. e., o uso do capacete para cabecear outro jogador), resultaram em uma diminuição vertiginosa nas lesões à porção cervical da coluna vertebral e nas concussões (Swartz et al., 2005).

Lesão axonal difusa

Uma das características diferenciadoras da concussão é a ausência de uma patologia detectável. Com o aumento das forças de impacto, também aumenta a probabilidade de uma lesão estrutural. Nos casos de uma lesão mais grave, as estruturas nervosas experimentam lesões que podem ser evidenciadas com a ajuda de exames de imagem (p. ex., tomografia computadorizada). Essas lesões podem ser observadas na forma de contusão, laceração, hemorragia ou lesão axonal. As lesões axonais têm sido descritas como uma degeneração difusa da substância branca, lesão difusa na substância branca por cisalhamento e traumatismo cerebral interno. Atualmente, a designação mais comum é **lesão axonal difusa (LAD)**, que consiste no cisalhamento dos axônios. Contudo, essa denominação pode levar a equívocos – LAD não é uma lesão difusa do cérebro inteiro, mas uma lesão de áreas cerebrais discretas (Meythaler et al., 2001). Atualmente, alguns pesquisadores e profissionais de saúde usam a denominação **lesão axonal traumática (LAT)** ou **lesão axonal traumática difusa (LATD)** na descrição dessas lesões (Gennarelli e Graham, 2005).

Síndrome do segundo impacto

Em raras ocasiões pós-concussão, um golpe subsequente que impacta diretamente ou movimenta indiretamente a cabeça pode resultar em uma drástica escalada dos sintomas concussivos. Denominada síndrome do segundo impacto (SSI), essa lesão "ocorre quando um atleta que teve uma lesão inicial na cabeça, mais frequentemente uma concussão, tem uma segunda lesão cefálica, antes que os sintomas associados à primeira lesão tenham desaparecido por completo" (Cantu, 1998, p. 37). A SSI pode causar uma desregulação cerebrovascular, congestão vascular, dilatação das pupilas, aumento da PIC, edema cerebral, insuficiência respiratória e, possivelmente, morte.

Crianças e adolescentes se encontram em particular risco para SSI. Muitos casos relatados de SSI envolvem atletas do ensino médio. Idade, tipo de esporte e histórico prévio de concussão são fatores de risco poderosos para a SSI (Cobb e Battin, 2004). Mas, tendo em vista a raridade de sua ocorrência, as evidências clínicas para SSI são, em grande parte, fortuitas. Alguns pesquisadores têm questionado se a SSI realmente existe. McCrory (2001), por exemplo, afirma que as evidências para SSI não são convincentes, e os declínios neurovasculares observados provavelmente são atribuíveis ao edema cerebral difuso. Apesar da controvérsia, a prudência determina que indivíduos que tiveram uma concussão sejam proibidos de fazer atividades nas quais poderiam experimentar um novo impacto na cabeça até que os sintomas concussivos tenham se resolvido por completo.

A LAD é resultante de impactos em alta velocidade, mais comumente colisões de veículos automotivos com envolvimento de uma aceleração-desaceleração rápida. A ocorrência de LAD foi relatada em jogadores de futebol americano, futebol e hóquei no gelo (Powell e Barber-Foss, 1999; Tegner e Lorentzon, 1996), mas tais lesões são raras. Relatos recentemente publicados associaram a LAD com a síndrome do bebê sacudido, em que uma agitação violenta do lactente promove forças de aceleração e desaceleração com suficiente magnitude a ponto de causar traumatismo cranioencefálico (Case et al., 2001; Duhaime et al., 1998).

Maxwell et al. (1993) sugeriram dois mecanismos de lesão para lesões na cabeça não causadas por impacto: (1) um inicial cisalhamento axonal e vedação das membranas axonais fragmentadas, e (2) um secundário edema axonal com desconexão. O dano mecânico resultante da força de impacto pode promover ruptura axonal direta, o que pode resultar no mecanismo secundário. Eventos tardios e sequenciais acarretam falhas axonais que, por sua vez, resultam em separação axonal nos segmentos distais. Nesses casos, pode-se prever que o segmento distal experimente uma degeneração walleriana (ver Cap. 5), perdendo suas aferências (i. e., separado de seus componentes sensitivos). Ambos os mecanismos promovem uma interrupção na transmissão dos sinais neuronais e, dependendo da magnitude da lesão, podem deixar o indivíduo lesionado com comprometimento significativo.

Ainda permanece problemático o estabelecimento de um diagnóstico acurado de LAD, sobretudo em suas modalidades mais benignas. Considerando que a LAD é uma lesão ao nível axonal, os casos mais brandos talvez não fiquem evidenciados com o uso de imagens de TC, embora possam ser identificados por meio de um cuidadoso exame microscópico. Nos casos em que a LAD esteja associada a uma hemorragia, que pode ser detectada por um exame de TC e IRM, assume-se que a lesão tenha ocorrido. Assim, a LAD é classificada de acordo com a localização de suas lesões (Adams et al., 1989). A LAD de grau I se caracteriza por uma lesão axonal difusa por todo o encéfalo (p. ex., hemisférios cerebrais, corpo caloso e tronco encefálico). Nas lesões de grau II ocorrem também lesões focais no corpo caloso, enquanto as lesões de grau III exibem lesões focais no tronco encefálico.

O tecido cerebral é resistente a cargas compressivas; contudo, o tecido exibe resistência limitada às cargas de cisalhamento. As tensões de cisalhamento com origem na aceleração angular da cabeça são aceitas como causadoras da maioria dos casos de LAD. Mais especificamente, o plano de aceleração angular determina em grande parte a extensão da lesão. Em estudos com primatas não humanos, a aceleração angular no plano sagital resultou apenas em lesões de grau I. Tipicamente, níveis semelhantes de aceleração angular no plano transverso (horizontal) causaram lesões de grau II. As lesões de grau III (as mais graves) foram associadas a acelerações no plano frontal (coronal). Empregando um modelo de primata para a exploração do efeito da direção da aceleração angular na duração do coma, grau de comprometimento neurológico e nível de LAD, Gennarelli et al. (1982) concluíram que "a lesão axonal produzida pela aceleração coronal da cabeça é causa importante de coma traumático prolongado e de suas sequelas" (p. 564).

A teoria centrípeta de Ommaya é importante por explicar lesões subsequentes a uma lesão na cabeça. O conhecimento coletivo de inúmeros estudos "sugeriu que a distribuição das tensões difusas prejudiciais induzidas pela carga inercial diminuiria em magnitude da superfície para o centro da massa cerebral aproximadamente esferoide" (Ommaya, 1995, p. 530). Em outras palavras, quanto maior a magnitude do impacto, mais profunda seria a lesão, juntamente com os sinais e sintomas clínicos associados. Essa previsão conflitava com a crença antiga de que a inconsciência traumática era uma lesão primária isolada do tronco encefálico – Ommaya observou consistentemente lesões periféricas associadas às lesões no tronco encefálico.

Ao longo das duas últimas décadas, nossa compreensão das lesões na cabeça em geral, e da LAD em particular, foi notavelmente ampliada. Sahuquillo e Poca (2002) desenvolveram originalmente o conceito que propunha que lesões isquêmicas secundárias são altamente prevalentes nos encéfalos de pacientes com lesões fatais na cabeça. Os esforços no sentido de minimizar os efeitos isquêmicos deletérios aumentam enormemente as chances de sobrevivência e de recuperação dos pacientes. Até recentemente (anos de 1990), a LAD era considerada pela maioria dos estudiosos uma lesão primária. Contudo, essa lesão não constitui um evento isolado; bem ao contrário, trata-se de um processo fisiológico dinâmico iniciado no momento do impacto e que tem continuidade por um período pós-lesional de duração variável. Sahuquillo e Poca (2002) concluem que "Evidências experimentais têm demonstrado, além de qualquer dúvida razoável, que a LAD é uma entidade fisiopatológica complexa, na qual uma lesão primária imediata pode coexistir com um processo secundário em simultânea evolução, em que axônios que, a princípio, estavam estruturalmente intactos, podem progredir para uma desconexão ou axotomia secundária" (pp. 53-54).

LESÕES NO PESCOÇO

O pescoço fornece a ligação estrutural entre a cabeça e o tronco e contém componentes de muitos dos principais sistemas do nosso corpo. Entre tais componentes, observamos importantes estruturas vasculares (artérias carótidas comuns, artérias e veias subclávias, veias e tronco braquiocefálicos), respiratórias (traqueia, laringe), digestórias (esôfago), nervosas (tronco simpático, nervo frênico, nervo vago) e endócrinas (glândulas tireoide e paratireoide). A porção esquelética do pescoço consiste nas vértebras cervicais, que são mantidas em posição por um robusto sistema de ligamentos (Fig. 8.9a) e pela musculatura. Entre os músculos cervicais mais importantes estão o esternocleidomastóideo e o trapézio (Fig. 8.9b e c).

A coluna vertebral (espinha) consiste em um grupo de 33 vértebras que se estendem desde a base do crânio até sua terminação inferior no cóccix (osso da cauda). A coluna vertebral se divide em cinco regiões (Fig. 8.10): cervical (7 vértebras), torácica (12 vértebras), lombar (5 vértebras), sacral (5 vértebras fundidas) e coccígea (4 vértebras fundidas). Nas regiões cervical, torácica e lombar, as vértebras estão separadas por discos intervertebrais, compostos por uma massa interna gelatinosa (núcleo pulposo) circundada por uma rede fibrocartilaginosa em camadas (anel fibroso). Cada vértebra é formada por um corpo, um arco vertebral e processos que se projetam a partir do arco, lateralmente (processo transverso) e posteriormente (processo espinhoso) (Fig. 8.10).

As dimensões e orientação desses elementos estruturais diferem, dependendo da região (Fig. 8.11). Em um local imediatamente posterior ao corpo vertebral, existe uma passagem aberta (forame vertebral) que abriga a medula espinal. Outras passagens (forames intervertebrais) entre vértebras adjacentes possibilitam a exteriorização das raízes dos nervos espinais nos dois lados da coluna vertebral. Em cada região, essas mudanças regionais na orientação das facetas desempenham um papel essencial na determinação do potencial de movimento entre vértebras adjacentes (Fig. 8.12). Os valores dos ângulos são estimativas aproximadas. Os valores reais variam de acordo com a região da coluna vertebral, e também entre indivíduos.

As consequências de uma lesão à medula espinal variam, desde leves, como no caso de uma neurapraxia

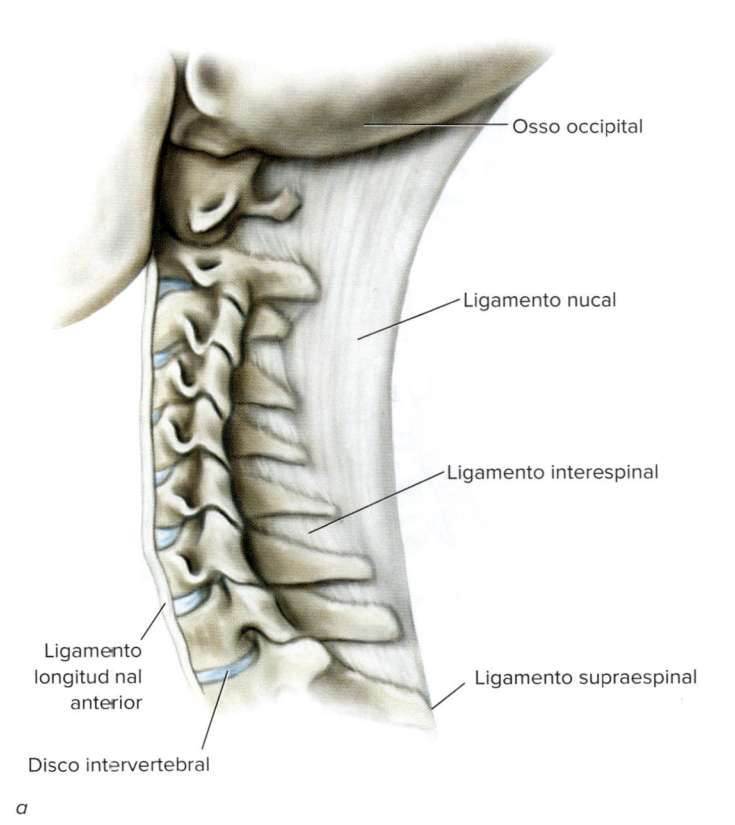

Osso occipital

Ligamento nucal

Ligamento interespinal

Ligamento longitudinal anterior

Ligamento supraespinal

Disco intervertebral

a

FIGURA 8.9 *(a)* Vértebras cervicais; estão ilustrados diversos de seus ligamentos de sustentação. *(b)* Musculatura posterior do pescoço. *(c)* Musculatura anterior do pescoço.

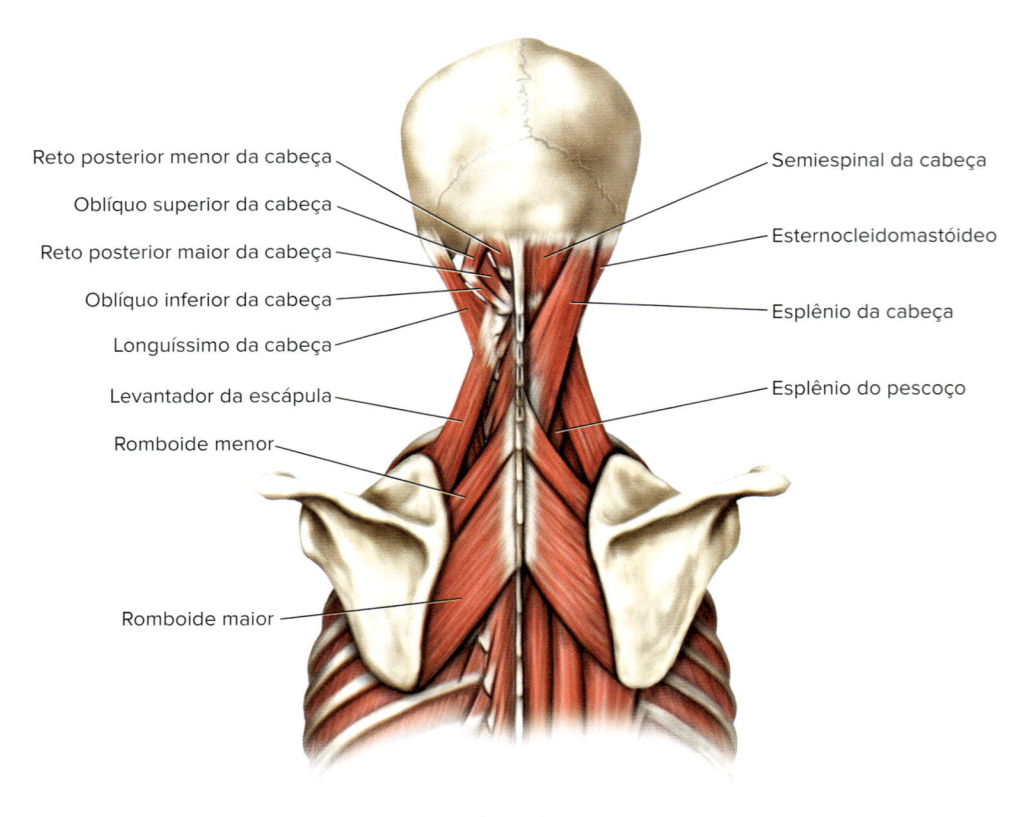

Reto posterior menor da cabeça
Oblíquo superior da cabeça
Reto posterior maior da cabeça
Oblíquo inferior da cabeça
Longuíssimo da cabeça
Levantador da escápula
Romboide menor
Romboide maior

Semiespinal da cabeça
Esternocleidomastóideo
Esplênio da cabeça
Esplênio do pescoço

b   **Posterior**

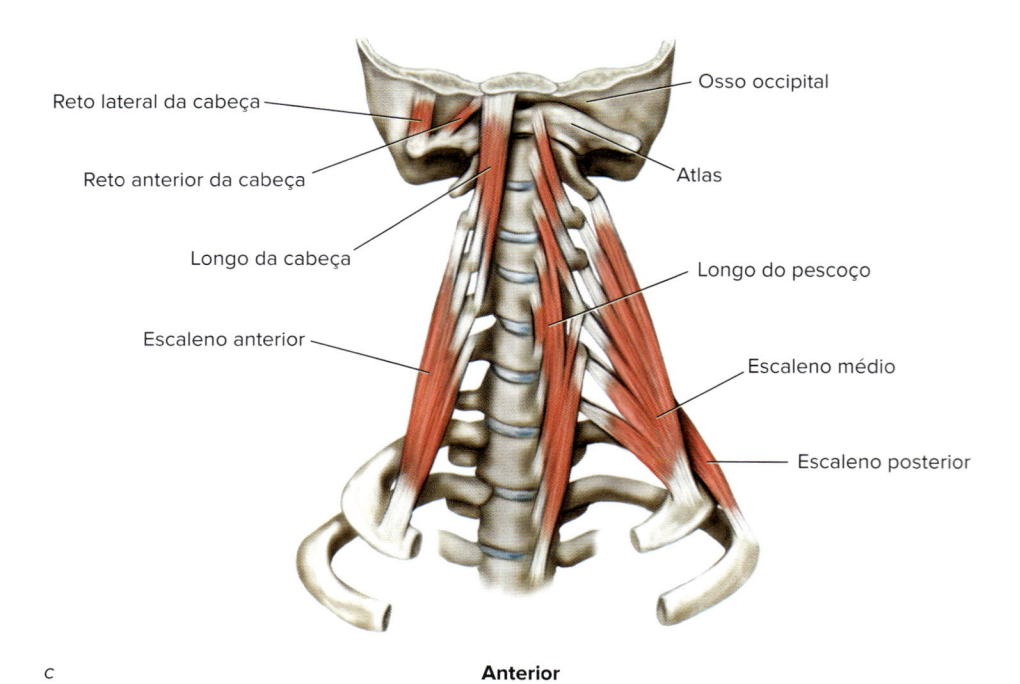

Reto lateral da cabeça
Reto anterior da cabeça
Longo da cabeça
Escaleno anterior

Osso occipital
Atlas
Longo do pescoço
Escaleno médio
Escaleno posterior

c   **Anterior**

FIGURA 8.9 *(continuação)* *(a)* Vértebras cervicais; estão ilustrados diversos de seus ligamentos de sustentação. *(b)* Musculatura posterior do pescoço. *(c)* Musculatura anterior do pescoço.

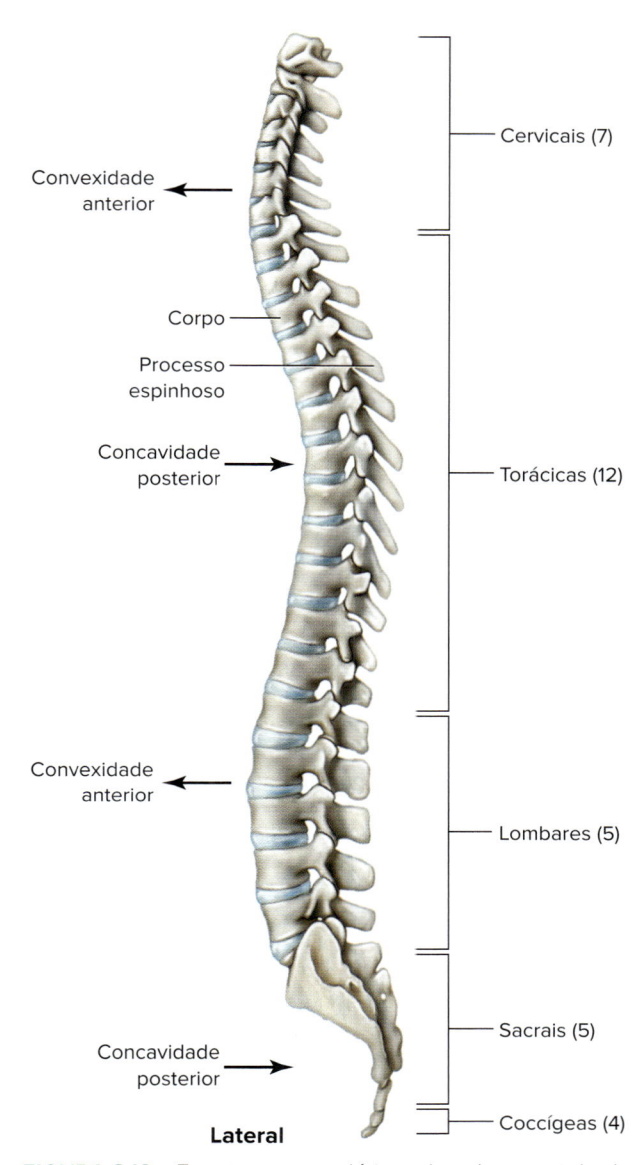

Lateral

FIGURA 8.10 Estruturas esqueléticas da coluna vertebral.

(Legendas da figura 8.10:) Convexidade anterior; Corpo; Processo espinhoso; Concavidade posterior; Convexidade anterior; Concavidade posterior; Cervicais (7); Torácicas (12); Lombares (5); Sacrais (5); Coccígeas (4)

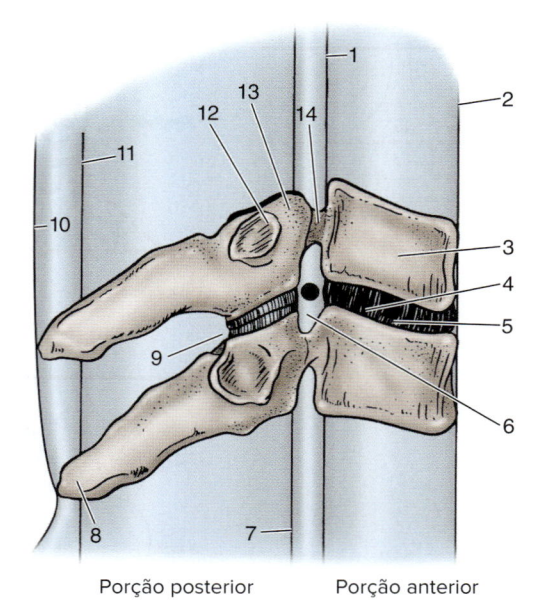

Porção posterior   Porção anterior

FIGURA 8.11 Vista sagital de um segmento de movimento da coluna formado por dois corpos vertebrais adjacentes e pelo disco interposto. Estão ilustradas estruturas ou suas localizações (indicação apenas das localizações dos ligamentos, e não de suas estruturas): 1, ligamento longitudinal posterior; 2, ligamento longitudinal anterior; 3, corpo vertebral; 4, placa terminal cartilaginosa; 5, disco intervertebral; 6, forame intervertebral com raiz nervosa; 7, ligamento amarelo; 8, processo espinhoso; 9, articulação intervertebral formada pelas facetas superior e inferior (as cápsulas articulares não são mostradas); 10, ligamento supraespinal; 11, ligamento interespinal; 12, processo transverso (o ligamento intertransversário não é mostrado); 13, arco vertebral; 14, canal vertebral (medula espinal não mostrada).

(perda temporária da condução nervosa, sem a ocorrência de degeneração estrutural), até uma bissecção incompleta ou completa. Em casos de lesão grave, o nível de envolvimento medular é crítico para que se possa determinar o tipo e a extensão do déficit sensório-motor. Basicamente, lesões em determinado nível comprometerão a função no nível da lesão e abaixo dele. Exemplificando, uma lesão ao nível de C3-C4 pode ter como resultado uma paralisia completa do tronco e dos membros, além da impossibilidade de uma respiração não assistida. Uma lesão ao nível de C5-C6 talvez permita movimentos limitados dos braços, enquanto uma lesão baixa (C7-T1) pode preservar as funções musculares dos membros superiores, limitando a paralisia aos membros inferiores.

Traumatismo cervical

A estrutura complexa e o movimento intrincado da região cervical apresentam desafios singulares para a identificação e descrição dos mecanismos de lesão cervical. A mescla, por vezes confusa, da terminologia médica e de engenharia empregada na descrição da mecânica cervical complica ainda mais a tarefa.

É preciso ter cautela e muita precisão ao tentar classificar os mecanismos de lesão cervical porque (1) o movimento geral da cabeça em relação ao tronco pode não ser indicativo do movimento local entre segmentos adjacentes, (2) pequenos desvios (< 1 cm) no ponto de aplicação da força ou na posição da cabeça podem alterar o mecanismo de lesão do tipo compressão-flexão

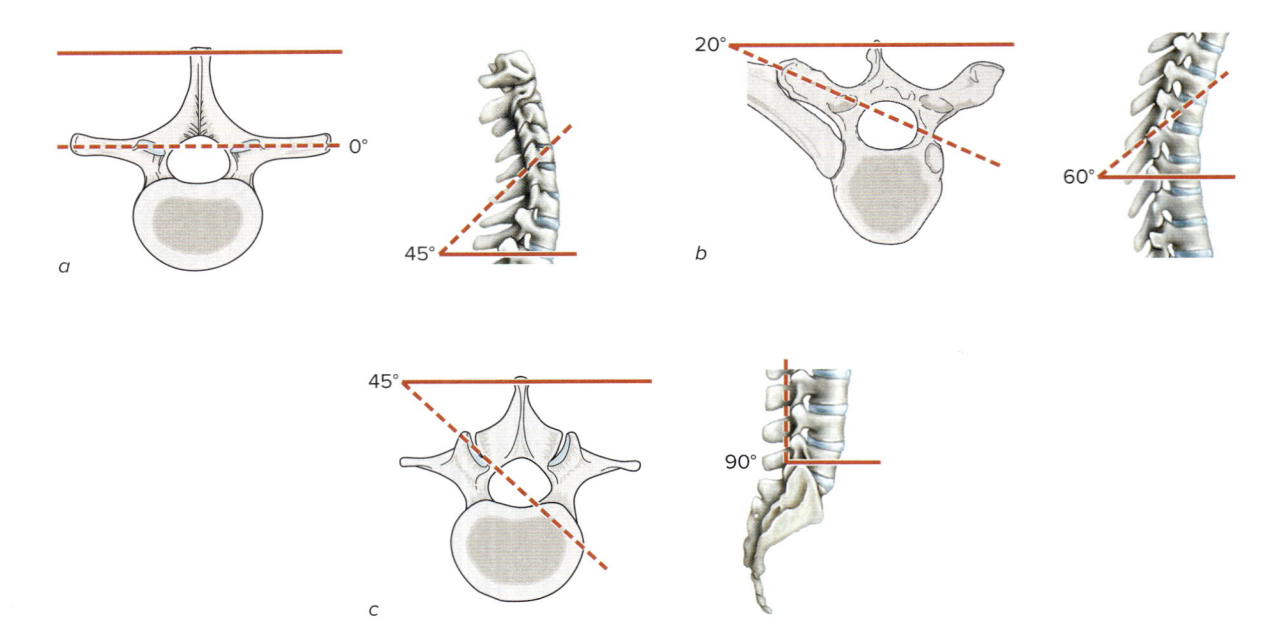

FIGURA 8.12 Orientação das articulações facetárias vertebrais. *(a)* Porção cervical da coluna. As facetas vertebrais nessa região exibem uma inclinação de 45° acima do plano horizontal, e são paralelas ao plano frontal. *(b)* Porção torácica da coluna. Nessa região, as facetas estão inclinadas em 60° acima do plano horizontal, e exibem um desvio de 20° posteriormente ao plano frontal. *(c)* Porção lombar da coluna. Nessa região, as facetas exibem uma inclinação de 90° acima do plano horizontal, com desvio de 45° posteriormente ao plano frontal. Essas mudanças regionais na orientação das facetas desempenham um papel essencial na determinação do potencial de movimento entre vértebras adjacentes, em cada região. Os valores dos ângulos são estimativas aproximadas. Os valores reais variam, dependendo da região da coluna vertebral e também entre indivíduos.

para compressão-extensão, e (3) os movimentos observados na cabeça podem ocorrer depois do momento de ocorrência da lesão e, portanto, não refletem o real mecanismo de lesão (McElhaney et al., 2001).

Embora a literatura contenha vários sistemas de classificação, o sistema revisado por McElhaney et al. (2001), que se baseia nas principais cargas incidentes na porção cervical da coluna, indica possíveis desfechos das lesões (Fig. 8.13 e Tab. 8.3).

O mecanismo de compressão-flexão (ou flexão-compressão) é o mais comum nas lesões da porção cervical da coluna. Nesses casos, o pescoço em leve flexão alinha axialmente a porção cervical da coluna, de modo a eliminar a lordose normal. Nessa posição, a porção cervical da coluna torna-se segmentada e retificada, perdendo a capacidade de absorção de energia que acompanha a curvatura normal (Cusick e Yoganandan, 2002). Essa posição, conhecida como o *eixo mais rígido*, faz com que as estruturas cervicais absorvam em sua totalidade a energia transferida pela carga (Fig. 8.14), e essa situação coloca a coluna em maior risco de sofrer dano estrutural (Pintar et al., 1995). Quando essa energia excede a capacidade das estruturas cervicais,

pode ocorrer dano aos discos intervertebrais, ao corpo e processo vertebral, ou aos ligamentos interespinais. Em decorrência disso, é possível que ocorram fraturas em cunha, ou fraturas por explosão. A ruptura das estruturas de sustentação pode levar a um aumento na flexão ou na rotação da porção cervical da coluna e luxação das vértebras associadas. Essa luxação traz consigo o risco de impactação da medula espinal ou de seus nervos. O mecanismo de compressão-flexão ocorre mais comumente entre os mergulhadores; também ocorre em praticantes de esportes como o futebol americano, o hóquei no gelo e o surfe.

Também podem ocorrer lesões cervicais como resultado de um mecanismo de tensão-extensão, pelo qual a cabeça é mobilizada forçadamente em hiperextensão por um impacto posterior com aplicação de uma resistência considerável no queixo (Fig. 8.15a), forças inerciais resultantes do impacto posterior (Fig. 8.15b) ou forças aplicadas inferiormente à face posterior da cabeça (Fig. 8.15c). Esse mecanismo produz estresses de tensão à face anterior das estruturas cervicais e pode envolver a ruptura do ligamento longitudinal anterior ou do disco intervertebral, ou ainda uma fratura horizontal do corpo

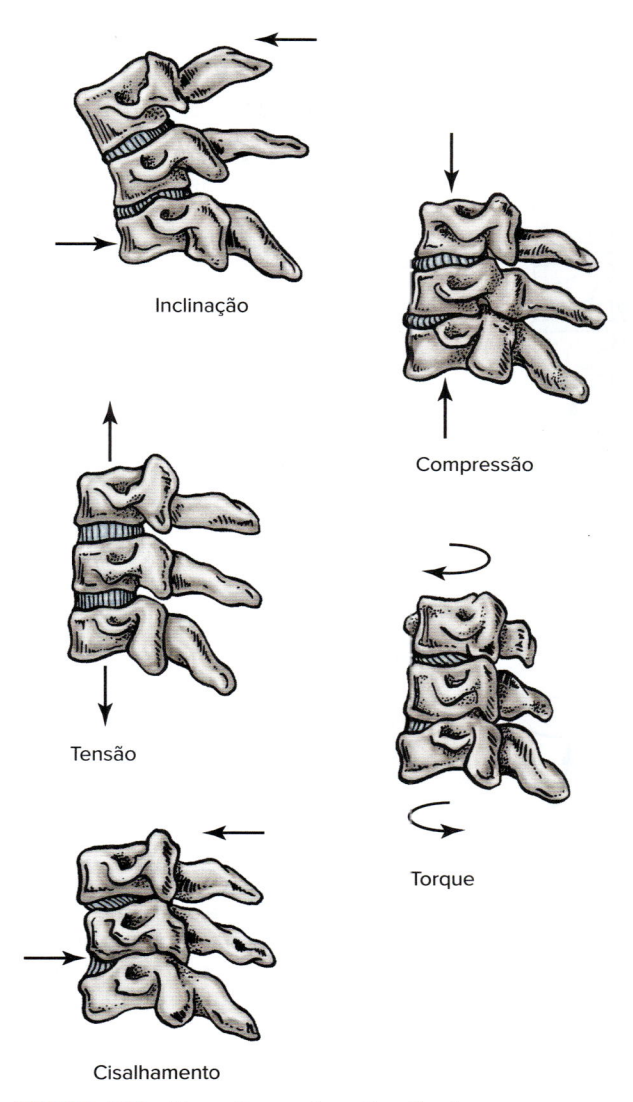

Inclinação

Compressão

Tensão

Torque

Cisalhamento

FIGURA 8.13 Mecanismos de aplicação de carga no pescoço.

TABELA 8.3 Lesões na porção cervical da coluna

Lesões por hiperflexão	
Estável	Subluxação anterior Compressão vertebral anterior Fratura do cavador de barro
Instável	Subluxação anterior (instabilidade tardia) Luxação facetária bilateral Fratura em lágrima por flexão
Lesões por flexão-rotação	
Estável	Luxação facetária unilateral
Lesões por hiperextensão	
Estável	Fratura do arco posterior do atlas Fratura do arco anterior do atlas Fratura laminar Fratura em lágrima por extensão
Instável	Fratura do enforcado Luxação por hiperextensão Fratura-luxação
Lesões por extensão-rotação	
Estável	Fratura dos pilares articulares
Lesões por compressão vertical	
Estável ou instável	Fratura de Jefferson Fratura por explosão de C3-C7
Mecanismo complexo ou desconhecido	
Instável	Luxação atlanto-occipital Fratura do dente do áxis

Adaptada com permissão de Y. Agarwal, P. Gulati, B. Sureka, e N. Kumar, "Radiologic Imaging in Spinal Trauma", em *ISCoS Textbook on Comprehensive Management of Spinal Cord Injuries*, editada por H. S. Chhabra (Índia: Wolters Kluwer, 2015).

vertebral. A aplicação de cargas de alta energia também pode causar um deslocamento vertebral posterior, com risco de lesão à medula espinal.

Algumas lesões cervicais são causadas por mecanismos diversos. Exemplificando, a fratura no canto anteroinferior de um corpo vertebral, conhecida como fratura em lágrima (Fig. 8.16) tem sido atribuída a muitos mecanismos: aplicações de cargas de compressão axial, compressão-flexão, tensão-extensão e compressão-extensão (McElhaney et al., 2001).

As colisões automobilísticas constituem a maior causa isolada de fraturas cervicais. Há vários fatores que devem ser considerados para que possamos compreender a biomecânica dessas lesões; contudo, há concordância com relação a alguns tópicos. Yoganandan et al. (1989) examinaram lesões cervicais ligadas a colisões automobilísticas, tendo concluído o seguinte:

- As lesões cervicais se concentram nas regiões do occipício/áxis e C5-C6, das parte alta e baixa da região cervical da coluna.
- As lesões medulares fatais em decorrência de colisão automobilística ocorrem mais frequentemente na junção craniocervical e na porção cervical alta da coluna (O-C1-C2).
- Sobreviventes de colisões automobilísticas mais frequentemente tendem a ter lesões na porção cervical baixa do que alta da coluna.
- Existe uma estreita relação entre lesões craniofaciais e traumatismos na porção cervical da coluna; isso sugere que os sistemas de contenção dos ocupantes do veículo, que limitam o impacto na cabeça e na face, podem diminuir a incidência de lesões graves na porção cervical da coluna.

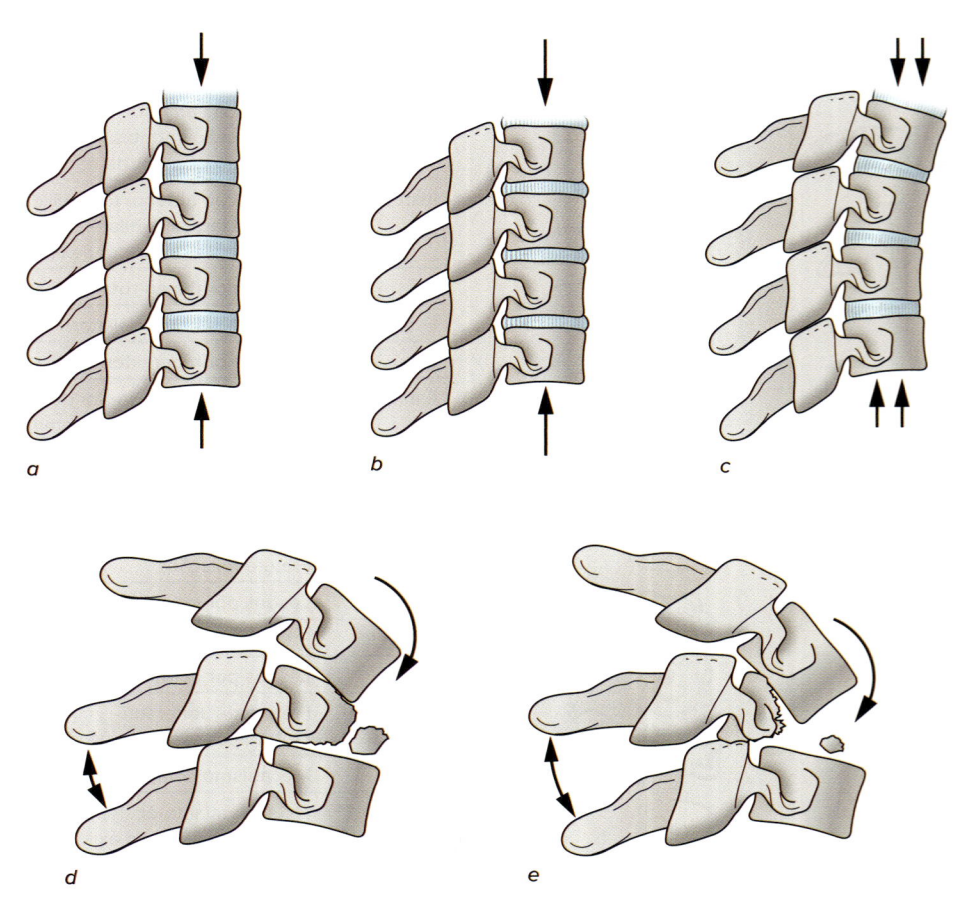

FIGURA 8.14 *(a)* Com o pescoço ligeiramente flexionado (aproximadamente 30°), ocorre a retificação da porção cervical da coluna, que passa a atuar como uma coluna segmentada. *(b)* Inicialmente, forças de compressão axial aplicadas a uma coluna segmentada comprimem a coluna. Um aumento da carga provoca *(c)* deformação angular, *(d)* encurvamento, e *(e)* eventual fratura, subluxação, ou luxação.

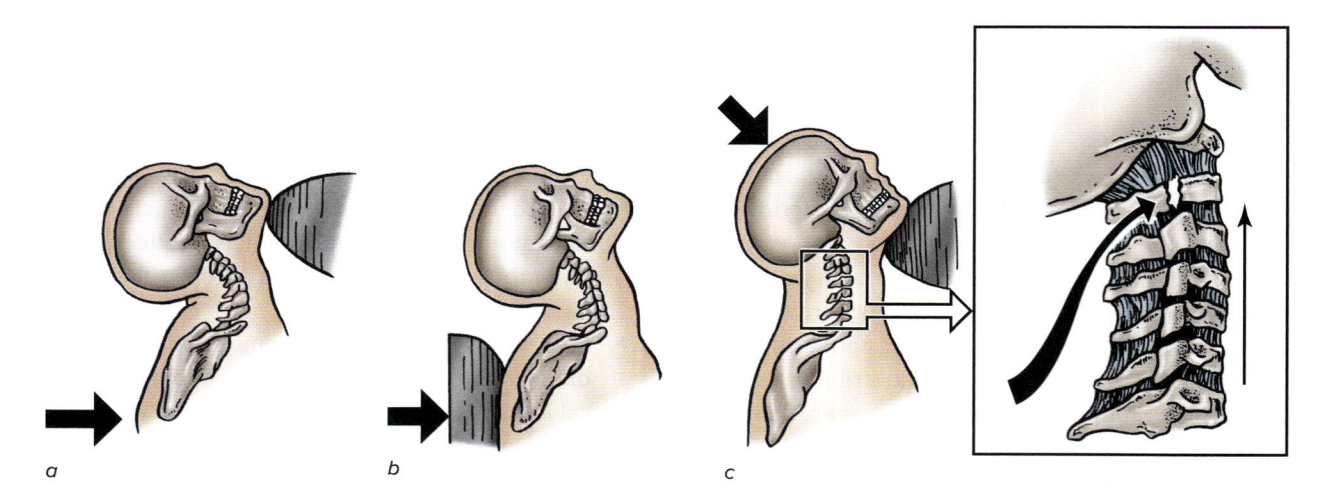

FIGURA 8.15   Mecanismos de lesão por tensão-extensão. Hiperextensão cervical causada por *(a)* um impacto posterior com oposição de forte resistência ao queixo, *(b)* forças inerciais decorrentes de um impacto posterior, e *(c)* forças aplicadas de cima para baixo à face posterior da cabeça, com forte resistência aplicada ao queixo.

Reproduzida com permissão de R. Levine, *Head and Neck Injury* (Denver, CO e Troy, MI: SAE International, 1994). Permissão obtida através do Copyright Clearance Center, Inc.

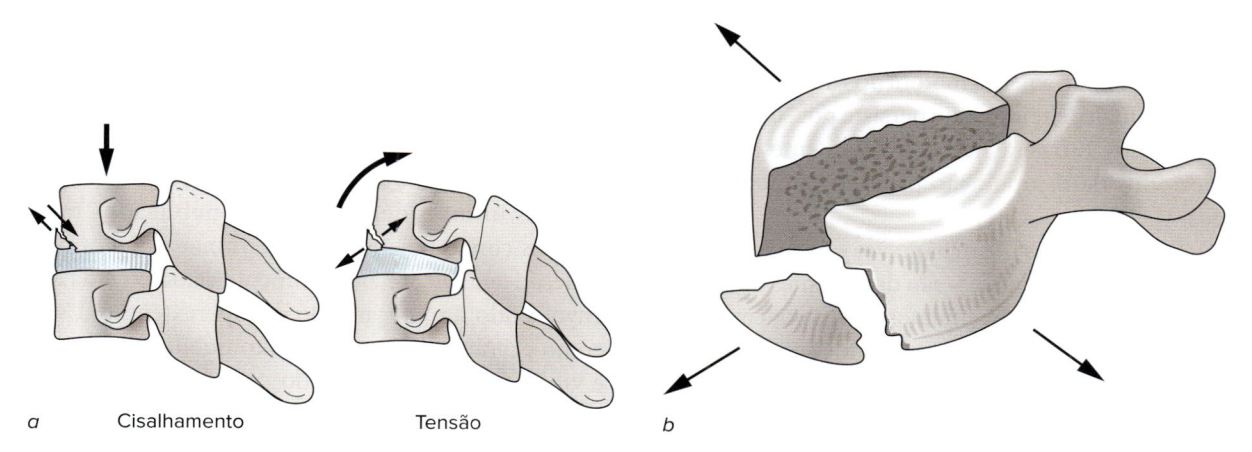

a   Cisalhamento   Tensão   *b*

FIGURA 8.16 Fratura vertebral em lágrima. *(a)* Fratura com fragmento ósseo na margem anteroinferior do corpo vertebral, resultante da aplicação de carga compressiva (à esquerda) que, por sua vez, resulta em cisalhamento na interface do fragmento, em decorrência da extensão da coluna (à direita). Essa situação produz uma carga tênsil na interface do fragmento. *(b)* Fratura biplanar em lágrima em três partes, com um fragmento fraturado no canto anteroinferior e uma fratura sagital através do corpo da vértebra.

Em muitos casos, é difícil identificar os mecanismos específicos de lesão na porção cervical da coluna, em grande parte por causa da complexidade da anatomia cervical, do alinhamento e das cargas aplicadas. Apesar disso, "é importante que seja considerada a influência do alinhamento cervical e da curvatura do pescoço em associação com a direção da aplicação da força no possível comprometimento de componentes vertebrais, para que possamos esclarecer as forças causadoras de padrões de fratura específicos" (Cusick e Yoganandan, 2002, pp. 17-18).

Lesões medulares

Lamentavelmente, uma lesão medular (LM) pode ocorrer em muitas atividades. A incidência publicada de LM para atividades específicas é variável, dependendo da população, localização e circunstâncias em que a lesão ocorreu. Colisões automobilísticas são uma causa de lesão comumente citada; tais acidentes são responsáveis por até metade de todas as LM. Exemplificando, na Turquia, um estudo com abrangência nacional informou que as colisões automobilísticas constituíam a causa principal de LM (48,8%), seguidas por quedas (36,5%) (Karacan et al., 2000). Por outro lado, um estudo que envolveu pacientes na faixa etária dos 20 a 29 anos na República Sul-africana identificou os ferimentos por projéteis de arma de fogo como a causa principal de LM (36%), seguida pelas colisões automobilísticas (25%) (Hart e Williams, 1994). Também foi publicado que algumas lesões medulares foram atribuídas a quedas de locais elevados, a tarefas ocupacionais e a atividades esportivas e recreativas. Apesar de sua relativa infrequência, as LM ligadas à prática esportiva com frequência adquirem notoriedade na mídia, habitualmente em casos de lesões durante jogos de futebol americano que resultam em paralisia.

Embora seja de rara ocorrência, a lesão medular (LM) pode ter um impacto catastrófico na qualidade de vida. Mais comumente, a lesão cervical se manifesta por perda sensório-motora temporária, causada por pinçamento ou estiramento de raízes nervosas cervicais ou do plexo braquial. Essas lesões, conhecidas como *queimações* ou *ferroadas*, causam uma dor em queimação acompanhada por parestesia e paresia temporária no braço afetado.

Watkins e Watkins (2001) descreveram dois mecanismos associados a essa lesão. O primeiro deles envolve a aplicação de uma carga axial excêntrica, atuante enquanto o pescoço está estendido e flexionado lateralmente. Nessa posição, o canal vertebral e os forames sofrem estreitamento. Isso faz com que as margens ósseas impactem as raízes nervosas emergentes. Esse mecanismo pode ser observado com maior frequência em jogadores de futebol americano durante os impactos de bloqueio, derrubada do adversário (*tackling*) e no contato com o solo.

No segundo mecanismo, o ombro no lado envolvido é deprimido e a cabeça é vigorosamente afastada em uma direção contralateral. Esse movimento estira violentamente as raízes nervosas e o plexo braquial associado, o que resulta em sintomas neurológicos temporários. Nos casos leves, a função sensório-motora retorna dentro de minutos, e dentro de uma ou duas semanas a pessoa fica completamente recuperada. Lesões mais graves podem ter como resultado a perda motora dos músculos (p. ex., bíceps braquial, deltoide), que persiste por semanas, ou mesmo meses. Em geral, lesões subsequentes resultam em períodos de recuperação progressivamente mais longos.

Habitualmente, as LM mais graves – quando a medula espinal em si é lesionada – são decorrentes de fratura e/ou luxação vertebral. Fragmentos ósseos podem colidir e seccionar (parcial ou totalmente) a medula espinal. O nível de lesão medular (C1 a C7) é crítico para que se possa determinar o grau de disfunção neuromuscular e do déficit motor (Gardner, 2002; Watkins e Watkins, 2001). Apresentamos a seguir alguns tópicos que resumem as funções e os déficits em cada nível cervical:

- *C1-C3.* Movimento limitado da cabeça e do pescoço. Paralisia completa do tronco e dos membros (quadriplegia). O paciente necessita de suporte ventilatório.
- *C3-C4.* Em geral, o controle da cabeça e do pescoço é preservado. C4 pode preservar o movimento de encolhimento de ombros. Inicialmente, o paciente depende de assistência ventilatória.
- *C5.* Controle da cabeça, pescoço e ombros. O paciente é capaz de flexionar o cotovelo e supinar o antebraço, girando a palma da mão para cima.
- *C6.* Controle da cabeça, pescoço, ombros, e da flexão de cotovelo. O paciente é capaz de girar as palmas das mãos para cima e para baixo e estender o punho.
- *C7.* Acréscimo da capacidade de extensão do cotovelo.
- *C8.* Aumento da força e algum controle dos dedos, mas sem os movimentos de precisão fina com as mãos.

Lesões relacionadas com o efeito chicote

Entre todos os distúrbios cervicais, as lesões relacionadas com o efeito chicote estão entre as mais comuns e menos compreendidas porque esse termo é empregado tanto na descrição de um mecanismo de lesão (i. e., aceleração-desaceleração cervical) como de uma síndrome clínica.

A mecânica do efeito chicote é complexa e ainda não devidamente compreendida, mas a Quebec Task Force on Whiplash-Associated Disorders definiu chicote como "um mecanismo de aceleração-desaceleração de transferência de energia para o pescoço, que pode ser decorrente de um impacto posterior ou lateral, predo-

minantemente em acidentes com veículos motorizados, ou por outros contratempos. A transferência de energia pode ter como resultado lesões ósseas ou de tecidos moles (lesão em chicote), o que, por sua vez, pode acarretar uma ampla variedade de manifestações clínicas (distúrbios associados ao efeito chicote)" (Cassidy et al., 1995; p. 22).

Nas últimas décadas, foram publicados muitos estudos com o objetivo de determinar os mecanismos da lesão em chicote, normalmente caracterizada como envolvendo um mecanismo de hiperextensão. Usando como exemplo uma colisão automobilística, o veículo é violentamente empurrado para a frente; com isso, ocorre aceleração anterógrada do tronco e dos ombros do ocupante. A cabeça permanece estável (com base na primeira lei de Newton), o que efetivamente força o pescoço em hiperextensão. Depois de ultrapassada a inércia, a cabeça do ocupante é arremessada para a frente (em chicote), em flexão.

Nas pesquisas contemporâneas, ficou demonstrado que o modelo de hiperextensão é demasiadamente simplista, pois descreve de maneira inadequada o complexo movimento da porção cervical da coluna durante o movimento de chicote. "A revisão crítica realizada pelos estudos mais recentes sobre o efeito chicote indica que o efeito lesivo não decorre do movimento em cantiléver; ou seja, o problema não é o movimento de extensão--flexão da cabeça, conforme se acreditava previamente. Em vez disso, em um intervalo de tempo inferior a 150 ms depois do impacto, ocorre compressão da porção cervical da coluna. Durante esse período, a porção cervical da coluna sofre encurvamento e os segmentos cervicais altos são flexionados, enquanto os segmentos baixos sofrem extensão em torno de eixos de rotação anormalmente localizados" (Bogduk e Yoganandan, 2001, p. 272). A flexão cervical alta e a extensão cervical baixa, que ocorrem simultaneamente, resultam em uma curvatura do pescoço em forma de S dentro de 75 ms a contar do momento do impacto (Fig. 8.17); em seguida, essa curvatura dá lugar a uma curvatura de hiperextensão em forma de C (Grauer et al., 1997). Esses movimentos colocam em risco de lesão tanto a porção cervical baixa

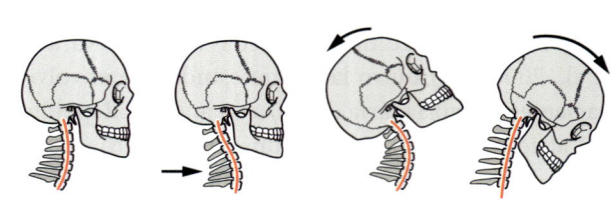

FIGURA 8.17   Curvatura do pescoço resultante da ocorrência simultânea de flexão cervical alta e extensão cervical baixa.

como alta da coluna, em decorrência do mecanismo de impacto traseiro (Panjabi, Pearson et al., 2004).

Embora geralmente considerada uma lesão no plano sagital causada pelo impacto traseiro, o efeito chicote pode também ser resultante da ação de forças laterais ou frontais, que têm seu próprio e exclusivo padrão de lesão. Além disso, o movimento do pescoço não é restrito a um único plano. Se o motorista estiver olhando para o lado no momento do impacto, por exemplo, o mecanismo de lesão envolverá uma combinação de hiperextensão e rotação. Nesse caso, a rotação precedente ao impacto amplia o seu efeito, pois as estruturas cervicais estarão pré-alongadas, o que, por sua vez, pode ampliar o efeito lesivo das forças produzidas pelo impacto.

À primeira vista, o efeito chicote poderia dar a impressão de um mecanismo de lesão simples. Contudo, "em cada acidente específico, provavelmente ocorre uma complexa interação entre diferentes forças, dependendo da velocidade e da direção do impacto, bem como da atitude da cabeça e do pescoço" (Barnsley et al., 1994, p. 288). Além da musculatura cervical, os ligamentos interespinais, os discos intervertebrais, os corpos vertebrais e as articulações facetárias (zigoapofisárias), o encéfalo e até mesmo a articulação temporomandibular (p. ex., Davis, 2000; Ito et al., 2004; Panjabi, Ito et al., 2004; Pearson et al., 2004) podem estar envolvidos. A Figura 8.18 ilustra os diversos mecanismos e possíveis

locais de lesão. Os distúrbios associados ao efeito chicote podem se manifestar como sintomas clínicos e também psicossociais (Eck et al., 2001). Os sintomas possíveis estão listados na Tabela 8.4.

A partir de uma perspectiva clínica, a lesão em chicote é caracterizada em cinco graus (Pastakia e Kumar, 2011):

TABELA 8.4 Prevalência dos sintomas clínicos relacionados com a lesão em chicote

Sintomas clínicos	Prevalência
Dor cervical	94%
Rigidez cervical	96%
Dor interescapular	35%
Cefaleia	44%
Dormência/parestesia	22%
Vertigem	15%
Sintomas visuais	12%
Sintomas auditivos	13%
Problemas para dormir	35%
Problemas de memória	15%
Sinais de estresse	30%

Adaptada de B. Rydevik, M. Szpalski, M. Aebi, et al., "Whiplash Injuries and Associated Disorders: New Insights into an Old Problem", *European Spine Journal* 17 (2008): 359-416.

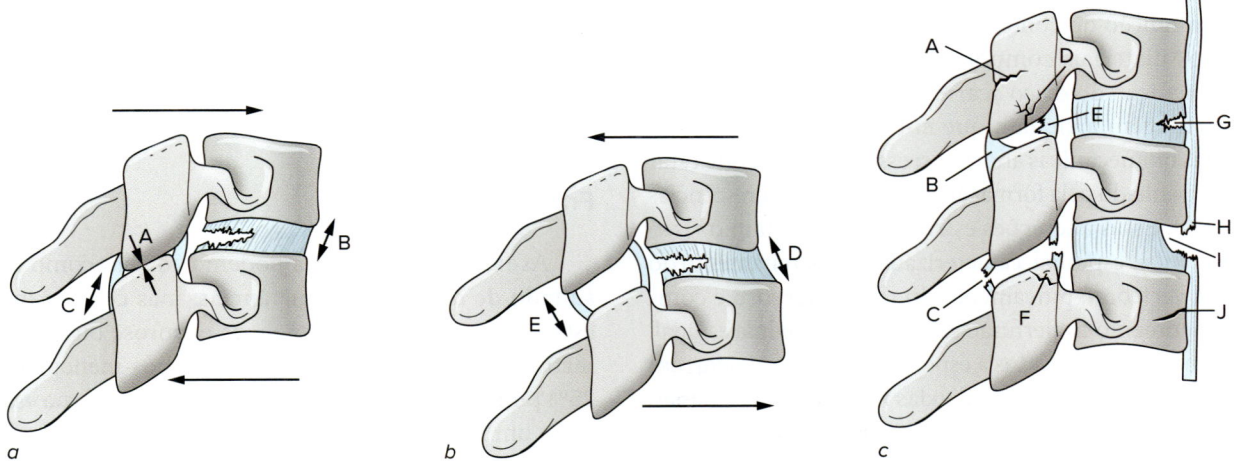

a　　　　　*b*　　　　　*c*

FIGURA 8.18 Possíveis mecanismos e locais lesionados nas lesões relacionadas com o efeito chicote. Forças de cisalhamento que afetam um segmento de movimento da coluna. *(a)* Translação anterógrada do corpo vertebral superior em relação ao corpo vertebral inferior, o que tensiona as superfícies articulares da articulação zigoapofisária (A), a face anterior do anel fibroso (B) e a cápsula articular zigoapofisária (C). *(b)* Translação posterior do corpo vertebral superior em relação ao corpo vertebral inferior, o que tensiona o disco intervertebral (D) e as cápsulas das articulações zigoapofisárias (E). *(c)* Lesões comuns que afetam a porção cervical da coluna em seguida a uma lesão em chicote. A, fratura do pilar articular; B, hemartrose (hemorragia no interior de uma articulação) da articulação zigoapofisária; C, ruptura ou laceração da cápsula articular zigoapofisária; D, fratura da placa subcondral; E, contusão do menisco intra-articular da articulação zigoapofisária; F, fratura com envolvimento da superfície articular; G, laceração do anel fibroso; H, laceração do ligamento longitudinal anterior; I, fratura por avulsão da placa terminal; J, fratura de corpo vertebral.

- 0: Ausência de dor ou rigidez cervicais, ou de sinais físicos.
- 1: Queixas de dor cervical, com rigidez ou dor à palpação, mas sem a presença de sinais físicos.
- 2: Queixas de dor e rigidez cervicais, acompanhadas de diminuição da amplitude de movimento e dor à palpaçãopontual.
- 3: Queixas de dor e rigidez cervicais, acompanhadas de sinais neurológicos.
- 4: Queixas de dor e rigidez cervicais, juntamente com fratura, luxação ou lesão medular.

Espondilose cervical

Espondilose cervical é um termo empregado na descrição de alterações degenerativas da porção cervical da coluna, que normalmente envolvem os discos intervertebrais e estruturas circunjacentes, inclusive osteofitose dos corpos vertebrais, instabilidade ligamentar e hipertrofia óssea dos arcos laminares e facetas (Lestini e Wiesel, 1989). Com maior frequência, a espondilose cervical afeta as vértebras C3-C7 (McCormack e Weinstein, 1996), tendo uma etiologia nitidamente diferente das lesões com surgimento agudo. Embora seu surgimento seja menos abrupto, ainda assim as lesões crônicas podem causar disfunção considerável.

Como parte do processo normal de envelhecimento, com o passar do tempo os discos intervertebrais perdem sua altura e se tornam menos flexíveis, graças à diminuição do conteúdo hídrico e da degradação de outros materiais componentes do disco. Em geral, a degeneração do disco acarreta maiores estresses sobre a cartilagem articular, que então precisa assumir as cargas biomecânicas anormais; esse processo pode estar acompanhado pela formação de osteófitos (excrescências ósseas). Essas alterações estruturais aumentam o risco de estenose espinhal, caracterizada por estreitamento do canal vertebral, pinçamento do tecido nervoso e comprometimento da perfusão sanguínea da medula espinal. Os sintomas associados à espondilose cervical ocorrem ao nível da medula espinal e das raízes afetadas; nesses casos, podem-se observar parestesia, dor no pescoço e no braço, fraqueza e perda sensitiva. Um bom exame clínico poderá ajudar na identificação da patologia, mas o uso de recursos como a imagem por ressonância magnética (IRM) resultará em melhor precisão diagnóstica. Ainda estão em curso discussões consideráveis sobre o valor da intervenção cirúrgica, mas se essa for a opção, o tratamento pode incluir descompressão (i. e., a remoção de uma parte do disco intervertebral que esteja impactando a medula espinal) ou fusão vertebral

(i. e., a união, por fixação, de duas ou mais vértebras, nos casos em que esteja ocorrendo movimento excessivo).

A mielopatia é um déficit neurológico que tem relação com a medula espinal. Específica para a espondilose cervical, um estreitamento do canal vertebral, as condições cifóticas resultam da flexão cervical, compressão medular e isquemia relacionada, além da ossificação ligamentar. Apesar do surgimento frequentemente insidioso da espondilose cervical, suas sequelas apresentam potencial significativo para causar graves disfunções neuromusculares.

LESÕES NO TRONCO

O tronco, também conhecido como *torso*, estende-se desde a base do pescoço até o períneo inferiormente. Por ser a maior região do corpo humano, o tronco representa 45 a 50% da massa corporal e contém diversos órgãos vitais: o coração (e seus vasos principais), a medula espinal, os pulmões, o estômago e intestinos, os rins, o fígado e o baço. A região torácica do tronco está protegida pelo esterno e pelas costelas, mas oferece movimentos limitados, enquanto a região lombar não está tão protegida, o que lhe possibilita uma maior mobilidade.

A musculatura do tronco tem as funções de movimentação e proteção. Os músculos principais da região anterior do tronco são o peitoral maior, serrátil anterior, reto do abdome, oblíquo externo do abdome, oblíquo interno do abdome e transverso do abdome (Fig. 8.19*a-d*). Na parte posterior do tronco, os músculos considerados importantes são o trapézio, latíssimo do dorso, romboides (maior e menor) e eretor da espinha (Fig. 8.19*e-f*).

Fraturas vertebrais

As fraturas de vértebra podem ocorrem como resultado de diversas circunstâncias, mas comumente estão associadas à presença de osteoporose ou a traumatismos diretos. Entre as mulheres na pós-menopausa, 25% podem ter uma fratura vertebral, o que torna essa lesão um importante risco à saúde (Melton, 1997). Os fatores de risco associados às fraturas vertebrais podem ser classificados como *modificáveis* ou *não modificáveis*. Entre outros, os fatores de risco modificáveis incluem as bebidas alcoólicas e o tabagismo, osteoporose, deficiência de estrogênio, fragilidade física, falta de atividade física, risco de quedas, baixo peso corporal, e deficiências de cálcio e vitamina D na dieta – todos são fatores associados à saúde óssea geral. Os fatores de risco não modificáveis incluem a idade (avançada), o sexo (femi-

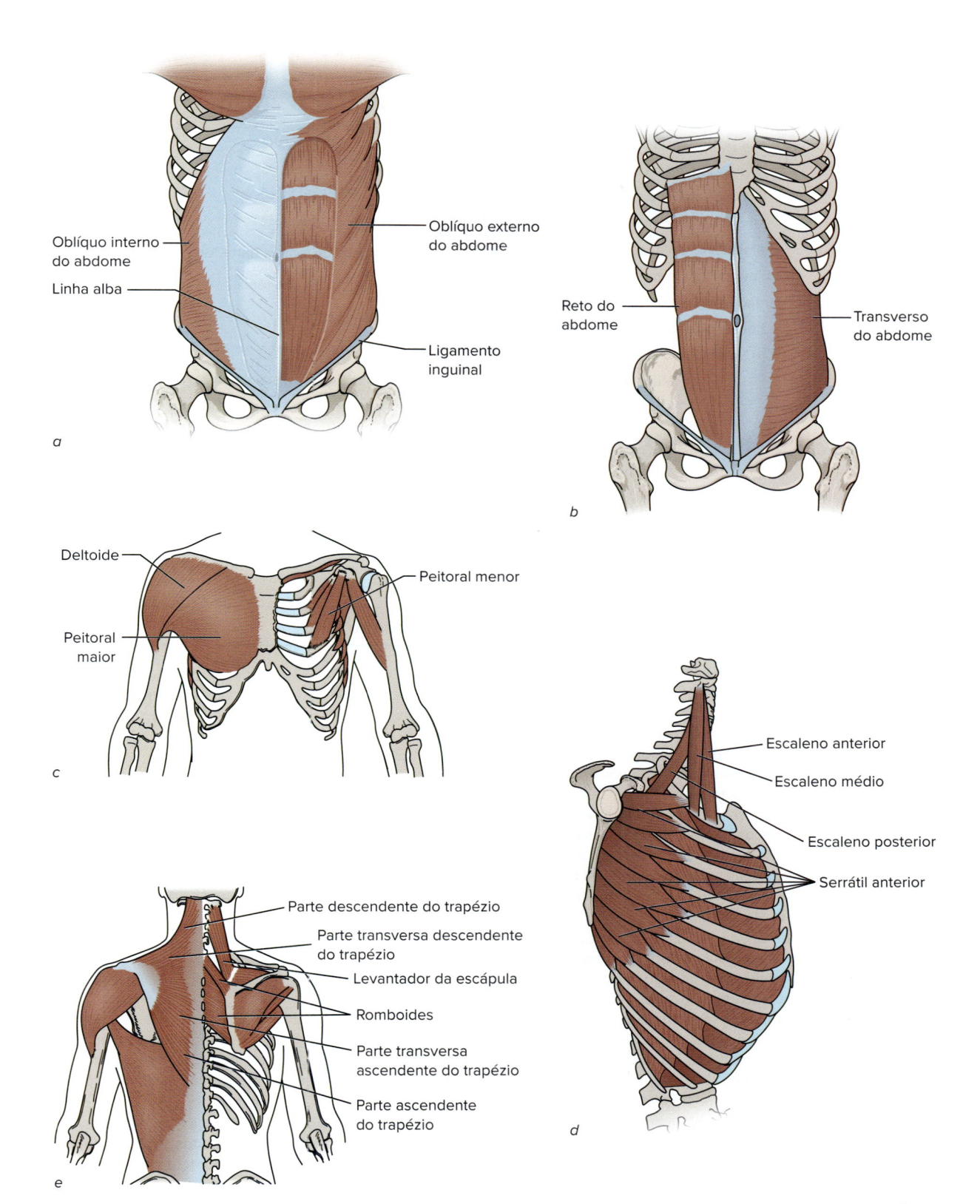

FIGURA 8.19   Musculatura do tronco. *(a-d)* Vistas anteriores. *(e-f)* Vistas posteriores. Os músculos profundos da região dorsal (costas), incluindo as três subdivisões do grupo dos eretores da espinha (iliocostal, espinal, longuíssimo), estão ilustrados em *(f)*.

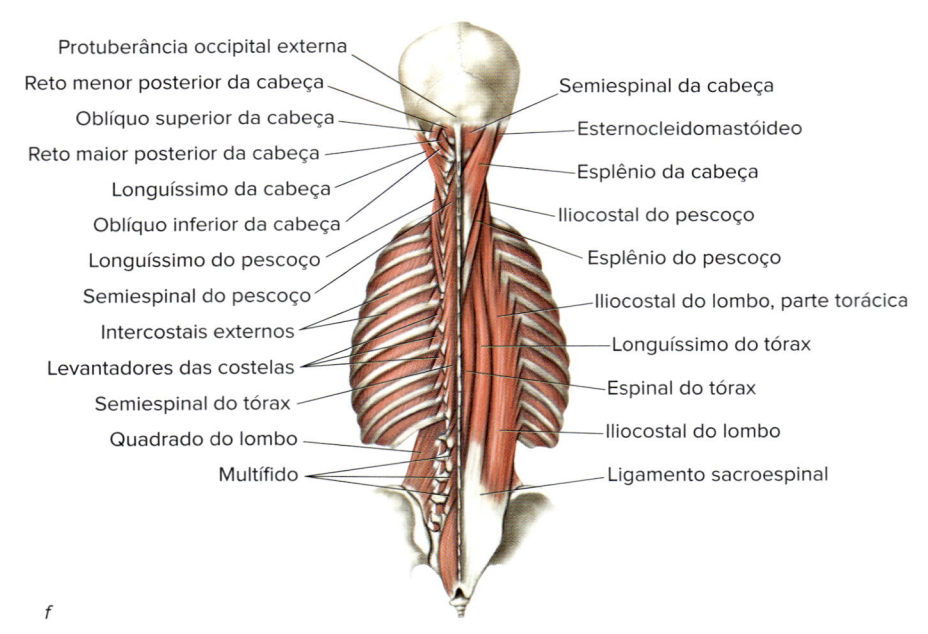

FIGURA 8.19 (*continuação*) Musculatura do tronco. *(a-d)* Vistas anteriores. *(e-f)* Vistas posteriores. Os músculos profundos da região dorsal (costas), incluindo as três subdivisões do grupo dos eretores da espinha (iliocostal, espinal, longuíssimo), estão ilustrados em *(f)*.

Colisões com impacto traseiro

Embora menos de 20% das vítimas de colisões traseiras tenham sintomas no longo prazo relacionados com a lesão (Radanov et al., 1995), centenas de pesquisas publicadas ao longo dos últimos 50 anos buscaram detalhar a mecânica da lesão, para que fosse possível desenvolver estratégias preventivas mais eficientes. Esses estudos envolveram o uso de voluntários vivos (nos impactos traseiros em baixa velocidade), simulações com cadáveres, acelerometria, eletromiografia e modelos matemáticos. Como resultado desses estudos, atualmente temos uma melhor compreensão da dinâmica dos impactos traseiros, mas a dinâmica cervical durante cenários de impacto traseiro ainda não foi completamente elucidada (p. ex., Luan et al., 2000).

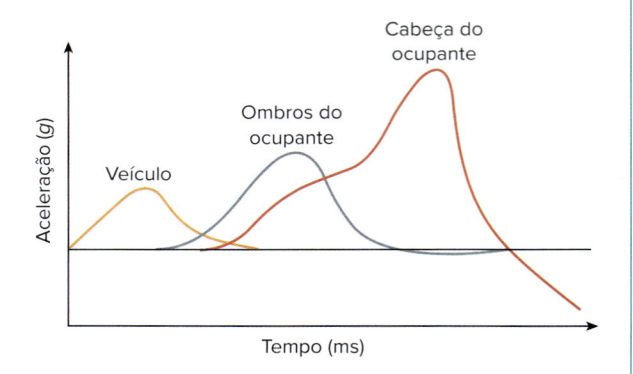

Curvas de aceleração idealizadas de um veículo colidido, dos ombros do ocupante e da cabeça do ocupante.
Adaptada de L. Barnsley, S. Lord, N. Bogduk, "Whiplash Injury", *Pain* 58, nº 3 (1994): 283-307.

A obra pioneira de Severy (1955) demonstrou que as colisões traseiras provocam uma aceleração sequenciada do veículo, do tronco e ombros do ocupante, e também de sua cabeça. Ao ser impactado em uma colisão traseira, o veículo primeiramente acelera, alcançando uma aceleração máxima de quase 5 *g* – ou seja, cinco vezes a aceleração da gravidade (A na figura). Os ombros do ocupante do veículo alacançam sua aceleração máxima, cerca de 7 *g*, 100 ms depois (B na figura). Finalmente, a cabeça do ocupante alcança sua aceleração máxima, superior a 12 *g*, 250 ms após o impacto inicial (C na figura). Essa progressão sequenciada das acelerações de pico constitui evidência das transferências do momento e também da energia.

A resposta da porção cervical da coluna depende da percepção do impacto, envolvimento e força dos músculos, e da direção do impacto (Kumar et al., 2005). No caso de um ocupante distraído, os músculos são recrutados tardiamente, com relação ao momento do impacto – talvez 200 a 250 ms após o impacto, o que vai muito além do ponto em que é possível proporcionar uma estabilidade significativa para a cabeça e o pescoço (Bogduk e Yoganandan, 2001).

Além da percepção do impacto, do envolvimento dos músculos e da direção do impacto, muitos outros fatores determinarão o risco de lesão em casos de impacto traseiro: a massa do veículo e sua preparação para suportar colisões; as condições da estrada; o uso de sistemas de contenção (cintos de segurança); e a posição do corpo e da cabeça do ocupante no momento do impacto, rotação do pescoço, sexo, histórico de lesão cervical e idade.

nino), menopausa prematura, demência, raça (branca), e histórico de fratura em adulto (Old e Calvert, 2004).

A aplicação de uma carga axial na coluna vertebral pode ter como resultado uma fratura vertebral por compressão, também descrita por Holdsworth (1970) como fratura por explosão. Ao ser aplicada uma força compressiva significativa às vértebras cervicais ou lombares em um momento em que estejam alinhadas em um pilar retilíneo (sem curvatura), o corpo da vértebra pode ser despedaçado de dentro para fora (i. e., o corpo da vértebra explode). A força aplicada resulta em uma fratura do corpo vertebral e, possivelmente, de outras estruturas da vértebra. Dependendo da magnitude do deslocamento dos fragmentos ósseos, pode haver envolvimento da medula espinal. Habitualmente, as vítimas desse tipo de lesão padecem durante longos períodos de dores, disfunção e alterações na curvatura da coluna vertebral.

Mais comumente, a aplicação de uma carga à coluna vertebral a partir de sua face posterior ou posterolateral irá envolver uma fratura da lâmina ou do pedículo; tais lesões são particularmente preocupantes por sua proximidade imediata à medula espinal. Fraturas que resultem em deslocamento de fragmentos vertebrais podem alcançar o canal vertebral, impactando a medula. Esse impacto pode resultar em graves danos neurais, inclusive paralisia ou mesmo morte, dependendo da localização. Em geral, as fraturas vertebrais são causadas por cargas axiais compressivas; tais lesões ocorrem mais frequentemente nas regiões cervical e toracolombar. As vértebras na região toracolombar (variavelmente definidas de modo a conter as vértebras entre T11 e L3) se mostram particularmente suscetíveis à ocorrência de fraturas, por causa do alinhamento relativamente neutro da coluna vertebral (curvatura mínima) nessa região, e também porque essa região constitui uma zona de transição entre a região torácica, que é relativamente rígida, e a região lombar, mais flexível.

O nível de instabilidade produzido pelas fraturas é objeto de alguma controvérsia, sobretudo nos casos em que não ocorreu déficit neurológico em associação à fratura. A coluna vertebral é circundada por uma sustentação ligamentar e muscular significativa. Em muitos casos, essa sustentação pode manter no lugar os fragmentos ósseos durante o processo de consolidação. Entretanto, o risco de uma lesão medular causada por um fragmento ósseo deslocado depende muito da velocidade da aplicação da carga. Fraturas resultantes de cargas aplicadas em alta velocidade têm maior chance de resultar em uma intrusão no canal vertebral, enquanto cargas em baixa velocidade provocarão mínima intrusão

(Tran et al., 1995). Panjabi et al. (1994) constataram a presença comum de instabilidades multiaxiais em seguida a lesões com envolvimento de rotação axial e encurvamento lateral. Os resultados desses autores sugerem a necessidade de cautela no tratamento dessas fraturas, e que sua fixação e estabilização devem ser abordadas de modo conservador.

Na região toracolombar, a gravidade das fraturas vertebrais é classificada com base no tipo de fratura, lesão neurológica associada e qualquer fator modificador (Schroeder et al., 2015).

Morfologia da fratura
- Tipo A: lesões por compressão.
- Tipo B: falha nos ligamentos posteriores ou anteriores, sem que tenha ocorrido translação significativa.
- Tipo C: luxação ou deslocamento em qualquer direção, ou inexistência de tecidos moles que impeçam a translação.

Lesão neurológica
- N0: neurologicamente intacto.
- N1: déficits neurológicos temporários.
- N2: sinais de sintomas de radiculopatia.
- N3: LM incompleta.
- N4: LM completa.
- NX: o paciente não pode ser examinado.

Fatores modificadores
- M1: lesão ligamentar indeterminada.
- M2: comorbidades no paciente que podem afetar o tratamento.

Deformidades da coluna vertebral

Conforme já tivemos oportunidade de observar, a coluna vertebral saudável se encurva em um padrão em forma de S de superior a inferior. As porções cervical e lombar da coluna apresentam curvaturas anteriores (curva lordótica), enquanto as regiões torácica e sacral têm curvaturas posteriores (curva cifótica). A curvatura possibilita a absorção de impacto e confere estabilidade durante a posição ortostática. Lesões, doenças e predisposições congênitas são fatores que, sem exceção, podem causar anormalidades ao alinhamento estrutural normal, ou alterações nas curvaturas da coluna. Com frequência, alterações ou diferenças em algum desses aspectos resultarão em padrões anormais de distribuição das forças, acarretando adaptações patológicas dos tecidos e, indiretamente, exacerbando outras lesões musculoesqueléticas.

As curvaturas anormais da coluna são comumente classificadas em três categorias amplas: escoliose, hipercifose e hiperlordose (Fig. 8.20). Cada uma dessas curvaturas anormais é classificada pela magnitude, localização, direção e causa, podendo ocorrer isoladamente ou em combinação. Desde tempos imemoriais, as deformidades da coluna têm sido associadas à disfunção cardiopulmonar. Hipócrates, por exemplo, observou que pessoas com hipercifose exibiam dificuldade respiratória, e que era comum a ocorrência de dispneia (falta de ar) em pacientes com escoliose (Padman, 1995).

Escoliose

Escoliose é uma curvatura da coluna lateral (plano frontal) superior a 10°, frequentemente associada a uma torção da coluna vertebral (Fig. 8.21). Desvios leves da coluna são bem tolerados e normalmente assintomáticos, mas podem piorar com o passar do tempo. Por outro lado, as deformidades graves podem comprometer significativamente a respiração e a capacidade de movimento. Curvaturas escolióticas superiores a 90° aumentam enormemente o risco de insuficiência cardiorrespiratória, em decorrência da diminuição da complacência dos pulmões e da parede torácica, má oxigenação do sangue (hipoxemia), aumento no esforço respiratório, diminuição do impulso respiratório, aumento no volume do coração (cardiomegalia), e hipertensão arterial pulmonar (Padman, 1995).

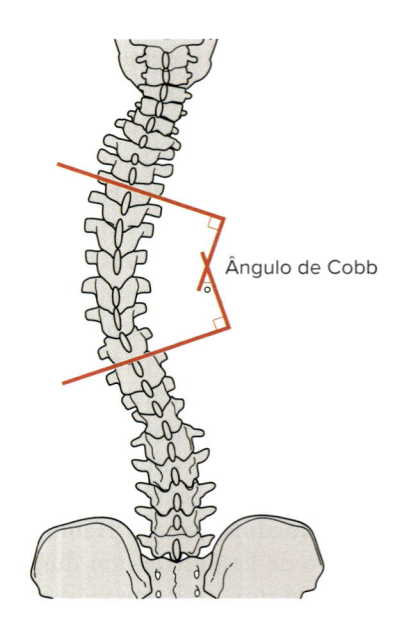

FIGURA 8.21 Mensuração da curvatura escoliótica da coluna: o ângulo de Cobb, definido como o ângulo formado entre as duas linhas que passam pelas vértebras superior e inferior em cada extremidade da curvatura.

Foi estimado que a escoliose afeta cerca de 3% da população; apenas nos Estados Unidos, são praticamente 10 milhões de pessoas. Em sua vasta maioria, os casos são idiopáticos, enquanto pequenos percentuais podem ser atribuídos a causas congênitas (aproximadamente 15%), ou ocorrem secundariamente a alguma doença neuromuscular (10%) (Stehbens, 2003). Já foram sugeridos vários mecanismos e teorias para explicar a escoliose idiopática. Alguns autores sugeriram que a escoliose idiopática é decorrente de fatores genéticos (Miller, 2000), enquanto outros sugeriram estresses biomecânicos cumulativos, repetitivos e assimétricos (Stehbens, 2003). Ambas são causas plausíveis, embora haja necessidade de mais estudos que explorem anormalidades do tecido conjuntivo, anormalidades neurológicas e do crescimento, bem como aspectos da estrutura e função musculares. Não obstante, "O consenso é que a etiologia é multifatorial. Com o tempo, a continuação das pesquisas nessa área conduzirá à identificação dos diversos fatores envolvidos na causação desse distúrbio, que afeta tantas crianças e adolescentes" (Lowe et al., 2000, p. 1166).

As opções de tratamento para a escoliose dependem, em grande parte, da magnitude da curvatura e da idade e maturidade física do paciente. Entre os pacientes que ainda não alcançaram completamente a maturidade física, o profissional de saúde talvez não intervenha, para não alterar inadvertidamente o crescimento em outras

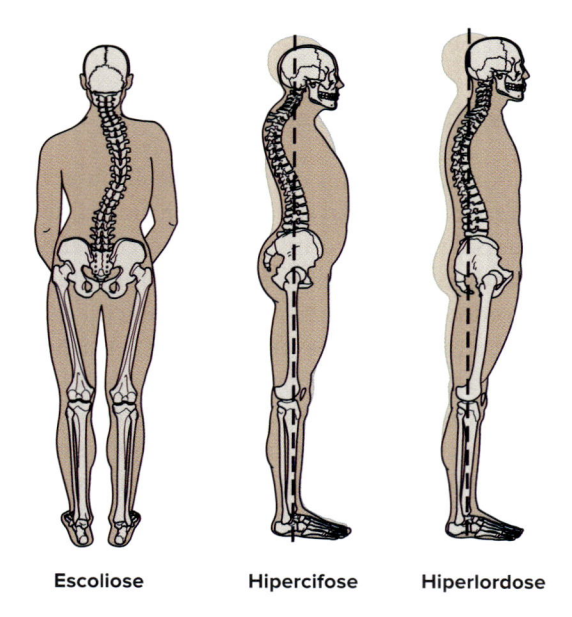

Escoliose   **Hipercifose**   **Hiperlordose**

FIGURA 8.20 Deformidades da coluna vertebral.
Reproduzida com permissão de W.C. Whiting, *Dynamic Human Anatomy*, 2.ed. (Champaign, IL: Human Kinetics, 2019).

partes do corpo. Isso é particularmente válido nos casos em que o paciente não esteja desconfortável nem com dor. Para casos leves (< 30º) e moderados (30º a 45º), as primeiras opções terapêuticas são a estimulação elétrica, o *biofeedback*, a manipulação e o uso de dispositivos corretivos (p. ex., coletes). Dentre essas opções, o colete corretivo (Fig. 8.22a) vem obtendo bastante sucesso (Parent et al., 2005). Uma revisão recentemente publicada enfatiza o crescente conjunto de evidências em favor do uso de abordagens baseadas em exercícios físicos na prevenção da progressão e na reversão dos sinais e sintomas de deformidade da coluna (Hawes, 2003).

Nos casos de curvaturas escolióticas graves (i. e., > 45º), pode haver necessidade de recorrer à cirurgia, que habitualmente envolve a aplicação de uma barra paralela à coluna vertebral, ou a fusão de vértebras adjacentes, para que não ocorra progressão da deformidade (Fig. 8.22b).

A escoliose é uma condição progressiva; por esse motivo, é importante que o problema seja precocemente identificado e diagnosticado para que se possa intervir prontamente, de modo a evitar desfechos sombrios. Caso não ocorra uma intervenção imediata, o resultado poderá ser, mais tarde, uma evolução para deformidades graves e mesmo com risco à vida do paciente. Embora frequentemente desconheçamos os mecanismos causais da escoliose, o tratamento utilizando coletes corretivos ou implante de hastes espinais já foi devidamente estabelecido e vem se revelando de grande eficácia.

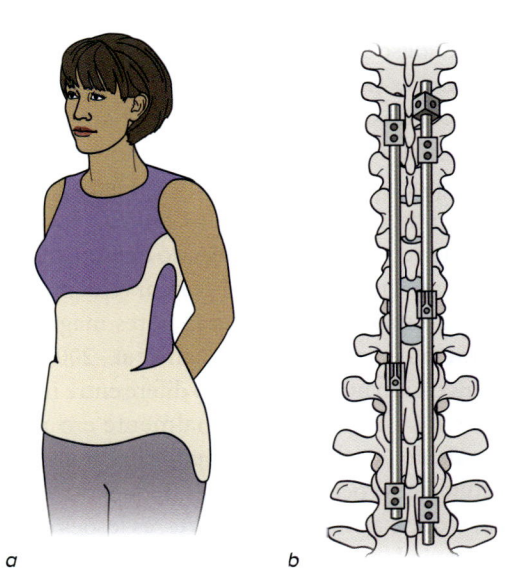

FIGURA 8.22   Métodos de tratamento da escoliose. *(a)* Uso de colete. *(b)* Implante cirúrgico da haste de Harrington para estabilização da coluna vertebral.

Hipercifose

A hipercifose é uma deformidade da coluna no plano sagital, caracterizada por uma excessiva curvatura convexa posterior. Embora possa ocorrer na região sacral da coluna, a hipercifose ocorre com mais frequência na região torácica, resultando no que é comumente conhecido como "corcunda". Embora a região torácica seja dotada de uma curvatura naturalmente cifótica, a deformidade cifótica consiste em uma hipercifose, isto é, uma curvatura cifótica exagerada. Na prática clínica, o termo *cifose* é frequentemente empregado – como ocorre neste texto – na descrição dessa condição hipercifótica.

A curva cifótica natural tende a aumentar com a idade, embora mais agressivamente nas mulheres do que nos homens. Os ângulos normais entre indivíduos mais jovens variam entre 20º e 40º. Entre idosos, o ângulo cifótico normal chega próximo dos 45º em homens e dos 50º em mulheres. A gravidade da hipercifose é medida de modo semelhante ao da obtenção do ângulo de Cobb (ver Fig. 8.21), ou pela mensuração da distância horizontal entre os centros de C7 e S1 no plano sagital. Pessoas com osteoporose se encontram em maior risco de hipercifose (Bradford, 1995), mas 70% dos idosos com hipercifose não têm alterações na densidade mineral óssea. Os percentuais de ocorrência de hipercifose ainda não foram claramente definidos em populações mais jovens, mas acredita-se que, na faixa etária acima dos 65 anos, o problema ocorra em 50% dos homens e em 65% das mulheres (Bartynski et al., 2005).

O melhor tratamento para a hipercifose pode estar na sua prevenção. Mulheres que se exercitam de forma satisfatória apresentam um índice de hipercifose significativamente mais baixo; isso sugere que os programas de condicionamento físico que objetivam a manutenção de uma postura apropriada podem retardar, ou mesmo prevenir, o surgimento da hipercifose associada ao envelhecimento (Cutler et al., 1993).

Nas crianças, a hipercifose estrutural é denominada doença de Scheuermann. A hipercifose não estrutural envolve estruturas ósseas e de discos intervertebrais normais; por outro lado, a doença de Scheuermann é definida pela presença de discos em forma de cunha (cuneiformes) comumente herniados. Não é possível realizar um alinhamento postural consciente, e isso torna o problema ortopedicamente significativo, porque pode ocorrer progressão. A progressão da doença aumenta a gravidade da deformidade; nesses casos, talvez seja necessário recorrer ao uso de coletes corretivos ou a uma cirurgia (Wegner e Frick, 1999).

Hiperlordose

A hiperlordose refere-se a uma curvatura côncava posterior excessiva da coluna vertebral, normalmente na região lombar. Essa curvatura produz uma inclinação anterior da pelve, coloquialmente conhecida por vazio ou depressão lombar (*swayback*). De modo parecido com a hipercifose, as regiões cervical e lombar apresentam uma lordose natural; a hiperlordose (curva exagerada para dentro na coluna) é clinicamente chamada de *lordose* ou *curva lordótica*.

Não há concordância universal com relação ao ângulo normal da porção lombar da coluna; isso dificulta a definição do que é uma curvatura anormal. Na maioria das pessoas, a curvatura normal da região lombar varia de 20° a 60° (Boos e Aebi, 2008). Quando a pelve se inclina anteriormente, aumenta a curvatura da região lombar. E à medica que o ângulo lombossacral (L5-S1) aumenta com relação à sua orientação normal (Fig. 8.23), também aumenta a aplicação de cargas de cisalhamento nos discos intervertebrais e nas estruturas circunjacentes; por outro lado, ocorre redução das cargas compressivas sobre o disco. A hiperlordose é mais comum em mulheres e em pessoas com índice de massa corporal mais elevado (Murrie et al., 2003). Não

foi ainda esclarecido se a lordose varia com a idade. Tuzun et al. (1999) relataram aumentos na lordose com o passar do tempo; Amonoo-Kuofi (1992) observou uma tendência a redução da lordose diante do processo de envelhecimento; e Murrie et al. (2003) não observaram mudanças na lordose em pessoas idosas.

As doenças articulares do membro inferior podem afetar a lordose lombar. Offierski e MacNab (1983) descreveram uma *síndrome do quadril-coluna*, considerando que existem doenças concorrentes que afetam o quadril e a coluna vertebral; esses autores alertaram que a não identificação das doenças concomitantes pode resultar em um diagnóstico equivocado e em possíveis erros terapêuticos. Murata et al. (2003) descreveram a entidade por eles denominada *síndrome do joelho-coluna*, na qual alterações degenerativas ocorridas no joelho causavam sintomas na região lombar da coluna.

Espondilólise e espondilolistese

A dor na região lombar tem sua origem em inúmeras causas, que com maior frequência estão relacionadas com alguma disfunção muscular ligada ao uso excessivo ou a tensões excessivas. Em outras circunstâncias, podem ocorrer lesões ósseas; duas dessas condições são a espondilólise e a espondilolistese, que afetam populações jovens e atléticas. Normalmente com ocorrência nos níveis L4-L5 e L5-S1, a espondilólise é um defeito ou fratura por estresse na área da lâmina entre as facetas articulares superior e inferior, conhecida como parte interarticular (Fig. 8.24a). A espondilólise afeta 6% da população em todas as faixas etárias adultas (Herman et al., 2003).

Em contraste, a espondilolistese é um movimento translacional, ou deslizamento (tipicamente anterior), entre corpos vertebrais adjacentes (Fig. 8.24b). Utilizando um modelo de elementos finitos, os autores de um estudo recentemente publicado demonstraram que os momentos produzidos pelo encurvamento lateral e pela torção estão associados a maiores magnitudes de deslizamento vertebral (Natarajan et al., 2003). O processo envolvido no deslizamento difere entre indivíduos jovens e de mais idade (normalmente em mulheres com mais de 50 anos). Nas populações mais idosas, a espondilolistese ocorre com mais frequência ao nível de L4-L5, o que é atribuível, em parte, às lesões degenerativas associadas à artrite das articulações facetárias e à relativa instabilidade nesse nível, em comparação com o nível L5-S1. Essa instabilidade pode ser causada por uma predisposição evolutiva para a presença de articulações facetárias com orientação mais sagital ao nível de L4-L5 (Grobler et al., 1993).

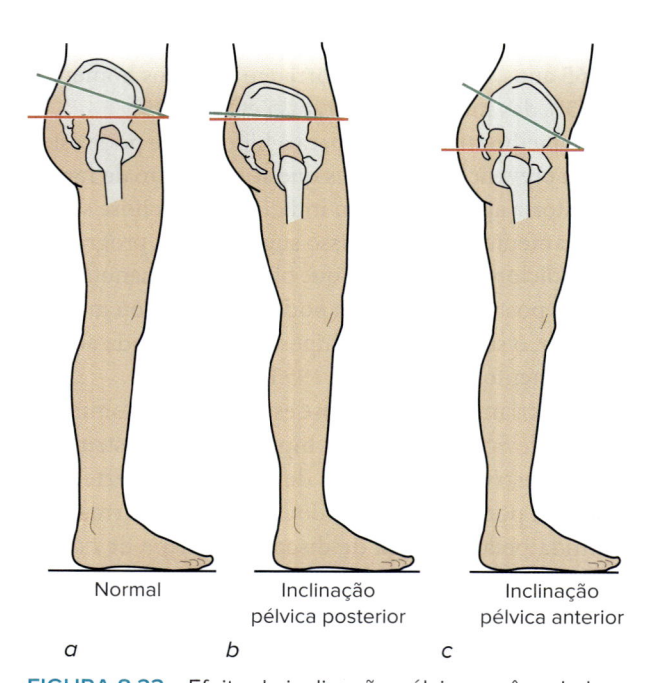

Normal	Inclinação pélvica posterior	Inclinação pélvica anterior
a	b	c

FIGURA 8.23 Efeito da inclinação pélvica no ângulo lombossacral (L5-S1). *(a)* A posição normal em pé resulta em um ângulo lombossacral de aproximadamente 30°. *(b)* A inclinação posterior da pelve diminui o ângulo lombossacral (< 30°) e achata a porção lombar da coluna. *(c)* A inclinação anterior da pelve aumenta o ângulo lombossacral (> 30°) e exagera a lordose lombar.

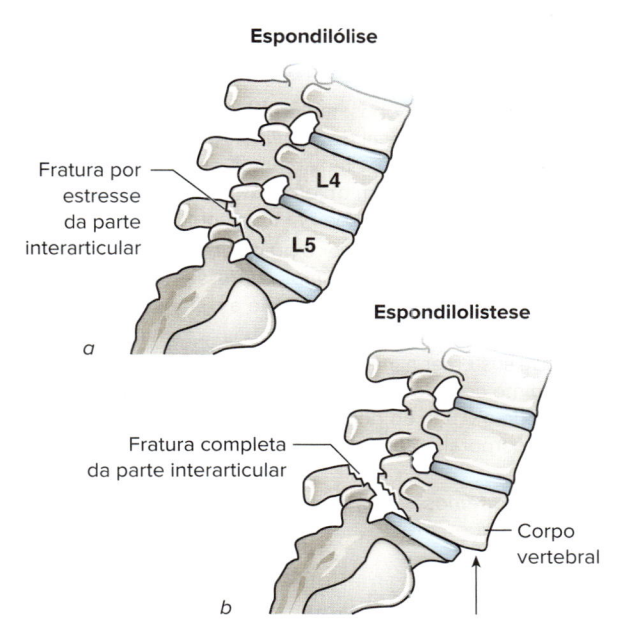

FIGURA 8.24 *(a)* Espondilólise com fratura por estresse da parte interarticular, sem ocorrência de deslizamento do corpo vertebral. *(b)* Espondilolistese com deslizamento e fratura completa da parte interarticular.

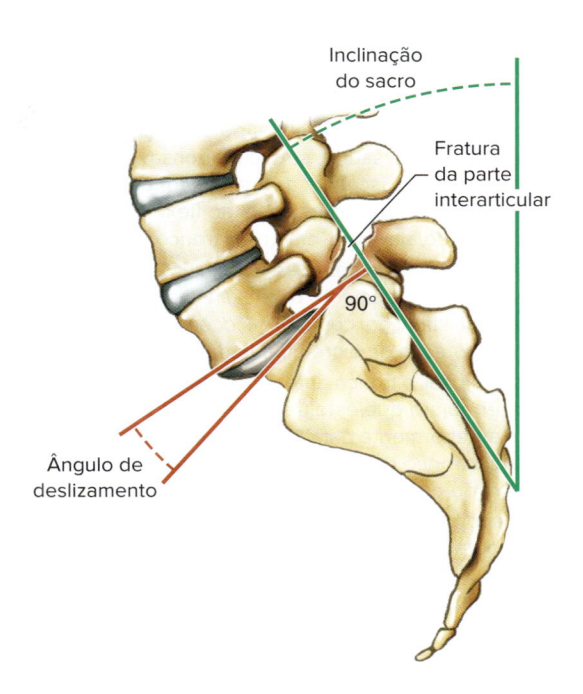

FIGURA 8.25 Representação esquemática da inclinação do sacro e do ângulo de deslizamento.

Em atletas jovens, o mecanismo que possibilita a espondilolistese difere do observado em adultos. Em pacientes com idades entre 9 e 18 anos, Ikata et al. (1996) notaram um percentual superior a 5% de lesões na placa terminal em todos os casos de deslizamento vertebral entre L5 e S1. O mecanismo implicado por esses autores foi o deslizamento entre as placas terminais ósseas e cartilaginosas, secundariamente à espondilólise. A possibilidade de progressão (continuação do deslizamento) depende do tipo, estabilidade e grau do ângulo de deslizamento (Bradford, 1995). Com a progressão do deslizamento, a vértebra superior (L5) se move anteriormente em relação à superfície articular inferior (S1), o ângulo de deslizamento (Fig. 8.25) muda, e o grau de deslizamento aumenta (medido pelo percentual de deslizamento) (Stinson, 1993). A cada nova década de vida, parece ocorrer um considerável atraso na progressão do deslizamento (Beutler et al., 2003).

Não deve surpreender que as populações com maior risco de espondilólise e espondilolistese são aquelas cujo treinamento as expõe a cargas compressivas repetidas de grande magnitude na coluna vertebral, sobretudo quando combinadas a posições e movimentos de flexão-extensão e rotação. Incluídos nessas populações encontramos os ginastas, halterofilistas, praticantes de luta livre e mergulhadores. A espondilólise é exacerbada pelas tensões impostas às lâminas vertebrais pela lordose lombar do corpo. De maior preocupação para os atletas jovens é a situação em que a aplicação repetida de cargas na região da parte interarticular provoca o surgimento de microfraturas, que eventualmente resultam em fraturas ósseas.

A espondilolistese é decorrente de uma série de mecanismos, que podem ser classificados de maneira ampla em seis categorias: displásicos, ístmicos, degenerativos, traumáticos, patológicos e iatrogênicos. A Tabela 8.5 apresenta as estruturas anatômicas envolvidas e a patogênese para cada um desses tipos.

Aproximadamente 75% dos indivíduos com espondilolistese permanecem assintomáticos. Com a ocorrência de aumento na magnitude do deslizamento (definida como o percentual de translação do corpo vertebral), também aumenta o risco do surgimento de sintomas. Com a progressão da intensidade, poderão ser observados sintomas de dor e enrijecimento nas costas, em decorrência da tentativa de proteção da vértebra desviada pela musculatura circunjacente. Por sua vez, tal situação poderá resultar em alterações na postura (p. ex., aumento da cifose) e na marcha e, finalmente, em disfunção da musculatura glútea.

Problemas dos discos intervertebrais

Os discos intervertebrais se localizam entre as vértebras, repousando sobre o corpo da vértebra inferior

Carregar objetos pesados com segurança

Lesões lombares resultantes de carregar objetos pesados constituem um grande ônus, tanto para a indústria quanto para o sistema de saúde, sendo responsáveis por até 20% das lesões ocorridas no local de trabalho. A região lombar é particularmente suscetível às lesões, em decorrência de sua flexibilidade, que facilita os movimentos em geral. *Grosso modo*, podemos considerar que, ao flexionarmos o tronco anteriormente para pegar um objeto, estamos diante de um mecanismo de alavanca, em que o tronco é o braço de alavanca; nessa situação, a região lombar atua como o eixo.

Torque (i. e., o momento de força; ver Cap. 3) é a magnitude de força necessária para mover o braço de alavanca, o que depende do comprimento da alavanca e da massa do objeto que esteja sendo movido. Podemos expressar matematicamente essa situação, como $M = F.d$, em que M é a magnitude do momento de força, F é a força, e d é a distância desde o ponto de rotação da extremidade da alavanca, onde ocorre a sustentação da massa.

Ao flexionar o tronco anteriormente, a porção lombar da coluna precisa sustentar a massa do tronco, além da massa de qualquer objeto que esteja sendo carregado. Vamos considerar o seguinte cenário: na academia, uma atleta flexiona o tronco anteriormente para levantar do chão um haltere de 50 kg, localizado a 0,5 m do ponto de pivô na região lombar. A massa do tronco da atleta pesa 32 kg (aproximadamente 53% da massa corporal) e tem seu centro de massa à distância de 0,3 m do ponto de pivô.

De acordo com a segunda lei de Newton dos movimentos ($F = m.a$), podemos reescrever a equação para o torque acima, obtendo $M = m.a.d$, que pode ser aplicada ao nosso cenário como segue:

$$M = 50 \text{ kg} . 9,81 \text{ m/s}^2 . 0,5 \text{ m}$$

$$M = 245,25 \text{ N.m}$$

Torque produzido pela massa corporal:

$$M = 32 \text{ kg} . 9,81 \text{ m/s}^2 . 0,3 \text{ m}$$

$$M = 94,176 \text{ N.m}$$

Para que a massa seja movida, é preciso que a musculatura das costas produza um torque além do total (339,426 N.m). Se a atleta não se mostrar capaz de produzir um torque de tal magnitude, as forças serão transferidas às estruturas estáticas (p. ex., ligamentos), o que os colocará em risco de lesão.

Para que o risco de lesão seja reduzido, o torque também deve ser diminuído. Isso pode ser conseguido pelo encurtamento do braço de momento – ou seja, com a atleta ficando mais perto do peso, mantendo uma postura mais ereta e erguendo o peso com as pernas.

Para que ocorra diminuição no risco de uma lesão lombar:

- Posicione os pés com um afastamento igual à largura dos ombros, ou um pouco maior, para ajudar na manutenção do equilíbrio.
- Mantenha os músculos abdominais ativados, para estabilização da porção lombar da coluna e da pelve.
- Baixe o corpo usando os joelhos, não flexionando a coluna vertebral.
- Mantenha a coluna o mais vertical possível.

TABELA 8.5   Classificação da espondilolistese

Tipo	Nome	Envolvimento anatômico	Etiologia
I	Displásica	Facetas superiores de S1 e facetas inferiores de L5	Anomalias hereditárias ou congênitas da orientação das facetas
II	Ístmica	Anormalidade da parte interarticular	Sucessão de microfraturas; causas mecânicas, hormonais, hereditárias
III	Degenerativa	Artrite facetária e enfraquecimento do ligamento amarelo	Alterações degenerativas avançadas de toda a coluna vertebral
IV	Traumática	Arco neural	Traumatismo agudo
V	Patológica	Parte interarticular e outros componentes	Infecção
VI	Iatrogênica	Parte interarticular e outros componentes	Complicações cirúrgicas

e dando sustentação à vértebra superior. O disco intervertebral é uma estrutura viscoelástica que consiste em dois elementos estruturais distintos, o *anel fibroso* e o *núcleo pulposo*. O disco está separado da vértebra por uma delgada camada de cartilagem hialina (placa terminal cartilaginosa). O núcleo pulposo é uma massa gelatinosa que consiste em fibras delgadas mergulhadas em um gel mucoproteico, e seu teor de água varia de 70 a 90%. O teor de água e proteoglicanos é mais elevado nos jovens, diminuindo com o passar do tempo. As consequências mecânicas de tais perdas são: redução na altura do disco, em sua elasticidade e na capacidade de armazenamento de energia e de suportar cargas. Na região lombar, o núcleo pulposo ocupa 30 a 50% da área total do disco em sua seção transversa, tendo uma localização ligeiramente posterior (em vez de central) entre corpos vertebrais adjacentes.

O anel fibroso é composto por fibrocartilagem, consistindo em faixas concêntricas de fibras anulares que circundam o núcleo pulposo e formam os limites externos do disco. As fibras colágenas de faixas anulares adjacentes avançam em direções opostas (Fig. 8.26), o que resulta em uma orientação alternadamente cruzada. Essa orientação possibilita que o anel fibroso acomode cargas de torção e de encurvamento multidirecionais.

As lesões lombossacrais podem envolver qualquer uma das muitas estruturas formadoras da coluna vertebral, com envolvimento de três mecanismos: (1) compressão da coluna ou sustentação de peso; (2) carga em torção, resultando em padrões variados de cisalhamento no plano transverso (horizontal); e (3) estresses tênseis resultantes de uma mobilidade excessiva da coluna (Watkins e Williams, 2001). Os problemas do disco intervertebral descrevem bem os mecanismos de outras lesões lombossacrais.

As atividades normais impõem carga aos discos intervertebrais de maneiras complexas. Os efeitos combinados da flexão-extensão, flexão lateral e rotação da coluna vertebral exercem elevadas forças nos discos e em suas estruturas de sustentação. Essas forças têm sua maior magnitude na região lombar, fato amplamente atribuído às forças compressivas impostas pelo peso dos segmentos superiores do corpo.

Ao serem submetidos a uma carga compressiva, os componentes principais do disco respondem de maneiras diferentes. O núcleo pulposo distribui equitativamente a pressão ao longo do disco e também às vértebras inferiores. Em um estado livre de carga, o núcleo pulposo exibe uma pressão intrínseca de 10 N/cm^2, atribuída à pré-carga fornecida pelos ligamentos longitudinais e pelos ligamentos amarelos. Quando sob carga, o núcleo pulposo recebe uma carga externa 1,5 vez maior, enquanto o anel fibroso recebe somente metade da carga compressiva (Fig. 8.27). Sob condições normais de aplicação de carga, o movimento da porção lombar da coluna resulta em leve deslocamento do núcleo na direção oposta (p. ex., a flexão anterior da coluna vertebral tem como resultado uma translação posterior do núcleo pulposo). Tendo em vista a relativa incompressibilidade do núcleo pulposo, a carga é transmitida (ver efeito de Poisson, descrito no Cap. 3) na forma de uma carga tênsil às fibras do anel fibroso. Essas forças irradiam circunferencialmente, naquilo que é descrito como *efeito de tensão circunferencial*. Os estresses tênseis resultantes podem ser quatro a cinco vezes maiores, em comparação com a carga compressiva aplicada externamente (Nachemson, 1975).

Normalmente, as lesões aos discos intervertebrais se enquadram em duas categorias: herniação e degeneração. Herniação envolve a protrusão do núcleo pulposo através do anel fibroso. O mecanismo para a ocorrência da protrusão pode variar, mas é visto em movimentos de grande força, traumatismo direto, ou na deterioração gradual do anel. Os movimentos corporais rotacionais produzem tensão de cisalhamento nas fibras anulares, e podem resultar em lacerações circunferenciais e radiais. A fraqueza resultante nas camadas anulares diminui a capacidade do anel de conter o núcleo pulposo. Então, cargas compressivas espremem o núcleo pulposo à área de debilidade anular. É comum que as

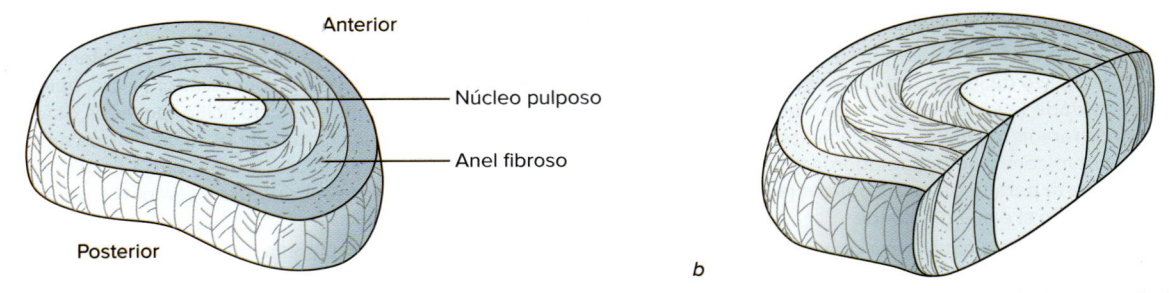

FIGURA 8.26 *(a)* Anéis concêntricos do anel fibroso circundando o núcleo pulposo de localização central, com angulação alternada das fibras. *(b)* Corte vertical.

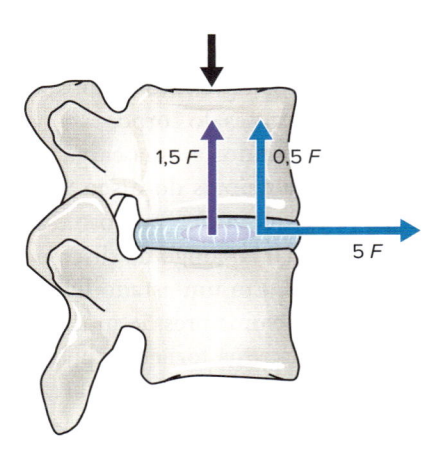

FIGURA 8.27 Distribuição desigual do estresse sobre o disco intervertebral lombar. Uma carga compressiva uniforme (*F*) aplicada através do corpo vertebral produz um estresse axial de 1,5 *F* (por unidade de área) no núcleo pulposo. Em contraste, o anel fibroso produz um estresse axial de apenas 0,5 *F*. O estresse ortogonal no anel (perpendicular à carga aplicada) pode alcançar níveis de até cinco vezes o valor da força aplicada (5 *F*).

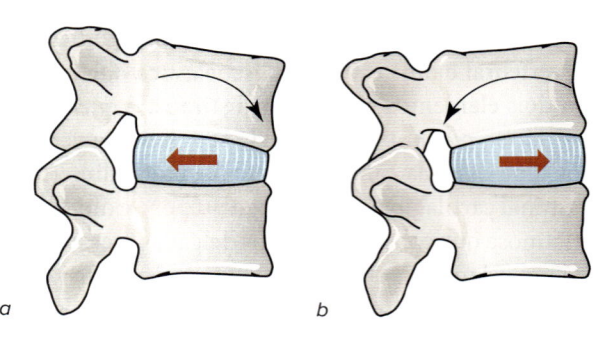

FIGURA 8.28 Estresse no disco intervertebral em resposta à inclinação do tronco *(a)* para a frente e *(b)* para trás. Na inclinação do tronco, um dos lados do disco experimenta compressão, enquanto o outro é submetido a uma tensão. Os estresses compressivo e tênsil alcançam um valor máximo nas margens externas do disco e diminuem em direção ao centro dessa estrutura. A flexão anterior da coluna vertebral tende a espremer posteriormente o núcleo pulposo.

protrusões ocorram posteriormente, um resultado de flexões anterógradas mais extremas e do levantamento de objetos pesados com o tronco em flexão anterior, frequentemente em conjunto com a inclinação lateral ou com a rotação. Esse mecanismo produz estresses tênseis na face posterolateral do anel fibroso (Fig. 8.28) que, quando combinados a uma carga compressiva, resultam em movimento do disco. Adams e Hutton

(1982) sugeriram que a migração súbita do disco ocorre com maior frequência na região lombar baixa (L4-L5 ou L5-S1). Esses autores propuseram também que tal migração está associada à degeneração do disco.

Na maioria dos casos de herniação gradual do disco, não há implicação do mecanismo de hiperflexão (i. e., nos casos em que não existe um evento precipitante identificável). Já a degeneração do disco é um fator ligado à idade; 60% das pessoas com mais de 40 anos exibem algum grau de degeneração. Os percentuais de

---

Dor lombar

A dor lombar aflige até 80% dos indivíduos em algum momento de suas vidas, sendo a mais comum incapacidade relacionada com a ocupação. Em algumas pessoas, a dor é meramente um incômodo temporário, que desaparece dentro de seis semanas. Em outras, a dor lombar pode se prolongar por meses, senão por anos, sendo completamente debilitante.

A dor lombar surge de uma disfunção mecânica que resulta em uma irritação química ou mecânica de terminações nervosas sensíveis à dor, em estruturas da porção lombar da coluna. A irritação química está associada a doenças inflamatórias ou a lesões teciduais. Por outro lado, a irritação mecânica pode ser decorrente do estiramento de ligamentos, periósteos, tendões ou cápsulas articulares. A compressão de nervos espinais por uma hérnia de disco intervertebral, uma lesão ao próprio disco, espasmos musculares locais e alguma condição na articulação zigoapofisária também podem ser causas de dor lombar. Qualquer que seja a sua origem, a dor lombar pode ser sentida localmente na região lombar, ou pode ser referida às nádegas, membros inferiores ou, menos comumente, à parede abdominal na região da virilha. Isso é particularmente verdadeiro nos casos de envolvimento de raízes nervosas.

O tratamento da dor lombar evoluiu drasticamente ao longo da década precedente, graças a uma combinação de tratamento físico da lesão, uso de medicamentos, ou cirurgias, se necessário. O tratamento conservador (p. ex., gelo, repouso, atividade leve), as terapias de manipulação e as intervenções terapêuticas por exercício físico têm seus defensores. Apenas raramente haverá indicação para uma intervenção cirúrgica. A quantidade limitada de ensaios clínicos randomizados e bem controlados que abordam os problemas relacionados com o tratamento da dor lombar deixa essa área de estudo aberta para debates e controvérsias contínuas. A eficácia de cada uma dessas abordagens é variável, dependendo da lesão em si e sua gravidade.

Tendo em vista a natureza grave e difusa desse problema musculoesquelético, o conhecimento de seus mecanismos causais e, portanto, de como se podem minimizar os riscos, é fator essencial na prescrição de programas terapêuticos e no planejamento de estratégias de prevenção de lesões.

degeneração variam, mas estão associados a uma perda da resistência no anel e também à perda de líquido no núcleo, o que altera a mecânica do disco como um todo.

São empregados diversos termos na descrição das patologias de disco. Aqui são apresentados alguns termos essenciais, com suas definições recomendadas (Fardon e Milette, 2001):

- *Protuberância do disco.* Um disco no qual o contorno da parte externa do anel fibroso se estende além das bordas do espaço discal no plano horizontal, normalmente mais de 50% da circunferência do disco (180°) e menos de 3 mm além da borda do corpo vertebral (Fig. 8.29a-b). (Observação: a protuberância de disco não é considerada uma herniação.)

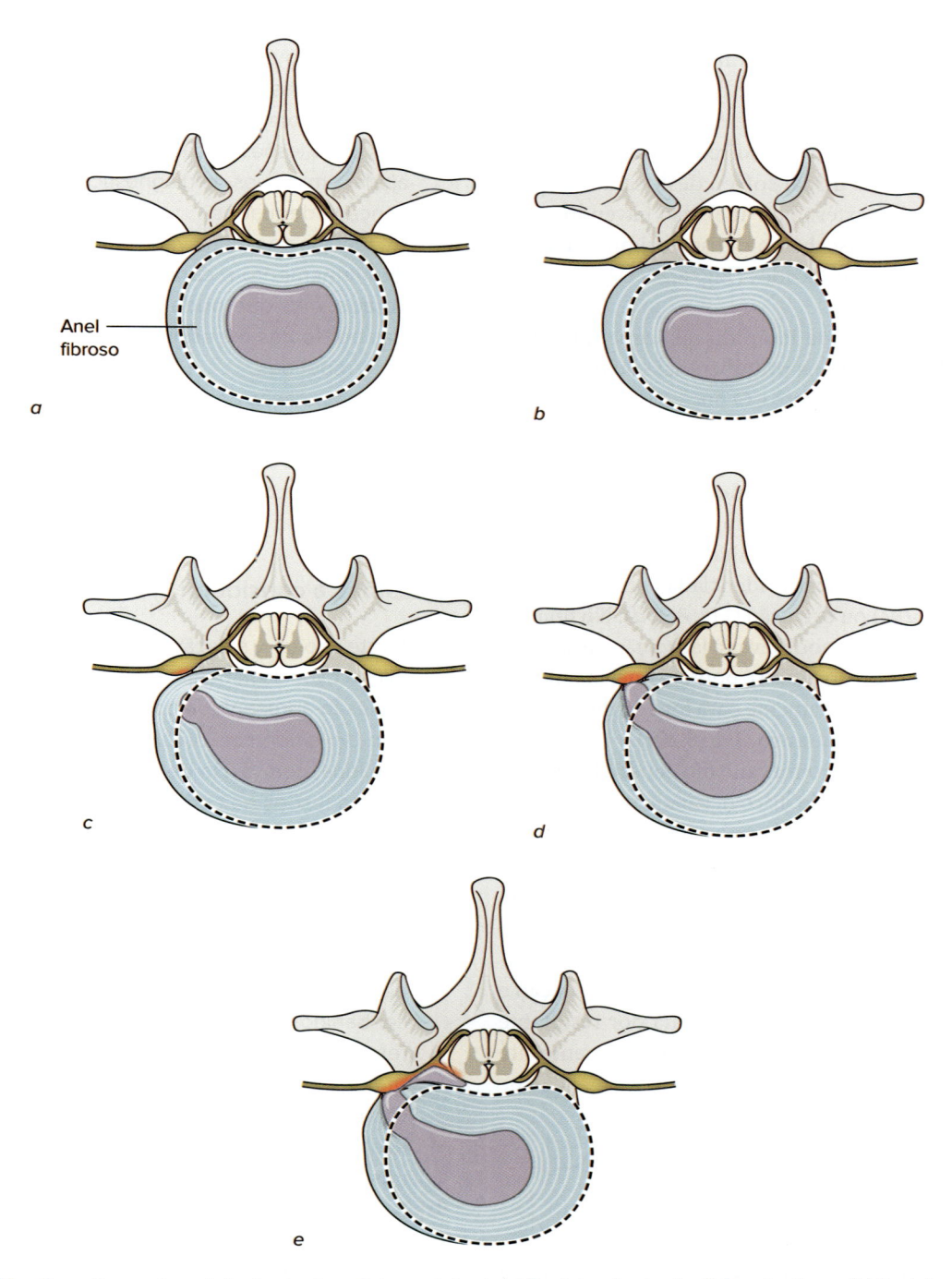

FIGURA 8.29 Descritores de patologia de disco intervertebral. *(a)* Protuberância simétrica do disco. *(b)* Protuberância assimétrica do disco. *(c)* Protrusão. *(d)* Extrusão. *(e)* Sequestro.

- *Herniação* ou hérnia. Trata-se de um deslocamento localizado (i. e., menos de 50% da circunferência do disco, ou 180º) de material do disco além das margens normais do espaço do disco intervertebral.
- *Protrusão*. Um disco herniado no qual a distância entre as bordas do material discal além do espaço do disco é inferior à distância entre as bordas da base no mesmo plano (Fig. 8.29*c*).
- *Extrusão*. Um disco herniado no qual qualquer distância entre as bordas do material discal além do espaço do disco seja maior do que a distância entre as bordas da base no mesmo plano (Fig. 8.29*d*).
- *Sequestro*. Um disco que sofreu extrusão e no qual parte do tecido discal sofreu deslocamento para além da parte externa do anel, não havendo conexão do tecido discal com o disco original (i. e., há um fragmento deslocado) (Fig. 8.29*e*).

Normalmente, uma lesão discal segue uma progressão que tem início na protuberância do disco (Fig. 8.29*a-b*) e vai até o sequestro. O núcleo pulposo impõe tamanha pressão sobre o anel fibroso que, caso exista um ponto fraco nas paredes do anel anular interno, ocorrerá a ruptura do anel. Desse modo, o núcleo pulposo pode, lentamente, abrir caminho através das sucessivas camadas do anel fibroso, terminando por formar uma herniação, que pode ficar evidenciada como uma protrusão (Fig. 8.29*c*) ou extrusão (Fig. 8.29*d*). No final do processo, a herniação pode levar à laceração da camada externa do anel fibroso, e nesse ponto o núcleo pulposo começa a vazar completamente para fora do disco, o que poderá resultar em sequestro (Fig. 8.29*e*).

Qualquer que seja o mecanismo causal, há o risco de ocorrer uma colisão do disco herniado nas estruturas adjacentes. A magnitude da herniação progressiva determina o grau de colisão. Tendo em vista que muitas lesões com hérnia de disco ocorrem na direção posterolateral, frequentemente a estrutura afetada é uma raiz nervosa. Isso resulta em casos de irritação mecânica e, possivelmente, química ou inflamatória, isto é, uma irritação e compressão da raiz nervosa, com uma dor resultante nas costas, nádegas, coxa, perna e, possivelmente, até mesmo no pé.

REVISÃO DO CAPÍTULO

Pontos-chave

- Entre todas as regiões do corpo, cabeça, pescoço e tronco apresentam o maior potencial para ocorrência de uma lesão catastrófica. Lesões a estruturas vitais dessas regiões podem comprometer rapidamente funções essenciais do corpo e, em muitos casos, resultarão em paralisia ou morte.
- Lesões à cabeça e ao pescoço podem ameaçar a vida do paciente, enquanto as ocorrentes no tronco geralmente são menos graves, mas podem ser debilitantes. Portanto, a prevenção de lesões é fundamental.
- As lesões na cabeça ocorrem em resposta à súbita aplicação de forças diretas ou indiretas à cabeça ou às suas estruturas conectadas.
- Uma boa compreensão dos mecanismos responsáveis pelas lesões na cabeça, pescoço e tronco pode ajudar em termos de diagnóstico, tratamento e prevenção adequados.
- Os tecidos da coluna vertebral formam um sistema de alinhamento e curvaturas normalmente equilibrado, mas que pode experimentar lesões agudas por forças excessivas, ou crônicas pelas tensões repetidas.
- Em comparação com o que se sabia na década precedente, hoje temos uma melhor compreensão dos problemas e do manejo das lesões na cabeça, pescoço e tronco, mas ainda são necessárias muitas pesquisas no assunto.

Questões a considerar

1. Neste capítulo, a seção *Um olhar mais atento* examinou minuciosamente a concussão. Selecione outra lesão apresentada no capítulo e redija seu próprio *Um olhar mais atento* para a lesão escolhida.
2. Explique, com o uso de exemplos específicos, por que as lesões na cabeça, pescoço e tronco apresentam o maior potencial para causar lesões catastróficas.
3. A prática do futebol americano é um fenômeno social complexo, sendo objeto de controvérsia. Imagine que você foi selecionado para participar de um debate sobre a questão: "O futebol americano deve ser banido?" Prepare uma lista de argumentos que respaldem a abolição do futebol americano. Prepare outra lista de argumentos em favor da manutenção dessa modalidade esportiva.
4. Realize o mesmo exercício abordando os prós e contras do cabeceio no futebol feminino.
5. A dor lombar é um problema comum que afeta até 80% da população adulta em algum momento de suas vidas. Quais elementos você incluiria em um programa biomecanicamente pertinente para adultos com o objetivo de prevenir a dor lombar?

LEITURAS SUGERIDAS

Herman, M.J., and P.D. Pizzutillo. 2005. Spondylolysis and spondylolisthesis in the child and adolescent. *Clinical Orthopaedics and Related Research* 434: 46-54.

Kandel, E.R., J.D. Koester, S.H. Mack, and S.A. Siegelbaum. 2021. *Principles of Neural Science* (6th ed.). New York: McGraw Hill.

Kwan, O., and J. Friel. 2003. A review and methodologic critique of the literature supporting "chronic whiplash injury" Part I—research articles. *Medical Science Monitor* 9: 203-215.

McClune, T., A.K. Burton, and G. Waddell. 2002. Whiplash associated disorders: A review of the literature to guide patient information and advice. *Emergency Medicine Journal* 19: 499-506.

McGehee, D.V. 1996. Head injury in motor vehicle crashes: Human factors, effects, and prevention. In *Head Injury and Postconcussive Syndrome*, edited by M. Rizzo and D. Tranel. New York: Churchill Livingstone.

McGill, S. 2016. *Low Back Disorders: Evidence-Based Prevention and Rehabilitation* (3rd ed.). Champaign, IL: Human Kinetics.

National Center for Injury Prevention and Control. 2001. *Injury Fact Book 2001-02*. Atlanta: Centers for Disease Control and Prevention.

National Safety Council. 2004. *Injury Facts*. Itasca, IL: National Safety Council.

Nunn, K., T. Hanstock, and B. Lask. 2008. *Who's Who of the Brain*. London: Jessica Kingsley Publishers.

Petraglia, A., J. Bailes, and A. Day. 2015. *Handbook of Neurological Sports Medicine*. Champaign, IL: Human Kinetics.

Shirado, O., K. Kaneda, S. Tadano, H. Ishikawa, P.C. McAfee, and K.E. Warden. 1992. Influence of disc degeneration on mechanism of thoracolumbar burst fractures. *Spine* 17: 286-292.

Silver, J.M., T.W. McAllister, and D.B. Archiniegas, eds. 2019. *Textbook of Traumatic Brain Injury* (3rd ed.). Washington, DC: American Psychiatric Publishing.

Uscinski, R.H. 2006. Shaken baby syndrome: An odyssey. *Neurologia medico-chirurgica* (Tokyo) 46: 57-61.

Glossário

abordagem de saúde pública – Método em quatro etapas para a coleta de informações epidemiológicas.

abordagem de solução direta ("*forward solution*") – Abordagem à resolução de um problema que lança mão de medidas cinéticas conhecidas ou mensuradas (p. ex., força) para calcular medidas cinemáticas associadas (p. ex., aceleração).

abordagem por solução inversa – Ver *dinâmica inversa*.

abrasão – Raspagem da camada superficial da pele, em geral por fricção ou por algum processo mecânico anormal.

aceleração – Medida da mudança na velocidade de um corpo em relação ao tempo; consiste na variação da velocidade dividida pela variação do tempo.

aceleração angular – Alteração na velocidade angular dividida pela alteração no tempo.

aceleração linear – Variação na velocidade linear dividida pela variação no tempo.

acidente – Circunstância ou evento imprevisto ou não planejado, possivelmente resultante de falta de cuidado ou de ignorância, com potencial de resultar em uma lesão inesperada.

acromioplastia – Excisão do acrômio, com o objetivo de aliviar a pressão no espaço subacromial.

actina – Proteína contrátil que forma o miofilamento fino das fibras musculares; atua como local de ligação durante a contração muscular.

adaptação – Modificação de um organismo, ou de partes de um organismo, que o torna apto para a existência dentro dos limites de seu ambiente.

adipócito – Célula especializada em armazenar gordura, encontrada nos tecidos conjuntivos.

agrecano – Grande agregado de proteoglicanas (proteína modificada com carboidratos), que forma o principal componente estrutural da cartilagem.

alavanca – Estrutura rígida, fixa em um único ponto, à qual são aplicadas duas forças em dois pontos.

alavanca de primeira classe – Sistema de alavanca em que o eixo se situa entre a força opositora da resistência e a força de esforço.

alavanca de segunda classe – Sistema de alavancas em que a força de resistência se situa entre o eixo e a força de esforço.

alavanca de terceira classe – Sistema de alavancas em que a força de esforço tem ação entre o eixo e a força de resistência.

alça de histerese – Área abrangida pelos trajetos de carga-descarga em uma curva de carga-deformação; mede a perda de energia durante um ciclo de carga-descarga de um material viscoelástico.

aloenxerto – Enxerto de tecido entre dois indivíduos da mesma espécie.

amenorreia – Ausência de ciclos menstruais.

amortecimento viscoso – Componente de modelo reológico que representa propriedades de viscosidade do tecido.

ampliadores de tensão – Concentração de tensão ou força no local de uma descontinuidade do material.

amplitude de movimento (ADM) – Medida da mobilidade articular.

anastomoses – Conexões de ramos ou de partes (p. ex., convergência de vasos sanguíneos).

âncora do bíceps braquial – Inserção do tendão proximal da cabeça longa do bíceps braquial no tubérculo supraglenoidal.

anel fibroso – Série de anéis fibrocartilaginosos que circundam o núcleo pulposo de um disco intervertebral.

aneurisma – Cavidade anormal ocupada por sangue em um vaso sanguíneo ou órgão.

ângulo de Cobb – Ângulo entre as duas linhas que bissectam perpendicularmente as linhas que passam pelas superfícies das vértebras localizadas em cada extremidade de uma curvatura.

ângulo Q – Ângulo formado entre a linha mediana longitudinal da coxa e uma linha que conecta a tuberosidade da tíbia ao centroide da patela (Q = quadríceps).

anisotrópico – Material que exibe uma resposta tecidual dependente da direção a uma força aplicada.

anlage – Um agrupamento inicial de células embrionárias a partir das quais ocorre o desenvolvimento de uma parte ou órgão do corpo; também conhecido como *primórdio*.

anteversão – Rotação anterógrada ou deslocamento em relação a um plano de referência.

antropometria – Estudo das medidas comparativas do corpo humano (p. ex., altura, peso, composição corporal, massa muscular e forma).

antropométrico – Relacionado ao estudo de medidas comparativas do corpo humano (p. ex., altura, peso, composição corporal, massa de um segmento e forma).

apofisite por tração – Inflamação do osso na inserção de um tendão ou ligamento; causada por uma força tênsil, ou de tração.

aponeuroses – Lâminas fibrosas ou membranosas que conectam um músculo e a parte movida por ele.

aracnoide-máter – Delicada membrana tecidual que compreende a camada meníngea intermediária entre a dura-máter e a pia-máter.

arco coracoacromial – Borda superior da articulação glenoumeral, formado pelo acrômio e pelo ligamento coracoacromial.

articulação – Junção de dois ou mais ossos em seus locais de contato; também conhecida como *junta*.

articulação – Junção de dois ou mais ossos em seus locais de contato; também conhecida como *junta*.

artrite – Inflamação de articulação.

artrite gotosa – Inflamação articular causada pela excessiva produção de ácido úrico, cujo resultado é a formação de cristais de ácido úrico (uratos) incrustados em estruturas articulares que causam irritação e dor; também denominada *gota*.

artrite reumatoide – Inflamação de origem autoimune de uma articulação.

artrologia – Estudo das articulações e de seus movimentos.

artroplastia – Substituição de articulação por meio de procedimentos cirúrgicos.

associação causal – Relação entre um fator de risco e o desfecho de uma doença ou lesão, em que foi demonstrado que o fator de risco contribuiu para o desfecho em questão.

atenuação – Ver *resposta atenuada*.

aterosclerose – Doença vascular caracterizada pela formação de placas nas paredes das artérias.

ativação-reabsorção-formação – Série de eventos envolvidos na remodelagem óssea.

atrofia – redução nas dimensões.

autoenxerto – Enxerto que envolve o uso de tecido da mesma pessoa (também denominado *enxerto autólogo*).

axonotmese – Lesão nervosa axonal em que não há separação completa da bainha endoneural circunjacente.

balística – (1) Estudo das características de disparo de uma arma de fogo. (2) Estudo do movimento dos projéteis.

balística dos ferimentos – Estudo da interação entre projéteis penetrantes e tecidos vivos do corpo.

balística externa – Efeito dos fatores externos (p. ex., vento, velocidade, arrasto, gravidade) na trajetória de um projétil, desde sua saída pelo cano da arma até o alvo.

balística interna – Efeito do projétil e dos materiais do projétil e da arma no momento em que o projétil está no interior do cano da arma.

balística terminal – Comportamento de um projétil nos tecidos.

bandagem – Fixar, prender, recobrir ou dar sustentação a uma articulação usando fita adesiva, como na bandagem de um tornozelo pós-entorse.

barra – Estrutura relativamente longa e delgada.

biomecânica – Área da ciência relacionada com a aplicação de princípios mecânicos à biologia.

biomecânica do desempenho – Estudo da função mecânica do corpo humano para todos os tipos de movimento.

biomecânica dos tecidos – Estudo da resposta mecânica dos tecidos (p. ex., osso, tendão, músculo) às forças externas.

biotribologia – Estudo da fricção, lubrificação e desgaste das articulações diartrodiais.

blastema – Massa de células vivas capazes de crescer e se diferenciar.

blastocisto – Massa com cerca de 64 células dispostas em forma de uma bola oca.

bolha – Acúmulo de líquido sob a epiderme ou em seu interior; causado por calor ou por um processo químico ou mecânico.

braço de alavanca – Ver *braço de momento*.

braço de momento – Distância perpendicular entre o eixo de rotação e a linha de ação da força; também denominado *braço de alavanca* ou *braço de torque*.

braço de torque – Ver *braço de momento*.

canais de Havers – Canais pouco calibrosos através dos quais passam vasos sanguíneos, geralmente com uma orientação longitudinal nos ossos.

canais de Volkmann – Canais que contêm vasos sanguíneos com orientação transversal no osso.

canal medular – Canal central orientado ao longo do eixo longitudinal dos ossos longos.

canalículos – Pequenos canais ou passagens observadas nos ossos.

capsulite adesiva – Condição caracterizada por dor, rigidez e limitação da amplitude de movimento (também conhecida como *ombro congelado*).

cardiomegalia – Aumento do coração.

carga – Uma força aplicada externamente.

carga biaxial – Carga simultaneamente aplicada ao longo de dois eixos.

carga cíclica – (1) Repetida aplicação de força que possibilita o fluxo dinâmico do líquido (contendo nutrientes e resíduos inúteis) para dentro e para fora do tecido. (2) Aplicação repetida de força acima de um determinado limiar que pode causar fadiga ao material e fazer com que ele tenha uma capacidade diminuída de resistir às forças aplicadas.

carga máxima – A carga mais elevada que determinado tecido pode suportar antes de falhar.

carga máxima – Durante a aplicação de carga mecânica a um tecido, é a carga de pico (máxima) na qual começam a surgir microfalhas no tecido, que resultam em perda da integridade estrutural e da resistência à carga.

carga multiaxial – Aplicação de uma força multidimensional a um corpo, em um espaço bidimensional (biaxial) ou tridimensional (triaxial).

carga tênsil – Força aplicada externamente que tende a tracionar e separar as extremidades de um corpo.

carga triaxial – Carga aplicada simultaneamente ao longo de três eixos.

carga uniaxial – Forças aplicadas ao longo de uma mesma linha, normalmente ao longo do eixo primário de uma estrutura.

cartilagem articular – Camada lisa e brilhosa de cartilagem hialina que reveste as superfícies articulares dos ossos das articulações.

cartilagem elástica – Cartilagem flexível e extensível encontrada na orelha interna, na epiglote, em partes da laringe e na tuba auditiva.

cartilagem hialina – Cartilagem firme e de aparência lustrosa; reveste a maioria das superfícies articulares (cartilagem articular), as porções anteriores das costelas e áreas do sistema respiratório (traqueia, nariz e brônquios).

cavitação – Criação de uma cavidade, ou espaço, no interior de um tecido ou corpo.

células migratórias – Células que perambulam ou se movimentam no interior de um tecido ou sistema do corpo.

células residentes – Células fixas (i. e., que não se movem).

células-tronco – Células com capacidade de se diferenciar em diversos tipos celulares, como células do tecido conjuntivo (p. ex., fibroblasto, condroblasto ou osteoblasto) e células nervosas.

células-tronco mesenquimais indiferenciadas – Células que podem se diferenciar em uma série de células de tecido conjuntivo (p. ex., fibroblasto, condroblasto ou osteoblasto).

centro articular instantâneo – Localização do eixo de rotação em determinado instante no tempo.

centro de gravidade – Ponto no qual a gravidade tem o mesmo efeito sobre um corpo em uma massa concentrada e em uma massa distribuída; atua como um ponto de equilíbrio.

centro de massa – Ponto em torno do qual a massa de um corpo está igualmente distribuída.

centro de ossificação primário – Região no osso em desenvolvimento em que ocorre a ossificação inicial (na região média da diáfise dos ossos longos).

centros de ossificação secundária – Em um osso em desenvolvimento, são as regiões em que ocorre a ossificação subsequente (na região epifisária dos ossos longos).

cerebrite – Inflamação do tecido cerebral.

chicote – Mecanismo de aceleração-desaceleração de transferência de energia para o pescoço.

cifose de Scheuermann – Distúrbio da coluna vertebral (hipercifose torácica) em crianças; normalmente, essa condição se faz acompanhar por encunhamento vertebral, irregularidades da placa terminal e estreitamento dos espaços do disco intervertebral.

cinemática – Descrição de um movimento sem levar em consideração as forças envolvidas.

cinética – Avaliação do movimento em relação às forças envolvidas; o estudo das forças e de seus efeitos.

cisalhamento – Força que tende a produzir um deslizamento horizontal de uma camada sobre outra, ou uma angulação no interior de uma estrutura.

coeficiente de restituição – É o índice entre a velocidade relativa após uma colisão e a velocidade relativa antes da colisão.

colágeno – É a proteína mais abundante no mundo animal; constitui mais de 30% das proteínas totais no corpo humano, estando presente em todos os tipos de tecido conjuntivo.

colarinho periosteal – Anel ósseo que circunda o centro de ossificação primária no osso em desenvolvimento.

colisão – Um impacto violento entre dois ou mais corpos.

colisão perfeitamente elástica – Colisão na qual os corpos se repelem em seguida à colisão, sem que ocorra perda de energia ou de momento.

colisão perfeitamente plástica (inelástica) – Colisão na qual os corpos aderem entre si e se movimentam em conjunto com uma velocidade comum em seguida ao impacto, sem que ocorra perda de energia ou de momento.

complacência – Oposto ou inverso de rigidez.

componente de desestabilização – Componente de força atuante através de um eixo articular que tende a desestabilizar a articulação.

componente elástico em série – Componente de um modelo muscular que explica a elasticidade muscular em série com o componente contrátil.

componente elástico-paralelo – Componente de um modelo muscular que explica a elasticidade muscular em paralelo com o componente contrátil.

componente estabilizador – Componente de força com ação através do eixo articular; tende a estabilizar a articulação.

componente rotatório – Componente de uma força com ação perpendicular a um segmento e que tende a causar rotação.

compressão – Força que tende a empurrar e juntar as extremidades de um corpo.

compressão de concavidade – Estabilidade criada quando um objeto convexo é pressionado em uma superfície côncava.

côncavo – Que apresenta um arco ou curva para dentro, ou a superfície interior de uma estrutura.

concêntrica – Ação muscular ativa que resulta em redução no comprimento do músculo.

concussão – Traumatismo cranioencefálico leve, induzido por forças biomecânicas.

côndrio – Unidade estrutural que consiste em um condrócito e sua lacuna.

condrócito – Célula cartilaginosa madura.

condromalacia – Estágio final de degeneração (amolecimento) da cartilagem, caracterizado por fibrilação cartilaginosa, perda da sustentação elástica e ruptura da estrutura colágena.

condromalacia patelar – Amolecimento da cartilagem articular na superfície retropatelar.

condutividade – Capacidade do tecido de conduzir um impulso ou sinal elétrico.

conservação de energia – Quando não ocorre ganho ou perda final de energia.

conservação do momento – Quando não ocorre ganho ou perda final do momento.

conteúdo mineral ósseo (CMO) – Medida da quantidade total de minerais no osso (medida em gramas).

contração tetânica não fundida – Relaxamento parcial entre contrações musculares.

contralateral – Que se situa, surge ou afeta o lado oposto do corpo.

contramomento – Um momento com ação na direção oposta a outro momento aplicado.

contratilidade – Capacidade de um músculo de produzir força e encurtar.

contratorque – Um torque com ação na direção oposta a outro torque aplicado.

contusão – Lesão a um músculo esquelético decorrente de um impacto compressivo direto; equimose muscular, diferenciada pela presença de hemorragia intramuscular.

contusão cerebral – Área de sangramento ao longo da superfície do encéfalo.

convexo – Arqueado ou curvado para fora, ou a superfície externa de uma estrutura.

corpo – Qualquer coleção de matéria.

corpo caloso – A ponte neuronal que possibilita a comunicação entre os hemisférios cerebrais esquerdo e direito.

coxa em valgo – Ângulo maior do que o normal entre o eixo longitudinal e o colo do fêmur proximal.

coxa em varo – Ângulo menor do que o normal entre o eixo longitudinal e o colo do fêmur proximal.

crescimento aposicional – Crescimento de células que ocorre nas camadas cartilaginosas imediatamente abaixo do pericôndrio.

crescimento intersticial – Crescimento que ocorre na cartilagem jovem, onde ocorre divisão celular no interior das lacunas, com formação de ninhos de células.

crioterapia – Modalidade empregada para tentar frear o processo inflamatório; consiste na aplicação de compressas frias, gelo e *sprays* congelante.

curva de carga-deformação – Curva que mostra a relação entre a força externa (carga) e a mudança na forma ou na configuração (deformação) de um tecido.

de novo – Novamente, de novo, ou desde o início.

dedo de turfa – Lesão capsuloligamentar na primeira articulação metatarsofalângica, resultante de hiperflexão ou de hiperextensão.

deformação – Mudança na forma ou configuração de um corpo, quando este é submetido a uma carga externa.

deformação até a falha – Quantidade de deformação experimentada por um tecido no momento em que ele alcança o ponto de falha.

deformação elástica – Alteração na forma ou configuração de uma estrutura; ao ser removida a força, ela retorna à configuração original.

deformação mecânica relativa – Medida relativa de uma mudança na forma ou na configuração de um tecido quando este é submetido a uma carga.

deformação permanente – Deformação plástica na qual um dado tecido não retorna à sua forma ou configuração anterior à aplicação da carga.

deformação plástica – Mudança permanente na forma ou nas dimensões de um tecido ou corpo.

deformação relativa até a falha – Medida da deformação mecânica até o ponto da falha tecidual.

degeneração – Degradação normal que resulta em dor.

degeneração walleriana – Degeneração axonal distal a um local de lesão nervosa.

dendritos – Extensões curtas e ramificadas de uma célula nervosa, ao longo das quais os impulsos provenientes de outras células nas sinapses são transmitidos até o corpo celular.

densidade – Medida de concentração de massa, determinada como a massa dividida pelo volume.

densidade de energia de deformação relativa – Medida relativa da energia armazenada durante a deformação; medida pela área sob a curva de tensão-deformação relativa.

densidade mineral óssea (DMO) – Medida do conteúdo mineral em determinado volume de tecido ósseo, medido como DMO por área (g/cm^2) ou como DMO volumétrico (g/cm^3).

dependente da velocidade de deformação relativa – Característica de um tecido cuja resposta mecânica depende da velocidade em que o tecido é deformado.

dermátomo – Camada celular nova formada depois da condensação do esclerótomo nas proximidades da notocorda.

desbridamento – Remoção cirúrgica de tecido lacerado, morto ou contaminado.

descontinuidade do material – Interrupção ou imperfeição na composição física normal de um material ou estrutura.

deslocamento – Medida vetorial do movimento de um local a outro.

deslocamento angular – Quantidade de rotação.

deslocamento linear – Medida vetorial da distância, em linha reta, desde a posição inicial até a posição final.

diáfise – Parte principal (ou central) de um osso longo.

diagrama de corpo livre (DCL) – Diagrama que exibe todas as forças e momentos atuantes em determinado sistema.

dinâmica inversa – Abordagem para resolução de problemas que lança mão de medidas cinemáticas conhecidas ou mensuradas (p. ex., aceleração) para calcular medidas cinéticas associadas (p. ex., força).

disco embrionário bilaminar – Massa celular fundamental que consiste em duas camadas celulares (ectoderma e endoderma).

disco intervertebral – Estrutura entre duas vértebras adjacentes; composto por um núcleo pulposo circundado pelo anel fibroso.

dispneia – Falta de ar.

distância – Medida escalar que representa até onde um corpo se movimentou ao longo de sua trajetória de movimento.

distensão – Lesão a uma unidade miotendínea (i. e., complexo músculo-tendão).

distensão muscular aguda – Estiramento excessivo de um músculo passivo, ou sobrecarga dinâmica em um músculo ativo.

distração – Ação que afasta ou separa as superfícies articulares.

distúrbio traumático cumulativo – Ver *lesão crônica*.

doença articular degenerativa (DAD) – Distúrbio não inflamatório das articulações sinoviais, sobretudo aquelas envolvidas na sustentação de cargas, e caracterizado pela deterioração da cartilagem articular hialina e formação de tecido ósseo nas superfícies articulares e nas suas margens; também conhecida como *osteoartrite*.

doença de Osgood-Schlatter (DOS) – Apofisite por tração na tuberosidade da tíbia.

dor muscular de início tardio (DMIT) – Dor resultante de danos aos tecidos conjuntivos e contráteis ocorridos 24 a 72 horas após a prática de um exercício vigoroso, frequentemente associada a uma ação muscular excêntrica.

dúctil – Característica de um material complacente (i. e., flexível) que sofre deformação considerável antes da ocorrência de uma falha.

dura-máter – Membrana de tecido resistente que é a camada externa das meninges.

dureza – Medida da capacidade de determinado tecido de absorver energia mecânica.

ectoderma – Camada celular associada à cavidade amniótica primitiva; dará origem às estruturas do sistema nervoso.

edema – Acúmulo excessivo de líquido (inchaço).

edema cerebral – Inchaço do encéfalo causado pelo acúmulo de líquido, como resultado de traumatismo, tumor, hipóxia ou exposição a substâncias tóxicas.

efeito de Poisson – Resposta inversa de um corpo produzida transversalmente a uma carga axial (p. ex., um corpo submetido a uma carga compressiva uniaxial aumenta sua dimensão na direção axial e a diminui na direção transversal).

efeito de primeiro ciclo – Resposta mecânica do tecido ao primeiro ciclo de carga, que pode diferir dos ciclos de carga subsequentes.

efeito de tensão circunferencial – Tensão circunferencial que irradia circunferencialmente e que se desenvolve perpendicularmente a uma carga compressiva aplicada.

efeito dos ciclos iniciais – Resposta mecânica do tecido aos primeiros ciclos de aplicação de carga, que pode diferir dos ciclos de carga subsequentes.

eixo – Ponto em torno do qual ocorre a rotação; também conhecido como *fulcro* ou *pivô*.

eixo de rotação – Linha imaginária em torno da qual ocorre rotação articular.

eixo neutro – Linha (em uma barra) ao longo da qual inexistem tensões de compressão e de tração.

elasticidade – Capacidade de um material de retornar à sua forma original em seguida à remoção da carga.

elastina – Proteína presente no tecido conjuntivo e que tem características elásticas; a substância retorna à sua forma original depois de ter sido esticada. A elastina é composta principalmente pelos aminoácidos glicina, valina, alanina e pralina, sendo sintetizada por meio de uma reação que liga diversas moléculas de tropoelastina. Essa reação é catalisada pela enzima lisil oxidase.

elastoplástica – Característica das colisões em que ocorre transferência e perda de energia; também pode ser uma deformação plástica.

embrião (estágio embrionário) – Desenvolvimento do ser humano da fertilização à oitava semana de vida.

embriologia – Estudo dos embriões e de seu desenvolvimento.

encefalopatia traumática crônica (ETC) – Lesões neurológicas cumulativas que resultam em redução na função neurológica em seguida à ocorrência de impactos repetidos na cabeça (com ou sem ocorrência de concussão).

encurvamento – Resultado de qualquer força que incida perpendicularmente ao eixo longitudinal de uma barra.

encurvamento em cantiléver – Tipo de aplicação de carga em que uma força afastada do eixo longitudinal produz tanto compressão como encurvamento.

encurvamento em quatro pontos – Modo de encurvamento com envolvimento de quatro forças paralelas (duas forças externas que atuam na mesma direção e duas forças remanescentes que atuam na direção oposta).

encurvamento em três pontos – Modo de encurvamento que envolve três forças paralelas (duas forças externas na mesma direção; a força restante, entre as duas forças externas, opera na direção oposta).

endoderma – Camada de células embrionárias que dão origem ao trato gastrintestinal.

endomísio – Camada de tecido conjuntivo, capilares, nervos e vasos linfáticos que circunda cada fibra muscular.

endoneuro – Bainha delicada que circunda cada axônio.

endotendão – Tecido conjuntivo frouxo que reúne os fascículos tendíneos.

energia – Capacidade de realizar um trabalho.

energia até a falha – Medida da energia de deformação relativa armazenada pelo tecido antes que este venha a falhar.

energia cinética – Energia que um corpo tem em virtude do seu movimento.

energia de deformação – Energia armazenada em um tecido ou corpo durante a deformação; também denominada *energia de deformação relativa*.

energia de deformação relativa – Energia armazenada em um tecido durante a deformação; também denominada *energia de deformação*.

energia mecânica – Capacidade ou habilidade de realizar trabalho mecânico.

energia mecânica total (EMT) – Somatório da energia cinética linear + energia cinética angular + energia potencial posicional.

energia potencial – Energia produzida em virtude da posição de um corpo (energia potencial gravitacional) ou de sua deformação (energia de deformação relativa).

energia potencial gravitacional (posicional) – A energia que um objeto ou corpo tem em decorrência de sua posição em um campo gravitacional. Uma medida do potencial para realizar um trabalho em função da altura a que o corpo é elevado acima de um nível de referência.

entorse – Distensão ligamentar.

entorse alta do tornozelo – Lesão aos ligamentos tibio-fibulares anterior e posterior, imediatamente acima da articulação do tornozelo.

entorse em eversão – Ver *entorse medial de tornozelo*.

entorse lateral de tornozelo – Lesão aos ligamentos laterais do tornozelo, causada por uma violenta supinação do pé e do tornozelo.

entorse medial de tornozelo – Lesão aos ligamentos mediais do tornozelo, causada por uma violenta pronação do pé e do tornozelo.

entorse por inversão – Ver *entorse lateral de tornozelo*.

enxerto – Tecido vivo implantado cirurgicamente.

enxerto autólogo – Ver *autoenxerto*.

epicondilite – Inflamação ou lesão de um epicôndilo.

epidemiologia – Estudo da distribuição e dos determinantes da frequência das doenças e lesões no âmbito de uma dada população humana.

epidemiologia analítica – Uso de estratégias de pesquisa com o objetivo de revelar os determinantes ou causas subjacentes de uma doença ou lesão.

epidemiologia descritiva – Sistemática e contínua coleta, análise, interpretação e disseminação das informações sobre saúde pública. Objetiva avaliar a situação da saúde pública, definir as prioridades nesse campo e avaliar os programas em andamento para a melhora da saúde de uma comunidade.

epífise – Extremidade arredondada de um osso longo preenchida por medula vermelha, que produz eritrócitos.

epimísio – Tecido conjuntivo que circunda o músculo em sua totalidade.

epineuro – Revestimento resistente que circunda o tronco nervoso.

epitendão – Revestimento superficial do tendão.

equilíbrio – Condição equilibrada em que o somatório das forças e dos momentos equivale a zero.

equilíbrio dinâmico – Estado equilibrado dos corpos em movimento diante de acelerações não nulas.

equilíbrio escapuloumeral – Ação muscular na articulação glenoumeral que mantém a força de reação articular resultante no interior da cavidade glenoidal.

equilíbrio estático – Estado de equilíbrio em que as acelerações resultantes são iguais a zero.

ergogênico – Algo utilizado objetivando aumentar o desempenho físico, a produção de trabalho, o vigor ou a recuperação.

ergonomia – Estudo de como as pessoas interagem com seu ambiente imediato, de maneira segura e produtiva.

escala de coma de Glasgow (ECG) – Sistema de pontuação que descreve o nível de consciência em seguida a um traumatismo cranioencefálico.

escalar – Medida que tem apenas magnitude.

esclerótomo – Grupo de células mesenquimais que emergem da parte ventromedial de um somito mesodérmico e que migram em direção à notocorda.

escoliose – Desvio lateral (plano frontal) da coluna vertebral.

espondilólise – Fratura da parte interarticular.

espondilolistese – Deslizamento vertebral, normalmente ao nível de L5-S1 ou L4-L5.

espondilose – Deterioração de disco intervertebral.

esponjosa primária – Uma treliça de cartilagem calcificada.

esponjosa secundária – Osso lamelar trabecular formado em seguida à reabsorção da esponjosa primária.

estabilidade articular – Capacidade de determinada articulação de opor resistência à luxação e manter uma posição funcional apropriada ao longo de sua amplitude de movimento.

estabilização ativa – Contribuição da ação muscular para a estabilidade das articulações.

estabilização passiva – Contribuição de componentes não contráteis (p. ex., tecidos periarticulares) para a estabilidade da articulação.

estabilizador articular passivo – Estrutura periarticular (p. ex., ligamentos ou cápsula articular) que estabiliza uma articulação.

estágio fetal – Período do desenvolvimento humano que vai da nona semana até o nascimento.

estenose – Estreitamento ou constrição de uma passagem ou trato no corpo.

estroma – Tecido de sustentação de um órgão epitelial que consiste em tecidos conjuntivos e vasos sanguíneos.

excêntrica – Ação muscular ativa que resulta em aumento no comprimento do músculo.

exsudato – Substância que passa (exsuda) dos vasos sanguíneos para os tecidos circunjacentes durante uma resposta inflamatória.

extrapolação – Previsão ou estimativa de determinado valor que ultrapassa os valores conhecidos ou mensurados.

fadiga – (1) Incapacidade de dar continuidade a determinado trabalho. (2) Perda da resistência e da rigidez em materiais submetidos a ciclos de carga repetidos.

fagócito – Célula (p. ex., leucócito) que engloba e consome material estranho (p. ex., microrganismos) e detritos.

fagocitose – Processo de defesa do corpo mediante a qual os fagócitos englobam e destroem partículas estranhas e restos teciduais.

faixa fisiológica – Faixa operacional normal para determinada variável ou medida fisiológica.

falha – Laceração ou ruptura completa.

fármacos anti-inflamatórios não esteroides (AINE) – Agentes redutores da inflamação que não contêm esteroides; seu uso pode produzidos efeitos positivos ou negativos nos tecidos do corpo e no desempenho humano. Portanto, alteram o risco de lesão.

fáscia – Tecido fibroso irregular denso encontrado em camadas ou bainhas em torno de órgãos, vasos sanguíneos, ossos, cartilagens e na derme cutânea.

fasciotomia – Procedimento cirúrgico no qual a fáscia é seccionada (liberada), com o objetivo de diminuir a pressão ou tensão.

fascite plantar (FP) – Inflamação da fáscia plantar.

fatores de risco – Fatores que podem contribuir para a ocorrência de uma lesão.

fechamento – Ou oclusão. Ocorre ao se completar o processo de ossificação endocondral, o que fica evidenciado pelo desaparecimento da placa de crescimento epifisário.

fibra – Estrutura filiforme composta por muitas fibrilas.

fibras colágenas – Essas fibras contêm uma proteína fibrosa insolúvel (o colágeno); ocorrem nas vértebras como o constituinte principal das fibrilas do tecido conjuntivo e nos ossos.

fibras de Sharpey – Feixes compactos de fibras colágenas perfurantes menores firmemente incorporadas ao osso de modo a reforçar os locais de inserção.

fibras elásticas – Fibras delgadas e extensíveis compostas por elastina. Essas fibras podem apresentar, com segurança, alongamentos de aproximadamente 150% em seu comprimento original, retornando ao seu estado de repouso.

fibras reticulares – Que formam ou se assemelham a uma rede.

fibroblastos – As células principais em muitos tecidos conjuntivos fibrosos. Os fibroblastos formam fibras e componentes da matriz extracelular.

fibrocartilagem – Cartilagem robusta, resiliente e flexível encontrada em áreas do corpo em que a ocorrência de fricção pode causar problemas.

fibrocartilagem circunferencial – Anel de fibrocartilagem que atua como um espaçador nas articulações do quadril e do ombro.

fibrocartilagem de conexão – Fibrocartilagem presente nas articulações com movimento limitado (p. ex., disco intervertebral).

fibrocartilagem estratiforme – Camada de fibrocartilagem sobre o osso que reduz a fricção no local de ação dos tendões.

fibrocartilagem intra-articular – Fibrocartilagem localizada em uma articulação.

fluido newtoniano – Fluido no qual a resposta de tensão-deformação relativa é linear.

fluxo de um fluido – Características de um fluido, seja ele líquido ou gasoso, que possibilita que ele se movimente; essas características governam a natureza desse movimento.

fluxo laminar – Fluxo caracterizado por um padrão regular e essencialmente paralelo de movimento de um fluido.

fluxo turbulento – Fluxo de um fluido que exibe um padrão caótico, contendo áreas de turbulência (redemoinhos) e padrões de movimento multidirecionais.

força – Ação ou efeito mecânico aplicado a um corpo que tende a produzir uma aceleração.

força aplicada – Força muscular; também conhecida como *força de esforço*.

força de arrasto – Força que atua paralelamente à direção do fluxo de um líquido.

força de empuxo – Força igual e oposta exercida por um líquido contra o peso de um corpo, possibilitando a flutuação desse corpo.

força de esforço – Ver *força aplicada*.

força de reação – Força igual e oposta, produzida em resposta a uma força aplicada.

força de reação articular (FRA) – Efeito resultante da força muscular e de outras forças que atuam em uma articulação.

força de reação do solo (FRS) – Força exercida *pelo solo*, igual e oposta a uma força aplicada *ao solo* por um objeto impactante (p. ex., o pé).

força de resistência – Uma força aplicada externamente.

força de sustentação – Força que atua perpendicularmente à direção do fluxo de um fluido.

força impulsiva – Componente de força em um impulso.

força Magnus – Força produzida pelo giro de um objeto capaz de produzir um desvio em sua trajetória normal.

força normal – Força com ação perpendicular a uma superfície.

fratura – Quebra ou dano estrutural em um tecido rígido, como por exemplo um osso.

fratura basilar do crânio – Fratura de um osso situado na base do crânio.

fratura cominutiva – Fratura na qual a configuração revela a presença de mais de uma linha de fratura, normalmente na forma de um osso multifragmentado, despedaçado.

fratura completa – Fratura óssea através de todo o corpo do osso.

fratura composta – É uma ruptura óssea com protrusão da parte fraturada através da pele.

fratura condral – Lesão isolada à cartilagem articular; também conhecida como *laceração em retalho*.

fratura de Barton – Fratura da porção distal do rádio, em que o lábio volar da superfície articular radial sofre cisalhamento.

fratura de Bennett – Fratura-subluxação da articulação trapeziometacarpal.

fratura de Colles – Fratura da porção distal do rádio, com um padrão de fratura que exibe um defeito no córtex metafisário volar (anterior) sob tensão e graus variáveis de cominuição na superfície dorsal (posterior).

fratura de crânio deprimida – Depressão de um fragmento do crânio na direção do espaço subcraniano; causada pela força compressiva de um traumatismo contuso.

fratura de Galeazzi – Fratura do terço distal do rádio.

fratura de Smith – Fratura da porção distal do rádio, com falha tênsil na face dorsal da metáfise e cominuição compressiva na face volar (palmar).

fratura deslocada – Fratura na qual ocorre movimentação dos fragmentos ósseos em relação à sua posição normal (pré-fratura).

fratura do cassetete – Fratura da ulna, assim batizada por ocorrer quando o indivíduo levanta o membro superior na tentativa de proteger o rosto um golpe de cima para baixo.

fratura em asa de borboleta – Fratura que apresenta mais de uma linha de fratura.

fratura em cunha – Fratura na qual ocorre colapso da borda frontal (anterior) da vértebra.

fratura em gota de lágrima – Fratura no canto anteroinferior de um corpo vertebral cervical.

fratura exposta – É a fratura que penetra a pele e expõe o osso ao ambiente externo; também conhecida como *fratura composta*.

fratura fechada – Fratura em que as estruturas permanecem dentro do ambiente interno do corpo; também conhecida como *fratura simples*.

fratura incompleta – É a fratura que atravessa a estrutura óssea apenas parcialmente.

fratura linear – Ruptura em um osso que não provoca sua movimentação.

fratura não deslocada – Fratura em que os segmentos ósseos permanecem em sua posição original (pré-fratura).

fratura osteocondral – Lesão à cartilagem e ao seu osso subjacente.

fratura por avulsão – Fratura em que um fragmento de osso é arrancado do local de inserção, mas com a inserção osteotendínea ou osteoligamentar ainda intacta.

fratura por estresse – Fratura óssea causada pela aplicação crônica de uma carga.

fratura por explosão – Fratura de um corpo vertebral atribuível a uma forte carga axial compressiva.

fratura por fadiga – Fratura óssea resultante da perda da resistência do material, o que é atribuído à aplicação repetida de cargas.

fratura por insuficiência – Fratura crônica observada em pessoas nas quais não houve aumento na atividade física, mas diminuição na densidade óssea.

fricção (ou atrito) – Resistência produzida na interface entre dois corpos que atua na direção oposta ao movimento (ou ao movimento pretendido).

fricção cinética – Resistência friccional produzida enquanto um objeto está em movimento (p. ex., deslizando ou rolando) ao longo de uma superfície; também conhecida como *fricção dinâmica*.

fricção dinâmica – Ver *fricção cinética*.

fricção estática – Resistência criada entre duas superfícies na ausência de movimento.

fulcro – ponto em torno do qual ocorre uma rotação; também denominado *eixo* ou *pivô*.

gastrulação – Transformação do disco embrionário bilaminar em um disco com três camadas, que contém as três camadas germinativas primárias – ectoderma, mesoderma e endoderma.

glicação – Ligação de uma molécula de açúcar a uma molécula de proteína ou lipídio, sem envolvimento de enzimas.

glicoproteína complexa – Uma proteína importante, encontrada na matriz extracelular.

glicosaminoglicanos – Polissacarídeos constituintes das mucoproteínas, glicoproteínas e substâncias que caracterizam os grupos sanguíneos.

hematoma – Massa de sangue que se forma em um tecido ou espaço do corpo, como resultado da ruptura de um vaso sanguíneo.

hematoma epidural – Acúmulo de sangue entre a abóbada craniana e a camada meníngea protetora externa (dura-máter).

hematoma subaracnóideo – Acúmulo de sangue entre a aracnoide-máter e a pia-máter.

hematoma subdural – Acúmulo de sangue entre a dura-máter e a aracnoide-máter.

hematopoese – Processo de formação das células sanguíneas.

hemodinâmica – As forças e os mecanismos envolvidos na circulação sanguínea.

hemorragia – Sangramento abundante.

heparina – Glicosaminoglicano de ocorrência natural, tem ação anticoagulante no sangue.

herniação discal – Protrusão do núcleo pulposo através do anel fibroso. Também chamada de *hérnia de disco*.

hidroxiapatita – Cristal complexo contendo cálcio e fosfato que forma o elemento estrutural principal dos ossos.

hipercifose – Flexão excessiva da coluna vertebral (p. ex., hipercifose torácica).

hiperemia – Presença de sangue em excesso em uma parte ou região do corpo.

hiperestesia – Sensibilidade aumentada ou patológica a um estímulo.

hiperglicólise – Degradação intensificada de um carboidrato (p. ex., glicose ou glicogênio) por ação enzimática.

hiperlordose – Extensão excessiva da coluna vertebral (p. ex., hiperlordose lombar).

hiperplasia – Aumento anormal ou inesperado nos constituintes que compõem uma parte (p. ex., as células em um tecido).

hipertrofia – Aumento no tamanho ou no volume, sem que ocorra aumento na quantidade de partes (p. ex., o aumento adaptativo no diâmetro das fibras musculares em resposta ao treinamento de resistência [musculação]).

hipovascular – Que tem uma quantidade reduzida ou baixa de vasos sanguíneos.

hipoxemia – Diminuição na perfusão sanguínea.

hipóxia – Diminuição no suprimento de sangue (oxigênio) a um tecido.

histamina – Vasodilatador e composto orgânico nitrogenado envolvido nas respostas imunes locais.

histerese – Atraso na resposta de determinado material ao ocorrer uma mudança nas forças.

homeostase – Manutenção de um ambiente fisiológico interno relativamente estável.

idade cronológica – A idade determinada pelos anos do calendário.

idade fisiológica – Idade baseada na qualidade fisiológica dos tecidos.

idiopático – De origem ou causa desconhecida.

impacto interno – Pinçamento que ocorre no local em que o tendão do supraespinal faz contato com a borda posterossuperior da cavidade glenoidal.

impacto subacromial – Pinçamento de estruturas (tendão distal do supraespinal, tendão proximal da cabeça longa do bíceps e bolsa subacromial) sob o arco coracoacromial.

impulso – Agente mecânico que muda o momento; calculado como força × tempo.

impulso angular – Produto do momento pelo tempo; também expresso como torque × tempo.

impulso linear – O produto da força pelo tempo.

in situ – Nas pesquisas, é a abordagem que examina os tecidos em seu local normal, com preservação de alguns elementos do ambiente natural; teste artificial.

in vitro – Nas pesquisas, é a abordagem que examina os tecidos em um ambiente artificial, possibilitando a obtenção de medidas diretas.

in vivo – Nas pesquisas, é a abordagem que examina os tecidos no corpo vivo.

incidência – Número de novas lesões ocorrentes em determinada população em risco ao longo de um período de tempo especificado.

índice de massa corporal – Medida da composição do corpo que considera a relação entre o peso corporal e a altura (kg/m²).

inércia – Resistência a uma mudança no estado de movimento linear do corpo.

inflamação – Resposta fisiológica localizada a uma lesão; envolve rubor, calor, dor, inchaço e, em alguns casos, perda da função.

instabilidade rotatória posterolateral (IRPL) – Instabilidade do cotovelo que resulta de uma combinação de compressão axial, instabilidade em valgo e supinação.

integrinas – Proteínas integrais de membrana, localizadas na membrana plasmática das células; as integrinas aderem a célula à matriz extracelular e facilitam a transdução dos sinais da matriz extracelular para a célula.

interpolação – Estimativa de valores entre valores conhecidos ou mensurados.

ipsilateral – Situado ou que aparece no mesmo lado do corpo, ou que afeta esse lado.

irritabilidade – Capacidade de responder a um estímulo; também conhecida como *excitabilidade*.

isotrópico – Propriedade pela qual as respostas mecânicas de um tecido (p. ex., resistência ou rigidez) à carga não são dependentes da direção.

isquemia – Deficiência na irrigação sanguínea causada por uma redução no fluxo sanguíneo para uma área.

joule – Unidade de trabalho e energia (1 J = 1 N.m).

junção miotendínea – Região em que um músculo se conecta a um tendão. Também denominada *junção musculotendínea*.

junção musculotendínea– Ver *junção miotendínea*.

junção osteotendínea – Região de conexão entre um osso e um tendão.

lábio – Anel de fibrocartilagem em forma de U em torno da borda de uma articulação.

laceração – Rompimento irregular (denteado) da pele, como o decorrente de uma facada ou do uso de um instrumento cortante.

laceração em alça de balde – Laceração na parte central de uma porção de cartilagem em forma de C (p. ex., menisco).

laceração em retalho – lesão isolada à cartilagem articular; também conhecida como *fratura condral*.

lacunas – Pequenos bolsos ou cavidades.

lei de Hooke – Princípio que propõe uma relação linear entre a tensão e a deformação relativa. A deformação relativa resultante é proporcional à tensão desenvolvida.

lei de Wolff – Lei que descreve a capacidade do osso de se adaptar estruturalmente às forças aplicadas em relação ao tempo.

lesão – Dano a um tecido causado por traumatismo físico.

lesão aguda – Lesão resultante de um episódio isolado de sobrecarga, ou de vários episódios.

lesão axonal difusa (LAD) – Degeneração difusa da substância branca do encéfalo.

lesão axonal traumática (LAT) – Ver *lesão axonal difusa.*

lesão axonal traumática difusa (LATD) – Ver *lesão axonal difusa.*

lesão compensatória – Lesão secundária causada pelos movimentos compensatórios em resposta a uma lesão primária.

lesão crônica – Lesão causada por danos repetidos que podem progressivamente resultar em condições degenerativas que estabelecem o cenário para uma lesão aguda; também conhecida como *distúrbio traumático cumulativo, lesão por uso excessivo, síndrome do estresse repetitivo.*

lesão de Bankart – Avulsão da porção anteroinferior do lábio glenoidal no local de inserção do complexo do ligamento glenoumeral inferior.

lesão de contragolpe – Lesão encefálica em um local situado opostamente ao ponto de impacto.

lesão de golpe – Lesão encefálica no local do impacto, ou no mesmo lado do impacto.

lesão de Monteggia – Fratura na porção proximal da ulna, acompanhada por uma luxação da cabeça do rádio.

lesão difusa – lesão tecidual ao longo de uma área ampla.

lesão direta – Fratura no local onde a força foi especificamente aplicada.

lesão focal – Lesão tecidual limitada a um local específico.

lesão indireta – Fratura que ocorre remotamente em relação ao ponto em que a força é aplicada.

lesão medular (LM) – Dano à medula espinal, normalmente resultante de uma colisão de alta energia.

lesão muscular induzida pelo exercício – Lesão resultante de rupturas ocorridas nos tecidos conjuntivo e contrátil em seguida à prática do exercício.

lesão por impacto – Lesão resultante de uma força compressiva direta.

lesão por uso excessivo – Lesão resultante de repetidas aplicações de carga excessiva, com tempo insuficiente para que ocorra a recuperação; também *lesão crônica.*

lesão primária – Lesão imediata como consequência de um traumatismo (p. ex., fratura de crânio ou laceração de ligamento colateral medial).

lesão secundária – Lesão que ocorre algum tempo depois de um traumatismo inicial, ou em compensação a uma lesão primária.

lesão SLAP – Lesão do lábio glenoidal superior, da região anterior para posterior.

ligamento capsular – Ligamento que consiste em um espessamento de uma estrutura da cápsula articular.

ligamento extracapsular – Ligamento extrínseco à cápsula articular.

ligamento intracapsular – Ligamento localizado no interior de uma cápsula articular.

ligamento patelar – Tecido conjuntivo colagenoso que vai do polo inferior da patela à tuberosidade da tíbia; também *tendão patelar.*

ligamentos – Cordões de tecido conjuntivo fibroso denso que conectam um osso a outro.

ligamentos elásticos amarelos – Fibras elásticas paralelas que são circundadas por tecido conjuntivo frouxo; são encontradas nas cordas vocais e nos ligamentos amarelos das vértebras.

limite elástico – Nível de carga ou de tensão acima do qual o tecido se torna plástico e experimenta uma deformação permanente.

limite elástico – Ponto no qual se inicia uma breve região de distensão relativamente grande diante de um pequeno aumento na tensão (i. e., uma região de elevada complacência).

limite linear – Ver *limite proporcional.*

limite proporcional – Ponto no qual a resposta de carga-deformação (ou tensão-deformação relativa) de um tecido muda de linear para não linear; também conhecido como *limite linear.*

linha de maré – Limite entre as camadas calcificada e não calcificada do osso.

líquido cerebrospinal (LCS) – Líquido que circula ao longo dos ventrículos até os espaços entre as meninges em torno do encéfalo e da medula espinal e que, basicamente, mantém uma pressão uniforme no interior dos espaços encefálico e medular.

lubrificação de fronteira – Tipo de lubrificação em que uma camada de moléculas adere a cada uma das duas superfícies interdeslizantes.

lubrificação elasto-hidrodinâmica – Subtipo de lubrificação por película em que uma ou ambas as superfícies são deformáveis.

lubrificação hidrodinâmica – Subtipo de lubrificação por película líquida produzida por duas superfícies não deformáveis em movimento.

lubrificação impulsionada – Forma de lubrificação que incorpora as lubrificações elasto-hidrodinâmica e por película esmagada (*squeeze film*), o que, por sua vez, reforça a eficácia da película líquida lubrificante.

lubrificação por película – Mecanismo de lubrificação em que duas superfícies não paralelas se movimentam uma em relação à outra sobre uma delgada camada de líquido.

lubrificação por película espremida – Forma de lubrificação por película líquida em que duas superfícies se movem em ângulos retos entre si, como pode ocorrer na articulação do joelho no momento do golpe com o calcanhar durante o ciclo da marcha; o fluido é forçado para fora da cartilagem, de modo a produzir uma interface líquida entre as duas superfícies.

luxação – Deslocamento completo de uma articulação.

luxação congênita – Formação anormal da articulação do quadril durante o desenvolvimento, que predispõe à ocorrência de luxação ou subluxação nessa articulação.

luxação do tipo ilíaco – Luxação anterossuperior do quadril; também denominada *luxação do tipo púbico*.

luxação do tipo obturador – Luxação anteroinferior do quadril.

luxação do tipo púbico – Luxação anterossuperior do quadril; também *luxação do tipo ilíaco*.

macrófago – Célula migratória que contém pequenos orifícios, ou vacúolos, que podem assimilar material estranho, eritrócitos envelhecidos e bactérias.

macrotraumatismo – Traumatismo que pode ser observado a olho nu (p. ex., fratura ou laceração da tíbia).

massa – Quantidade de matéria (no SI, medida em quilogramas).

massa pontual – Concentração da massa de um corpo em um ponto isolado.

mastócitos – Células migratórias com dimensões relativamente grandes, em decorrência de sua quantidade substancial de citoplasma.

material – Qualidade mecânica de um tecido.

matriz extracelular – Componente acelular de um tecido.

matriz óssea extracelular – Componente inorgânico (mineral) e líquido dos ossos.

mecânica – Ramo da ciência que estuda os efeitos das forças e da energia nos corpos.

mecânica de corpo rígido – Abordagem que modela cada segmento corporal como um membro não deformável.

mecânica dos fluidos – Ramo da mecânica que estuda as propriedades e os comportamentos dos gases e dos líquidos.

mecânica externa – Fatores mecânicos produtores e controladores dos movimentos externos ao corpo (p. ex., gravidade ou forças de reação do solo).

mecânica interna – Fatores mecânicos produtores e controladores dos movimentos no interior do corpo (p. ex., forças produzidas pela ação muscular e a estabilidade proporcionada pelos ligamentos circunjacentes às articulações).

mecanismo – Processo físico fundamental responsável por uma dada ação, reação ou resultado.

mecanismo de compressão-flexão – Mecanismo de lesão que combina simultaneamente uma flexão cervical com uma vigorosa compressão axial da coluna vertebral; também conhecido como *mecanismo de flexão-compressão*.

mecanismo de flexão-compressão – Ver *mecanismo de compressão-flexão*.

mecanismo de gaveta anterior – Ação causadora de translação anterior (p. ex., da tíbia em relação ao fêmur).

mecanismo de molinete – Hiperextensão dos dedos dos pés que aumenta a tensão na fáscia plantar.

mecanismo de parafusamento – Rotação tibiofemoral durante os últimos graus de extensão do joelho.

mecanismo de sobrecarga em valgo-extensão – Mecanismo de lesão no cotovelo observada em pessoas que realizam movimentos de arremesso com o braço acima da cabeça envolvendo, simultaneamente, movimentos em valgo e de extensão nessa articulação.

mecanismo de tensão-extensão – Mecanismo de lesão no qual a cabeça é hiperestendida à força por um impacto posterior com a aplicação simultânea de uma resistência forçada ao queixo, forças inerciais resultantes de impacto posterior, ou forças aplicadas inferiormente à face posterior da cabeça.

mecanismo de treliça – Montagem mecânica de dois segmentos (barras) articulados em dobradiça, sustentada em dois pontos e disposta de modo a transmitir forças verticais àqueles pontos (p. ex., arco longitudinal do pé).

mecanismo extensor do joelho – Unidade funcional que estende o joelho, composta pelos músculos quadríceps femoral, tendão do quadríceps femoral, patela e tendão-ligamento patelares.

mecanotransdução – Processo pelo qual as células de um tecido convertem um estímulo mecânico em uma resposta bioquímica.

megapascal (MPa) – Medida de pressão ou tensão (1 MPa = 1 N/mm², ou 10^6 Pa).

membrana basal – Fina camada de sustentação extracelular que separa uma camada de células epiteliais da camada subjacente.

membrana sinovial – Tecido conjuntivo que reveste a cavidade de uma articulação e produz líquido sinovial.

meninges – Camadas de membranas protetoras que circundam o encéfalo e a medula espinal (dura-máter, pia-máter e aracnoide-máter).

meningite – Inflamação das meninges.

menisco – Coxim de fibrocartilagem interposto que atua na absorção de impactos e como uma cunha na periferia da articulação para melhorar o encaixe estrutural de uma articulação.

mesênquima – Tecido primitivo que origina o tecido conjuntivo adulto (p. ex., cartilagens, ligamentos, fáscias, tendões, células hematogênicas, vasos sanguíneos, pele e ossos); o mesênquima apresenta um trançado frouxo, formado por células indiferenciadas do esclerótomo.

mesoderma – A camada média das três camadas germinativas primárias de um embrião; é a origem de muitos tecidos e estruturas do corpo (p. ex., ossos, músculos, tecido conjuntivo e derme).

metafisário – Derivado da metáfise.

metáfise – Porção de um osso longo situada entre a epífise e a diáfise.

microdeformação relativa – Unidade de deformação relativa (με) igual a 10^{-6}.

microfibrilas – Componentes das fibras elásticas formadas por glicoproteínas associadas a microfibrila, além de fibrilina, fibulina e receptores de elastina.

microtraumatismo – Lesão tecidual que pode ser visualizada apenas via microscopia (p. ex., microrrachaduras em um osso).

mielopatia – Doença ou distúrbio da medula espinal.

miofibrilas – Unidades contráteis do músculo.

miofilamentos – Filamentos individuais (actina ou miosina) que formam uma miofibrila.

miosina – Filamento espesso encontrado nas fibras musculares; atua na formação da ponte cruzada durante a contração muscular.

miosite ossificante – Depósito de uma massa ossificada no interior de um músculo.

miótomo – Tecido em desenvolvimento que dá origem à musculatura.

modelagem – Formação de osso novo ou adicional; ocorre principalmente durante os anos de crescimento.

modelo – Representação estrutural ou matemática de uma ou mais das características de um objeto ou sistema.

modelo de corpo rígido – Modelo que trata cada segmento como um membro não deformável.

modelo de elementos finitos – Forma de modelagem que envolve a montagem de figuras geométricas complexas, ou elementos, para a representação de uma estrutura.

modelo de Kelvin-Voight – Modelo reológico com seus elementos de mola e de amortecimento viscoso em paralelo.

modelo de Maxwell – Modelo reológico com seus elementos de mola e de amortecimento viscoso em série.

modelo determinístico – Modelo cujo resultado é completamente determinado (i. e., não varia) para um conjunto específico de dados de entrada.

modelo dinâmico – Modelo que caracteriza a aceleração não nula de um corpo ou sistema.

modelo do espectro mecânico – Modelo que considera estruturas e materiais como uma matéria contínua.

modelo dos corpos deformável – Modelo em que pode haver deformação de segmentos (p. ex., encurvamento).

modelo espacial – Modelo tridimensional de um objeto ou sistema.

modelo estático – Modelo de um sistema que apresenta aceleração resultante igual a zero, em geral na ausência de movimento.

modelo estocástico – Modelo cujo resultado varia em função de algoritmos de probabilidade intrínsecos ao modelo.

modelo planar – Modelo bidimensional de um objeto ou sistema.

modelo quase estático – Modelo com aceleração desprezível; mimetiza um modelo estático.

modelo reológico – Modelo que caracteriza os componentes de fluido de um tecido ou sistema.

módulo de elasticidade – Relação entre tensão e deformação relativa; inclinação da porção linear de uma curva de tensão-deformação relativa; também denominado *módulo elástico* ou *módulo de Young*.

módulo de elasticidade de cisalhamento – Relação entre tensão de cisalhamento e deformação relativa de cisalhamento.

módulo de Young – Ver *módulo de elasticidade*.

módulo elástico – Ver *módulo de elasticidade.*

mola linear – Componente de um modelo reológico que representa as propriedades elásticas de um tecido.

momento – Efeito de uma força que tende a promover rotação ou encurvar um corpo ou segmento; também conhecido como *momento de força.*

momento – Quantidade de movimento apresentada por um corpo em movimento.

momento angular – Quantidade de movimento angular, mensurada pelo produto do momento de inércia da massa pela velocidade angular.

momento de encurvamento – Somatório dos momentos atuantes em uma barra.

momento de inércia – Resistência a uma mudança no estado de movimento ou posição angulares de um corpo.

momento de inércia de área – A medida da resistência de determinado corpo ao encurvamento.

momento de inércia de massa – Medida da resistência a uma mudança no estado de movimento de um corpo em torno de um eixo fixo.

momento de inércia polar – Resistência à aplicação de uma carga de torção em torno de um eixo longitudinal.

momento linear – Quantidade de movimento linear, medida pelo produto da massa pela velocidade linear.

momento resultante – Somatório de todos os momentos atuantes em um corpo; ver também *torque resultante.*

morfologia – Área de estudo envolvida com a forma e estrutura das plantas e dos animais.

mórula – Massa sólida de células resultante da divisão celular que se segue à formação do zigoto.

movimento angular – Forma de movimento na qual um corpo gira em torno de um eixo de rotação; também conhecido como *movimento rotacional.*

movimento curvilíneo – Movimento ao longo de um trajeto curvo.

movimento geral – Movimento linear e angular (rotacional) simultâneo.

movimento linear – Movimento ao longo de uma linha reta (retilínea) ou curva (curvilínea).

movimento retilíneo – Movimento linear em linha reta.

movimento rotacional – Ver *movimento angular.*

movimento translacional – Ver *movimento linear.*

músculo – Tecido do corpo capaz de produzir força em resposta a um estímulo. São três os tipos de músculo: esquelético, cardíaco e liso.

músculo cardíaco – Tecido do miocárdio de aspecto estriado, mas de ação involuntária.

músculo esquelético – Tecido muscular responsável pela manutenção da postura e produção dos movimentos.

músculo liso – Tecido muscular que facilita o movimento de substâncias ao longo de tratos nos sistemas circulatório, respiratório, digestório, urinário e reprodutivo.

nebulina – Proteína que fixa firmemente a actina aos discos Z no músculo esquelético dos mamíferos.

necrose asséptica – Morte celular na ausência de infecção.

necrose avascular – Morte celular causada pela ausência ou deficiência de irrigação sanguínea.

neoplasia – Crescimento anormal (novo ou descontrolado) em um tecido do corpo; tumor.

neurônio – Célula nervosa.

neuropatia periférica – Distúrbio estrutural ou funcional do sistema nervoso periférico.

neuropraxia – Lesão a um nervo que bloqueia a condução e provoca paralisia temporária, mas não degeneração, seguida por uma recuperação rápida e completa.

neurotmese – Secção parcial ou completa de um nervo, juntamente com ruptura axonal.

newton – Unidade de força ($1\,N = 1\,kg \cdot m \cdot s^{-2}$).

nível de disfunção – Grau de funcionamento prejudicado ou anormal.

notocorda – Medula espinal primitiva.

núcleo pulposo – Massa gelatinosa no interior de um disco intervertebral.

oligomenorreia – Ciclos menstruais irregulares.

órteses – Suportes ou proteções para articulações fracas ou ineficazes.

os acromiale – Acrômio não fundido.

ossificação endocondral – Processo de crescimento dos ossos em que a cartilagem hialina é substituída por material ósseo.

ossificação intramembranosa – Processo de crescimento ósseo pelo qual uma membrana é substituída por material ósseo.

osso compacto – Osso com elevada densidade (baixa porosidade); também denominado *osso cortical.*

osso cortical – Osso com elevada densidade (baixa porosidade); também conhecido como *osso compacto.*

osso esponjoso – Ver *osso trabecular.*

osso lamelar – Osso primário composto de inúmeras camadas delgadas (lamelas) de matriz óssea e de células organizadas em paralelo com a superfície óssea.

osso primário – Osso composto de inúmeras camadas delgadas (lamelas) de matriz óssea e células, com organização em paralelo com a superfície óssea; tem a função de substituir o osso existente.

osso secundário – Osso depositado apenas durante a remodelagem e substituição do osso primário preexistente.

osso trabecular – Osso com elevada porosidade (baixa densidade); também *osso esponjoso*.

osso trançado – Osso imaturo, sem organização laminar nem osteonal.

osteoartrite (OA) – Condição não inflamatória que afeta as articulações sinoviais, sobretudo aquelas envolvidas na sustentação do peso; a osteoartrite caracteriza-se pela deterioração da cartilagem e pela presença de excrescências ósseas nas superfícies e nas margens articulares.

osteoblastos – Células ósseas mononucleares que produzem material ósseo novo.

osteócitos – Células ósseas maduras que são menores e menos ativas que os osteoblastos.

osteoclastos – Grandes células ósseas multinucleadas que degradam, ou reabsorvem, o osso.

osteocondrite dissecante – Descolamento completo ou parcial de um fragmento de osso e de cartilagem em uma articulação.

osteocondrose – Doença em que um centro de ossificação, especialmente nas epífises dos ossos longos, sofre degeneração seguida por calcificação.

osteófito – Excrescência óssea; também conhecido como *esporão ósseo*.

osteofitose – Condição caracterizada pela formação de osteófitos.

osteoide – Porção orgânica da matriz extracelular no osso.

osteonecrose – Morte de um osso causada pela cessação do fluxo sanguíneo.

ósteons primários – Sistema de Havers com lamelas arranjadas concentricamente.

osteopenia – Perda de material ósseo de intensidade leve a moderada; clinicamente classificada como a presença de uma densidade mineral óssea (DMO) que vai de 1,0 a 2,5 desvios-padrão abaixo da DMO média para adultos jovens e saudáveis.

osteoporose – Perda grave de tecido ósseo, caracterizada por um aumento no risco de fraturas, principalmente do quadril, da coluna vertebral e do punho; clinicamente identificada por uma densidade mineral óssea (DMO) que chega a 2,5 desvios-padrão abaixo da DMO média para adultos jovens e saudáveis.

osteossarcoma – Tumor ósseo maligno.

par de forças – Par de forças paralelas e em direções opostas que tendem a causar a mesma rotação em torno de um eixo.

parestesia – Sensação de parestesia ou de dormência na pele, sem uma causa específica; normalmente, ocorre em associação com uma lesão ou irritação de um nervo sensitivo.

parte interarticular – Área da lâmina vertebral entre as facetas articulares superior e inferior.

pascal (Pa) – Unidade de pressão ou de tensão (1 Pa = 1 N/m²).

patela alta – Patela anormalmente elevada, situada no topo do sulco intercondilar.

pé cavo – Deformidade do pé caracterizada por um arco plantar longitudinal elevado.

pé plano – Deformidade do pé caracterizada por um arco plantar longitudinal achatado (pé chato).

perfuração – Ferida criada por um instrumento afiado ao penetrar na pele.

pericôndrio – Membrana de tecido conjuntivo que circunda a cartilagem.

perimísio – Tecido conjuntivo que circunda um feixe de fibras musculares (fascículo).

perineuro – Bainha de tecido conjuntivo que circunda um feixe de fibras nervosas.

peritendão – Tecido conjuntivo areolar frouxo que envolve o tendão.

pia-máter – Membrana delgada de tecido que corresponde à camada meníngea mais interna.

pico de velocidade da altura (PVA) – A mais alta velocidade de crescimento ósseo longitudinal.

pivô – Ponto em torno do qual ocorre uma rotação; também *eixo* ou *fulcro*.

placa de crescimento (epífise) – Área de tecido (cartilagem hialina) em desenvolvimento nas proximidades das extremidades dos ossos longos.

pluripotente – Que tem plasticidade no desenvolvimento, ou potencial de se desenvolver de diferentes maneiras.

ponte cruzada – Ligação da cabeça protuberante de um filamento de miosina a um filamento de actina para que seja produzido um impulso potente e o deslizamento do filamento durante a contração muscular.

ponto de ruptura – Ponto no qual um tecido falha (rompe-se).

posição anatômica – Posição padrão de referência corporal, na qual o corpo encontra-se ereto, com a cabeça voltada para a frente e os braços pendentes para baixo, com as palmas das mãos voltadas para a frente.

potência – Velocidade de produção de trabalho.

potência angular – Medida do trabalho angular por unidade de tempo; também expressa como torque × velocidade angular.

potência linear – Medida do trabalho mecânico por unidade do tempo; força × velocidade linear.

potencial de ação – Rápido aumento e diminuição na atividade elétrica que se desloca ao longo da membrana de uma célula.

pressão – Força total aplicada dividida pela área sobre a qual a força é aplicada ($p = F/A$).

pressão intracraniana (PIC) – Pressão no interior da abóbada craniana (crânio).

prevalência – Número de casos (p. ex., lesões), tanto recentes como antigos, existentes em uma determinada população em um momento específico do tempo, dividido pela população total.

primeira lei dos movimentos – Lei que estabelece que um corpo em repouso ou em movimento uniforme permanecerá em repouso ou em movimento uniforme a menos que haja a atuação de alguma força externa sobre o corpo.

princípio de Arquimedes – Princípio da flutuação (i. e., empuxo), o qual afirma que a magnitude da força de empuxo é igual ao peso do líquido deslocado.

princípio de tudo ou nada – Princípio segundo o qual todas as fibras pertencentes a uma determinada unidade motora se contrairão, ou nenhuma se contrairá.

princípio do impulso-momento – Princípio mecânico que estabelece que o impulso equivale à mudança no momento.

pronação – Combinação de dorsiflexão do tornozelo, eversão subtalar e rotação lateral do pé.

propriedades do material – Medida qualitativa das propriedades mecânicas de um tecido, normalmente expressa como uma medida relativa (p. ex., tensão e módulo elástico).

propriedades estruturais – Propriedades baseadas na estrutura de um osso, como a rigidez flexural, comportamentos de carga, e energia.

proteoglicano – Proteína à qual está aderida uma ou mais cadeias laterais de carboidratos especializadas, denominadas glicosaminoglicanos.

quadriplegia – Paralisia nos quatro membros; também *tetraplegia*.

quebradiço – Característica de um material que sofre mínima deformação antes de fraturar ao receber a aplicação de uma carga (p. ex., vidro).

quimiotaxia – Atração celular causada por uma ação química.

rapidez – Quantidade escalar que mede a rapidez com que um corpo está se deslocando.

reação de estresse – Área de aumento da atividade metabólica no osso em resposta à repetida aplicação de cargas.

redução – Em seguida a uma luxação ou subluxação, é o reposicionamento ou realinhamento de uma parte do corpo até sua posição normal.

região do pé da curva – Parte de uma curva de tensão-deformação relativa durante a carga inicial que exibe uma complacência relativamente elevada (baixa rigidez), antes que as fibras colágenas se tornem tensas e aumentem a rigidez do tecido.

região elástica – Durante a aplicação de uma carga mecânica, nessa região o material (tecido) pode experimentar deformação; em seguida à sua liberação, o material retornará à sua configuração original.

região linear – Porção da curva de tensão-deformação relativa (ou carga-deformação) situada na região elástica.

região plástica – Quando um tecido recebe uma carga além de seu limite proporcional, aumentos cada vez menores na carga produzirão aumentos crescentes na deformação e no dano estrutural ao tecido.

relação comprimento-tensão – Propriedade do músculo esquelético que demonstra como sua capacidade de produção de força depende do comprimento das estruturas contráteis e não contráteis do músculo.

relação de Poisson – Valor negativo da deformação relativa transversal a uma carga dividida pela deformação relativa alinhada com a carga aplicada.

relação força-velocidade – Propriedade dos músculos esqueléticos. Demonstra como sua capacidade de produção de força depende de sua velocidade de contração.

remodelagem – Adaptação de um osso existente por meio de reabsorção e reformação.

reologia – Estudo da deformação e do fluxo de matéria.

resiliente – Característica de materiais elásticos que retornam rapidamente às suas formas originais.

resistência ao impacto – Capacidade do osso de opor resistência a uma carga impactante.

resistência de um material – Tensão máxima.

resistência do fluido – Oposição ao fluxo.

resistência estrutural – Carga absoluta que determinada estrutura pode suportar antes que venha a falhar.

resposta atenuada – Ocorre quando um material elástico sofre atraso no retorno à sua forma ou configuração sem carga.

resposta bifásica – Resposta em duas fases observada em tecidos viscoelásticos; há uma primeira fase imediata, seguida por uma resposta de segunda fase tardia.

resposta de fluência – Deformação adicional (em seguida a uma deformação inicial) com o passar do tempo, quando um tecido viscoelástico fica exposto a uma carga constante.

resposta de força-relaxamento – Diminuição na força observada em um tecido viscoelástico que é esticado ou comprimido até determinado comprimento, sendo em seguida mantido nesse comprimento.

resposta de tensão-relaxamento – Diminuição da tensão observada em um tecido viscoelástico que foi estirado ou comprimido até determinado comprimento e, em seguida, mantido nesse comprimento alcançado.

retroversão – Rotação ou deslocamento para trás em relação a um plano de referência.

rigidez – Medida da relação entre tensão e deformação relativa (i. e., o quanto um corpo se deforma em resposta a determinada carga).

rigidez flexural – Medida da rigidez ao encurvamento de um osso.

risco – Probabilidade de ocorrência de uma lesão ou morte em associação com um dado objeto, tarefa ou ambiente.

risco relativo – Risco calculado como a incidência de determinada lesão no grupo A dividida pela incidência da lesão no grupo B.

rotação de um projétil – Movimento de um lado para outro.

sarcômeros – Unidades contráteis da miofibrila, delimitadas por bandas Z em cada extremidade de seu comprimento.

segunda lei do movimento – É a lei que estabelece que uma força, ao atuar sobre um corpo, produzirá uma aceleração proporcional à força ($F = m \cdot a$).

separação do ombro – Entorse acromioclavicular.

sequelas – Efeitos subsequentes.

serotonina – Neurotransmissor que transporta mensagens entre as células nervosas no encéfalo e por todo o corpo; afeta funções do corpo, incluindo a vasoconstrição.

simulação – Processo que consiste no uso de um modelo validado para o estudo de questões relacionadas com um sistema e com sua operação.

sinapse – Junção em que um impulso nervoso é transmitido entre um neurônio e sua estrutura-alvo (p. ex., outro neurônio, ou o sarcolema de uma fibra de músculo esquelético).

sincício – Massa multinucleada, resultante da fusão de células.

síndrome compartimental (SC) – Condição causada pela expansão de um tecido enclausurado no interior de um espaço anatômico confinado; o resultado dessa expansão é um aumento na pressão, que afeta a circulação sanguínea e a condução nervosa.

síndrome do desfiladeiro torácico – Compressão de nervos ou vasos sanguíneos entre o pescoço e os ombros, que resulta em dor no pescoço e no ombro, dormência, parestesia e preensão fraca.

síndrome do estresse repetitivo – Ver *lesão crônica*.

síndrome do estresse tibial medial (SETM) – Reação inflamatória das inserções tibiais fasciais profundas em resposta à aplicação crônica de cargas; ocorre uma dor localizada na crista posteromedial da tíbia.

síndrome do impacto – Aumento da pressão no interior de um espaço anatômico confinado com efeito deletério aos tecidos contidos no espaço.

síndrome do segundo impacto (SSI) – Uma segunda lesão na cabeça experimentada por um indivíduo antes que tenham sido completamente resolvidos os sintomas associados a uma primeira lesão na cabeça (com maior frequência, uma concussão).

síndrome do trato iliotibial (STIT) – Condição inflamatória causada pelo atrito que ocorre quando o trato iliotibial passa sobre o epicôndilo lateral do fêmur durante ciclos repetidos de flexão-extensão do joelho.

síndrome do túnel do carpo (STC) – Lesão causada pelo uso excessivo em que o conteúdo do túnel do carpo (p. ex., vasos sanguíneos, tendões flexores e nervo mediano) é submetido a forças compressivas aumentadas; os sintomas incluem parestesia, dormência e dor.

sinovite – Inflamação de uma membrana sinovial.

sistema de forças concorrentes – Sistema de forças no qual todas as forças têm sua origem em um ponto comum, ou estão concentradas nesse ponto comum.

sistema de forças lineares – Sistema de forças em que todas as forças atuam ao longo de uma mesma linha.

sistema de forças paralelas – É o sistema de forças no qual todas as forças têm atuação paralela entre si.

sistema geral de forças – Sistema de forças que não é linear, paralelo nem concorrente.

sobrecarga progressiva – Princípio do treinamento que sugere que o aumento contínuo na carga de trabalho total durante as sessões de treinamento estimulará o crescimento muscular e o ganho de força.

somatótipo – Forma ou classificação física do corpo humano.

somitos – Corpos cuboides que formam distintas elevações superficiais e influenciam os contornos externos do embrião.

subluxação – Luxação parcial de uma articulação.

supinação – Combinação de flexão plantar do tornozelo, inversão subtalar, e rotação medial do pé.

tecido – Agregado de células e de substância intercelular que, em conjunto, realizam uma função especializada.

tecido adiposo – Tecido conjuntivo frouxo com aspecto de um agregado de células de gordura (adipócitos) circundado por tecido areolar.

tecido areolar – Tecido conjuntivo frágil que preenche praticamente todas as áreas do corpo em que há espaços ou orifícios onde exista tão somente matriz extracelular líquida.

tecido conjuntivo – Classificação de todos os tecidos que não sejam epiteliais, musculares ou nervosos; são tecidos conjuntivos o sangue, o tecido adiposo, as cartilagens, os ligamentos, os ossos e as fáscias.

tecido conjuntivo irregular denso – Tecido conjuntivo fibroso contendo fibras frouxas e aleatoriamente entrelaçadas, como a fáscia.

tecido conjuntivo regular denso – Tecidos fibrosos organizados, como os tendões, ligamentos ou aponeuroses.

tecido epitelial – Tecido de cobertura (revestimento) que absorve, secreta, transporta, excreta e protege o órgão ou tecido subjacente.

tecido fibroelástico – Rede frouxa e trançada de fibras. O tecido fibroelástico encapsula a maioria dos órgãos.

tecido nervoso – No corpo, é o tecido responsável pela comunicação. Desenvolve-se a partir do ectoderma e compreende as principais partes do sistema nervoso: encéfalo, medula espinal, nervos periféricos, terminações nervosas e órgãos dos sentidos.

tecido reticular – Tecido conjuntivo que contém fibras reticulares e algumas células primitivas; existente nas proximidades dos linfonodos e na medula óssea, no fígado e no baço.

tempo – Medida da duração de um determinado evento.

tendão – Trato colagenoso branco e flexível que conecta um músculo ao osso.

tendão do quadríceps – Tendão que conecta o músculo quadríceps femoral ao polo superior da patela.

tendão patelar – Ver *ligamento patelar*.

tendinite – Inflamação de um tendão.

tensão – Força que tende a tracionar e afastar as extremidades de um corpo.

tensão – Resistência interna desenvolvida em resposta a uma carga aplicada externamente.

tensão de cisalhamento – Resistência interna desenvolvida em resposta a uma carga de cisalhamento.

tensão de compressão – Resistência interna de um corpo em oposição à sua compactação.

Tensão de tração – Resistência interna à tração e separação.

teoria centrípeta – Essa teoria sugere que a distribuição de tensões difusas causadoras de dano, induzidas pela aplicação de uma carga inercial, diminuiria em magnitude desde a superfície até o centro de massa encefálica.

teoria do filamento deslizante – Etapas finais associadas com um pareamento de excitação-contração; essa teoria descreve a interação entre os filamentos de actina e de miosina necessária para a produção de força.

terceira lei do movimento – É a lei que estabelece que, para cada ação, ocorre uma reação igual e oposta.

tetania – Contração contínua da musculatura esquelética causada pela rápida chegada de sinais provenientes dos nervos.

tétano – Ver *tetania*.

tinido – Sons de campainha ou de assobio na orelha.

titina – Proteína filamentosa gigante essencial para a estrutura, desenvolvimento e elasticidade do músculo.

tonicamente recrutadas – Recrutamento repetido de fibras musculares de contração lenta.

torção – Ação de torção aplicada a uma estrutura.

torque – (1) Efeito de uma força que tende a causar rotação ou torção em torno de um eixo. (2) Agente mecânico que produz e controla o movimento angular.

torque resultante – Somatório de todos os torques atuantes em um corpo; ver também *momento resultante*.

trabalho – Medida de uma força (ou torque) que atua por meio de um deslocamento na direção da força (ou do torque); também *trabalho mecânico*.

trabalho angular – Medida mecânica do torque × deslocamento angular.

trabalho linear – Medida mecânica da força × deslocamento.

trabalho mecânico – Ver *trabalho*.

trabéculas – Pequenas barras ou bastões de osso na estrutura do osso esponjoso ou trabecular.

tracking patelar – Movimento deslizante da patela no sulco intercondilar do fêmur.

transferência de energia – Troca de energia de um corpo para outro.

transferência de momento – Troca de momento de um corpo para outro.

traumatismo cranioencefálico (LCE) – Termo que abrange múltiplas condições que derivam de um impacto ou na aceleração-desaceleração da cabeça.

treinamento de resistência – Modo de condicionamento físico planejado para melhorar a força muscular; também conhecido como *treinamento de força ou musculação*.

treinamento de resistência – Tipo de treinamento que aprimora a capacidade de resistência à fadiga dos sistemas cardiorrespiratório e muscular.

tríade da mulher atleta – Condição patológica causada pela combinação de distúrbios alimentares, distúrbios nos níveis hormonais e tecido ósseo de má qualidade e em pouca quantidade em mulheres jovens atletas.

tríade infeliz – Lesão no joelho causada por uma rotação em valgo, caracterizada por uma lesão simultânea no ligamento cruzado anterior (LCA), menisco medial e ligamento colateral medial.

túbulos transversos (túbulos T) – Invaginações do sarcolema que passam pela fibra muscular, entre as miofibrilas.

unidade motora – Unidade formada por um neurônio motor e todas as fibras musculares por ele inervadas.

vacuolação – Formação ou desenvolvimento de uma pequena cavidade ou espaço ocupado com ar ou líquido.

valgo – Desvio medial de uma articulação (p. ex., joelhos em tesoura).

variância ulnar (VU) – Diferença no comprimento entre a porção distal do rádio e da ulna.

variância ulnar negativa – Variância ulnar em que o rádio é mais comprido que a ulna.

variância ulnar positiva – Variância ulnar em que a ulna tem um comprimento maior do que o rádio.

varo – Desvio lateral de uma articulação (p. ex., pernas em arco).

velocidade – Medida do deslocamento de um objeto em relação à variação no tempo; calculada pelo deslocamento dividido pela variação no tempo.

velocidade angular – Deslocamento angular dividido pela variação no tempo.

velocidade de retorno elástico – Velocidade na qual um material deformado retorna à sua forma ou configuração original.

velocidade linear – Deslocamento linear dividido pela mudança no tempo.

vetor – Medida que tem magnitude e direção.

vetor de força idealizado – Vetor único usado para representar muitos vetores.

viscoelástico – Característica de tecidos que podem retornar à sua forma ou configuração original em seguida à remoção de uma carga (efeito elástico), e que apresentam uma resposta à carga dependente da taxa de deformação (efeito viscoso).

viscosidade – Propriedade de um fluido que lhe possibilita desenvolver e manter uma resistência ao fluxo que depende da sua velocidade (velocidade de fluxo).

watt – Unidade de potência mecânica (1 W = 1 J/s).

zigoto – Célula formada pela união de um óvulo com um espermatozoide.

zona de Ranvier – Área nas margens corticais da placa de crescimento em direção ao centro de ossificação primário.

Referências bibliográficas

Capítulo 1

American Academy of Orthopaedic Surgeons. 2022. Hip Fractures -OrthoInfo-AAOS. https://orthoinfo.aaos.org/en/diseases-conditions/hip-fractures/

Apostolakis, E., G. Apostolaki, M. Apostolaki, and M. Chorti. 2010. The reported thoracic injuries in Homer's Iliad. Journal of Cardiothoracic Surgery 5: 114.

Bittencourt, N.F.N., W.H. Meeuwisse, L.D. Mendonca, A. Nettel-Aguirre, J.M. Ocarisno, and S.T. Fonseca. 2016. Complex systems approach for sports injuries: Moving from risk factor identification to injury pattern recognition–narrative review and new concept. British Journal of Sports Medicine 50: 1309-1314.

Brewer, B.W., and C.J. Redmond. 2017. Psychology of Sport Injury. Champaign, IL: Human Kinetics.

Caine, D.J., C.G. Caine, and K.J. Linder. 1996. Epidemiology of Sports Injuries. Champaign, IL: Human Kinetics.

Committee on Trauma Research. 1985. Injury in America: A Continuing Public Health Problem. Washington, DC: National Academy Press.

Fonseca, S.T., T.R. Souza, E. Verhagen, R. van Emmerik, N.F.N. Bittencourt, L.D.M. Mendonca, A.G.P. Andrade, R.A. Resende, and J.M. Ocariono. 2020. Sports injury forecasting and complexity: A synergetic approach. Sports Medicine 50(10): 1757-1770.

Fu, G., X. Xie, Q. Jia, Z. Li, P. Chen, and Y. Ge. 2020. The development history of accident causation models in the past 100 years: 24Model, a more modern accident causation model. Process Safety and Environmental Protection 134: 47-82.

Galanakos, S.P., A.G.J. Bot, and G.A. Macheras. 2015. Pelvic and lower extremity injuries in Homer's Iliad: A review of the literature. Journal of Trauma and Acute Care Surgery 78(1): 204-208.

Haagsma, J.A., N. Graetz, I. Bolliger, M. Naghavi, et al. 2016. The global burden of injury: Incidence, mortality, disability-adjusted life years and time trends from the Global Burden of Disease study of 2013. Injury Prevention 22: 3-18.

Heil, J. 1993. Psychology of Sport Injury. Champaign, IL: Human Kinetics.

Hulme, A., S. McLean, P.M. Salmon, J. Thompson, B.R. Lane, and R.O. Nielsen. 2019. Computational methods to model complex systems in sports injury research: Agent-based modelling (ABM) and systems dynamics (SD) modelling.

British Journal of Sports Medicine 53(24): 1507-1510. Hutchison, R.L., and M.A. Hirthler. 2013. Upper extremity injuries in Homer's Iliad. Journal of Hand Surgery 38(9): 1790-1793.

Ichikawa, M., W. Chadbunchachai, and E. Marui. 2003. Effect of the helmet act for motorcyclists in Thailand. Accident Analysis and Prevention 35: 183-189.

Ivarsson, A., U. Johnson, M.B. Andersen, U. Tranaeus, A. Stenling, and M. Lindwall. 2017. Psychosocial factors and sports injuries: Meta-analyses for prediction and prevention. Sports Medicine 42: 353-365.

Kanis, J. 2007. Assessment of osteoporosis at the primary health-care level. WHO Scientific Group Technical Report.

Kayhanian, S., and R.J. Machado. 2020. Head injuries in Homer's Iliad. World Neurosurgery 143: 33-37.

Keele, K.D. 1983. Leonardo da Vinci's Elements of the Science of Man. New York: Academic Press.

Kegler, S.R., G.T. Baldwin, R.A. Rudd, and M.F. Ballesteros. 2017. Increases in United States life expectancy through reductions in injury-related death. Population HealthMetrics 15: 32.

Koutserimpas, C., K. Alpantaki, and G. Samonis. 2017. Trauma management in Homer's Iliad. International WoundJournal 14(4): 682-684.

LeVay, D. 1990. The History of Orthopaedics. Lancashire,UK: Parthenon.

Meeuwisse, W.H. 1994. Assessing causation in sport injury:A multifactorial model. Clinical Journal of Sport Medicine4: 166-170.

Meeuwisse, W.H., H. Tyreman, B. Hagel, and C. Emery. 2007. A dynamic model of etiology in sport injury: The recursive nature of risk and causation. Clinical Journal of Sport Medicine 17(3): 215-219.

Mylonas, A.I., F.H. Tzerbos, A.C. Eftychiadis, and E.C. Papadopolou. 2008. Cranio-maxillofacial injuries in Homer's Iliad. Journal of Craniomaxillofacial Surgery 36(1): 1-7.

National Center for Health Statistics. 2022. Health, United States 2020-2021 (cdc .gov).

National Safety Council. 2022. All Injuries Overview -Injury Facts (nsc .org). https://injuryfacts.nsc.org/all-injuries/overview/

Nixon, H.L. 1992. A social network analysis of influences on athletes to play with pain and injuries. Journal of Sport and Social Issues 16(2): 127-135.

Philippe, P., and O. Mansi. 1998. Nonlinearity in the epidemiology of complex health and disease processes. Theoretical Medicine and Bioethics 19: 591-607.

Rang, M. 2000. The Story of Orthopaedics. Philadelphia: Saunders.

Rice, D.P., and W. Max. 1996. Annotation: The high cost of injuries in the United States. American Journal of Public Health 86: 14-15.

Robertson, L.S. 2018. Injury Epidemiology (4th ed.). Raleigh, NC: Lulu Press.

Runge, J.W. 1993. The cost of injury. Emergency Medicine Clinics of North America 11: 241-253.

Salari, N., H. Ghasemi, L. Moharmmadi, M.Behzadi, E. Rabieenia, S. Shohaimi, and M. Mohammadi. 2021. The global prevalence of osteoporosis in the world: a comprehensive systematic review and meta-analysis. Journal of Orthopaedic Surgery and Research 16:609.

Sanders, M.S., and E.J. McCormick. 1993. Human Factors in Engineering and Design. New York: McGraw-Hill.

Suchman, E. 1961. On accident behavior. In Behavioural Approaches to Accident Research, edited by E.A. Suchman. Washington, DC: Association for the Aid to Crippled Children.

Swinney, C. 2016. Helmet use and head injury in Homer's Iliad. World Neurosurgery 90: 14-19.

Vos, T., S.S. Lim, C. Abbafati, K.M. Abbas, M. Abbasi, et al. 2020. Global burden of 369 diseases and injuries in 204 countries and territories, 1990-2019: A systematic analysis for the Global Burden of Disease Study 2019. Lancet 396: 1204-1222.

World Health Organization (WHO). 2014. Injuries and violence: The facts. Available: https://apps.who.int/iris/handle/10665/149798

Capítulo 2

Astrand, P.-O., K. Rodahl, H.A. Dahl, and S.B. Stromme. 2003. Textbook of Work Physiology: Physiological Bases of Exercise (4th ed.). Champaign, IL: Human Kinetics.

Berchuck, M., T.P. Andriacchi, B.R. Bach, and B. Reider. 1990. Gait adaptations by patients who have a deficient anterior cruciate ligament. Journal of Bone and Joint Surgery 72A: 871-877.

Cabral, W.A., E. Makareeva, A.D. Letocha, N. Scribanu, A. Fertala, A. Steplewski, D.R. Keene, et al. 2007. Y-Position cysteine substitution in type I collagen (Alpha1(I) R888C/p.R1066C) is associated with osteogenesis imperfecta/Ehlers-Danlos Syndrome phenotype. Human Mutation 28(4): 396-405. doi: 10.1002/humu.20456

Carter, D.R., G.S. Beaupre, W. Wong, R.L. Smith, T.P. Andriacchi, and D.J. Schurman. 2004. The mechanobiology of articular cartilage development and degeneration. Clinical Orthopaedics and Related Research 427S: S69-S77.

Currey, J.D. 2002. Bones: Structure and Mechanics. Princeton, NJ: Princeton University Press.

Dizon, J.M.R., and J.J.B. Reyes. 2010. A systematic review on the effectiveness of external ankle supports in the prevention of inversion ankle sprains among elite and recreational players. Journal of Science and Medicine in Sport 13: 309-317.

Durham, M., and S.J. Dyson. 2011. Applied anatomy of the musculoskeletal system. In Diagnosis and Management of Lameness in the Horse (2nd ed.), edited by M.W. Ross and S.J. Dyson. St. Louis, MO: Saunders.

Eyre, D.R. 2004. Collagens and cartilage matrix homeostasis. Clinical Orthopaedics and Related Research 427S:S-118-S122.

Fawcett, D.W., and E. Raviola. 1994. Bloom and Fawcett: A Textbook of Histology (12th ed.). New York: Chapman and Hall.

Garrett, W.E., and T.M. Best. 2000. Anatomy, physiology, and mechanics of skeletal muscle. In Orthopaedic Basic Science (2nd ed.), edited by S.R. Simon. Park Ridge, IL: American Academy of Orthopaedic Surgeons.

Hertel, J., and Corbett, R.O. 2019. An updated model of chronic ankle instability. Journal of Athletic Training 54(6):572-588.

Kim, A.W., A.M. Rosen, V.A. Brander, and T.S. Buchanan. 1995. Selective muscle activation following electrical stimulation of the collateral ligaments of the human knee joint. Archives of Physical Medicine and Rehabilitation 76: 750-757.

Langman, J. 1969. Medical Embryology (2nd ed.). Baltimore: Williams & Wilkins.

Lo, I.K.Y., G. Thornton, A. Miniaci, C.B. Frank, J.B. Rattner, and R.C. Bray. 2003. Structure and function of diarthrodial joints. In Operative Arthroscopy (3rd ed.), edited by J.B.

McGinty. Philadelphia: Lippincott Williams & Wilkins. Martin, R.B., and D.B. Burr. 1989. Structure, Function, and Adaptation of Compact Bone. New York: Raven Press.

Moffatt, C.B., and O. Cohen-Fix. 2019. The multiple ways nuclei scale on a multinucleated muscle cell scale. Developmental Cell 49(1): 3-5.

Morel, V., A. Mercay, and T.M. Quinn. 2005. Prestrain decreases cartilage susceptibility to injury by ramp compression in vitro. Osteoarthritis Cartilage 13: 964-970.

Nezwek, T., and Varacallo, M. 2019. Physiology. Treasure Island, FL: StatsPearls Publishing. www.ncbi.nlm.nih.gov/books/NBK542226/

Ogden, J.A. 2000a. Anatomy and physiology of skeletal development. In Skeletal Injury in the Child (3rd ed.), edited by J.A. Ogden. New York: Springer.

Ogden, J.A. 2000b. Injury to the growth mechanisms. In Skeletal Injury in the Child (3rd ed.), edited by J.A. Ogden. New York: Springer.

Ogden, J.A., and D.P. Grogan. 1987. Prenatal development and growth of the musculoskeletal system. In The Scientific Basis of Orthopaedics (2nd ed.), edited by J.A. Albright and R.A. Brand. Norwalk, CT: Appleton-Lange.

Ogden, J.A., D.P. Grogan, and T.R. Light. 1987. In The Scientific Basis of Orthopaedics (2nd ed.), edited by J.A. Albright and R.A. Brand. Norwalk, CT: Appleton-Lange.

Oinas, J., A.P. Ronkainen, L. Rieppo, M.A.J. Finnila, J.T. Livarinen, P.R. van Weeren, H.J. Helminen, P.A.J. Brama, R.K. Korhonen, and S. Saarakkala. 2018. Composition, structure and tensile biomechanical properties of equine articular cartilage during growth and maturation. Scientific Reports 8: 11357.

Parry, D.A.D., and J.M. Squire. 2005. Fibrous proteins: coiled coils, collagen and elastomers. In Advances in Protein Chemistry (vol. 70), edited by D.A.D. Parry and J.M. Squire. Amsterdam: Academic Press.

Ricard-Blum, S. 2011. The collagen family. Cold Spring Harbor Perspectives in Biology 3(1): a004978.

Rosier, R.N, P.R. Reynolds, and R.J. O'Keefe. 2000. Molecular and cell biology in orthopaedics. In Orthopaedic Basic Science (2nd ed.), edited by S.R. Simon. Park Ridge, IL: American Academy of Orthopaedic Surgeons.

Sands, W.A., D.J. Caine, and J. Borms. 2003. Scientific Aspects of Women's Gymnastics. Series: Medicine and Sport Science (vol. 45). Basel, Switzerland: Karger.

Shaker, J., and L. Deftos. 2018. Calcium and Phosphate Homeostasis. South Dartmouth, MA: EndoText. www.ncbi.nlm.nih.gov/books/NBK279023/

Shim, S.S., D.H. Copp, and F.P. Patterson. 1967. An indirect method of bone blood-flow measurement based on the clearance of a circulating bone-seeking radioisotope. Journal of Bone and Joint Surgery 49A: 693-702.

Silver, F.H., and G. Bradica. 2002. Mechanobiology of cartilage: How do internal and external stresses affect mechanochemical transduction and elastic energy storage? Biomechanics and Modeling in Mechanobiology 1: 219-238.

Slater, L.V., J.M. Hart, A.R. Kelly, and C.M. Kuenze. 2017. Progressive changes in walking kinematics and kinetics after anterior cruciate ligament injury and reconstruction: A review and meta-analysis. Journal of Athletic Training 52(9): 847-860.

Solomonow, M. 2004. Ligaments: A source of work-related musculoskeletal disorders. Journal of Electromyography and Kinesiology 14: 49-60.

Surve, I., M.P. Schwellnus, T. Noakes, and C. Lombard. 1994. A fivefold reduction in the incidence of recurrent ankle sprains in soccer players using the Sport-Stirrup orthosis. American Journal of Sports Medicine 22: 601-606.

Tidball, J.G. 1991. Force transmission across muscle cell membranes. Journal of Biomechanics 24(Suppl. 1): 43-52.

Tothill, P., and J.N. MacPherson. 1986. The distribution of blood flow to the whole skeleton in dogs, rabbits and rats measured with microspheres. Clinical Physics and Physiological Measurement 7: 117-123.

Tskhovrebova, L., and J. Trinick. 2010. Roles of titin in the structure and elasticity of the sarcomere. Biomedical Research International 2010:612482. doi: 10.1155/2010/612482

Vynios, D.H. 2014. Metabolism of cartilage proteoglycans in health and disease. Biomedical Research International 2014:452315.

Whiting, W.C. 2019. Dynamic Human Anatomy (2nd ed.). Champaign, IL: Human Kinetics.

Woo, S.L.-Y., K.-N. An, C.B. Frank, G.A. Livesay, C.B. Ma, J. Zeminski, J.S. Wayne, and B.S. Myers. 2000. Anatomy, biology, and biomechanics of tendon and ligament. In Orthopaedic Basic Science (2nd ed.), edited by S.R. Simon. Park Ridge, IL: American Academy of Orthopaedic Surgeons.

Zelzer, E., R. Mamiuk, N. Ferrara, R.S. Johnson, E. Schipani, and B.R. Olsen. 2004. VEGFA is necessary for chondrocyte survival during bone development. Development 131: 2161-2171.

Capítulo 3

Bergmann, G., I. Kutzner, A. Bender, J. Dymke, A. Trepczynski, G.N. Duda, D. Felsenberg, and P. Damm. 2018. Loading of the hip and knee joints during whole body vibration training. PLoS ONE 13(12): e0207014. doi: 10.137/journal.pone.0207014

Blemker, S.S., and S.L. Delp. 2005. Three-dimensional representation of complex muscle architectures and geometries. Annals of Biomedical Engineering 33: 661-673.

Burstein, A.H., and T.M. Wright. 1994. Fundamentals of Orthopaedic Biomechanics. Baltimore: Williams & Wilkins.

D'Lima, D.D., B.J. Fregly, and C.W. Colwell, Jr. 2013. Implantable sensor technology: Measuring

bone and joint biomechanics of daily life in vivo. Arthritis Research & Therapy 15: 203.

Dragoo, J.L., H.J. Braun, and A.H.S. Harris. 2013. The effect of playing surface on the incidence of ACL injuries in National Collegiate Athletic Association American football. Knee 20(3): 191-195.

Hubbard, M. 1993. Computer simulation in sport and industry. Journal of Biomechanics 26(Suppl. 1): 53-61.

Kirking, B., J. Krevolin, C. Townsend, C.W. Colwell, Jr., and D.D. D'Lima. 2006. A multiaxial force-sensing implantable tibial prosthesis. Journal of Biomechanics 39: 1744-1751.

Robertson, L.S. 2018. Injury Epidemiology (4th ed.). Morrisville, NC: Lulu Press.

Rudert, M.J., B.J. Ellis, C.R. Henak, N.J. Stroud, D.R. Pederson, J.A. Weiss, and T.D. Brown. 2014. A new sensor for measurement of dynamic contact stress in the hip. Journal of Biomechanical Engineering 136(3). doi: 10.1115/1.4026103

Seth, A., J.L. Hicks, T.K. Uchida, A. Habib, C.L. Dambia, J.J. Dunne, et al. 2018. OpenSim: Simulating musculoskeletal dynamics and neuromuscular control to study human and animal movement. PLoS Computational Biology 14(7):e1006223.

Stansfield, B.W., A.C. Nicol, J.P. Paul, I.G. Kelly, F. Graichen, and G. Bergmann. 2003. Direct comparison of calculated hip joint contact forces with those measured using instrumented implants: An evaluation of a three-dimensional mathematical model of the lower limb. Journal of Biomechanics 36: 929-936.

Steffen, K., T.E. Andersen, and R. Bahr. 2007. Risk of injury on artificial turf and natural grass in young female football players. British Journal of Sports Medicine 41(Suppl 1): i33-i37.

Viidik, A. 1968. A rheological model for uncalcified parallel-fibred collagenous tissue. Journal of Biomechanics 1(1): 3-7.

Westerhoff, P., F. Graichen, A. Bender, A. Rohlmann, and G. Bergmann. 2009. An instrumented implant for in vivo measurement of contact forces and contact moment in the shoulder joint. Medical Engineering & Physics 31: 207-213.

Williams, J.H., E. Akogyrem, and J.R. Williams. 2013. A meta-analysis of soccer injuries on artificial turf and natural grass. Journal of Sports Medicine. doi: 10.1155/2013/380523

Winter, D.A. 2009. Biomechanics and Motor Control of Human Movement (4th ed.). New York: Wiley.

Capítulo 4

Akeson, W.H., D. Amiel, M.F. Abel, S.R. Garfin, and S.L. Woo. 1987. Effects of immobilization on joints. Clinical Orthopaedics and Related Research 219: 28-37.

Ashizawa, N., R. Fujimura, K. Tokuyama, and M. Suzuki. 1997. A bout of resistance exercise increases urinary calcium independently of osteoblastic activation in men. Journal of Applied Physiology 83: 1159-1163. Astrand, P.-O., K. Rodahl, H.A. Dahl, and S.B. Stromme. 2003. Textbook of Work Physiology: Physiological Bases of Exercise (4th ed.). Champaign, IL: Human

Kinetics.

Bailey, D.A., R.A. Faulkner, and H.A. McKay. 1996. Growth, physical activity, and bone mineral acquisition. Exercise and Sport Sciences Reviews 24: 233-266.

Baldwin, K.M., and F. Haddad. 2002. Cellular and molecular responses to altered physical activity paradigms. American Journal of Physical Medicine and Rehabilitation 81(Suppl.):40-51.

Bandy, W.D., and K. Dunleavy. 1996. Adaptability of skeletal muscle: Response to increased and decreased use. In Athletic Injuries and Rehabilitation, edited by J.E. Zachazewski, D.J. Magee, and W.S. Quillen. Philadelphia: Saunders.

Bass, S.L., P. Eser, and R. Daly. 2005. The effect of exercise and nutrition on the mechanostat. Journal of Musculoskeletal and Neuronal Interactions 5: 239-254.

Benjamin, M., and B. Hillen. 2003. Mechanical influences on cells, tissues and organs –"Mechanical morphogenesis." European Journal of Morphology 41: 3-7.

Beveridge, W.I.B. 1957. The art of scientific investigation (3rd ed.). London: Heinemann.

Bilanin, J., M. Blanchard, and E. Russek-Cohen. 1989. Lower vertebral bone density in male long distance runners. Medicine and Science in Sports and Exercise 21: 66-70.

Bostrom, M.P.G., A. Boskey, J.J. Kaufman, and T.A. Einhorn. 2022. Form and function of bone. In Orthopaedic Basic Science (5th ed.), edited by R. Aaron. Park Ridge, IL: American Academy of Orthopaedic Surgeons.

Bourrin, S., A. Toromanoff, P. Ammann, J.P. Bonjour, and R. Rizzoli. 2000. Dietary protein deficiency induces osteoporosis in aged male rats. Journal of Bone and Mineral Research 15: 1555-1563.

Brand-Saberi, B. 2005. Genetic and epigenetic control of skeletal muscle development. Annals of Anatomy 187: 199-207.

Buckingham, M., L. Bajard, T. Chang, P. Daubas, J. Hadchouel, S. Meilhac, D. Montarras, D. Rocancourt, and F. Relaix. 2003. The formation of skeletal muscle: From somite to limb. Journal of Anatomy 202: 59-68.

Burr, D.B., C. Milgrom, D. Fyhrie, M. Forwood, M. Nyska, A. Finestone, S. Hoshaw, E. Saiag, and A. Simkin. 1996. In vivo measurement of human tibial strains during vigorous activity. Bone 18: 405-410.

Chakravarthy, M.V., B.S. Davis, and F.W. Booth. 2000. IGF-1 restores satellite cell proliferative potential in immobilized old skeletal muscle. Journal of Applied Physiology 89: 1365-1379.

Chen, C.T., M. Bhargava, P.M. Lin, and P.A. Torzilli. 2003. Time, stress, and location dependent chondrocyte death and collagen damage in cyclically loaded articular cartilage. Journal of Orthopaedic Research 21: 888-898.

Chen, G., L. Liu, and J. Yu, 2012. A comparative study on strength between American college male and female students in Caucasian and Asian populations. Sport Science Review 21: 153-165.

Coupp., C., P. Hansen, M. Kongsgaard, V. Kovanen, C. Suetta, P. Aagaard, M. Kjaer, and S.P. Magnusson, 2009. Mechanical properties and collagen cross-linking of the patellar tendon in old and young men. Journal of Applied Physiology 107(3): 880-886.

Croker, S.L., W. Reed, and D. Donlor. 2016. Comparative cortical bone thickness between the long bones of humans and five common non-human mammal taxa. Forensic Science International 260: 104.e1-104.e17.

Crowell, H.P., and I.S. Davis. 2011. Gait retraining to reduce lower extremity loading in runners. Clinical Biomechanics 26(1): 78-83.

Cureton, K.J., M.A. Collins, D.W. Hill, and F.M. McElhannon, Jr. 1990. Muscle hypertrophy in men and women. Medicine and Science in Sports and Exercise 20: 338-344.

Currey, J.D. 1979. Mechanical properties of bone tissues with greatly differing functions. Journal of Biomechanics 12: 313-319.

Currey, J.D. 1988. The effect of porosity and mineral content on the Young's modulus of elasticity of compact bone. Journal of Biomechanics 21: 131-139.

Currey, J.D. 2002. Bones: Structure and Mechanics. Princeton, NJ: Princeton University Press.

Currey, J.D. 2003a. How well are bones designed to resist fracture? Journal of Bone and Mineral Research 18: 591-598.

Currey, J.D. 2003b. The many adaptations of bone. Journal of Biomechanics 36: 1487-1495.

Currey, J.D. 2005. Bone architecture and fracture. Current Osteoporosis Reports 3: 52-56.

Currey, J.D., and R.M. Alexander. 1985. The thickness of walls of tubular bones. Journal of Zoology 206: 453-468.

Darling, A.L., D.L. Millward, D.J. Torgerson, C.E. Hewitt, and S.A. Lanham-New. 2009. Dietary protein and bone health: A systematic review and meta-analysis. The American Journal of Clinical Nutrition 90(6): 1674-1692.

Dean, J.C., J.M. Clair-Auger, O. Lagerquist, and D.F. Collins. 2014. Asynchronous recruitment of low-threshold motor units during repetitive, low-current stimulation of the human tibial nerve. Frontiers in Human Neuroscience 8: 1002.

Deprez, X., and P. Fardellone. 2003. Nonpharmacological prevention of osteoporotic fractures. Joint Bone Spine 70: 448-457.

Doschak, M.R., and R.F. Zernicke. 2005. Structure, function and adaptation of bone-tendon and bone-ligament complexes. Journal of Musculoskeletal and Neuronal Interactions 5: 35-40.

Doty, S.B. 2004. Space flight and bone formation. Materwiss Werksttech 35: 951-961.

Ehrhardt, J., and J. Morgan. 2005. Regenerative capacity of skeletal muscle. Current Opinion in Neurology 18: 548-553.

Engelke, K., W. Kemmler, D. Lauber, C. Beeskow, R. Pintag, and W.A. Kalender. 2006. Exercise maintains bone density at spine and hip EFOPS: A 3-year longitudinal study in early postmenopausal women. Osteoporosis International 17: 133-142.

Englemark, V.E. 1961. Functionally induced changes in articular cartilage. In Biomechanical Studies of the Musculoskeletal System, edited by F.G. Evans. Springfield, IL: Charles C Thomas.

Flanagan, S., C. Dunn-Lewis, D. Hatfield, L. Distefanso, M. Fragala, M. Shoap, M. Gotwald, J. Trail, A. Gomez, J. Voler, C. Cortis, B. Comstock, D. Hooper, T. Szivak, D. Looney, W. DuPont, D. McDermott, M. Gaudiose, and W. Kraemer. 2015. Developmental differences between boys and girls result in sex-specific physical fitness changes from fourth to fifth grade. Journal of Strength and Conditioning Research 29: 175-180.

Frank, C.B. 1996. Ligament injuries: Pathophysiology and healing. In Athletic Injuries and Rehabilitation, edited by J.E. Zachazewski, D.J. Magee, and W.S. Quillen. Philadelphia: Saunders.

Galloway, M.T., A.L. Lalley, and J.T. Shearn. 2013. The role of mechanical loading in tendon development, maintenance, injury, and repair. The Journal of Bone and Joint Surgery 95(17): 1620-1628. doi: 10.2106/JBJS.L.01004

Garrett, W.E., Jr., and T.M. Best. 2022. Anatomy, physiology, and mechanics of skeletal muscle. In Orthopaedic Basic Science (5th ed.), edited by R. Aaron. Park Ridge, IL: American Academy of Orthopaedic Surgeons.

Gentil, P., J. Steele, M.C. Pereira, R.P. Castanheira, A. Paoli, and M. Bottaro. 2016. Comparison of upper body strength gains between men and women after 10 weeks of resistance training. PeerJ 4: e1627.

Giannini, S., M. Nobile, S. Sella, and L. Dalle Carbonare. 2005. Bone disease in primary hypercalciuria. Critical Reviews in Clinical Laboratory Science 42: 229-248.

Gregor, R.J., P.V. Komi, R.C. Browning, and M. Jarvinen. 1991. A comparison of the triceps surae and residual muscle moments at the ankle during cycling. Journal of Biomechanics 24: 287-297.

Haizlip, K.M., B.C. Harrison, and L.A. Leinwand. 2015. Sex-based differences in skeletal muscle kinetics and fiber-type composition. Physiology 30(1): 30-39.

Hakkinen, K. 2002. Strength Training for Sport. Malden, MA: Blackwell.

Harwood, F.L., and D. Amiel. 1992. Differential metabolic responses of periarticular ligaments and tendon to joint immobilization. Journal of Applied Physiology 72: 1687-1691.

Hengsberger, S., P. Ammann, B. Legros, R. Rizzoli, and P. Zysset. 2005. Intrinsic bone tissue properties in adult rat vertebrae: Modulation by dietary protein. Bone 36: 134-141.

Hetland, M.L., J. Haarbo, and C. Christiansen. 1993. Low bone mass and high bone turnover in male long distance runners. Journal of Clinical Endocrinology and Metabolism 77(3): 770-775. doi: 10.1210/jcem.77.3.8370698

Hiney, K.M., B.D. Nielsen, D. Rosenstein, M.W. Orth, and B.P. Marks. 2004. High-density exercise of short duration alters bovine bone density and shape. Journal of Animal Science 82: 1612-1620.

Ikai, M., and T. Fukunaga. 1968. Calculation of muscle strength per unit cross-sectional area of human muscle by means of ultrasonic measurements. Internationale Zeitschrift Fur Angewandte Physiologie 6: 174-177.

Iwamoto, J., C. Shimamura, T. Takeda, H. Abe, S. Ichimura, Y. Sato, and Y. Toyama. 2004. Effects of treadmill exercise on bone mass, bone metabolism, and calcitrophic hormones in young growing rats. Journal of Bone and Mineral Research 22: 26-31.

Jin, M., E.H. Frank, T.M. Quinn, E.B. Hunziker, and A.J. Grodzinsky. 2001. Tissue shear deformation stimulates proteoglycan and protein biosynthesis in bovine cartilage explants. Archives of Biochemistry and Biophysics 395: 41-48.

Kadi, F., N. Charifi, C. Denis, J. Lexell, J.L. Andersen, P. Schjerling, S. Olsen, and M. Kjaer. 2005. The behaviour of satellite cells in response to exercise: What have we learned from human studies? Pflugers Archives 451: 319-327.

Kaplan, F.S., W.C. Hayes, T.M. Keaveny, A. Boskey, T.A. Einhorn, and J.P. Iannotti. 1994. Form and function of bone. In Orthopaedic Basic Science, edited by S.R. Simon. Park Ridge, IL: American Academy of Orthopaedic Surgeons.

Kasashima, Y., R.K. Smith, H.L. Birch, T. Takahashi, K. Kusano, and A.E. Goodship. 2002. Exercise-induced tendon hypertrophy: Cross-sectional area changes during growth are influenced by exercise. Equine Veterinary Journal 34(Suppl.): 264-268.

Kjaer, M. 2004. Role of extracellular matrix in adaptation of tendon and skeletal muscle to mechanical loading. Physiological Reviews 84: 649-698.

Komi, P.V. 2003. Strength and Power in Sport. Oxford, UK: Blackwell Scientific.

Kopiczko, A. 2014. Assessment of intake of calcium and vitamin D and sun exposure in the context of osteoporosis risk in a study conducted on perimenopausal women. Menopause Review (Przeglad menopauzalny) 13(2): 79-83. doi: 10.5114/pm.2014.42707

Korpelainen, R., S. Keinanen-Kiukaanniemi, J. Heikkinen, K. Vaananen, and L. Korpelainen. 2006. Effect of impact exercise on bone mineral density in elderly women with low bone mineral density: A population-based randomized controlled 30-month intervention. Osteoporosis International 21: 772-779.

Lanyon, L.E. 1987. Functional strain in bone tissue as an objective and controlling stimulus for adaptive bone remodeling. Journal of Biomechanics 20: 1083-1093.

Lee, J.H. 2019. The effect of long-distance running on bone strength and bone biochemical markers. Journal of Exercise Rehabilitation 15(1): 26-30.

Li, F., E. Eckstrom, P. Harmer, K. Fitzgerald, J. Voit, and K.A. Cameron. 2016. Exercise and fall prevention: Narrowing the research-to-practice gap and enhancing integration of clinical and community practice. Journal of the American Geriatric Society 64(2): 425-431.

Lieberman, D.E., O.M. Pearson, J.D. Polk, B. Demes, and A.W. Crompton. 2003. Optimization of bone growth and remodeling in response to loading in tapered mammalian limbs. Journal of Experimental Biology 206: 3125-3138.

Linnamo, V., A. Pakarinen, P.V. Komi, W.J. Kraemer, and K. Hakkinen. 2005. Acute hormonal responses to submaximal and maximal heavy resistance and explosive exercises in men and women. Journal of Strength Conditioning Research 19: 566-571.

Liu, D., H.P. Veit, and D.M. Denbow. 2004. Effects of long-term dietary lipids on mature bone mineral content, collagen, crosslinks, and prostaglandin E2 production in Japanese quail. Poultry Science 83: 1876-1883.

Lo, I.K.Y., G. Thornton, A. Miniaci, C.B. Frank, J.B. Rattner, and R.C. Bray. 2012. Structure and function of diarthrodial joints. In Operative Arthroscopy (4th ed.), edited by M.D. Johnson et al. Philadelphia: Lippincott Williams & Wilkins.

Loitz, B.J., and R.F. Zernicke. 1992. Strenuous exercise--induced remodeling of mature bone: Relationships between in vivo strains and bone mechanics. Journal of Experimental Biology 170: 1-18.

Loitz-Ramage, B.J., and R.F. Zernicke. 1996. Bone biology and mechanics. In Athletic Injuries and Rehabilitation, edited by J.E. Zachazewski, D.J. Magee, and W.S. Quillen. Philadelphia: Saunders.

Lorentzon, M., D. Mellstrom, and C. Ohlsson. 2005. Association of amount of physical activity with cortical bone size and trabecular volumetric BMD in young adult men: The GOOD study. Journal of Bone and Mineral Research 20: 1936-1943.

Lorenz, D.S., Reiman, M.P., and Walker, J.C. 2010. Periodization: Current review and suggested implementation for athletic rehabilitation. Sports Health 2(6): 509-518.

Macaluso, A., and G. De Vito. 2004. Muscle strength, power, and resistance training in older people. European Journal of Applied Physiology 91: 450-472.

MacDougall, J., C. Webber, J. Martin, S. Ormerod, A. Chesley, E. Younglai, C. Gordon, and C. Blimkie. 1992. Relationship among running mileage, bone density, and serum testosterone in male runners. Journal of Applied Physiology 73: 1165-1170.

MacDougall, J.D. 2003. Hypertrophy or hyperplasia? In Strength and Power in Sport: The Encyclopedia of Sports Medicine (2nd ed.), edited by P. Komi. Oxford, UK: Blackwell.

Maddalozzo, G.G., J.J. Widrick, B.J. Cardinal, K.M. Winters-Stone, M.A. Hoffman, and C.M. Snow. 2007. The effects of hormone replacement therapy and resistance training on spine bone mineral density in early postmenopausal women. Bone 40: 1244-1251.

Mankin, H.J., V.C. Mow, J.A. Buckwalter, J.P. Iannotti, and A. Ratcliffe. 2022. Articular cartilage structure, composition and function. In Orthopaedic Basic Science (5th ed.), edited by R. Aaron. Park Ridge, IL: American Academy of Orthopaedic Surgeons.

Marcus, R., C. Cann, P. Madvig, J. Minkoff, M. Goddard, M. Bayer, M. Martin, W. Haskell, and H. Genant. 1985. Menstrual function and bone mass in elite women distance runners. Endocrine and metabolic features. Annals of Internal Medicine 102: 158-163.

Martin, R.B., D.B. Burr, and N.A. Sharkey. 2015. Skeletal Tissue Mechanics (2nd ed.). New York: Springer.

Matsuda, J.J., R.F. Zernicke, A.C. Vailas, A. Pedrini-Mille, and J.A. Maynard. 1986. Morphological and mechanical adaptation of immature bone to strenuous exercise. Journal of Applied Physiology: Respiratory, Environmental, and Exercise Physiology 60: 2028-2034.

McArdle, W.D., F.I. Katch, and V.L. Katch. 2001. Exercise Physiology. Philadelphia: Lippincott Williams & Wilkins.

McCall, G.E., W.C. Byrnes, and S.J. Fleck. 1999. Acute and chronic hormonal responses to resistance training designed to promote muscle hypertrophy. Canadian Journal of Applied Physiology 24: 96-107.

McCormack, S., D. Cousminer, A. Chesi, J. Mitchell, S. Roy, H. Kalkwarf, J. Lappe, V. Gilsanz, S. Obefield, J. Shepherd, K. Winer, A. Kelly, S. Grant, and B. Zermei. 2017. Association between linear growth and bone accrual in a diverse cohort of children and adolescents. JAMA Pediatrics 171(9):e171769.

Mehta, J., J. Kling, and J. Manson. 2021. Risks, benefits, and treatment modalities of menopausal hormone therapy: Current concepts. Frontiers in Endocrinology. 26 March. doi: 10.3389/fendo.2021.564781

Merriam-Webster. 2003. Merriam-Webster's Collegiate Dictionary (11th ed.). Springfield, MA: Merriam-Webster.

Mow, V.C., A. Ratcliffe, and A.R. Poole. 1992. Cartilage and diarthrodial joints as paradigms for hierarchical materials and structures. Biomaterials 1: 67-97.

Mullner, T., O. Kwasny, R. Reihsner, V. Lohnert, and R. Schabus. 2000. Mechanical properties of a rat patellar tendon stress-shielded in situ. Archives of Orthopaedic and Trauma Surgery 120: 70-74.

Musumeci, G. 2016. The effect of mechanical loading on articular cartilage. The Journal of Functional Morphology and Kinesiology 1(2): 154-161.

Nickien M., A. Heuijerjans, K. Ito, and C.C. van Donkelaar. 2018. Comparison between in vitro and in vivo cartilage overloading studies based on a systematic literature review. Journal of Orthopedic Research 36(8): 2076-2086.

North American Hormone Therapy Position Statement Advisory Panel (NHTPSAP). 2017. The 2017 hormone therapy position statement of The North American Menopause Society. Menopause 24(7): 728-753. doi: 10.1097/GME.0000000000000921

O'Brien, M. 2001. Exercise and osteoporosis. Irish Journal of Medical Science 170: 58-62.

Oftadeh, R., M. Perez-Viloria, J.C. Villa-Camacho, A. Vaziri, and A. Nazarian. 2015. Biomechanics and mechanobiology of trabecular bone: A review. Journal of Biomechanical Engineering 137(1): 0108021-01080215. doi: 10.1115/1.4029176

Oganov, V.S. 2004. Modern analysis of bone loss mechanisms in microgravity. Journal of Gravitational Physiology 11: P143-P146.

Ormerod, S., J. MacDougall, and C. Webber. 1988. The effects of different forms of exercise on bone mineral content. Canadian Journal of Sport Science 13: 74P.

Palmes, D., H.U. Spiegel, T.O. Schneider, M. Langer, U. Stratmann, T. Budny, and A. Probst. 2002. Achilles tendon healing: Long-term biomechanical effects of postoperative mobilization and immobilization in a new mouse model. Journal of Orthopaedic Research 20: 939-946.

Parfitt, A.M. 1984. The cellular basis of bone remodeling: The quantum concept reexamined in light of recent advances in the cell biology of bone. Calcified Tissue International 36: S38.

Parry, H.A., M.D. Roberts, and A.N. Kavazis. 2020. Human skeletal muscle mitochondrial adaptations following resistance exercise training. International Journal of Sports Medicine 41(6): 349-359. doi: 10.1055/a-1121-7851

Pimentel Neto, J., L.C. Rocha, G.K. Barbosa, C. dos Santos Jacob, W.K. Neto, L. Watanabe, and A.P. Ciena. 2020. Myotendinous junction adaptations to ladder-based resistance training: Identification of a new telocyte niche. Scientific Reports 10: 14124. doi: 10.1038/s41598-020-70971-6

Platt, M.A. 2005. Tendon repair and healing. Clinics in Podiatric Medicine and Surgery 22: 553-560.

Robinson, T., C. Snow-Harter, D. Taafe, D. Gillis, J. Shaw, and R. Marcus. 1995. Gymnasts exhibit higher bone mass than runners despite prevalence of amenorrhea and oligomenorrhea. Journal of Bone and Mineral Research 19: 26-35.

Ross, A.C., C.L. Taylor, A.L. Yaktine et al., eds. 2011. Dietary Reference Intakes for Calcium and Vitamin D. Washington, DC: National Academies Press. Available from: www .ncbi.nlm.nih.gov/books/NBK56060/

Rubin, C.T., and L.E. Lanyon. 1985. Regulation of bone mass by mechanical strain magnitude. Calcified Tissue International 37: 411-417.

Schoenfeld, B.J., B. Contreras, J. Krieger, J. Grgic, K. Delcastillo, R. Belliard, and A. Alto. 2019. Resistance training volume enhances muscle hypertrophy but not strength in trained men. Medicine and Science in Sports and Exercise 51(1): 94-103. doi: 10.1249/MSS.0000000000001764

Senderovich, H., and A. Kosmopoulos. 2018. An insight into the effect of exercises on the prevention of osteoporosis and associated fractures in high-risk individuals. Rambam Maimonides Medical Journal 9(1): e0005. doi: 10.5041/RMMJ.10325

Siddiqui, J.A., and N.C. Partridge. 2016. Physiological bone remodeling: Systemic regulation and growth factor involvement. Physiology 31(3): 233-245. doi: 10.1152/physiol.00061.2014

Singh, K., K. Masuda, E.J. Thonar, H.S. An, and G. Cs-Szabo. 2009. Age-related changes in the extracellular matrix of nucleus pulposus and annulus fibrosus of human intervertebral disc. Spine 34(1): 10-16. doi: 10.1097/BRS.0b013e31818e5ddd

Snow-Harter, C., and R. Marcus. 1991. Exercise, bone mineral density, and osteoporosis. Exercise and Sport Sciences Reviews 19: 351-388.

Sorrenti, S.J. 2006. Achilles tendon rupture: Effect of early mobilization in rehabilitation after surgical repair. Foot Ankle International 27: 407-410.

Specker, B., T. Binkley, and N. Fahrenwald. 2004. Increased periosteal circumference remains present 12 months after an exercise intervention in preschool children. Bone 35:1383-1388.

Staud, R. 2005. Vitamin D: More than just affecting calcium and bone. Current Rheumatology Reports 7: 356-364.

Suva, L.J., D. Gaddy, D.S. Perrien, R.L. Thomas, and D.M. Findlay. 2005. Regulation of bone mass by mechanical loading: Microarchitecture and genetics. Current Osteoporosis Report 3: 46-51.

Tajbakhsh, S. 2003. Stem cells to tissue: Molecular, cellular and anatomical heterogeneity in skeletal muscle. Current Opinion in Genetics and Development 13: 413-422.

Taylor, A.H., N.T. Cable, G. Faulkner, M. Hillsdon, M. Narici, and A.K. Van Der Bij. 2004. Physical activity and older adults: A review of health benefits and the effectiveness of interventions. Journal of Sports Science 22: 703-725.

Tidball, J.G. 1983. The geometry of actin filament-membrane associations can modify adhesive strength of the myotendinous junction. Cell Motility and the Cytoskeleton 3: 439-447.

Tipton, C.M., R.D. Matthes, J.A. Maynard, and R.A. Carey. 1975. The influence of physical activity on ligaments and tendons. Medicine and Science in Sports 7: 165-175.

Tuukkanen, J., B. Wallmark, P. Jalovaara, T. Takala, S. Sjogren, and K. Vaananen. 1991. Changes induced in growing rat bone by immobilization and remobilization. Bone 12: 113-118.

Vaitkeviciute, D., E. L.tt, J. M.estu, T. Jürim.e, M. Saar, P. Purge, K. Maasalu, and J. Jürim.e. 2014. Physical activity and bone mineral accrual in boys with different body mass parameters during puberty: A longitudinal study. PLoS One 9(10): e107759. doi: 10.1371/journal.pone.0107759

Wackerhage, H., B.J. Schoenfeld, D.L. Hamilton, M. Lehti, and J.J. Hulmi. 2019. Stimuli and sensors that initiate skeletal muscle hypertrophy following resistance exercise. The Journal of Applied Physiology 126: 30-43. doi: 10.1152/japplphysiol.00685.2018

Walker, J.M. 1996. Cartilage of human joints and related structures. In Athletic Injuries and Rehabilitation, edited by J.E. Zachazewski, D.J. Magee, and W.S. Quillen. Philadelphia: Saunders.

Weinkamer, R., C. Eberl, and P. Fratzl. 2019. Mechanoregulation of bone remodeling and healing as inspiration for self-repair in materials. Biomimetics (Basel, Switzerland) 4(3): 46. doi: 10.3390/biomimetics4030046

Williams, P.E., and G. Goldspink. 1981. Longitudinal growth of striated muscle. Journal of Cell Science 9: 751-767.

Wilmore, J.H. 1979. The application of science to sport: Physiological profiles of male and female athletes. Canadian Journal of Applied Sport Science 4: 102-115.

Woo, S.L.-Y., K.-N. An, C.B. Frank, G.A. Livesay, C.B. Ma, J. Zeminski, J.S. Wayne, and B.S. Myers. 2022. Anatomy, biology, and biomechanics of tendon and ligament. In Orthopaedic Basic Science (5th ed.), edited by R. Aaron. Park Ridge, IL: American Academy of Orthopaedic Surgeons.

Woo, S.L.-Y., M.A. Gomez, T.J. Sites, P.O. Newton, C.A. Orlando, and W.H. Akeson. 1987. The biomechanical and morphological changes in the medial collateral ligament of the rabbit after immobilization and remobilization. Journal of Bone and Joint Surgery 69A: 1200-1211.

Woo, S.L., M. Thomas, and S.S. Chan Saw. 2004. Contribution of biomechanics, orthopaedics and rehabilitation: The past, present and future. Surgeon 2: 125-136.

Wren, T.A.L., G.S. Beaupre, and D.R. Carter. 2000. Tendon and ligament adaptation to exercise, immobilization, and remobilization. Journal of Rehabilitation Research and Development 37: 217-224.

Yamada, H. 1973. Strength of Biological Materials. Huntington, NY: Krieger.

Yin, H., F. Price, and M.A. Rudnicki. 2013. Satellite cells and the muscle stem cell niche. Physiological Reviews 93(1):23-67. doi: 10.1152/physrev.00043.2011

Zernicke, R.F., J.J. Garhammer, and F.W. Jobe. 1977. Human patellar tendon rupture: A kinetic analysis. Journal of Bone and Joint Surgery 59A: 179-183.

Zernicke, R.F., J. McNitt-Gray, C. Otis, B. Loitz, G. Salem, and G. Finerman. 1994. Stress fracture risk assessment among elite collegiate women runners. Journal of Biomechanics 27: 978-986.

Zioupos, P., and J.D. Currey. 1994. The extent of microcracking and the morphology of microcracks in damaged bone. Journal of Materials Science 29: 978-986.

Capítulo 5

American Academy of Orthopaedic Surgeons (AAOS). 2020. The Seventh Annual Report of the AJRR on Hip and Knee Arthroplasty. Rosemont, IL: AAOS.

Andarawis-Puri, N., E.L. Flatow, and L.J. Soslowsky. 2015. Tendon basic science: Development, repair, regeneration, and healing. Journal of Orthopaedic Research 33(6): 780-784.

Anderson, R.N., A.M. Minino, L.A. Fingerhut, M. Warner, and M.A. Heinen. 2004. Deaths: Injuries, 2001. National Vital Statistics Reports 52: 1-86.

Brandt, K.D. 1992. The pathogenesis of osteoarthritis. EULAR Bulletin 3: 75-81.

Bray, R.C., P.T. Salo, I.K. Lo, P. Ackermann, J.B. Rattner, and D.A. Hart. 2005. Normal ligament structure, physiology and function. Sports Medicine and Arthroscopy Review 13:127-135.

Bunn, T.L., S. Slavova, T.W. Struttmann, and S.R. Browning. 2005. Sleepiness/fatigue and distraction/inattention as factors for fatal versus nonfatal commercial motor vehicle driver injuries. Accident Analysis and Prevention 37: 862-869.

Cai, Y., S. Li, S. Chen, Y. Hua, and J. Shan. 2017. An ultrasound classification of anterior talofibular ligament (ATFL) injury. Open Orthopaedics Journal 11 (Suppl-4, M2): 610-616.

Cavaillon, J.-M., and M. Singer, eds. 2018. Inflammation: From Molecular and Cellular Mechanisms to the Clinic. New York: Wiley.

Chartered Institute for Ergonomics and Human Factors. 2022. Aims and Scope. Ergonomics. Available: tandfonline.com/journals/terg20

Chikritzhs, T., and M. Livingston. 2021. Alcohol and the risk of injury. Nutrients 13(8): 2777.

Close, G.L., T. Ashton, A. McArdle, and D.P.M. MacLaren. 2005. The emerging role of free radicals in delayed onset muscle soreness and contraction-induced muscle injury. Comparative Biochemistry and Physiology, Part A 142: 257-266.

Collins, K.H., W. Herzog, G.Z. MacDonald, R.A. Reimer, J.L. Rios, I.C. Smith, R.F. Zernicke, and D.A. Hart. 2018. Obesity, metabolic syndrome, and musculoskeletal disease: Common inflammatory pathways suggest a central role for loss of muscle integrity. Frontiers in Physiology 9: 1-25. doi: 10.3389/fphys.2018.00112

Committee on Trauma Research. 1985. Injury in America: A Continuing Public Health Problem. Washington, DC: National Academy Press.

Croft, P., C. Cooper, C. Wickham, and D. Coggon. 1992. Osteoarthritis of the hip and occupational activity. Scandinavian Journal of Work and Environmental Health 18: 59-63.

Day, S.M., R.F. Ostrum, E.Y.S. Chao, C.T. Rubin, H.T. Aro, and T.A. Einhorn. 1994. Bone injury, regeneration, and repair. In Orthopaedic Basic Science, edited by J.A.

Buckwalter, T.A. Einhorn, and S.R. Simon. Park Ridge, IL: American Academy of Orthopaedic Surgeons.

Ellender, L., and M.M. Linder. 2005. Sports pharmacology and ergogenic aids. Primary Care: Clinics in Office Practice 32: 277-292.

Farnaghi, S., I. Prasadam, G. Cai, T. Friis, Z. Du, R. Crawford, et al. 2017. Protective effects of mitochondria-targeted antioxidant and statin on cholesterol-induced osteoarthritis. FASEB Journal 31: 356-367.

Felson, D.T., J.J. Anderson, A. Naimark, A.M. Walker, and R.F. Meenan. 1988. Obesity and knee osteoarthritis: The Framingham study. Annals of Internal Medicine 109(1): 18-24.

Frank, C.B. 1996. Ligament injuries: Pathophysiology and healing. In Athletic Injuries and Rehabilitation (2nd ed.), edited by J.E. Zachazewski, D.J. Magee, and W.S. Quillen. Philadelphia: Saunders.

Frank, C.B. 2004. Ligament structure, physiology and function. Journal of Musculoskeletal and Neuronal Interactions. 4(2): 199-201

Friel, N.A., and C.R. Chu. 2013. The role of ACL injury in the development of posttraumatic knee osteoarthritis. Clinics in Sports Medicine 32(1): 1-12.

Fulkerson, J.P., C.C. Edwards, and O.D. Chrisman. 1987. Articular cartilage. In The Scientific Basis of Orthopaedics (2nd ed.), edited by J.A. Albright and R.A. Brand. Norwalk, CT: Appleton-Lange.

Garrett, W.E., Jr., P.K. Nikolaou, B.M. Ribbeck, R.R. Glisson, and A.V. Seaber. 1988. The effect of muscle architecture on the biomechanical failure properties of skeletal muscle under passive conditions. American Journal of Sports Medicine 16: 7-12.

Garrett, W.E., Jr., M.R. Safran, A.V. Seaber, R.R. Glisson, and B.M. Ribbeck. 1987. Biomechanical comparison of stimulated and nonstimulated skeletal muscle pulled to failure. American Journal of Sports Medicine 15: 448-454.

Gorbaty, J.D., J.E. Hsu, and A.O. Gee. 2017. Classifications in brief: Rockwood classification of acromioclavicular joints separations. Clinical Orthopaedics & Related Research 475: 283-287.

Harris, W.H. 1986. Etiology of osteoarthritis of the hip. Clinical Orthopaedics and Related Research 213: 20-33.

Hartgens, F., and H. Kuipers. 2004. Effects of androgenic-anabolic steroids in athletes. Sports Medicine 34(8): 513-554.

Hauser, R.A., and E.E. Dolan. 2011. Ligament injury and healing: An overview of current clinical concepts. Journal of Prolotherapy 3(4): 836-846.

Henriksen, K., and M.A. Karsdal. 2019. Type I collagen. In Biochemistry of Collagens, Laminins and Elastin (2nd ed.), edited by M.A. Karsdal. Waltham, MA: Academic Press.

Hipp, J.A., and W.C. Hayes. 2003. Biomechanics of fractures. In Skeletal Trauma: Basic Science, Management, and Reconstruction (2nd ed.), edited by B.D. Browner, J.B. Jupiter, A.M. Levine, and P.G. Trafton. Philadelphia: Saunders.

Horton, W.E., R. Yagi, D. Laverty, and S. Weiner. 2005. Overview of studies comparing human normal cartilage with minimal and advanced osteoarthritic cartilage. Clinical and Experimental Rheumatology 23: 103-112.

Hotfiel, T., J. Freiwald, M.W. Hoppe, C. Lutter, R. Forst, C. Grim, W. Bloch, M. Hüttel, and R. Heiss. 2018. Advances in delayed-onset muscle soreness (DOMS): Part I: Pathogenesis and diagnostics. Sportverletz Sportschaden 32(4): 243-250.

Houston, C.S., and L.E. Swischuk. 1980. Varus and valgus–no wonder they are confused. New England Journal of Medicine 302: 471-472.

Hoy, D., J.A. Geere, F. Davatchi, B. Meggitt, and L.H. Barrero. 2014. A time for action: Opportunities for preventing the growing burden and disability from musculoskeletal conditions in low-and middle-income countries. Best Practice & Research: Clinical Rheumatology 28: 377-393.

Jacofsky, D.J., and M. Allen. 2016. Robotics in arthroplasty: A comprehensive review. The Journal of Arthroplasty 31: 2353-2363.

Jones, I.A., R. Togashi, G.F.R Hatch, III, A.E. Weber, and C.T. Vangsness, Jr. 2018. Anabolic steroids and tendons: A review of their mechanical, structural, and biologic effects. Journal of Orthopaedic Research 36: 2830-2841.

Kannus, P. 2000. Structure of the tendon connective tissue. Scandinavian Journal of Medicine & Science in Sports 10(6): 312-320.

Kanis, J.A. O. Johnell, A. Oden, H. Johansson, and E. McCloskey. 2008. FRAXTM and the assessment of fracture probability in men and women from the UK. Osteoporosis International 19: 385-397.

Kannus, P., and L. Józsa. 1991. Histopathological changes preceding spontaneous rupture of a tendon. A controlled study of 891 patients. Journal of Bone and Joint Surgery 73(10): 1507-1525.

Karsdal, M.A. 2019. Biochemistry of Collagens, Laminins and Elastin (2nd ed.). Waltham, MA: Academic Press.

Lawrence, R.C., M.C. Hochberg, J.L. Kelsey, F.C. McDuffie, T.A. Medsger, Jr., W.R. Felts, and L.E. Shulman. 1989. Estimates of the prevalence of selected arthritic and musculoskeletal diseases in the United States. Journal of Rheumatology 16(4): 427-441.

Leadbetter, W.B. 2001. Soft tissue athletic injury. In Sports Injuries: Mechanisms, Prevention, Treatment (2nd ed.), edited by F.H. Fu and D.A. Stone. Philadelphia: Lippincott Williams & Wilkins.

Lee, S., T.-N. Kim, and S.-H. Kim. 2012. Sarcopenic obesity is more closely associated with knee osteoarthritis than is nonsarcopenic obesity: A cross-sectional study. Arthritis & Rheumatology, 64: 3947-3954.

Leong, N.L., J.L. Kator, T.L. Clemens, A. James, M. Enomoto-Iwamoto, and J. Jie. 2020. Tendon and ligament healing and current approaches to tendon and ligament regeneration. Journal of Orthopaedic Research 38(1): 7-12.

Longo, U.G., F. Franceschi, L. Ruzzini, C. Rabitti, S. Morini, N. Maffulli, F. Forriol, and V. Denaro. 2007. Light microscopic histology of supraspinatus tendon ruptures. Knee Surgery, Sports Traumatology, Arthroscopy 15(11): 1390-1394.

Makhmalbaf, H., and O. Shahpari. 2018. Medial collateral ligament injury; a new classification based on MRI and clinical findings. A guide for patient selection and early surgical intervention. Archives of Bone and Joint Surgery 6(1): 3-7.

Mankin, H.J., V.C. Mow, J.A. Buckwalter, J.P. Iannotti, and A. Ratcliffe. 1994. Articular cartilage structure, composition and function. In Orthopaedic Basic Science, edited by S.R. Simon. Park Ridge, IL: American Academy of Orthopaedic Surgeons.

McMaster, P.E. 1933. Tendon and muscle ruptures. Journal of Bone and Joint Surgery 15: 705-722.

Merola, M., and S. Affatato. 2019. Materials for hip prostheses: A review of wear and loading considerations. Materials 12(3): 495.

Miller, T.R., D.C. Lestina, and G.S. Smith. 2001. Injury risk among medically identified alcohol and drug abusers. Alcoholism: Clinical and Experimental Research 25: 54-59.

Mueller-Wohlfahrt, H-W., L. Haensel, K. Mithoefer, J. Ekstrand, B. English, S. McNally, J. Orchard, C.N. van Dijk, G.M. Kerkhoffs, P. Schamasch, D. Blottner, L. Swaerd, E. Goedhart, and P. Ueblacker. 2013. Terminology and classification of muscle injuries in sport: The Munich consensus statement. British Journal of Sports Medicine 47:342-350.

National Safety Council. 2019. Injury Facts. Itasca, IL: National Safety Council.

Pouresmaeili, F., B. Kamalidehghan, M. Kamarehei, and Y.M. Goh. 2018. A comprehensive overview on osteoporosis and its risk factors. Therapeutics and Clinical Risk Management 14: 2029-2049.

Reginster, J.-Y., E. Abadie, P. Delmas, R. Rizzoli, W. Dere, P. van der Auwere, B. Avouac, M.-L. Brandi, A. Daifotis, A. Diez-Perez, G. Calvo, O. Johnell, J.-M. Kaufman, G. Kreutz, A. Laslop, F. Lekkerkerker, P. Mitlak, P. Nilsson, J. Orloff, M. Smillie, A. Taylor, Y. Tsouderos, D. Ethgen, and B. Flamion. 2006. Recommendations for an update of the current (2001) regulatory requirements for registration of drugs to be used in the treatment of osteoporosis in postmenopausal women and in men. Osteoporosis International 17: 1-7.

Salter, R.B. 1999. Textbook of Disorders and Injuries of the Musculoskeletal System. Baltimore: Williams & Wilkins.

Si, L., T.M. Winzenberg, Q. Jiang, M. Chen, and A.J. Palmer. 2015. Projection of osteoporosis-related fractures and costs in China: 2010-2050. Osteoporosis International 26(7): 1929-1937.

Smith, E.U.R., D.G. Hoy, M.J. Cross, L. Sanchez-Riera, F. Blyth, R. Buchbinder, R., et al. 2014. Burden of disability due to musculoskeletal (MSK) disorders. Best Practice & Research: Clinical Rheumatology 28: 353-366.

Sunderland, S. 1990. The anatomy and physiology of nerve injury. Muscle Nerve 13: 771-784.

Tanzer, M., and N. Noiseux. 2004. Osseous abnormalities and early osteoarthritis: The role of hip impingement. Clinical Orthopaedics and Related Research 429: 170-77.

Taylor, B., H.M. Irving, F. Kanteres, R. Room, G. Borges, C. Cherpitel, T. Greenfield, and J. Rehm. 2010. The more you drink, the harder you fall: a systematic review and meta-analysis of how acute alcohol consumption and injury or collision risk increase together. Drug and Alcohol Dependence 110(1-2): 108-116.

Tidball, J.G., and M. Chan. 1989. Adhesive strength of single muscle cells to basement membrane at myotendinous junction. Journal of Applied Physiology 67: 1063-1069.

Tidball, J.G., G. Salem, and R.F. Zernicke. 1993. Site and mechanical conditions for failure of skeletal muscle in experimental strain injuries. Journal of Applied Physiology 74: 1280-1286.

Viguet-Carrin, S., P. Garnero, and P.D. Delmas. 2006. The role of collagen in bone strength. Osteoporosis International 17(3): 319-336.

Weissmann, G. 1992. Inflammation: Historical perspective. In Inflammation: Basic Principles and Clinical Correlates (2nd ed.), edited by J.I. Gallin, I.M. Goldstein, and R. Snyderman. New York: Raven Press.

Woo, S.L.-Y., S.D. Abramowitch, R. Kilger, and R. Liang. 2006. Biomechanics of knee ligaments: Injury, healing, and repair. Journal of Biomechanics 39(1): 1-20.

Woo, S.L.-Y., K.-N. An, S.P. Arnoczky, J.S. Wayne, D.C. Fithian, and B.S. Myers. 1994. Anatomy, biology, and biomechanics of tendon, ligament, and meniscus. In Orthopaedic Basic Science, edited by J.A. Buckwalter, T.A. Einhorn, and S.R. Simon. Park Ridge, IL: American Academy of Orthopaedic Surgeons.

Capítulo 6

Agel, J., R. Rockwood, and D. Klossner. 2016. Collegiate ACL injury rates across 15 sports: National Collegiate Athletic Association Injury Surveillance System data update (2004-2005 through 2012-2013). Clinical Journal of Sports Medicine 26(6): 518-523.

Agel, J., E. Arendt, and B. Bershadsky. 2005. Anterior cruciate ligament injury in National Collegiate Athletic Association basketball and soccer. American Journal of Sports Medicine 33: 524-531.

Ahmed, A.M., and D.L. Burke. 1983. In-vitro measurement of static pressure distribution in synovial joints: Part I. Tibial surface of the knee. Journal of Biomechanical Engineering 105: 216-225.

Ahmed, A.M., D.L. Burke, and A. Hyder. 1987. Force analysis of the patellar mechanism. Journal of Orthopaedic Research 5: 69-85.

Ahmed, A.M., D.L. Burke, and A. Yu. 1983. In-vitro measurement of static pressure distribution in synovial joints: Part II. Retropatellar surface. Journal of Biomechanical Engineering 105: 226-236.

Ahmed, I.M., M. Lagopoulos, P. McConnell, R.W. Soames, and G.K. Sefton. 1998. Blood supply of the Achilles tendon. Journal of Orthopaedic Research 16: 591-596.

Allen, C.R., G.A. Livesay, E.K. Wong, and S.L.-Y. Woo. 1999. Injury and reconstruction of the anterior cruciate ligament and knee osteoarthritis. Osteoarthritis and Cartilage 7: 110-121.

Allen, L.R., D. Flemming, and T.G. Sanders. 2004. Turf toe: Ligamentous injury of the first metatarsophalangeal joint. Military Medicine 169: xix-xxiv.

Almeida, S.A., K.M. Williams, R.A. Shaffer, and S.K. Brodine. 1999. Epidemiological patterns of musculoskeletal injuries and physical training. Medicine and Science in Sports and Exercise 31: 1176-1182.

Anderson, C.J., C.G. Ziegler, C.A. Wijdicks, L. Engebretsen, and R.F. LaPrade. 2012. Arthroscopically pertinent anatomy of the anterolateral and posteromedial bundles of the posterior cruciate ligament. Journal of Bone & Joint Surgery (American) 94: 1936-1945.

Andrews, J.R., J.C. Edwards, and Y.E. Satterwhite. 1994. Isolated posterior cruciate ligament injuries. Clinics in Sports Medicine 13: 519-530.

Andrews, K., A. Lu, L. Mckean, and N. Ebraheim. 2017. Review: Medial collateral ligament injuries. Journal of Orthopaedics 14: 550-554.

Arendt, E., B. Bershadsky, and J. Agel. 2002. Periodicity of noncontact anterior cruciate ligament injuries during the menstrual cycle. Journal of Gender-Specific Medicine 5: 19-26.

Arendt, E., and R. Dick. 1995. Knee injury patterns among men and women in collegiate basketball and soccer. NCAA data and review of literature. American Journal of Sports Medicine 23: 694-701.

Arndt, A.N., P.V. Komi, G.-P. Bruggemann, and J. Lukkariniemi. 1998. Individual muscle contributions to the in vivo Achilles tendon force. Clinical Biomechanics 13(7): 532-541.

Arnason, A., T.E. Andersen, I. Holme, L. Engebretsen, and R. Bahr. 2008. Prevention of hamstring strains in elite soccer: An intervention study. Scandinavian Journal of Medicine & Science in Sports 18(1): 40-48.

Arthur, J.R., J.M. Haglin, J.L. Makovicka, and A. Chhabra. 2020. Anatomy and biomechanics of the posterior cruciate ligament and their surgical implications. Sports Medicine and Arthroscopy Review 28(1): e1-e10.

Askling, C., J. Karlsson, and A. Thorstensson. 2003. Hamstring injury occurrence in elite soccer players after preseason training with eccentric overload. Scandinavian Journal of Medicine and Science in Sports 13: 244-250.

Bakalakos, R., I.S. Benetos, M. Rozis, J. Vlamis, and S. Pneumaticos. 2019. Posterior hip dislocation in a non-professional football player: A case report and review of the literature. European Journal of Orthopaedic Surgery & Traumatology 29: 231-234.

Baker, S.P. 1985. Fall injuries in the elderly. Clinics in Geriatric Medicine 1: 501-511.

Barbour, K.E., C.G. Helmick, M. Boring, and T.J. Brady. 2017. Vital signs: Prevalence of doctor-diagnosed arthritis and arthritis-attributable activity limitation–United States, 2013-2015. Morbidity and Mortality Weekly Report 66(9): 246-253.

Batt, M.E. 1995. Shin splints–a review of terminology. Clinical Journal of Sports Medicine 5: 53-57.

Beck, B.R. 1998. Tibial stress injuries. An aetiological review for the purposes of guiding management. Sports Medicine 26: 265-279.

Behnke, R.S., and Plant, J.L. 2022. Kinetic Anatomy (4th ed.). Champaign, IL: Human Kinetics.

Beiner, J.M., and P. Jokl. 2001. Muscle contusion injuries: Current treatment options. Journal of the American Academy of Orthopaedic Surgeons 9: 227-237.

Beiner, J.M., and P.J. Jokl. 2002. Muscle contusion injury and myositis ossificans traumatica. Clinical Orthopaedics and Related Research 403S: S110-S119.

Besier, T.F., C.E. Draper, G.E. Gold, G.S. Beaupr., and S.L. Delp. 2005. Patellofemoral joint contact area increases with knee flexion and weight-bearing. Journal of Orthopaedic Research 23: 345-350.

Bjordal, J., F. Arnly, B. Hannestad, and T. Strand. 1997. Epidemiology of anterior cruciate ligament injuries in soccer. American Journal of Sports Medicine 25: 341-345.

Boden, B., G. Dean, J. Feagin, and W. Garrett. 2000. Mechanisms of anterior cruciate ligament injury. Orthopedics 23: 573-578.

Bogey, R.A., J. Perry, and A.J. Gitter. 2005. An EMG-to-force processing approach for determining ankle muscle forces during normal human gait. IEEE Transactions of Neural Systems and Rehabilitation Engineering 13: 302-310.

Bradley, J., J. Klimkiewicz, M. Rytel, and J. Powell. 2002. Anterior cruciate ligament injuries in the National Football League: Epidemiology and current treatment trends among team physicians. Arthroscopy 18: 502-509.

Brechter, J.H., and C.M. Powers. 2002. Patellofemoral stress during walking in persons with and without patellofemoral pain. Medicine and Science in Sports and Exercise 34: 1582-1593.

Brechter, J.H., C.M. Powers, M.R. Terk, S.R. Ward, and T.Q. Lee. 2003. Quantification of patellofemoral joint contact area using magnetic resonance imaging. Magnetic Resonance Imaging 21: 955-959.

Breiul, V., C.H. Roux, and G.F. Carle. 2016. Pelvic fractures: Epidemiology, consequences, and medical management. Current Opinion in Rheumatology 28(4): 442-447.

Brien, W.W., S.H. Kuschner, E.W. Brien, and D.A. Wiss. 1995. The management of gunshot wounds to the femur. Orthopedic Clinics of North America 26: 133-138.

Brockett, C.L., D.L. Morgan, and U. Proske. 2004. Predicting hamstring strain injury in elite athletes. Medicine and Science in Sports and Exercise 36: 379-387.

Buerba, R.A., N.F. Fretes, S.K. Davana, and J.J. Beck. 2019. Chronic exertional compartment syndrome: Current management strategies. Open Access Journal of Sports Medicine 10: 71-79.

Burdett, R.G. 1982. Forces predicted at the ankle during running. Medicine and Science in Sports and Exercise 14: 308-316.

Butler, D.L., Y. Guan, M.D. Kay, J.F. Cummings, S.M. Feder, and M.S. Levy. 1992. Location-dependent variations in the material properties of the anterior cruciate ligament. Journal of Biomechanics 25: 511-518.

Carr, J.B. 2003. Malleolar fractures and soft tissue injuries of the ankle. In Skeletal Trauma: Basic Science, Management, and Reconstruction (3rd ed.), edited by B.D. Browner, J.B. Jupiter, A.M. Levine, and P.T. Trafton. Philadelphia: Saunders.

Cascio, B., L. Culp, and A. Cosgarea. 2004. Return to play after anterior cruciate ligament reconstruction. Clinics in Sports Medicine 23: 395-408.

Casparian, J.M., M. Luchi, R.E. Moffat, and D. Hinthorn. 2000. Quinolones and tendon ruptures. Southern Medical Journal 93: 488-491.

Centers for Disease Control and Prevention (CDC). 2022. Fact sheet risk factors for falls. Available: https://www.cdc.gov/steadi/pdf/steadi-factsheet-riskfactors-508.pdf

Chudik, S.C., A.A. Allen, V.B.S. Lopez, and R.F. Warren. 2002. Hip dislocations in athletes. Sports Medicine and Arthroscopy Review 10(2): 123-133.

Church, J.S., and W.J.P. Radford. 2001. Isolated compartment syndrome of the tibialis anterior muscle. Injury, International Journal of the Care of the Injured 32: 170-171

Ciullo, J.V., and J.D. Shapiro. 1994. Track and field. In Sports Injuries: Mechanisms, Prevention, Treatment, edited by F.H. Fu and D.A. Stone. Baltimore: Williams & Wilkins.

Clark, D., J.M. Stevens, D. Tortonese, M.R. Whitehouse, D. Simpson, and J. Eldridge. 2019. Mapping the contact area of the patellofemoral joint: The relationship between stability and joint congruence. The Bone & Joint Journal 101-B:552-558.

Coccolini, F., P.F. Stahel, G. Montori, W. Biffl, T.M. Horer, F. Catena, et al. 2017. Pelvic trauma: WSES classification and guidelines. World Journal of Emergency Surgery 12: 5.

Cooper, C., H. Inskip, P. Croft, L. Campbell, G. Smith, M. McLaren, and D. Coggon. 1998. Individual risk factors for hip osteoarthritis: Obesity, hip injury, and physical activity. American Journal of Epidemiology 147: 516-522.

Cooper, J., J. Tilan, A.D. Rounds, S. Rosario, K. Inaba, and G.S. Marecek. 2018. Hip dislocations and concurrent injuries in motor vehicle collisions. Injury 49(7): 1297-1301.

Court-Brown, C., and J. McBirnie. 1995. The epidemiology of tibial fractures. Journal of Bone and Joint Surgery 77B: 417-421.

Crisco, J.J., P. Jokl, G.T. Heinen, M.D. Connell, and M.M. Panjabi. 1994. A muscle contusion injury model: Biomechanics, physiology, and histology. American Journal of Sports Medicine 22: 702-710.

Croisier, J.L., B. Forthomme, M.H. Namurois, M. Vanderthommen, and J.M. Crielaard. 2002. Hamstring muscle strain recurrence and strength performance disorders. American Journal of Sports Medicine 30: 199-203.

Crossley, K.M., M. van Middelkoop, C.J. Barton, and A.G. Culvenor. 2019. Rethinking patellofemoral pain. Prevention, management and long-term consequences. Best Practice & Research Clinical Rheumatology 33: 48-65.

Cummings, S.R., and L.J. Melton, III. 2002. Epidemiology and outcomes of osteoporotic fractures. The Lancet 359: 1761-1767.

Curtis, E.M., R.J. Moon, N.C. Harvey, and C. Cooper. 2017. The impact of fragility fracture and approaches to osteoporosis risk assessment worldwide. Bone 104: 29-38.

Dandy, D.J. 2002. General observations on surgery of the anterior cruciate ligament. In Oxford Textbook of Orthopedics and Trauma, edited by C. Bulstrode, J. Buckwalter, A. Carr, L. Marsh, J. Fairbank, J. Wilson-MacDonald, and G. Bowden. Oxford, UK: Oxford University Press.

Davidson, C.W., M.J. Meriles, T.J. Wilkinson, J.S. McKie, and N.L. Gilchrist. 2001. Hip fracture mortality and morbidity–Can we do better? New Zealand Medical Journal 114: 329-332.

Dayton, P.D., and R.T. Bouche. 1994. Compartment syndromes. In Musculoskeletal Disorders of the Lower Extremities, edited by L.M. Oloff. Philadelphia: Saunders.

DeCoster, T.A., and D.R. Swenson. 2002. Femur shaft fractures. In Oxford Textbook of Orthopedics and Trauma, edited by C. Bulstrode, J. Buckwalter, A. Carr, L. Marsh, J. Fairbank, J. Wilson-MacDonald, and G. Bowden. Oxford, UK: Oxford University Press.

Demirag, B., C. Ozturk, Z. Yazici, and B. Sarisozen. 2004. The pathophysiology of Osgood-Schlatter disease: A magnetic resonance investigation. Journal of Pediatric Orthopaedics B 13: 379-382.

Diaz, J.A., D.A. Fischer, A.C. Rettig, T.J. Davis, and K.D. Shelbourne. 2003. Severe quadriceps muscle contusions in athletes. American Journal of Sports Medicine 31: 289-293.

Diaz, A.R., and P.Z. Navas. 2018. Risk factors for trochanteric and femoral neck fracture. Revista Española de Cirugía Ortopédica y Traumatología (English Edition) 62(2): 134-141.

Dictionary.com.2022. Shin splints. https://www.dictionary.com/browse/shin-splints

Dienst, M., R.T. Burks, and P.E. Greis. 2002. Anatomy and biomechanics of the anterior cruciate ligament. Orthopedic Clinics of North America 33: 605-620.

Divani, K., P. Subramanian, K. Tsitskaris, D. Crone, and M. Lamba. 2013. Bilateral patellar tendon rupture. JRSM Short Reports. doi: 10.1177/2042533313499557

Dodwell, E.R., L.E. LaMont, D.W. Green, T.J. Pan, R.G. Marx, and S. Lyman. 2014. 20 years of pediatric anterior cruciate ligament reconstruction in New York State. The American Journal of Sports Medicine 42(3): 675-680.

Doherty, C., E. Delahunt, B. Caulfield, J. Hertel, J. Ryan, and C. Bleakley. 2014. The incidence and prevalence of ankle sprain injury: A systematic review and meta-analysis of prospective epidemiological studies. Sports Medicine 44: 123-140.

Dragoo, J.L., R.S. Lee, P. Benhaim, G.A. Finerman, and S.L. Hame. 2003. Relaxin receptors in the human female anterior cruciate ligament. American Journal of Sports Medicine 31: 577-584.

Duethman, N.C., R.K. Martin, A.J. Krych, M.J. Stuart, and B.A. Levy. 2020. Surgical treatment of combined ACL PCL medial side injuries. Sports Medicine and Arthroscopy Review 28(3): e18-e24.

Dye, S.F. 2004. Reflections on patellofemoral disorders. In Patellofemoral Disorders: Diagnosis and Treatment, edited by R.M. Biedert. West Sussex, UK: Wiley.

Eriksen, H.A., A. Pajala, J. Leppilhati, and J. Risteli. 2002. Increased content of type III collagen at the rupture site of human Achilles tendon. Journal of Orthopaedic Research 20: 1352-1357.

Etheridge, B.S., D.P. Beason, R.R. Lopez, J.E. Alonso, G. McGwin, and A.W. Eberhardt. 2005. Effects of trochanteric soft tissues and bone density on fracture of the female pelvis in experimental side impacts. Annals of Biomedical Engineering 33: 248-254.

Evangelidis, P.E., G.J. Massey, R.A. Ferguson, P.C. Wheeler, M.T.G. Pain, and J.P Folland. 2017. The functional significance of hamstrings composition: Is it really a "fast" muscle group? Scandinavian Journal of Medicine & Science in Sports 27(11): 1181-1189.

Fairclough, J., K. Hayashi, H. Toumi, K. Lyons, G. Bydder, N. Phillips, T.M. Best, and M. Benjamin. 2006. The functional anatomy of the iliotibial band during flexion and extension of the knee: Implications for understanding iliotibial band syndrome. Journal of Anatomy 208: 309-316.

Fanelli, G.C., and C.J. Edson. 1995. Posterior cruciate ligament injuries in trauma patients: Part II. Arthroscopy 11: 526-529.

Fanelli, G.C., and C.J. Edson. 2020. Combined ACL-PC-medial and lateral side injuries. Sports Medicine and Arthroscopy Review 28(3): 100-109.

Farrell, K.C., K.D. Reisinger, and M.D. Tillman. 2003. Force and repetition in cycling: Possible implications for iliotibial band friction syndrome. The Knee 10: 103-109.

Filbay, S.R., and H. Grindem. 2019. Evidence-based recommendations for the management of anterior cruciate ligament (ACL) rupture. Best Practice & Research Clinical Rheumatology 33: 33-47.

Foley, J., R. Elhelali, and D. Moiloa. 2019. Spontaneous simultaneous bilateral patellar tendon rupture. British Medical Journal Case Reports 12: e227931.

Fox, K.M., S.R. Cummings, E. Williams, and K. Stone. 2000. Femoral neck and intertrochanteric fractures have different risk factors: a prospective study. Osteoporosis International 11: 1018-1023.

Fredericson, M., A.G. Bergman, K.L. Hoffman, and M.S. Dillingham. 1995. Tibial stress reaction in runners: Correlation of clinical symptoms and scintigraphy with a new magnetic resonance imaging grading system. American Journal of Sports Medicine 23: 472-481.

Freedman, B.R., F.T. Sheehan, and A.L. Lerner. 2015. MRI-based analysis of patellofemoral cartilage contact, thickness, and alignment in extension, and during moderate and deep flexion. Knee 22(5): 405-410.

Fukashiro, S., P.V. Komi, M. Jarvinen, and M. Miyashita. 1995. In vivo Achilles tendon loading during jumping in humans. European Journal of Applied Physiology and Occupational Physiology 71: 453-458.

Funsten, R.V., P. Kinser, and C.J. Frankel. 1938. Dashboard dislocation of the hip: A report of 20 cases of traumatic dislocations. Journal of Bone and Joint Surgery 20A: 124-132.

Garneti, N., C. Holton, and A. Shenolikar. 2005. Bilateral Achilles tendon rupture: A case report. Accident and Emergency Nursing 13: 220-223.

Garrett, W.E. 1995. Basic science of musculotendinous injuries. In The Lower Extremity and Spine in Sports Medicine, edited by J.A. Nicholas and E.B. Hershman. St. Louis: Mosby-Year Book.

Garrett, W.E., F.R. Rich, P.K. Nikolaou, and J.B. Vogler. 1989. Computed tomography of hamstring muscle strains. Medicine and Science in Sports and Exercise 21: 506-514.

Garrett, W.E., Jr., M.R. Safran, A.V. Seaber, R.R. Glisson, and B.M. Ribbeck. 1987. Biomechanical comparison of stimulated and nonstimulated skeletal muscle pulled to failure. American Journal of Sports Medicine 15: 448-454.

Gheidi, N., T.W. Keernozek, J.D. Willson, A. Revak, and K. Diers. 2018. Achilles tendon loading during weight bearing exercises. Physical Therapy in Sport 32: 260-268.

Giddings, V.L., G.S. Beaupre, R.T. Whalen, and D.R. Carter. 2000. Calcaneal loading during walking and running. Medicine and Science in Sports and Exercise 32: 627-634.

Gindele, A., D. Schwamborn, K. Tsironis, and G. Benz-Bohm. 2000. Myositis ossificans traumatica in young children: Report of three cases and review of the literature. Pediatric Radiology 30: 451-459.

Goff, J.D., and R. Crawford. 2011. Diagnosis and treatment of plantar fasciitis. American Family Physician 84(6): 676-682.

Gokcen, E.C., A.R. Burgess, J.H. Siegel, S. Mason-Gonzalez, P.C. Dischinger, and S.M. Ho. 1994. Pelvic fracture mechanism of injury in vehicular trauma patients. Journal of Trauma 36: 789-796.

Goldblatt, J., S. Fitzsimmons, E. Balk, and J. Richmond. 2005. Reconstruction of the anterior cruciate ligament: Meta-analysis of patellar tendon versus hamstring tendon autograft. Arthroscopy 21: 791-803.

Gornitzky, A.L., A. Lott, J.L. Yellin, P.D. Fabricant, J.T. Lawrence, and T.J. Ganley. 2015. Sport-specific yearly risk and incidence of anterior cruciate ligament tears in high school athletes: A systematic review and meta-analysis. The American Journal of Sports Medicine 44(10): 2716-2723.

Grabiner, M.D., M.J. Pavol, and T.M. Owings. 2002. Can fall-related hip fractures be prevented by characterizing the biomechanical mechanisms of failed recovery? Endocrine 17: 15-20.

Griffin, L.Y., J. Agel, M.J. Albohm, E.A. Arendt, R.W. Dick, W.E. Garrett, J.G. Garrick, T.E. Hewett, L. Huston, M.L. Ireland, R.J. Johnson, W.B. Kibler, S. Lephart, J.L. Lewis, T.N. Lindenfeld, B.R. Mandelbaum, P. Marchak, C.C. Teitz, and E.M. Wojtys. 2000. Noncontact anterior cruciate ligament injuries: Risk factors and prevention strategies. Journal of the American Academy of Orthopaedic Surgeons 8: 141-150.

Grood, E.S., F.R. Noyes, D.L. Butler, and W.J. Suntary. 1981. Ligamentous and capsular restraints preventing straight medial and lateral laxity in intact human cadaver knees. Journal of Bone and Joint Surgery 63A: 1257-1269.

Gulli, B., and D. Templeman. 1994. Compartment syndrome of the lower extremity. Orthopedic Clinics of North America 25: 677-684.

Hall.n, L.G., and O. Lindahl. 1965. Rotation in the knee-joint in experimental injury to the ligaments. Acta Orthopaedica Scandinavica 36(4): 400-407.

Hall.n, L.G., and O. Lindahl. 1966. The "screw-home" movement in the knee-joint. Acta Orthopaedica Scandinavica 37(1): 97-106.

Hammad, Y.N., A. Johnson, and A. Norrish. 2018. Chronic osteomyelitis of the tibia in a runner; catastrophic consequences of shin splints. British Medical Journal Case Reports. doi: 10.1136/bcr-2017-223186

Hayes, W.C., E.G. Myers, J.N. Morris, T.N. Gerhart, H.S. Yett, and L.A. Lipsitz. 1993. Impact near the hip dominates fracture risk in elderly nursing home residents who fall. Calcified Tissue International 52: 192-198.

Herzog, M.M., Z.Y. Kerr, S.W. Marshall, and E.A. Wikstrom. 2019. Epidemiology of ankle sprains and chronic ankle instability. Journal of Athletic Training 54(6): 603-610.

Hewett, T., G. Myer, and K. Ford. 2005. Reducing knee and anterior cruciate ligament injuries among female athletes: A systematic review of neuromuscular training interventions. Journal of Knee Surgery 18: 82-88.

Hicks, J.H. 1954. The mechanics of the foot. II. The plantar aponeurosis and the arch. Journal of Anatomy 88: 25-30.

Hierton, C. 1983. Regional blood flow in experimental myositis ossificans. Acta Orthopaedica Scandinavica 54: 58-63.

Hirano, A., T. Fukubayashi, T. Ishii, and N. Ochiai. 2002. Magnetic resonance imaging of Osgood-Schlatter disease: The course of the disease. Skeletal Radiology 31: 334-342.

Hubbell, J.D., and E. Schwartz. 2005. Anterior cruciate ligament injury. Available: www.emedicine.com/sports/topic9.htm.

Huberti, H.H., and W.C. Hayes. 1984. Patellofemoral contact pressures: The influence of q-angle and tendofemoral contact. Journal of Bone and Joint Surgery 66A: 715-724.

Huberti, H.H., W.C. Hayes, J.L. Stone, and G.T. Shybut. 1984. Force ratios in the quadriceps tendon and ligamentum patellae. Journal of Orthopaedic Research 2: 49-54.

Hull, M.L., and C.D. Mote. 1980. Leg loading in snow skiing: Computer analyses. Journal of Biomechanics 13: 481-491.

Hungerford, D.S., and M. Barry. 1979. Biomechanics of the patellofemoral joint. Clinical Orthopaedics and Related Research 144: 9-15.

Hunt, K.J., P. Phisitkul, J. Pirolo, and A. Amendola. 2015. High ankle sprains and syndesmotic injuries in athletes. Journal of the American Academy of Orthopaedic Surgeons 23: 661-673.

Hurschler, C., R. Vanderby, Jr., D.A. Martinez, A.C. Vailas, and W.D. Turnipseed. 1994. Mechanical and biochemical analyses of tibial compartment fascia in chronic compartment syndrome. Annals of Biomedical Engineering 22: 272-279.

Inman, V.T. 1976. The Joints of the Ankle. Baltimore: Williams & Wilkins. Inoue, M., E. McGurk-Burleson, J.M. Hollis, and S.L.-Y. Woo. 1987. Treatment of the medial collateral ligament injury. American Journal of Sports Medicine 15: 15-21.

Ireland, M.L. 2002. The female ACL: Why is it more prone to injury? Orthopedic Clinics of North America 33: 637-651.

Ireland, M.L., and S.M. Ott. 2001. Special concerns of the female athlete. In Sports Injuries: Mechanisms, Prevention, Treatment, edited by F.H. Fu and D.A. Stone. Philadelphia: Lippincott Williams & Wilkins.

Jarvholm, B., R. Lundstrom, H. Malchau, B. Rehn, and E. Vingard. 2004. Osteoarthritis in the hip and whole-body vibration in heavy vehicles. International Archives of Occupational and Environmental Health 77: 424-426.

J.rvinen, T.A., P. Kannus, M. Paavola, T.L. J.rvinen, L. Józsa, and M. J.rvinen. 2001. Achilles tendon injuries. Current Opinions in Rheumatology 13: 150-155.

Joglekar, S.B., and S. Rehman. 2009. Delayed onset thigh compartment syndrome secondary to contusion. Orthopedics 32(8): doi: 10.3928/01477447-20090624-09

Johnell, O., and J.A. Kanis. 2004. An estimate of the worldwide prevalence, mortality and disability associated with hip fracture. Osteoporosis International 15: 897-902.

Johnell, O., A. Rausing, B. Wendeberg, and N. Westlin. 1982. Morphological bone changes in shin splints. Clinical Orthopaedics and Related Research 167: 180-184.

Józsa, L., J.B. Balint, P. Kannus, A. Reffy, and M. Barzo. 1989. Distribution of blood groups in patients with tendon rupture. Journal of Bone and Joint Surgery 71B: 272-274.

Kaeding, C.C., B. L.ger-St-Jean, and R.A. Magnussen. 2016. Epidemiology and diagnosis of anterior cruciate ligament injuries. Clinics in Sports Medicine. doi: 10.1016/j.csm.2016.08.001

Kanis, J.A., A. Od.n, E.V. McCloskey, H. Johansson, D.A. Wahl, and C. Cooper. 2012. A systematic review of hip fracture incidence and probability of fracture worldwide. Osteoporosis International 23: 2239-2256.

Kannus, P., J. Bergfeld, M. J.rvinen, R.J. Johnson, M. Pope, P. Renstr.m, and K. Yasuda. 1991. Injuries to the posterior cruciate ligament of the knee. Sports Medicine 12: 110-131.

Kellersmann, R., T.R. Blattert, and A. Weckbach. 2005. Bilateral patellar tendon rupture without predisposing systemic disease or steroid use: A case report and review of the literature.

Archives of Orthopaedic Trauma and Surgery 125: 127-133. Khaund, R., and S.H. Flynn. 2005. Iliotibial band syndrome: A common source of knee pain. American Family Physician 71: 1545-1550.

Kibler, W.B., and T.J. Chandler. 1994. Racquet sports. In Sports Injuries: Mechanisms, Prevention, Treatment, edited by F.H. Fu and D.A. Stone. Baltimore: Williams & Wilkins.

Kibler, W.B., C. Goldberg, and T.J. Chandler. 1991. Functional biomechanical deficits in running athletes with plantar fasciitis. American Journal of Sports Medicine 19: 66-71.

King, J.B. 1998. Post-traumatic ectopic calcification in the muscles of athletes: A review. British Journal of Sports Medicine 32: 287-290.

Kirk, K.L., T. Kuklo, and W. Klemme. 2000. Iliotibial band friction syndrome. Orthopedics 23: 1209-1214.

Komi, P.V., S. Fukashiro, and M. J.rvinen. 1992. Biomechanical loading of Achilles tendon during normal locomotion. Clinics in Sports Medicine 11: 521-531.

Koulouris, G., and D. Connell. 2003. Evaluation of the hamstring muscle complex following acute injury. Skeletal Radiology 32: 582-589.

Kransdorf, M.J., J.M. Meis, and J.S. Jelinek. 1991. Myositis ossificans: MR appearance with radiologic-pathologic correlation. American Journal of Roentgenology 157: 1243-1248.

Kujala, U.M., M. J.rvinen, A. Natri, M. Lehto, O. Nelimarkka, M. Hurme, L. Virta, and J. Finne. 1992. ABO blood groups and musculoskeletal injuries. Injury 23: 131-133.

Kumar, G., and R.W. Parkinson. 2002. Is the mechanism of traumatic posterior dislocation of the hip a brake pedal injury rather than a dashboard injury? Injury 33(6): 548.

Kvist, M. 1994. Achilles tendon injuries in athletes. Sports Medicine 18: 173-201.

Lam, F., J. Walczak, and A. Franklin. 2001. Traumatic asymmetrical bilateral hip dislocation in an adult. Emergency Medicine Journal 18: 506-507.

Ladenhauf, H.N., G. Seitliner, and D.W. Green. 2020. Osgood-Schlatter disease: A 2020 update of a common knee condition in children. Current Opinion in Pediatrics 32(1): 107-112.

Lange, T., E. Taghizadeh, B.R. Knowles, N.P Südkamp, M. Zaitsev, H. Meine, and K. Izadpanah. 2019. Quantification of patellofemoral cartilage deformation and contact area changes in response to static loading via high-resolution

MRI with prospective motion correction. Journal of Magnetic Resonance Imaging 50(5): 1561-1570.

La Porta, G.A., and P.C. La Fata. 2005. Pathologic conditions of the plantar fascia. Clinics in Podiatric Medicine and Surgery 22(1): 1-9.

LaPrade, C.M., D.M. Civitarese, M.T. Rasmussen, and R.F. LaPrade. 2015. Emerging updates on the posterior cruciate ligament: A review of the current literature. American Journal of Sports Medicine 43(12): 3077-3092.

Lau, S., M. Bozin, and T. Thillainadesan. 2017. Lisfranc fracture dislocation: A review of a commonly missed injury of the midfoot. Emergency Medicine Journal 34: 52-56.

Lauritzen, J.B. 1997. Hip fractures. Epidemiology, risk factors, falls, energy absorption, hip protectors, and prevention. Danish Medical Bulletin 44: 155-168.

Leadbetter, W.B. 2001. Soft tissue athletic injury. In Sports Injuries: Mechanisms, Prevention, Treatment, edited by F.H. Fu and D.A. Stone. Philadelphia: Lippincott Williams & Wilkins.

LeBlanc, K.E., H.L. Muncie, Jr., and L.L. LeBlanc. 2014. Hip fracture: Diagnosis, treatment, and secondary prevention. American Family Physician 89(12): 945-951.

Lee, H.L. 2019. Causal association between smoking behavior and the decreased risk of osteoarthritis: A Mendelian randomization. Zeitschrift für Rheumatologie 78(5): 461-466.

Levin, P.E., and B.D. Browner. 1991. Dislocations and fracture-dislocations of the hip. In The Hip and Its Disorders, edited by M.E. Steinberg. Philadelphia: Saunders. Levy, A.S., J. Bromberg, and D. Jasper. 1994. Tibia fractures produced from the impact of a baseball bat. Journal of Orthopaedic Trauma 8: 154-158.

Lewiecki, E.M., N.C. Wright, J.R. Curtis, E. Siris, R.F. Gagel, K.G. Saag, A.J. Singer, P.M. Steven, and R.A. Adler. 2018. Hip fracture trends in the United States, 2022 to 2015. Osteoporosis International 29: 717-722.

Lieber, R.L., and J. Friden. 2002. Mechanisms of muscle injury gleaned from animal models. American Journal of Physical Medicine and Rehabilitation 81(11 Suppl.): S70-S79.

Lievense, A.M., S.M.A. Bierma-Zeinstra, A.P. Verhagen, M.E. van Baar, J.A.N. Verhaar, and B.W. Koes. 2002. Influence of obesity on the development of osteoarthritis of the hip: A systematic review. Rheumatology 41: 1155-1162.

Linko, E., A. Harilainen, A. Malmivaara, and S. Seitsalo. 2005. Surgical versus conservative interventions for anterior cruciate ligament ruptures in adults. The Cochrane Database of Systematic Reviews 2: CD001356.

Lofman, O., K. Berglund, L. Larsson, and G. Toss. 2002. Changes in hip fracture epidemiology: Redistribution between ages, genders and fracture types. Osteoporosis International 13: 18-25.

Long, W.T., W. Chang, and E.W. Brien. 2003. Grading system for gunshot injuries to the femoral diaphysis in civilians. Clinical Orthopedics 408: 92-100.

Louw, M., and C. Deary. 2014. The biomechanical variables involved in the aetiology of iliotibial band syndrome in distance runners–A systematic review of the literature. Physical Therapy in Sport 15(1): 64-75.

Maffulli, N., J.A. Reaper, S.W. Waterston, and T. Ahya. 2000. ABO blood groups and Achilles tendon rupture in the Grampian Region of Scotland. Clinical Journal of Sports Medicine 10: 269-271.

Maffulli, N., and J. Wong. 2003. Rupture of the Achilles and patellar tendons. Clinics in Sports Medicine 22: 761-776.

Magnusson, H.I., N.E. Westlin, F. Nyqvist, P. G.rdsell, E. Seeman, and M.K. Karlsson. 2001. Abnormally decreased regional bone density in athletes with medial tibial stress syndrome. American Journal of Sports Medicine 29: 712-715.

Mahan, K.T., and S.R. Carter. 1992. Multiple ruptures of the tendo Achillis. Journal of Foot Surgery 31: 548-559.

Mandelbaum, B.R., H.J. Silvers, D.S. Watanabe, J.F. Knarr, S.D. Thomas, L.Y. Griffin, D.T. Kirkendall, and W. Garrett. 2005. Effectiveness of a neuromuscular and proprioceptive training program in preventing anterior cruciate ligament injuries in female athletes: 2-year follow-up. American Journal of Sports Medicine 33: 1003-1010.

Markolf, K.L., D.M. Burchfield, M.M. Shapiro, M.F. Shepard, G.A. Finerman, and J.L. Slauterbeck. 1995. Combined knee loading states that generate high anterior cruciate ligament forces. Journal of Orthopaedic Research 13: 930-935.

Markolf, K.L., J.R. Slauterbeck, K.L. Armstrong, M.S. Shapiro, and G.A. Finerman. 1996. Effects of combined knee loadings on posterior cruciate ligament force generation. Journal of Orthopaedic Research 14: 633-638.

Markolf, K.L., J.R. Slauterbeck, K.L. Armstrong, M.S. Shapiro, and G.A. Finerman. 1997. A biomechanical study of replacement of the posterior cruciate ligament with a graft. Part II: Forces in the graft compared with forces in the intact ligament. Journal of Bone and Joint Surgery 79A: 381-386.

Marks, R., J.P. Allegrante, C.R. MacKenzie, and J.M. Lane. 2003. Hip fractures among the elderly: Causes, consequences and control. Ageing Research Reviews 2: 57-93.

Matsumoto, K., H. Sumi, Y. Sumi, and K. Shimizu. 2003. An analysis of hip dislocations among snowboarders and skiers: A 10-year prospective study from 1992 to 2002. Journal of Trauma 55: 946-948.

Mauntel, T.C., E.A. Wikstrom, K.G. Roos, A. Djoko, T.P. Dompier, and Z.Y. Kerr. 2017. The epidemiology of high ankle sprains in National Collegiate Athletic Association sports. The American Journal of Sports Medicine 45(9): 2156-2163.

McLean, S., X. Huang, A. Su, A. Van den Bogert. 2004. Sagittal plane biomechanics cannot injure the ACL during sidestep cutting. Clinical Biomechanics 19: 828-838.

McLean, S., X. Huang, A. Su, A. Van den Bogert. 2005. Association between lower extremity posture at contact and peak knee valgus moment during sidestepping: Implications for ACL injury. Clinical Biomechanics 20: 863-870.

McNulty, A.L., and F. Guilak. 2015. Mechanobiology of the meniscus. Journal of Biomechanics 48(8): 1469-1478.

Medici, D., and B.R. Olsen. 2012. The role of endothelial-mesenchymal transition in heterotopic ossification. Journal of Bone & Mineral Research, 27(8): 1619-1622.

Merriam-Webster. 2005. Merriam-Webster's Medical Desk Dictionary. Springfield, MA: Merriam-Webster.

Michelson, J.D., A. Myers, R. Jinnah, Q. Cox, and M. Van Natta. 1995. Epidemiology of hip fractures among the elderly. Risk factors for fracture type. Clinical Orthopaedics and Related Research 311: 129-135.

Miyasaka, K.C., D.M. Daniel, M.L. Stone, and P. Hirshman. 1991. The incidence of knee ligament injuries in the general population. American Journal of Knee Surgery 4: 3-8.

Moen, M.H., J.L. Tol, A. Weir, M. Steunebrink, and T.C. De Winter. 2009. Medial tibial stress syndrome: A critical review. Sports Medicine 39(7): 523-546.

Monma, H., and T. Sugita. 2001. Is the mechanism of traumatic posterior dislocation of the hip a brake pedal injury rather than a dashboard injury? Injury, International Journal for Care of the Injured 32: 221-222.

Montalvo, A.M., D.K. Schneider, K.E. Webster, L. Yut, M.T. Galloway, R.S. Heidt, Jr., C.C. Kaeding, T.E. Kremcheck, R.A. Magnussen, S.N. Parikh, D.T. Stanfield, E.J. Wall, and G.D. Myer. 2019. Anterior cruciate ligament injury risk in sport: A systematic review and meta-analysis of injury incidence by sex and sport classification. Journal of Athletic Training 54(5): 472-482.

Moorman, C.T., III, R.F. Warren, E.B. Hershman, J.F. Crowe, H.G. Potter, R. Barnes, S.J. O'Brien, and J.H. Guettler. 2003. Traumatic posterior hip subluxation in American football. Journal of Bone and Joint Surgery 85A: 1190-1196.

Morse, K.W., A. Premkumar, A. Zhu, R. Morgenstern, and E.P. Su. 2021. Return to sport after hip resurfacing arthroplasty. Orthopaedic Journal of Sports Medicine 9(5): 1-8.

Mubarak, S.J. 1981. Compartment Syndromes and Volkmann's Contracture. Philadelphia: W.B. Saunders.

Mulvad, B., R.O. Nielsen, M. Lind, and D. Ramskov. 2018. Diagnoses and time to recovery among injured recreational runners in the RUN CLEVER trial. PLoS ONE 13(10):e0204742.

Myer, G., K. Ford, and T. Hewett. 2005. The effects of gender on quadriceps muscle activation strategies during a maneuver that mimics a high ACL injury risk position. Journal of Electromyographical Kinesiology 115: 181-189.

Myer, G.D., D. Sugimoto, S. Thomas, and T.E. Hewett. 2013. The influence of age on the M effectiveness of neuromuscular training to reduce anterior cruciate ligament injury in female athletes: A meta-analysis. American Journal of Sports Medicine 41(1): 203-215.

Myklebust, G., L. Engebretsen, I. Braekken, A. Skjolberg, O. Olsen, and R. Bahr. 2003. Prevention of anterior cruciate ligament injuries in female team handball players: A prospective intervention study over three seasons. Clinical Journal of Sports Medicine 13: 71-78.

Noonan, T.J., and W.E. Garrett. 1992. Injuries at the myotendinous junction. Clinics in Sports Medicine 11: 783-806.

Norman, A., and H.D. Dorfman. 1970. Juxtacortical circumscribed myositis ossificans: Evolution and radiographic features. Radiology 96: 304-306.

Nowinski, R.J., and C.T. Mehlman. 1998. Hyphenated history: Osgood-Schlatter disease. American Journal of Orthopaedics 27: 584-585.

Noyes, F.R., and S. Barber-Westin, eds. 2018. ACL Injuries in the Female Athlete: Causes, Impacts, and Conditioning Programs (2nd ed.). New York: Springer.

O'Donoghue, D.H. 1984. Treatment of Injuries to Athletes (4th ed.). Philadelphia: Saunders.

Opar, D.A., M.D. Williams, and A.J. Shield. 2012. Hamstring strain injuries: Factors that lead to injury and re-injury. Sports Medicine 42(3): 209-226.

Orava, S., J.-J. Siinikumpu, J. Sarimo, L. Lempainen, G. Mann, and I. Hetsroni. 2017. Surgical excision of symptomatic mature posttraumatic myositis ossificans: Characteristics and outcomes in 32 athletes. Knee Surgery, Sports Traumatology, Arthroscopy 25(12): 3961-3968.

Orchard, J.W. 2001. Intrinsic and extrinsic risk factors for muscle strains in Australian football. American Journal of Sports Medicine 29: 300-303.

Owings, T.M., M.J. Pavol, and M.D. Grabiner. 2001. Mechanisms of failed recovery following postural perturbations on a motorized treadmill mimic those associated with an actual forward trip. Clinical Biomechanics 16: 813-819.

Pajala, A., J. Melkko, J. Leppilahti, P. Ohtonen, Y. Soini, and J. Risteli. 2009. Tenascin-C and type I and III collagen expression in total Achilles tendon rupture. An immunohistochemical study. Histology and Histopathology 24(10): 1207-1211.

Papadimitropoulos, E.A., P.C. Coyte, R.G. Josse, and C.E. Greenwood. 1997. Current and projected rates of hip fracture in Canada. Canadian Medical Association Journal 157: 1357-1363.

Paul, J., K. Spindler, J. Andrish, R. Parker, M. Secic, and J. Bergfeld. 2003. Jumping versus nonjumping anterior cruciate ligament injuries: A comparison of pathology. Clinical Journal of Sports Medicine 13: 1-5.

Pavol, M.J., T.M. Owings, K.T. Foley, and M.D. Grabiner. 1999. Gait characteristics as risk factors for falling from trips induced in older adults. The Journals of Gerontology Series A Biological Sciences and Medical Sciences 54: M583-M590.

Pavol, M.J., T.M. Owings, K.T. Foley, and M.D. Grabiner. 2001. Mechanisms leading to a fall from an induced trip in healthy older adults. The Journals of Gerontology Series A Biological Sciences and Medical Sciences 56: M428-M437.

Petersen, W., C. Braun, W. Bock, K. Schmidt, A. Weimann, W. Drescher, E. Eiling, R. Stange, T. Fuchs, J. Hedderich, and T. Zantop. 2005. A controlled prospective case control study of a prevention training program in female team handball players: The German experience. Archives of Orthopaedic Trauma and Surgery 125: 614-621.

Peterson, L., and P. Renstr.m. 2001. Sports Injuries: Their Prevention and Treatment. Champaign, IL: Human Kinetics.

Peterson, L., and P. Renstr.m. 2017. Sports Injuries: Prevention, Treatment and Rehabilitation (4th ed.). Champaign, IL: Human Kinetics.

Petushek, E.J., D. Sugimoto, M. Stoolmiller, G. Smith, and G.D. Myer. 2019. Evidence-based best-practice guidelines for preventing anterior cruciate ligament injuries in young female athletes: A systematic review and meta-analysis. American Journal of Sports Medicine 47(7): 1744-1753.

Piziali, R.L., J. Rastegar, D.A. Nagel, and D.J. Schurman. 1980. The contribution of the cruciate ligaments to the load-displacement characteristics of the human knee joint. Journal of Biomechanical Engineering 102: 277-283.

Poppe, T., D. Reinhardt, A. Tarakemeh, B.G. Vopat, and M.K. Mulcahey. 2019. Turf toe: Presentation, diagnosis, and management. Journal of Bone and Joint Surgery Reviews 7(8): e7. doi: 10.2106/JBJS.RVW.18.00188

Pourcelot, P., M. Defontaine, B. Ravary, M. Lem.tre, and N. Crevier-Denoix. 2005. A non-invasive method of tendon force measurement. Journal of Biomechanics 38: 2124-2129.

Powers, C.M. 2003. The influence of altered lower-extremity kinematics on patellofemoral joint dysfunction: A theoretical approach. Journal of Orthopaedic and Sports Physical Therapy 33: 639-646.

Powers, C.M., Y.-J. Chen, I.S. Scher, and T.Q. Lee. 2010. Multiplane loading of the extensor mechanism alters the patellar ligament force/quadriceps force ratio. Journal of Biomechanical Engineering 132(2): 024503. doi: 10.1115/1.4000852

Powers, C.M., J.C. Lilley, and T.Q. Lee. 1998. The effects of axial and multi-plane loading of the extensor mechanism on the patellofemoral joint. Clinical Biomechanics 13: 616-624.

Powers, C.M., E. Witvrouw, I.S. Davis, and K.M. Crossley. 2017. Evidence-based framework for a pathomechanical model of patellofemoral pain: 2017 patellofemoral pain consensus statement from the 4th International Patellofemoral Pain Research Retreat, Manchester, UK: part 3. British Journal of Sports Medicine 51: 1713-1723.

Proske, U., D.L. Morgan, C.L. Brockett, and P. Percival. 2004. Identifying athletes at risk of hamstring strains and how to protect them. Clinical Experiments in Pharmacology and Physiology 31: 546-550.

Quarles, J.D., and R.G. Hosey. 2004. Medial and lateral collateral injuries: Prognosis and treatment. Primary Care 31: 957-975.

Quintana, J.M., I. Arostegui, A. Escobar, J. Azkarate, J.I. Goenaga, and I. Lafuente. 2008. Prevalence of knee and hip osteoarthritis and the appropriateness of joint replacement in an older population. Archives of Internal Medicine 168(14): 1576-1584.

Ramirez, R.N., K. Baldwin, and C.C.D. Franklin. 2014. Prevention of anterior cruciate ligament rupture in female athletes. JBJS Reviews 2(9): e3.

Reeves, N.D., and G. Cooper. 2017. Is human Achilles tendon deformation greater in regions where cross-sectional area is smaller? Journal of Experimental Biology 220: 1634-1642.

Ren, Y., J. Hu, B. Lu, W. Zhou, and B. Tan. 2019. Prevalence and risk factors of hip fracture in a middle-aged and older Chinese population. Bone 122: 143-149.

Revak, A., K. Diers, T.W. Kernozek, N. Gheidi, and C. Olbrantz. 2017. Achilles tendon loading during heel-raising and -lowering exercises. Journal of Athletic Training 52(2): 89-96.

Ribbans, W.J., and M. Collins. 2013. Pathology of the tendo Achillis: Do our genes contribute? The Bone and Joint Journal 95-B: 306-313.

Robinovitch, S.N., T.A. McMahon, and W.C. Hayes. 1995. Force attenuation in trochanteric soft tissues during impact from a fall. Journal of Orthopaedic Research 13: 956-962.

Rose, P.S., and F.J. Frassica. 2001. Atraumatic bilateral patellar tendon rupture, a case report and review of the literature. Journal of Bone and Joint Surgery 83: 1382-1386.

Ross, M.D., and D. Villard. 2003. Disability levels of college-aged men with a history of Osgood-Schlatter disease. Journal of Strength and Conditioning Research 17: 659-663.

Rossettini, G., D. Ristori, and M. Testa. 2018. Myositis ossificans: Delayed complications of severe muscle contusion. Journal of Orthopaedic & Sports Physical Therapy 48(5): 420.

Rothwell, A.G. 1982. Quadriceps hematoma: A prospective clinical study. Clinical Orthopaedics and Related Research 171: 97-103.

Roux, C.H., J. Coste, C. Roger, E. Fontas, A.-C. Rat, and F. Guillemin. 2021. Impact of smoking on femorotibial and hip osteoarthritis progression: 3-year follow-up data from the KHOALA cohort. Joint Bone Spine 88(2). doi: 10.1016/j.jbspin.2020.09.009

Safran, M.R., R.S. Benedetti, A.R. Bartolozzi, III, and B.R. Mandelbaum. 1999. Lateral ankle sprains: A comprehensive review. Part 1: Etiology, pathoanatomy, histopathogenesis, and diagnosis. Medicine and Science in Sports and Exercise 31: S429-S437.

Salem, G.J., and C.M. Powers. 2001. Patellofemoral joint kinetics during squatting in collegiate women athletes. Clinical Biomechanics 16: 424-430.

Salsich, G.B., S.R. Ward, M.R. Terk, and C.M. Powers. 2003. In vivo assessment of patellofemoral joint contact area in individuals who are pain free. Clinical Orthopaedics and Related Research 417: 277-284.

Schepsis, A.A., M. Fitzgerald, and R. Nicoletta. 2005. Revision surgery for exertional anterior compartment syndrome of the lower leg. American Journal of Sports Medicine 33: 1040-1047.

Schepsis, A.A., H. Jones, and A.L. Haas. 2002. Achilles tendon disorders in athletes. American Journal of Sports Medicine 30: 287-305.

Schmidt, A.H. 2017. Acute compartment syndrome. Injury 48S: S22-S25.

Schneider, H.P., J.M. Baca, B.B. Carpenter, P.D. Dayton, A.E. Fleischer, and B.D. Sachs. 2018. American College of Foot and Ankle Surgeons clinical consensus statement: Diagnosis and treatment of adult acquired infracalcaneal heel pain. The Journal of Foot & Ankle Surgery 57: 370-381.

Scott, S.H., and D.A. Winter. 1990. Internal forces at chronic running injury sites. Medicine and Science in Sports and Exercise 22: 357-369.

Seedhom, B.B., and V. Wright. 1974. Functions of the menisci: A preliminary study. Journal of Bone and Joint Surgery 56B: 381-382.

Seering, W.P., R.L. Piziali, D.A. Nagel, and D.J. Schurman. 1980. The function of the primary ligaments of the knee in varus-valgus and axial rotation. Journal of Biomechanics 13: 785-794.

Seow, D., T.N.B.T. Yusof, Y. Yasui, Y. Shimozono, and J.G. Kennedy. 2020. Treatment options for turf toe: A systematic review. The Journal of Foot & Ankle Surgery S9: 112-116.

Sibley, T., D.A. Algren, and S. Ellison. 2012. Bilateral patellar tendon ruptures without predisposing systemic disease or steroid use: A case report and review of the literature. American Journal of Emergency Medicine 30(1):261. e3-5. doi: 10.1016/j.ajem.2010.11.011

Siegler, S., J. Block, and C.D. Schneck. 1988. The mechanical characteristics of the collateral ligaments of the human ankle joint. Foot and Ankle 8: 234-242.

Siliski, J.M. 2003. Dislocations and soft tissue injuries of the knee. In Skeletal Trauma: Basic Science, Management, and Reconstruction, edited by B.D. Browner, J.B. Jupiter, A.M. Levine, and P.T. Trafton. Philadelphia: Saunders.

Singh, N. 2018. International epidemiology of anterior cruciate ligament injuries. Orthopedic Research Online Journal 1(5): 94-96.

Speer, K.P., C.E. Spritzer, F.H. Bassett, J.A. Feagin, and W.E. Garrett. 1992. Osseous injury associated with acute tears of the anterior cruciate ligament. American Journal of Sports Medicine 20: 382-389.

Speer, K.P., R.F. Warren, T.L. Wickiewicz, L. Horowitz, and L. Henderson. 1995. Observations on the injury mechanism of anterior cruciate ligament tears in skiers. American Journal of Sports Medicine 23: 77-81.

Spilker, R.L., P.S. Donzelli, and V.C. Mow. 1992. A transversely isotropic biphasic finite element model of the meniscus. Journal of Biomechanics 25: 1027-1045.

Stanitski, C.L. 2002. Sports injuries in children and adolescents. In Oxford Textbook of Orthopedics and Trauma, edited by C. Bulstrode, J. Buckwalter, A. Carr, L. Marsh, J. Fairbank, J. Wilson-MacDonald, and G. Bowden. Oxford, UK: Oxford University Press.

Stannard, J.P., J.T. Stannard, and J.L. Cook. 2020. Surgical treatment of combined ACL, PCL, and lateral side injuries. Sports Medicine and Arthroscopy Review 28(3): 94-99.

Staubli, H.U., U. Durrenmatt, B. Porcellini, and W. Rauschning. 1999. Anatomy and surface geometry of the patellofemoral joint in the axial plane. Journal of Bone and Joint Surgery 81B: 452-458.

Stedman's Medical Dictionary for the Health Professions and Nursing (5th ed.). 2005. Philadelphia: Lippincott Williams & Wilkins.

Sterett, W.I., and W.B. Krissoff. 1994. Femur fractures in alpine skiing: Classification and mechanisms of injury in 85 cases. Journal of Orthopaedic Trauma 8: 310-314.

Stevenson, H., J. Webster, R. Johnson, and B. Beynnon. 1998. Gender differences in knee injury epidemiology among competitive alpine ski racers. Iowa Orthopaedic Journal 18: 64-66.

Stodle, A.H., K.H. Hvaal, M. Enger, H. Br.gger, J.E. Madsen, and E.E. Husebye. 2020. Lisfranc injuries: Incidence, mechanisms of injury and predictors of instability. Foot and Ankle Surgery 26: 535-540.

St-Onge, N., Y. Chevalier, N. Hagemeister, M. Van De Putte, and J. De Guise. 2004. Effect of ski binding parameters on knee biomechanics: A three-dimensional computational study. Medicine and Science in Sports and Exercise 36: 1218-1225.

Swenson, T.M., and C.D. Harner. 1995. Knee ligament and meniscal injuries: Current concepts. Orthopaedic Clinics of North America 26: 529-546.

Tarazi, N., P. O'loughlin, A. Amin, and P. Keogh. 2016. A rare case of bilateral tendon ruptures: A case report and literature review. Case Reports in Orthopedics. doi:10.1155/2016/6912968

Tearse, D., J.A. Buckwalter, J.L. Marsh, and E.A. Brandser. 2002. Stress fractures. In Oxford Textbook of Orthopedics and Trauma, edited by C. Bulstrode, J. Buckwalter, A. Carr, L. Marsh, J. Fairbank, J. Wilson-MacDonald, and G. Bowden. Oxford, UK: Oxford University Press.

Thelen, D.G., E.S. Chumanov, D.M. Hoerth, T.M. Best, S.C. Swanson, L. Li, M. Young, and B.C. Heiderscheit. 2005. Hamstring muscle kinematics during treadmill sprinting. Medicine and Science in Sports and Exercise 37: 108-114.

Thomas, J.L., J.C. Christensen, S.R. Kravitz, R.W. Mendicino, J.M. Schuberth, J.V. Vanore, L.S. Weil Sr., H.J. Zlotoff, R. Bouch., and J. Baker. 2010. The diagnosis and treatment of heel pain: A clinical practice. The Journal of Foot & Ankle Surgery 49 (Suppl. 3): S1-S19.

Thome., R., P. Renstr.m, J. Karlsson, and G. Grimby. 1995. Patellofemoral pain syndrome in young women. I. A clinical analysis of alignment, pain parameters, common symptoms and functional activity level. Scandinavian Journal of Medicine and Science in Sports 5: 237-244.

Trojian, T., and A.K. Tucker. 2019. Plantar fasciitis. American Academy of Family Physicians 99(12): 744-750.

Upadhyay, S.S., A. Moulton, and R.G. Burwell. 1985. Biological factors predisposing to traumatic posterior dislocation of the hip. Journal of Bone and Joint Surgery 67B: 232-236.

Urabe, Y., M. Ochi, K. Onari, and Y. Ikuta. 2002. Anterior cruciate ligament injury in recreational alpine skiers: Analysis of mechanisms and strategy for prevention. Journal of Orthopaedic Science 7: 1-5.

van den Bogert, A.J., M.J. Pavol, and M.D. Grabiner. 2002. Response time is more important than walking speed for the ability of older adults to avoid a fall after a trip. Journal of Biomechanics 35: 199-205.

van den Kroonenberg, A.J., W.C. Hayes, and T.A. McMahon. 1995. Dynamic models for sideways falls from standing height. Journal of Biomechanical Engineering 117: 309-318.

van der Worp, M.P., N. van der Horst, A. de Wijer, F.J.G. Backx, and M.W.G. Nijhuis-van der Sanden. 2012. Iliotibial band syndrome in runners: A systematic review. Sports Medicine 42(11): 969-992.

Vanek, D., A. Saxena, and J.M. Boggs. 2003. Fluoroquinolone therapy and Achilles tendon rupture. Journal of the American Podiatric Medical Association 93: 333-335.

van Kuijk, K.S.R., V. Eggerding, M. Reijman, B.L. van Meer, S.M.A. Bierma-Zeinstra, E. van Arkel, J.H. Waarsing, and D.E. Meuffels. 2021. Differences in knee shape between ACL injured and non-injured: A matched case-control study of 168 patients. Journal of Clinical Medicine 10: 968.

van Kuijk, K.S.R., M. Reijman, S.M.A. Bierma-Zeinstra, J.H. Waarsing, and D.E. Meuffels. 2019. Posterior cruciate ligament injury is influenced by intercondylar shape and size of tibial eminence. The Bone & Joint Journal 101-B(9): 1058-1062.

Vavken, P., and M.M. Murray. 2013. ACL injury epidemiology. In The ACL Handbook, edited by M. Murray, P. Vavken, and B. Fleming. New York: Springer. Venes, D., ed. 2005. Taber's Cyclopedic Medical Dictionary. Philadelphia: Davis.

Veronese, N., and S. Maggi. 2018. Epidemiology and social costs of hip fracture. Injury 49(8): 1458-1460.

Verrall, G.M., J.P. Slavotinek, and P.G. Barnes. 2005. The effect of sports specific training on reducing the incidence of hamstring injuries in professional Australian Rules football players. British Journal of Sports Medicine 39: 363-368.

Verrall, G.M., J.P. Slavotinek, P.G. Barnes, and G.T. Fon. 2003. Diagnostic and prognostic value of clinical findings in 83 athletes with posterior thigh injury: Comparison of clinical findings with magnetic resonance imaging documentation of hamstring muscle strain. American Journal of Sports Medicine 31: 969-973.

Verzijl, N., R.A. Bank, J.M. TeKoppele, and J. DeGroot. 2003. Ageing and osteoarthritis: A different perspective. Current Opinions in Rheumatology 15: 616-622.

Verzijl, N., J. DeGroot, Z.C. Ben, O. Brau-Benjamin, A. Maroudas, R.A. Bank, J. Mizrahi, C.G. Schalkwijk, S.R. Thorpe, J.W. Baynes, J.W. Bijlsma, F.P. Lafeber, and J.M. TeKoppele. 2002. Crosslinking by advanced glycation end products increases the stiffness of the collagen network in human articular cartilage: A possible mechanism through which age is a risk factor for osteoarthritis. Arthritis and Rheumatology 46: 114-123.

Vuori, J.-P., and H.T. Aro. 1993. Lisfranc joint injuries: Trauma mechanisms and associated injuries. Journal of Trauma 35: 40-45.

Walczak, B.E., C.N. Johnson, and B.M. Howe. 2015. Myositis ossificans. Journal of the American Academy of Orthopaedic Surgeons 23: 612-622.

Walker, P., and M. Erkman. 1975. The role of the menisci in force transmission across the knee. Clinical Orthopaedics 109: 184-192.

Ward, S.R., and C.M. Powers. 2004. The influence of patella alta on patellofemoral joint stress during normal and fast walking. Clinical Biomechanics 19: 1040-1047.

Ward, S.R., M.R. Terk, and C.M. Powers. 2007. Patella alta: Association with patellofemoral alignment and changes in contact area during weight-bearing. Journal of Bone & Joint Surgery 89(8): 1749-1755.

Watson, J.T. 2002. Tibial shaft fractures. In Oxford Textbook of Orthopedics and Trauma (vol. 3), edited by C. Bulstrode, J. Buckwalter, A. Carr, L. Marsh, J. Fairbank, J. Wilson-MacDonald, and G. Bowden. Oxford, UK: Oxford University Press.

Weiss, R.J., S.M. Montgomery, Z. Al Dabbagh, and K.A. Jansson. 2009. National data of 6409 Swedish inpatients with femoral shaft fractures: stable incidence between 1998 and 2004. Injury 40(3): 304-308.

Wind, W.M., Jr., J.A. Bergfeld, and R.D. Parker. 2004. Evaluation and treatment of posterior cruciate ligament injuries: Revisited. American Journal of Sports Medicine 32: 1765-1775.

Winquist, R.A., and S.T. Hansen, Jr. 1980. Comminuted fractures of the femoral shaft treated by intramedullary nailing. Orthopedic Clinics of North America 11: 633-648.

Winquist, R.A., S.T. Hansen, Jr., and D.K. Clawson. 1984. Closed intramedullary nailing of femoral fractures: A report of five hundred and twenty cases. Journal of Bone and Joint Surgery 66A: 529-539.

Winters, M. 2020. The diagnosis and management of medial tibial stress syndrome. Der Unfallchirurg 123 (Suppl. 1): S15-S19.

Wiss, D.A., W.W. Brien, and V. Becker, Jr. 1991. Interlocking nailing for the treatment of femoral fractures due to gunshot wounds. Journal of Bone and Joint Surgery 73A: 598-606.

Wojtys, E.M., L.J. Huston, M.D. Boynton, K.P. Spindler, and T.N. Lindenfeld. 2002. The effect of the menstrual cycle on anterior cruciate ligament injuries in women as determined by hormone levels. American Journal of Sports Medicine 30: 182-188.

Woo, S.L., J.M. Hollis, D.J. Adams, R.M. Lyon, and S. Takai. 1991. Tensile properties of the human femur-anterior cruciate ligament-tibia complex. The effects of specimen age and orientation. American Journal of Sports Medicine 19: 217-225.

Woo, S. L.-Y., M.A. Knaub, and M. Apreleva. 2001. Biomechanics of ligaments in sports medicine. In Sports Injuries: Mechanisms, Prevention, Treatment, edited by F.H. Fu and D.A. Stone. Philadelphia: Lippincott Williams & Wilkins.

Worrell, T.W. 1994. Factors associated with hamstring injuries: An approach to treatment and preventative measures. Sports Medicine 17: 338-345.

Yates, B., M.J. Allen, and M.R. Barnes. 2003. Outcome of surgical treatment of medial tibial stress syndrome. Journal of Bone and Joint Surgery 85A: 1974-1980.

Yates, B., and S. White. 2004. The incidence and risk factors in the development of medial tibial stress syndrome among naval recruits. American Journal of Sports Medicine 32: 772-780.

Yinger, K., B.R. Mandelbaum, and L.C. Almekinders. 2002. Achilles rupture in the athlete: Current science and treatment. Clinics in Podiatric Medicine and Surgery 19: 231-250.

Yu, B., and W.E. Garrett. 2007. Mechanisms of non-contact ACL injuries. British Journal of Sports Medicine 41(Suppl. 1): i47-i51.

Zantop, T., B. Tillmann, and W. Petersen. 2003. Quantitative assessment of blood vessels of the human Achilles tendon: An immunohistochemical cadaver study. Archives of Orthopaedic Trauma Surgery 123: 501-504.

Zernicke, R.F. 1981. Biomechanical evaluation of bilateral tibial spiral fractures during skiing: A case study. Medicine and Science in Sports and Exercise 13: 243-245.

Zernicke, R.F., J. Garhammer, and F.W. Jobe. 1977. Human patellar-tendon rupture: A kinetic analysis. Journal of Bone and Joint Surgery 59A: 179-183.

Zhang, K., L. Li, L. Yang, J. Shi, L. Zhu, H. Liang, X. Wang, X. Yang, and Q. Jiang. 2019. The biomechanical changes of load distribution with longitudinal tears of meniscal horns on knee joint: A finite element analysis. Journal of Orthopaedic Surgery and Research 14.

Capítulo 7

Abrams, G.D., P.A. Renstrom, and M.R. Safran. 2012. Epidemiology of musculoskeletal injury in the tennis player. British Journal of Sports Medicine. doi: 10.1136/bjsports-2012-091164

Agrahari, Y., M.J.L. Agrahari, and S.K. Kunwor. 2020. Simultaneous bilateral anterior glenohumeral joint dislocation: A case report. Journal of Nepal Medical Association 58(277): 512-514.

Ahmad, C.S., and N.S. ElAttrache. 2004. Valgus extension overload syndrome and stress injury of the olecranon. Clinics in Sports Medicine 23: 665-676.

Alashkham, A., A. Alraddadi, P. Felts, and R. Soames. 2017. Blood supply and vascularity of the glenoid labrum: Its clinical implications. Journal of Orthopaedic Surgery (Hong Kong) 25(3): 2309499017731632.

Allman, F.L., Jr. 1967. Fractures and ligamentous injuries of the clavicle and its articulation. Journal of Bone and Joint Surgery 49A: 774-784.

Anakwenze, O.A., V.K. Kancherla, J. Iyengar, C.S. Ahmad, and W.N. Levine. 2014. Posterolateral rotatory instability of the elbow. American Journal of Sports Medicine 42(2): 485-491.

Andrews, J.R., W.G. Carson, Jr., and W.D. McLeod. 1985. Glenoid labrum tears related to the long head of the biceps. American Journal of Sports Medicine 13: 337-341.

Atroshi, I., C. Gummesson, R. Johnsson, E. Ornstein, J. Manstam, and I. Ros.n. 1999. Prevalence of carpal tunnel syndrome in a general population. Journal of the American Medical Association 282(2): 153-158.

Bado, J.L. 1967. The Monteggia lesion. Clinical Orthopaedics and Related Research 50: 71-86.

Balke, M., C. Schmidt, N. Dedy, M. Banerjee, B. Bouillon, and D. Liem. 2013. Correlation of acromial morphology with impingement syndrome and rotator cuff tears. Acta Orthopaedica 84(2): 178-183.

Banas, M.P., R.J. Miller, and S. Totterman. 1995. Relationship between the lateral acromion angle and rotator cuff disease. Journal of Shoulder and Elbow Surgery 4: 454-461.

Bankart, A.S.B. 1923. Recurrent or habitual dislocation of the shoulder joint. British Medical Journal 2: 1132-1133.

Barco, R., and S.A. Antu.a. 2017. Medial elbow pain. EFFORT Open Reviews 2(8): 362-371.

Bartolozzi, A., D. Andreychik, and S. Ahmad. 1994. Determinants of outcome in the treatment of rotator cuff disease. Clinical Orthopaedics and Related Research 308: 90-97.

Bigliani, L.U., and W.N. Levine. 1997. Subacromial impingement syndrome. Journal of Bone and Joint Surgery 79A: 1854-1868.

Bigliani, L.U., D.S. Morrison, and E.W. April. 1986. The morphology of the acromion and its relationship to rotator cuff tears. Orthopaedic Transactions 10: 228.

Blevins, F.T. 1997. Rotator cuff pathology in athletes. Sports Medicine 24: 205-220.

Bonza, J.E., S.K. Fields, E.E. Yard, and R.D. Comstock. 2009. Shoulder injuries among United States high school athletes during the 2005-2006 and 2006-2007 school years. Journal of Athletic Training 44(1): 76-83.

Botte, M.J., and R.H. Gelberman. 1987. Fractures of the carpus, excluding the scaphoid. Hand Clinics of North America 3: 149-161.

Branch, T., C. Partin, P. Chamberland, E. Emeterio, and M. Sabetelle. 1992. Spontaneous fractures of the humerus during pitching: A series of 12 cases. American Journal of Sports Medicine 20: 468-470.

Bright, A.S., B. Torpey, D. Magid, T. Codd, and E.G. McFarland. 1997. Reliability of radiographic evaluation for acromial morphology. Skeletal Radiology 26: 718-721.

Budoff, J.E., R.P. Nirschl, O.A. Ilahi, and D.M. Rodin. 2003. Internal impingement in the etiology of rotator cuff tendinosis revisited. Arthroscopy 19: 810-814.

Buess, E., K.U. Steuber, and B. Waibl. 2005. Open versus arthroscopic rotator cuff repair: A comparative view of 96 cases. Arthroscopy 21: 597-604.

Burkhart, S.S. 1993. Arthroscopic debridement and decompression for selected rotator cuff tears. Clinical results, pathomechanics, and patient selection based on biomechanical parameters. Orthopedic Clinics of North America 24: 111-123.

Burkhart, S.S. 2000. A stepwise approach to arthroscopic rotator cuff repair based on biomechanical principles. Arthroscopy 16: 82-90.

Burkhart, S.S., and C.D. Morgan. 1998. The peel-back mechanism: Its role in producing and extending posterior type II SLAP lesions and its effect on SLAP repair rehabilitation. Arthroscopy 14: 637-640.

Burkhart, S.S., and C. Morgan. 2001. SLAP lesions in the overhead athlete. Orthopedic Clinics of North America 32: 431-441.

Burkhart, S.S., C.D. Morgan, and W.B. Kibler. 2000. Shoulder injuries in overhead athletes: The "dead arm" revisited. Clinics in Sports Medicine 19: 125-158.

Burnham, R.S., L. May, E. Nelson, R. Steadward, and D.C. Reid. 1993. Shoulder pain in wheelchair athletes: The role of muscle imbalance. American Journal of Sports Medicine 21: 238-242.

Burnier, M., B.T. Elhassan, and J. Sanchez-Sotelo. 2019. Surgical management of irreparable rotator cuff tears. Journal of Bone and Joint Surgery 101A(17): 1603-1612.

Buss, D.D., and J.D. Watts. 2003. Acromioclavicular injuries in the throwing athlete. Clinics in Sports Medicine 22: 327-341.

Caine, D., W. Howe, W. Ross, and G. Bergman. 1997. Does repetitive physical loading inhibit radial growth in female gymnasts? Clinical Journal of Sport Medicine 7: 302-308.

Callaghan, E.B., D.L. Bennett, G.Y. El-Khoury, and K. Ohashi. 2004. Ball-thrower's fracture of the humerus. Skeletal Radiology 33: 355-358.

Chalmers, P.N., L. Beck, M. Miller, J. Kawakami, A.G. Dukas, R.T. Burks, P.E. Greis, and R.Z. Tashjian. 2020. Acromial morphology is not associated with rotator cuff tearing or repair healing. Journal of Shoulder and Elbow Surgery 29(11): 2229-2239.

Chan, H.B.Y., P.Y. Pua, and C.H. How. 2017. Physical therapy in the management of frozen shoulder. Singapore Medical Journal 58(12): 685-689.

Chen, C.H., K.Y. Hsu, W.J. Chen, and C.H. Shih. 2005. Incidence and severity of biceps long head tendon lesion in patients with complete rotator cuff tears. Journal of Trauma 58: 1189-1193.

Cho, C.-H., K.-C. Bae, and D.-H. Kim. 2019. Treatment strategy for frozen shoulder. Clinics in Orthopedic Surgery 11(3): 249-257.

Ciccotti, M.G., and W.P.H. Charlton. 2001. Epicondylitis in the athlete. Clinics in Sports Medicine 20: 77-93.

Clasper, J. 2002. Frozen shoulder. In Oxford Textbook of Orthopedics and Trauma, edited by C. Bulstrode, J. Buckwalter, A. Carr, L. Marsh, J. Fairbank, J. Wilson-MacDonald, and G. Bowden. Oxford, UK: Oxford University Press.

Codman, E.A. 1911. Complete rupture of the supraspinatus tendon: Operative treatment with report of two successful cases. Boston Medical and Surgical Journal 164: 708-710.

Codman, E.A. 1934. Tendinitis of the short rotators. In Ruptures of the Supraspinatus Tendon and Other Lesions on or About the Subacromial Bursa, edited by E.A. Codman. Boston: Thomas Todd.

Cohen, M.S. 2004. Fractures of the coronoid process. Hand Clinics 20: 443-453.

Conway, J.E., F.W. Jobe, R.E. Glousman, and M. Pink. 1992. Medial instability of the elbow in throwing athletes: Treatment by repair or reconstruction of the ulnar collateral ligament. Journal of Bone and Joint Surgery 74A: 67-83.

Cooper, D.E., S.P. Arnoczky, S.J. O'Brien, R.F. Warren, E. DeCarlo, and A.A. Allen. 1992. Anatomy, histology, and vascularity of the glenoid labrum: An anatomical study. Journal of Bone and Joint Surgery 74A: 46-52.

Corpus, K.T., C.L. Camp, D.M. Dines, D.W. Altchek, and J.S. Dines. 2016. Evaluation and treatment of internal impingement of the shoulder in overhead athletes. World Journal of Orthopaedics 7(12): 776-784.

Court-Brown, C.M., and B. Caesar. 2006. Epidemiology of adult fractures: A review. Injury–International Journal of the Care of the Injured 37: 691-697.

Cresswell, T.R., and R.B. Smith. 1998. Bilateral anterior shoulder dislocations in bench pressing: An unusual cause. British Journal of Sports Medicine 32: 71-72.

Cunningham, G., and A. L.dermann. 2018. Redefining anterior shoulder impingement: A literature review. International Orthopaedics 42: 359-366.

Depr.s-Tremblay, G., A. Chevrier, M. Snow, M.B. Hurtig, S. Rodeo, and M.D. Buschmann. 2016. Rotator cuff repair: A review of surgical techniques, animal models, and new technologies under development. Journal of Shoulder and Elbow Surgery 25: 2078-2085.

De Smet, L. 1994. Ulnar variance: Facts and fiction. Review article. Acta Orthopaedica Belgica 60: 1-9.

De Smet, L., A. Clasessens, J. Lefevre, and G. Beunen. 1994. Gymnast wrist: An epidemiologic survey of ulnar variance and stress changes of the radial physis in elite female gymnasts. American Journal of Sports Medicine 22: 846-850.

Dias, J. 2002. Scaphoid fractures. In Oxford Textbook of Orthopedics and Trauma, edited by C. Bulstrode, J. Buckwalter, A Carr, L. Marsh, J. Fairbank, J. Wilson-MacDonald, and G. Bowden. Oxford, UK: Oxford University Press.

Dias, R., S. Cutts, and S. Massoud. 2005. Frozen shoulder. British Medical Journal 331: 1453-1456.

DiFiori, J.P., J.C. Puffer, B. Aish, and F. Dorey. 2002. Wrist pain, distal radial physeal injury, and ulnar variance in young gymnasts: Does a relationship exist? American Journal of Sports Medicine 30: 879-885.

DiFiori, J.P., J.C. Puffer, B.R. Mandelbaum, and F. Dorey. 1997. Distal radial growth plate injury and positive ulnar variance in nonelite gymnasts. American Journal of Sports Medicine 25: 763-768.

DiFiori, J.P., J.C. Puffer, B.R. Mandelbaum, and S. Mar. 1996. Factors associated with wrist pain in the young gymnast. American Journal of Sports Medicine 24: 9-14.

Doehrmann, R., and T.J. Frush. 2021. Posterior Shoulder Instability. Treasure Island, FL: StatPearls. NBK557648.

Duplay, E.S. 1872. De la periarthritis scapulohumerale et des raiderus de l'epaule qui en son la consequence. Archives of General Medicine 20: 513-542.

Edelson, G., and C. Teitz. 2000. Internal impingement in the shoulder. Journal of Shoulder and Elbow Surgery 9: 308-315.

Edgar, C. 2019. Acromioclavicular and sternoclavicular joint injuries. In Rockwood and Green's Fractures in Adults (9th ed.), edited by P. Tornetta, III, W. Ricci, C.M. Court-Brown, M.M. McQueen, and M. McKee. Philadelphia: Wolters Kluwer.

Ekholm, R., J. Adami, J. Tidermark, K. Hansson, H. T.rnkvist, and S. Ponzer. 2006. Fractures of the shaft of the humerus: An epidemiological study of 401 fractures. Journal of Bone and Joint Surgery 88B(11): 1469-1473.

Emond, M., N. Le Sage, A. Lavoie, and L. Rochette. 2004. Clinical factors predicting fractures associated with an anterior shoulder dislocation. Academy of Emergency Medicine 11: 853-858.

Enger, M., S.A. Skjaker, L. Nordsletten, A.H. Pripp, K. Melhuus, S. Moosmayer, and J.I. Brox. 2019. Sports-related acute shoulder injuries in an urban population. BMJ Open Sport & Exercise Medicine 5:e000551. doi: 10.1136/bmjsem-2019-000551

Evans, M. 1949. Pronation injuries of the forearm. Journal of Bone and Joint Surgery 31B: 578-588.

Farley, T.E., C.H. Neumann, L.S. Steinbach, and S.A. Petersen. 1994. The coracoacromial arch: MR evaluation and correlation with rotator cuff pathology. Skeletal Radiology 23: 641-645.

Fernandez, D.L., and J.B. Jupiter. 1996. Fractures of the Distal Radius. New York: Springer-Verlag.

Fleisig, G.S., J.R. Andrews, C.J. Dillman, and R.F. Escamilla. 1995. Kinetics of baseball pitching with implications about injury mechanisms. American Journal of Sports Medicine 23: 233-239.

Foulk, D.A., M.P. Darmelio, A.C. Rettig, and G. Misamore. 2002. Full-thickness rotator-cuff tears in professional football players. American Journal of Orthopedics 31: 622-624.

Fowler, J.R., and T.B. Hughes. 2015. Scaphoid fractures. Clinics in Sports Medicine 34(1): 37-50.

Fu, F.H., and D.A. Stone. 2001. Sports Injuries: Mechanisms, Prevention, Treatment (2nd ed.). Philadelphia: Lippincott Williams & Wilkins.

Funakoshi, T., T. Majima, N. Suenaga, N. Iwasaki, S. Yamane, and A. Minami. 2006. Rotator cuff regeneration using chitin fabric as an acellular matrix. Journal of Shoulder and Elbow Surgery 15(1): 112-118.

Funakoshi, T., T. Majima, N. Iwasaki, N. Suenaga, N. Sawaguchi, K. Shimode, A. Minami, K. Harada, and S. Nishimura. 2005. Application of tissue engineering techniques for rotator cuff regeneration using a chitosan-based hyaluronan hybrid fiber scaffold. American Journal of Sports Medicine 33: 1193-1201.

Galeazzi, R. 1934. Uber ein besonderes syndrom bei verltzunger im bereich der unterarmknochen. Archiv Fur Orthopadische und Unfall-Chirurgie 35: 557-562.

Giangarra, C.E., B. Conroy, F.W. Jobe, M. Pink, and J. Perry. 1993. Electromyographic and cinematographic analysis of elbow function in tennis players using single-and double-handed backhand strokes. American Journal of Sports Medicine 21: 394-399.

Giaroli, E.L., N.M. Major, and L.D. Higgins. 2005. MRI of internal impingement of the shoulder. American Journal of Roentgenology 185: 925-929.

Goldberg, B.A., R.J. Nowinski, and F.A. Matsen, III. 2001. Outcome of nonoperative management of full-thickness rotator cuff tears. Clinical Orthopaedics and Related Research 382: 99-107.

Grana, W. 2001. Medial epicondylitis and cubital tunnel syndrome in the throwing athlete. Clinics in Sports Medicine 20: 541-548.

Guntern, D.V., C.W. Pfirrmann, M.R. Schmid, M. Zanetti, C.A. Binkert, A.G. Schneeberger, and J. Hodler. 2003. Articular cartilage lesions of the glenohumeral joint: Diagnostic effectiveness of MR arthrography and prevalence in patients with subacromial impingement syndrome. Radiology 226: 165-170.

Haahr, J.P., and J.H. Anderson. 2003. Physical and psychosocial risk factors for lateral epicondylitis: A population based case-referent study. Occupational & Environmental Medicine 60(5): 322-329.

Hafner, R.A., K. Poznanski, and J.M. Donovan. 1989. Ulnar variance in children– standard measurements for evaluation of ulnar shortening in juvenile rheumatoid arthritis, hereditary multiple exostosis and other bone or joint disorders in childhood. Skeletal Radiology 18: 513-516.

Halder, A.M., K.D. Zhao, S.W. O'Driscoll, B.F. Morrey, and K.N. An. 2001. Dynamic contributions to superior shoulder stability. Journal of Orthopedic Research 19: 206-212.

Handelberg, F., S. Willems, M. Shahabpour, J.-P. Huskin, and J. Kuta. 1998. SLAP lesions: A retrospective multicenter study. Arthroscopy 14: 856-862.

Harryman, D.T., II, J.A. Sidles, J.M. Clark, K.J. McQuade, T.D. Gibb, and F.A. Matsen, III. 1990. Translation of the humeral head on the glenoid with passive glenohumeral motion. Journal of Bone and Joint Surgery 72A: 1334-1343

Hatta, T., H. Sano, J. Zuo, N. Yamamoto, and E. Itoi. 2013. Localization of degenerative changes of the acromioclavicular joint: A cadaveric study. Surgical and Radiologic Anatomy 35: 89-94.

Hawkins, R.H., and R. Dunlop. 1995. Nonoperative treatment of rotator cuff tears. Clinical Orthopedics 321: 178-188.

Haygood, T.M., C.P. Langlotz, J.B. Kneeland, J.P. Iannotti, G.R. Williams, Jr., and M.K. Dalinka. 1994. Categorization of acromial shape: Interobserver variability with MR imaging and conventional radiography. American Journal of Roentgenology 162: 1377-1382.

Healey, J.H., S. Barton, P. Noble, U.W. Kohi 3rd, and O.A. Ilahi. 2001. Biomechanical evaluation of the origin of the long head of the biceps tendon. Arthroscopy 17(4): 378-382.

Hey, H.W.D., and A.K.S. Chong. 2011. Prevalence of carpal fracture in Singapore. Journal of Hand Surgery (Am.) 36(2): 278-283. Hong, J., M. Yeo, G.H. Yang, and G. Kim. 2019. Cell-electrospinning and its application for tissue engineering. International Journal of Molecular Sciences 20: 6208.

Horii, E., R. Nakamura, K. Watanabe, and K. Tsunoda. 1994. Scaphoid fracture as a "puncher's" fracture. Journal of Orthopaedic Trauma 8: 107-110.

Horvath, F., and L. Kery. 1984. Degenerative deformations of the acromioclavicular joint in elderly. Archives of Gerontology and Geriatrics 3: 259-265.

Hotchkiss, R.N. 1996. Fractures and dislocations of the elbow. In Rockwood and Green's Fractures in Adults, edited by C.A. Rockwood, D.P. Green, R.W. Bucholz, and J.D. Heckman. Philadelphia: Lippincott-Raven.

Hotchkiss, R.N. 2000. Epicondylitis–lateral and medial. Hand Clinics 16: 505-508.

Hutchinson, M.R., and M.A. Veenstra. 1993. Arthroscopic decompression of shoulder impingement secondary to os acromiale. Arthroscopy 9: 28-32.

Itoi, E., and S. Tabata. 1992. Conservative treatment of rotator cuff tears. Clinical Orthopaedics and Related Research 275: 165-173.

Jacobson, S.R., K.P. Speer, J.T. Moor, D.H. Janda, S.R. Saddemi, P.B. MacDonald, and W.J. Mallon. 1995. Reliability of radiographic assessment of acromial morphology. Journal of Shoulder and Elbow Surgery 4: 449-453.

Jobe, C.M. 1995. Posterior superior glenoid impingement: expanded spectrum. Arthroscopy 11: 530-536.

Jobe, C.M. 1997. Superior glenoid impingement. Orthopedic Clinics of North America 28: 137-143.

Jobe, F.W., and M. Pink. 1993. Classification and treatment of shoulder dysfunction in the overhead athlete. Journal of Orthopaedic and Sports Physical Therapy 18: 427-432.

Jobe, F.W., H. Stark, and S.J. Lombardo. 1986. Reconstruction of the ulnar collateral ligament in athletes. Journal of Bone and Joint Surgery 68A: 1158-1163.

Jupiter, J.B., and J.F. Kellam. 2003. Diaphyseal fractures of the forearm. In Skeletal Trauma (3rd ed.), edited by B.D. Browner, J.B. Jupiter, A.M. Levine, and P.G. Trafton. Philadelphia: Saunders.

Jupiter, J.B., S.J. Leibovic, W. Ribbans, and R.M. Wilk. 1991. Posterior Monteggia lesion. Journal of Orthopaedic Trauma 5: 395-402.

Kannus, P., and L. Józsa. 1991. Histopathological changes preceding spontaneous rupture of a tendon. A controlled study of 891 patients. Journal of Bone and Joint Surgery 73(10): 1517-1525.

Kany, J. 2020. Tendon transfers in rotator-cuff surgery. Orthopaedics & Traumatology: Surgery & Research 106(1S):S43-S51.

Kaplan, H., A. Kiral, M. Kuskucu, M.O. Arpacioglu, A. Sarioslu, and O. Rodop. 1998. Report of eight cases of humeral fracture following the throwing of hand grenades. Archives of Orthopaedic Trauma and Surgery 117: 50-52.

Karakoc, Y., and ..B. Atalay. 2020. Comparison of mini-open versus all-arthroscopic rotator cuff repair: Retrospective analysis of a single center. Pan African Medical Journal 37: 132.

Kaur, R., A. Dahuja, S. Garg, K. Bansal, R.S. Garg, and P. Singh. 2019. Correlation of acromial morphology in association with rotator cuff tear: a retrospective study. Polish Journal of Radiology 84: e459-e463.

Keener, J.D., L.M. Galatz, S.A. Teefey, W.D. Middleton, K. Steger-May, G. Stobbs-Cucchi, R. Patton, and K. Yamaguchi. 2015. A prospective evaluation of survivorship of asymptomatic degenerative rotator cuff tears. Journal of Bone & Joint Surgery 97(2): 89-98.

Keener, J.D., B.M. Patterson, N. Orveets, and A.M. Chamberlain. 2019. Degenerative rotator cuff tears: Refining surgical indications based on natural history data. Journal of the American Academy of Orthopaedic Surgeons 27(5): 156-165.

Kelly, B.C., D.S. Constantinescu, and A.R. Vap. 2019. Arthroscopic and open or mini-open rotator cuff repair trends and complication rates among American Board of Orthopaedic Surgeons part II examinees (2007-2017). Arthroscopy 35(11): 3019-3024.

Khedr, H., A. Al-Zahrani, A. Al-Zahrani, and M.M. Al-Qattan. 2017. Bilateral irreducible inferior shoulder dislocation: A case report. International Journal of Surgery Case Reports 31: 124-127.

Kibler, W.B. 1995. Pathophysiology of overload injuries around the elbow. Clinics in Sports Medicine 14: 447-457.

Kim, J.M., and D.A. London. 2020. Complex Monteggia fractures in the adult cohort: Injury and management. Journal of the American Academy of Orthopaedic Surgeons 28(19): e839-e848.

Kim, S.H., R.M. Szabo, and R.A. Marder. 2012. Epidemiology of humerus fractures in the United States: Nationwide emergency department sample, 2008. Arthritis Care & Research 64(3): 407-414.

Kim, T.K., W.S. Queale, A.J. Cosgarea, and E.G. McFarland. 2003. Clinical features of the different types of SLAP lesions. Journal of Bone and Joint Surgery 85A: 66-71.

Klemt, C., J.A. Prinold, S. Morgans, S.H.L. Smith, D. Nolte, P. Reilly, and A.M.J. Bull. 2018. Analysis of shoulder compressive and shear forces during functional activities of daily life. Clinical Biomechanics 54: 34-41.

Koh, T.J., M.D. Grabiner, and G.G. Weiker. 1992. Technique and ground reaction forces in the back handspring. American Journal of Sports Medicine 20: 61-66.

Kraushaar, B.S., and R.P. Nirschl. 1999. Tendinosis of the elbow (tennis elbow). Clinical features and findings of histological, immunohistochemical, and electron microscopy studies. Journal of Bone and Joint Surgery 81A: 259-278.

Kristensen, S.S., E. Thomassen, and F. Christensen. 1986. Ulnar variance determination. Journal of Hand Surgery 11B: 255-257.

Kukkonen, J., A. Joukainen, J. Lehtinen, K.T. Mattila, E.K.J. Tuominen, T. Kauko, and V. A.rimaa. 2014. Treatment of non-traumatic rotator cuff tears: A randomized controlled trial with one-year clinical results. Bone & Joint Journal 96-B(1): 75-81.

Kukkonen, J., A. Joukainen, J. Lehtinen, K.T. Mattila, E.K.J. Tuominen, T. Kauko, and V. Aärimaa. 2015. Treatment of nontraumatic rotator cuff tears: A randomized controlled trial with two years of clinical and imaging follow-up. Journal of Bone and Joint Surgery (Am) 97(21): 1729-1737.

Labriola, J.E., T.Q. Lee, R.E. Debski, and P.J. McMahon. 2005. Stability and instability of the glenohumeral joint: The role of shoulder muscles. Journal of Shoulder and Elbow Surgery 14(Suppl.): 32S-38S.

Lädermann, A., P.J. Denard, and P. Collin. 2015. Massive rotator cuff tears: Definition and treatment. International Orthopaedics 39(12): 2403-2014.

Lambers Heerspink, F.O., J.J.A.M. van Raay, R.C.T. Koorevaar, P.J.M. van Eerden, R.E. Westerbeek, E. van 't Riet, I. van den Akker-Scheek, and R.L. Diercks. 2015. Comparing surgical repair with conservative treatment for degenerative rotator cuff tears: A randomized controlled trial. Journal of Shoulder and Elbow Surgery 24(8): 1274-1281.

Lambert, S.M., and R. Hertel. 2002. Dislocations about the shoulder girdle, scapular fractures, and clavicle fractures. In Oxford Textbook of Orthopedics and Trauma, edited by C. Bulstrode, J. Buckwalter, A. Carr, L. Marsh, J. Fairbank, J. Wilson-MacDonald, and G. Bowden. Oxford, UK: Oxford University Press.

Lawrence, R.L., V. Moutzouros, and M.J. Bey. 2019. Asymptomatic rotator cuff tears. JBJS Reviews 7(6): e9.

Leach, R.E., and J.K. Miller. 1987. Lateral and medial epicondylitis of the elbow. Clinics in Sports Medicine 6: 259-272.

Lehman, C., F. Cuomo, F.J. Kummer, and J.D. Zuckerman. 1995. The incidence of full thickness rotator cuff tears in a large cadaveric population. Bulletin of the Hospital for Joint Diseases 54: 30-31.

Lin, D.J., T.T. Wong, and J.K. Kazam. 2018. Shoulder injuries in the overhead-throwing athlete: Epidemiology, mechanisms of injury, and imaging findings. Radiology 286(2): 370-387.

Lippitt, S., and F. Matsen. 1993. Mechanisms of glenohumeral joint stability. Clinical Orthopaedics and Related Research 291: 20-28.

Liu, J., L. Fan, Y. Zhu, H. Yu, T. Xu, and G. Li. 2017. Comparison of clinical outcomes in all-arthroscopic versus mini-open repair of rotator cuff tears: A randomized clinical trial. Medicine 96(11): e6322.

Lo, S.L., K. Raskin, H. Lester, and B. Lester. 2002. Carpal tunnel syndrome: a historical perspective. Hand Clinics 18(2): 211-217.

Maffet, M.W., G.M. Gartsman, and B. Moseley. 1995. Superior labrum-biceps tendon complex lesions of the shoulder. American Journal of Sports Medicine 23: 93-98.

Malcarney, H.L., and G.A.C. Murrell. 2003. The rotator cuff: Biological adaptations to its environment. Sports Medicine 33: 993-1002.

Markolf, K.L., M.S. Shapiro, B.R. Mandelbaum, and L. Teurlings. 1990. Wrist loading patterns during pommel horse exercises. Journal of Biomechanics 23: 1001-1011.

McFarland, E.G., C.Y. Hsu, C. Neira, and O. O'Neil. 1999. Internal impingement of the shoulder: A clinical and arthroscopic analysis. Journal of Shoulder and Elbow Surgery 8: 458-460.

McLean, A., and F. Taylor. 2019. Classifications in brief: Bigliani classification of acromial morphology. Clinical Orthopaedics and Related Research 477: 1958-1961.

Meeuwisse, W.H. 1994. Assessing causation in sport injury: A multifactorial model. Clinical Journal of Sports Medicine 4: 166-170.

Mengiardi, B., C.W.A. Pfirrmann, C. Gerber, J. Hodler, and M. Zanetti. 2004. Frozen shoulder: MR arthrographic findings. Radiology 233: 486-492.

Michener, L.A., P.W. McClure, and A.R. Karduna. 2003. Anatomical and biomechanical mechanisms of subacromial impingement syndrome. Clinical Biomechanics 18: 369-379.

Milgrom, C., M. Schaffler, S. Gilbert, and M. van Holsbeeck. 1995. Rotator-cuff changes in asymptomatic adults. The effect of age, hand dominance and gender. Journal of Bone and Joint Surgery 77B: 296-298.

Millstein, E.S., and S.J. Snyder. 2003. Arthroscopic management of partial, full-thickness, and complex rotator cuff tears: Indications, techniques, and complications. Arthroscopy 19: 189-199.

Minagawa, H. N. Yamamoto, H. Abe, M. Fukuda, N. Seki, K. Kikuchi, H. Kijima, and E. Itoi. 2013. Prevalence of symptomatic and asymptomatic rotator cuff tears in the general population: From mass-screening in one village. Journal of Orthopaedics 10(1): 8-12.

Moosmayer, S., G. Lund, U.S. Seljom, B. Haldorsen, I.C. Svege, T. Hennig, A.H. Pripp, and H.-J. Smith. 2019. At a 10-year follow-up, tendon repair is superior to physiotherapy in the treatment of small and medium-sized rotator cuff tears. Journal of Bone and Joint Surgery (Am.) 101(12): 1050-1060.

Morgan, C.D., S.S. Burkhart, M. Palmeri, and M. Gillespie. 1998. Type II SLAP lesions: Three subtypes and their relationships to superior instability and rotator cuff tears. Arthroscopy 14: 553-565.

Morris, M., F.W. Jobe, J. Perry, M. Pink, and B.S. Healy. 1989. Electromyographic analysis of elbow function in tennis players. American Journal of Sports Medicine 17: 241-247.

Mozingo, J.D., M. Akbari-Shandiz, N.S. Murthy, M.G. Van Straaten, B.A. Schueler, D.R. Holmes, III, C.H.

McCollough, and K.D. Zhao. 2020. Shoulder mechanical impingement risk associated with manual wheelchair tasks in individuals with spinal cord injury. Clinical Biomechanics 71: 221-229.

Nakamura, R., Y. Tanaka, T. Imaeda, and T. Miura. 1991. The influence of age and sex on ulnar variance. Journal of Hand Surgery 16B: 84-88.

Nam, E.K., and S.J. Snyder. 2003. The diagnosis and treatment of superior labrum, anterior and posterior (SLAP) lesions. American Journal of Sports Medicine 31: 798-810.

Nazari, G., J.C. MacDermid, D. Bryant, N. Dewan, and G.S. Athwal. 2019. Effects of arthroscopic vs. mini-open rotator cuff repair on function, pain & range of motion. A systematic review and meta-analysis. PLoS ONE. doi: 10.1371/journal.pone.0222953

Neer, C.S., II. 1972. Anterior acromioplasty for the chronic impingement syndrome in the shoulder: A preliminary report. Journal of Bone and Joint Surgery 54A: 41-50.

Neer, C.S., II. 1990. Shoulder Reconstruction. Philadelphia: Saunders.

Nestor, B.J., S.W. O'Driscoll, and B.F. Morrey. 1992. Ligamentous reconstruction for posterolateral instability of the elbow. Journal of Bone and Joint Surgery 74A: 1235-1241.

Neviaser, J.S. 1945. Adhesive capsulitis of the shoulder. Journal of Bone and Joint Surgery 27A: 211-212.

Nirschl, R.P. 1988. Prevention and treatment of elbow and shoulder injuries in the tennis player. Clinics in Sports Medicine 7: 289-308.

Nirschl, R.P., and E.S. Ashman. 2003. Elbow tendinopathy: Tennis elbow. Clinics in Sports Medicine 22: 813-836.

Nirschl, R., and F. Pettrone. 1979. Tennis elbow: The surgical treatment of lateral epicondylitis. Journal of Bone and Joint Surgery 61A: 832-841.

Nordt, W.E., III, R.B. Garretson, III, and E. Plotkin. 1999. The measurement of subacromical contact pressure in patients with impingement syndrome. Arthroscopy 15: 121-125.

O'Driscoll, S.W. 2000. Classification and evaluation of recurrent instability of the elbow. Clinical Orthopaedics and Related Research 370: 34-43.

O'Driscoll, S.W., D.F. Bell, and B.F. Morrey. 1991. Posterolateral rotatory instability of the elbow. Journal of Bone and Joint Surgery 73A: 440-446.

O'Driscoll, S.W., B.F. Morrey, S. Korinek, and K.N. An. 1992. Elbow subluxation and dislocation: A spectrum of instability. Clinical Orthopaedics 280: 186-197.

Ogata, S., and H.K. Uhthoff. 1990. Acromial enthesopathy and rotator cuff tear. A radiologic and histologic postmortem investigation of the coracoacromial arch. Clinical Orthopaedics and Related Research 254: 39-48.

Padua, L., D. Coraci, C. Erra, C. Pazzaglia, I. Paolasso, C. Loreti, P. Caliandro, and L.D. Hobson-Webb. 2016. Carpal tunnel syndrome: Clinical features, diagnosis, and management. Lancet Neurology 15: 1273-1284.

Paley, K.J., F.W. Jobe, M.M. Pink, R.S. Kvitne, and N.S. ElAttrache. 2000. Arthroscopic findings in the overhand throwing athlete: Evidence for posterior internal impingement of the rotator cuff. Arthroscopy 16: 35-40.

Penrose, J.H. 1951. The Monteggia fracture with posterior dislocation of the radial head. Journal of Bone and Joint Surgery 33B: 65-73.

Perry, J.J., and L.D. Higgins. 2001. Shoulder injuries. In Sports Injuries: Mechanisms, Prevention, Treatment, edited by F.H. Fu and D.A. Stone. Philadelphia: Lippincott Williams & Wilkins.

Peterson, L., and P. Renstr.m. 2001. Sports Injuries: Their Prevention and Treatment. Champaign, IL: Human Kinetics.

Phalen, G.S. 1966. The carpal-tunnel syndrome. Journal of Bone and Joint Surgery 48A: 211-218.

Piper, C.C., A.J. Hughes, Y. Ma, H. Wang, and A.S. Neviaser. 2018. Operative versus nonoperative treatment for the management of full-thickness rotator cuff tears: A systematic review and meta-analysis. Journal of Shoulder and Elbow Surgery 27(3): 572-576.

Praemer, A., S. Furner, and D.P. Rice. 1999. Musculoskeletal Conditions in the United States. Park Ridge, IL: American Academy of Orthopaedic Surgeons.

Prato, N., D. Peloso, A. Franconeri, G. Tegaldo, G.B. Ravera, E. Silvestri, and L.E. Derchi. 1998. The anterior tilt of the acromion: Radiographic evaluation and correlation with shoulder diseases. European Journal of Radiology 8: 1639-1646.

Priest, J.D., J. Braden, and S.G. Gerberich. 1980. The elbow and tennis. The Physician and Sportsmedicine 8: 80-85.

Ptasznik, R., and O. Hennessy. 1995. Abnormalities of the biceps tendon of the shoulder: Sonographic findings. American Journal of Roentgenology 164: 409-414.

Rasool, M.N. 2004. Dislocations of the elbow in children. Journal of Bone and Joint Surgery 86B: 1050-1058.

Rebuzzi, E., N. Coletti, S. Schiavetti, and F. Giusto. 2005. Arthroscopic rotator cuff repair in patients older than 60 years. Arthroscopy 21: 48-54.

Reddy, A.S., K.J. Mohr, M.M. Pink, and F.W. Jobe. 2000. Electromyographic analysis of the deltoid and rotator cuff muscles in persons with subacromial impingement. Journal of Shoulder and Elbow Surgery 9: 519-523.

Rettig, A.C. 2002. Traumatic elbow injuries in the athlete. Orthopedic Clinics of North America 33: 509-522.

Rettig, M.E., and K.B. Raskin. 2000. Acute fractures of the distal radius. Hand Clinics 16: 405-415.

Robinson, C.M., K.T.M. Seah, Y.H. Chee, P. Hindle, and I.R. Murray. 2012. Frozen shoulder. Journal of Bone and Joint Surgery 94(1): 1-9.

Ruby, L.K., and C. Cassidy. 2003. Fractures and dislocations of the carpus. In Skeletal Trauma (3rd ed.), edited by B.D. Browner, J.B. Jupiter, A.M. Levine, and P.G. Trafton. Philadelphia: Saunders.

Rudy, B.S., and W.L. Hennrikus. 2017. Bilateral anterior shoulder dislocation. JAAPA 30(7): 25-27.

Ruotolo, C., and W.M. Nottage. 2002. Surgical and non-surgical management of rotator cuff tears. Arthroscopy 18: 527-531.

Sabbah, M.D., M. Morsy, and S.L. Moran. 2019. Diagnosis and management of acute scaphoid fractures. Hand Clinics 35(3): 259-269.

Safran, M.R. 2004. Ulnar collateral ligament injury in the overhead athlete: Diagnosis and treatment. Clinics in Sports Medicine 23: 643-663.

Samilson, R.L., and V. Prieto. 1983. Posterior dislocation of the shoulder in athletes. Clinics in Sports Medicine 2: 369-378.

Sauerbrey, A.M., C.L. Getz, M. Piancastelli, J.P. Iannotti, M.L. Ramsey, and G.R. Williams, Jr. 2005. Arthroscopic versus mini-open rotator cuff repair: A comparison of clinical outcome. Arthroscopy 21: 1415-1420.

Sayit, E., A.T. Sayit, M. Bagir, and Y. Terzi. 2018. Ulnar variance according to gender and side during aging: An analysis of 600 wrists. Orthopaedics & Traumatology: Surgery & Research 104: 865-869.

Schemitsch, C., J. Chahal, M. Vicente, L. Nowak, P-H Flurin, F. Lambers Heerspink, P. Henry, and A. Nauth. 2019. Surgical repair versus conservative treatment and subacromial decompression for the treatment of rotator cuff tears: a meta-analysis of randomized trials. Bone & Joint Journal 101-B(9): 1100-1106.

Sher, J.S., J.W. Uribe, A. Posada, B.J. Murphy, and M.B. Zlatkin. 1995. Abnormal findings on magnetic resonance images of asymptomatic shoulders. Journal of Bone and Joint Surgery 77B: 10-15.

Shiri, R., E. Viikari-Juntura, H. Varonen, and M. Heliövaara. 2006. Prevalence and determinants of lateral and medial epicondylitis: A population study. American Journal of Epidemiology 164(11): 1065-1074.

Silva, L.P., C.V. Sousa, E. Rodrigues, B. Alpoim, and M. Leal. 2015. Bilateral anterior glenohumeral dislocation: Clinical case. Revista Brasileira de Ortopedia 46(3): 318-320.

Silverstein, B.A., L.J. Fine, and T.J. Armstrong. 1987. Occupational factors and carpal tunnel syndrome. American Journal of Industrial Medicine 11: 343-358.

Smith, F.M. 1947. Monteggia fractures: An analysis of 25 consecutive fresh injuries. Surgery, Gynecology and Obstetrics 85: 630-640.

Snijders, C.J., A.C.W. Volkers, K. Mechelse, and A. Vleeming. 1987. Provocation of epicondylalgia lateralis (tennis elbow) by power grip or pinching. Medicine and Science in Sports and Exercise 19: 518-523.

Snyder, S.J., M.P. Banas, and R.P. Karzel. 1995. An analysis of 140 injuries to the superior glenoid labrum. Journal of Shoulder and Elbow Surgery 4: 243-248.

Snyder, S.J., R.P. Karzel, W. Del Pizzo, R.D. Ferkel, and M.J. Friedman. 1990. SLAP lesions of the shoulder. Arthroscopy 6: 274-279.

Soslowsky, L.J., C.H. An, C.M. DeBano, and J.E. Carpenter. 1996. Coracoacromial ligament: In situ load and viscoelastic properties in rotator cuff disease. Clinical Orthopaedics and Related Research 330: 40-44.

Speed, J.S., and H.B. Boyd. 1940. Treatment of fractures of ulna with dislocation of head of radius. Journal of the American Medical Association 125: 1699-1704.

Speer, K.P. 1995. Anatomy and pathomechanics of shoulder instability. Clinics in Sports Medicine 14: 751-760.

Stoll, L.E., and J.L. Codding. 2019. Lower trapezius tendon transfer for massive irreparable rotator cuff tears. Orthopedic Clinics of North America 50(3): 375-382.

Suh, N., E.T. Ek, and S.W. Wolfe. 2014. Carpal fractures. Journal of Hand Surgery (American) 39(4): 785-791.

Taneja, A.K., L.P. Neto, and A. Skaf. 2013. Bilateral anterior glenohumeral dislocation and coracoid processes fracture after seizure: Acute MRI findings of this rare condition. Clinical Imaging 37(6): 1131-1134.

Tashjian, R.Z. 2012. Epidemiology, natural history, and indications for treatment of rotator cuff tears. Clinics in Sports Medicine 31(4): 589-604.

Templehof, S., S. Rupp, and R. Seil. 1999. Age-related prevalence of rotator cuff tears in asymptomatic shoulders. Journal of Shoulder and Elbow Surgery 8: 296-299.

Thigpin, C.A., M.A. Shaffer, B.W. Gaunt, B.G. Leggin, G.R. Williams, and R.B. Wilcox, III. 2016. The American Society of Shoulder and Elbow Therapists' consensus statement of rehabilitation following arthroscopic rotator cuff repair. Journal of Shoulder and Elbow Surgery 25: 521-535.

Thorsness, R., and A. Romeo. 2016. Massive rotator cuff tears: Trends in surgical management. Orthopedics 39(3): 145-151.

Toivonen, D.A., M.J. Tuite, and J.F. Orwin. 1995. Acromial structure and tears of the rotator cuff. Journal of Shoulder and Elbow Surgery 4: 376-383.

Tompkins, D.G. 1971. The anterior Monteggia fracture. Journal of Bone and Joint Surgery 53A: 1109-1114.

Tossy, J.D., N.C. Mead, and H.M. Sigmond. 1963. Acromioclavicular separations: useful and practical classification for treatment. Clinical Orthopaedics and Related Research 28: 111-119.

Tosti, R., J. Jennings, and J.M. Sewards. 2013. Lateral epicondylitis of the elbow. American Journal of Medicine 126(4):357.e1-6.

Tuite, M.J., D.A. Toivonen, J.F. Orwin, and D.H. Wright. 1995. Acromial angle on radiographs of the shoulder: Correlation with the impingement syndrome and rotator cuff tears. American Journal of Roentgenology 165: 609-613.

Turhan, E., and M. Demirel. 2008. Bilateral anterior glenohumeral dislocation in a horse rider: A case report and a review of the literature. Archives of Orthopaedic Trauma and Surgery 128(1): 79-82.

Tytherleigh-Strong, G., N. Walls, and M.M. McQueen. 1998. The epidemiology of humeral shaft fractures. Journal of Bone and Joint Surgery 80B: 249-253.

Updegrove, G.F., W. Mourad, and J.A. Abboud. 2018. Humeral shaft fractures. Journal of Shoulder and Elbow Surgery 27: e87-e97.

Varacallo, M., D.C. Tapscott, and S.D. Mair. 2021. Superior labrum anterior posterior lesions. National Library of Medicine NBK538284.

van Rijn, R.M., B.M.A. Huissiede, B.W. Koes, and A. Burdorf. 2009. Associations between work-related factors and specific disorders at the elbow: A systematic literature review. Rheumatology 48: 528-536.

Vaz, S., J. Soyer, P. Pries, and J.P. Clarac. 2000. Subacromial impingement: Influence of coracoacromial arch geometry on shoulder function. Joint Bone Spine 67: 305-309.

Viikari-Juntura, E., and B. Silverstein. 1999. Role of physical load factors in carpal tunnel syndrome. Scandinavian Journal of Work and Environmental Health 25: 163-185.

Walch, G., P. Boileau, E. Noel, and S.T. Donell. 1992. Impingement of the deep surface of the supraspinatus tendon on the posterior glenoid rim: An arthroscopic study. Journal of Shoulder and Elbow Surgery 1: 238-245.

Wang, J.C., and M.S. Shapiro. 1997. Changes in acromial morphology with age. Journal of Shoulder and Elbow Surgery 6: 55-59.

Warner, J.J., and I.M. Parsons, IV. 2001. Latissimus dorsi tendon transfer: A comparative analysis of primary and salvage reconstruction of massive, irreparable rotator cuff tears. Journal of Shoulder and Elbow Surgery 10: 514-521.

Warner, J.J., P. Tetreault, J. Lehtinen, and D. Zurakowski. 2005. Arthroscopic versus mini-open rotator cuff repair: A cohort comparison study. Arthroscopy 21: 328-332.

Weber, E.R., and E.Y. Chao. 1978. An experimental approach to the mechanism of scaphoid wrist fractures. Journal of Hand Surgery 3: 142-148.

Werner, R.A., and M. Andary. 2002. Carpal tunnel syndrome: Pathophysiology and clinical neurophysiology. Clinical Neurophysiology 113: 1373-1381.

Werner, S.L., G.S. Fleisig, C.J. Dillman, and J. Andrews. 1993. Biomechanics of the elbow during baseball pitching. Journal of Orthopaedic and Sports Physical Therapy 17: 274-278.

Whaley, A.L., and C.L. Baker. 2004. Lateral epicondylitis. Clinics in Sports Medicine 23: 677-691.

Wilkins, K.E. 2002. Changes in the management of Monteggia fractures. Journal of Pediatric Orthopaedics 22: 548-554.

Wilkinson, G.T. 1895. Complete transverse fracture of the humerus by muscular action. Lancet 2: 733.

Williams, G.R., V.D. Nguyen, and C.A. Rockwood, Jr. 1989. Classification and radiographic analysis of acromioclavicular dislocations. Applied Radiology 18: 29-34.

Williams, G.R., C.A. Rockwood, Jr., L.U. Bigliani, J.P. Iannotti, and W. Stanwood. 2004. Rotator cuff tears: Why do we repair them? Journal of Bone and Joint Surgery 86A: 2764-2776.

Wilson, F.D., J.R. Andrews, T.A. Blackburn, and G. McCluskey. 1983. Valgus extension overload in the pitching elbow. American Journal of Sports Medicine 11: 83-88.

Wirth, M.A., and C.A. Rockwood, Jr. 1997. Operative treatment of irreparable rupture of the subscapularis. Journal of Bone and Joint Surgery 79A: 722-731.

Wittenberg, R.H., F. Rubenthaler, T. Wolk, J. Ludwig, R.E. Willburger, and R. Steffen. 2001. Surgical or conservative treatment for chronic rotator cuff calcifying tendinitis–a matched-pair analysis of 100 patients. Archives of Orthopaedic and Trauma Surgery 121: 56-59.

Worland, R.L., D. Lee, C.G. Orozco, F. SozaRex, and J. Keenan. 2003. Correlation of age, acromial morphology, and rotator cuff tear pathology diagnosed by ultrasound in asymptomatic patients. Journal of the Southern Orthopedic Association 12: 23-26.

Wright, P.R. 1963. Greenstick fracture of the upper end of the ulna with dislocation of the radio-humeral joint or displacement of the superior radial epiphysis. Journal of Bone and Joint Surgery 45B: 727-731.

Yamaguchi, K., J.S. Sher, W.K. Anderson, R. Garretson, J.W. Uribe, K. Hechtman, and R.J. Neviaser. 2000. Glenohumeral motion in patients with rotator cuff tears: A comparison of asymptomatic and symptomatic shoulders. Journal of Shoulder and Elbow Surgery 9: 6-11.

Youm, T., D.H. Murray, E.N. Kubiak, A.S. Rokito, and J.D. Zuckerman. 2005. Arthroscopic versus mini-open rotator cuff repair: a comparison of clinical outcomes and patient satisfaction. Journal of Shoulder and Elbow Surgery 14: 455-459.

Zuckerman, J.D., F.J. Kummer, F. Cuomo, and M. Greller. 1997. Interobserver reliability of acromial morphology classification: An anatomic study. Journal of Shoulder and Elbow Surgery 6: 286-287.

Capítulo 8

Adams, J.H., D. Doyle, I. Ford, T.A. Gennarelli, D.I. Graham, and D.R. McLellan. 1989. Diffuse axonal injury in head injury: Definition, diagnosis and grading. Histopathology 15: 49-59.

Adams, M.A., and W.C. Hutton. 1982. Prolapsed intervertebral disc. A hyperflexion injury. Spine 7: 184-191.

Adebayo, E.T., O.S. Ajike, and E.O. Adekeye. 2003. Analysis of the pattern of maxillofacial fractures in Kaduna, Nigeria. British Journal of Oral and Maxillofacial Surgery 41: 396-400.

Agarwal, Y., P. Gulati, B. Sureka, and N. Kumar. 2015. Radiologic imaging in spinal trauma. In ISCoS Textbook of Comprehensive Management of Spinal Cord Injuries, edited by H.S. Chhabra. New Delhi: Wolters Kluwer-India.

Allsop, D., and K. Kennett. 2001. Skull and facial bone trauma. In Accidental Injury, edited by A.M. Nahum and J.W. Melvin. New York: Springer.

Alvi, A., T. Doherty, and G. Lewen. 2003. Facial fractures and concomitant injuries in trauma patients. Laryngoscope 113: 102-106.

American Psychiatric Association. 2013. Diagnostic and Statistical Manual of Mental Disorders (5th ed.). Washington, DC: Author.

Amonoo-Kuofi, H.S. 1992. Changes in the lumbosacral angle, sacral inclination and the curvature of the lumbar spine during aging. Acta Anatomica 145: 373-377.

Bailes, J.E., and R.C. Cantu. 2001. Head injury in athletes. Neurosurgery 48: 26-46.

Barnsley, L., S. Lord, and N. Bogduk. 1994. Whiplash injury. Pain 58: 283-307.

Bartlett, C.S. 2003. Clinical update: Gunshot wound ballistics. Clinical Orthopaedics and Related Research 408: 28-57.

Bartynski, W.S., M.T. Heller, S.Z. Grahovac, W.E. Rothfus, and M. Kurs-Lasky. 2005. Severe thoracic kyphosis in the older patient in the absence of vertebral fracture: Association of extreme curve with age. American Journal of Neuroradiology 26(8): 2077-2085.

Bazarian, J.J., J. McClung, M.N. Shah, Y.T. Cheng, W. Flesher, and J. Kraus. 2005. Mild traumatic brain injury in the United States, 1998-2000. Brain Injury 19: 85-91.

Beutler, W.J., B.E. Fredrickson, A. Murtland, C.A. Sweeney, W.D. Grant, and D. Baker. 2003. The natural history of spondylolysis and spondylolisthesis: 45-year follow-up evaluation. Spine 28: 1027-1035.

Bogduk, N., and N. Yoganandan. 2001. Biomechanics of the cervical spine. Part 3: Minor injuries. Clinical Biomechanics 16: 267-275.

Boos, N., and M. Aebi. 2008. Spinal Disorders: Fundamentals of Diagnosis and Treatment. Bern, Switzerland: Springer Science & Business Media.

Bradford, D.S. 1995. Kyphosis in the elderly. In Moe's Textbook of Scoliosis and Other Spinal Deformities, edited by J.E. Lonstein, D.S. Bradford, R.B. Winter, and J.W. Ogilvie. Philadelphia: Saunders.

Brasileiro, B.F., and L.A. Passeri. 2006. Epidemiological analysis of maxillofacial fractures in Brazil: A 5-year prospective study. Oral Surgery, Oral Medicine, Oral Pathology, Oral Radiology and Endodontics 102: 28-34.

Broglio, S.P., R.C. Cantu, G.A. Gioia, K.M. Guskiewicz, J. Kutcher, M. Palm, et al. 2014. National Athletic Trainers' Association position statement: Management of sport concussion. Journal of Athletic Training 49(2): 245-265. doi: 10.4085/1062-6050-49.1.07

Broglio, S.P., B. Schnebel, J.J. Sosnoff, S. Shin, X. Fend, X. He, and J. Zimmerman, J. 2010. Biomechanical properties of concussions in high school football. Medicine and Science in Sports and Exercise 42(11): 2064-2071. doi: 10.1249/MSS.0b013e3181dd9156

Broglio, S.P., R.M. Williams, K.L. O'Connor, and J. Goldstick. 2016. Football players' head-impact exposure after limiting of full-contact practices. Journal of Athletic Training 51(7): 511-518. doi: 10.4085/1062-6050-51.7.04

Bryden, D.W., J.I. Tilghman, and S.R. Hinds, II. 2019. Blast-related traumatic brain injury: Current concepts and research considerations. Journal of Experimental Neuroscience 13, 1179069519872213. doi: 10.1177/1179069519872213

Cantu, R.C. 1998. Second-impact syndrome. Clinics in Sports Medicine 17: 37-44.

Cantu, R.C. 2001. Posttraumatic retrograde and anterograde amnesia: Pathophysiology and implications in grading and safe return to play. Journal of Athletic Training 36(3): 244-248.

Case, M.E., M.A. Graham, T.C. Handy, J.M. Jentzen, and J.A. Monteleone. 2001. Position paper on fatal abusive head injuries in infants and young children. American Journal of Forensic Medicine and Pathology 22: 112-122.

Cassidy, J.D., J. Duranceau, M.H. Liang, L.R. Salmi, M.L. Skovon, and W.O. Spitzer. 1995. Scientific monograph of the Quebec Task Force on whiplash associated disorders. Spine 20: S8-S58.

Centers for Disease Control and Prevention (CDC). 2019. Surveillance report of traumatic brain injury-related emergency department visits, hospitalizations, and deaths–United States, 2014. Available: https://www.cdc.gov/traumaticbraininjury/pdf/TBI-Surveillance-Report-FINAL508.pdf

Chisholm, D.A., A.M. Black, L. Palacios-Derflingher, P.H. Eliason, K.J. Schneider, C.A. Emery, and B.E. Hagel.

2020. Mouthguard use in youth ice hockey and the risk of concussion: Nested case-control study of 315 cases. British Journal of Sports Medicine 54(14): 866-870. doi: 10.1136/bjsports-2019-101011

Cobb, S., and B. Battin. 2004. Second-impact syndrome. Journal of School Nursing 20: 262-267.

Cormier, J., Manoogian, S., Bisplinghoff, J., Rowson, S., Santago, A., McNally, C., Duma, S., and Bolte Iv, J. 2010. The tolerance of the nasal bone to blunt impact. Annals of advances in automotive medicine. Association for the Advancement of Automotive Medicine. Annual Scientific Conference, 54, 3-14.

Cusick, J.F., and N. Yoganandan. 2002. Biomechanics of the cervical spine 4: Major injuries. Clinical Biomechanics 17: 1-20.

Cutler, W.B., E. Friedmann, and E. Genovese-Stone. 1993. Prevalence of kyphosis in a healthy sample of pre-and postmenopausal women. American Journal of Physical Medicine and Rehabilitation 72: 219-225.

Damasio, A.R. 1994. Descartes' Error: Emotion, Reason, and the Human Brain. New York: Grosset/Putnam.

Damasio, H., T. Grabowski, R. Frank, A.M. Galaburda, and A.R. Damasio. 1994. The return of Phineas Gage: Clues about the brain from the skull of a famous patient. Science 264: 1102-1105.

Davis, C.G. 2000. Injury threshold: Whiplash-associated disorders. Journal of Manipulative and Physiological Therapeutics 23: 420-427.

Denny-Brown, D., and W.R. Russell. 1941. Experimental cerebral concussion. Brain 64: 93-164

Duhaime, A.C., C.W. Christian, L.B. Rorke, and R.A. Zimmerman. 1998. Non-accidental head injury in infants–the "shaken-baby syndrome." New England Journal of Medicine 338: 1822-1829.

Eck, J.C., S.D. Hodges, and S.C. Humphreys. 2001. Whiplash: A review of a commonly misunderstood injury. American Journal of Medicine 110: 651-656.

Fackler, M.L. 1996. Gunshot wound review. Annals of Emergency Medicine 28: 194-203.

Fackler, M.L. 1998. Civilian gunshot wounds and ballistics: Dispelling the myths. Emergency Medicine Clinics of North America 16: 17-28.

Fardon, D.F., and P.C. Milette. 2001. Nomenclature and classification of lumbar disc pathology. Spine 26: E93-E113.

Gardner, B. 2002. Rehabilitation of spinal cord injuries. In Oxford Textbook of Orthopedics and Trauma, edited by C. Bulstrode, J. Buckwalter, A. Carr, L. Marsh, J. Fairbank, J. Wilson-MacDonald, and G. Bowden. Oxford, UK: Oxford University Press.

Gennarelli, T.A., and D.I. Graham. 2005. Neuropathology. In Textbook of Traumatic Brain Injury, edited by J.M. Silver, T.W. McAllister, and S.C. Yudofsky. Washington, DC: American Psychiatric Publishing. Gennarelli, T.A., L.E. Thibault, J.H. Adams, D.I. Graham, C.J. Thompson, and R.P. Marcincin. 1982. Diffuse axonal injury and traumatic coma in the primate. Annals of Neurology 12: 564-574.

Giza, C.C., and D.A. Hovda. 2014. The new neurometabolic cascade of concussion. Neurosurgery 75(Suppl. 4): S24-33. doi: 10.1227/NEU.0000000000000505

Giza, C.C., J.S. Kutcher, S., Ashwal, J. Barth, T.S. Getchius, G.A. Gioia, et al. 2013. Summary of evidence-based guideline update: Evaluation and management of concussion in sports: Report of the Guideline Development Subcommittee of the American Academy of Neurology. Neurology 80(24): 2250-2257. doi: 10.1212/WNL.0b013e-31828d57dd

Goldsmith, W., and J. Plunkett. 2004. A biomechanical analysis of the causes of traumatic brain injury in infants and children. American Journal of Forensic Medicine and Pathology 25: 89-100.

Grauer, J.N., M.M. Panjabi, J. Cholewicki, K. Nibu, and J. Dvorak. 1997. Whiplash produces an S-shaped curvature of the neck with hyperextension at lower levels. Spine 22: 2489-2494.

Grobler, L.J., P.A. Robertson, J.E. Novotny, and M.H. Pope. 1993. Assessment of the role played by lumbar facet joint morphology. Spine 18: 80-91.

Gross, A.G. 1958. Impact thresholds of brain concussion. Journal of Aviation Medicine 29: 725-732.

Gurdjian, E.S., and J.E. Webster. 1946. Deformation of the skull in head injury studied by stresscoat technique. Surgery, Gynecology & Obstetrics 83: 219-233.

Gurdjian, E.S., J.E. Webster, and H.R. Lissner. 1947. The mechanism of production of linear skull fractures. American Journal of Surgery 85: 195-210.

Gurdjian, E.S., J.E. Webster, and H.R. Lissner. 1949. Studies on skull fracture with particular reference to engineering factors. American Journal of Surgery 87: 736-742.

Gurdjian, E.S., J.E. Webster, and H.R. Lissner. 1953. Observations on prediction of fracture site in head injury. Radiology 60: 226-235.

Gurdjian, E.S., J.E. Webster, and H.R. Lissner. 1955. Observations on the mechanism of brain concussion, contusion, and laceration. Surgery, Gynecology & Obstetrics 101: 680-690.

Guskiewicz, K.M., J.P. Mihalik, V. Shankar, S.W. Marshall, D.H. Crowell, S.M. Oliaro, et al. 2007. Measurement of head impacts in collegiate football players: Relationship between head impact biomechanics and acute clinical outcome after concussion. Neurosurgery 61(6): 1244-1252. doi: 10.1227/01.neu.0000306103.68635.1a

Hampson, D. 1995. Facial injury: A review of biomechanical studies and test procedures for facial injury assessment. Journal of Biomechanics 28: 1-7.

Harmon, K.G., J.R. Clugston, K. Dec, B. Hainline, S. Herring, S.F. Kane, et al. 2019. American Medical Society for Sports Medicine position statement on concussion in sport. British Journal of Sports Medicine 53(4): 213-225. doi: 10.1136/bjsports-2018-100338

Hart, C., and E. Williams. 1994. Epidemiology of spinal cord injuries: A reflection of changes in South African society. Paraplegia 32: 709-714.

Haug, R.H., J.M. Adams, P.J. Conforti, and M.J. Likavec. 1994. Cranial fractures associated with facial fractures: A review of mechanism, type, and severity of injury. Journal of Oral and Maxillofacial Surgery 52: 729-733.

Hawes, M.C. 2003. The use of exercises in the treatment of scoliosis: An evidence-based critical review of the literature. Pediatric Rehabilitation 6: 171-182.

Hodgson, V.R. 1967. Tolerance of the facial bones to impact. American Journal of Anatomy 120: 113-122.

Hodgson, V.R., and L.M. Thomas. 1971. Breaking Strength of the Human Skull vs. Impact Surface Curvature (HS-800-583). Springfield, VA: U.S. Department of Transportation.

Hodgson, V.R., and L.M. Thomas. 1972. Effect of long-duration impact on head. In Proceedings of the 16th Stapp Car Crash Conference, Warrendale, PA: Society of Automotive Engineers.

Hodgson, V.R., and L.M. Thomas. 1973. Breaking Strength of the Human Skull vs. Impact Surface Curvature (HS-801-002). Springfield, VA: U.S. Department of Transportation.

Hogg, N.J., T.C. Stewart, J.E. Armstrong, and M.J. Girotti. 2000. Epidemiology of maxillofacial injuries at trauma hospitals in Ontario, Canada, between 1992 and 1997. Journal of Trauma 49: 425-432.

Holbourn, A.H.S. 1943. Mechanics of head injuries. Lancet 2: 438-441.

Holdsworth, F.W. 1970. Fractures, dislocations, and fracture-dislocations of the spine. Journal of Bone and Joint Surgery 52A: 1534-1541.

Hopper, R.H., J.H. McElhaney, and B.S. Myers. 1994. Mandibular and basilar skull fracture tolerance (SAE 942213). In Proceedings of the 38th Stapp Car Crash Conference, Warrendale, PA: Society of Automotive Engineers.

Ikata, T., R. Miyake, S. Katoh, T. Morita, and M. Murase. 1996. Pathogenesis of sports-related spondylolisthesis in adolescents. American Journal of Sports Medicine 24: 94-98.

Ito, S., P.C. Ivancic, M.M. Panjabi, and B.W. Cunningham. 2004. Soft tissue injury threshold during simulated whiplash. Spine 29: 979-987.

Karacan, I., H. Koyuncu, O. Pekel, G. Sumbuloglu, M. Kirnap, H. Dursun, A. Kalkan, A. Cengiz, A. Yalinkilic, H.I. Unalan, K. Nas, S. Orkun, and I. Tekeoglu. 2000. Traumatic spinal cord injuries in Turkey: A nation-wide epidemiological study. Spinal Cord 38: 697-701.

Kristman, V.L., J. Borg, A.K. Godbolt, L.R. Salmi, C. Cancelliere, L.J. Carroll, et al. 2014. Methodological issues and research recommendations for prognosis after mild traumatic brain injury: Results of the International Collaboration on Mild Traumatic Brain Injury Prognosis. Archives of Physical Medicine and Rehabilitation 95(Suppl. 3): S265-277. doi: 10.1016/j.apmr.2013.04.026

Kucera, K.L., D. Klossner, B. Colgate, and R.C. Cantu. 2020. Annual survey of football injury research 1931-2019. Available: https://nccsir.unc.edu/files/2020/09/Annual--Football-2019-Fatalities-FINAL-updated-20200618.pdf.

Kühne, C.A., C. Krueger, M. Homann, C. Mohr, and S. Ruchholtz. 2007. Epidemiology and management in emergency room patients with maxillofacial fractures. Mund Kiefer und Gesichtschirurgie 11: 201-208.

Kumar, S., R. Ferrari, and Y. Narayan. 2005. Kinematic and electromyographic response to whiplash loading in low-velocity whiplash impacts–a review. Clinical Biomechanics 20: 343-356.

Langlois, J.A., W. Rutland-Brown, and M.M. Wald. 2006. The epidemiology and impact of traumatic brain injury: A brief overview. Journal of Head Trauma Rehabilitation 21(5): 375-378. doi: 10.1097/00001199-200609000-00001

Langlois, J.A., W. Rutland-Brown, and K.E. Thomas. 2004. Traumatic Brain Injury in the United States: Emergency Department Visits, Hospitalizations, and Deaths. Atlanta: Centers for Disease Control and Prevention, National Center for Injury Prevention and Control.

Lestini, W.F., and S.W. Wiesel. 1989. The pathogenesis of cervical spondylosis. Clinical Orthopaedics and Related Research 239: 69-93.

Lim, L.H., L.K. Lam, M.H. Moore, J.A. Trott, and D.J. David. 1993. Associated injuries in facial fractures: Review of 839 patients. British Journal of Plastic Surgery 46: 635-638.

Lindh, M. 1989. Biomechanics of the lumbar spine. In Basic Biomechanics of the Musculoskeletal System (2nd ed.), edited by M. Nordin and V.H. Frankel. Philadelphia: Lea & Febiger.

Lowe, T.G., M. Edgar, J.Y. Margulies, N.H. Miller, V.J. Raso, K.A. Reinker, and C.-H. Rivard. 2000. Etiology of idiopathic scoliosis: Current trends in research. Journal of Bone and Joint Surgery 82A: 1157-1168.

Luan, F., K.H. Yang, B. Deng, P.C. Begeman, S. Tashman, and A.I. King. 2000. Qualitative analysis of neck kinematics during low-speed rear-end impact. Clinical Biomechanics 15: 649-657.

Martland, H.S. 1928. Punch drunk. Journal of the American Medical Association 91(15): 1103-1107. doi: 10.1001/jama.1928.02700150029009

Maxwell, W.L., C. Watt, D.I. Graham, and T.A. Gennarelli. 1993. Ultrastructural evidence of axonal shearing as a result of lateral acceleration of the head in non-human primates. Acta Neuropathologica 86: 136-144.

McCormack, B.M., and P.R. Weinstein. 1996. Cervical spondylosis: An update. Western Journal of Medicine 165: 43-51.

McCrea, M., K. Guskiewicz, C. Randolph, W.B. Barr, T.A. Hammeke, S.W. Marshall, et al. 2013. Incidence, clinical course, and predictors of prolonged recovery time following sport-related concussion in high school and college athletes. Journal of the International Neuropsychological Society 19(1): 22-33. doi: 10.1017/S1355617712000872

McCrea, M., T. Hammeke, G. Olsen, P. Leo, and K. Guskiewicz. 2004. Unreported concussion in high school football players: Implications for prevention. Clinical Journal of Sport Medicine 14(1): 13-17. doi: 10.1097/00042752-200401000-00003

McCrory, P. 2001. Does second impact syndrome exist? Clinical Journal of Sport Medicine 11: 144-149.

McCrory, P.R., and S.F. Berkovic. 2001. Concussion: The history of clinical and pathophysiological concepts and misconceptions. Neurology 57(12): 2283-2289. doi: 10.1212/wnl.57.12.2283

McCrory, P., K. Johnston, W. Meeuwisse, M. Aubry, R. Cantu, J. Dvorak, T. Graf-Baumann, J. Kelly, M. Lovell, and P. Schamasch. 2005. Summary and agreement statement of the 2nd International Conference on Concussion in Sport, Prague 2004. Clinical Journal of Sports Medicine 15: 48-55.

McCrory, P., W. Meeuwisse, J. Dvorak, M. Aubry, J. Bailes, S. Broglio, et al. 2017. Consensus statement on concussion in sport–the 5th International Conference on Concussion in Sport held in Berlin, October 2016. British Journal of Sports Medicine 51(11): 838-847. doi: 10.1136/bjsports-2017-097699

McElhaney, J.H., R.W. Nightingale, B.A. Winkelstein, V.C. Chancey, and B.S. Myers. 2001. Biomechanical aspects of cervical trauma. In Accidental Injury, edited by A.M. Nahum and J.W. Melvin. New York: Springer.

Melton, L.J., III. 1997. Epidemiology of spinal osteoporosis. Spine 22(Suppl. 24): 2S-11S.

Meythaler, J.M., J.D. Peduzzi, E. Eleftheriou, and T.A. Novack. 2001. Current concepts: Diffuse axonal injury–associated traumatic brain injury. Archives of Physical Medicine and Rehabilitation 82: 1461-1471.

Mihalik, J.P., M.A. McCaffrey, E.M. Rivera, J.E. Pardini, K.M. Guskiewicz, M.W. Collins, and M.E. Lovell. 2007. Effectiveness of mouthguards in reducing neurocognitive deficits following sports-related cerebral concussion. Dental Traumatology 23(1): 14-20. doi: 10.1111/j.1600-9657.2006.00488.x

Miller, J.D. 1993. Traumatic brain swelling and edema. In Head Injury (3rd ed.), edited by P.R. Cooper. Baltimore: Williams & Wilkins.

Miller, N.H. 2000. Genetics of familial idiopathic scoliosis. Spine 25: 2416-2418.

Murata, Y., K. Takahashi, M. Yamagata, E. Hanaoka, and H. Moriya. 2003. The knee-spine syndrome. Journal of Bone and Joint Surgery 85B: 95-99.

Murrie, V.L., A.K. Dixon, W. Hollingworth, H. Wilson, and T.A.C. Doyle. 2003. Lumbar lordosis: Study of patients with and without low back pain. Clinical Anatomy 16: 144-147.

Nachemson, A. 1975. Towards a better understanding of low-back pain: A review of the mechanics of the lumbar disc. Rheumatology and Rehabilitation 14: 129-143.

Nahum, A.M., J.D. Gatts, C.W. Gadd, and J.P. Danforth. 1968. Impact tolerance of the skull and face (680785). In Proceedings of the 12th Stapp Car Crash Conference, Warrendale, PA: Society of Automotive Engineers.

Natarajan, R.N., R.B. Garretson, III, A. Biyani, T.H. Lim, G.B. Andersson, and H.S. An. 2003. Effects of slip severity and loading directions on the stability of isthmic spondylolisthesis: A finite element model study. Spine 28: 1103-1112.

Neuman, M., and E. Eriksson. 2006. Facial trauma. In Textbook of Pediatric Emergency Medicine, edited by G.R. Fleisher, S. Ludwig, and F.M. Henretig. Hagerstown, MD: Lippincott Williams & Wilkins.

Offierski, C.M., and I. MacNab. 1983. Hip-spine syndrome. Spine 8: 316-321.

Old, J.L., and M. Calvert. 2004. Vertebral compression fractures in the elderly. American Family Physician 69: 111-116.

Omalu, B.I., S.T. DeKosky, R.L. Minster, M.I. Kamboh, R.L. Hamilton, and C.H. Wecht. 2005. Chronic traumatic encephalopathy in a National Football League player. Neurosurgery 57(1): 128-134. doi: 10.1227/01.neu.0000163407.92769.ed

Ommaya, A.K. 1995. Head injury mechanisms and the concept of preventive management: A review and critical synthesis. Journal of Neurotrauma 12: 527-546.

Ommaya, A.K., and T.A. Gennarelli. 1974. Cerebral concussion and traumatic unconsciousness: Correlations and experimental and clinical observations on blunt head injuries. Brain 97: 633-654.

Ommaya, A.K., R.L. Grubb, Jr., and R.A. Naumann. 1971. Coup and contre-coup injury: Observations on the mechanics of visible brain injuries in the rhesus monkey. Journal of Neurosurgery 35: 503-516.

Ommaya, A.K., W. Goldsmith, and L. Thibault. 2002. Biomechanics and neuropathology of adult and paediatric head injury. British Journal of Neurosurgery 16: 220-242.

Padman, R. 1995. Scoliosis and spine deformities. Delaware Medical Journal 67: 528-533.

Panjabi, M.M., A.M. Pearson, S. Ito, P.C. Ivancic, and J.-L. Wang. 2004. Cervical spine curvature during simulated whiplash. Clinical Biomechanics 19: 1-9.

Panjabi, M.M., S. Ito, A.M. Pearson, and P.C. Ivancic. 2004. Injury mechanisms of the cervical intervertebral disc during simulated whiplash. Spine 29: 1217-1225.

Panjabi, M.M., T.R. Oxland, R.-M. Lin, and T.W. McGowen. 1994. Thoracolumbar burst fracture: A biomechanical investigation of its multidirectional flexibility. Spine 19: 578-585.

Pappachan, B., and Alexander, M. 2012. Biomechanics of cranio-maxillofacial trauma. Journal of maxillofacial and oral surgery 11(2), 224-230. doi: 10.1007/s12663-011-0289-7

Parent, S., P.O. Newton, and D.R. Wenger. 2005. Adolescent idiopathic scoliosis: Etiology, anatomy, natural history, and bracing. Instructional Course Lectures 54: 529-536.

Pastakia, K., and S. Kumar. 2011. Acute whiplash associated disorders (WAD). Open Access Emergency Medicine 3, 29-32. doi: 10.2147/OAEM.S17853

Pearson, A.M., P.C. Ivancic, S. Ito, and M.M. Panjabi. 2004. Facet joint kinematics and injury mechanisms during simulated whiplash. Spine 29: 390-397.

Pellman, E.J., D.C. Viano, A.M. Tucker, I.R. Casson, and J.F. Waeckerle. 2003. Concussion in professional football: Reconstruction of game impacts and injuries. Neurosurgery 53(4): 799-812. doi: 10.1093/neurosurgery/53.3.799

Pintar, F.A., N. Yoganandan, L.M. Voo, J.F. Cusick, D.J. Maiman, and A. Sances, Jr. 1995. Dynamic characteristics of the human cervical spine. SAE Transactions 104: 3087-3094.

Powell, J.W., and K.D. Barber-Foss. 1999. Traumatic brain injury in high school athletes. Journal of the American Medical Association 282: 958-963.

Radanov, B.P., M. Sturzenegger, and G. Di Stefano. 1995. Long-term outcome after whiplash injury: A 2-year followup considering features of injury mechanism and somatic, radiologic, and psychosocial findings. Medicine 74: 281-297.

Rhee, J.S., L. Posey, N. Yoganandan, and F. Pintar. 2001. Experimental trauma to the malar eminence: Fracture biomechanics and injury patterns. Otolaryngology Head and Neck Surgery 125: 351-355.

Rowson, S., S.M. Duma, R.M. Greenwald, J.G. Beckwith, J.J. Chu, K.M. Guskiewicz, et al. 2014. Can helmet design reduce the risk of concussion in football? Journal of Neurosurgery 120(4): 919-922. doi: 10.3171/2014.1.JNS13916

Rydevik, B., M. Szpalski, M. Aebi, et al. 2008. Whiplash injuries and associated disorders: New insights into an old problem. European Spine Journal 17, 359-416. doi: 10.1007/s00586-007-0484-x

Sahuquillo, J., and M.A. Poca. 2002. Diffuse axonal injury after head trauma. A review. Advances and Technical Standards in Neurosurgery 27: 23-86.

Sano, K., N. Nakamura, K. Hirakawa, H. Masuzawa, and K. Hashizume. 1967. Mechanism and dynamics of closed head injuries (preliminary report). Neurologia medico--chirurgica (Tokyo) 9: 21-33.

Santucci, R.A., and Y.-J. Chang. 2004. Ballistics for physicians: Myths about wound ballistics and gunshot injuries. Journal of Urology 171: 1408-1414.

Schneider, D.C., and A.M. Nahum. 1972. Impact studies of facial bones and skull (SAE 720965). In Proceedings of the 16th Stapp Car Crash Conference, Warrendale, PA: Society of Automotive Engineers.

Schroeder, G.D., A.R. Vaccaro, C.K. Kepler, J.D. Koerner, F.C. Oner, M.F. Dvorak, et al. 2015. Establishing the injury severity of thoracolumbar trauma: Confirmation of the hierarchical structure of the AOSpine Thoracolumbar Spine Injury Classification System. Spine (Phila Pa 1976) 40(8): E498-503. doi: 10.1097/BRS.0000000000000824

Severy, D.M., J.H. Mathewson, and C.O. Bechtol. 1955. Controlled automobile rearend collisions, an investigation of related engineering and medical phenomena. Canadian Services Medical Journal 11: 727-759.

Sokolove, P.E., N. Kuppermann, and J.F. Holmes. 2005. Association between the "seat belt sign" and intra-abdominal injury in children with blunt torso trauma. Academy of Emergency Medicine 12: 808-813.

Stehbens, W.E. 2003. Pathogenesis of idiopathic scoliosis revisited. Experimental and Molecular Pathology 74: 49-60.

Stinson, J.T. 1993. Spondylolysis and spondylolisthesis in the athlete. Clinics in Sports Medicine 12: 517-528.

Swartz, E.E., R.T. Floyd, and M. Cendoma. 2005. Cervical spine functional anatomy and the biomechanics of injury due to compressive loading. Journal of Athletic Training 40(3): 155-161.

Teasdale, G., and B. Jennett. 1974. Assessment of coma and impaired consciousness. A practical scale. Lancet 2(7872): 81-84.

Tegner, Y., and R. Lorentzon. 1996. Concussion among Swedish elite ice hockey players. British Journal of Sports Medicine 30: 251-255.

Tierney, R.T., M.R. Sitler, C.B. Swanik, K.A. Swanik, M. Higgins, and J. Torg, 2005. Gender differences in head-neck segment dynamic stabilization during head acceleration. Medicine and Science in Sports and Exercise 37(2): 272-279. doi: 10.1249/01.mss.0000152734.47516.aa

Torg, J.S., J.J. Vegso, M.J. O'Neill, and B. Sennett. 1990. The epidemiologic, pathologic, biomechanical, and cinematographic analysis of football-induced cervical spine trauma. American Journal of Sports Medicine 18: 50-57.

Tran, N.T., N.A. Watson, A.F. Tencer, R.P. Ching, and P.A. Anderson. 1995. Mechanism of the burst fracture in the thoracolumbar spine: The effect of loading rate. Spine 20: 1984-1988.

Tuzun, C., I. Yorulmaz, A. Cindas, and S. Vatan. 1999. Low back pain and posture. Clinical Rheumatology 18: 308-312.

Valsamis, M.P. 1994. Pathology of trauma. Neurosurgery Clinics of North America 5: 175-183.

Van Pelt, K L., T. Puetz, J. Swallow, A.P. Lapointe, and S.P. Broglio. 2021. Data-driven risk classification of concussion rates: A systematic review and meta-analysis. Sports Medicine 51(6): 1227-1244.

Volgas, D.A., J.P. Stannard, and J.E. Alonso. 2005. Ballistics: A primer for the surgeon. Injury 36: 373-379.

Watkins, R.G., and W.G. Watkins, IV. 2001. Cervical spine and spinal cord injuries. In Sports Injuries: Mechanisms, Prevention, Treatment, edited by F.H. Fu and D.A. Stone. Philadelphia: Lippincott Williams & Wilkins.

Watkins, R.G., and L.A. Williams. 2001. Lumbar spine injuries. In Sports Injuries: Mechanisms, Prevention, Treatment, edited by F.H. Fu and D.A. Stone. Philadelphia: Lippincott Williams & Wilkins.

Wegner, D.R., and S.L. Frick. 1999. Scheuermann kyphosis. Spine 24: 2630-2639.

White, A.A., and M.M. Panjabi. 1990. Clinical Biomechanics of the Spine (2nd ed.). Philadelphia: Lippincott.

Wiebe, D.J., B.A. D'Alonzo, R. Harris, M. Putukian, and C. Campbell-McGovern. 2018. Association between the experimental kickoff rule and concussion rates in Ivy League football. Journal of the American Medical Association 320(19): 2035-2036. doi: 10.1001/jama.2018.14165

Weisenbach, C.A., Gomez, J., Daniel, R.W., and Brozoski, F.T. 2020. Summary of available craniomaxiollofacial injury criteria for use with the FOCUS headform. United States Army Aeromedical Research Laboratory: Fort Rucker, AL.

Wiltse, L.L., P.H. Newman, and I. MacNab. 1976. Classification of spondylolysis and spondylolisthesis. Clinical Orthopaedics and Related Research 117: 23-29.

Wotherspoon, S., K. Chu, and A.F. Brown. 2001. Abdominal injury and the seat-belt sign. Emergency Medicine (Fremantle) 13: 61-65.

Wunderle, K., K.M. Hoeger, E. Wasserman, and J.J. Bazarian. 2014. Menstrual phase as predictor of outcome after mild traumatic brain injury in women. The Journal of Head Trauma Rehabilitation 29(5): E1-E8. doi: 10.1097/HTR.0000000000000006

Yoganandan, N., N.M. Haffner, D.J. Maiman, H. Nichols, F.A. Pintar, J. Jentzen, S.S. Weinshel, S.J. Larson, and A. Sances, Jr. 1989. Epidemiology and injury biomechanics of motor vehicle related trauma to the human spine. In Proceedings of the 3rd Stapp Car Crash Conference (SAE 892438), Warrendale, PA: Society of Automotive Engineers.

Yoganandan, N., and F.A. Pintar. 2004. Biomechanics of temporo-parietal skull fracture. Clinical Biomechanics 19: 225-239.

Yoganadan, N., F.A. Pintar, A. Sances, Jr., P.R. Walsh, C.L. Ewing, D.J. Thomas, and R.G. Snyder. 1995. Biomechanics of skull fracture. Journal of Neurotrauma 12: 659-668.

Yoganandan, N., F. Pintar, J. Reinartz, and A.J. Sances. 1993. Human facial tolerance to steering wheel impact: A biomechanical study. Journal of Safety Research 24: 77-85.

Zemper, E.D. 2003. Two-year prospective study of relative risk of a second cerebral concussion. American Journal of Physical Medicine & Rehabilitation 82: 653-659.

Zhang, L., K.H. Yang, and A.I. King. 2001. Biomechanics of neurotrauma. Neurological Research 23: 144-156.

Índice remissivo